"十二五"国家重点图书出版规划项目

21世纪普通高等教育法学精品教材

U0711694

婚姻家庭继承法学

（第三版）

◆ 主编　陈苇

◆ 副主编　朱凡

撰稿人　（以撰写章节先后为序）

李洪祥　李秀华　丁慧

陈苇　宋豫　张翼杰

朱凡　刘淑芬　杨晋玲

海棠　叶英萍　袁敏殊

皮锡军　冉启玉

中国政法大学出版社

2018·北京

作者简介

陈　苇　西南政法大学民商法学院教授、博士生导师，西南政法大学外国家庭法及妇女理论研究中心主任，中国法学会婚姻家庭法学研究会副会长。

朱　凡　西南政法大学民商法学院副教授、法学博士、硕士生导师，西南政法大学外国家庭法及妇女理论研究中心副主任，中国法学会婚姻家庭法学研究会理事。

李洪祥　吉林大学法学院教授、法学博士、硕士生导师，中国法学会婚姻家庭法学研究会副会长。

李秀华　扬州大学法学院教授、硕士生导师，扬州大学法学院婚姻家庭法律诊所主任，中国法学会婚姻家庭法学研究会常务理事。

丁　慧　辽宁师范大学法学院教授、法学博士、硕士生导师，中国法学会婚姻家庭法学研究会常务理事。

宋　豫　重庆工商大学法学教授，西南政法大学兼职教授及兼职硕士生导师，中国法学会婚姻家庭法学研究会常务理事。

张翼杰　山西大学商务学院法律系副教授，中国法学会婚姻家庭法学研究会理事。

刘淑芬　贵州大学法学院教授、硕士生导师，中国法学会婚姻家庭法学研究会常务理事。

杨晋玲　云南大学法学院教授、硕士生导师，中国法学会婚姻家庭法学研究会理事。

海　棠　内蒙古大学法学院教授、法学博士、硕士生导师，中国法学会婚姻家庭法学研究会理事。

叶英萍　海南大学法学院教授、法学博士、硕士生导师，中国法学会婚姻家庭法学研究会常务理事。

袁敏殊　安徽大学法学院副教授、民法经济法教研室主任，中国法学会婚姻家庭法学研究会理事。

皮锡军 西南政法大学应用法学院讲师,西南政法大学外国家庭法及妇女理论研究中心副研究员。

冉启玉 西南政法大学民商法学院副教授、法学博士、硕士生导师,西南政法大学外国家庭法及妇女理论研究中心副研究员。

出版说明

　　"十二五"国家重点图书出版规划项目是由国家新闻出版总署组织出版的国家级重点图书。列入该规划项目的各类选题，是经严格审查选定的，代表了当今中国图书出版的最高水平。

　　中国政法大学出版社作为国家一级出版社，有幸承担规划项目中系列法学教材的出版，这是一项光荣而艰巨的时代任务。

　　本系列教材的出版，凝结了众多知名法学家多年来的理论研究成果，全面而系统地反映了现今法学教学研究的最高水准。它以法学"基本概念、基本原理、基本知识"为主要内容，既注重本学科领域的基础理论和发展动态，又注重理论联系实际以满足读者对象的多层次需要；既追求教材的理论深度与学术价值，又追求教材在体系、风格、逻辑上的一致性。它以灵活多样的体例形式阐释教材内容，既推动了法学教材的多样化发展，又加强了教材对读者学习方法与兴趣的正确引导。它的出版也是中国政法大学出版社多年来对法学教材深入研究与探索的职业体现。

　　中国政法大学出版社长期以来始终以法学教材的品质建设为首任，我们坚信"十二五"国家重点图书出版规划项目的出版，定能以其独具特色的高文化含量与创新性意识成为集权威性与品牌价值于一身的优秀法学教材。

中国政法大学出版社

第三版说明

　　2014 年 2 月《婚姻家庭继承法学》（第二版）修订出版后，受到广大读者的欢迎。此后，又有一批法律被颁布或修改：2012 年 8 月 31 日修正的《中华人民共和国民事诉讼法》；2012 年 10 月 26 日修正的《中华人民共和国未成年人保护法》和《中华人民共和国预防未成年人犯罪法》；2012 年 12 月 28 日修正的《中华人民共和国老年人权益保障法》；2015 年 12 月 27 日修正的《中华人民共和国人口与计划生育法》；2015 年 12 月 27 日通过的《中华人民共和国反家庭暴力法》；2017 年 3 月 15 日通过的《中华人民共和国民法总则》；等等。为了反映最新立法，我们对《婚姻家庭继承法学》（第二版）再次进行修订。除上述法律外，本次教材修订还增加了如下的法律法规及司法解释：2011 年实施的《中华人民共和国涉外民事关系法律适用法》以及 2013 年实施的《最高人民法院关于适用〈中华人民共和国涉外民事关系法律适用法〉若干问题的解释（一）》；2015 年实施的《最高人民法院关于适用〈中华人民共和国民事诉讼法〉的解释》；2015 年实施的《最高人民法院、最高人民检察院、公安部、民政部关于依法处理监护人侵害未成年人权益行为若干问题的意见》；等等。同时根据 2013 年 1 月 14 日最高人民法院发布的《关于废止 1980 年 1 月 1 日至 1997 年 6 月 30 日期间发布的部分司法解释和司法解释性质文件（第九批）的决定》，我们对教材中事实重婚的相关内容进行了修订。为便于学生学习、理解和掌握本门课程的基本知识和基本原理，并兼顾学生参加国家司法考试以及研究生入学考试的需要，除对重点章节内容修订外，我们还更新了"阅读参考文献"和"主要法律、法规和司法解释的简称"，并将 2012 ~ 2016 年间司法考试中与婚姻家庭继承法相关的试题增补入思考题。

　　本教材第三版的修订工作情况如下：原章的各作者李秀华、刘淑芬、杨晋玲和皮锡军代替冉启玉根据最新法律法规及司法解释分别修订了本教材第三章、第十章、第十一章以及第十八章的正文内容，并增补了"主要参考文献"和"主要法律、法规和司法解释的简称"。副主编朱凡副教授根据 2017 年 3 月颁布的《民法总则》新增撰写"第八章监护制度"，并对以上作者修订后的章节进行修改补充，还根据最新法律法规及司法解释对本教材部分章节的正文内容作出修订，补充了 2012～2016 年最新国家司法考试的部分试题。主编陈苇教授根据最新法律法规及司法解释和婚姻家庭继承法领域近年的最新研究成果，对全书各章的内容、阅读参考书目和参考文献进行审阅和修改补充，并对"主编注"进行适当更新，最后完成定稿。

本书第三版各章的撰稿人如下（以撰写章节先后为序）：

第一、二章，李洪祥；

第三章，李秀华；

第四章，丁　慧；

第五章，陈　苇；

第六章，宋　豫；

第七、九章，张翼杰；

第八章，朱　凡；

第十章，刘淑芬；

第十一章，杨晋玲；

第十二、十三章，陈　苇、朱　凡；

第十四章，海　棠；

第十五章，叶英萍；

第十六章，袁敏殊；

第十七章，皮锡军；

第十八章，冉启玉。

必须说明，我指导的博士研究生陈钊和硕士研究生郭庆敏对全书进行了耐心的文字校对工作，在此，我代表本书的全体作者向她们表示衷心的感谢！并且我代表全书的作者衷心地感谢中国政法大学出版社的编辑老师们为本书第三版的出版所做的辛勤编辑工作！

陈　苇

2017 年 11 月 28 日

第二版说明

　　本教材第一版自 2011 年 2 月出版以来，受到广大读者的欢迎，于 2012 年 2 月已第二次印刷。为适应调整我国婚姻家庭新情况新问题的需要，2011 年 7 月 4 日，《最高人民法院关于适用〈中华人民共和国婚姻法〉若干问题的解释（三）》经最高人民法院审判委员会第 1525 次会议通过，于 2011 年 8 月 9 日公布，自 2011 年 8 月 13 日起施行。为及时介绍此最新司法解释的相关规定，特对本教材的相关内容进行修订，出版第二版。

　　本教材第二版修订时，由副主编朱凡副教授增补了最新司法解释的内容，并酌情补充了 2011 年最新国家司法考试的部分试题，然后，由主编陈苇教授根据婚姻家庭继承法领域近年的最新研究成果，采用主编注的方式对相关章节的内容进行修改和补充，并且删除、补充了部分阅读参考书目和参考文献后完成定稿。

　　在此，我谨代表本书的全体作者衷心地感谢中国政法大学出版社的编辑老师们为本书第二版的出版所做的辛勤编辑工作！

陈　苇

2013 年 11 月 28 日

前 言

在我国，为适应调整 21 世纪婚姻家庭关系的需要，2001 年修正后的《婚姻法》于 2001 年 4 月 28 日起施行。为指导司法实践，最高人民法院先后于 2001 年、2003 年颁行《关于适用〈中华人民共和国婚姻法〉若干问题的解释（一）》《关于适用〈中华人民共和国婚姻法〉若干问题的解释（二）》。目前，最高人民法院《关于适用〈中华人民共和国婚姻法〉若干问题的解释（三）》正在制定之中，其"征求意见稿"正在广泛征求各方面的意见。我们以 2001 年修正后的《婚姻法》、现行《继承法》和其他最新的法律、法规及司法解释为依据，编写这部法学专业本科生教材，以适应培养高层次法学人才的需要。本书亦可供法学专业研究生和其他从事法律工作的人员学习参考。

我们根据高等学校法学专业"婚姻家庭继承法学"课程的教学目的和要求，适应综合性大学法学院对本科生的教学要求，按照便于学生学习、理解和掌握本门课程的基本知识和基本原理的需要，兼顾学生参加国家司法考试以及研究生入学考试的需要，编写本教材。本教材主要具有以下特色：

第一，在写作队伍上，本书的大部分作者是全国各综合性大学法学院的专职教师。他们具有扎实的婚姻家庭继承法学专业理论基础，并且长期从事婚姻家庭继承法学课程的教学工作，积累了丰富的教学经验。

第二，在写作结构上，根据法学专业本科生教学的目的和要求，本书各章内容的写作结构主要包括三大部分：引文、正文和结尾。首先，在引文部分，写明本章"学习的内容和重点"，然后以"导入案例"作为全章内容的学习引导。其次，在正文部分，以阐释基本知识和基本原理为主要内容，尤其注意重点阐明我国最新现行法律及相关司法解释的内容。再次，结尾部分由三部分内容组成：一是以"导入案例之要点评析"阐明"导入案例"之答案要点；二是设置"思考题"（包括选择题、判断分析题、简答题、论述题和案例分析题），其中部分"思考题"直接选自近几年"国家司法考试试题"，以帮助学生深入理解和熟练掌握相关的基本知识和基本理论，以达到法学本科教学的目的，兼顾适应学生参加国家司法考试和研究生入学考试的需要；三是"阅读参考文献"，以帮助学生拓展阅读视野，启迪学生的思维。

第三，在写作内容上，本教材以本科生为主要对象，注意适应本科生教学对基本知识和基本原理深入浅出地阐释的要求，同时，兼顾国家司法考试中对相关法律条文内容理解和掌握的基本要求，以及学生参加研究生入学考试必备的专业知识要求，注意适当反映本学科各领域的最新研究成果。此外，在注释中采用"主编注"的方式，介绍了一些最新学术观点、相关前沿理论或相关参考文献，以扩展学生的知识面和深化相关理论知识，启发学生思考新问题。

尽管我们尽了最大的努力，但由于学识有限，如有不当之处，恳请学术界同仁和读者不吝指正。

本教材由西南政法大学民商法学院陈苇教授担任主编、西南政法大学民商法学院朱凡副教授担任副主编，由主编拟定写作提纲和写作要求后，全体作者分工撰稿，最后由主编、副主编统一修改、定稿。

本书各章的撰稿人如下（以撰写章节先后为序）：

第一、二章，李洪祥；

第三章，李秀华；

第四章，丁　慧；

第五章，陈　苇；

第六章，宋　豫；

第七、八章，张翼杰；

第九章，刘淑芬；

第十章，杨晋玲；

第十一、十二章，陈　苇、朱　凡；

第十三章，海　棠；

第十四章，叶英萍；

第十五章，袁敏殊；

第十六章，皮锡军；

第十七章，冉启玉。

　　最后，必须说明，我的博士研究生段伟伟同学冒着八月重庆的酷暑，对本书的全部稿件做了耐心细致的文字校对工作，在此我向他表示诚挚的谢意！此外，我还要代表本书的全体作者衷心地感谢中国政法大学出版社的同志们为本书的出版所做的辛勤编辑工作！

陈　苇

2010 年 8 月 28 日

主要法律、法规和司法解释的简称

1. 1950 年《中华人民共和国婚姻法》简称：1950 年《婚姻法》。

2. 1980 年《中华人民共和国婚姻法》简称：1980 年《婚姻法》。

3. 2001 年修正后的《中华人民共和国婚姻法》简称：2001 年修正后的《婚姻法》或现行《婚姻法》。

4. 1985 年《中华人民共和国继承法》简称：《继承法》。

5. 1986 年《中华人民共和国民法通则》简称：《民法通则》。

6. 2004 年修正后的《中华人民共和国宪法》简称：现行《宪法》。

7. 1994 年《中华人民共和国母婴保健法》简称：《母婴保健法》。

8. 1991 年《中华人民共和国收养法》简称：1991 年《收养法》；1998 年修正后的《中华人民共和国收养法》简称：1998 年《收养法》或现行《收养法》。

9. 2005 年修正后的《中华人民共和国妇女权益保障法》简称：2005 年修正后的《妇女权益保障法》或现行《妇女权益保障法》。

10. 2012 年修正后的《中华人民共和国未成年人保护法》简称：2012 年修正后的《未成年人保护法》或现行《未成年人保护法》。

11. 2015 年修正后的《中华人民共和国义务教育法》简称：《义务教育法》。

12. 2015 年修正后的《中华人民共和国老年人权益保障法》简称：2015 年修正后的《老年人权益保障法》或现行《老年人权益保障法》。

13. 2015 年修正后的《中华人民共和国人口与计划生育法》简称：2015 年修正后的《人口与计划生育法》或现行《人口与计划生育法》。

14. 2017 年修正后的《中华人民共和国民事诉讼法》简称：2017 年修正后的《民事诉讼法》或现行《民事诉讼法》。

15. 2012 年修正后的《中华人民共和国刑事诉讼法》简称：2012 年修正

后的《刑事诉讼法》或现行《刑事诉讼法》。

16．2017 年修正后的《中华人民共和国行政诉讼法》简称：2017 年修正后的《行政诉讼法》或现行《行政诉讼法》。

17．2017 年修正后的《中华人民共和国刑法》简称：2017 年修正后的《刑法》或现行《刑法》。

18．2012 年修正后的《中华人民共和国治安管理处罚法》简称：2012 年修正后的《治安管理处罚法》或现行《治安管理处罚法》。

19．2015 年《中华人民共和国反家庭暴力法》简称：《反家庭暴力法》。

20．2010 年《中华人民共和国涉外民事关系法律适用法》简称：《涉外民事关系法律适用法》。

21．2017 年《中华人民共和国民法总则》简称：《民法总则》。

22．2003 年《婚姻登记条例》简称：2003 年《婚姻登记条例》。

23．1952 年《中央人民政府、司法部关于婚姻法施行以前重婚的处理原则的规定》简称：1952 年《婚姻法施行以前重婚的处理原则的规定》。

24．1985 年《最高人民法院关于贯彻执行〈中华人民共和国继承法〉若干问题的意见》简称：1985 年《执行继承法意见》。

25．1988 年《最高人民法院关于贯彻执行〈中华人民共和国民法通则〉若干问题的意见（试行)》简称：1988 年《执行民法通则意见》。

26．1989 年《最高人民法院关于人民法院审理未办结婚登记而以夫妻名义同居生活案件的若干意见》简称：1989 年《审理以夫妻名义同居生活案件的意见》。

27．1989 年《最高人民法院关于人民法院审理离婚案件如何认定夫妻感情确已破裂的若干具体意见》简称：1989 年《认定夫妻感情确已破裂的意见》。

28．1993 年《最高人民法院关于人民法院审理离婚案件处理财产分割问题的若干具体意见》简称：1993 年《离婚财产分割意见》。

29．1993 年《最高人民法院关于人民法院审理离婚案件处理子女抚养问题的若干具体意见》简称：1993 年《子女抚养意见》。

30．1996 年《最高人民法院关于审理离婚案件中公房使用、承租若干问题的解答》简称：1996 年《公房使用、承租问题解答》。

31. 1999 年《外国人在中华人民共和国收养子女登记办法》简称：1999 年《涉外收养办法》。

32. 2001 年《最高人民法院关于适用〈中华人民共和国婚姻法〉若干问题的解释（一）》简称：《婚姻法解释（一）》。

33. 2003 年颁布、2017 年修正的《最高人民法院关于适用〈中华人民共和国婚姻法〉若干问题的解释（二）》简称：《婚姻法解释（二）》。

34. 2011 年《最高人民法院关于适用〈中华人民共和国婚姻法〉若干问题的解释（三）》简称：《婚姻法解释（三）》。

35. 2012 年《最高人民法院关于适用〈中华人民共和国涉外民事关系法律适用法〉若干问题的解释（一）》简称：《涉外民事关系法律适用法解释（一）》

36. 2015 年《最高人民法院关于适用〈中华人民共和国民事诉讼法〉的解释》简称：2015 年《民事诉讼法解释》。

目　录

第一章
婚姻家庭法概述

✤学习的内容和重点

通过本章的学习，要求学生理解婚姻家庭的概念和性质，掌握婚姻家庭法的概念、调整对象、性质和特点等基本知识，了解我国婚姻家庭法的历史演变情况以及把握我国2001 年对1980 年《婚姻法》修正的主要内容。

导入案例

2010 年 12 月 8 日，甲男（21 岁）与乙女（19 岁）共同去申请办理结婚登记，由于两人均未达到法定婚龄，婚姻登记机关未给予登记。2011 年 5 月 1 日，在双方父母的主持下，甲男与乙女举行了婚礼，男女双方的亲属、同事、同学等应邀参加了他们的婚礼。2012 年 1 月，甲男与乙女生育一男孩丙。2016 年 6 月，甲男与乙女因家庭事务发生矛盾，乙女诉至法院要求离婚，并主张丙随其生活。甲男不同意离婚，请求法院做调解和好工作，同时主张丙随其生活。

请问：

1. 本案甲男与乙女是否形成婚姻关系？
2. 甲男、乙女与其生育的男孩丙有何关系？

第一节　婚姻家庭概述

一、婚姻家庭的概念

（一）婚姻

1. 婚姻的概念。关于婚姻的概念，不同的历史时期有不同的含义或解释。

中国古代把婚姻称为"昏因"，其含义有三：①指创设夫妻关系的行为，即结婚仪式，如"婚姻之道，谓嫁娶之礼"。[1]《白虎通》诠释说："婚姻者何谓也，昏者，昏时行礼，故曰婚。姻者，妇人因夫而成，故曰姻。"[2] 在中国古代"崇嫁娶之要"，认为"昏礼者，礼之本也"，把婚姻制度看成全部社会制度的根基。[3] ②指男女双方结婚形成的夫妻关系，如"婿曰婚，妻曰姻"。[4] ③指姻亲关系，如"婿之父为姻，妇之父为婚，……妇之父母、婿之父母相谓为婚姻"。[5]

国外不同历史时期关于婚姻的定义也不相同。我国有学者将其归纳如下：①古罗马法时期，著名法学家莫德斯汀将婚姻定义为：结婚是男女之间的结合，是生活各方面的结合，是神法和人法的结合。②寺院法时期，将婚姻视为"神作之合"，标志着基督与教会结合的一种宗教性契约，它是不可解除和永恒的。③近代大陆法系的学者大多认同的后期罗马法学家对婚姻所下的定义：婚姻是一男一女以永续共同生活为目的之结合。1791年的法国宪法明文规定，"法律只承认婚姻是一种民事契约"。④当代英美法系的学者对婚姻所下的定义，认为婚姻是一男一女排他的自愿结合。[6]

我国现行《婚姻法》没有对"婚姻"一词作出界定。学者们对婚姻的定义也有所不同，概括起来有以下几种：①婚姻是"男女双方以永久共同生活为目的，以夫妻权利义务为内容的合法结合"；②婚姻是"为当时社会制度所确认的，男女两性以互为配偶为目的的结合"；③婚姻是"男女双方以永久共同生活为目的的，具有社会认可的夫妻身份的男女两性的结合"；④婚姻是"男女双方以共同生活为目的而缔结的，具有公示的夫妻身份的两性结合"。我们赞同最后一种定义。[7] 因此，婚姻的成立应当具备以下要件：

（1）婚姻须为男女两性的结合。这是婚姻与其他社会关系相区别的特征之一。男女两性的生理差别和性本能的需要，是婚姻成立的自然条件，是实现种族延续的前提和保证。因此，婚姻须为异性的结合，世界上许多国家不承认同性结合为婚姻。但是，随着社会的发展，人们对同性恋者人权的保护日益关注，[8] 承认同性恋者结

[1] 《诗经·郑风·丰》郑玄笺。转引自法学教材编辑部《婚姻法教程》编写组编：《婚姻法教程》，法律出版社1982年版，第19页。
[2] 法学教材编辑部《婚姻法教程》编写组：《婚姻立法资料选编》，法律出版社1983年版，第62页。
[3] 陶毅、明欣：《中国婚姻家庭制度史》，东方出版社1994年版，第172页。
[4] 《礼记·经解》郑玄注。转引自杨大文主编：《婚姻法教程》，法律出版社1986年版，第17页。
[5] 《尔雅·释亲》。转引自胡平主编：《婚姻家庭继承法论》，重庆大学出版社2000年版，第2页。
[6] 夏吟兰主编：《婚姻家庭继承法》，中国政法大学出版社2004年版，第2页。
[7] 陈苇主编：《婚姻家庭继承法学》，群众出版社2005年版，第1~2页。
[8] 关于同性恋者的结婚权问题，参见孙振东："同性恋者人权保护问题研究"，载梁慧星主编：《民商法论丛》（总第24卷），金桥文化出版社（香港）有限公司2002年版，第587~710页。关于中国现代同性恋的情况，参见刘达临、鲁龙光主编：《中国同性恋研究》，中国社会出版社2005年版，第33~132页。

合"合法化"的呼声越来越高。[1]

（2）婚姻须男女两性以夫妻身份共同生活为目的。这一特征使婚姻与有配偶者与他人同居以及其他非婚同居关系区别开来。婚姻之男女两性结合须以夫妻名义共同生活为目的，其包括十分丰富的内涵，不仅包括夫妻共同的精神生活和经济生活，而且还包括共同的性生活。

此外，关于婚姻是否须以终身永久共同生活为目的，[2] 我们认为，从美好的愿望出发，婚姻当事人都普遍希望夫妻能够"白头偕老""百年好合"。然而，这并不意味着婚姻当事人不可离异。因此，男女在结婚时不得附加禁止解除婚姻的条件或期限。目前，世界上大多数国家都实行"许可离婚主义"，婚姻可以因离婚而终止。

（3）婚姻须具有公示的夫妻身份的结合。即夫妻身份须通过一定的方式表现出来，为周围的民众所知晓。例如，进行结婚登记或者举行结婚仪式等。

此外，关于婚姻是否须为"合法结合"或者须为"当时社会制度所确认"，[3]

---

〔1〕 主编注：目前世界上有不少国家给予同性结合者一定的法律保护，有部分国家甚至允许同性恋者结婚。参见陈苇主编：《婚姻家庭继承法学》，群众出版社 2012 年版，第 2～3 页。关于我国同性恋问题的立法问题，参见王森波：《同性婚姻法律问题研究》，中国法制出版社 2012 年版，第 180～203页。在美国，21 世纪初期除马萨诸塞州允许同性伴侣结婚外，至少还有 4 个州也允许同性伴侣缔结类似婚姻的民事结合，但却有 40 个州颁布了新法规或州宪法的修正案，明确禁止同性伴侣结婚，并且禁止本州的法院承认在另一州缔结的同性婚姻的合法性。参见〔美〕哈里·D. 格劳斯、大卫·D. 梅耶：《美国家庭法精要》（第五版，2007 年），陈苇主持翻译，中国政法大学出版社 2010 年版，第 26、43 页。现在据报道，美国最高法院已于 2016 年 6 月 26 日作出裁决，为同性伴侣提供了结婚的权利。这一裁决意味着，各州不能禁止同性缔结婚姻。同性婚姻将在美国的全部 50 个州合法，美国已成为全球第 21 个承认同性婚姻的国家。http: news. hnaxi100. com/show - 228 - 646814 - 1. html，访问日期：2017 年 2 月 9 日。

〔2〕 主编注：关于是否以终身永久共同生活为目的作为婚姻的构成要件，我国专家学者有不同的看法。"肯定说"参见杨大文主编：《婚姻家庭法学》，复旦大学出版社 2002 年版，第 4 页；巫昌祯主编：《婚姻与继承法学》，中国政法大学出版社 1997 年版，第 26 页；史尚宽：《亲属法论》，荣泰印书馆股份有限公司 1980 年版，第 84 页。"否定说"参见方文晖："论婚姻在法学上的概念"，载《南京大学学报》2000 年第 5 期。

〔3〕 主编注：我国婚姻法学界传统上认为，"婚姻是男女两性的结合，这种结合形成了为当时社会制度所确认的夫妻关系"。近年来，我国有些学者对传统的婚姻概念提出质疑。有的认为应摈弃婚姻的"合法性"内涵，"不合法的两性结合也是婚姻"。有的提出将婚姻界定为"男女两性以永久共同生活为目的的结合，而不论其是否合法，这样它就成为合法婚姻、违法婚姻的上位概念，涵盖这两类不同性质的婚姻关系"。有的认为"男女以夫妻名义同居生活，群众认可，就构成婚姻关系"。前述引文分别参见方文晖："婚姻概念质疑"，载《南京大学法律评论》1996 年秋季号；乔生彪："非法同居关系的法律概念质疑"，载《宁夏大学学报（哲社版）》1998 年第 1 期；薛宁兰："关于无效婚姻的几点思考"，中国法学会婚姻法学研究会 1998 年年会论文，第 2 页。我们认为，从结婚是男女双方确立夫妻身份关系的民事行为这一角度来看，这些见解不无道理。由于原始社会群婚制和对偶婚制下的婚姻当事人并无永久共同生活的目的，为使婚姻的概念能适用于人类各种不同类型的社会，故我们主张将婚姻界定为："婚姻是男女以夫妻名义公开共同生活，并被当时社会人们认为是夫妻关系的两性结合的社会形式。"转引自陈苇：《中国婚姻家庭法立法研究》，群众出版社 2000 年版，第 122 页。

我们认为，"合法性"只是合法婚姻必须具备的特征，而违法婚姻则不具备此特征[1]。因此，作为合法婚姻与违法婚姻的上位概念的"婚姻"，无须具备"合法性"的特征。

2. 婚姻的性质。关于婚姻性质的学说，不同的国家、不同时期由于对婚姻实质的认识差别所得结论是不相同的，可谓各执一词，众说纷纭。我们择其要者，简介如下：

（1）"契约说"。该说视婚姻为一种契约，这是在西方国家产生并至今仍在西方法学界占统治地位的重要学说。该学说的代表人物和最早提出者为康德，他认为："婚姻就是两个不同性别的人为了终身互相占有对方的性功能而产生的结合体。""它是依据人性法则而产生其必要性的一种契约。""婚姻双方彼此的关系是平等的关系，无论在互相占有他们的人身以及他们的财产方面都是如此。"[2]"契约说"在法律上最早被法国宪章所确认："法律只承认婚姻是一种民事契约。""契约说"认为婚姻双方当事人的地位是平等的，这对于反对具有不平等的人身依附关系的封建婚姻具有历史进步作用。但该说也存在某些缺陷及消极作用[3]。

（2）"伦理说"。该说视婚姻为伦理关系、实体性的关系，是具有法的意义的伦理性的爱，该学说的代表人物是黑格尔。"伦理说"对倡导建立以爱情为基础的互爱互助的婚姻具有积极意义[4]。但该说也存在某些不足[5]。

---

〔1〕 陈苇："无效婚姻的静态识别与动态监控"，载《法商研究》1999 年第 4 期。

〔2〕 ［德］康德："公正的哲学原理"，载法学教材编辑部《西方法律思想史》编写组：《西方法律思想史资料选编》，北京大学出版社 1983 年版，第 412～413 页。

〔3〕 巫昌祯主编：《婚姻与继承法学》，中国政法大学出版社 1997 年版，第 106～107 页；蒋月：《婚姻家庭法前沿导论》，科学出版社 2007 年版，第 40～43 页。

〔4〕 主编注：黑格尔认为："所谓爱，一般说来，就是意识到我与别人的统一，……爱是伦理性的统一。""婚姻作为直接伦理关系首先包括自然生活的环节。因为伦理关系是实体性的关系，所以它包括生活的全部……""婚姻实质上是伦理关系。以前，特别是大多数关于自然法的著述，只是从肉体方面，从婚姻的自然属性方面来看待婚姻，因此，它只被看成一种性关系，……至于把婚姻理解为仅仅是民事契约，这种在康德那里也能看到的观念，同样是粗鲁的，因为根据这种观念，双方彼此任意地以个人为订约的对象，婚姻也就降格为按照契约而互相利用的形式。第三种同样应该受到唾弃的观念，认为婚姻仅仅是建立在爱的基础上。爱既是感觉，所以在一切方面都容许偶然性，而这正是伦理性的东西所不应采取的形态。所以，应该对婚姻作更为精确的规定如下：婚姻是具有法的意义的伦理性的爱，这样就可以消除爱中一切倏忽即逝的、反复无常的和赤裸裸土观的因素。""就其实质基础而言，婚姻不是契约关系，……由于双方人格的同一化，家庭成为一个人。……这种同一化就是伦理的精神。""伦理结合则完全在于互爱互助。""对夫妻共同财产加以限制的婚姻协议，以及继续给子女以法律上辅助等的安排，只有在婚姻关系由于自然的死亡和离婚等原因而消灭的情况下，才有意义。这些都是保障性的措施，以保证在此情况下家庭成员从共有物中取得其应有部分。"可见，黑格尔的"伦理说"，一方面主张婚姻当事人基于双方"人格的同一化"而"互爱互助"，这体现了婚姻的伦理性；另一方面也主张婚姻在因死亡和离婚而解除时应当以法律手段保障家庭成员的权益，这体现了法律的强制性。所以"婚姻是具有法的意义的伦理性的爱"。参见［德］黑格尔：《法哲学原理》，范扬、张企泰译，商务印书馆 1982 年版，第 175、176、177、179、180、186 页。

〔5〕 夏吟兰主编：《婚姻家庭与继承法学原理》，中国政法大学出版社 1999 年版，第 48 页；蒋月：《婚姻家庭法前沿导论》，科学出版社 2007 年版，第 49～50 页。

（3）"信托说"。该说为当代英美法传统的国家中部分学者所提出，他们认为，国家和法律早已把信托方式适用于婚姻了。国家作为委托人，将配偶置于受托人的地位，给予他们在处理家庭问题上的一系列权利，或者说把不完全的婚姻所有权及其附属的自然权利交给配偶；同时，国家又保留了婚姻利益中一些对社会有潜在影响的权利。国家所保留的这部分权利是婚姻信托利益的重要组成部分。[1]"信托说"对于揭示国家以法律对婚姻当事人赋权并对其权利的行使进行监督和干预具有一定意义。但该说也有某些不足。[2]

（4）"制度说"。该说始创于大陆法系的法国。1902年法国学者卢斐补（Lefebvre）创立"制度说"，他主张婚姻并非契约，而为制度之一。该学说认为，婚姻当事人仅有制度上的权能，婚姻效力的发生与婚姻当事人的意思如何无任何关系。[3]在20世纪40年代，英国思想家罗素也主张婚姻是一种制度。他认为："这种制度通过生育这一事实，成为社会内部结构的一部分，它的价值远远超过夫妻之间的私人感情。"[4]诚然，婚姻关系是由法律制度确认的，但并不能由此认为制度是婚姻的本质。否则，任何法律关系的本质均可认定为制度。

（5）"身份关系说"。该说认为，婚姻关系本质上是一种身份关系，夫妻在财产上的关系附随于人身关系。创设婚姻的行为是一种身份法上的行为，行为人须有结婚的合意，但婚姻成立的条件、程序，婚姻的效力，婚姻解除的条件等都是法定的而不是意定的。该说是我国当前婚姻法学界的通说。[5]

3. 婚姻的种类。婚姻依不同的划分标准可分为以下种类：

（1）初婚和再婚。这是依当事人结婚的次数不同进行的划分。初婚是指从未结婚的人第一次缔结的婚姻；再婚是指已结婚的人丧偶或离婚后又与他人再次缔结的婚姻。当代各国均无再婚次数的限制。

（2）单婚和重婚。这是依结婚主体人数的构成不同进行的划分。单婚是指一男

---

〔1〕　主编注："信托说"认为，婚姻是一种信托关系，是国家与个人之间的信托关系。国家自己作为委托人，而将配偶置于受托人的地位，给予他们在处理家庭问题上的一系列权利，同时又保留了婚姻利益中一些对社会有潜在影响的权利。国家所保留的这部分权利是婚姻信托利益的重要组成部分。因此，婚姻信托的效果在于把不完全的婚姻所有权及其附属的自然权利，如子女抚养、夫妻性生活以及婚姻身份权等交给配偶。但如果父母虐待或遗弃子女，他们就会失去其家长权。同样，配偶享有彼此性爱的权利，但国家从来都保留着对夫妻一方在夫妻生活中过度淫乱行为的惩罚权。法律上把婚姻当做一种信托关系所要达到的目的仅是防止配偶因获得完全的所有权而损害社会利益。参见〔美〕威廉·杰·欧·唐奈、大卫·艾·琼斯：《美国婚姻与婚姻法》，顾培东、杨遂全译，重庆出版社1986年版，第8～9页。

〔2〕　夏吟兰主编：《婚姻家庭与继承法学原理》，中国政法大学出版社1999年版，第49页；蒋月：《婚姻家庭法前沿导论》，科学出版社2007年版，第46～47页。

〔3〕　巫昌祯主编：《婚姻与继承法学》，中国政法大学出版社1997年版，第106页。

〔4〕　〔英〕伯特兰·罗素：《婚姻革命》，靳建国译，东方出版社1988年版，第53页。

〔5〕　杨大文主编：《亲属法》，法律出版社1997年版，第68页。

一女结成的婚姻；重婚是指有配偶者又与他人缔结的婚姻。目前绝大多数国家实行单婚。

（3）要式婚和事实婚。这是依结婚是否履行法定程序的不同进行的划分。要式婚是指男女依照法定程序缔结的婚姻；事实婚是指符合结婚条件的男女，未履行结婚法定程序，以夫妻名义同居生活而形成的婚姻。当代世界各国立法对事实婚的态度有三种：不承认主义、承认主义、限制承认主义。

（4）合法婚姻和违法婚姻。这是依据是否符合结婚法定要件的不同进行的划分。合法婚姻是指符合结婚法定要件的婚姻；违法婚姻是指不符合结婚法定要件的婚姻。在我国，事实婚、无效婚姻、可撤销婚姻都是违法婚姻。

（二）家庭

1. 家庭的概念。家庭一词的含义在中国古代有多种解释，最早见于《后汉书·均传》，其他场合一般简称为家。有学者归纳其含义有五种：一为人居住的地方；二为夫妇；三为室内；四为女子出嫁；五为亲属共同生活团体[1]

家在法制上，主要有两种立法原则：①形式主义的立法原则。以同籍确定为家。凡属同一户籍的为一家，否则不为一家。如唐律规定：同籍及期亲为一家。②实质主义的立法原则。以同居生活关系确定为家。凡是经常共同生活的为一家，至于是否同籍在所不问，如我国民国时期的民法规定：称家者谓以永久共同生活为目的而同居之亲属团体[2]

根据现代公认的观点，家庭是一定范围内的亲属所构成的共同生活单位。从个人来说，家庭是一定范围的亲属的生活场所；从社会来说，家庭是社会的组织形式，是社会的细胞。

（1）家庭是一个独立的共同生活的单位。家庭作为社会的一个细胞，是以婚姻、血缘为纽带而构成的生活单位。共同生活的内容是非常广泛的，包括经济生活、道德生活以及政治生活和宗教生活等。与其他社会关系相比，家庭表现出以下特征：共同生活、共同消费；家庭成员间有共同的财产关系；家庭成员互享法定权利并互负法定义务。由于社会条件不同，生活的内容也会发生变化。

（2）家庭是由一定范围的亲属所构成的生活单位。家庭是一个生活单位，但不是任何人构成的生活单位都是家庭。只有亲属，而且是一定范围内的亲属构成的生活单位，才能称为家庭。

2. 家庭的职能。家庭的职能是指家庭作为社会关系的特定单位对社会所起的作用。概括起来主要有以下三个方面：

（1）人口再生产的职能。人口再生产的职能又称为生育功能。根据历史唯物主义的观点，生产本身有两种：①物质资料的生产，即食物、衣服、住房以及为此所

---

〔1〕 陈小君主编：《婚姻家庭法学》，中国检察出版社 1995 年版，第 3 页。
〔2〕 李忠芳主编：《婚姻法学》，辽宁人民出版社 1989 年版，第 138～139 页。

需要的工具的生产；②人类自身的生产，即种的繁衍或者称为人口再生产，是人类社会存在和可持续发展的必然要求。人口再生产的职能又必然落实在婚姻家庭的职能上，这是由婚姻家庭的自然属性和社会属性决定的。

人口再生产是婚姻家庭的自然属性的必然产物。但人口生产的规律，则是由婚姻家庭的社会属性决定的。人口再生产是受包括社会物质生活条件和人们生育观在内的社会条件制约的。因此，社会制度不同，婚姻家庭在实现人口再生产的职能时也会呈现出不同的特点，如在古代的奴隶社会和封建社会，人口再生产与当时分散的小农经济相适应，出生率高，死亡率也高。在近代资本主义社会，人口再生产受人口相对过剩规律的制约，这是由劳动力市场盲目的、自发的供求规律决定的。在现代社会，实行计划生育反映了人口再生产必须与物质资料生产相适应的客观规律的要求。一些国家，如我国、印度等均从本国实际出发，制定符合本国国情的计划生育政策。总之，人口再生产的过程，绝非是纯生物学的自然的过程，而是受一定的社会条件制约，并在一定的社会关系中才能实现的过程。婚姻家庭是人口再生产的社会形式，是实现人口再生产的载体。

（2）组织经济生活的职能。组织经济生活的职能，包括生产职能与消费职能，消费职能包含生活消费（抚养扶助等）与生产消费。家庭的经济职能，是社会生产方式和生活方式的集中反映。在古代社会，与奴隶社会、封建社会的小农经济结构相适应，当时的家庭是组织生产和消费的最重要的经济单位。到近代资本主义社会，由于大工业的发展和机械化的广泛采用，家庭的生产职能与生产消费职能减弱，许多家庭仅具有生活消费的职能，而不再具有组织生产的职能。到现代社会，除农村家庭和城市个体工商户家庭仍具有生产职能外，其他城市家庭一般只具有生活消费的职能。

从我国现实看，随着工业现代化进程的加快，家庭的物质生产职能正在减弱，除农村家庭和城市个体工商户家庭等仍然具有物质生产职能外，城市中的绝大部分家庭已经没有此职能。然而家庭的生活消费职能，将随着社会经济的发展和人民群众物质文化生活水平的提高，发挥更大的作用。

（3）教育职能。教育职能在家庭产生之初就已经形成。家庭是人们最初的生活环境和活动场所，家庭作为教育单位，承担着教育家庭成员、培养后代的作用。教育、监督和保护子女是家庭的法定的权利和义务。家庭成员之间所具有的亲情、血缘、共同经济、共同生活上的联系使得家庭教育与其他社会教育具有不同的特点。家庭教育是社会教育的有机组成部分和根基，只有把家庭教育、学校教育和社会教育结合起来，才能更好地完成教育后代的使命。

（三）婚姻与家庭的关系

婚姻与家庭之间既有联系又有区别。两者的联系在于：婚姻是家庭产生的前提，家庭是婚姻成立的结果，家庭关系包括婚姻关系；两者的区别在于：婚姻仅存在于结为夫妻的男女两性之间，家庭存在于婚姻当事人及家庭成员之间。

二、婚姻家庭的属性

婚姻家庭是以两性结合为前提，以血缘联系为纽带的社会关系，具有自然属性和社会属性。

（一）婚姻家庭的自然属性

婚姻家庭的自然属性是婚姻家庭赖以形成的不可缺少的自然因素。婚姻是男女两性的结合，家庭以血缘联系为其自然条件，如果没有这种自然条件，也就无所谓婚姻家庭。因此，这些自然因素是婚姻家庭与其他社会关系相区别的显著特征：①男女两性的生理差异和固有的性本能是建立婚姻关系的自然基础。生理学、生物学中的某些自然规律必然会对婚姻家庭关系发生作用。只有两性的结合才会构成婚姻。②家庭成员之间的血缘联系具有生物学上的特征。例如，婚姻法关于禁止近亲结婚的规定，就是生理学和生物学的要求。③建立婚姻家庭要受到自然规律的约束。婚姻家庭立法要正视婚姻家庭的自然属性，尊重自然规律。如婚姻法规定结婚当事人必须达到一定年龄，一定范围的近亲属结婚必须受到禁止，以及以出生的事实作为确定亲子关系的依据，等等。

（二）婚姻家庭的社会属性

婚姻家庭的社会属性是指它的存在和发展取决于社会生产关系，同时受社会上层建筑各个因素的影响和制约。

婚姻家庭关系是人类社会特有的社会关系，它的性质是由当时的社会生产关系的性质决定的。马克思说："人的本质并不是单个人所固有的抽象物，实际上，它是一切社会关系的总和。"[1] 人类的根本属性是社会性，人绝不能脱离社会而单独存在。婚姻家庭是人与人之间的社会关系，它也不能脱离社会而孤立存在。正如马克思指出的："在生产、交换和消费发展到一定阶段上，就会有一定的社会制度、一定的家庭、等级或阶级组织，一句话，就会有一定的市民社会。"[2] 可见，有什么样的社会生产关系，就有什么样的社会，就有与这个社会相适应的婚姻家庭。例如，在奴隶社会和封建社会，基于小农经济的需要，人与人之间的关系是人身依附关系，婚姻家庭是以包办强迫婚姻、男尊女卑、夫权统治、家长专制、漠视子女利益为特征的；在资本主义社会，基于资本主义工业化生产的需要，人与人之间的关系是契约关系，婚姻家庭也被视为一种"契约关系"；在社会主义社会，以社会主义公有制为基础且多种经济成分并存，人与人之间地位平等，婚姻家庭关系是平等主体之间的人身关系。并且，必须注意婚姻家庭的性质还受当时社会上层建筑各种因素的影响和制约。

总之，婚姻家庭的社会属性是婚姻家庭的本质属性：①婚姻家庭是社会关系的特定形式，具有复杂的社会内容。婚姻家庭关系包括物质的社会关系和思想的社会

---

〔1〕《马克思恩格斯全集》（第3卷），人民出版社1972年版，第5页。
〔2〕《马克思恩格斯全集》（第27卷），人民出版社1972年版，第477页。

关系。物质的社会关系是人们维持生存的必要条件，而思想的社会关系包括感情的、伦理的、政治的、法律的等社会关系，则是与当时社会上层建筑相适应的。②婚姻家庭是社会发展的产物。人类社会的两性关系从杂乱性交的非婚姻家庭状态，发展到血缘群婚、亚血缘群婚、对偶婚到一夫一妻制婚姻[1]，以及一夫一妻制婚姻发展的不同类型，都是社会历史发展的结果。③婚姻家庭是一定社会的缩影。以婚姻为基础的家庭是社会的细胞，其担负着重要的社会职能。

（三）婚姻家庭的自然属性和社会属性的关系

婚姻家庭的自然属性，决定了婚姻家庭关系的形成和维系都不同于一般的社会关系，它使婚姻家庭关系区别于其他社会关系，是婚姻家庭关系自身具有的特征。婚姻家庭的社会属性决定了婚姻家庭关系的性质，它是婚姻家庭关系的根本属性。

我们在不否定婚姻家庭自然属性的同时，绝不能夸大自然属性，更不能只承认自然属性而否认其社会属性。有关婚姻家庭的性质及其发展规律，只能从它的社会属性中得到合理的解释。虽然婚姻家庭的社会属性是婚姻家庭关系的根本属性，但是立法者不能忽视婚姻家庭的自然属性。[2]

第二节　婚姻家庭法

一、婚姻家庭法的概念和种类

（一）婚姻家庭法的概念

婚姻家庭法是调整婚姻家庭关系的法律规范的总和。关于婚姻家庭法的名称，世界各国的规定不一，归纳起来主要有四种，即婚姻法、家庭法、婚姻家庭法和亲属法。形成这种称谓的原因主要有两个：①由于调整对象或内容和范围的不同，其称谓不尽相同，如调整婚姻关系的法称为婚姻法，调整家庭关系的法称为家庭法，既调整婚姻关系又调整家庭关系的法称为婚姻家庭法。②由于认识上的原因和传统习惯的影响不同，其称谓不同，如同为调整婚姻关系和家庭关系的法，有的国家称为婚姻法，如我国现行《婚姻法》；有的则称为家庭法，罗马尼亚采此称谓；大陆法系的国家一般称为亲属法；而英美法系国家一般采取名副其实的命名原则，使名称和内容相统一，如英国的 1973 年《婚姻诉讼法》、1996 年《家庭法》、1999 年《儿

---

〔1〕　杨怀英主编：《中国婚姻法论》，重庆出版社 1989 年版，第 66～86 页。

〔2〕　关于自然属性和社会属性，对个人性行为的影响，我国有专家认为，"一个人在性方面的成熟并不仅仅指生理功能的发育齐全"，更是指个人在性方面的实践中，"已经逐步在性心理和性行为方面建立起道德上的自控能力，已经具备了按照社会的要求去建立和维系性关系的独立能力"。参见潘绥铭、王爱丽、[美] 白维廉、[美] 劳曼：《当代中国人的性行为与性关系》，社会科学文献出版社 2004 年版，第 52～54 页。

童保护法》〔1〕，以及美国的 1970 年《统一结婚离婚法》、1973 年《统一父母身份法》、1992 年《统一州际抚养法》〔2〕等。

（二）婚姻家庭法的种类

在法学领域中，根据不同的划分标准，可以将婚姻家庭法划分为不同的类型。

1. 狭义的婚姻法与广义的婚姻法。按其调整对象的不同，可划分为狭义的婚姻法与广义的婚姻法。狭义的婚姻法是指只调整婚姻关系的法律规范的总和，它只对婚姻关系的内容进行规范，不涉及其他家庭成员之间的权利与义务，如美国《统一结婚离婚法》。广义的婚姻家庭法是指既调整婚姻关系又调整家庭关系的法律规范的总和，其内容不仅包括婚姻关系，也包括家庭关系，如我国的《婚姻法》。

2. 形式意义的婚姻法与实质意义的婚姻法。按其调整内容的不同，可划分为形式意义的婚姻法和实质意义的婚姻法。形式意义的婚姻法是指以法典形式命名的调整婚姻家庭关系的基本法，如我国现行《婚姻法》。它只是调整婚姻家庭关系的基本准则，而不是全部婚姻家庭关系的法律规范。实质意义的婚姻法是指调整婚姻家庭关系的法律规范的总和。它不仅包括形式意义的婚姻法，还包括在其他法律中调整婚姻家庭关系内容的规范。〔3〕如我国现行《收养法》《婚姻登记条例》《母婴保健法》《人口与计划生育法》《妇女权益保障法》《未成年人保护法》等。总之，凡涉及调整婚姻家庭关系的法律规范，包括法律、法规、司法解释、条例、办法等均属于实质意义的婚姻法。因此，学习和研究婚姻家庭法，应当包括全部实质意义上的婚姻家庭法律规范体系，而不能仅以形式意义上的婚姻法为限。

二、婚姻家庭法的调整对象

（一）婚姻家庭法调整对象的内容

我国现行《婚姻法》第 1 条规定："本法是婚姻家庭关系的基本准则。"这明确了我国婚姻法是以婚姻关系和家庭关系作为调整对象。

1. 婚姻关系。婚姻关系是指婚姻关系的成立、婚姻的效力和婚姻的终止关系。对此，法律上规定有婚姻成立的条件、程序、婚姻的无效与撤销、夫妻间的权利与义务、离婚的原则、条件、程序、法律效力，以及夫妻一方死亡的法律后果等。

2. 家庭关系。家庭关系是指基于家庭成员间的身份关系而形成的各种权利与义务关系。我国现行《婚姻法》确认的相互之间具有权利与义务关系的亲属包括：夫妻、父母子女、祖父母与孙子女、外祖父母与外孙子女、兄弟姐妹。这些在法律上具有权利与义务的亲属，如果在一个家庭中共同生活，就被称为"家庭成员"。他

---

〔1〕　前述立法，参见蒋月等译：《英国婚姻家庭制定法选集》，法律出版社 2008 年版，第 56、229、289 页。

〔2〕　前述立法，参见［美］哈里·D. 格劳斯、大卫·D. 梅耶：《美国家庭法精要》（第五版，2007 年），陈苇主持翻译，中国政法大学出版社 2010 年版，第 205、84、128 页。

〔3〕　法学教材编辑部《婚姻法教程》编写组：《婚姻法教程》，法律出版社 1982 年版，第 15 页。

（她）们在家庭中的地位，相互间身份的产生和消灭，权利义务的内容和条件等均是婚姻家庭法的调整对象。

（二）婚姻家庭法调整对象的社会关系的性质

婚姻法调整对象的社会关系的性质，是指婚姻家庭方面的人身关系以及由此而产生的财产关系。

1. 婚姻家庭的人身关系。婚姻家庭的人身关系，是指婚姻家庭中具有特定身份的主体之间，不直接体现经济内容的权利义务关系。诸如姓氏权、社会活动权、忠实请求权、教育保护权、计划生育义务等均属之。婚姻家庭关系主体依法享有权利和承担义务，都是由这种特定身份决定的，不具有这种特定的身份就不具有婚姻法上的权利义务。因此，我国现行《婚姻法》对婚姻家庭方面的人身关系的发生、权利与义务消灭等予以明确规定。

2. 婚姻家庭的财产关系。婚姻家庭的财产关系，是指婚姻家庭中具有特定身份的主体之间，直接体现经济内容的权利义务关系。诸如家庭成员间的扶养、抚养、赡养的权利与义务，夫妻间的财产权利，监护人对被监护人造成的经济损失的赔偿义务等均属之。婚姻家庭的财产关系是以人身关系的存在为前提的，这种财产关系的产生与消灭是由人身关系决定的。因此，我国现行《婚姻法》对婚姻家庭方面的财产关系的内容、发生与终止等予以明确规定。

婚姻家庭的财产关系与民法调整的其他财产关系是不同的，其主要区别有：①主体不同。婚姻家庭法调整的财产关系发生在有特定的亲属身份的家庭成员之间并以此为前提；民法上的其他财产关系的发生则无此限制，可以是自然人，也可以是法人。②性质不同。婚姻家庭法调整的财产关系从属于人身关系，与特定的亲属关系不能分离，且具有特定性、持续性和无偿性特征；民法上的其他财产关系则无此特征，且一般具有等价、有偿的性质。③功能不同。婚姻家庭法调整的财产关系受亲情伦理的影响较大，反映家庭经济职能和亲属间相互扶助的要求，目的在于维护婚姻家庭的稳定与和谐；民法上的其他财产关系则不具有这样的功能，且主要反映市场经济条件下商品交换的要求，目的在于维护流通秩序和交易安全。

三、婚姻家庭法的性质

婚姻家庭法的性质是指其自身的特性，它是实体法、部门法、国内法、身份法。

（一）婚姻家庭法是实体法

实体法是相对于程序法而言的。婚姻家庭法主要是实体性的规范，主要规定婚姻家庭的主体在人身关系和财产关系方面的权利与义务，从实体上确定人们在婚姻家庭领域的行为规则。尽管在婚姻家庭法中也有一些程序性的规定，诸如结婚登记、离婚登记、收养登记、解除收养登记等，但这些规定并不影响其作为实体法的性质。

（二）婚姻家庭法是部门法

法的部门的划分以其调整对象和调整方法为基本依据。婚姻家庭法的调整对象和调整方法决定其应属于民法法律部门，但作为民法组成部分的婚姻家庭法具有相对独立的性质。

（三）婚姻家庭法是国内法

国内法是相对于国际法而言的。婚姻家庭法是调整本国公民婚姻家庭关系的法律规范，基于本国主权，其效力也及于本国领域内的外国人和无国籍人。按照我国法律的规定，我国缔结或参加的有关婚姻家庭的国际条约、国际协定，以及我国认可的国际惯例也是婚姻家庭法的渊源，但这并不影响其国内法的性质。

（四）婚姻家庭法是身份法

身份法是指关于亲属身份的发生、变更、终止，以及由此而产生的权利与义务关系的法律规范。婚姻家庭法调整夫妻之间、父母子女之间、祖孙之间、兄弟姐妹之间等亲属之间关系的产生、变更与终止，并调整由此而产生的权利与义务关系。尽管这种权利与义务包括人身权利与义务，也包括财产性权利与义务，但后者是以前者为基础而产生并随着前者的变化而变化。

四、婚姻家庭法的特点

婚姻家庭法调整对象的特殊性，决定了它的特点，即适用的广泛性、内容的伦理性和规范的强行性。

（一）适用的广泛性

社会成员既是婚姻家庭关系的产物，又是婚姻家庭关系的主体。婚姻家庭关系是人类社会中普遍存在的社会关系，任何人，不论其性别、年龄和其他情况如何，都是婚姻家庭关系的主体。1950年我国第一部《婚姻法》颁布时，毛泽东同志就指出："婚姻法是有关一切男女利害的、普遍性仅次于宪法的国家根本大法之一。"[1]人人都要结婚，人人都在一定的家庭中生活。每一个人，不论年幼或年老，不论已婚或未婚，不论有子女或无子女，都在婚姻家庭法的调整范围之内。婚姻家庭法是适用于我国领域内一切公民的普通法，而不是适用于部分公民的特别法。因此，婚姻家庭法的调整对象极为广泛，具有适用上的广泛性。

（二）内容的伦理性

婚姻家庭关系既是一种重要的法律关系，也是一种重要的伦理关系。婚姻家庭法具有身份法性质，而不是财产法。婚姻是一个伦理实体，人们的婚姻家庭关系，既受法律规范的调整，也受道德规范的调整。而道德规范调整的内容比法律规范更为广泛，调整婚姻家庭关系的法律规范有部分来源于道德规范。因此，强烈的伦理性是婚姻家庭法的又一特点。[2]

---

[1] 1950年4月14日，中央人民政府法制委员会《关于中华人民共和国婚姻法起草经过和起草理由的报告》。

[2] 主编注：关于亲属法的伦理性及其与法律的关系之研究，参见曹贤信：《亲属法的伦理性及其限度研究》，群众出版社2012年版，第181~218页。

（三）规范的强行性

法律规范的强行性是相对于任意性而言的。婚姻法规定的当事人之间的权利和义务具有强行性，当事人双方不得任意变更。当事人为一定行为时（如结婚、离婚、收养等）必须依照婚姻家庭法规定的条件和程序进行；作为婚姻家庭关系的当事人之间，如夫妻之间、父母子女之间、其他家庭成员之间的权利和义务是法律预先指明的，当事人不得随意抛弃、不得加以限制、不得加以改变或者通过协议加以改变。诚然，在婚姻家庭法中也有部分任意性规范，但当事人必须在法律允许的范围内协商约定，其选择的余地较小，如夫妻对财产关系的约定、离婚时的财产分割和子女抚养的协议等。

第三节　婚姻家庭法的编制体例

调整婚姻家庭关系的法律，在不同的社会里其地位是不同的。从婚姻法的历史发展看，大体经历了三个阶段，即诸法合体时期的古代婚姻法、属于民法组成部分的近现代婚姻法、形成独立法律部门的婚姻法。这表明在人类不同的历史时期，婚姻家庭法的编制体例有所不同。

一、诸法合体的古代婚姻家庭法

在整个古代，不论奴隶社会还是封建社会，立法多采取"诸法合体"的形式：①立法没有民事和刑事之分，也没有实体法和程序法之别，一切法律规定被统括于一部法典之中。中国是这样，外国也是如此。例如，我国古代的《唐律》就是把犯罪、刑罚、行政制度、司法制度、财产关系、亲属关系、户籍、土地、税收等诸多关系，统一规定于一部法律中，婚姻家庭关系与户籍、土地、税收等内容被编制在《户婚律》之中；国外古巴比伦的《汉穆拉比法典》、古罗马的《十二铜表法》、古希伯来奴隶制王国的古希伯来法等，也是把包括有关婚姻家庭方面在内的一切法规统一于一部法律之中。可见，婚姻家庭法与其他法律并存于统一的一部法律之中是当时立法特点之一。②有关婚姻家庭方面的法律规范均与刑罚联系在一起。例如中国古代的《唐律》规定："诸同姓为婚者，各徒二年。""妾与奴婢为良人，而与良人为夫妻者，徒二年。"[1]《汉穆拉比法典》第129、143条分别规定："倘自由民之妻与其他男人同寝而被捕，则应捆缚此二人投之于河。""倘她不贞洁而常他往，使其家破产，其夫蒙羞，则此妇应投之于水。"[2] ③在法律之外，其他社会规范对婚姻家庭关系也有规范作用，诸如道德、宗教、风俗习惯等。中国古代对婚姻家庭关系的调整实行"以礼辅法，礼法并用"方式。由于古代法律规范的不全面，所以有

---

〔1〕　张希坡：《中国婚姻立法史》，人民出版社 2004 年版，第41、43 页。

〔2〕　《世界著名法典汉译丛书》编委会编：《汉穆拉比法典》，法律出版社 2000 年版，第60、67 页。

关婚姻家庭的礼，实际上起着法的作用，从广义上说是婚姻家庭法的组成部分。[1]

二、属于民法组成部分的婚姻家庭法

到资本主义社会时期，在法制史上结束了诸法合体的时代，法律被划分为实体法与程序法、公法与私法等。婚姻家庭法作为私法的组成部分被包括在民法之中，属于民法的一个组成部分，如《日本民法典》第四编"亲族法"、1900 年《德国民法典》第四编"亲属法"等，该"亲族法"或"亲属法"，就是调整婚姻家庭关系的法律。资本主义国家把婚姻家庭法归属于民法之中，是因为认为婚姻家庭关系是一种契约关系。正如英国法学家亨·萨·梅因所说，与以前的各个时代相比，我们的全部进步就在于从身份到契约，从过去留传下来的状态进到自由契约所规定的状态。[2] 1791 年的法国宪法规定："法律只承认婚姻是一种民事契约。"因此，婚姻家庭关系当然应该由民法调整，婚姻家庭法当然属于民法的组成部分。

在编制体例上，资本主义国家有大陆法系和英美法系（或称为海洋法系）之分，两大法系在婚姻家庭法的编制体例上有所不同。

（一）大陆法系的编制体例

大陆法系国家均有统一的民法典，也称法典法系国家。婚姻家庭法的编制体例又有罗马法编制体例与德国民法典编制体例之分。罗马法编制体例也被称为法国式的编制法，它以 1804 年的《法国民法典》为代表。其编制方法是将婚姻家庭中有关婚姻成立、婚姻终止、父母子女等人身关系的产生和消灭、亲权、监护的身份关系和行为，统一规定在第一编"人法"之中；将婚姻家庭中涉及财产关系的内容，诸如夫妻间的扶养、夫妻财产制、亲属间的遗产继承等统一规定在第三编"取得财产的各种方法"[3]之中。德国民法典编制体例或称德国式的编制法，以 1900 年的《德国民法典》为代表，其编制方法是将婚姻家庭关系集中编制在第四编，称为"亲属编"。日本、瑞士的民法典以及我国民国时期的民法均采此种编制法。

（二）英美法系的编制体例

英美法系编制体例以英国法和美国法为代表。这些国家除通行习惯法和判例法外，调整婚姻家庭关系的法律是由一系列的单行法规构成的，诸如结婚法、离婚法、夫妻财产法等。这些单行法规无论在理论上还是在法律的分类上，都不是独立的法律部门，而只是民法的有机组成部分。

三、成为独立法律部门的婚姻家庭法

婚姻家庭法成为一个独立的法律部门，是从苏联十月革命胜利后开始的。苏联1918 年和 1926 年的《婚姻、家庭和监护法典》，已经从民法中分离出来成为一个独立的法律部门。第二次世界大战后，包括我国在内的亚洲、欧洲一些社会主义国家

---

〔1〕　杨大文主编：《婚姻法学》，北京大学出版社 1991 年版，第 23 页。
〔2〕　[英] 梅因：《古代法》，沈景一译，商务印书馆 1996 年版，第 3 页。
〔3〕　李浩培等译：《拿破仑法典》，商务印书馆 1979 年版，第 94 页。

相继建立，也都按苏联模式先后将婚姻家庭法从民法中分离出来而成为独立的法律部门。我国 1950 年和 1980 年的两部《婚姻法》，虽然内容简要，条文不多，但都是独立的法律，被视为是我国社会主义法律体系中的一个独立部门。[1] 目前我国正在编纂"中国民法典"，许多学者都认为婚姻家庭法属于民法典的组成部分，主张应当将婚姻家庭法独立成编而编制在"中国民法典"之中。

第四节　中国婚姻家庭法的演变

关于中国婚姻家庭法的演变之考察，主要包括以下历史时期的立法：中国古代的婚姻家庭法、中国半殖民地半封建社会的婚姻家庭法、中国民主革命根据地的婚姻家庭法和中华人民共和国婚姻家庭法。[2]

一、中国古代的婚姻家庭法

中国古代自公元前 21 世纪的夏朝开始，经历数千年奴隶制社会和封建制社会的历史，作为其法律制度组成部分的婚姻家庭立法，与社会制度的发展一脉相承，在立法宗旨、立法内容和调整方法上，形成了自身的特征。

（一）中国古代婚姻家庭立法的宗旨

中国古代婚姻家庭立法的宗旨是维护统治阶级的宗法制度，以达到维护统治阶级利益之目的。宗法制度也称为宗法等级制度，是原始社会父系氏族的血缘结构在阶级社会中的转化形态。它始自夏、商，完备于西周。[3] 统治者通过血缘纽带将同姓贵族联合起来，以天子为大宗，以诸侯为小宗，诸侯在本诸侯国为大宗，卿、大夫为小宗。各个大宗小宗都成为一个家长制的大家庭，形成一个庞大的宗族体系、亲属网络，这也是一种国家的统治体系。国王是国家的最高统治者，是整个国家的大宗，拥有至高无上的权力。家庭则实行家长制，由男性尊长担任家长，家长对家庭成员与国王对臣民一样，享有至高无上的家长权。这种宗法制度是中国古代社会国家的根本制度，也是婚姻家庭立法必须遵循和维护的制度。在宗法制度下，以男子为中心的家长制家庭是国家的缩影，婚姻家庭立法的内容都是按宗法制度的要求制定，并为宗法制度服务的。

（二）中国古代婚姻家庭法的调整方法

奴隶制社会为维护宗法制度，调整婚姻家庭关系主要是依礼制规范，其核心是

---

〔1〕　但我国有学者认为，随着 1986 年《民法通则》的颁行，就目前我国《婚姻法》在现行民事法律体系中的地位而言，应是民法的组成部分，而不是一个独立的法律部门。参见杨大文主编：《亲属法》，法律出版社 2004 年版，第 18 页。

〔2〕　主编注：关于从女性主义视角对中国婚姻家庭法的历史演进之研究，参见黄宇：《婚姻家庭法之女性主义分析》，群众出版社 2012 年版，第 163～209 页。

〔3〕　张希坡：《中国婚姻立法史》，人民出版社 2004 年版，第 13 页。

主张尊卑、贵贱、长幼、亲疏有别，要求人们不同的身份有不同的行为规范。最早的"礼"出现在西周，以周公为代表的奴隶主统治者总结夏、商及周初的习惯和经验，制定了通行全国的比较系统的礼制，史称"周公制礼"[1] 礼的主要内容是"婚礼"和"家礼"。所谓婚礼，指嫁娶之礼，即当时结婚的"六礼"[2]；所谓家礼，指冠、丧、祭等。至封建制社会，对婚姻家庭关系的调整是礼法并用的，一方面，加强了对婚姻家庭关系的法律调整，多在统一的法典中设置专章规定婚姻成立、婚姻障碍及对违律嫁娶的处罚等；另一方面，对家长的权力、家属的义务等都作了较为详尽的规定。但此时，礼制仍然起着重要的作用。形成礼为"禁恶于未然"，法为"禁恶于已然"并用的特定调整方法。

（三）中国古代婚姻家庭法的基本特征

中国奴隶制社会和封建制社会及其婚姻家庭制度，在我国延续了数千年。由于它们有着共同的经济基础、阶级根源和思想根源，决定了婚姻家庭制度的特征的一致性。

1. 包办强迫，婚姻不自由。中国古代，包括奴隶制社会和封建制社会，实行包办强迫的婚姻制度，当事人没有任何自由，只能安心顺从。

从婚姻的缔结来看，"父母之命，媒妁之言"，是合法形式。所谓"父母之命"，是指主婚权完全掌握在家长之手，在以男子为中心的宗法社会里，父母之命主要是男性尊长之命。《唐律疏义》解释："尊长"为祖父母、父母、伯叔父母、姑、兄姊。明清律明文规定：嫁娶者，由祖父母、父母主婚，祖父母父母俱无者，从余亲主婚。即婚姻缔结权属于尊长，而不属于婚姻当事人本人。所谓"媒妁之言"，是指婚姻的缔结必须经过媒介或环节，如《诗经·齐风·南山》中载："娶妻如之何？匪媒不得。"唐律规定：娶妻无媒不可。"父母之命，媒妁之言"，最初是封建礼制的要求，后又由礼入法。

从婚姻的目的来看，《礼记·昏义》记载："昏礼者，将合两姓之好，上以事宗庙，下以续后世也。"[3] 这表明婚姻是两个家族的事，其目的是借以扩大家族的利益，传宗接代。因此，必然要求门当户对，把"门第高低、财产多寡"作为这种婚姻的实际内容。此目的下的男女结合，是无须征得婚姻当事人意愿的。

从婚姻的解除来看，婚姻当事人也无自由，按照法律规定，离婚的主要方式是"七出""义绝""和离"三种。从它们的内容看，离婚不自由，妇女的离婚权几乎被完全剥夺，实行男子或男方家长单方享有离婚权的专权离婚制度。

---

[1] 张希坡：《中国婚姻立法史》，人民出版社2004年版，第15页。

[2] 所谓"六礼"，即纳采、问名、纳吉、纳征、请期、亲迎。此"六礼"程序一直被中国古代历代王朝所肯定，只是在后世有所简化。"六礼"的具体内容，参见陈戍国点校：《周礼·仪礼·礼记》仪礼之"士昏礼第二"，岳麓书社1989年版，第141～147页。

[3] 陈戍国点校：《周礼·仪礼·礼记》，岳麓书社1989年版，第536页。

2. 男尊女卑，公开的一夫多妻制。男尊女卑，是指男子无论在家庭中还是在社会上都处于统治地位，而女子则处于被统率、应服从的从属地位。在奴隶制和封建制宗法制下，男女有别就别在："男尊女卑""男外女内"等。夫为妻纲是中国伦理纲常的重要组成部分。

中国古代伦理纲常对女性提倡"三从四德"，在思想上对女性进行束缚和统治。所谓"三从"，是指妇女在家从父兄、出嫁从夫、夫死从子，将妇女的一生置于男子的支配之下；所谓"四德"，是指妇德、妇言、妇容、妇功，对妇女各方面按照男性的要求进行规范。女性只承担义务而不享有权利，她们没有独立的人格和地位、没有独立财产。所谓"子妇无私货、无私畜、无私器、不敢私假、不敢私与"，对儿子、儿媳的财产权利予以剥夺。夫妻在违反法律处以刑罚时，同罪不同罚。按照汉律的规定，如果夫与人通奸，则"耐为鬼薪"（三年徒刑）；如果妻与人通奸，或者私自改嫁，或者夫死未葬而嫁，则处以死刑。《唐律·斗讼》中规定，夫殴妻者，减凡人二等；死者以凡人论。反之，妻殴夫徒一年，若殴伤重者，加凡人伤三等，死者斩。

一夫多妻也是男尊女卑的具体反映。封建社会的一夫多妻是通过纳妾的形式实现的，从天子、诸侯到卿、大夫、士都有具体明确的规定，如"古者天子后立六宫、三夫人、九嫔、二十七世妇、八十一御妻……""公侯有夫人、有世妇、有妻、有妾"[1]。然而，对女子则要求"从一而终"，守"贞"守"节"，封建主义婚姻家庭制度是强压在女子身上的沉重枷锁。

3. 漠视子女利益，实行家长专制。漠视子女利益，实行家长专制，是指在家长制下，子女的利益毫无保障，既没有财产权也没有人身权，家长可以任意支配一切。封建家长制是封建土地所有制和小农经济的必然产物。

在人身关系方面，子女、卑幼对家长必须绝对服从。依照封建礼教和法律的规定，一家之内，子必从父，弟必从兄，妻必从夫，全家必从家长，即所谓"家事统于一尊"。家长的权力在家庭之内是至高无上的，"父为子纲""夫为妻纲"，是天经地义的信条，孝道是亲子关系的最高原则，妻和子女等家属在家庭中处于无权的被支配的地位。

在财产关系方面，家庭财产的管理权和处分权被操于家长之手。同居卑幼不经家长而私自擅用本家财产的，须受法律处罚。为维护家长制的家庭制度，历代封建法律都规定禁止子孙"别籍异财"。

家长专制集中体现在法律对家长赋予的各种权利，以及对家属权利的剥夺上。家长的权利主要有：统帅家属权、家庭财产支配权、婚姻缔结权、教育家属权、惩戒家属权等；而家属则几乎没有任何权利。[2]

---

〔1〕 陈戌国点校：《周礼·仪礼·礼记》，岳麓书社1989年版，第537、293页。
〔2〕 陈苇主编：《婚姻家庭继承法学》，群众出版社2005年版，第17页。

二、中国半殖民地半封建社会的婚姻家庭法

1840 年鸦片战争以后，由于帝国主义的入侵，中国逐步沦为半殖民地半封建社会。当时社会制度的性质和特点，决定了当时婚姻家庭制度的性质和特点。此时期经历了太平天国运动、戊戌变法、辛亥革命和五四运动，提出了一些改革的主张和尝试。由于历史条件和社会条件的变化，婚姻家庭制度也发生了一定的变化。从清王朝、北洋军阀政府到民国政府，都对婚姻家庭立法作出一些形式上的改变，但是，由于社会性质没有发生根本性的改变，所以，也没有从本质上改变封建婚姻家庭制度。

（一）清末的婚姻家庭立法

这一时期的立法主要有两个：一个是 1910 年（宣统二年）颁布的《大清现行刑律》；另一个是 1911 年起草但未颁行的《大清民律草案》。前者是在《大清律例》的基础上制定的，立法体例上仍然是诸法合体的，但它在婚姻家庭和其他纯民事方面的规定不再有刑罚的内容，以示民刑分离，而其他内容则是《大清律例》的翻版。这部法律颁行不久，清王朝即被辛亥革命推翻。由于这部法律中的有关婚姻家庭和其他民事方面的内容，在清王朝覆灭后在相当长的时间被北洋军阀政府所援用，因此，被称为"民事有效部分"。后者为清王朝修订法律馆于宣统三年编制，史称"民律第一次草案"，其中第四编为"亲属法"，分设 7 章、共计 143 条。这七章的章名分别是：总则、家制、婚姻、亲子、监护、亲属会、扶养之义务。这是中国第一部民法典草案，是中国民法（包括婚姻家庭法）近代化的最初尝试。[1]

（二）北洋军阀政府时期的婚姻家庭立法

这一时期婚姻家庭立法主要包括三部分：①1915 年起草的《民律亲属编草案》，共 7 章、141 条，其章目大致与第一次民律亲属编草案相同。②1926 年制定的民律第二次草案，其中亲属编为 7 章、243 条。这两部草案基本上是抄袭资本主义国家亲属法和大清民律草案的内容，均未正式颁行，仅由北洋军阀政府司法部通令各级法院作为内部条例援用。③北洋军阀政府通过其大理院作出的法律解释和判例。

（三）民国政府时期的民法亲属编

1930 年 12 月 26 日，民国政府公布了《中华民国民法》亲属编，于 1931 年 5 月 5 日施行。同时，还制定了《民法亲属编施行法》，于 1931 年 1 月 24 日公布，同年 5 月 5 日施行。该"民法亲属编"共 7 章、171 条，主要内容有：通则、婚姻、父母子女、监护、扶养、家、亲属会议等，对婚姻家庭的各项主要制度作出具体规定。该法的颁行，在形式上实现了中国婚姻家庭法从古代型向近现代型的转变。但它是仿照资本主义大陆法系的德国、日本、瑞士等国的民法典亲属编制定的，具有资本主义性质；同时，它又承袭了清末民律草案中的部分内容，集中体现了封建婚姻家庭法的残余影响。1949 年中华人民共和国成立后，该法在我国内地被废止，但它在我

---

〔1〕 杨大文、马忆南编著：《婚姻家庭法学》，北京大学出版社 2004 年版，第 27 页。

国台湾地区一直被沿用至今并已经过多次修正。[1]

三、中国民主革命根据地的婚姻家庭法

（一）土地革命和第二次国内革命战争时期的婚姻家庭法

中国民主革命的婚姻家庭立法，是在中国共产党领导下的革命根据地诞生的，其斗争锋芒直接指向封建主义婚姻家庭制度。革命根据地初创时期，不少地区就发布了取缔娼妓制度、解放奴婢、实行男女平等、禁止买卖婚姻等决议和法令。例如，1930 年 3 月，闽西根据地第一次工农兵代表大会通过的《保护青年妇女条例》和《婚姻法》，1931 年鄂豫皖根据地通过的《婚姻问题决议案》。[2]

在全国性的工农民主政权建立以后，1931 年《中华苏维埃共和国宪法大纲》指出：“中华苏维埃政权以保证彻底地实行妇女解放为目的，承认婚姻自由，实行各种保护妇女的办法。”同年 12 月，中华苏维埃共和国中央执行委员会第一次会议通过了《中华苏维埃共和国婚姻条例》，1934 年又颁行了《中华苏维埃共和国婚姻法》。这是改革封建婚姻家庭制度的第一批婚姻家庭立法，它的公布施行，标志着中国婚姻家庭制度大革命的开端。这些法律确立了婚姻自由、男女平等、一夫一妻、保护妇女和子女利益的基本原则，废除一切封建包办的、强迫的与买卖的婚姻制度。它为后来各解放区的婚姻家庭立法和新中国成立后的婚姻立法，奠定了初步的法律基础。

《中华苏维埃共和国婚姻条例》和《中华苏维埃共和国婚姻法》的主要内容包括：①婚姻法的总则。实行新民主主义婚姻家庭制度，确立了其基本原则，对封建主义婚姻家庭制度予以废除。②结婚与离婚的法定条件。结婚的条件是：须男女双方同意，须男女双方达到法定婚龄（男满 20 岁、女满 18 岁），禁止五代以内的亲族血统者结婚，禁止患危险性的传染病者、神经病者和疯人结婚。结婚的程序是：男女结婚须同行至乡苏维埃或市区苏维埃进行结婚登记，领取结婚证。废除以聘金、聘礼及嫁妆作为结婚的条件。同时还规定凡男女实行同居者，无论登记与否，均以结婚论。离婚的条件和程序是：男女双方同意离婚的，须向乡或市的苏维埃登记，如有争议则由裁判部处理。③对军人婚姻的特殊保护。红军战士之妻要求离婚须得其夫同意，但在通信便利的地方，如红军战士 2 年内不给家里写信者，或通信困难的地方经 4 年不通信者，其妻可向当地政府请求登记离婚。④对妇女和儿童的照顾与保护。如离婚后男女原来的土地财产债务各自处理，在结婚满 1 年男女共同经营所增加的财产，男女平分，如有小孩则按人口平分。男女同居时所负的共同债务，

---

〔1〕 有关该“民法亲属编”在我国台湾地区自 1985 年起至 2015 年的历次修正情况，参见宋豫、陈苇主编：《中国大陆与港、澳、台婚姻家庭法比较研究》，重庆出版社 2002 年版，第 27～35 页；许莉：《〈中华民国民法·亲属〉研究》，法律出版社 2009 年版，第 202～227 页；陈苇主编：《当代中国内地与港、澳、台婚姻家庭法比较研究》，群众出版社 2012 年版，第 39～54 页；高凤仙：《亲属法理论与实务》，五南图书出版股份有限公司 2016 年版，第 1～8 页。
〔2〕 张希坡：《中国婚姻立法史》，人民出版社 2004 年版，第 128 页。

归男子负责清偿。离婚后女子如未再婚，并缺乏劳动能力，或没有固定职业，因而不能维持生活者，男子须帮助女子耕种土地或维持其生活。女方在怀孕期间及产后4个月内，男方不得提出离婚。在抚养子女问题上规定，一切非婚生子女享有婚生子女的一切权利，禁止对其虐待和遗弃，所生子女一般归女方抚养，女方不愿意抚养的则归男方抚养。女方抚养子女的，由男方负担小孩必需的生活费的2/3，直至16岁为止。

（二）抗日战争时期和解放战争时期的婚姻家庭法

抗日战争时期、解放战争时期，随着革命斗争的胜利和革命政权的进一步发展，各个革命根据地的民主政权，先后颁布了一系列有关婚姻、家庭关系等方面的条例。抗日战争时期地区性的婚姻条例很多，如1939年的《陕甘宁边区婚姻条例》、1941年的《晋西北婚姻暂行条例》、1942年的《晋冀鲁豫边区婚姻暂行条例》、1943年《晋察冀边区婚姻条例》、1944年的《修正陕甘宁边区婚姻暂行条例》等。解放战争时期，有的边区还对原有的条例加以修订，重新颁行，如1946年的《陕甘宁边区婚姻条例》等。[1] 婚姻、家庭、妇女问题上的革命锋芒，仍然指向封建主义的制度和习俗，这些条例的原则和基本精神同苏区革命根据地时期的婚姻立法是完全一致的，只是在具体问题上有所补充、修改，使之更加符合当时的实际情况。

这一时期的婚姻家庭立法具有以下特征：①继承和发展了中华苏维埃共和国时期的婚姻立法。其基本原则与《中华苏维埃共和国婚姻法》是完全一致的，如1939年的《陕甘宁边区婚姻条例》规定，男女婚姻以自愿为原则，实行一夫一妻制；禁止强迫包办和买卖婚姻，而且许多条例在内容上作出了更为具体的规定，如增加了订婚的条件和程序、婚约的解除以及再婚自由等规定。②具有"地区性"的特点。"地区性"是指各根据地的立法都是根据本地区的具体情况和实际需要制定的，所以它们在内容上有所差异。如陕甘宁边区地处少数民族地区，为尊重少数民族的婚姻习俗，其婚姻条例规定："少数民族婚姻，在不违反本条例之规定下，将尊重其习惯。"有的地区有订婚的习俗，其婚姻条例则用专章规定婚约问题，包括婚约订立的条件、婚约的解除以及违约责任等。有的地区有早婚习俗，法定婚龄一般规定为男18岁、女16岁。③具有"时代性"的特点。"时代性"是指当时处于战争环境，立法中的一些内容反映了这一特定历史条件。如有的条例明确规定，一方允当汉奸或有危害抗战行为者，为他方诉讼离婚的法定理由。抗日军人配偶提出离婚，须得到军人之同意。抗日军人生死不明4年以上，他方始得请求离婚。同时，这一时期立法对离婚的处理，采取了慎重的态度：各根据地的婚姻条例都规定，双方自愿离婚，须到当地政府登记离婚，发给离婚证；对一方要求的离婚，须经裁判部或人民法庭审理，具有法定离婚理由者才准予离婚。

革命根据地婚姻立法及贯彻执行，实现了对封建主义婚姻家庭制度的初步改革。

〔1〕张希坡：《中国婚姻立法史》，人民出版社2004年版，第155页。

旧婚姻家庭制度开始崩溃，新婚姻家庭制度正在形成。当然，由于历史条件的限制，它的改革还不够彻底，婚姻立法也有其不完备之处。但它为新中国成立后从根本上改革旧的封建主义婚姻家庭制度积累了宝贵的经验和做了重要的准备。

四、中华人民共和国婚姻家庭法[1]

（一）1950 年《婚姻法》

1949 年中华人民共和国的建立，使我国的婚姻家庭制度改革进入了一个新的发展阶段。我国新民主主义革命胜利后，广大群众、广大妇女被从三座大山的压迫下解放出来，在婚姻家庭关系方面也迫切地要求摆脱封建束缚。当时，封建主义婚姻家庭制度还没有在全国范围内废除，包办买卖婚姻、虐待妇女的事件还经常发生。如果不从根本上对封建主义婚姻家庭制度进行改革，势必严重影响全国人民特别是广大妇女的革命和建设的积极性。1950 年 4 月 13 日，中央人民政府委员会第七次会议通过了《中华人民共和国婚姻法》，并于同日公布施行。它是中华人民共和国成立后颁行的第一部具有基本法性质的重要法律。

1. 1950 年《婚姻法》的基本精神。在该法第 1 条中作了明确的表述，即"废除包办强迫、男尊女卑、漠视子女利益的封建主义婚姻制度。实行男女婚姻自由、一夫一妻、男女权利平等、保护妇女和子女合法权益的新民主主义婚姻制度"。这也是1950 年《婚姻法》的基本任务和基本原则。

2. 1950 年《婚姻法》的主要内容。该法共计 8 章、27 条，其主要内容包括：①基本原则。该法从正反两个方面进行规定，即废除包办强迫、男尊女卑、漠视子女利益的封建主义婚姻制度。实行男女婚姻自由、一夫一妻、男女权利平等、保护妇女和子女合法权益的新民主主义婚姻制度。同时还规定，禁止重婚、纳妾，禁止童养媳。禁止干涉寡妇婚姻自由。禁止任何人借婚姻关系索取财物。②结婚。包括结婚的条件和程序，强调结婚自愿和进行结婚登记。③夫妻的权利和义务。夫妻有各自使用自己姓名的权利、有参加社会活动的自由、对家庭财产有平等的处理权、有互相扶养和继承遗产的权利。④父母子女关系。父母子女之间有抚养或赡养的义务以及继承的权利，确认对非婚生子女、养子女和有抚养关系继子女的平等保护。⑤离婚。包括离婚的条件和程序，强调对妇女、对军人的特殊保护。对离婚后的子女抚养和教育，确认离婚后双方仍然有抚养教育子女的义务。离婚后的财产和生活，确定财产归属、财产分割、债务清偿等规则。⑥附则。包括法律责任及该法生效的时间。

3. 1950 年《婚姻法》的贯彻实施。该法公布并施行后，为了使新民主主义婚姻家庭制度普遍施行于全国，中央人民政府政务院以及内务部、最高人民法院等有关

---

〔1〕 主编注：关于当代中国内地与港、澳、台婚姻家庭法的渊源和特征，参见陈苇主编：《当代中国内地与港、澳、台婚姻家庭法比较研究》，群众出版社 2012 年版，第 13～18、23～26、33～36、54～56 页。

部门，多次发出了贯彻婚姻法的指示，并确定 1953 年 3 月为"贯彻婚姻法运动月"。贯彻婚姻法的运动，取得了显著的成绩：①进一步摧毁了封建主义婚姻家庭制度，批判了婚姻家庭问题上的旧思想、旧风俗和旧习惯；②通过宣传，干部和群众的法制观念大大提高；③社会主义新思想、新风尚得到发扬，自由婚姻显著增加，和睦家庭大量涌现，从而奠定了社会主义婚姻家庭制度的牢固基础。

（二）1980 年《婚姻法》

1950 年《婚姻法》施行了 30 年，随着社会主义现代化建设的进行，在婚姻家庭方面出现了许多新情况和新问题。为巩固和发展社会主义婚姻家庭制度，保护公民的合法权益，促进社会主义现代化建设，第五届全国人民代表大会第三次会议于 1980 年 9 月 10 日通过了新的《中华人民共和国婚姻法》，1980 年 9 月 10 日公布，1981 年 1 月 1 日起施行，同时 1950 年《婚姻法》被废止。1980 年《婚姻法》共计 5 章、37 条。它是 1950 年《婚姻法》的继承和发展，这表现在以下五个方面：

1. 完善了婚姻法的基本原则。1980 年《婚姻法》保留了 1950 年《婚姻法》关于婚姻自由、一夫一妻、男女权利平等、保护妇女和子女合法权益的原则，同时，把"男女权利平等"的"权利"二字删除；扩大受保护主体的范围，增加了保护"老人"；增加了规定"实行计划生育"的原则。

2. 修改了结婚条件。①提高了法定婚龄，即从 1950 年《婚姻法》的男 20 岁、女 18 岁始得结婚，提高到男 22 周岁、女 20 周岁始得结婚，并增加了"晚婚晚育应予鼓励"的规定。②明确规定禁止结婚的血亲的范围，即三代以内旁系血亲间禁止结婚，其实质意义在于禁止"中表婚"。[1]

3. 扩大了调整家庭关系的范围。1980 年《婚姻法》在保留 1950 年《婚姻法》规定的夫妻关系、父母子女关系的基础上，增加了其他家庭成员之间的关系。并且增加规定男女可以互为家庭成员；子女可以随父姓，也可以随母姓；夫妻财产可以约定；等等。

4. 规定了离婚的法定条件。1980 年《婚姻法》明确规定了离婚的法定条件，即夫妻"感情确已破裂，调解无效"应准予离婚。将夫妻感情确已破裂作为准予离婚的原则界限。

5. 对制裁和执行作出了相应规定。1980 年《婚姻法》规定了违反本法的制裁种类，即行政处分和法律制裁；对具有财产内容的判决或裁定的执行问题也作了较为具体的规定。

（三）2001 年修正后的《婚姻法》

改革开放以来，婚姻家庭领域出现了许多新情况和新问题。因此，"一方面，要

---

〔1〕 "中表婚"是指表兄弟姐妹间缔结的婚姻。我国古代社会以来长期盛行"中表婚"，由于自古形成"同宗同姓不婚""辈分不同不婚"的习俗，所以，我国 1980 年《婚姻法》禁止三代以内旁系血亲间结婚的规定，实际上是禁止"中表婚"。

加强婚姻家庭方面的道德建设，另一方面要加强婚姻家庭方面的制度建设。具体构想是：填补立法空白，增设必要的法律制度；充实薄弱环节，完善现有的法律制度。总体目标就是要把婚姻法修改成有中国特色和时代精神的，体系完整、内容全面的，具有前瞻性、系统性、科学性的婚姻家庭法"[1] 2001 年 4 月 28 日通过《全国人民代表大会常务委员会关于修改〈中华人民共和国婚姻法〉的决定》，对 1980 年《婚姻法》，在结构上和条文上作了 33 项修改，内容为 6 章、51 条。其被修改和增加的主要内容包括如下方面：

1. 基本原则的修改与增加。在"禁止重婚"之后，增加规定："禁止有配偶者与他人同居。禁止家庭暴力。"这是为了保障婚姻法相关原则的贯彻与实施。该法还新增规定："夫妻应当互相忠实，互相尊重；家庭成员间应当敬老爱幼，互相帮助，维护平等、和睦、文明的婚姻家庭关系。"

2. 结婚制度的修改与增加。删除了麻风病患者禁止结婚的规定，修改为"患有医学上认为不应当结婚的疾病"者禁止结婚，将原列举与概括相结合的立法模式改为概括式的立法模式。增加了无效婚姻与可撤销婚姻制度，其内容包括无效婚姻与可撤销婚姻的原因、请求权人、请求权行使的期限、程序、法律后果等。同时，还新增规定："未办理结婚登记的，应当补办登记。"

3. 家庭关系的修改与增加。在夫妻财产关系上，明确了夫妻共同财产和夫妻个人财产的范围；对约定财产的范围、形式、法律效力等作出了规定。在其他家庭成员关系上，把最高人民法院的相关司法解释上升为法律的规定等。

4. 离婚制度的修改与增加。把原概括性离婚理由的规定改为列举与概括相结合的例示主义离婚理由的立法；增加离婚后父母对子女的探视权；对现役军人配偶要求离婚作出了适当的修改；新增了离婚经济补偿请求权；等等。

5. 救助措施与法律责任的修改与增加。增加了对家庭暴力、虐待、遗弃家庭成员的救助措施和处理的规定；增加了离婚损害赔偿制度的规定；等等[2]

导入案例之要点评析

婚姻家庭法是调整婚姻关系和家庭关系的法律规范的总和。男女结婚，必须符合法定的条件和程序。从本案案情看，2010 年 12 月 8 日，甲男与乙女共同申请办理结婚登记时，由于两人均未达到结婚的法定年龄[3]，因此登记机关不予登记是正确

---

[1] 巫昌祯主编：《中华人民共和国婚姻法讲话》，中央文献出版社 2001 年版，第 3 页。

[2] 关于现代婚姻家庭法的立法宗旨与变革趋势，以及我国 2001 年修正后的《婚姻法》之修改立法的主要理由及其成功与不足，参见陈苇：《中国婚姻家庭法立法研究》，群众出版社 2010 年版，第12～88 页。关于当代中国内地与港、澳、台婚姻家庭法的发展趋势，参见陈苇主编：《当代中国内地与港、澳、台婚姻家庭法比较研究》，群众出版社 2012 年版，第 57～77 页。

[3] 现行《婚姻法》第 6 条规定："结婚年龄，男不得早于 22 周岁，女不得早于 20 岁。"

的。现行《婚姻法》第8条规定:"要求结婚的男女双方必须亲自到婚姻登记机关进行结婚登记。符合本法规定的,予以登记,发给结婚证。取得结婚证,即确立夫妻关系。未办理结婚登记的,应当补办登记。"即结婚登记是目前我国确立夫妻关系的唯一合法途径。未办理结婚登记,以夫妻名义同居的当事人虽然举行了结婚庆典(婚礼),仍然不能确立夫妻关系。所以,本案当事人甲男与乙女之间没有婚姻关系。但随着时间的经过,甲男与乙女双方在均达到法定婚龄之后,双方已符合现行《婚姻法》规定的结婚实质要件。《婚姻法解释(一)》第5条规定:"未按婚姻法第8条规定办理结婚登记而以夫妻名义共同生活的男女,起诉到人民法院要求离婚的,应当区别对待:……1994年2月1日民政部《婚姻登记管理条例》公布实施以后,男女双方符合结婚实质要件的,人民法院应当告知其在案件受理前补办结婚登记;未补办结婚登记的,按解除同居关系处理。"据此规定,人民法院应首先告知当事人在案件受理前补办结婚登记。已补办结婚登记的,可按照离婚予以处理;未补办结婚登记的,由于当事人没有确立夫妻关系,应按解除同居关系处理。

父母子女关系是一种家庭关系,属于婚姻家庭法调整的对象。父母子女关系属于直系血亲关系,它是基于出生这一法律事实产生的。父母与子女之间的血缘关系是客观存在的,而不受父母之间有无婚姻关系的影响。本案双方当事人甲男与乙女,如果已补办结婚登记,双方即确立了夫妻关系,他们所生的子女丙为婚生子女;如果没有补办结婚登记,双方不能确立夫妻关系,他们所生的子女丙为非婚生子女。即依据甲男与乙女是否补办结婚登记,他们所生育的男孩丙与生父母之间,或形成婚生子女与父母的关系,或形成非婚生子女与父母的关系。现行《婚姻法》第25条规定:"非婚生子女享有与婚生子女同等的权利,任何人不得加以危害和歧视。不直接抚养非婚生子女的生父或生母,应当负担子女的生活费和教育费,直至子女能独立生活为止。"父母子女关系一经形成,父母对子女在法律上即有抚养和教育的权利义务,无论父与母是否结婚或离婚,父母对子女抚养和教育的权利义务都不受影响。

思考题

一、选择题

(一)单项选择题

1. 婚姻家庭的根本属性是( )。

A. 自然属性   B. 社会属性

C. 人身属性   D. 财产属性

2. 婚姻家庭法的性质是( )。

A. 程序法   B. 财产法

C. 国外法   D. 身份法

（二）多项选择题

1. 婚姻法按其调整对象可分为（　　）。

A. 实质意义的婚姻法 　　　　　B. 形式意义的婚姻法

C. 广义的婚姻法 　　　　　　　D. 狭义的婚姻法

2. 下列选项属于中国封建婚姻缔结实际内容的是（　　）。

A. 婚姻论财 　　　　　　　　　B. 父母之命

C. 媒妁之言 　　　　　　　　　D. 门当户对

二、判断分析题

1. 婚姻家庭法的调整对象是婚姻家庭的人身关系。

2. 夫妻对其财产关系可以约定，任意性是婚姻法的特点之一。

三、简答题

1. 简述婚姻须具备的要件。

2. 简述婚姻家庭法的特点。

3. 简述中国古代婚姻家庭法的调整方法。

四、论述题

1. 试论婚姻家庭法的调整对象。

2. 试论我国现行《婚姻法》的修改与完善。

五、案例分析题

我国某省的甲男与乙男相恋，去民政局申请登记结婚，民政局工作人员告诉他们，在我国，当事人双方的性别为同性的不允许登记结婚。婚姻以两性结合和血缘联系为必要条件，但是目前在世界上已经有少数国家承认同性结合为婚姻，如荷兰。通过我国对婚姻主体性别的规定和允许同性结婚的国家对婚姻主体性别的规定，试析婚姻家庭的自然属性。

阅读参考文献

1. 巫昌祯主编：《婚姻家庭法新论》，中国政法大学出版社 2002 年版。

2. 杨大文主编：《亲属法》，法律出版社 2004 年版。

3. 李忠芳：《两性法律的源与流》，群众出版社 2002 年版。

4. 夏吟兰、蒋月、薛宁兰：《21 世纪婚姻家庭关系新规制——新婚姻法解说与研究》，中国检察出版社 2001 年版。

5. 陈苇主编：《当代中国内地与港、澳、台婚姻家庭法比较研究》，群众出版社 2012 年版。

6. 陈苇主编：《21 世纪家庭法与家事司法：实践与变革》，群众出版社 2016 年版。

第二章

亲属关系原理

＋学习的内容和重点

通过本章的学习，要求学生掌握亲属的概念、特征以及亲等、代数的计算方法，了解亲属的分类、亲属关系的发生、终止和效力。

导入案例

甲男离婚后经人介绍与乙女（丧偶妇女）相识并恋爱，2001 年 1 月两人在婚姻登记机关申请登记再婚。当时，甲男与前妻所生的一儿一女均已成年并在参加工作后离家独立生活，乙女再婚后带来与前夫所生 10 岁的女儿丙，与甲男共同生活。2009 年 1 月，丙出国留学。2016 年 3 月 1 日，乙女病重住院治疗。在此期间，甲的两个子女经常前去看望她，并且在乙女临终前还到医院日夜轮流照料。2016 年 3 月 20 日，乙女因病医治无效去世。丙闻讯急忙从国外乘飞机返家，在途中不幸因飞机失事于 2016 年 3 月 21 日死亡。乙女去世时遗留有私房 2 间，存款 10 万元。丙去世后留有人身保险金 40 万元，其保险合同指定的受益人为法定继承人。

请问：

1. 甲男与乙女各与对方的子女有何种亲属关系？

2. 他们之间的权利与义务如何？

3. 本案哪些人有权继承乙女的遗产和取得丙的人身保险金？

第一节　亲属关系概述

一、亲属的概念与种类

（一）亲属的概念和特征

1. 亲属的概念。亲属，是指因婚姻、血缘和法律拟制而产生的一种人与人之间的社会关系。亲属一词，最早见于《礼记·大传》，"亲者，属也"，自明代始见于律。[1] 如明律有"妻与夫亲属相殴"条；《大清律例》贼盗门有"亲属相盗"条，斗殴门有"同姓亲属相殴"条，犯奸门有"亲属相奸"条。从清末民律草案到《中华民国民法》，都把"亲属"列为一编。"亲"者，指有血缘关系的人而言，"属"者，指其相互之间的关系而言。在现代社会，亲属关系通则制度是婚姻家庭法的重要组成部分。[2] 法学上的亲属是指由法律确认的，因婚姻、血缘和法律拟制而产生的，相互之间在法律上有权利义务的社会关系。婚姻为亲属之源，血亲为亲属之流，姻亲则是以婚姻为中介而发生的。亲属关系一经法律调整，便在相关的主体之间产生法定的权利和义务。[3]

2. 亲属的特征。亲属具有以下特征：

（1）亲属之间有特定的身份和固定称谓。亲属作为一种社会关系，都有一定的身份和称谓。生育我者为父母；我所生育者为子女；同出于一个父母的称兄弟姐妹；男的配偶称为妻，女的配偶称为夫；等等。一个人在家庭生活中，有着多种亲属身份和称谓，由此可以看出亲属关系的亲、疏、远、近。因此，恩格斯在《家庭、私有制和国家的起源》一书中指出："父母、子女、兄弟、姊妹等称谓，并不是简单的荣誉称号，而是一种负有完全确定的、异常郑重的相互义务的称呼。这些义务的总和便构成这些民族的社会制度的实质部分。"[4] 亲属的称谓一经形成，非经法定事由不得随意变更。

（2）亲属的产生是基于婚姻、血缘和法律拟制而形成的。基于婚姻关系而形成的亲属，是由男女双方的结婚行为发生的，如夫妻、公婆、岳父母，夫的或妻的其他亲属。基于自然血缘形成的亲属，是由于本人的出生或本人所生的子女的法律事实而产生的，如父母、子女、兄弟姐妹、伯叔姑、舅姨等。基于法律拟制的血缘而形成的亲属，是指由收养的法律行为或因扶养的法律事实而产生的，如养父母、养子女，形成抚养教育关系的继父母与继子女等。

（3）一定范围的亲属具有法律上的权利和义务。按照法律规定，一定范围的亲属不仅有称谓，而且还有一定法律上的权利义务关系，如夫妻之间、父母子女之间的扶养、抚养、赡养的义务以及遗产继承权，祖孙之间，兄弟姐妹之间在特定条件下也具有一定的权利义务。法律上具有一定权利义务关系的亲属，是法律规定的，具有确定的范围。

---

〔1〕　张贤钰主编：《婚姻家庭继承法》，法律出版社 1999 年版，第 66 页。
〔2〕　主编注：我国现行《婚姻法》尚无亲属关系通则制度，我国有学者指出应当填补此立法空白。参见巫昌桢：《我与婚姻法》，法律出版社 2001 年版，第 16 页。
〔3〕　马忆南：《婚姻家庭法新论》，北京大学出版社 2002 年版，第 68 页。
〔4〕　《马克思恩格斯全集》（第 21 卷），人民出版社 1971 年版，第 40 页。

3. 亲属与家属、家庭成员的区别。

(1) 亲属与家属不同。家属是家长的对称。中国古代把同居一家、除家长以外的人统称为家属，除亲属外，还包括如奴婢等，故其概念广于亲属。《吏学指南》说："内曰家，亲曰属，谓同居有服之人"，但无服的内亲与有服的外亲也可为亲属。[1] 在家庭中，家长和家属是一种从属关系。亲属不一定是家属，家属也不一定是亲属。现实生活中仍有家长和家属的称谓，但其与中国古代所称谓的家长、家属含义不同。现在家长和家属地位是平等的，权利义务是相互的。

(2) 亲属与家庭成员不同。家庭成员是指一定范围内的亲属在家庭内共同生活，彼此享有权利、负有义务的成员。根据我国现行《婚姻法》的规定，法律上有权利义务的亲属包括夫妻、父母子女、祖父母、外祖父母、孙子女、外孙子女，以及兄弟姐妹。如果这些亲属同居一家共同生活，则属于家庭成员。诚然，伯、叔、姑、舅、姨等也属于亲属，但因他们不属于法律上有权利义务的亲属，故即使是同居一家共同生活的，也不能属于家庭成员。可见，亲属不都是家庭成员，而家庭成员都是亲属。

(二) 亲属的种类．

社会制度不同，亲属制度也不同，在亲属分类上也呈现差异。

1. 中国古代亲属的分类。奴隶社会、封建社会实行男尊女卑的婚姻家庭制度，亲属的分类以男子为中心，把亲属分为内亲与外亲（明清以后为宗亲、外亲、妻亲）、有服亲与无服亲、血族与准血族、至亲、正亲与余亲等。[2]

(1) 内亲和外亲。内亲是以父亲的血缘确定的，出自同一祖先的同姓男系血亲，又称为宗亲、本亲、宗族、本族等，包括男系血族的配偶、在室女（未出嫁之女）或大归女（出嫁后因离婚而回娘家的女子）。外亲是指母族（舅、外祖父母、姨、姨表兄弟姐妹等）、女系血族（姑表兄弟姐妹、外孙等）和妻族（岳父母等）。外亲又称为外族、外姻等。唐宋时，外亲包括母族、女系血族和妻族。到明清时，妻族从外亲中分出，单独成为妻亲。

(2) 宗亲、外亲与妻亲。宗亲，是指同一祖先所出的男系血缘亲属，诸如父、祖父、伯叔、兄弟、子、子孙等，还包括来归之妇（母、妻、子孙媳妇）、在室女和大归女。

外亲，指由女系血统联系的亲属，包括两种：一种是母族的母的姐妹、母姐妹之子、母的兄弟等；另一种是出自同一祖先已婚的父系女性血亲、夫族及其所生的后代，如女婿、外孙子女、姐妹夫、外甥子女、姑父、姑表兄弟姐妹等，旧律称之

---

[1]　戴炎辉：《中国法制史》，三民书局1979年版，第212页。
[2]　按照亲属之间是否有服制的关系，将亲属分为有服亲与无服亲，后者也称为"袒免亲"。血族则是指男系自然血亲，如果没有自然的血缘联系，被视为血族的则称为准血族。亲属依其亲疏，有至亲、近亲、正亲及余亲等称谓。

为"出嫁族"。

妻亲，是指以妻为中介联系的亲属，包括妻的父母、妻的兄弟姐妹、妻的伯叔等，旧律称之为"妻族"。

2. 现代各国亲属的分类。现代各国亲属立法，根据结婚事实和血缘联系以及男女平等原则，一般将亲属分为血亲、姻亲和配偶三类。

（1）血亲。血亲，是指具有血缘关系的亲属。可分为自然血亲和拟制血亲。

自然血亲，是指出于同一祖先有事实上血缘联系的亲属，如父母、子女、兄弟姐妹等。自然血亲是因出生而产生的，无论婚生的，还是非婚生的，也无论是全血缘（同父同母的兄弟姐妹），还是半血缘（同父异母或同母异父的兄弟姐妹）的都是自然血亲。

拟制血亲，是指本无与该种血亲相应的血缘联系，但法律上确认其地位、权利与义务与该种血亲相同的亲属。例如，伯叔与侄子女虽有血缘联系，但属于旁系血亲，而非直系血亲。如果伯叔收养侄子女为养子女，则发生法律上确认的养父母与养子女的拟制血亲关系。拟制血亲，也被称为"准血亲""法定血亲"或"假血亲"。在我国，拟制血亲如养父母与养子女、继父母与形成扶养关系的继子女。

（2）姻亲。姻亲，是指除配偶外，以婚姻关系为中介而产生的亲属。分为血亲的配偶、配偶的血亲、配偶血亲的配偶和血亲配偶的血亲。

血亲的配偶，指自己血亲的配偶，如兄弟之妻、伯叔之妻、侄之妻和侄孙之妻，以及姑姐妹之夫、女婿、儿媳等。

配偶的血亲，指自己配偶的血亲，如岳父母、妻之伯叔、妻之兄弟姊妹等。

配偶血亲的配偶，指自己配偶的血亲的配偶，如妻的兄弟之妻、妻的伯叔之妻等。

血亲配偶的血亲，指自己与自己血亲的配偶的血亲关系，如继兄弟姐妹关系、夫妻双方的父母之间的关系（俗称亲家）。

（3）配偶。配偶，是指男女双方因结婚而产生的亲属。自人类进入阶级社会以来，"法律所确认的两性结合形式，主要是婚姻"。[1] 男女因结婚而互为配偶，妻是夫的配偶，夫是妻的配偶。夫妻不是血亲，也不是姻亲。但是它却是血亲和姻亲的基础，没有配偶就不可能有父母子女等血亲，也没有夫妻双方的姻亲，所以配偶是亲属的重要组成部分。

配偶是否为亲属，各国立法规定不一，亲属有广义和狭义之分：广义亲属则认为配偶为亲属，如《日本民法典》之规定。在我国，封建法律把配偶列入宗亲之内，而我国现行《婚姻法》对此无明文规定，但在其他立法中，配偶是亲属（《刑事诉讼法》第106条）。[2] 狭义亲属，则不承认配偶为亲属，如德国民法和瑞士民法均

---

〔1〕 李忠芳：《两性法律的源与流》，群众出版社2002年版，第35页。
〔2〕 我国2012年修正的《刑事诉讼法》规定的近亲属包括：夫、妻、父、母、子、女、同胞兄弟姐妹。

属之。

二、亲属的范围

亲属的范围是指负有法律上权利义务关系的亲属。由于各国风俗习惯、历史传统和具体国情不同，亲属的范围也不同。立法关于亲属范围的界定有两种不同的方式：一为抽象的限定法；二为具体的限定法。

抽象的限定法，是指通过总则的方式直接规定亲属的范围。中国古代礼制和法律均采此种方式，如在礼制上，凡丧服所及者（有服亲）认为是亲属；凡丧服所不及者（无服亲）则认为不是亲属。在法律上，按服制图所定，亲属范围为：宗亲以四世为限，五世祖免，实际为五服亲；外亲以三世为限；妻亲以二世为限。[1] 在国外，日本采此种方式，如《日本民法》亲属编第 725 条规定："下列人为亲属：①六亲等内的血亲；②配偶；③三亲等内的姻亲。"[2]

具体的限定法，是指仅对亲属间在法律上享有的权利和承担的义务作出列举性规定，并以此确定亲属的范围；或者法律只对亲属之间的禁婚、扶养、继承、监护、司法回避等列举出具体的亲属范围。我国现行立法关于亲属的范围的规定，采此种方式。依照我国现行《婚姻法》规定，禁婚亲的范围为直系血亲和三代以内旁系血亲；相互有扶养关系的亲属范围包括：夫妻、父母子女、祖父母、外祖父母、孙子女、外孙子女、兄弟姐妹。我国《继承法》规定的法定继承人的范围包括：夫妻、父母、子女、祖父母、外祖父母、兄弟姐妹、孙子女、外孙子女及其晚辈直系血亲为代位继承人，尽了主要赡养义务的丧偶儿媳或女婿为第一顺序继承人。另外，还有一些法律和司法解释也对亲属的范围进行了规定，但其范围不尽相同。[3]

第二节　亲系与辈分

一、亲系

亲系，是指亲属之间的血缘联系。

从历史上看，亲系有其发展的过程。在原始社会，亲系以女系为中心，在奴隶社会、封建社会，亲系以男系为中心。这个时期，亲系的划分比较复杂，可以划分

---

〔1〕　张贤钰主编：《婚姻家庭继承法》，法律出版社 1999 年版，第 68 ~ 69 页。

〔2〕　渠涛编译：《最新日本民法》，法律出版社 2006 年版，第 155 页。

〔3〕　例如，依 1988 年《执行民法通则意见》第 12 条规定，《民法通则》规定的近亲属包括：配偶、父母、子女、兄弟姐妹、祖父母、外祖父母、孙子女、外孙子女。依 2000 年《最高人民法院关于执行〈中华人民共和国行政诉讼法〉若干问题的解释》第 11 条规定，《行政诉讼法》第 24 条（2017 年修正的《行政诉讼法》第 25 条）规定的"近亲属"，包括配偶、父母、子女、兄弟姐妹、祖父母、外祖父母、孙子女、外孙子女和其他具有扶养、赡养关系的亲属。我国 2012 年修正的《刑事诉讼法》中的近亲属则只包括：夫、妻、父、母、子、女、同胞兄弟姐妹。

为三类：男系亲和女系亲；父系亲和母系亲；直系亲和旁系亲。到了资本主义社会，男女地位在法律上渐趋平等。依照我国现行法的规定和现实生活的实际情况，一般把亲系分为直系亲和旁系亲。

（一）直系亲

直系亲是指亲属之间有直接的纵向关系者，又分为直系血亲和直系姻亲两种。

直系血亲，是指具有直接血缘关系的亲属，即生育自己和自己所生的上下各代亲属，或者从己身所出和己身所从出的亲属，如父母与子女，祖父母与孙子女，外祖父母与外孙子女等。己身所从出的血亲即生育己身的各代血亲，如父母、祖父母、外祖父母、曾祖父母、外曾祖父母、高祖父母、外高祖父母等；己身所出的血亲即己身生育的后代，如子女、孙子女、外孙子女、曾孙子女、外曾孙子女、玄孙子女、外玄孙子女等。直系血亲除自然直系血亲外，还包括法律拟制的直系血亲，在我国后者如养父母与养子女、养祖父母与养孙子女等，以及有扶养关系的继父母与继子女。

直系姻亲，是指夫对妻或妻对夫的直系血亲而言：妻的直系血亲就是夫的直系姻亲，如女婿与岳父母；夫的直系血亲就是妻的直系姻亲，如儿媳与公婆。也可以表述为己身直系血亲的配偶或配偶的直系血亲。己身直系血亲的配偶如儿媳、女婿、孙媳、孙女婿、养儿媳、养女婿、无扶养关系的继父母等；配偶的直系血亲如公婆、岳父母、无扶养关系的继子女等。

（二）旁系亲

旁系亲是指亲属之间有间接的血缘联系者，也分旁系血亲和旁系姻亲两种。

旁系血亲，是指具有间接血缘关系的，在血缘上同出于一个祖先的亲属。例如，兄弟姐妹与自己同源于父母；伯、叔、姑和堂兄弟姐妹、姑表兄弟姐妹与自己同源于祖父母；舅、姨和舅表兄弟姐妹、姨表兄弟姐妹与自己同源于外祖父母；等等。

旁系姻亲，是指夫对妻或妻对夫的旁系血亲而言。妻的旁血亲是夫的旁系姻亲，如夫与妻的兄弟姐妹。夫的旁系血亲是妻的旁系姻亲，如妻与夫的兄弟姐妹。也可以表述为旁系血亲的配偶或配偶的旁系血亲。旁系血亲的配偶，如嫂子、弟媳、侄媳、侄女婿、伯母、姑父、姨夫、舅母、婶母等；配偶的旁系血亲，如妻的兄弟姐妹、伯叔，夫的兄弟姐妹、伯叔等。

二、辈分

辈分，又称行辈，是指亲属之间的辈分排行或称世代第次。辈分按世代来划分，以一世代为一辈分。根据辈分的不同，一般可分为长辈（父行以上）亲、平辈（同行）亲、晚辈（子行以下）亲三种。

长辈亲，也称尊亲属[1]，指辈分排行高于自己的亲属，如父、母、伯、叔、姑

---

[1]　在国外，有些外国民法典如《法国民法典》《意大利民法典》等均将辈分高于自己的亲属称为尊亲属。

等称为父辈（父行）；祖父母、伯、叔祖父、祖姑等称为祖辈（祖父行）。

同辈亲，也称平辈（同行）亲，是指与自己同一世代的亲属，如兄弟姐妹、表兄弟姐妹等。

晚辈亲，也称卑亲属[1]，是指辈分排行低于自己的亲属，如子辈、孙辈等。子女以及侄、甥等，称为子辈；孙子女、外孙子女以及侄孙、甥孙等称为孙辈。

辈分也有直系亲和旁系亲之分。依我国民国时期民法的规定，自父母以上的直系血亲，为直系血亲尊亲属；自子女以下的直系血亲，为直系血亲卑亲属；父母同辈及其以上的旁系血亲，为旁系血亲尊亲属；子女同辈及其以下的旁系血亲，为旁系血亲卑亲属。姻亲的尊亲属与卑亲属的划分同上。

中国古代实行宗法制度，礼制和法律均要求长幼尊卑有序。同宗内亲不得结婚，在可以结婚的亲属中，也不得长辈与晚辈婚配；立嗣也同，须同宗且昭穆相当，只能在长辈与晚辈之间进行。

在现代社会，辈分的划分除具有礼仪上的意义外，在法律上也有其意义。例如，在我国，对于亲属之间的扶养，依据辈分的不同，法律的用语上区分为平辈之间的"扶养"、长辈对晚辈的"抚养"与晚辈对长辈的"赡养"，并且对子女的抚养，以父母为第一顺序抚养义务人，以祖父母为第二顺序抚养义务人；在监护人的确定上，依据辈分的不同，以父母为第一顺序监护人，以祖父母为第二顺序监护人；在代位继承时"晚辈直系血亲"作为代位继承人，不受代数限制，但以亲等即辈分近者为先。

第三节　亲等与代数

亲等是计算亲属亲、疏、远、近的方法或单位。古今中外，依亲等在法律上运用较广，诸如禁婚的范围、亲属间权利义务的享有与承担等都依亲等来确定。目前，世界上的亲等计算法主要有：罗马法亲等计算法、寺院法亲等计算法和我国《婚姻法》规定的代数计算法。国外通行的亲等计算方法是世代亲等制，它以血缘联系为依据，以世代的多少来计算亲等，一般来说，亲等数小的，表示亲属关系亲近；亲等数大的，表示亲属关系疏远。姻亲比照血亲计算亲等。配偶之间无亲等数，其主要有罗马法亲等计算法、寺院法亲等计算法两种。我国现行《婚姻法》以代数计算禁婚亲属的范围，也属于世代亲等制。

一、罗马法亲等制

罗马法亲等计算法是古罗马法规定的计算亲属关系亲疏远近方法的制度。现在

---

[1]　在国外，有些外国民法典如《法国民法典》《意大利民法典》等均将辈分低于自己的亲属称为卑亲属。

它已成为世界上大多数国家所采用的计算方法，其分为直系血亲的亲等计算法、旁系血亲的亲等计算法和姻亲的亲等计算法三种。

（一）直系血亲的亲等计算法

直系血亲的亲等计算法，以代数为标准计算亲等。把直系血亲从己身往下数或往上数，以一世代为一亲等。往上数包括：父母为一亲等，祖父母、外祖父母为二亲等，曾祖父母、外曾祖父母为三亲等，高祖父母、外高祖父母为四亲等，其他依此类推；往下数包括：子女为一亲等，孙子女、外孙子女为二亲等，曾孙子女、外曾孙子女为三亲等，玄孙子女、外玄孙子女为四亲等，其他依此类推。父母与子女为一亲等的直系血亲，祖父母、外祖父母与孙子女、外孙子女为二亲等的直系血亲，其他依此类推。

（二）旁系血亲的亲等计算法

旁系血亲的亲等计算法，是从己身往上数至同源的直系血亲，再从同源的直系血亲往下数至要计算的亲属，两边代数之和就是亲等数。例如，计算自己与堂兄弟姊妹的亲等，先数至父母为一亲等，再数至祖父母为二亲等；祖父母是自己与堂兄弟姊妹同源的直系血亲，从堂兄弟姊妹往上数至伯叔为一亲等，再数至祖父母为二亲等，两边的代数相加之和等于四，也就是说自己与堂兄弟姊妹的亲等为四亲等。

（三）姻亲的亲等计算法

姻亲的亲等计算法，是姻亲的亲等数以赖以发生姻亲的一方配偶与对方的血亲亲等数为依据，如儿媳与公婆，因夫与其父母是一亲等的直系血亲，故儿媳与公婆是一亲等的直系姻亲；伯叔与侄子女是三亲等的旁系血亲，故侄子女与伯母、婶母是三亲等的旁系姻亲。

二、寺院法亲等制

寺院法亲等制是欧洲中世纪基督教寺院法计算亲属关系亲疏远近方法的制度。此种计算方法，目前，在世界上只有少数国家采用，其计算方法也有直系血亲的亲等计算法、旁系血亲的亲等计算法和姻亲的亲等计算法三种。

（一）直系血亲的亲等计算法

直系血亲的亲等计算法，与罗马法相同。

（二）旁系血亲的亲等计算法

旁系血亲的计算法，是从己身与所要计算的亲属，各往上数至同源的直系血亲，如果两者的亲等数相等，则取一方的亲等数为其亲等；如果两者的亲等数不同，则取亲等数大的一方的亲等数为其亲等。如己身与兄弟姐妹的亲等计算，己身与兄弟姊妹的同源血亲是父母，从己身往上数至父母是一亲等，从兄弟姐妹往上数至父母也是一亲等，两者的亲等数相同，则取一方的亲等数为其亲等，故己身与兄弟姐妹间是一亲等的旁系血亲。再如，要计算自己与伯叔的亲等，双方同源的血亲是祖父母，从己身往上数至祖父母为二亲等，从伯叔往上数至祖父母为一亲等，两者的亲等数不同，则取亲等数大的一方的亲等数为其亲等，故自己与伯叔是二亲等的旁系血亲。

（三）姻亲的亲等计算法

姻亲的亲等计算法，是姻亲的亲等数以赖以发生姻亲的一方配偶与对方的血亲的亲等数为依据。

三、我国《婚姻法》的代数计算法

我国 1950 年《婚姻法》规定："其他五代内的旁系血亲间禁止结婚的问题，从习惯。"现行《婚姻法》规定，直系血亲和三代以内的旁系血亲禁止结婚。由此可见，我国血亲关系的亲、疏、远、近是按"代"数计算的。代数是我国法律规定的亲属之间亲疏远近的单位：代数小的，则亲属关系亲近；代数大的，则亲属关系疏远。[1]

（一）代数的计算

代数的计算分为直系血亲计算法和旁系血亲计算法两种。

1. 直系血亲计算法。直系血亲计算法是指从己身算起，即自己为一代，向上数至父母为二代，至祖父母、外祖父母为三代，至曾祖父母、外曾祖父母为四代，至高祖父母、外高祖父母为五代；从己身往下数，己身为一代，至子女为二代，至孙子女、外孙子女为三代，至曾孙子女、外曾孙子女为四代，至玄孙子女、外玄孙子女为五代。

2. 旁系血亲计算法。旁系血亲计算法，是指从己身数至所要计算的亲属的同源血亲的代数，即首先找出同源直系血亲，按直系血亲的计算方法，从己身往上数至同源直系血亲，记下世代数；再从要计算的旁系血亲往上数至同源直系血亲，记下世代数。如果两边的世代数相同，则用一边的世代数确定代数，如果两边的世代数不同，则取世代数大的一边确定代数。如计算己身与表兄弟姊妹是否属于三代以内，可以从己身和表兄弟姊妹都往上数，数至同源的祖父母、外祖父母，从己身和表兄弟姊妹算起为一代，到父母、姑舅姨为二代，到祖父母、外祖父母为三代，即己身与表兄弟姊妹属于三代以内。

（二）"三代""五代"以内的旁系血亲

1. 三代以内的旁系血亲。三代以内的旁系血亲是指同源于祖父母、外祖父母的旁系血亲，其范围包括：伯、叔、姑、舅、姨、兄弟姐妹、堂兄弟姐妹、表兄弟姐妹、侄子女、外甥子女。

2. 五代以内的旁系血亲。五代以内的旁系血亲是指同源于高祖父母、外高祖父母的旁系血亲，其范围较广，在三代以内旁系血亲基础上，再往上数两代范围内的旁系血亲。

---

[1] 主编注：关于我国亲属关系通则立法之不足及其立法完善，参见陈苇：《中国婚姻家庭法立法研究》，群众出版社 2000 年版，第 81~85 页。

第四节　亲属关系的发生和终止

一、配偶的发生和终止

配偶因男女结婚而发生，因离婚或者一方或双方死亡（包括自然死亡和宣告死亡）而消灭。

二、血亲的发生和终止

（一）自然血亲的发生和终止

自然血亲因出生的事实而产生。父母在生育子女后，就产生父母与子女间的直系血亲关系，兄弟姊妹之间就产生旁系血亲关系。出生是自然血亲发生的唯一的原因。

自然血亲只能因死亡而消灭，这是古今中外立法的通例。一方死亡，死者与生存者之间的权利义务关系也随之终止，至于亲属的身份称谓，则仍然存在。自然血亲不能因任何人为条件而予以消灭，如父母子女关系，不能用登报声明等方式消灭，也不能因婚姻关系的终止而消灭。

自然血亲间的权利义务关系在收养关系成立的情况下而消除。我国《收养法》第23条第2款规定："养子女与生父母及其他近亲属间的权利义务关系，因收养关系的成立而消除。"即因收养而消除的只是法律上的权利义务关系，但被送养子女与生父母及其他亲属之间基于血缘联系而发生的自然血亲关系仍然存在，所以与自然血亲有关的法律规定，如直系血亲和三代以内旁系血亲禁止结婚等，在适用上不受收养的影响。

（二）拟制血亲的发生和终止

拟制血亲的发生是基于法律的直接规定而形成的，由于其种类不同，其发生和终止的原因也不同。

因收养的成立，产生在法律上的拟制血亲关系，如养父母与养子女。收养关系可以基于一方死亡和法律规定的条件而人为加以解除，如收养关系因收养人与被收养人双方协议或一方（包括生父母）的要求而解除，收养关系的解除使收养人与被收养人之间的拟制血亲关系终止。

继子女随父或随母与继父或继母结婚后并受其抚养教育时就产生法律上的拟制血亲关系，即继父母和受其抚养教育的继子女之间发生法律上父母与子女间的权利与义务关系。继父母与形成抚养关系的继子女间的拟制血亲关系，一般来说，对未成年的继子女，不能由继父母任意解除，对成年的继子女，如双方关系恶化可以依法解除，但继子女对已尽抚养教育义务的继父母仍应尽赡养义务。

三、姻亲的发生和终止

男女结婚就产生了配偶关系，与之相联系，配偶的血亲、血亲的配偶、配偶血亲的配偶以及血亲配偶的血亲都产生姻亲关系，或者说配偶一方与对方的亲属及双方的亲属之间发生姻亲关系。

姻亲关系除一方死亡而终止外，其他原因是否终止一些国家和地区的立法不一，概括起来有三种不同的立法例。

（一）消灭主义的立法例

采消灭主义的立法例的国家和地区认为，姻亲关系是男女结婚而产生的亲属，如果结婚的男女离婚，这种亲属关系已失去其存在的基础，故离婚导致姻亲关系终止，如《日本民法典》第728条规定："姻亲关系因离婚而消灭。"韩国民法和我国台湾地区民法的规定与日本立法的规定相同，都采姻亲关系因离婚而消灭的立法主义，但这种立法主义在禁婚亲上，其效力不消灭。如《日本民法典》第735条规定："直系姻亲间，不得结婚。即使在姻亲关系依第728条规定终止后，也同。"我国台湾地区"民法亲属编"规定，禁止直系姻亲和五亲等内不同辈分的旁系姻亲结婚，且于姻亲关系消灭后亦适用之。我国现行《婚姻法》未规定禁止姻亲结婚，故姻亲关系消灭后，不存在禁婚效力问题。

（二）不消灭主义的立法例

采不消灭主义的立法例的国家和地区认为，姻亲关系一般不发生重大权利义务关系，其法律效力仅限于禁婚效力和诉讼回避效力，因此，法律没有必要规定姻亲关系消灭，如《德国民法典》第90条规定："由婚姻而生的姻亲关系，不因该婚姻解除而消灭。"[1]

至于死亡是否终止姻亲关系问题，许多国家多采不消灭主义的立法。我国现行法律未规定姻亲关系因婚姻中介人的死亡而消灭。依我国《继承法》规定，如丧偶的儿媳对公婆、丧偶的女婿对岳父母，尽了主要赡养义务的，作为第一顺序继承人继承，其子女可代位继承且不论该生存配偶是否再婚。

（三）有条件消灭主义的立法例

有条件消灭主义，也称部分消灭主义。采取这种立法例的国家和地区赋予当事人在此问题上的意思自治或法律上的特别规定而消灭姻亲关系，如古罗马法规定夫妻双方离婚并根据他们的意愿停止亲属关系。

关于死亡终止姻亲关系，一般限于生存配偶再婚或有终止姻亲关系的意思表示，如现行《日本民法典》第728条规定，夫妻一方死亡，生存配偶表示了消灭姻亲关系的意思时，姻亲关系消灭。

---

〔1〕　陈苇主编：《外国婚姻家庭法比较研究》，群众出版社2006年版，第154页。

第五节　亲属关系的法律效力

亲属的法律效力，是指一定范围内的亲属所具有的权利和义务。婚姻法、刑法、民法、诉讼法、劳动法、国籍法等各部门法对此都有具体规定。

一、亲属在婚姻家庭继承法上的效力

根据我国现行《婚姻法》和《继承法》的规定，亲属的法律效力主要表现在：一定范围内的亲属有互相扶养的义务；一定范围内的亲属有互相继承遗产的权利；夫妻对共同财产有平等的所有权；一定范围内的亲属禁止结婚。

（一）扶养效力

我国现行《婚姻法》规定，夫妻之间有相互扶养的权利与义务；父母有抚养和教育未成年子女的义务，成年子女有赡养父母的义务；祖孙之间、兄弟姐妹之间在一定条件下，有抚养、赡养和扶养的权利与义务。

（二）继承效力

我国现行《婚姻法》规定，配偶、父母、子女之间有相互继承遗产的权利。我国《继承法》规定，被继承人的配偶、父母、子女为第一顺序法定继承人；兄弟姐妹、祖父母、外祖父母为第二顺序法定继承人；丧偶的儿媳对公婆、丧偶的女婿对岳父母尽了主要赡养义务的为第一顺序继承人；孙子女、外孙子女在符合法定条件时，享有代位继承权。

（三）共同财产效力

我国现行《婚姻法》规定，夫妻双方或一方在婚姻关系存续期间所得的财产，除夫妻双方另有约定或法律另有规定外，为夫妻双方共同所有。夫妻对共同所有的财产享有平等的处理权。

（四）禁婚效力

我国现行《婚姻法》规定，直系血亲和三代以内的旁系血亲禁止结婚。这里的直系血亲包括法律拟制的直系血亲，如养父母与养子女、有扶养关系的继父母与继子女也在禁婚范围。在国外有的国家的立法中，还禁止直系姻亲之间和一定范围的旁系姻亲结婚。[1]

二、亲属在民法上的效力

根据我国《民法总则》《侵权责任法》以及 1988 年《执行民法通则意见》等相关规定，亲属在民法上的效力是指除婚姻家庭继承法效力以外，在其他民事基本法上的效力。诸如，一定范围的亲属为无民事行为能力和限制行为能力人的法定监护人和法定代理人；一定范围的亲属是失踪人宣告失踪、宣告死亡的申请人和精神病

---

〔1〕　陈苇主编：《外国婚姻家庭法比较研究》，群众出版社 2006 年版，第 154 页。

人宣告为无民事行为能力人的申请人。

（一）法定监护效力

我国《民法总则》、现行《婚姻法》、《侵权责任法》以及1988年《执行民法通则意见》等对法定监护人及其法律责任有明确规定。未成年人的父母是未成年人的监护人，未成年人的父母已经死亡或者没有监护能力的，由下列人员中有监护能力的人担任监护人：①祖父母、外祖父母；②兄、姐；③其他愿意担任监护人的个人或组织，经未成年人住所地的居民委员会、村民委员会或者民政部门同意的。无民事行为能力或者限制民事行为能力的成年人，由下列人员担任监护人：①配偶；②父母、成年子女；③其他近亲属；④关系密切的其他亲属、朋友愿意担任监护人的个人或组织，经被监护人住所地的居民委员会、村民委员会或者民政部门同意的。监护人依法行使监护权，保护被监护人的人身、财产及其他合法权益。被监护人的人身、财产和其他民事权益受到侵害时，监护人有权要求加害人停止侵害、赔礼道歉、赔偿损失、恢复原状。被监护人对国家、集体和他人的人身或财产造成损害时，监护人应当承担相应的民事责任。

（二）法定代理效力

根据我国《民法总则》第27条、第28条和有关司法解释[1]的规定，近亲属包括配偶、父母、子女、兄弟姐妹、祖父母、外祖父、孙子女、外孙子女，他们在符合法定条件下互为法定监护人、享有法定代理权。例如，父母是未成年子女的监护人和法定代理人。父母应当依法行使代理权，进行民事活动，诸如父母代理未成年子女缔结合同、代理民事诉讼等。

（三）特定事项作为申请人的效力

我国《民法总则》《民事诉讼法》及1988年《执行民法通则意见》规定，申请宣告失踪的利害关系人，包括被申请宣告失踪人的配偶、父母、子女、兄弟姐妹、祖父母、外祖父母、孙子女、外孙子女以及其他与被申请人有民事权利义务关系的人。申请宣告死亡的利害关系人的顺序是：①配偶；②父母、子女；③兄弟姐妹、祖父母、外祖父母、孙子女、外孙子女；④其他有民事权利义务关系的人。申请撤销死亡宣告不受上列顺序限制。对精神病人，其近亲属作为利害关系人可以向人民法院申请宣告其无民事行为能力或者限制民事行为能力；精神病人在病愈而具有民事行为能力后，其近亲属作为利害关系人可以向人民法院申请撤销其无民事行为能力或者限制民事行为能力的宣告。

三、亲属在刑法上的效力

根据我国现行《刑法》的规定，某些犯罪的主体必须是一定的亲属；某些犯罪只有亲属告诉才处理；以及是否为亲属决定某些犯罪能否和解；等等。

―――――――――――

〔1〕　1988年《执行民法通则意见》第10～14条。

（一）犯罪构成效力

某些犯罪的构成，必须以具有一定的亲属关系为条件，此乃犯罪构成效力。根据我国现行《刑法》规定，妨害婚姻家庭方面的虐待罪、遗弃罪等罪名的成立，要求加害人与被害人之间必须具有亲属关系。否则，其罪名不能成立。

（二）亲告效力

该效力也称为"不告不理"原则，是指某些犯罪只有被害人或者被害人亲属亲自告诉，人民法院才处理，如暴力干涉婚姻自由罪、虐待罪等，我国现行《刑法》规定须告诉才处理。我国现行《刑法》第98条规定："本法所称告诉才处理，是指被害人告诉才处理。如果被害人因受强制、威吓无法告诉的，人民检察院和被害人的近亲属也可以告诉。"此即亲告效力。

（三）和解效力

我国现行《刑法》第260～261条、现行《婚姻法》第45条和现行《刑事诉讼法》第206条规定，近亲属之间的虐待、遗弃等自诉案件，虽然情节严重已构成犯罪的（除被害人重伤或死亡外），自诉人在宣告判决前，可以同被告人自行和解或者撤回自诉。

另外，在国外法上还有因为罪犯与被害人之间的亲属关系而加重或者减轻刑罚处罚的规定，如《法国刑法》规定，盗窃尊、卑直系亲属和配偶（分居除外）之财物者，不得引起刑事追究；但凡是针对合法直系尊亲属或者养父母或者配偶的故意杀害生命罪、故意伤害身体罪和暴力罪的，要加重处罚。德国、意大利以及日本等国家也有相关规定。

四、亲属在诉讼法上的效力

根据我国现行的《刑事诉讼法》《民事诉讼法》和《行政诉讼法》的规定，一定范围的亲属可作为刑事被告的辩护人和民事诉讼代理人、行政诉讼代理人；一定范围的亲属有为被告提出上诉和申诉的权利；一定范围的亲属有申请执行的权利；一定范围的亲属有回避的义务；等等。

（一）作为辩护人或者代理人的效力

一定范围的亲属可以担任刑事被告人的辩护人和民事诉讼的代理人。根据我国现行《刑事诉讼法》的规定，犯罪嫌疑人、被告人的监护人、亲友可以被委托为辩护人。根据我国《民事诉讼法》的规定，律师、当事人的近亲属、有关的社会团体或者所在单位推荐的人，经人民法院许可的其他公民，可以被委托为代理人。

（二）回避效力

根据我国现行《刑事诉讼法》《民事诉讼法》和《行政诉讼法》的规定，审判人员、检察人员、侦察人员、书记员、翻译人员、鉴定人和勘验人员如果是本案的当事人或者是当事人的近亲属，或者与本案有直接利害关系，上述人员应当自行回避；如果本人不回避，诉讼当事人可以申请他们回避。对申请回避有异议的，应由审判委员会、检察委员会、院长或审判长决定，以裁定形式决定是否回避。

（三）上诉、申诉、刑事自诉效力

根据我国《刑事诉讼法》规定，第一审人民法院作出的判决、裁定，当事人的近亲属经被告人同意可以提出上诉；对已经发生法律效力的判决、裁定不服的，可以提出申诉。自诉案件中被害人死亡或者丧失行为能力的，被害人的法定代理人、近亲属有权向人民法院起诉。

（四）强制执行时保留供养亲属扶养费的效力

民事案件、刑事附带民事案件、行政案件的判决、裁定以及调解协议中涉及财产内容的，义务人到期不履行义务，权利人或其法定代理人可以申请强制执行。在强制执行时，应当保留被执行人及其供养亲属的生活费用和必要的财产。

五、亲属在国籍法上的效力

根据我国《国籍法》的规定，公民国籍的取得、恢复、退出（丧失）与亲属关系直接相关。

父母一方或双方为中国公民，本人出生在中国或国外，本人均取得中国国籍，但父母一方或双方为中国公民并定居在国外，本人出生时即具有外国国籍的，不具有中国国籍；父母无国籍或国籍不明定居在中国，本人出生在中国，具有中国国籍；外国人或无国籍人是中国公民的近亲属的，经申请批准可以加入中国国籍；曾经有过中国国籍的外国人具有正当理由，可以申请恢复加入中国国籍；中国公民是外国人的近亲属的，经申请批准可以退出中国国籍。

导入案例之要点评析

根据我国现行《婚姻法》第 24、27 条规定，夫妻有相互继承遗产的权利。父母与子女有相互继承遗产的权利。继父或继母与受其抚养教育的继子女间的权利和义务，适用本法对父母子女关系的有关规定。即继父母与继子女之间是否具有父母子女的权利和义务，取决于他们是否形成抚养教育关系，而认定继父母与继子女是否形成抚养教育关系的主要依据是：继父母是否对继子女进行了物质上的供养或者生活上的照料。

从本案的实际情况看：首先，2001 年 1 月甲男与乙女申请再婚登记时，甲男与前妻所生的一儿一女均已成年并在参加工作后离家独立生活。这就是说，甲男与前妻所生的已成年的一儿一女不需要乙女的抚养和教育，因此他们之间不能形成抚养教育关系，双方属于直系姻亲，故乙女与甲男的子女之间没有法律上的权利和义务。其次，2001 年 1 月甲男与乙女申请再婚登记时，乙女带来与前夫所生 10 岁的女儿丙，与甲男共同生活，直到 2009 年 1 月丙出国留学。也就是说，甲男对乙女的未成年的女儿丙进行了长达 8 年的物质上的供养和生活上的照料，甲男与丙已形成了抚养教育关系，属于拟制直系血亲，故双方之间有父母子女的权利和义务。

综上所述，甲男的子女因与乙女之间属于直系姻亲关系，没有父母子女的权利和义务，故不能继承乙女的遗产。甲男与乙女是夫妻关系，互为法定继承人，故甲男对乙女遗产享有继承权。丙与乙女为母女关系，互为法定继承人，故丙对乙女的遗产享有继承权。甲男与丙之间属于有扶养关系的拟制直系血亲的继父女关系，具有父母子女的权利和义务，包括互为法定继承人，故甲男有权取得丙的人身保险金。

思考题

一、选择题

（一）单项选择题

1. 按照亲属的分类，岳父母是己身的（　　）。

A. 血亲的配偶　　　B. 配偶的血亲

C. 血亲配偶的血亲　D. 配偶血亲的配偶

2. 下列选项中全部属于自然血亲的是（　　）。

A. 外甥、姑、舅、姨　　B. 伯母、婶母、女婿

C. 舅父母、姑爷、夫妻　D. 养兄弟姐妹

（二）多项选择题

1. 父母、子女、兄弟姐妹都是（　　）。

A. 直系血亲　　B. 旁系血亲

C. 亲属　　　　D. 血亲

2. 亲属关系发生的原因是（　　）。

A. 婚姻　　　　　B. 血缘

C. 法律拟制　　　D. 共同生活

二、判断分析题

1. 亲属都具有法律上的权利与义务。

2. 根据我国婚姻法的规定，继父母与继子女是拟制血亲。

三、简答题

1. 简述亲属的概念以及亲属与家庭成员的关系。

2. 三代以内旁系血亲具体包括哪些亲属？

3. 对旁系血亲亲等的计算，罗马法计算法与寺院法计算法有何不同？

四、论述题

1. 试论自然血亲关系的发生与终止。

2. 试论亲属关系在婚姻家庭继承法上的效力。

五、案例分析题

甲男与乙女于2000年2月经人介绍相识，在谈恋爱期间两人即同居生活。2001年1月，乙女生了一个女儿，甲男为其取名晓月。2003年2月，甲男与乙女因性格不合，两人经协商同意结束同居关系，晓月由乙女独自抚养，甲男一次性给付抚养

费 5 万元。2005 年 2 月，乙女与丙男结婚，婚后才半年，两人就争吵不断，乙女负气外出打工后一直音讯杳无。此后，丙男独自抚养晓月。2016 年 1 月乙女从外地返家，并提出要求与丙男离婚，且由她直接抚养晓月，但要求丙男每月给付晓月抚养费 500 元。丙男同意离婚，但不同意给付晓月抚养费。

请问：

1. 甲男与晓月之间有何种亲属关系及有无权利义务？
2. 丙男与晓月之间有何种亲属关系及有无权利义务？

阅读参考文献

1. 巫昌祯：《我与婚姻法》，法律出版社 2001 年版。
2. 马忆南：《婚姻家庭法新论》，北京大学出版社 2002 年版。
3. 瞿同祖：《中国法律与中国社会》，商务印书馆 2010 年版。
4. 陈苇：《中国婚姻家庭法立法研究》，群众出版社 2010 年版。
5. 曹贤信：《亲属法的伦理性及其限度研究》，群众出版社 2012 年版。
6. 李洪祥：《我国民法典立法之亲属法体系研究》，中国法制出版社 2014 年版。

第 三 章

婚姻家庭法的基本原则

✛学习的内容和重点

通过本章学习，要求学生理解掌握婚姻自由原则，一夫一妻制原则，男女平等原则，保护妇女、儿童和老人的合法权益原则，计划生育原则的基本理论。了解《反家庭暴力法》《人口与计划生育法》规定的主要内容与精神、重点掌握处理各种违反婚姻法基本原则行为的法律规定。

导入案例

原告：郑某，男，30岁，某单位项目经理。被告：于某，女，28岁，某单位职员。郑某与于某2012年在朋友家聚会时相识，两人一见钟情。一个月后，郑某与于某结婚。婚后郑某发现与于某在生活习惯等方面不和。于某内向，喜欢安静。郑某外向，喜欢热闹，经常带朋友到家里。郑某性格有些急躁，偶尔会因为一些小事对于某拳脚相加。2015年7月，于某生下一女。2015年12月1日，于某因为指责丈夫缺少责任心，双方发生激烈争吵。郑某于次日向法院起诉，以双方感情不和为由坚决要求离婚。法院受理案件后，经调解无效，认为夫妻感情确已破裂，于2016年3月底判决双方离婚，女儿随于某生活。收到判决后，于某不服，向中级人民法院提起上诉，提出自己生育女儿后不到1年就被判决离婚，一审法院未注意保护妇女与儿童的合法权益，该判决违背现行《婚姻法》的有关规定。二审法院审理该离婚案件后认为，根据现行《婚姻法》保护妇女、儿童合法权益原则的规定及第34条的规定，郑某在妻子分娩后1年内不得提出离婚，一审法院的判决违反法律规定，因此裁定撤销一审判决，驳回郑某的起诉。

请问：本案二审法院的处理是否正确？为什么？

婚姻家庭法的基本原则，是婚姻家庭立法的指导思想，是制定和适用婚姻法的重要依据。我国婚姻家庭法基本原则包括：婚姻自由，一夫一妻制，男女平等，保护妇女、儿童和老人的合法权益，计划生育。有学者强调："在同一国家内，有关婚姻家庭的立法必须与其基本原则相一致，具体规定应当体现基本原则的立法理念与价值取向。"[1] 2001 年修正后的《婚姻法》在肯定我国原《婚姻法》原则的基础上，作了重要补充，从而发展和完善了婚姻法的基本原则。现行《婚姻法》从正、反两方面规定了我国婚姻法的基本原则，第 2 条规定："实行婚姻自由、一夫一妻、男女平等的婚姻制度。保护妇女、儿童和老人的合法权益。实行计划生育。"第 3 条规定："禁止包办、买卖婚姻和其他干涉婚姻自由的行为。禁止借婚姻索取财物。禁止重婚。禁止有配偶者与他人同居。禁止家庭暴力。禁止家庭成员间的虐待和遗弃。"现行《婚姻法》在总则中增设第 4 条规定："夫妻应当互相忠实，互相尊重；家庭成员间应当敬老爱幼，互相帮助，维护平等、和睦、文明的婚姻家庭关系。"2015 年 12 月 27 日第十二届全国人民代表大会常务委员会第十八次会议对《人口与计划生育法》进行了修订；2016 年 3 月 1 日，我国《反家庭暴力法》正式实施。这两部法律对婚姻家庭法基本原则的贯彻与落实提出了新的要求和具有了新的保证，对建立新型、和谐的婚姻家庭关系具有指导意义。[2]

第一节　婚姻自由原则

婚姻自由是我国婚姻家庭法的一项重要原则，亦是宪法赋予公民的一项基本权利。在我国，婚姻自由为法律所确认和保护。我国现行《宪法》第 49 条，现行《婚姻法》第 2、3、5、30 条对保障婚姻自由都作了明确规定。

一、婚姻自由的由来和发展

婚姻自由并非从来就有的，它是社会发展到一定历史阶段的产物。人们有无婚姻自由，婚姻自由的实现程度，归根结底都取决于一定的社会制度。在奴隶社会和封建社会时期，人们缔结婚姻的主要目的是实现家族利益，满足传宗接代的要求。父母对子女的婚事享有特权，实行包办强迫婚姻，当事人根本没有缔结和解除婚姻的自由。正如恩格斯所指出的："在整个古代，婚姻的缔结都是由父母包办，当事人则安心顺从。古代仅有的那一点夫妇之爱，并不是主观的爱好，而是客观的义务；不是婚姻的基础，而是婚姻的附加物。"[3]

"婚姻自由是近现代婚姻家庭立法努力推进的一项基本原则，以人格的独立、平

---

[1]　参见夏吟兰主编：《民法学卷五·婚姻家庭继承法》，中国政法大学出版社 2004 年版，第 49 页。

[2]　主编注：关于我国改革开放三十年婚姻家庭法基本原则研究的主要学术观点，参见陈苇、马钰凤："改革开放三十年中国婚姻家庭法基础理论研究之回顾与展望"，载陈苇主编：《改革开放三十年（1978～2008）中国婚姻家庭继承法研究之回顾与展望》，中国政法大学出版社 2010 年版，第 78～82 页。

[3]　参见《马克思恩格斯选集》（第 4 卷），人民出版社 1965 年版，第 72、74 页。

等、自由、尊严为基础。"[1] 婚姻自由是资产阶级革命的产物。资产阶级在提出"民主、自由、平等"政治主张的同时，把婚姻自由宣布为"天赋人权"。随着封建主义制度为资本主义制度所代替，一些资本主义国家将婚姻自由用法律形式固定下来，成为一项法律原则。法国大革命时期，1792 年的法国立法会议宣言中提出："法律乃民事契约，得自由缔结之。"1804 年《法国民法典》明确规定："未经合意不能成立婚姻。"这把视为"神作之合"的婚姻从宗教势力的束缚下解放出来，无疑具有历史进步意义。但在资本主义社会，婚姻自由具有一定的历史局限性。

我国婚姻法确立了婚姻自由原则，否定了封建的包办买卖婚姻。我国大力贯彻男女平等原则，实行男女同工同酬，为实现婚姻自由提供了经济条件，法律明确禁止包办买卖婚姻、禁止借婚姻索取财物，为实行婚姻自由提供法律保障，有利于婚姻自由的实现。

二、婚姻自由的概念和内容

（一）婚姻自由的概念

婚姻自由是指婚姻当事人有权按照法律规定自主自愿地决定自己婚姻问题的自由，排除任何人的强制与干涉。这一概念蕴含两层含义：

1. 婚姻自由是法律赋予当事人的一项权利，任何人不得强制和干涉。当事人享有婚姻自由的权利，即其是否结婚，与谁结婚，只能由其本人自己来决定。这种婚姻自由的权利为法律所规定并受到法律的保护。任何第三者，包括当事人的父母在内，都不能侵犯这种权利。我国现行《宪法》第 49 条规定："禁止破坏婚姻自由。"现行《婚姻法》第 2、3、5 条都亦作了相应规定。这说明，婚姻自由是法律所确认和保护的权利。如果他人侵犯了这一权利，就是违法行为；如果构成犯罪，就要依法受到刑事制裁。

2. 婚姻自由权的行使必须符合法律规定。婚姻自由权利不是绝对的、毫无限制的。任何自由都有一定范围和限度。我国婚姻法规定了结婚必须具备的条件和必须履行的程序，规定了离婚程序和处理原则，具体指明了婚姻自由的范围，划清了婚姻问题上合法与违法的界限。人们行使婚姻自由的权利时，必须受法律的约束，不得滥用权利损害他人的合法权益和社会公共利益。如果违反法律规定，不仅得不到法律的承认和保护，还要受到法律制裁，以保障婚姻自由原则的实现。

（二）婚姻自由的内容

婚姻自由包括结婚自由和离婚自由两个方面。我国现行《婚姻法》对结婚自由

---

[1] 有学者认为，近现代的西风东渐，使国人开始认真思考人格的独立平等与婚姻自由的关系，并提出了婚姻自主，反对强迫包办婚姻的主张。清末民初，进步人士开始主张恋爱自由，婚姻自由，并以实际行动践履婚姻自由，进而使婚姻自由为社会理解和认同。及至 20 世纪 30 年代，婚姻自由开始纳入红色根据地的婚姻立法。参见陈苇主编：《改革开放三十年（1978~2008）中国婚姻家庭继承法研究之回顾与展望》，中国政法大学出版社 2010 年版，第 42 页。

与离婚自由均作了规定。结婚自由和离婚自由是互相结合，缺一不可的统一整体。

1. 结婚自由。结婚自由是指婚姻当事人有依法缔结婚姻关系的自由。现行《婚姻法》第 5 条规定："结婚必须男女双方完全自愿，不许任何一方对他方加以强迫或任何第三者加以干涉。"据此规定，结婚当事人有权依法决定是否结婚，与谁结婚，不许任何一方强迫他方或任何第三者加以干涉。只有实行婚姻自由，当事人才能按照本人意愿选择理想伴侣。但实行婚姻自由，必须遵守法律有关规定，婚姻当事人应该以对自己、对社会、对后代严肃负责的态度对待婚姻，只有这样，才有可能建立美满幸福的家庭。

2. 离婚自由。离婚自由是指婚姻当事人有依法解除婚姻关系的自由。即在夫妻感情确已破裂的情况下，夫妻任何一方都有权提出离婚，任何人不能加以干涉。婚姻是以爱情为基础，以双方自愿为条件，在夫妻感情确已破裂，夫妻关系无法维持下去的时候，依法解除这种痛苦婚姻完全必要，这对双方、对社会都是一件幸事。解除痛苦的婚姻，如同列宁同志所指出的，它并不会使家庭瓦解，而相反地会使这种关系在文明社会中唯一可能的坚固的民主基础上巩固起来。[1] 但是离婚关系着家庭和子女、社会的利益，因此婚姻当事人应以慎重态度对待离婚问题，要遵守现行《婚姻法》有关离婚的规定。

3. 结婚自由和离婚自由的关系。结婚是人们进行的普遍行为，是婚姻自由的主要方面；离婚是部分人进行的行为，结婚自由与离婚自由两者互相结合与补充、缺一不可，共同构成了婚姻自由的完整内容。结婚自由与离婚自由虽然各有侧重，但目的都是为了巩固和发展婚姻家庭关系。保障结婚自由旨在使婚姻当事人能完全按照自己的意愿结成共同生活的伴侣。保障离婚自由，则是为了使感情确已破裂、无法共同生活的夫妻能够通过法定途径解除婚姻关系。从现实情况看，人们对结婚自由是能够接受的，但有些人对离婚自由却予以反对或限制。因此只有确认和保障结婚自由和离婚自由，划清了合法与非法之界限，婚姻自由才能全面真正地实现。

三、保障婚姻自由原则实施的禁止性规定

为有效保障婚姻自由原则之落实，现行《婚姻法》第 3 条第 1 款规定："禁止包办、买卖婚姻和其他干涉婚姻自由的行为。禁止借婚姻索取财物。"要贯彻婚姻自由原则，必须做到上述两个禁止。

（一）禁止包办、买卖婚姻和其他干涉婚姻自由的行为

1. 禁止包办婚姻和买卖婚姻。包办婚姻和买卖婚姻是干涉婚姻自由的两种主要形式。包办婚姻是指第三人（包括父母在内）违背婚姻自由的原则，包办强迫他人婚姻的行为。在旧中国"父母之命，媒妁之言"是婚姻成立的必备要件。某些父母干涉子女婚事，是对儿女人身权利（尤其是婚姻自主权）的严重侵犯。买卖婚姻是

---

〔1〕《列宁全集》（第 20 卷），人民出版社 1989 年版，第 423 页。转引自法学教材编辑部《婚姻法教程》编写组编：《婚姻法教程》，法律出版社 1982 年版，第 174 页。

指第三人（包括父母在内）以索取大量财物为目的，包办强迫他人婚姻的行为。

包办婚姻和买卖婚姻的特征都是婚姻关系以外的第三人对婚姻当事人缔结、解除婚姻关系的干涉、阻挠和强迫，侵犯当事人的婚姻自由。包办婚姻和买卖婚姻既有联系，又有区别。包办婚姻不一定都是买卖婚姻，但是买卖婚姻必定是包办婚姻。两者共同之处在于均违背当事人的意愿，对婚事包办强迫。两者的区别主要看是否以索取大量的财物为目的：仅违背婚姻自由原则强迫他人结婚，而不索取财物的，是包办婚姻的主要特征。而索取大量财物同时又强迫他人结婚，是买卖婚姻的主要特征。此外，封建的换亲、转亲、娃娃亲等也都是包办、买卖婚姻不同形式的表现。

2. 其他干涉婚姻自由的行为。其他干涉婚姻自由的行为是指除包办、买卖婚姻以外的干涉婚姻自由的行为。其表现形式很多，如父母干涉儿女婚事，有的父母以种种借口阻挠、干涉子女的婚姻选择。干涉离婚自由，即对他人离婚进行干涉或阻挠。干涉复婚自由，即对他人复婚行为进行干涉或阻挠。子女干涉父母再婚，即子女以各种借口对离婚或丧偶的父母的再婚进行干涉、阻挠。目前，子女干涉离婚、丧偶的父母再婚，甚至威胁父母要保持"晚节"的事情时有发生。对此，现行《婚姻法》第30条明确规定："子女应当尊重父母的婚姻权利，不得干涉父母再婚以及婚后的生活。"此外，现行《老年人权益保障法》第21条明确规定："老年人的婚姻自由受法律保护。子女或者其他亲属不得干涉老年人离婚、再婚及婚后的生活。"凡是违反此规定的做法，均属违法行为。现行《老年人权益保障法》第75条规定，干涉老年人婚姻自由的，由有关单位给予批评教育；构成违反治安管理行为的，依法给予治安管理处罚；构成犯罪的，依法追究刑事责任。

包办、买卖婚姻和其他干涉婚姻自由的行为，都是违法行为，侵害当事人婚姻自由的合法权利，危害广大青年尤其是妇女的切身利益，同时也容易造成各种纠纷，不利于社会的安定团结。为了禁止包办、买卖婚姻和其他干涉婚姻自由的行为，首先要加强法制宣传教育，帮助广大群众树立正确的法制观念，划清合法与违法的界限。其次要运用法律手段处理违法行为，对违法者进行严肃批评和教育，视其情节和后果，予以相应制裁。包办、买卖婚姻和其他干涉婚姻自由的行为是民事违法行为，受害人可以依法请求停止侵害；属无效婚姻的，可请求宣告婚姻无效；属可撤销婚姻的，可请求撤销婚姻；如果情节恶劣构成犯罪的，要依照现行《刑法》有关规定，依法追究刑事责任。我国现行《刑法》第257条规定："以暴力干涉他人婚姻自由的，处2年以下有期徒刑或者拘役。犯前款罪，致使被害人死亡的，处2年以上7年以下有期徒刑。第1款罪，告诉的才处理。"拐卖妇女、收买被拐卖妇女的，强迫其结婚的，依据刑法有关规定追究刑事责任。[1]

（二）禁止借婚姻索取财物

借婚姻索取财物是指除买卖婚姻以外的其他借婚姻索取财物的行为。这种情况

---

[1]　参见我国现行《刑法》第257、240、241条。

下，男女双方结婚基本上是自主自愿的，但是一方（主要是女方或者女方父母）向另一方索要一定财物作为结婚的前提条件。这种行为和买卖婚姻的共同点都是以索取财物为结婚的条件。不同点是买卖婚姻通常是包办强迫婚姻，而借婚姻索取财物，基本上是自主婚，但它不是正确行使婚姻自由的权利，而是滥用此权利。

借婚姻索取财物的行为，妨碍婚姻自由原则的贯彻，腐蚀人们的思想，败坏社会风气，往往给许多家庭造成悲剧。有的为了筹集财物，东借西贷，以致债台高筑，在婚后造成沉重的经济和思想负担，影响家庭的和睦、团结，其危害性不可低估。目前这种婚姻在现实生活中占有一定比例。此类婚姻危害性大，处理不好，容易激化矛盾。

（三）注意划清几个界限

不论是包办、买卖婚姻和其他干涉婚姻自由的行为，还是借婚姻索取财物的行为，都是贯彻婚姻自由原则的障碍。在具体处理因此引起的纠纷时，要正确掌握法律和政策的精神，注意划清以下界限：

1. 包办婚姻和父母主持、经人介绍、本人自愿同意的界限。前者由父母决定，违背婚姻当事人的意愿，违反了婚姻自由原则，是违法行为；后者虽由父母出面主持，但婚姻当事人是同意的，它符合婚姻自由原则，是合法行为。

2. 买卖婚姻和借婚姻索取财物的界限。前者是以包办强迫为手段索取大量财物，后者是在婚姻自由的情况下索取财物。虽然两者都是违法行为，但情节、后果不同，处理方法也不同。根据 1993 年《离婚财产分割意见》第 19 条规定："借婚姻关系索取的财物，离婚时，如结婚时间不长，或者因索要财物造成对方生活困难的，可酌情返还。对取得财物的性质是索取还是赠与难以认定的，可按赠与处理。"根据《婚姻法解释（二）》第 10 条规定："当事人请求返还按照习俗给付的彩礼的，如果查明属于以下情形，人民法院应当予以支持：①双方未办理结婚登记手续的；②双方办理结婚登记手续但确未共同生活的；③婚前给付并导致给付人生活困难的。适用前款第②、③项的规定，应当以双方离婚为条件。"从有关彩礼问题的处理看，实践中，有学者认为对女方嫁妆的处理未作规定，立法缺失了社会性别视角。[1]

3. 借婚姻索取财物和男女自愿赠与的界限。前者是女方或女方父母主动索取，是结婚的先决条件，对方给付财产是被迫与违心的，是违法行为；后者是男女双方自愿赠与，是合法行为。

---

[1] 嫁妆是女方从娘家带来用于双方共同生活的财物。彩礼与嫁妆均是为了男女双方为建立与巩固婚姻家庭关系而采取的手段，这种交换对男女双方尽快进入家庭生活秩序有一定意义，但当双方感情破裂时，均会涉及财产分割与处理。由于法律未规定给付嫁妆的当事人有要求返还嫁妆的权利，从而导致平等民事主体在享受权利上的性别歧视。因此，建议应将嫁妆的性质与处理纳入法律研究与立法视野。参见李秀华：《妇女婚姻家庭法律地位实证研究》，知识产权出版社 2004 年版，第 73 页。

第二节　一夫一妻制原则

一夫一妻制是人类婚姻步入文明时代的自觉选择，是当代许多国家婚姻制度的一项重要原则。我国 1950 年《婚姻法》废除了纳妾形式的多妻制，确立了一夫一妻制。在我国，维护并实行一夫一妻制原则，对构建和谐的夫妻关系，建立并巩固文明与和谐的婚姻家庭制度有着重要意义。

一、一夫一妻制概述

（一）一夫一妻制的内涵

一夫一妻制，亦称个体婚制，是一男一女结为夫妻的婚姻形式，即一个人只能有一个配偶，不能同时有两个或更多配偶的婚姻制度。这一概念蕴含以下含义：任何人不论其地位高低，财产多少，都不能同时有两个或更多的配偶；已婚者在配偶死亡或离婚前，不得再行结婚；一切公开的、隐蔽的一夫多妻或一妻多夫的两性关系都是非法的。

（二）实行一夫一妻制的必要性

1. 实行一夫一妻制是婚姻家庭制度发展的必然要求。在人类社会初期，男女两性关系没有限制与约束，呈杂乱性交状态，无所谓婚姻与家庭。随着社会发展，人类婚姻制度发展历经群婚制、对偶婚到一夫一妻制的发展演进过程。一夫一妻制产生于原始社会末期，是财产私有制和阶级不平等的产物。因此，一夫一妻制从产生之日起就具有一种特别性质：它是仅对妇女而言的一夫一妻制。在古代的奴隶社会和封建社会，许多国家实行的是一夫一妻多妾制。在近现代社会，一夫一妻制是针对男女双方而言的，任何一方违反该项原则，如果构成犯罪的，将要承担刑事责任，受到法律制裁。重婚的婚姻不具有法律效力。[1]

2. 实行一夫一妻制，是构建文明、健康婚姻关系的必然要求。实行一夫一妻制，符合婚姻这一伦理实体的性质，又符合现代社会道德观念。实行一夫一妻制，能有效保障夫妻相互忠实，共同承担抚育子女，共建和谐家庭的任务。社会经济的发展，男女平等、同工同酬，为实现一夫一妻制提供了物质条件。在社会主义社会，妇女在政治、经济、文化和社会等各方面取得了与男子平等的地位，为贯彻一夫一妻制奠定了坚实的基础。

不可否认，在我国现阶段，由于各种原因，违反一夫一妻制的行为时有发生。根据现行《婚姻法》规定，禁止重婚，禁止有配偶者与他人同居；夫妻应当互相忠实，互相尊重；重婚为婚姻无效的情形之一；重婚或有配偶者与他人同居引起的离婚诉讼，如感情确已破裂，调解无效的，应准予离婚；因重婚或有配偶者与他人同

---

[1]　参见房绍坤、范李瑛、张洪波编：《婚姻家庭与继承法》，中国人民大学出版社 2007 年版，第 19 页。

居导致离婚的，无过错方有权请求离婚损害赔偿。[1] 这些条文的增设、修正与完善，有助于一夫一妻制原则的落实与执行。

二、禁止重婚、禁止有配偶者与他人同居

（一）禁止重婚

1. 重婚的概念。重婚是指有配偶者再行结婚的行为。重婚是违法行为，是对一夫一妻制原则的严重破坏。

重婚具有以下的特征：①当事人一方或者双方为有配偶者。所谓有配偶，是指男人有妻、女人有夫，且这种夫妻关系被法律承认。在重婚的婚姻关系中，当事人一方或者双方是已经建立了婚姻关系的人。②在前婚未解除的情况下，又与他人缔结婚姻关系。

必须说明，最高人民法院 1994 年的法复［1994］10 号批复中明确 1994 年 2 月 1 日民政部《婚姻登记管理条例》发布施行后，有配偶的人与他人以夫妻名义同居生活的，或者明知他人有配偶而与之以夫妻名义同居生活的，仍应按重婚罪定罪处罚。根据该批复，我国司法实践中一直将重婚分为法律上的重婚和事实上的重婚。所谓法律上的重婚是指有配偶者又与他人办理结婚登记。因为我国对婚姻的成立采取的是单一的登记制，对法律上的重婚的认定，关键在于其是否办理了结婚登记。在当事人一方或双方已有配偶的情况下，只要二人去办理了结婚登记，无论其是否同居、是否公开举行婚礼，都构成法律上的重婚。所谓事实上的重婚，是指前婚未解除的情况下，又与他人以夫妻名义同居生活。判断是否"以夫妻名义共同生活"，主要是看其是否以夫妻名义申报户口、是否公开举行婚礼、是否以夫妻名义去探亲访友、是否以夫妻名义外出旅游等。在法律责任的承担上，不管是法律上的重婚还是事实上的重婚，都承担同样的法律后果，在法律责任上无轻重之分。但是，2013 年 1 月 14 日最高人民法院发布《关于废止 1980 年 1 月 1 日至 1997 年 6 月 30 日期间发布的部分司法解释和司法解释性质文件（第九批）的决定》（法释［2013］2 号，2012 年 11 月 19 日最高人民法院审判委员会第 1560 次会议通过，2013 年 1 月 18 日起施行），已将上述《批复》废止，其废除的理由是《婚姻登记管理条例》已经被废除，刑法对重婚罪已有明确规定。现在，由于该批复的废止，处理事实重婚罪已于法无据。也就是说，自 2013 年 1 月 18 日起有配偶者如果再与他人以夫妻名义共同生活，不再被认为构成事实上的重婚。

2. 对待重婚的法律和政策。在我国，处理重婚问题的一般原则是：1950 年 5 月 1 日以前形成的重婚，"由于是不合理的婚姻制度所造成的，因此，我们一般是不加干涉的"。[2] 即当事人相安无事的，法律不予追究；如果当事人提出离婚要求，应准予离婚。

---

〔1〕 现行《婚姻法》第 3、4、10、32、46 条。

〔2〕 1952 年中央人民政府、司法部《关于婚姻法施行以前重婚的处理原则的规定》。

自 1950 年《婚姻法》公布施行后，对于重婚不承认其效力，但对因历史原因或其他特殊原因形成的重婚，要从实际出发，考虑重婚形成的原因、情节和后果，分别情况，区别对待。[1]

对 1981 年《西藏自治区施行〈中华人民共和国婚姻法〉的变通条例》施行前形成的一夫多妻或一妻多夫关系，凡不主动提出解除婚姻关系者，准予维持。

对于涉台婚姻中的重婚，1949 年中华人民共和国成立后直到 1981 年前，由于客观上的原因有夫妻关系的台胞与大陆的配偶无法通信，婚姻关系发生了变化。有的单方在台湾地区或者在大陆再婚，在对待这种因为历史的原因而造成的重婚时，要灵活掌握政策，一般情况下，不论在台一方或大陆一方再婚，均不以重婚论处。当事人不告诉的，人民法院不主动干预，如果其中一方当事人提出与其配偶离婚的，人民法院应依照《婚姻法》的有关规定处理。[2]

3. 重婚的法律后果。鉴于重婚的情况比较复杂，在具体处理时，要根据重婚原因、情节和后果等情况，依法区别处理。依现行法律，重婚行为在《婚姻法》《刑法》方面都会产生相应的法律后果。

（1）重婚的民事后果。①重婚为无效婚姻，不具有合法婚姻的效力；②重婚是法院判决离婚的理由之一；③在民事责任上，因重婚导致离婚的，无过错方有权请求损害赔偿。

（2）重婚的刑事后果。重婚者如果主观上存在故意，则构成重婚罪，应依法给予刑事制裁。我国现行《刑法》第 258 条规定："有配偶而重婚的，或者明知他人有配偶而与之结婚的，处 2 年以下有期徒刑或者拘役。"此外，由于我国对军婚的特别保护，对与现役军人配偶重婚的，现行《刑法》第 259 条规定了破坏军婚罪："明知是现役军人的配偶而与之同居或者结婚的，处 3 年以下有期徒刑或者拘役。"

为维护一夫一妻制原则，许多国家亦明确规定禁止重婚，如《法国民法典》第 147 条规定："第一次婚姻解除之前，不得再婚。"《美国统一结婚离婚法》第 207 条规定："禁止一方尚未离婚又与他人结婚。"《日本民法典》第 732 条规定："有配偶者不得重婚。"在国外，许多国家规定，重婚是禁止结婚的条件及婚姻无效或可撤销的法定事由。[3]

（二）禁止有配偶者与他人同居

根据《婚姻法解释（一）》，有配偶者与他人同居是指有配偶者与婚外异性，不

---

〔1〕 陈苇主编：《婚姻家庭继承法学》，群众出版社 2005 年版，第 50 页。

〔2〕 1988 年 8 月 9 日最高人民法院副院长马原："关于人民法院处理涉台民事案件的几个法律问题"。

〔3〕 主编注：在国外，法律规定重婚为无效婚姻的，有法国、瑞士、意大利、英国、美国等国；法律规定重婚为可撤销婚姻的，有德国、日本等国。参见陈苇主编：《外国婚姻家庭法比较研究》，群众出版社 2006 年版，第 99、105、113、119、124、126、134、144 页。

以夫妻名义，持续稳定地共同居住。[1] 同居是夫妻共同生活的基础要件，是婚姻本质所内定的义务。有配偶者与他人同居，是对夫妻间忠实义务的违反和对配偶权利的侵犯。近年来社会上，有配偶者与他人同居的现象时有发生，并且有的情节十分恶劣。有的公然将第三者带进家庭内同居，有的公开恣意离弃或杀害妻子儿女，或生育非婚生子女。这不仅违反了一夫一妻制和社会主义道德的要求，败坏了社会风气，而且容易导致家庭破裂并引发恶性事件，影响社会秩序的安定。

依现行《婚姻法》规定，禁止有配偶者与他人同居。有配偶者与他人同居是法院判决离婚的法定理由之一。有配偶者与他人同居，导致离婚的，无过错方有权请求损害赔偿。[2]《婚姻法解释（二）》第 1 条规定，当事人起诉请求解除同居关系的，人民法院不予受理。但当事人请求解除的同居关系，属于《婚姻法》第 3、32、46 条规定的"有配偶者与他人同居"的，人民法院应当受理并依法予以解除。

第三节　男女平等原则

男女平等是我国一项基本国策，也是现行《婚姻法》的基本原则。它是我国现行《宪法》确定的男女平等原则的具体体现。为贯彻男女平等原则，现行《婚姻法》规定："夫妻在家庭中地位平等。""夫妻双方都有参加生产、工作、学习和社会活动的自由，一方不得对他方加以限制或干涉。"[3] 这一原则的实施，有利于男女两性和谐发展，促进了社会的全面发展。这一原则彻底否定了男尊女卑、父权统治的旧传统、旧习俗，是妇女彻底解放的法律保障，是巩固和发展我国婚姻家庭制度的重要法律武器。

一、男女平等原则概述

（一）男女平等概念界定

我国现行《宪法》第 48 条明确规定："中华人民共和国妇女在政治的、经济的、文化的、社会的和家庭的生活等各方面享有同男子平等的权利。"男女平等一向是联合国对社会发展领域关注的重点。《联合国宪章》序言明确规定："重申基本人权，人格尊严与价值，以及男女与大小各国平等权利之信念。"将男女平等作为一项基本国策，体现了党和国家对男女平等原则的高度重视，是新时期对马克思主义妇女观的丰富和发展。越来越多的学者强调男女之间尊严和价值的平等以及权利、机会和

---

〔1〕《婚姻法解释（一）》颁布于 2001 年，最高人民法院 1994 年的（法复〔1994〕10 号）批复尚未被废止，故《婚姻法解释（一）》将"有配偶者与他人同居"限定在"不以夫妻名义"的范围内。但随着最高人民法院 1994 年的法复〔1994〕10 号批复的废止，有配偶者与他人以夫妻名义的同居就不应被排除在"有配偶者与他人同居"之外了。

〔2〕现行《婚姻法》第 3、32、46 条。

〔3〕现行《婚姻法》第 13、15 条。

责任的平等是真正意义上的男女平等。现行《婚姻法》规定的男女平等原则，是指男女在婚姻家庭领域里的一切方面都平等的享有权利、承担义务，禁止对女性任何形式的歧视、虐待。

（二）男女平等的内容

男女平等的内容可以概括为以下三个方面：

1. 男女在婚姻方面权利义务平等。在旧中国，男女在婚姻问题上是权利不平等的，如妇女必须从夫居；男子有休妻特权；女子无离婚自由。按照现行《婚姻法》规定，在适用结婚、离婚条件方面男女权利义务平等。例如，结婚必须男女双方完全自愿，不许任何一方对他方加以强迫或任何第三者加以干涉。登记结婚后，根据双方约定，女方可以成为男方的家庭成员，男方可以成为女方的家庭成员。男女双方均有提出离婚的权利。离婚时，男女双方都有抚养子女、分割共同财产、清偿债务以及经济帮助等方面的权利和义务。

2. 夫妻间人身与财产方面权利和义务平等。夫妻在家庭中地位平等，人格独立。夫妻关系包括人身关系与财产关系两个方面。夫妻在人身与财产关系方面的权利义务都是平等的。夫妻都有各用自己姓名的权利；都有参加生产、工作、学习和社会活动的自由；都有实行计划生育的义务；都有抚养和教育子女的权利和义务；夫妻对共同财产有平等的处理权，有相互扶养的义务和相互继承遗产的权利。

3. 其他不同性别家庭成员间法律地位平等。父母子女之间，祖父母、外祖父母与孙子女、外孙子女之间，兄弟姐妹之间法律地位平等。如父母都有抚养教育子女的义务，都有受子女赡养扶助的权利；子女都有接受父母抚养教育的权利，都有赡养扶助父母的义务；父母子女间的继承权利全都是平等的。在这些不同性别的家庭成员间，地位完全平等，享有平等权利，履行平等义务。

二、男女平等原则在我国的贯彻与实施

男女两性在婚姻家庭中的地位，首先取决于他们在社会、经济、政治等方面的地位。历史充分证明，生产资料私有制和阶级剥削制度是男女不平等的社会根源。自有阶级社会以来，男女就处于不平等的地位。在旧中国，男女之间是主从、尊卑、依附的关系。这种男女不平等为封建社会礼制和法律所保护。"三从四德"等种种清规戒律成为束缚妇女、奴役和压迫妇女的沉重锁链。虽然资产阶级革命中提出自由、平等、博爱的口号并在资产阶级革命胜利后的法律中规定了男女平等原则，在历史上是一大进步，但其早期立法中这种男女平等仍有极大的局限性。当前世界范围内很多国家在立法上废弃了早期立法中男女不平等的条款，男女两性在法律上的地位趋于平等。

中国共产党自建党以来，始终把解放妇女，实现男女平等作为革命事业的重要组成部分。新中国成立前革命根据地颁布的各种法令中，都鲜明地贯穿了男女平等精神。1949年中华人民共和国成立后，彻底废除了一切歧视妇女、压迫妇女的法律。此后，我国颁行的《宪法》规定，妇女在政治、经济、文化、社会和家庭生活各方面享有同男子平等的权利，男女同工同酬。在有关选举、劳动、教育等法律中，妇女的权利与男子的权利是平等的。我国《婚姻法》《民法总则》《妇女权益保障法》等法律的内容中，都明确体现了男女平等原则的要求。但由于封建传统观念的影响，男尊女卑的旧思想、旧习俗尚未绝迹，男女之间尚存在实际差距。2000年9月，我国政府在联合国首脑会议上签署《联合国千年宣言》，把促进性别平等、赋予妇女权利列为新千年发展目标的重要内容。推进男女平等对实现经济与社会的可持续发展、构建和谐社会至关重要。实践性别平等的承诺，不仅是实现社会健康发展、促进社会幸福和谐、公平公正的需要，亦有利于和谐家庭与社会之构建。所以，规定并推进男女平等原则实施仍具有重要的现实意义与历史价值。

我国社会主义制度从政治、经济、法律等各方面为全面实现男女平等奠定了基础条件，但男女平等原则实现并非一蹴而就。目前，尽管我国在男女平等方面已经取得了很大成就，男女平等的条件得到明显改善，但重男轻女、歧视妇女的传统习惯势力还有一定影响，如家庭暴力案件时有发生，女性权利受侵害的现象时有出现。因此，男女两性在法律上平等还不等于在实际生活中的平等。落实与贯彻男女平等原则是一个系统工程，需要社会多元机构的协作与支持，需要完善相关立法作为保障。此外，将性别意识纳入决策主流，既有助于充分体现出社会公平与公正原则，又能避免实施男女平等原则时陷入以男性为参照标准的误区，使男女有平等获取资源与共享资源的机会。我国社会主义物质文明和精神文明的发展，将为进一步实现男女平等创造必要条件。

第四节　保护妇女、儿童和老人的合法权益原则

保护妇女、儿童和老人的合法权益，在我国现行《宪法》中有明确规定，也是《婚姻法》的一项重要原则。1950年《婚姻法》规定了保护妇女、子女合法权益的原则，1980年《婚姻法》总结多年来的经验，根据现实情况补充了"保护老人合法权益"的内容，从而正式确立了"保护妇女、儿童和老人的合法权益"原则。2001年修正后的现行《婚姻法》沿用此原则。坚持这一原则，对切实贯彻男女平等原则，树立尊老爱幼的新风尚和巩固社会主义新型家庭关系具有重要意义。

一、保护妇女合法权益

保护妇女合法权益是对男女平等原则的重要补充。改革开放以来，我国政府注重不断加大创制保障妇女权益的法律法规的力度。从当前立法情况来看，我国保障妇女权益法律体系已初具规模。目前，我国保护妇女合法权益基本形成了以《宪法》为根据，以《妇女权益保障法》为主体，包括《刑法》《婚姻法》《劳动法》《母婴保健法》和《女职工劳动保护特别规定》等法律、行政法规和地方性法规在内的一整套保障妇女权益和促进妇女发展的法律体系。1992年4月3日通过的《妇女权益

保障法》是我国第一部保障妇女权益，促进男女平等的基本法。2005 年 8 月 28 日，我国通过了关于修改《妇女权益保障法》的决定。现行保障妇女权益的法律法规涉及妇女在婚姻家庭、参政、劳动、教育、健康等诸多方面的权利。现行《妇女权益保障法》第七章专门对妇女在婚姻家庭方面的权益作了具体的保障性规定，其中对离婚后妇女的人身、财产权益的保障及生育权行使等比《婚姻法》规定更加详尽，操作性更强。[1]

（一）保护妇女合法权益之必要性

从宏观视角而言，对妇女保护程度，是衡量一个国家文明程度的重要标准之一。因此，在强调男女平等原则的同时，应对妇女合法权益进行特殊保护。原因主要有以下三个：

1. 继承立法传统。妇女在历史上受迫害最深，地位最低。在旧中国，妇女深受政权、神权、族权、夫权的四重压迫，她们所遭受的痛苦比男子更深重。早在 1931 年 11 月 28 日中华苏维埃共和国中央执行委员会第一次会议《中华苏维埃共和国婚姻条例——关于暂行婚姻条例的决议》中就曾强调："在封建统治之下，男女婚姻，野蛮到无人性，女子所受的压迫与痛苦，比男子更甚。只有工农革命胜利，男女从经济上得到第一次解放，男女婚姻关系才随着变更而得到自由。目前在苏区男女婚姻，已取得自由的基础，应确定婚姻以自由为原则，而废除一切封建的包办、强迫与买卖的婚姻制度。但是女子刚从封建压迫中解放出来，她们的身体许多受了很大的损害（如缠足）尚未恢复，她们的经济尚未独立，所以关于离婚问题，应偏于保护女子，而把因离婚而引起的义务和责任，多交给男子担负。"后来各边区、解放区有关婚姻家庭的条例和新中国成立后的 1950 年《婚姻法》和 1980 年《婚姻法》，以及 2001 年修正后的《婚姻法》都把保护妇女合法权益作为一项重要的基本原则。

2. 妇女生理上的特殊。妇女担负着怀孕、生育和哺育子女的任务，身体与精神负担较男性为重，因此，有必要从立法上照顾妇女生理的特殊情况。我国现行《婚姻法》《妇女权益保障法》根据妇女特殊生理状况与特殊需要，规定了某些只有妇女才能享有的权利，此外，在其他法律中，如现行《刑法》《劳动法》等对此亦有明确规定。

3. 基于现实需要。我国妇女虽然在法律地位上已经获得了与男子平等的权利，但在实际生活中还存在着妨碍妇女行使平等权利的消极因素。例如，现实生活中干涉妇女的人身自由，限制妇女行使继承权，女性遭受虐待、遗弃、家庭暴力的现象时有发生。因此在倡导男女平等原则的同时，须基于我国现实的需要，对妇女进行特别保护。

---

〔1〕 主编注：关于我国部分省市妇女儿童权益法律保障情况的实证研究，参见陈苇主编：《中国妇女儿童权益法律保障情况实证调查研究——以我国五省市被抽样调查地区妇女儿童权益法律保障情况为对象》，群众出版社 2017 年版。

总之，对妇女权益特别保护有历史、立法及现实的考量与基础。

（二）保护妇女合法权益的主要措施

现行《婚姻法》在许多章节中均充分体现了对妇女合法权益给予特殊保护的精神。在离婚一章中，规定得更具体。

1. 特定时期限制男方离婚诉权。现行《婚姻法》第 34 条明确规定："女方在怀孕期间、分娩后 1 年内或中止妊娠后 6 个月内，男方不得提出离婚。女方提出离婚的，或人民法院认为确有必要受理男方离婚请求的，不在此限。"现行《婚姻法》与 1980 年《婚姻法》相比增加了"中止妊娠后 6 个月内"的内容，从而使本条规定更完善，也与其他法律的规定相一致。这一规定的目的是妇女权益与儿童权益保护原则的具体体现，旨在保护女方及胎儿、婴儿的身心健康。

2. 离婚时财产分割上照顾女方利益。在离婚时共同财产分割问题上，现行《婚姻法》第 39 条规定了照顾女方权益的原则。离婚时夫妻共同财产的分割，先由双方协议处理；协议不成时，由人民法院根据财产的具体情况，按照顾子女和女方权益的原则判决。由于历史原因，男女经济地位还存在实际差别，女子经济地位一般低于男子，所以法律规定了照顾女方权益的原则。

3. 离婚时的经济补偿与经济帮助。依现行《婚姻法》第 40、39 条规定，夫妻书面约定婚姻关系存续期间所得的财产归各自所有，一方因抚育子女、照料老人、协助另一方工作等付出较多义务的，离婚时有权向另一方请求补偿，另一方应当予以补偿。离婚时，如一方生活困难，另一方应从其住房等个人财产中给予适当帮助。从实际执行的情况看，离婚时主张经济补偿、接受经济帮助的多为女方。

保护妇女合法权益原则与男女平等原则并不矛盾与冲突，实际上它们的目标是一致的，两者互为补充与作用，最终推进男女平等原则的实现。

二、保护儿童合法权益

（一）保护儿童合法权益之必要性

保护儿童的合法权益，是振兴国家和民族的需要，是培养和造就祖国建设事业接班人的需要，也是巩固和发展我国婚姻家庭关系的需要。在不同社会制度下，儿童家庭及法律地位有很大差别。我国封建社会婚姻家庭制度的基本特征之一就是家长专制，漠视子女利益。因此，在旧中国，儿童被当作父母或家长的私有财产，他们没有独立的人格，合法权益得不到保障。社会主义制度从根本上改变了儿童在社会和家庭中的地位，父母子女关系发生了深刻变化，其合法权益得到了切实保障。我国现行《宪法》第 46 条明确规定："国家培养青年、少年、儿童在品德、智力、体质等方面全面发展。"第 49 条规定："婚姻、家庭、母亲和儿童受国家的保护。"为了有效保障儿童的合法权益，1991 年 9 月 4 日我国通过并公布的《未成年人保护法》从家庭、社会、学校、司法等方面对儿童的合法权益作了全面、具体的保障性规定。保护儿童的合法权益亦与国际社会倡导儿童权利保障的精神一致。[1] 为未成年人的健康成长创造一个良好的环境，直接关系到孩子的成长、家庭的稳定、社会的稳定及国家的发展。未成年人也是一个特殊的弱势群体，如何关爱青少年、保护青少年，是家庭、学校、社会及国家共同的责任。因此，国家机关、社会团体、家庭、学校和全体公民应该积极地给予未成年人特别的关爱及法律保护。

联合国《儿童权利公约》第 19 条强调，缔约国（我国是该公约缔约国）应采取一切适当的立法、行政、社会和教育措施，保护儿童在受父母、法定监护人或其他任何负责照管儿童的人的照料时，不致受到任何形式的身心摧残、伤害或凌辱，忽视或照料不周，虐待或剥削，包括性侵犯。以家庭暴力为例，有研究认为，目前全世界每天有 540 多名儿童死于虐待与家庭暴力。[2] 世界卫生组织的研究表明全球每年有 200 万以上的儿童遭受家庭暴力。调查发现童年时期受暴经历可能是青少年心理和社会问题的重要潜在原因，童年时遭受的身体伤害 26% 来自父母。[3] 中国人权发展基金会于 2010 年 8 月发布了中国亲子关系现状的研究报告。报告指出在七成的家庭中，父母曾对子女实施家庭暴力。打子女原因中，撒谎是最主要原因，占34.5%；其次是不服从父母命令，占 25.8%；或者不懂礼节占 22.5%；孩子学习成绩不理想而责打孩子的比例占 17.8%。[4]

除此之外，现实生活中，其他侵犯儿童权益的现象也时有发生，如遗弃女婴、残疾儿童，拐卖儿童的行为。2015 年 2 月 27 日，最高人民法院发布惩治拐卖妇女儿

---

〔1〕　该法为更全面地保障未成年人身心健康，有效地维护未成年人合法权益，促进未成年人在品德、智力、体质等方面全面发展，1991 年 9 月 4 日由第七届中华人民共和国全国人民代表大会常务委员会第二十一次会议通过，2006 年 12 月 29 日由第十届中华人民共和国全国人民代表大会常务委员会第二十五次会议修订，自 2007 年 6 月 1 日起开始施行。2012 年 10 月 26 日第十一届全国人民代表大会常务委员会第二十九次会议再次修订更新了《未成年人保护法》的内容，并于 2013 年 1 月 1 日起正式实施。

〔2〕　周豫："拯救孩子：家暴里断线的风筝"，载《南方日报》2013 年 5 月 24 日。

〔3〕　景春兰："家庭自治与针对儿童家庭暴力的国家干预"，载《成都大学学报（社会科学版）》2011 年第 2 期。

〔4〕　中国人权发展基金会和谐家庭基金："中国第一个亲子交流现状调查报告"，载 http://www.humanrights.com.cn/human，访问日期：2010 年 8 月 11 日。

童犯罪典型案例。[1]

有学者对北京、广东、浙江、湖北、黑龙江、陕西等六省市的 3577 名在校青少年进行调研。被调查学生中，童年时期遭受躯体、情感伤害，包括用物品打、限制活动以及言语羞辱、被忽视等，主要来自父母，约占 26%。施暴主体为亲生父母的案件 521 件，占所有案件 74.75%。施暴方式主要是身体暴力、性侵害、遗弃和出卖孩子，其中身体暴力案件 196 件占 65.33%；性侵害案件 32 件占 10.67%；遗弃案件 37 件占 12.33%；卖孩子的案件 35 件占 11.67%。另一个儿童暴力的高发群体来自留守儿童家庭。[2]

重婚和同居等带来的非婚生子女问题日益突出。因此，保护儿童合法权益仍然是极为重要的原则。2012 年修正后的《未成年人保护法》进一步完善了未成年人保护的法律制度，针对未成年人保护面临的诸多问题进行了全面修订；进一步明确了未成年人的权利，强化了政府、家庭、学校、社会的保护责任，着力优化未成年人成长环境，加强了社会保护和司法保护。其中第 6 条规定，"保护未成年人，是国家机关、武装力量、政党、社会团体、企业事业组织、城乡基层群众性自治组织、未成年人的监护人和其他成年公民的共同责任。对侵犯未成年人合法权益的行为，任何组织和个人都有权予以劝阻、制止或者向有关部门提出检举或者控告。国家、社会、学校和家庭应当教育和帮助未成年人维护自己的合法权益，增强自我保护的意识和能力，增强社会责任感"。这部法律的颁布实施，有助于更好地保护未成年人身心健康，保障未成年人合法权益，有助于促进未成年人全面发展。

---

〔1〕 马某拐卖儿童案。2006～2008 年，被告人马某伙同被告人宋一、宋二、宋三（均已判刑）等人，以出卖为目的，向侯一、侯二、师一、师二（均另案处理，已判刑）等人从云南省元江县等地收买儿童，贩卖至江苏省连云港市、山东省临沂市等地。其中马某作案 27 起，参与拐卖儿童 37 人，其中 1 名女婴在从云南到连云港的运输途中死亡。马某与宋一、宋二、宋三共同实施部分犯罪，在其中起组织、指挥等主要作用。案发后，公安机关追回马某等人的犯罪所得 22.6 万元。江苏省连云港市中级人民法院经审理认为，马某以出卖为目的拐卖儿童，其行为已构成拐卖儿童罪。马某参与拐卖儿童 37 人，犯罪情节特别严重，且系主犯，应依法惩处。依照《刑法》有关规定，以拐卖儿童罪判处被告人马某死刑，剥夺政治权利终身，并处没收个人全部财产。宣判后，马某提出上诉。江苏省高级人民法院经依法审理，裁定驳回上诉，维持原判。最高人民法院经依法复核，核准马某死刑。罪犯马某已被依法执行死刑。本案是一起由拐卖犯罪团伙实施的特大贩婴案件。本案犯罪时间跨度长，被拐儿童人数多达 37 人，且均是婴儿。在收买、贩卖、运输、出卖婴儿的诸多环节中，"人贩子"视婴儿为商品，缺少必要的关爱、照料；有的采取给婴儿灌服安眠药，用塑料袋、行李箱盛装运输等恶劣手段，极易导致婴儿窒息、伤残或者死亡。本案中即有 1 名婴儿在被贩运途中死亡。实践中，不法分子在贩途中遗弃病婴的情形亦有发生。人民法院综合考虑马某拐卖儿童的犯罪事实、性质、情节和危害后果，对其依法判处死刑，符合罪责刑相一致原则。最高人民法院网："最高人民法院发布惩治拐卖妇女儿童犯罪典型案例"，2015 年 2 月 28 日发布。
〔2〕 北京青少年法律援助与研究中心："未成年人遭受家庭暴力案件调查与研究报告"，载青少年维权网，http://www.chinachild.org，访问日期：2016 年 10 月 16 日。

（二）现行《婚姻法》保护儿童合法权益的措施

现行《婚姻法》在家庭关系、离婚等章中，均有保护儿童的具体规定。

1. 父母对子女有抚养、教育的义务。父母有保护和教育未成年子女的权利和义务。我国现行《婚姻法》第21条规定："父母对子女有抚养教育的义务；子女对父母有赡养扶助的义务。父母不履行抚养义务时，未成年的或不能独立生活的子女，有要求父母付给抚养费的权利。子女不履行赡养义务时，无劳动能力的或生活困难的父母，有要求子女付给赡养费的权利。禁止溺婴、弃婴和其他残害婴儿的行为。"而且这种义务，不因父母离婚而消除。第36条强调："父母与子女间的关系，不因父母离婚而消除。离婚后，子女无论由父或母直接抚养，仍是父母双方的子女。离婚后，父母对于子女仍有抚养和教育的权利和义务。"这说明离婚后，父母对子女仍有抚养和教育的权利和义务，如果父母不履行抚养义务，未成年的或不能够独立生活的子女有要求父母给付抚养费的权利。为了更好地保护婴儿的合法权益，现行《婚姻法》规定："禁止溺婴、弃婴和其他残害婴儿的行为。"如果父母有虐待、遗弃子女的行为，情节严重的构成虐待罪、遗弃罪，将会受到刑事制裁。现行《未成年人保护法》第10条规定："父母或者其他监护人应当创造良好、和睦的家庭环境，依法履行对未成年人的监护职责和抚养义务。禁止对未成年人实施家庭暴力，禁止虐待、遗弃未成年人，禁止溺婴和其他残害婴儿的行为，不得歧视女性未成年人或者有残疾的未成年人。"第11条规定："父母或者其他监护人应当关注未成年人的生理、心理状况和行为习惯，以健康的思想、良好的品行和适当的方法教育和影响未成年人，引导未成年人进行有益身心健康的活动，预防和制止未成年人吸烟、酗酒、流浪、沉迷网络以及赌博、吸毒、卖淫等行为。"第12条规定："父母或者其他监护人应当学习家庭教育知识，正确履行监护职责，抚养教育未成年人。有关国家机关和社会组织应当为未成年人的父母或者其他监护人提供家庭教育指导。"上述规定从立法上有效地保护了未成年人享有生存权、发展权、受保护权、参与权等权利。国家根据未成年人身心发展特点给予特殊、优先保护，保障未成年人的合法权益不受侵犯。国家、社会、学校和家庭对未成年人进行理想教育、道德教育、文化教育、纪律和法制教育，进行爱国主义、集体主义和社会主义教育，提倡爱祖国、爱人民、爱劳动、爱科学、爱社会主义的公德。此外，对未成年人的教育应当遵循下列原则：①尊重未成年人的人格尊严；②适应未成年人身心发展的规律和特点；③教育与保护相结合。

2. 不同类型的子女具有平等的法律地位，不得虐待和歧视。在我国，除婚生子女以外，还有非婚生子女、继子女和养子女，不论是哪种类型的子女，其法律地位完全平等。非婚生子女和继子女等不受歧视和虐待。我国现行《婚姻法》第25～27条对此作出了明确规定。其中第25条规定："非婚生子女享有与婚生子女同等的权利，任何人不得加以危害和歧视。不直接抚养非婚生子女的生父或生母，应当负担子女的生活费和教育费，直至子女能独立生活为止。"第26条规定："国家保护合法的收养关系。养父母和养子女间的权利和义务，适用本法对父母子女关系的有关规定。养子女和生父母间的权利和义务，因收养关系的成立而消除。"第 27 条规定："继父母与继子女间，不得虐待或歧视。继父或继母和受其抚养教育的继子女间的权利和义务，适用本法对父母子女关系的有关规定。"上述规定切实保障了非婚生子女、继子女和养子女的合法权益。

3. 祖父母、外祖父母对孙子女、外孙子女以及兄姐对弟妹有条件地承担抚养义务。我国现行《婚姻法》第 28 条规定："有负担能力的祖父母、外祖父母，对于父母已经死亡或父母无力抚养的未成年的孙子女、外孙子女，有抚养的义务。"第 29 条规定："有负担能力的兄、姐，对于父母已经死亡或父母无力抚养的未成年的弟、妹，有抚养的义务。"这一规定符合我国家庭的实际情况，有利于保护儿童合法权益原则的贯彻执行。

除贯彻实施我国《婚姻法》有关未成年人保护的原则之外，有效地落实我国 2012 年修正后的《未成年人保护法》之精神，也有助于对未成年人权益的全面保护。《未成年人保护法》是我国青少年法律法规体系的核心，亦是我国人权保护法律的重要组成部分。儿童是人类的未来和希望。儿童的生存、保护和发展不仅是提高人口素质的基础，更是人类发展的先决条件，直接关系到一个国家和民族的前途与命运。中国政府高度关心和重视儿童的生存、保护和发展，努力为儿童事业的发展创造良好的社会条件。中国政府多年来致力于通过立法来保护儿童的合法权益，进而使儿童权益的保护法制化、规范化，制定了以《中华人民共和国宪法》为核心，包括《民法总则》《刑法》《婚姻法》《义务教育法》《未成年人保护法》《母婴保健法》和《收养法》等在内的一系列有关儿童生存、保护和发展的法律、相关的法规和政策措施，形成了较为完备与科学的保护未成年人权益的法律体系。对未成年人保护不足、不到位的问题，是有法不依、执法不严和违法不究所造成的。新修订的法律强化了国家机关及其工作人员在未成年人保护工作中的法律责任；明确未成年人父母或者其他监护人的法律责任；明晰了其他相关部门及其工作人员的相应责任。

保护儿童合法权益，必须贯彻实施好现行《婚姻法》及《未成年人保护法》等。强调保护儿童合法权益的原则，有助于全面贯彻尊重和保障人权的宪法原则，实现社会公平正义；有助于更好地履行联合国《儿童权利公约》《经济、社会及文化权利国际公约》等我国加入的国际公约规定的义务，使未成年人享有生存权、发展权、受保护权、参与权等权利得到有效保障，促进我国人权保护的发展和进步。

三、保护老人合法权益

(一) 保护老人合法权益之必要性

随着我国改革开放不断深入和市场经济体制的建立，随着家庭结构的变化与子女的独立，保障老年人合法权益问题面临诸多挑战。[1] 保障老年人合法权益问题迫切需要政府、有关部门、社区等社会各界的高度关注，需要从物质、精神、文化、法律等方面探索老年人保障体系完善。我国《老年人权益保障法》于1996年颁布实施，但随着经济社会的发展和家庭结构的变化，老年人权益保障出现了一些新问题新动向。新修订的《老年人权益保障法》已于2012年12月28日经第十一届全国人民代表大会常务委员会第三十次会议审议通过，自2013年7月1日起开始施行（2015年4月24日第十二届全国人民代表大会常务委员会第十四次会议再次修正）。其与修订前的老年人权益保障法相比，增加了三章内容，即社会服务、社会优待、宜居环境。该部法的修正，使老年人权益具有了全面的保障。该法第18条规定："家庭成员应当关心老年人的精神需求，不得忽视、冷落老年人。与老年人分开居住的家庭成员，应当经常看望或者问候老年人。用人单位应当按照国家有关规定保障赡养人探亲休假的权利。"这也就是备受关注并引发热议的将"常回家看看"纳入法律的规定。但这部分修正的法律仍存在细则性规定不足问题，导致执行困难。及时完善立法，制定配套行政法规，才能使老年人权益保障工作与时俱进。从婚姻家庭法的角度强调保护老年人合法权益，主要基于下列原因：

1. 老龄化时代的要求。随着社会发展、生活质量提升、人类寿命大大延长，中国已进入老龄化社会。中国的老龄化是一个发展迅速的过程，速度比其他国家更快。据第六次全国人口普查数据，全国65岁以上人口比重为7%，可以看到，我国老年人口比重已大幅上升。我国现行《老年人权益保障法》第4条规定，积极应对人口老龄化是国家的一项长期战略任务。国家和社会应当采取措施，健全保障老年人权益的各项制度，逐步改善保障老年人生活、健康、安全以及参与社会发展的条件，实现老有所养、老有所医、老有所为、老有所学、老有所乐。这标志着国家将应对老龄化问题纳入国家战略中。所谓人口老龄化，是指总人口中因年轻人口数量减少、年长人口数量增加而导致的老年人口比例相应增长的动态过程。国际上通常把60岁以上的人口占总人口比例达到10%，或65岁以上人口占总人口的比例达到7%作为国家或地区进入老龄化社会的标准。中国产业发展研究网的报告显示，2011年以后的30年里，中国人口老龄化将呈现加速发展态势，到2030年，中国65岁以上人口占比将超过日本，成为全球人口老龄化程度最高的国家。到2050年，社会进入深度老龄化阶段。中国的人口老龄化程度将一直维持在一个相对较高的水平。[2]

---

〔1〕 保障老年人合法权益面临的挑战包括：①现实生活中遗弃、虐待老年人的违法行为时有发生。如子女相互推诿、拒养老人的现象时有发生，许多新问题未得到真正解决。②家庭养老功能弱，"空巢"现象日趋普遍。老年人参与生活的能力与活动范围十分局限。③养老机构有待拓展。养老服务体系与保障机制不够完善，难以满足老年人的多层次需要。④精神赡养问题得不到重视。对被赡养人赡养不能仅仅停留在物质层面，应在感情、心理等方面给予老年人关心和帮助。

〔2〕 相关数据均源于中国产业发展研究网："2017年中国人口老龄化现状分析及发展趋势预测"，http://www.chinaidr.com，访问日期：2016年10月16日。

我国人口老龄化使得我国人口负担比加重，社会赡养率增高，此外也为养老服务业的发展带来巨大机遇。老年人特殊的生理、心理和行为特征，产生了不同于其他人口群体的特殊物质需求和精神需求。未富先老，对经济处于欠发达以及养老制度还不是很完善的一些城市与地区而言，如何赡养老年人、优化赡养老年人的资源成为社会各界关注的问题。

2. 敬老爱老是我国人民的优良传统和美德。保护老年人的合法权益已成为全球性问题。在许多国家，不同程度地保留着敬老的传统美德。1995 年第 50 届联合国大会上，联合国秘书长在报告中提出要"建立不分年龄、人人共享的社会"，并将其确定为 1999 年"国际老年人年"的主题，使老年人共享社会发展成果。这一倡议立即得到世界许多国家的积极响应。

在我国，国家对老年人问题提出了"五有"倡议，即老有所养、老有所学、老有所为、老有所医、老有所乐，这一倡议在立法中得到肯定。随着我国老龄化进程的加速，强化家庭赡养老年人的功能十分重要。维护平等、和睦、文明的婚姻家庭关系，必须要保护老年人的合法权益。老年人为国家、民族、社会和家庭贡献了毕生精力，创造出巨大的物质财富和精神财富。他们在年老体弱、丧失劳动能力的时候，理应得到社会和家庭的尊敬和照顾。子女在生活上给以关心，在经济上给以照顾，在精神上给以安慰，使他们能够安度晚年。这不仅是法律规定的义务，也是社会主义道德的要求。我国现行《宪法》第 45 条第 1 款特别规定："中华人民共和国公民在年老、疾病或者丧失劳动能力的情况下，有从国家和社会获得物质帮助的权利。国家发展为公民享受这些权利所需要的社会保险、社会救济和医疗卫生事业。"现行《老年人权益保障法》第 3 条规定："国家保障老年人依法享有的权益。老年人有从国家和社会获得物质帮助的权利，有享受社会服务和社会优待的权利，有参与社会发展和共享发展成果的权利。禁止歧视、侮辱、虐待或者遗弃老年人。"现行《老年人权益保障法》的立法目的在于消除年龄歧视，调整代际关系，保护老年人权益，标志着我国老年人权益保障工作步入法律轨道。我国保护老年人合法权益的法律规定，对各地制定有关保障老年人权益实施办法提供了明确法律依据，为维护老年人合法权益提供了法律保障。

（二）现行《婚姻法》保护老年人合法权益的规定

1. 子女对父母有赡养扶助的义务。我国法律强调家庭成员应从物质、生活上关爱与照顾老年人、精神上慰藉老年人。我国现行《婚姻法》第 21 条规定，子女对父母有赡养扶助的义务；子女不履行赡养义务时，无劳动能力的或生活困难的父母，有要求子女付给赡养费的权利。第 28 条规定，有负担能力的孙子女、外孙子女，对于子女已经死亡或子女无力赡养的祖父母、外祖父母，有赡养的义务。第 29 条规定，由兄、姐扶养长大的有负担能力的弟、妹，对于缺乏劳动能力又缺乏生活来源的兄、姐，有扶养的义务。现行《老年人权益保障法》第 13 条规定，老年人养老以居家为基础，家庭成员应当尊重、关心和照料老年人。第 14 条规定，赡养人应当履行对老年人经济上供养、生活上照料和精神上慰藉的义务，照顾老年人的特殊需要，赡养人是指老年人的子女以及其他依法负有赡养义务的人。赡养人的配偶应当协助赡养人履行赡养义务。第 15 条规定，赡养人应当使患病的老年人及时得到治疗和护理；对经济困难的老年人，应当提供医疗费用。对生活不能自理的老年人，赡养人应当承担照料责任；不能亲自照料的，可以按照老年人的意愿委托他人或者养老机构等照料。第 16 条规定，赡养人应当妥善安排老年人的住房，不得强迫老年人居住或者迁居条件低劣的房屋。老年人自有的或者承租的住房，子女或者其他亲属不得侵占，不得擅自改变产权关系或者租赁关系。老年人自有的住房，赡养人有维修的义务。第 17 条规定，赡养人有义务耕种或者委托他人耕种老年人承包的田地，照管或者委托他人照管老年人的林木和牲畜等，收益归老年人所有。第 18 条规定，家庭成员应当关心老年人的精神需求，不得忽视、冷落老年人。与老年人分开居住的家庭成员，应当经常看望或者问候老年人。用人单位应当按照国家有关规定保障赡养人探亲休假的权利。第 19 条规定，赡养人不得以放弃继承权或者其他理由，拒绝履行赡养义务。赡养人不履行赡养义务，老年人有要求赡养人付给赡养费等权利。赡养人不得要求老年人承担力不能及的劳动。第 20 条规定，经老年人同意，赡养人之间可以就履行赡养义务签订协议。赡养协议的内容不得违反法律的规定和老年人的意愿。基层群众性自治组织、老年人组织或者赡养人所在单位监督协议的履行。

对老年人的赡养义务不因老年人婚姻关系的变化而终止，即赡养人对老年人赡养扶助的义务不因老年人离婚、再婚而消除。同时，赡养不再局限于物质层面，还包括了常回家看望老人及经常问候老人等精神层面的内容。现行《老年人权益保障法》第 24 条规定："赡养人、扶养人不履行赡养、扶养义务的，基层群众性自治组织、老年人组织或者赡养人、扶养人所在单位应当督促其履行。"如果赡养人不履行赡养老年人的义务，无劳动能力的或生活困难的老年人，有要求赡养人给付赡养费的权利。

2. 禁止家庭暴力、禁止虐待和遗弃老年人。现行《老年人权益保障法》第 3 条规定，"禁止歧视、侮辱、虐待或者遗弃老年人"；第 25 条规定，"禁止对老年人实施家庭暴力"。与现行《婚姻法》第 3 条所规定的"禁止家庭暴力""禁止家庭成员间的虐待和遗弃"的规定是一致的。《反家庭暴力法》第 3 条也规定，"反家庭暴力是国家、社会和每个家庭的共同责任。国家禁止任何形式的家庭暴力"。

3. 设立了老年人意定监护制度。老年人监护制度是一项重要的民事法律制度，其正在经历着一场理念与制度的变革：放弃传统老年人监护模式，以保护模式取代传统禁治产宣告制度成为通行理念。许多国家开始重视对被保护人人身的照顾以及本人在日常生活中的自主决定权，从而建立起以充分尊重被监护人人权为核心的现代监护制度。随着我国老龄化社会的到来以及维护老年人人权观念的深入，老年人监护制度的改革已迫在眉睫。现行《老年人权益保障法》第 26 条规定："具备完全民事行为能力的老年人，可以在近亲属或者其他与自己关系密切、愿意承担监护责任的个人、组织中协商确定自己的监护人。监护人在老年人丧失或者部分丧失民事行为能力时，依法承担监护责任。老年人未事先确定监护人的，其丧失或者部分丧失民事行为能力时，依照有关法律的规定确定监护人。"现行《老年人权益保障法》的规定，推动我国老年人监护制度得到进一步完善。这些规定是对中国长期以来养老经验的积累和总结，是对相关政策措施的肯定和呼应，将其上升到法律的层面，必将有力地推进中国老龄服务体系的建设进程，也有利于更好地保障老年人的合法权益。

四、禁止家庭暴力、禁止家庭成员间的虐待和遗弃

我国现行《婚姻法》第3条规定："禁止家庭暴力。禁止家庭成员间的虐待和遗弃。"这是为贯彻保护妇女、儿童和老人合法权益原则作出的禁止性规定。1980年《婚姻法》已有禁止虐待家庭成员的规定。2001年修正后的《婚姻法》增设了禁止家庭暴力的规定。《反家庭暴力法》的颁行，更彰显了国家禁止家庭暴力的决心，"反家庭暴力是国家、社会和每个家庭的共同责任。国家禁止任何形式的家庭暴力"。

（一）禁止家庭暴力

1. 家庭暴力概念界定。《反家庭暴力法》第2条界定的"家庭暴力"，是指家庭成员之间以殴打、捆绑、残害、限制人身自由以及经常性谩骂、恐吓等方式实施的身体、精神等侵害行为。

从行为类型来看，家庭暴力除身体暴力，立法还明确包括精神暴力。《反家庭暴力法》定义虽然没有明确列举出性暴力，但"等侵害行为"的表述，给了法官具体情况的自由裁量空间，可以把性暴力纳入"等"的行为类型之中。因为实践中，家庭成员间的性暴力客观存在，已经有很多案例。简言之，家庭暴力发生在家庭内部，它既指肉体上的伤害，例如殴打、体罚、行凶、残害、捆绑、限制人身自由等行为，也指精神上的折磨，通常表现为以威胁、恐吓、咒骂、讥讽、凌辱人格等方式，造成对方精神上的痛苦、心理上的压抑等，还包括性虐待。

从主体范围来看，《反家庭暴力法》第37条规定，家庭成员以外共同生活的人之间实施的暴力行为，参照本法规定执行。在附则中增加准用条款，共同生活的人之间实施的暴力行为参照《反家庭暴力法》，扩大了家庭暴力的主体适用范围。有着同居关系、抚养照料关系等共同生活的人之间实施的暴力行为，都可以适用《反家庭暴力法》予以规制。

2. 家庭暴力的危害。家庭暴力受害者多为女性，这是世界许多国家普遍存在的问题。世界卫生组织的一项调查结论认为，已婚男女间的暴力是比战争更加凶恶的杀手。许多研究认为配偶之间的暴力更为严重。[1] 由于家庭暴力具有隐蔽性、长期性和涉及个人隐私的特点，施暴者和受害者的夫妻关系往往使人们把家庭暴力当成是家务事，受"家丑不可外扬""清官难断家务事"等传统观念的影响，受害者较少寻求法律保护。而某些执法人员不愿介入家庭私人领域，以致家庭暴力在现实生活中受谴责和处罚的很少。[2] 现行《婚姻法》《反家庭暴力法》的规定及最高人民法院的司法解释，对家庭暴力受害人的救助方式及公权力介入形式作了规定，对改变视家庭暴力为家务事的观念具有重要作用。

3. 对家庭暴力的法律规制。现行《婚姻法》增设了"禁止家庭暴力"的规定，并首次作出救助措施与法律责任的法律规定。这些规定初步建立了对家庭暴力受害者的救济体系，其内容包括：①社会救助措施。对正在实施的家庭暴力，受害人有权提出请求，居民委员会、村民委员会以及所在单位应当予以劝阻、调解。②行政救济措施与责任。受害人有权请求公安机关对正在实施的家庭暴力予以制止并对施暴者予以行政处罚。③民事责任。因家庭暴力导致起诉请求离婚的，经调解无效可认定为夫妻感情破裂准予离婚；如果因家庭暴力离婚，无过错方有权要求离婚损害赔偿。[3] ④刑事责任。实施家庭暴力情节严重，构成犯罪的依法追究其刑事责任，如因家庭暴力构成杀人罪、伤害罪、虐待罪等，施暴者应承担相应的刑事责任。现行《婚姻法》针对家庭暴力的规定意味着家庭暴力不再是家务事，惩治家庭暴力成为公安机关和有关部门的法定责任。这一规定有助于实现法律的公平与正义。[4]

《反家庭暴力法》确定了预防和制止家庭暴力的原则。《反家庭暴力法》在总则中明确规定了预防和制止家庭暴力的原则，即对家庭暴力零容忍的原则；共同责任原则；预防为主，教育、矫治与惩处相结合原则；尊重受害人真实意愿，保护当事人隐私原则；特殊群体特殊保护原则。《反家庭暴力法》在"家庭暴力处置"一章为

---

〔1〕 离婚阶段是婚姻暴力事件高发期。笔者曾对 80 个离婚案件分析，80% 以上的女性表示此阶段受过不同程度的婚姻暴力。《中国妇女状况》一书中，显示中国离婚率为 1.54%，其中 25% 是婚姻暴力所致，婚姻暴力成为引发离婚案件的重要原因之一。由于婚姻暴力具有隐蔽性，实际数量难以统计。参见李秀华："社会性别与婚姻暴力实证研究"，载《法学杂志》2005 年第 2 期。

〔2〕 主编注：关于预防和制止我国家庭暴力的法律对策研究，参见陈苇：《中国婚姻家庭法立法研究》，群众出版社 2000 年版，第 462~492 页。关于我国农村家庭暴力的现状调查，参见陈苇、倪丹："我国农村家庭暴力调查实证研究——防治对农村妇女的家庭暴力"，载陈苇主编：《家事法研究》（2007 年卷），群众出版社 2008 年版，第 131~151 页。关于我国重庆市防治家庭暴力的实证调查情况，参见陈苇主编：《我国防治家庭暴力情况实证调查研究——以我国六省市被抽样调查地区防治家庭暴力情况为对象》，群众出版社 2014 年版，第 1~81 页。

〔3〕 现行《婚姻法》第 32、43、46 条。

〔4〕 主编注：关于我国台湾地区防治家庭暴力的立法与司法情况，参见陈苇、秦志远："我国台湾地区防治家庭暴力的立法与司法之研究及其启示"，载陈苇主编：《家事法研究》（2006 年卷），群众出版社 2007 年版，第 37~69 页；关于基于性别的家庭暴力之民法规制的中美法比较研究，参见秦志远：《基于性别的家庭暴力之民法规制——中国法与美国法之比较》，群众出版社 2012 年版，第 109~238 页。

家庭暴力受害人设立了报警求助、申请庇护、申请人身安全保护令及起诉追究法律责任等较为充分的救济途径和家庭纠纷的调解、强制报告义务、公安告诫制度等更为有利的处置家庭暴力的措施体系。其中，强制报告义务是该法的亮点之一。学校、幼儿园等机构及其工作人员在工作中发现无民事行为能力人、限制民事行为能力人遭受或者疑似遭受家庭暴力的，有向公安机关报案的义务。这是对特殊保护原则的具体化。而公安告诫制度是该法的又一大亮点，即对于家庭暴力情节轻微，依法不给予治安管理处罚的，由公安机关对加害人给予批评教育或者出具告诫书，公安告诫制度为警察及时干预家庭暴力提供了利器。同时明确了告诫书的证据作用，即人民法院审理涉及家庭暴力的案件，可根据公安机关出警记录、告诫书、伤情鉴定意见等证据，认定家庭暴力事实，并据此裁定人身安全保护令，或者判决准予离婚，对受害者给予损害赔偿。对于父母等监护人实施家庭暴力严重伤害被监护人的情况，法律还特别规定了撤销监护人的制度。《反家庭暴力法》首次建立人身安全保护令制度，从事后惩治变为事前预防。根据《反家庭暴力法》规定，当事人若遭受家庭暴力或者面临家庭暴力的现实危险，即可向法院申请人身安全保护令。保护令包括禁止被申请人实施家庭暴力，禁止被申请人骚扰、跟踪、接触，责令被申请人迁出申请人住所等措施。《反家庭暴力法》特别提出，申请人的相关近亲属，也被纳入人身安全保护令的保护范围，申请人身安全保护令不再依附其他诉讼。如果受害人不想离婚，也不要抚养费、赡养费，就是不想再挨打了，就可以单独申请人身安全保护令。只要是面临被家暴的危险，当事人就能申请。法院"应当"受理，而不是"可以"受理，这就为受害者提供了一个硬性的保护方法。被申请人若违反人身安全保护令，可被处以 1000 元以下罚款、15 日以下拘留，若构成犯罪还将依法追究刑事责任。

（二）禁止虐待与遗弃

虐待，是指以作为或不作为的形式，对家庭成员歧视、折磨、摧残，使其在精神上、肉体上遭受损害的违法行为，如打骂、恐吓、冻饿、患病不予治疗等。《婚姻法解释（一）》在定义"家庭暴力"时，认为"持续性、经常性的家庭暴力，构成虐待"。遗弃，是指家庭成员中负有赡养、扶养、抚养义务的一方，对需要赡养、扶养和抚养的另一方，不履行其应尽义务等违法行为，如父母不抚养未成年子女、子女不赡养无劳动能力或生活困难的父母、配偶不履行扶养对方的义务、有负担能力的其他家庭成员不尽扶养责任等。遗弃以不作为的形式出现，致使被遗弃人的合法权益受到侵害。

根据现行《婚姻法》规定，受害人可要求居民委员会、村民委员会及所在单位对家庭暴力虐待、遗弃行为予以劝阻、调解，居民委员会、村民委员会及所在单位有帮助受害人，及时予以劝阻调解的责任。无民事行为能力人的配偶有虐待、遗弃等严重损害无民事行为能力一方的人身权利或者财产权益行为，其他有监护资格的人可以依照特别程序要求变更监护关系。并且，实施家庭暴力或虐待、遗弃家庭成员是认定夫妻感情确已破裂、准予离婚的法定情形之一，无过错方配偶可要求离婚。并且因这些原因导致离婚的，无过错方配偶有权要求加害方配偶给予损害赔偿，其损害赔偿应包括物质损害与精神损害两个方面。对于拒不履行赡养、抚养、扶养义务的人，可依法强制其履行相应的义务。此外，虐待、遗弃家庭成员的行为，构成违反现行《治安管理处罚法》的，应追究其行政责任；构成犯罪的，应依法追究刑事责任。我国现行《刑法》第260条规定："虐待家庭成员，情节恶劣的，处2年以下有期徒刑、拘役或者管制。犯前款罪，致使被害人重伤、死亡的，处2年以上7年以下有期徒刑。第1款罪，告诉的才处理，但被害人没有能力告诉，或者因受到强制、威吓无法告诉的除外。"第261条对遗弃罪作了规定："对于年老、年幼、患病或者其他没有独立生活能力的人，负有扶养义务而拒绝扶养，情节恶劣的，处5年以下有期徒刑、拘役或者管制。"

第五节　计划生育原则

实行计划生育是我国的一项基本国策。实行计划生育原则明确写进了我国现行的《宪法》《婚姻法》以及《人口与计划生育法》。我国现行《宪法》第25条明确规定："国家推行计划生育，使人口的增长同经济和社会发展计划相适应。"现行《婚姻法》第2、16条分别规定："实行计划生育"，"夫妻双方都有实行计划生育的义务"。现行《人口与计划生育法》第2条规定，我国是人口众多的国家，实行计划生育是国家的基本国策。目前，国家采取综合措施，控制人口数量，提高人口素质。国家依靠宣传教育、科学技术进步、综合服务、建立健全奖励和社会保障制度，开展人口与计划生育工作。第17条规定："公民有生育的权利，也有依法实行计划生育的义务，夫妻双方在实行计划生育中负有共同的责任。"第18条规定，国家提倡一对夫妻生育两个子女。符合法律、法规规定条件的，可以要求安排再生育子女。具体办法由省、自治区、直辖市人民代表大会或者其常务委员会规定。少数民族也要实行计划生育，具体办法由省、自治区、直辖市人民代表大会或者其常务委员会规定。夫妻双方户籍所在地的省、自治区、直辖市之间关于再生育子女的规定不一致的，按照有利于当事人的原则适用。2001年修正后的《婚姻法》根据宪法的精神，继续沿用1980年《婚姻法》的规定。现行《人口与计划生育法》在实行贯彻实行计划生育原则的同时，结合中国人口目前发展的现状进行了生育制度方面的变革，这对有效地调节人口再生产和有计划地控制人口增长具有重要的意义。

一、计划生育的概念与意义

（一）计划生育的概念

计划生育是指有计划地调节人口的发展速度。它包含两方面的含义：①节制生育，降低人口的发展速度；②鼓励生育，提高人口的发展速度。在我国，实行计划生育是指前一方面的含义。

实行计划生育是由我国人口现实情况所决定的。实行计划生育旨在实现人口与经济、社会、资源、环境的协调发展，推行计划生育，维护公民的合法权益，促进家庭幸福、民族繁荣与社会进步。目前我国经过多年开展计划生育工作，我国人口再生产类型实现了历史性转变[1]。中国社会科学院发布的《经济蓝皮书：2015 年中国经济形势分析与预测》认为，中国目前的总和生育率只有 1.4，远低于更替水平 2.1，已经非常接近国际上公认的 1.3 的"低生育陷阱"，因而呼吁尽快从"单独二孩"向"全面放开二孩"政策过渡。在经历了从高生育率到低生育率的变化后，我国人口的主要矛盾不再是增长过快，而是人口出生率临近超低生育率水平、人口老龄化、出生性别比失调等。现行《人口与计划生育法》规定，全面放开二胎，一对夫妇可以生育两个孩子。该法第 41 条规定，不符合本法第 18 条规定生育子女的公民，应当依法缴纳社会抚养费。未在规定的期限内足额缴纳应当缴纳的社会抚养费的，自欠缴之日起，按照国家有关规定加收滞纳金；仍不缴纳的，由作出征收决定的计划生育行政部门依法向人民法院申请强制执行。受传统观念和社会生存条件的制约，我国计划生育工作在落实的过程中仍存在很多障碍。例如，有人"重男轻女"的思想很严重，为了得到儿子或实现多子多福的目标，不惜将亲生女儿送养，以收养为名达到求子或多子的目的。全国推行计划生育三十余年来，已经形成了一套较为完整的并经实践证实是行之有效的政策措施、治理方法和规章制度。但计划生育原则实施仍面临诸多问题，坚持推行计划生育原则任重道远。

（二）实行计划生育的意义

1. 实行计划生育是经济发展规律的必然要求。坚持计划生育基本国策，有助于正确协调与处理人口与经济发展、资源、环境的关系。恩格斯认为，社会生产包括两方面，"一方面是物质资料即食物、衣服、住房以及为此所必需的工具的生产；另一方面是人类自身的生产即种的繁衍"。其中物质资料的生产，是人类生存的基础和社会发展的决定力量，人口的再生产受物质资料生产的制约。人口状况虽然不能决定社会的发展，却能够促进或延缓社会的发展。只有自觉地、有计划地调节人口再生产，才能正确处理生产和需要、积累和消费以及经济和社会发展中各种重要的比例关系。现行《人口与计划生育法》第 9 条规定："国务院编制人口发展规划，并将其纳入国民经济和社会发展计划。县级以上地方各级人民政府根据全国人口发展规划以及上一级人民政府人口发展规划，结合当地实际情况编制本行政区域的人口发

---

[1] 1989~2001 年，我国人口出生率从 21‰ 下降到 14.6‰，人口自然增长率从 14‰ 下降到 6.95‰，妇女总和生育率从 2.4‰ 下降到 1.8‰ 左右。第五次全国人口普查统计数据表明，20 世纪 90 年代，我国平均人口自然增长率为 10.07‰，实现了到 20 世纪末把我国总人口控制在 13 亿以内的目标，人口和计划生育工作进入稳定低生育水平的时期。参见张维庆："新时期人口和计划生育工作读本"，载 http://www.sxpop.gov.cn/0/1/96/101/12967.htm，访问日期：2007 年 2 月 5 日。

展规划，并将其纳入国民经济和社会发展计划。"

2. 实行计划生育是提高人民生活水平，促进经济建设的需要。新中国成立以来，我国人民的生活有了很大改善，但人口增长过快，是制约我国社会经济发展和人民生活水平不断提高的一个重要原因。新中国成立前，我国人口再生产具有"高出生率、高死亡率"之特点，人口增长缓慢。新中国成立后，人口死亡率大幅降低，而人口增长率却逐年上升。这不仅影响了人民生活水平的提高，也影响了社会主义事业建设的速度。可见，必须实行计划生育，这是提高人民生活水平，促进经济建设的需要。

3. 实行计划生育，有利于减轻家庭经济负担，提高人口素质。从家庭生活方面而言，子女太多，父母花费的物力和精力就多。这不仅影响家庭的经济生活，影响父母子女的健康，而且也影响父母参加社会生产。从对子女的素质培养来说，孩子太多，往往会降低抚养教育的质量。因此，必须实行计划生育，做到"优生、优育"，才能提高人口素质，保证中华民族不断发达兴旺。

二、计划生育的基本要求与内容

我国现行《人口与计划生育法》第 18 条规定：国家提倡一对夫妻生育两个子女。符合法律、法规规定条件的，可以要求安排再生育子女。具体办法由省、自治区、直辖市人民代表大会或者其常务委员会规定。少数民族也要实行计划生育，具体办法由省、自治区、直辖市人民代表大会或者其常务委员会规定。夫妻双方户籍所在地的省、自治区、直辖市之间关于再生育子女的规定不一致的，按照有利于当事人的原则适用。

我国法律、政策关于计划生育主要内容，可以归纳为四点：①特别情况下的奖励政策；②倡导一对夫妻生育两个子女；③再生育子女规定如有冲突的，遵循有利于当事人原则；④惩罚违法生育的行为。

1. 特别情况下的奖励政策。现行《人口与计划生育法》修改了与全面二孩政策不协调的奖励措施。同时明确规定法律修改前按照规定应当享受奖励扶助的计划生育家庭老年人、独生子女父母和独生子女发生意外伤残、死亡的父母，可继续享受奖励扶助。也即全面二孩政策正式实施后，之前享受独生子女奖励扶助政策的三类人，可继续享受奖励扶助政策。如果全面二孩政策正式实施后，此前享受独生子女奖励政策的独生子女父母，生育了二孩，不再享受奖励政策。现行《人口与计划生育法》第 27 条对只生一个子女的夫妻继续进行奖励。在国家提倡一对夫妻生育一个子女期间，自愿终身只生育一个子女的夫妻，国家发给《独生子女父母光荣证》。获得《独生子女父母光荣证》的夫妻，按照国家和省、自治区、直辖市有关规定享受独生子女父母奖励。法律、法规或者规章规定给予获得《独生子女父母光荣证》的夫妻奖励的措施中由其所在单位落实的，有关单位应当执行。获得《独生子女父母光荣证》的夫妻，独生子女发生意外伤残、死亡的，按照规定获得扶助。在国家提倡一对夫妻生育一个子女期间，按照规定应当享受计划生育家庭老年人奖励扶助的，继续享受相关奖励扶助。

2. 倡导一对夫妻生育两个子女。现行《人口与计划生育法》第18条规定：国家提倡一对夫妻生育两个子女。这一规定正式入法，替代了原来的"提倡一对夫妻生育一个子女"的规定。为有效推进新的生育政策的落实，该法第25条规定，符合法律、法规规定生育子女的夫妻，可以获得延长生育假的奖励或者其他福利待遇。该法第26条强调，妇女怀孕、生育和哺乳期间，按照国家有关规定享受特殊劳动保护并可以获得帮助和补偿。公民实行计划生育手术，享受国家规定的休假；地方人民政府可以给予奖励。

3. 再生育子女规定冲突，遵循有利于当事人原则。国家提倡一对夫妻生育两个子女，但符合法律、法规规定条件的，可以要求安排再生育子女。具体办法由省、自治区、直辖市人民代表大会或者其常务委员会规定。夫妻双方户籍所在地的省、自治区、直辖市之间关于再生育子女的规定不一致的，按照有利于当事人的原则适用。

4. 惩罚违法生育的行为。根据现行《人口与计划生育法》的规定，不履行协助计划生育管理义务的，由有关地方人民政府责令改正，并给予通报批评；对直接负责的主管人员和其他直接责任人员依法给予行政处分。不符合本法第18条规定生育子女的公民，应当依法缴纳社会抚养费。未在规定的期限内足额缴纳应当缴纳的社会抚养费的，自欠缴之日起，按照国家有关规定加收滞纳金；仍不缴纳的，由作出征收决定的计划生育行政部门依法向人民法院申请强制执行。第42条规定，按照本法第41条规定缴纳社会抚养费的人员，是国家工作人员的，还应当依法给予行政处分；其他人员还应当由其所在单位或者组织给予纪律处分。

三、违反计划生育法行为的法律责任

实行计划生育是人类生育史上的伟大变革，是我国婚姻家庭生活中的一场革命。在贯彻执行这一原则的过程中，必然会受到封建思想、旧的传统势力的干扰，这突出表现在人们的生育观上。因此，实行计划生育，必须破除封建主义生育观，树立和宣传社会主义生育观，发扬以计划生育为荣、生男生女都一样的新风尚。我国现行《婚姻法》规定，夫妻双方都有实行计划生育的义务。夫妻双方要共同协商、互相配合，采取有效的措施，自觉履行这一义务。违背有关《人口与计划生育法》规定，要承担一定的法律责任。

（一）行政处罚

1. 缴纳社会抚养费。现行《人口与计划生育法》第41条规定，不符合本法第18条规定生育子女的公民，应当依法缴纳社会抚养费。未在规定的期限内足额缴纳应当缴纳的社会抚养费的，自欠缴之日起，按照国家有关规定加收滞纳金；仍不缴纳的，由作出征收决定的计划生育行政部门依法向人民法院申请强制执行。

2. 其他行政处罚。

（1）现行《人口与计划生育法》第36条规定："违反本法规定，有下列行为之一的，由计划生育行政部门或者卫生行政部门依据职权责令改正，给予警告，没收违法所得；违法所得1万元以上的，处违法所得2倍以上6倍以下的罚款；没有违法所得或者违法所得不足1万元的，处1万元以上3万元以下的罚款；情节严重的，由原发证机关吊销执业证书；构成犯罪的，依法追究刑事责任：①非法为他人施行计划生育手术的；②利用超声技术和其他技术手段为他人进行非医学需要的胎儿性别鉴定或者选择性别的人工终止妊娠的；③进行假医学鉴定、出具假计划生育证明的。"

（2）根据现行《人口与计划生育法》第37条规定，伪造、变卖、买卖计划生育证明的，由计划生育行政部门没收违法所得。违法所得5000元以上的，处违法所得2倍以上10倍以下罚款；没有违法所得或违法所得不足5000元的，处5000元以上20 000元以下罚款。

（3）治安处罚。拒绝、阻碍计划生育行政部门及其工作人员依法执行公务的，由计划生育行政部门给予批评教育并予以制止；构成违反治安管理行为的，依法给予治安管理处罚；构成犯罪的，依法追究刑事责任。

（二）行政处分

1. 无计划、超计划生育人员的行政处分。根据现行《人口与计划生育法》第40条，违反法律规定不履行协助计划生育管理义务的，由有关地方人民政府责令改正，并给予通报批评；对直接负责的主管人员和其他直接责任人员依法给予行政处分。第42条规定按照现行《人口与计划生育法》第41条规定缴纳社会抚养费的人员，是国家工作人员的，还应当依法给予行政处分；其他人员还应当由其所在单位或者组织给予纪律处分。

2. 对有关工作人员的行政处分。国家机关工作人员在计划生育工作中，以不正当手段出具计划生育证明的主管人员和直接责任人员，或者在计划生育工作中侵犯公民人身权、财产权，滥用职权、玩忽职守、徇私舞弊、索贿、受贿等，或者计划生育技术服务人员违章操作，或者延误抢救、诊治造成严重后果的，尚未构成犯罪的，由有关单位给予行政处分。

（三）刑事处罚

对拒绝、阻碍计划生育行政部门及其工作人员依法执行公务的，或伪造、变卖、买卖计划生育证明的，有关单位或个人非法施行计划生育手术，计划生育工作人员索贿、受贿，侵犯公民人身权、财产权等，情节严重构成犯罪的，分别按《刑法》有关规定追究刑事责任。该法第39条规定，国家机关工作人员在计划生育工作中，有下列行为之一，构成犯罪的，依法追究刑事责任；尚不构成犯罪的，依法给予行政处分；有违法所得的，没收违法所得：①侵犯公民人身权、财产权和其他合法权益的；②滥用职权、玩忽职守、徇私舞弊的；③索取、收受贿赂的；④截留、克扣、挪用、贪污计划生育经费或者社会抚养费的；⑤虚报、瞒报、伪造、篡改或者拒报人口与计划生育统计数据的。

我国现行《婚姻法》的上述基本原则，是互相联系、互相制约、不可分割的统一整体。全面贯彻这些原则，对于实现家庭成员间互相尊重、敬老爱幼、互相帮助，维护平等、和睦、文明的新型婚姻家庭关系，建设高度的物质文明和精神文明，促进社会稳定和社会全面进步有着十分重要的意义。

导入案例之要点评析

本案涉及如何理解和执行现行《婚姻法》第2条规定的保护妇女和儿童合法权益原则。现行《婚姻法》第34条规定："女方在怀孕期间、分娩后1年内或中止妊娠后6个月内，男方不得提出离婚。女方提出离婚的，或人民法院认为确有必要受理男方离婚请求的，不在此限。"这一规定是保护妇女和儿童权益原则的具体体现，旨在保护女方及胎儿、婴儿的身心健康。二审法院审理该离婚案件后认为，根据现行《婚姻法》保护妇女、儿童合法权益原则的规定及第34条的规定，郑某在妻子分娩后1年内不得提出离婚，一审法院的判决违反法律规定，因此裁定撤销一审判决，驳回郑某的离婚起诉。本案夫妻关系破裂虽是客观存在的事实，但郑某与于某对是否在此时离婚存在重大分歧。郑某要求离婚时，女方生育后不到一年的时间，符合法律规定对妇女和婴儿应予以特别保护的情形，本案亦无法律规定例外受理男方离婚请求的情形，按照法律规定郑某不得提起离婚诉讼，如果其提出离婚诉讼，人民法院也应依法驳回。本案一审法院忽略了法律规定，错误受理和判决离婚，而二审法院的处理完全正确。二审法院的处理是保护妇女、儿童合法权益原则在离婚案件审理中的具体体现。

思考题

一、选择题

（一）单项选择题

1. 甲男与乙女通过网聊恋爱，后乙提出分手遭甲威胁，乙无奈遂与甲办理了结婚登记。婚后乙得知，甲婚前就患有医学上不应当结婚的疾病且久治不愈，乙向法院起诉离婚。下列哪一说法是正确的？（　　）（2009年国家司法考试试题）

A. 法院应判决撤销该婚姻

B. 法院应判决宣告该婚姻无效

C. 对该案的审理应当进行调解

D. 当事人可以对法院处理结果依法提起上诉

2. 我国《反家庭暴力法》规定的家庭暴力行为不包括（　　）。

A. 殴打、捆绑、残害　　　　　　B. 限制人身自由

C. 经常性谩骂、恐吓　　　　　　D. 有病不给治疗

（二）多项选择题

1. 以下属于侵害老年人权益的行为是（　　）。

A. 暴力干涉老年人婚姻自由

B. 对老年人负有赡养义务、扶养义务而拒绝赡养、扶养

C. 捏造事实诽谤老年人或者虐待老年人

D. 家庭成员盗窃、勒索、故意毁坏老年人财物

E. 以暴力或者其他方法公然侮辱老年人

2. 为落实婚姻自由的基本原则，我国婚姻法规定（　　）。

A. 禁止包办婚姻、买卖婚姻

B. 禁止重婚、禁止有配偶者与他人同居

C. 禁止借婚姻索取财物

D. 禁止其他干涉婚姻自由的行为

E. 禁止收受彩礼

二、判断分析题

1. 于某（男）与王某经人介绍认识后 3 个月双方结婚，婚后生育一女。后于某被单位派往南方某市工作。在外期间，于某认识了某单身女青年张某，两人一见钟情，于某隐瞒自己有已婚事实，并谈起恋爱。一年后，于某与张某在该市举行了婚礼。于某的妻子王某得知丈夫的事后，异常震惊，遂向法院控告于某重婚。根据法律规定，于某的行为不构成重婚。

2. 小美（女）3 岁时母亲与生父离婚。小美 5 岁时，母亲再婚。继父与母亲一起共同将小美抚养成人。目前小美在一家外企工作，收入颇丰。继父亦因车祸住院，请求小美承担赡养责任。生父身体多病，亦希望小美承担赡养责任。根据法律规定，小美对生父与继父均有赡养责任。

三、简答题

1. 简述包办婚姻、买卖婚姻的联系与区别。

2. 简述重婚的认定与处理。

3. 简述我国现行法律、政策规定的计划生育的内容。

四、论述题

1. 试论保护妇女、儿童和老人合法权益原则。

2. 试论防治家庭暴力的法律措施。

五、案件分析题

被告肖某（女）系农村女性。经人介绍肖某认识了常某并确定了恋爱关系。不久，两人去见常某的母亲，常母认为肖某会做事，长得漂亮，当下给肖某 3000 元。2010 年元月 1 日，常某与肖某按农村习俗举行订婚仪式，并于当日书写订婚书一份。2010 年元月 15 日，两人办理结婚登记时，肖某母亲提出必须给彩礼 2.8 万元，否则甭想结婚。男家认为给 2 万元可以了，但是女家坚持要 2.8 万元。男方家被迫同意给

2.8万元。两人登记结婚后，由于负债生活，夫妻间的冲突不断。婚后和半年，肖某就提出要求离婚，常某对此表示同意。但常某提出肖某返还3.1万元。肖某认为彩礼系对方自愿给的，不予退还。常某最后诉至某法院。

请问：肖某是否应返还3.1万元给常某？为什么？

🔍 阅读参考文献

1. 巫昌祯、夏吟兰主编：《婚姻家庭法学》，中国政法大学出版社2007年版。

2. 夏吟兰主编：《家庭暴力防治法制度性建构研究》，中国社会科学出版社2011年版。

3. 李秀华：《妇女婚姻家庭法律地位实证研究》，知识产权出版社2004年版。

4. 李秀华、李傲：《性别与法》，中国政法大学出版社2012年版。

5. 陈苇主编：《我国防治家庭暴力情况实证调查研究——以我国六省市被抽样调查地区防治家庭暴力情况为对象》，群众出版社2014年版。

6. 陈苇主编：《中国妇女儿童权益法律保障情况实证调查研究——以我国五省市被抽样调查地区妇女儿童权益法律保障情况为对象》，群众出版社2017年版。

第 四 章

结婚制度

❖学习的内容和重点

通过本章的学习，要求学生了解结婚的概念和特征，掌握结婚的法定条件和程序、婚姻无效与可撤销的法定事由和请求权以及法律后果、事实婚姻与同居关系的认定和处理。

导入案例

2006 年 1 月，甲男与乙女相识，甲男在原籍已有配偶，乙女明知甲男有配偶仍然与其共同生活。2006 年 12 月，甲男与乙女两人欺骗婚姻登记机关在外地办理了结婚登记。2007 年初，甲之配偶得知此事非常气愤，于同年 2 月以甲男与乙女重婚为由向法院提起婚姻无效诉讼，同年 3 月人民法院宣告甲男与乙女的婚姻无效。甲男与其配偶也于 2007 年 6 月协议离婚。甲男离婚后，遂与乙女共同生活，并于 2008 年 9 月生一子。2008 年 10 月孩子满月之日，甲乙大摆结婚酒宴，邀请来宾前来庆贺。此后甲乙虽然没有办理结婚登记，但一直以夫妻名义公开共同生活。2009 年甲乙双方共同出资购买了一套商品房居住。2014 年 2 月，甲男染上吸毒恶习，乙女多次规劝其改正无效。2016 年 4 月，乙女忍无可忍，向法院提起离婚诉讼，要求分割夫妻共同财产，并请求判决子女归自己直接抚养。

请问：

1. 甲乙 2006 年 12 月登记结婚的行为是否构成重婚？为什么？

2. 对于乙女的离婚诉讼请求，人民法院依法应当如何处理？

第一节　结婚概述

结婚制度，是指国家关于男女结成夫妻必须具备的条件和形式的规范体系，是婚姻制度的重要组成部分。结婚不仅是婚姻当事人的终身大事，而且还关系到民族的健康和社会的发展。因此，古今中外所有的国家，都从巩固、发展与其经济、政治要求相适应的婚姻家庭制度出发，对结婚的条件和程序制定了必要的法律制度。[1]

一、结婚的概念

（一）结婚的含义

结婚又称婚姻的成立，是指男女双方按照法律规定的条件和程序，确立夫妻关系的民事法律行为。这一定义表明结婚属于一种法律行为，严格意义上讲，结婚属于身份行为，该行为产生身份上的法律效果，与财产行为相比具有鲜明的特点。综观古今中外各国的婚姻立法，结婚的概念有一个从广义向狭义演进的过程。古代法多采用广义说，认为结婚包括订婚和夫妻关系建立两个环节。订婚被视为结婚的必经程序。近、现代法则多采用狭义说，认为结婚仅指夫妻关系的建立，不包括订婚。订婚非结婚行为不可缺少的组成部分，事先未订婚约者亦可结婚。我国现行《婚姻法》中没有关于婚约的规定，对结婚概念持狭义说。

（二）结婚的特点

在我国，结婚作为一种民事法律行为，其具有如下的法律特征：

1. 结婚主体的特殊性。结婚行为的主体必须是异性男女，同性不能成婚。因为两性差别和性本能是婚姻关系成立的自然条件。只有异性结婚，婚姻的目的才能实现。尽管有些国家和地区的法律已经认可"同性婚姻"，并赋予同性同居者夫妻的部分权利和义务，社会生活中对"同性婚姻"也逐渐持宽容态度。但在我国，"同性婚姻"尚未取得合法依据，法律对此没有予以确认。

2. 结婚条件和程序的严格性。结婚行为是要式民事法律行为，其特定的法律效力的发生必须以一定法律条件的满足作为前提，因此结婚行为必须遵循法律事先规定的条件，按照法律规定的程序进行。这是由于婚姻关系是社会关系的重要组成部分，具有多方面社会意义，国家有必要对这种社会关系的形成进行干预、审查和监督。结婚行为只有依法进行，才能为当时的社会制度所承认。

3. 法律效果的身份性。结婚行为的法律后果是建立夫妻关系。婚姻关系一旦确立，男女双方从此相互享有法定权利，承担法定义务，而且非经法定程序，双方不得任意解除已经建立的夫妻关系。结婚行为的这一特点说明结婚行为是以夫妻关系的确立为目的的。

二、结婚的要件

结婚的要件，是指成立的婚姻能受法律保护并能在当事人之间产生夫妻权利义务所应具备的条件。[2] 结婚作为一种民事法律行为，其成立必须具备法定的条件和程序，才能成立。按照许多国家婚姻家庭立法的法例和婚姻家庭法学中公认的见解，对结婚的要件可作如下的分类：

---

〔1〕 主编注：关于当代中国内地与港、澳、台结婚法的发展趋势，参见陈苇主编：《当代中国内地与港、澳、台婚姻家庭法比较研究》，群众出版社 2012 年版，第 203～205 页。

〔2〕 余延满：《亲属法原论》，法律出版社 2007 年版，第 160 页。

（一）实质要件和形式要件

结婚的实质要件是指法律规定的结婚当事人本身及双方之间的关系必须符合的条件。例如，结婚当事人必须达到一定年龄；必须有婚姻行为能力；必须无禁止结婚的疾病；双方必须有结婚的合意；双方之间必须无禁止结婚的亲属关系；等等。

结婚的形式要件是指法律规定的结婚的方式或程序。在立法史上，关于结婚的方式有两种立法主义：事实婚主义和要式婚主义。事实婚主义主张当事人双方有结婚的意思，并且有以夫妻名义共同生活的事实，无须履行任何手续，即具有婚姻的效力。要式婚主义主张当事人须履行法定的方式或程序，才能具有合法婚姻的效力，否则，当事人虽有以夫妻名义共同生活的事实，但未履行法定的结婚方式，仍不受法律的承认和保护。事实婚主义重事实轻形式，虽有其合乎情理的一面，但不利于国家对结婚行为的审查和监督，故当代各国的结婚立法多采用要式婚主义。

（二）必备条件和禁止条件

结婚的必备条件又称积极要件，是指结婚当事人双方必须具备的不可缺少的条件，如当事人须达法定婚龄、须有结婚的合意等。

结婚的禁止条件又称消极要件或婚姻障碍，是指法律规定的不允许结婚的情况。例如近亲属不得结婚、患一定疾病的人不得结婚等。

从狭义上说，必备条件和禁止条件的分类只适用于实质要件；从广义上说，形式要件也是必备要件。在实质要件中，必备要件和禁止要件区分有时只具有相对的意义。例如，可以将符合一夫一妻制作为必要条件，也可以将重婚作为禁止条件，法律规定的角度虽然不同，实质内容却是完全一致的。

（三）公益要件和私益要件

在西方的亲属法学中，有关婚姻成立的要件还有公益要件和私益要件的分类。例如，在法、德等国的民法学中，有公益要件和私益要件之分。前者指与社会公共利益有关的要件，后者指仅与个人利益有关的要件。至于哪些要件涉及公益，哪些要件涉及私益，各国的民法学者有不同的主张。[1] 如对于法定婚龄，有的认为是公益要件，有的则认为是私益要件。就我国婚姻法中有关婚姻要件来看，既要保护当事人的私人利益，又要满足社会公共利益的要求，两者不能截然分开。

按照我国婚姻法和司法实践中的习惯用语，历来是将婚姻的实质要件称为婚姻的条件，将婚姻成立的形式要件称为结婚程序。本书在下面的论述中亦采用这种表述。

---

[1]　张贤钰主编：《婚姻家庭继承法》，法律出版社 1999 年版，第 82 页。

第二节　婚　约

一、婚约概述

（一）婚约的概念和性质

婚约，又称为婚姻预约。婚约是男女双方以将来结婚为目的而作的事先约定。订立婚约的行为称为订婚，婚约当事人俗称未婚夫妻。

关于婚约的性质，学界有两种不同的主张：契约说与非契约说。持契约说者认为，婚约是结婚契约的预约，虽然由于有其自身的特点不得强制履行，但无正当理由而不履行者应当承担违约责任。持非契约说者认为，婚约并不具有契约的性质，订婚不是法律行为而是事实行为，这种事实是按照法律的规定而发生一定效力的。因此，无正当理由而不履行婚约者应承担侵权行为责任。

婚约在我国的历史上早已有之。目前在我国现实生活中订婚关系仍大量存在，司法实践中也时常遇到基于婚约问题而引起的财物纠纷。但是，我国现行法律对婚约问题未作出任何规定，这意味着婚约关系本身在我国并未列入法律调整的范围。现实生活中的婚约，在性质上只是无配偶的男女之间达成的，具有道德约束力的协议。

（二）婚约的类型

从婚约的历史沿革来看，不同时代、不同国家的立法有很大的差别，婚约大致经历了两个发展阶段：早期型婚约和晚期型婚约。早期型婚约是婚姻成立的组成部分；晚期型婚约已不再是婚姻组成的必备条件。我国现行立法就不认可订婚是婚姻成立的必经阶段。

1. 早期型婚约。早期型婚约包括奴隶社会和封建社会的婚约，其主要特征是：①订立婚约是结婚的必经程序，无婚约的婚姻被视为无效。古巴比伦的《汉穆拉比法典》规定："倘自由民娶妻而未订婚约，则此妇非其妻。"在罗马法中，无婚约的结合只能视为姘居，不称其为婚姻。中国古代关于结婚的"六礼"中的前四礼都属于订婚，历代的户婚律对此都予以肯定。②订婚权不属于当事人而属于其父母等尊亲属，订婚无须征得订婚当事人双方的同意。③婚约一经订立，便产生法律拘束力，无故悔婚要受到法律的制裁。例如，古罗马法就规定，婚约成立后，男方毁约即失去所交的聘礼，女方毁约须交付相当于聘礼 1 ~ 4 倍的罚金。在我国古代，法律用刑罚强制维护婚约的效力。例如，唐律规定："诸许嫁女已报婚书而辄悔者，杖六十；更许他人者，杖一百；与他人成婚者，徒一年半。原婚依然有效。"④解除婚约须有法定理由。我国古代对婚约解除时财产的处理，一般采用过错原则，如果是男方要求解除婚约的，不得追还聘财；而女方要求解除婚约的，则要加倍返还聘财。如果是非过失原因解除婚约（如一方死亡等），则不返还聘财。各朝代立法均有类似规定。

2. 晚期型婚约。晚期型婚约为近、现代的婚约。它与早期型婚约相比在性质、主体、效力等方面都发生了重大变化，其特点如下：①订立婚约已不再是结婚的必经程序，是否订立婚约可由当事人自由选择。有的国家对婚约采取不干涉主义，法律中不设相关条款，如法国、日本、美国等。有的国家虽然法律中有关于婚约的规定，但也不将其看作结婚的必经程序，如墨西哥、秘鲁、德国等。②订婚的权利主体是婚姻当事人本人，订立婚约须有男女双方当事人的合意，完全否定了父母或其他亲属代为订立婚约的权利，只是要求未成年人订婚须得到父母或监护人的同意，其目的主要在于保护、监督而不是干涉、包办。③对婚约成立的形式要件，法律一般不作规定，视其为非要式行为。口头允诺、书面协议、交换订婚戒指、举行订婚仪式、刊登订婚启示等，均可视为婚约成立的形式。④婚约无法律约束力，不因婚约的订立而发生必须结婚的义务，法院不受理婚约履行之诉。⑤婚约既可以基于法定理由而解除，也可以依婚约当事人双方或一方的意愿随时解除。婚约宣告解除后，双方当事人便不再受任何约束。但有些国家在法律中对基于婚约而引起的财产问题规定了若干处理原则。

二、我国现行法律、政策对婚约的态度

我国 1950 年《婚姻法》、1980 年《婚姻法》、2001 年后修正的《婚姻法》对婚约均无明文规定。1950 年 6 月 26 日，原中央人民政府法制委员会在《有关婚姻法施行的若干问题的解答》中根据当时的实际情况对婚约问题作出规定："订婚不是结婚的必要手续，任何包办强迫的订婚，一律无效。男女自愿订婚者，听其订婚。订婚的最低年龄男为 19 岁，女为 17 岁。一方自愿取消订婚者，得通知对方取消之。"1953 年 3 月 15 日，该委员会在《有关婚姻问题的解答》中再次对婚约问题作出了解释。这两个解释的精神完全一致，表明了我国法律对待婚约问题的一般态度。1979年最高人民法院在《关于贯彻执行民事政策法律的意见》中指出："现役军人的婚约关系，应予以保护。"1980 年《婚姻法》颁布后，中国人民解放军总政治部曾明确提出对军人的婚约不承认其效力。除此之外的相关法律法规以及最高人民法院的司法解释对婚约的问题再无相应的规定和说明。根据上述文件的精神，司法实践当中在处理婚约问题时，应当坚持以下几个原则：

1. 订婚不是结婚的必经程序。我国法律对订立婚约既不提倡，也不禁止。是否订婚，听由当事人自便。订婚不是结婚的必经程序，男女双方确立夫妻关系，完全以他们在登记时所表示的意愿为依据，这样有利于保障婚姻自由。

2. 订婚的权利主体是当事人本人。订婚必须出于双方当事人本人自愿，任何人不得强迫和干涉。我国现行《未成年人保护法》中有父母或者其他监护人"不得为未成年人订立婚约"的明确规定。包办强迫的婚约，一律无效。

3. 婚约不具有法律的约束力。当事人自行订立的婚约并无法律上的约束力，只有双方完全自愿，婚约才能实际履行。如果一方不愿意履行婚约，另一方不得请求强制履行。

4. 解除婚约无须经由诉讼程序。双方均要求解除婚约的，可以协议解除；一方要求解除的，只要向对方作出意思表示即可解除，无须征得对方同意，也无须经由诉讼程序处理。

三、因婚约引起财物纠纷的处理

尽管婚约对双方当事人并无法律上的约束力，法律也不将婚约纳入其调整范围，但是因婚约引起的财物纠纷，人民法院应当受理。根据《婚姻法解释（二）》及有关司法解释的规定，人民法院在处理因婚约引起的财物纠纷时应当遵循下列原则：

1. 对于订立买卖婚姻的婚约而收取的财物，一方收受的财物为非法所得。交出财物的一方，其财物的实质是进行非法活动的工具，故应判决收缴国库。

2. 对订婚中自愿赠与的财物，应视不同情况分别处理：男女在恋爱订婚期间为增进感情自愿赠送的财物，在婚约解除后，凡属于双方共同外出游玩的花费和价值不高的衣物等，一般应视为双方为增进感情的无条件赠与，受赠人无义务返还；如果赠与物价值较高，或者较为贵重，该赠与应视为以结婚作为附加条件的赠与，赠与人要求返还的，应酌情返还。对于双方定情的信物，一方要求归还的，以归还为妥。

3. 对于以订婚为名而诈骗钱财的，不论哪一方提出解除婚约，都应将诈骗所得财物全部退还给受害人。对于构成犯罪的，还应依法追究其刑事责任。

4. 对于以恋爱、订婚为名，以自愿赠送财物为手段，玩弄异性的人，其所交给对方的财物，应按赠与物对待，不论谁提出解除婚约，均不予返还。

5. 对于借婚约关系索取财物的，如财物数额较大，或给付之后造成生活困难的，可酌情返还原物或者折价返还。

6. 对于按照当地习俗给付的彩礼，如果双方未办理结婚登记手续，或双方办理结婚登记手续但确未共同生活，或婚前给付并导致给付人生活困难（后两项的适用须以离婚为条件），给付一方请求返还的，人民法院应当予以支持。

第三节　结婚条件

一、结婚的必备条件

根据我国现行《婚姻法》的规定，结婚的必要条件有三：男女双方完全自愿；达到法定婚龄；符合一夫一妻制原则。

（一）男女双方完全自愿

我国现行《婚姻法》第 5 条规定："结婚必须男女双方完全自愿，不许任何一方对他方加以强迫或任何第三者加以干涉。"这一规定将是否结婚、与谁结婚的决定权，完全赋予当事者本人，这是婚姻自由原则在结婚问题上的具体体现，也是民法中的意思自治原则在亲属法中的具体反映。该条件是结婚必备的首要条件。

1. 男女双方完全自愿的含义。我国现行《婚姻法》关于"结婚必须男女双方完全自愿"的规定包含以下三层含义：①是当事人双方自愿，而不是一厢情愿，这就排除了一方对另一方的强迫。②是当事人本人自愿，而不是父母或其他人"自愿"，这就排除了各种外来的干涉和影响。当然，关于结婚必须男女双方完全自愿的规定，并不排斥男女双方就个人婚事向父母、亲友等征求意见，也不排斥父母、亲友出于对当事人的关心和爱护，按照法律和道德的要求提出各种有益的建议。当然是否采纳他人的建议，完全由当事人自己决定。这不但不会妨碍当事人行使权利，而且有助于当事人全面地、审慎地考虑婚姻大事，更好地实现婚姻自主。③是完全自愿，不是附加条件的勉强同意。结婚应以真挚的爱情为基础，而这种爱情只能产生于当事人的自身，是不能附加其他任何条件的。

2. 男女双方完全自愿与意思表示真实。我国现行《婚姻法》关于男女双方完全自愿的表述实际上与民法上的意思表示真实的内容是完全一致的。结婚作为一种重要的身份行为，双方当事人的合意是这一身份行为的核心内容，因此结婚合意若要取得法律上的效力，必须满足以下条件：

（1）同意结婚的意思表示必须出自具有婚姻行为能力的当事人。婚姻权利不同于其他民事权利，婚姻行为能力是一种特殊的主体资格。婚姻行为能力的取得，须以达到法定婚龄、具有判断婚姻的意义和后果的能力为必要条件。因此，未达法定婚龄的人、因患精神病而丧失行为能力的人、处于无意识状态或精神错乱的人所作的同意结婚的意思表示，都是无效的。在一些国家的立法中，法定婚龄低于成年年龄，因此，设有未成年人结婚须得法定代理人同意的规定。在法定婚龄同于或高于成年年龄的国家，则没有此类规定。

（2）同意结婚的意思表示必须真实。结婚是设定夫妻关系的重要身份行为，对意思表示的真实性应当有严格的要求，虽有形式上的结婚合意，但当事人意思表示不真实的，其合意并无法律上的效力。例如，当事人因受胁迫而作出的同意结婚的意思表示以及因受欺诈或出于重大误解而作出的同意结婚的意思表示，都是不真实的，可能会导致婚姻的可撤销。对于双方通谋故意而为的虚假婚姻，各国有不同的立法例，有的持意思说认其为无效，有的持表示说认其为有效。我国现行《婚姻法》对此没有规定。我们认为，虚假的意思表示原则上不具有婚姻合意的效力。但是，结婚后如果已有以夫妻关系同居生活的事实，可以认为以前的意思表示瑕疵已被弥补。

（3）同意结婚的意思表示必须符合法定方式。婚姻行为是要式行为，双方同意结婚的意思只有以法定方式表示，才具有法律效力。在我国，申请结婚的男女须亲自到婚姻登记机关办理结婚登记，同意结婚的意思表示必须经法定程序认可。当事人双方以其他方式或者在其他场合所作的同意结婚的表示，不具有法律的效力，只能被视为订婚的合意。

（二）达到法定婚龄

法定婚龄是法律规定的准予结婚的最低年龄。确定法定婚龄的依据，主要有两个方面的因素：①自然因素；②社会因素。自然因素主要是指人的生理和心理发育状况。人们只有达到一定年龄，生理和心理发育成熟了，才能具备适合结婚的生理条件和心理条件，才能正确地认识结婚的意义和后果，才能在婚后承担对配偶、子女、家庭和社会的责任。社会因素是指一定的生产方式以及与之相适应的其他社会条件，包括经济、政治、人口状况、人口政策、道德、宗教及民族风俗习惯等。其中最主要的是社会生产力的发展状况和人口状况，这是确定法定婚龄的主要依据。因此，不同时代、不同国家的法定婚龄的规定不会过于悬殊，但肯定会有差别。

我国现行《婚姻法》第6条规定："结婚年龄，男不得早于22周岁，女不得早于20周岁。晚婚晚育应予鼓励。"这比1950年《婚姻法》规定的法定婚龄，男女各提高了两周岁。2001年修正的现行《婚姻法》以男22周岁、女20周岁为法定婚龄，这是符合我国当时实际情况的。此规定既考虑青年人身体发育的程度，学习、就业的情况和独立生活的条件，又考虑了国家推行计划生育政策，控制人口数量和提高人口素质的要求。

在某些特殊情况下，法律也允许对法定婚龄作一些变通的规定，如民族自治地区可以根据本民族的实际情况，制定地方性法规，适当降低结婚年龄。

现行《婚姻法》第6条在法定婚龄之后还有"晚婚晚育应予鼓励"的导向性规定，这一规定是符合我国当时国情的。但基于我国现在的人口国情，生育政策已经发生了变化，现行《人口与计划生育法》第18条规定："国家提倡一对夫妻生育两个子女。"2015年修订《人口与计划生育法》时，原第18条"国家稳定现行生育政策，鼓励公民晚婚晚育"的句子已经被删除，即此后对晚婚晚育已经不再提倡。

（三）符合一夫一妻制

结婚必须符合一夫一妻制，是当代法治文明和法治文化对结婚关系的必然要求。我国现行《婚姻法》在结婚一章中对此虽无专门规定，但在总则部分已有明确内容，如在第2条中规定实行一夫一妻制，在第3条中规定禁止重婚等。因此，一夫一妻制也是结婚的必备条件之一。一夫一妻制的含义是指一个人只能同时有一个配偶，不能同时有两个或两个以上配偶。对未婚男女来说，只能同时与一个人结婚；已婚男女在配偶未死亡或婚姻关系未解除前不得再婚，否则即构成重婚。重婚为我国法律所禁止，构成重婚罪的依法应当追究刑事责任。

二、结婚的禁止条件

不同国家的法律对于结婚的禁止条件的规定有宽有严。综观外国一些国家的婚姻禁例，有近亲禁例、疾病禁例、监护关系禁例、种族禁例、离婚或丧偶女子待婚期禁例等。根据我国2001年修正后的《婚姻法》规定，结婚的禁止条件有二：①直系血亲和三代以内的旁系血亲禁止结婚；②患有医学上认为不应当结婚的疾病者禁止结婚。

（一）禁止一定范围的血亲结婚

1. 禁婚亲的概念和立法根据。禁婚亲是指禁止结婚的亲属关系。禁止一定范围的血亲结婚是古今中外婚姻家庭立法的通例，有的国家还禁止一定范围的姻亲结婚。禁止一定范围的亲属结婚，其立法依据主要有二：①基于优生的要求；②基于伦理观念的要求。

禁止一定范围的血亲结婚，反映了自然选择规律的要求，具有优生学上的科学根据。人类生活的长期实践和遗传学、优生学的研究成果证明，由于遗传基因的影响，血缘关系过近的亲属通婚，容易将父母双方在肉体上和精神上的某些弱点或缺陷累积地遗传下来，给后代乃至民族的健康带来不良的后果。血缘关系较远或无血缘关系者的婚配，可以预防或减少遗传上的消极影响，有利于后代的健康和民族的兴旺。

禁止一定范围的亲属结婚，也反映了人类在长期生活实践中所形成的伦理观念的要求。人们通常认为近亲结婚有碍风化，为社会道德所不容。我国古籍《白虎通·嫁娶》说："不娶同姓者，重人伦，防淫佚，耻与禽兽同也。"其他民族的风俗习惯中也都有关于亲属通婚的限制。禁止一定范围的姻亲结婚，更是伦理观念起作用的极好例证。

2. 我国《婚姻法》关于禁婚亲的规定。中国古代实行宗族外婚制，长期奉行"同姓不婚"的原则。封建法律继承了这一精神，《唐律·户婚》规定："诸同姓未婚者，各徒二年；缌麻以上，以奸论。"但是，在法律适用中则对同姓作狭义的限制性的解释，即"同宗共姓，皆不得未婚"。清光绪时在法律上将"同姓"改为"同姓同宗"。"同姓不婚"原则的确立，一方面是出于优生的考虑，另一方面则是为了维护宗法组织的根本利益和内部秩序。这一原则不适当地扩大了禁止结婚的宗亲范围。但是，除个别时期外，并不禁止异性平辈近亲结婚，中表婚在历史上长期流行。

我国1950年《婚姻法》第5条规定，"为直系血亲，或为同胞的兄弟姊妹和同父异母或同母异父的兄弟姊妹者"禁止结婚；"其他五代内的旁系血亲间禁止结婚的问题，从习惯"。按照我国群众习惯，凡属五代以内旁系血亲，不论辈分是否相同，一般都不得结婚。但也有例外，在一些地区还保留着历史上遗留下来的中表婚习惯，认为表兄弟姐妹是可以结婚的。鉴于当时的实际情况，该法没有禁止中表婚，而是允许人们按习惯处理。

我国1980年《婚姻法》和2001年修正后的《婚姻法》均规定，"直系血亲和三代以内的旁系血亲"禁止结婚。这表明我国禁止结婚的血亲范围，包括以下两类亲属：

（1）直系血亲。包括父母子女、祖父母与孙子女、外祖父母与外孙子女等，不问亲等或代数，凡属直系血亲关系的都禁止结婚。关于法律拟制直系血亲能否结婚的问题，现行《婚姻法》没有明确地作出规定。但从法理理论上来分析，拟制直系血亲之间不得结婚。因为我国现行法律明确规定，养父母与养子女、继父母与受其抚养教育的继子女之间的权利和义务，适用法律关于父母子女关系的有关规定。另外，从养子女和受抚育的继子女的利益来看，拟制血亲之间通婚，可能损害养子女、继子女的利益。

（2）三代以内的旁系血亲。按照我国现行《婚姻法》的代数计算法，与己身出自同一父母或同一祖父母、外祖父母的血亲，除直系血亲以外的都属于三代以内旁系血亲。具体说来包括：①兄弟姐妹。包括同父同母的全血缘的兄弟姐妹，以及同父异母或同母异父的半血缘的兄弟姐妹。②伯、叔、姑与侄、侄女，舅、姨与甥、甥女。③堂兄弟姐妹、表兄弟姐妹。

关于禁止三代以内旁系血亲结婚的规定是对1950年《婚姻法》的一项重要修改，就其实际针对性而言，主要是禁止中表婚，即表兄弟姐妹之间的婚姻。这是我国婚姻习俗的一大改革，对提高人口素质，保护民族健康具有十分重要的意义。

关于直系姻亲间能否结婚，我国现行《婚姻法》未作明确规定。在讨论修改婚姻法过程中有许多人提出，应明令禁止直系姻亲结婚，因为这种婚姻关系违背传统伦理道德，而且容易引起亲属关系的混乱。许多外国法中都有禁止直系姻亲结婚的规定。但这一意见未被采纳，主要是因为姻亲之间一般没有血缘关系，姻亲结婚并不产生遗传学上的后果，因而是否禁止姻亲结婚以及禁止的范围，可以用道德和习惯来调整。现实生活中，传统道德对公公与儿媳、岳母与女婿等直系姻亲结婚持强烈否定的态度，但从我国婚姻习俗看，对某些旁系姻亲结婚，如丧偶后，女方与大伯子结婚，男方与小姨子结婚，则一般予以认可。

（二）禁止患一定疾病的人结婚

法律之所以禁止患一定疾病的人结婚，是由婚姻的本质和婚姻关系的基本特征决定的，是保护当事人权益和社会利益的需要。禁止结婚的疾病可分为两类：第一类是严重的精神方面的疾病，如先天性痴呆、精神病等。患这类疾病的人通常是无行为能力的人，既不能独立为财产上之行为，也不能独立为身份上之行为，而且在结婚后有可能将精神方面的疾病遗传给后代。第二类是重大不治且有传染性的身体方面的疾病。患这类疾病的人结婚会严重危害他方和后代的健康。此外，有些国家还规定，有生理缺陷不能为性行为者，禁止结婚。其立法理由显然是以婚姻的自然属性为依据的。

我国古代的户婚律中没有关于禁止患一定疾病的人结婚的规定，仅以恶疾为妇人"七出"之一。民国时期的1930年"民法亲属编"规定，一方有花柳病、其他恶疾或有重大不治之疾者，为他方解除婚约的法定理由；一方结婚时不能人道，以及结婚时系在无意识或精神错乱中者，均为婚姻得撤销的原因。

我国1950年《婚姻法》第5条规定，"患花柳病或精神失常未经治愈，患麻风或其他在医学上认为不应结婚之疾病者"禁止结婚。1980年《婚姻法》第6条第2款将禁止结婚的疾病概括为："患麻风病未经治愈或患其他在医学上认为不应当结婚的疾病。"这条规定是例示性、概括性的，而不是列举性的，除麻风病外，并未明示其他疾病的名称。由于医疗水平的提高，麻风病已经不是"不治之症"，所以在其后面特别加上了"未经治愈"的字样。如已治愈，经过一定时期不再复发，就不再成为法定的婚姻障碍。鉴于目前在我国麻风病已接近绝迹，2001 年修改后的《婚姻法》第 7 条第 2 款又将上述规定进一步修改为"患有医学上认为不应当结婚的疾病"，删除了例示性的内容，成为纯概括性的规定。

哪些疾病属于医学上认为不应当结婚的疾病，在认定时必须有充分的科学根据，在必要时应当进行专门的鉴定。既要防止患有不应当结婚的疾病者结婚，又不能损害民事主体在婚姻问题上的合法权益。根据《母婴保健法》和《传染病防治法》等法律的解释，患医学上认为不应当结婚的疾病者，主要包括以下几类：

1. 正处于发病期间的精神分裂症、躁狂抑郁型精神病以及其他重型精神病患者，应暂缓结婚。

2. 患指定传染病在传染期内应暂缓结婚。指定传染病，是指《中华人民共和国传染病防治法》中规定的艾滋病、淋病、梅毒、麻风病以及医学上认为影响结婚和生育的其他传染病。

3. 严重遗传性疾病患者。严重遗传性疾病，是指由于遗传因素先天形成、患者全部或部分丧失自主生活能力，后代再现风险高，医学上认为不宜生育的遗传性疾病。我国《母婴保健法》第 10 条规定，经结婚前医学检查，对患有医学上认为不宜生育的严重遗传性疾病的，医师应该向男女双方说明情况，提出医学意见，经男女双方同意，采取长效避孕措施或者实施结扎手术后不生育的，才可以结婚。但《婚姻法》规定禁止结婚的除外。

另外，现行《婚姻法》取消了 1950 年《婚姻法》中禁止"有生理缺陷不能发生性行为者"结婚的规定。这里所说的"生理缺陷"，也称"不能人道"，是指生殖器官先天性缺损，如天阉、石女。法学界对此立法看法不一。一种意见认为，婚姻是以两性生理差别为其自然条件的，如果一方不能人道，难以建立夫妻感情，因此应禁止这类人结婚。另一种意见认为，夫妻关系的内容是多方面的，性生活只是其中的一部分，如果一方当事人明知他方有生理缺陷不能发生性行为而自愿与其结为伴侣，自然不必强行禁止。他们可以在生活上相互扶助，行使其他权利义务，这于双方于社会并无害处。现行《婚姻法》的立法本意似乎是采用了第二种意见，这是比较稳妥的。但是，两性结合毕竟反映了人的自然属性的要求，因此，无性行为能力者在处理结婚问题时，一定要向对方说明此情况，双方需要慎重考虑，以免日后发生纠纷。如果一方在婚后才发现对方有上述性生理缺陷，要求解除婚姻关系的，应按离婚处理。

第四节　结婚程序

一、结婚程序概述

（一）结婚程序的概念

结婚程序亦称结婚的形式要件，是指法律规定的缔结婚姻所必经的方式。在通常情况下，符合结婚条件的当事人，只有履行法定的结婚程序，其婚姻关系才被国家和社会所承认，发生相应的法律效力。

（二）结婚程序的种类

结婚程序可分为仪式制、登记制和登记与仪式结合制三种主要类型。

仪式制，是指以当事人履行一定的仪式为婚姻成立的形式要件。它是一种古老的结婚程序，产生于个体婚制出现之初并且长期沿袭下来。中国古代的聘娶婚也是一种仪式婚。在当代，采取仪式制的国家和地区很多，如法国、意大利、瑞士、德国等。结婚仪式有三种，即宗教仪式、世俗仪式和法律仪式。宗教仪式是按宗教要求，由神职人员主持的结婚仪式；世俗仪式是按民间习俗举行的结婚仪式，通常均有主婚人和证婚人参加；法律仪式是依法在政府官员面前举行的仪式，它实际上是一种行政仪式。当代各国法律对结婚仪式的规定繁简不同。简单者只作一般性要求，繁杂者则规定了种种具体程序，如公告、许可、仪式等，其目的除了表示郑重外，主要在于防止有婚姻障碍的人结婚。

登记制，是指依法进行结婚登记为婚姻成立的唯一形式要件。在这种制度下，婚姻当事人必须接受法定机关的审查，履行登记程序，而不必举行仪式。登记制是近代发展起来的，并日益为许多国家所肯定的结婚方式。当前，实行单一登记制的国家有日本、古巴、墨西哥、朝鲜、中国、保加利亚、俄罗斯等国。

登记与仪式结合制，是指既须进行登记，又须举行仪式，婚姻始得成立，两者缺一不可。这种制度实际上是将现代结婚程序和传统结婚程序结合到一起，采取这一制度的国家有法国、美国多数州、罗马尼亚、匈牙利、捷克斯洛伐克等。[1]

二、结婚登记的机关和程序

（一）办理结婚登记的机关

在我国，进行结婚登记是公民结婚必经的而且是唯一的法定程序。1950年《婚姻法》和现行《婚姻法》中均有结婚须依法办理登记的规定。结婚登记制度是我国婚姻登记制度的重要组成部分。婚姻登记包括结婚登记、离婚登记和复婚登记。

2003年《婚姻登记条例》第2条规定："内地居民办理婚姻登记的机关是县级人民政府民政部门或者乡（镇）人民政府，省、自治区、直辖市人民政府可以按照便

---

[1]　巫昌祯主编：《婚姻与继承法学》，中国政法大学出版社2007年版，第109页。

民原则确定农村居民办理婚姻登记的具体机关。中国公民同外国人，内地居民同香港特别行政区居民（以下简称香港居民）、澳门特别行政区居民（以下简称澳门居民）、台湾地区居民（以下简称台湾居民）、华侨办理婚姻登记的机关是省、自治区、直辖市人民政府民政部门或者省、自治区、直辖市人民政府民政部门确定的机关。"这一规定明确了统一管理登记的原则，同时也有利于我国婚姻登记档案信息化管理。

婚姻登记机关管辖的范围，原则上与户籍管辖范围相适应。当事人双方的常住户口所在地在同一地区的，到常住户口所在地婚姻登记机关办理婚姻登记。当事人双方的常住户口所在地不在同一地区的，可以到任何一方常住户口所在地的婚姻登记机关办理婚姻登记。

（二）结婚登记的具体程序

1. 申请。现行《婚姻法》第 8 条对结婚登记的程序作了概括性的规定，即"要求结婚的男女双方必须亲自到婚姻登记机关进行结婚登记。符合本法规定的，予以登记，发给结婚证。取得结婚证，即确立夫妻关系。未办理结婚登记的，应当补办登记"。2003 年《婚姻登记条例》第 5 条规定，办理结婚登记的内地居民应当出具下列证件和证明材料：本人的户口簿、身份证；本人无配偶以及与对方当事人没有直系血亲和三代以内旁系血亲关系的签字声明。

申请结婚的当事人应当如实向婚姻登记机关提供上述证件和证明材料，对婚姻登记机关要求出具的上述材料以外的其他材料，当事人可以拒绝提供。婚姻登记机关不得因此拒绝办理。依此规定办理结婚登记手续时无需再到单位或户口所在地的居民委员会或村民委员会等部门开具婚姻状况证明。申请结婚的双方当事人在婚姻登记机关共同签署"申请结婚登记声明书"，提交上列文件就可以立即办理结婚登记手续。

中国公民同外国人在中国境内结婚，内地居民同香港居民、澳门居民、台湾居民以及华侨在中国内地结婚的，按照 2003 年《婚姻登记条例》的有关规定到内地居民常住户口所在地的婚姻登记机关办理结婚登记。

2. 审查。审查是结婚登记程序中的中心环节。婚姻登记机关应当依法对当事人的结婚申请从两个方面进行严格审核查实。一方面，审查当事人所持证件是否真实、完备，有无伪造、涂改或冒名顶替的迹象；另一方面，审查当事人双方是否都符合法定的结婚条件。在审查中，婚姻登记机关就需要了解的情况，可以向当事人提出询问，根据需要对当事人进行法制教育。当事人有如实提供情况的义务，不得弄虚作假。婚姻登记员应当认真履行职责，依法办事。

3. 登记。婚姻登记机关对当事人的结婚申请审查后，对于符合结婚条件的应及时予以登记，发给结婚证；对不符合登记条件的，不予登记，并向当事人说明理由。对离婚后再婚的当事人应当注销其离婚证。当事人从取得结婚证起，确立夫妻关系。

在审查中如果发现申请结婚的当事人有下列情形之一的，婚姻登记机关不予登记：①未达法定婚龄的；②非双方自愿的；③一方或双方已有配偶的；④属于直系血亲或三代以内旁系血亲的；⑤患有医学上认为不应当结婚的疾病的。对不予登记的，婚姻登记机关应当以书面形式说明不予登记的理由。当事人不服婚姻登记机关不予登记的决定，可依照《行政复议条例》的规定申请复议；对复议决定不服的，可以依照现行《行政诉讼法》的规定提起行政诉讼。

必须注意，如果在结婚登记过程中存在程序瑕疵，如有冒名登记结婚的、一方或双方当事人未亲自到场申请登记等情形的，当事人又以该瑕疵为由起诉要求撤销结婚登记的，可按照《婚姻法解释（三）》第1条第2款的规定处理，即"当事人以结婚登记程序存在瑕疵为由提起民事诉讼，主张撤销结婚登记的，告知其可以依法申请行政复议或者提起行政诉讼"。该结婚登记行为是否有效，依行政复议的结果或行政诉讼的判决确定。[1]

三、结婚登记的效力

现行《婚姻法》第8条规定，"取得结婚证，即确立夫妻关系"。这意味着只要男女双方履行了结婚登记手续，取得结婚证书，当事人之间的夫妻关系就宣告成立，并依法受到法律的保护。结婚证书是婚姻登记机关签发的证明男女之间婚姻关系成立的法律文书。需要明确，婚姻当事人履行了婚姻登记手续，无论是否举行结婚仪式，也无论是否同居生活，他们都是合法的夫妻关系，其合法权益受法律保护，如果一方反悔，要求解除夫妻关系，必须按离婚程序办理。

此外，如果当事人遗失或者损毁结婚证的，当事人可以持户口簿、身份证向原办理结婚登记的婚姻登记管理机关，或者一方当事人常住户口所在地的婚姻登记机关申请补领。婚姻登记机关对当事人的婚姻登记档案进行查证，确认属实的，应当为当事人补发结婚证。

四、补办结婚登记及其效力

我国现行《婚姻法》虽然增设了婚姻无效的规定，但并没有将未办结婚登记列入婚姻无效的原因，而是作了应当补办结婚登记的规定。现行《婚姻法》第8条明确规定，办理结婚登记，取得结婚证即确立夫妻关系。依此规定完全可以推出，未办理结婚登记、未取得结婚证，夫妻关系当然不能确立。现行《婚姻法》第8条规定，"未办理结婚登记的，应当补办登记"，可以推知现行《婚姻法》对事实婚姻及非婚同居并没有采取全部否定的立法态度，而是给满足结婚实质要件的同居双方一

---

[1] 必须注意，我国有学者提出，"程序瑕疵的婚姻登记行为具有不可撤销的性质，应由人民法院确认违法""对程序瑕疵的婚姻登记行为予以补正或重新确认，是具有合法性的"。参见马忆南："论结婚登记程序瑕疵的处理——兼评'《婚姻法》司法解释（三）征求意见稿'第1条"，载《西南政法大学学报》2011年第2期。

个程序上的补救措施。[1]

　　至于补办结婚登记是否具有溯及以往的效力，现行《婚姻法》在第 8 条未作规定。《婚姻法解释（一）》第 4 条明确规定："男女双方根据婚姻法第 8 条规定补办结婚登记的，婚姻关系的效力从双方均符合婚姻法所规定的结婚的实质要件时起算。"依照该规定，补办结婚登记具有溯及以往的效力，溯及力的溯及时点是同居双方符合了法定的结婚实质要件。比如，双方以夫妻名义同居之时，一方未达到法定婚龄，在一方达到法定婚龄后，双方补办了结婚登记手续，该婚姻关系的有效的效力时点应追溯至双方均达到法定婚龄之时。

第五节　无效婚姻和可撤销婚姻

一、无效婚姻和可撤销婚姻概述

（一）无效婚姻和可撤销婚姻的概念

　　许多国家都有无效婚姻或可撤销婚姻的法律制度，该制度是结婚法律制度不可缺少的组成部分。[2] 无效婚姻是指虽已成立，但因违反法定的公益有效要件而自始不产生法律效力的婚姻。无效婚姻具有以下主要特征：①无效婚姻是已经成立的婚姻，且在形式上办理了结婚登记；②从其发生原因来看，是由于欠缺结婚的某些公益性要件，其违法程度较重，因此法律对其作出了否定性的价值评判；③无效婚姻

---

〔1〕　在讨论修改 1980 年《婚姻法》的过程中，有学者提出，目前未办理结婚登记即以夫妻名义同居生活的不少，未办理登记的原因很复杂，有的是不符合结婚条件，更多的是符合结婚条件，但因登记不便利或收费过高而没登记。因此，对没登记即以夫妻名义同居生活的，应区别情况分别处理。对违反结婚实质要件的，应规定为无效婚姻；对符合结婚实质要件，只是没有办理登记手续的，应当通过加强法制宣传和完善登记制度等工作，采取补办登记手续的办法解决。否则，一律简单宣布为无效婚姻，对保护妇女的权益十分不利。2001 年修正后的《婚姻法》采纳了这一建议，在第 8 条中增加了"未办理结婚登记的，应当补办登记"的规定。这一规定从积极的角度重申了办理结婚登记的必要性，督促那些符合结婚的实质要件，举行了结婚仪式或已经以夫妻名义共同生活，但未办理结婚登记的男女，尽早补办结婚登记，以使自己的婚姻行为合法化。对于不愿补办结婚登记或者是不符合结婚的实质要件的当事人，他们之间的关系只能作为非婚同居处理。

〔2〕　关于无效婚姻和可撤销婚姻制度，国外主要有两种不同的立法例，有的国家在立法中同时规定无效婚姻和可撤销婚姻两种制度，例如德国、日本、瑞士等；有的国家只采用无效婚制，不采用可撤销婚制。在兼采无效婚制和可撤销婚制的国家中，无效婚姻和可撤销婚姻在概念、原因、认定程序、时间效力和法律后果等方面都是有区别的。从原因上看，无效婚原因的违法性大于可撤销婚的原因。通常认为违反公益要件者为可撤销婚姻，但各国的具体规定并不完全一致。从认定程序来看，有些国家或地区的法律对无效婚姻采取当然无效制，即在具有法定的无效原因时，无须提出诉讼或经法院宣告，当事人自行主张即可以使婚姻归于无效，如日本民法、我国台湾地区"民法"即是如此。但多数国家的法律则采用宣告无效制，即须经诉讼程序由法院宣告婚姻无效，如德国、法国、瑞士、墨西哥等。

自始无效，自始不产生法律效力，其不受法律保护，当事人之间自始不能产生法定的夫妻间的权利义务关系。

可撤销婚姻是指虽已成立，但因违反法定的有效要件（主要指私益要件），享有撤销请求权的婚姻当事人可以向有权机关请求撤销的婚姻。可撤销婚姻具有以下特点：①可撤销婚姻已经成立，且在形式上办理了结婚登记；②从其发生的原因来看，表现为法定有效要件的欠缺，主要表现为对私益要件的违反，通常是当事人的意思表示不真实和具有瑕疵；③可撤销婚姻，得由享有撤销权的一方当事人主张撤销，其他任何单位和个人均无权主张撤销，人民法院也不能依职权主动撤销；④可撤销婚姻在未被撤销之前具有法律效力。[1]

（二）无效婚姻和可撤销婚姻的区别

无效婚姻与可撤销婚姻共同点是在性质上都是违法婚姻，都欠缺法定的有效条件，但两者的区别主要有：

1. 立法价值不同。无效婚姻体现了公权力对婚姻家庭的干预，是对婚姻在法律效力上作出的否定性的价值评判。可撤销婚姻将对婚姻效力的结果进行评判的权利赋予婚姻当事人本人，体现了法律对当事人意思自治的尊重。

2. 发生原因不同。无效婚姻违反的法定要件通常是公益要件，即违反了法律的强制性和禁止性规定，损害了社会公共利益。可撤销婚姻主要是对私益要件的违反，即一方当事人的意思表示有欠缺或具有重大瑕疵。

3. 法律效力不同。无效婚姻一般是自始的无效和绝对无效，除非法律另有规定，它不可能成为有效婚姻。可撤销婚姻是相对无效，其在没有被撤销前是有效的。在我国，可撤销婚姻在被宣告撤销后，具有溯及力。然而，在国外有些国家规定，可撤销婚姻在被宣告撤销后，不具有溯及力，例如，瑞士、日本、德国等国立法。[2]此外，如果当事人的撤销权因除斥期间的经过而消灭，该可撤销婚姻与有效婚姻具有同等的法律效力。

4. 启动程序不同。无效婚姻的请求权主体的范围要比可撤销婚姻请求权主体的范围广泛，可撤销婚姻撤销权的行使只能是意思表示有重大瑕疵一方的当事人。根据我国现行《婚姻法》规定，即胁迫婚姻中的受胁迫方。无效婚姻的请求权主体既可以是婚姻当事人，也可以是利害关系人和基层组织。无效婚姻请求权的行使期间可以是在婚姻无效原因消灭前的任何时间内，而可撤销婚姻请求权的行使须在结婚登记后1年内，或恢复自由之日后1年内。

---

〔1〕 主编注：关于无效婚姻制度的发展趋势，有学者认为，无效婚姻与可撤销婚姻的区别正在缩小。参见马忆南、高庆："改革开放三十年中国结婚法研究之回顾与展望"，载陈苇主编：《改革开放三十年（1978～2008）中国婚姻家庭继承法研究之回顾与展望》，中国政法大学出版社2010年版，第125页。

〔2〕 陈苇主编：《外国婚姻家庭法比较研究》，群众出版社2006年版，第115、124、125、159页。

5. 受理机关和适用的程序不同。在我国无效婚姻只能由人民法院依照诉讼程序进行宣告,可撤销婚姻既可以适用诉讼程序,又可以适用行政程序,人民法院和婚姻登记机关均可以对可撤销婚姻进行撤销。

二、我国现行无效婚姻和可撤销婚姻制度

2001 年修正后的《婚姻法》在第二章"结婚"制度中增加了无效婚姻和可撤销婚姻的规定,填补了此方面立法的空白,这对进一步完善我国的结婚制度,制裁和处理违法婚姻起到重要的规范作用。[1]

(一) 婚姻无效的原因和宣告程序

1. 婚姻无效的原因。现行《婚姻法》第 10 条规定:"有下列情形之一的,婚姻无效:①重婚的;②有禁止结婚的亲属关系的;③婚前患有医学上认为不应当结婚的疾病,婚后尚未治愈的;④未到法定婚龄的。"从法律解释学的角度来看,该条规定并未设有"兜底条款"。因此,除了上述明列的婚姻无效的四种法定情形之外,再没有其他婚姻无效的法定原因。《婚姻法解释(三)》第 1 条第 1 款也重申了上述观点,"当事人以婚姻法第 10 条规定以外的情形申请宣告婚姻无效的,人民法院应当判决驳回当事人的申请"。

应当注意的是,无效婚姻的原因具有相对性,其无效的法律后果具有可逆性。[2]《婚姻法解释(一)》第 8 条规定:"当事人依据婚姻法第 10 条规定向人民法院申请宣告婚姻无效的,申请时,法定的无效婚姻情形已经消失的,人民法院不予支持。"该条规定揭示了婚姻无效与一般民事行为无效的一个重大区别:一般民事行为无效是自始的、绝对的、当然的无效,无效法律效果具有不可逆性。但婚姻的无效却不然,其无效的法律后果具有相对性、不确定性和可逆性。即使有的婚姻在缔结时存在着无效的法定原因,但如果无效婚姻情形已经消失的,不得再提出婚姻无效之诉,该婚姻依然为有效婚姻。

2. 婚姻无效的宣告程序。

(1) 申请宣告婚姻无效的主体。《婚姻法解释(一)》第 7 条规定,有权依据现行《婚姻法》第 10 条规定向人民法院就已办理结婚登记的婚姻申请宣告婚姻无效的主体,除了婚姻当事人外,还包括利害关系人:①以重婚为由申请宣告婚姻无效的,为当事人的近亲属及基层组织。②以未到法定婚龄为由申请宣告婚姻无效的,为未达法定婚龄者的近亲属。③以有禁止结婚的亲属关系为由申请宣告婚姻无效的,为当事人的近亲属。④以婚前患有医学上认为不应当结婚的疾病,婚后尚未治愈为由申请宣告婚姻无效的,为与患病者共同生活的近亲属。可见导致婚姻无效的原因不同,申请宣告婚姻无效的主体也不同。

---

〔1〕 主编注:关于我国 2001 年修正后的《婚姻法》新增无效婚姻与可撤销婚姻主要理由分析,参见陈苇主编:《结婚与婚姻无效纠纷的处置》,法律出版社 2001 年版,第 43~51 页。

〔2〕 房绍坤主编:《亲属与继承法》,科学出版社 2006 年版,第 27 页。

（2）无效婚姻的宣告机关和程序。现行《婚姻法》未规定无效婚姻宣告的法定机关，根据《婚姻法解释（一）》第7条的规定，无效婚姻的宣告机关只能是人民法院，其他任何机关和个人无权宣告婚姻无效。在以往的法律规定中，确认婚姻无效的程序除诉讼程序之外，还有行政程序。2003年《婚姻登记条例》，取消了婚姻登记机关确认婚姻无效的规定。因此，宣告婚姻无效的机关只能是人民法院。

无效婚姻宣告程序的启动有两种方式：①依照《婚姻法解释（一）》第7条的规定，婚姻当事人和利害关系人通过起诉的方式请求人民法院对婚姻宣告无效的，只要符合立案条件，人民法院应当受理，在此情形下，人民法院审理婚姻无效案件适用不告不理的原则。②依照《婚姻法解释（二）》第3条的规定，人民法院受理离婚案件后，经审查确属无效婚姻的，应当将婚姻无效的情形告知当事人，并依法作出宣告婚姻无效的判决。在此种情形下，人民法院对于无效婚姻的宣告带有一定的司法能动性，属于法院的职权行为。

根据相关司法解释，人民法院审理宣告婚姻无效案件在适用程序上应当注意以下几个问题：

第一，人民法院受理申请宣告婚姻无效案件后，经审查确属无效婚姻的，应当依法作出宣告婚姻无效的判决。原告申请撤诉的，不予准许。这是由于无效婚姻属于违法婚姻，其违反的强制性规定事关公益，当事人对诉权的处分权法律是有所限制的。

第二，人民法院审理宣告婚姻无效案件，对婚姻效力的审理不适用调解，应当依法作出判决；有关婚姻效力的判决一经作出，即发生法律效力。涉及财产分割和子女抚养的，可以调解。调解达成协议的，另行制作调解书。对财产分割和子女抚养问题的判决不服的，当事人可以上诉。同理，当事人的程序诉权不仅受到限制，关乎婚姻无效的实体内容当事人亦无权处分。宣告婚姻无效的判决，适用一裁终局的原则，这是身份的确定性所要求的。但对涉及子女抚养财产分割的相关法律利益问题是可以进行处分的。

第三，人民法院审理无效婚姻案件，涉及财产分割和子女抚养的，应当对婚姻效力的认定和其他纠纷的处理分别制作裁判文书。婚姻无效与财产分割和子女抚养，分属于不同性质的独立诉因，因此应当分别判决。

第四，人民法院就同一婚姻关系分别受理了离婚和申请宣告婚姻无效案件的，对于离婚案件的审理，应当待申请宣告婚姻无效案件作出判决后进行。确认婚姻无效之诉相对于离婚之诉在审理上具有优先性，一旦婚姻被宣告无效，便不存在离婚问题。

（二）可撤销婚姻的原因和撤销程序

我国现行《婚姻法》采取了无效婚姻和可撤销婚姻并存的二元制结构，将意思表示有瑕疵的婚姻规定为可撤销的婚姻，可撤销的婚姻虽然也欠缺婚姻成立的要件，但对它的确认要以当事人提出请求为前提，法律不会主动地确认婚姻可撤销。与无效婚姻制度相比，可撤销婚姻制度有弹性，更尊重当事人的意思选择，更有利于稳定婚姻家庭关系。

1. 可撤销婚姻的原因。我国现行《婚姻法》第 11 条规定："因胁迫结婚的，受胁迫的一方可以向婚姻登记机关或人民法院请求撤销该婚姻。"这一规定表明，只有一种情形可以认定婚姻的可撤销，即当事人是受胁迫而非自愿结婚的。胁迫的主体可能是另一方当事人、男女双方的父母或亲属，也可能是拐卖妇女的人贩子等。不论是受到谁的胁迫，只要受胁迫方认为结婚是非自愿的，是受到强制的，就可以请求有关机关撤销该婚姻。

2. 可撤销婚姻的撤销程序。

（1）可撤销婚姻的请求权人。《婚姻法解释（一）》第 10 条第 2 款明确规定，因受胁迫而请求撤销婚姻的，只能是受胁迫一方的婚姻关系当事人本人。在可撤销婚姻中，享有撤销权的人只能是受胁迫一方。是否撤销受胁迫的婚姻，应是受胁迫一方当事人的意思自治的范畴。[1] 结合我国现行《婚姻法》第 11 条的规定，即使请求权人暂时处于被非法限制人身自由的状态，其请求权也不能由他人代为行使。

（2）可撤销婚姻的请求权的行使时间。可撤销婚姻立法目的是修正婚姻当事人一方意思表示的重大瑕疵，依民法学理，处于撤销权之下的民事法律关系处于一种极其不稳定的状态，婚姻关系的不稳定必然导致家庭关系的不稳定。为此，现行《婚姻法》第 11 条明确规定，因胁迫结婚的，受胁迫的一方可以向婚姻登记机关或人民法院请求撤销该婚姻。受胁迫的一方撤销婚姻的请求，应当自结婚登记之日起 1 年内提出。被非法限制人身自由的当事人请求撤销婚姻的，应当自恢复人身自由之日起 1 年内提出。如果权利人有证据证明，不提起撤销婚姻请求是因为人身自由受到了配偶或其他家庭成员的非法限制，那么，在其人身自由受非法限制期间，不计算行使撤销权的存续期间。从权利人恢复人身自由之日起，才开始计算行使撤销权的期间。根据《婚姻法解释（一）》第 12 条的规定，1 年的行使期间不适用诉讼时效中止、中断或者延长的规定。因此，婚姻撤销请求权的行使期间，在法律属性上应属于除斥期间，而非诉讼时效。

（3）可撤销婚姻的撤销机关。现行《婚姻法》第 11 条规定，可撤销婚姻的撤销机关是婚姻登记机关和人民法院，因此，可撤销婚姻的撤销程序包含着行政程序和诉讼程序。婚姻登记机关依行政程序撤销婚姻。根据民政部颁布并于 2016 年 2 月 1 日施行的《婚姻登记工作规范》，当事人向婚姻登记机关申请撤销婚姻的，应持有本

---

〔1〕 主编注：必须注意，关于可撤销婚姻的请求权人，有些国家立法规定的可撤销婚姻的法定原因与我国不同，撤销婚姻的请求权人亦与我国不同。例如，依《日本民法典》第 743～747 条的规定，可撤销婚姻分为公益撤销与私益撤销两种。前者基于公益的理由，对未达法定婚龄的早婚、重婚、近亲婚等，当事人、近亲属和检察官均可请求法院宣告撤销；后者基于私益的理由，对胁迫、欺诈成立的婚姻，仅限于受胁迫、欺诈的婚姻当事人本人有权请求法院宣告撤销。参见陈苇主编：《结婚与婚姻无效纠纷的处置》，法律出版社 2001 年版，第 46 页。

人的身份证、结婚证；要求撤销婚姻的书面申请；以及公安机关出具的当事人被拐卖、解救的相关材料；或者人民法院作出的能够证明当事人被胁迫结婚的判决书。婚姻登记机关经审查认为受胁迫结婚的情况属实且不涉及子女抚养、财产及债务问题的，应当撤销该婚姻，宣告结婚证作废。人民法院依诉讼程序撤销婚姻应当适用简易程序或者普通程序，经审理发现确实有婚姻可撤销理由的，应当依法予以撤销。人民法院根据当事人的申请，依法宣告婚姻无效或者撤销婚姻的，应当收缴双方的结婚证书并将生效的判决书寄送当地婚姻登记机关。

（三）无效婚姻和可撤销婚姻的法律后果

现行《婚姻法》第 12 条规定："无效或被撤销的婚姻，自始无效。当事人不具有夫妻的权利和义务。同居期间所得的财产，由当事人协议处理；协议不成时，由人民法院根据照顾无过错方的原则判决。对重婚导致的婚姻无效的财产处理，不得侵害合法婚姻当事人的财产权益。当事人所生的子女，适用本法有关父母子女的规定。"我国现行《婚姻法》确立的无效婚姻和可撤销婚姻都是自始无效，即有溯及力。婚姻被宣告无效或撤销后发生完全相同的法律效果。

自始无效的婚姻关系是针对当事人的配偶身份而言的。无效婚姻和可撤销婚姻的当事人自始没有夫妻身份，但是对于同居期间所得的财产，法律没有明确其性质，而是允许当事人协商处理，在协商不成时，再由法院根据照顾无过错方的原则判决。这体现了法律对善意当事人的保护。《婚姻法解释（一）》第 15 条对现行《婚姻法》进行了补充性规定，明确了同居期间所得财产的法律属性，被宣告无效或被撤销的婚姻，当事人同居期间所得的财产，按共同共有处理。但有证据证明为当事人一方所有的除外。同时，考虑到因重婚导致的婚姻无效的法律情形，加强了对合法配偶一方的保护，该解释第 16 条规定，人民法院审理重婚导致的无效婚姻案件时，涉及财产处理的，应当准许合法婚姻当事人作为有独立请求权的第三人参加诉讼。

对于无效婚姻和可撤销婚姻当事人所生子女，现行《婚姻法》没有明确是婚生子女还是非婚生子女，只是笼统地指出"适用本法有关父母子女的规定"。不过我国的婚姻立法一直是将婚生子女和非婚生子女同等对待，禁止对非婚生子女的歧视，只要非婚生子女能够证明其与生父母的血缘关系，就能主张子女的权利，所以婚姻被宣告无效或被撤销对父母子女的权利义务关系没有影响。[1]

---

〔1〕　主编注：关于建立我国无效婚姻制度的设想，在修改我国 1980 年《婚姻法》的讨论中，主要有两种观点：第一种观点主张采取单轨制，不必作婚姻无效与可撤销的区分，在立法上仅设立无效婚姻制度，不设立可撤销婚姻制度，此为 20 世纪 90 年代我国学术界的通说，参见杨大文主编：《亲属法》，法律出版社 1997 年版，第 104 页；李洪祥、吕大可：《婚姻法律制度研究》，长春出版社 2000 年版，第 94 ~ 111 页。第二种观点主张采取双轨制，同时设立无效婚姻制度和可撤销婚姻制度的二元结构，参见王洪：《婚姻家庭法热点问题研究》，重庆大学出版社 2000 年版，第 67 ~ 77 页。

第六节 事实婚姻

一、事实婚姻概述

(一) 事实婚姻的概念

事实婚姻是法律婚姻的对称，在我国，事实婚姻指没有配偶的男女双方未经结婚登记即以夫妻名义同居生活，群众也认为是夫妻关系的结合，其特征在于：①主体的限定性。事实婚姻的主体仅限于无配偶的男女。②夫妻的名义性。事实婚姻的认定必须以夫妻名义为前提。同居双方以夫妻自称，而且他人也认为是夫妻。③同居生活的公示性。这一点与姘居、通奸等具有隐蔽性、非公开性等不正当的男女两性关系有着严格的区分。④缺乏法律婚姻的形式要件。事实婚姻之所以称之为事实婚姻，是指男女双方符合结婚的实质条件，就是由于未履行结婚登记手续，而使之与合法婚姻区别开来。

(二) 我国立法及司法实践对待事实婚姻的态度

许多国家都有事实婚姻和法律婚姻并存的现象。事实婚姻在各国法律上的效力由于认识上的原因和社会习俗的不同，大体分为三种：一是承认主义，二是不承认主义，三是限制承认主义。在单一实行登记婚制的国家中，事实婚姻属于违法婚姻。我们国家在一个相当长的时期内，并没有一般性地否认事实婚姻的效力，而是分别情况区别对待，有条件地承认事实婚姻，并且呈现出从相对承认主义到不承认主义的过渡趋势。

根据民政部1994年2月1日颁布的《婚姻登记管理条例》《最高人民法院关于适用新的〈婚姻登记管理条例〉的通知》以及1989年《审理以夫妻名义同居生活案件的意见》等法规和司法解释，在2001年修正后的《婚姻法》颁布之前，对未办结婚登记而以夫妻名义同居生活的男女两性结合，是采取分别情况，区别对待，有条件地承认事实婚姻的做法。即对未办结婚登记即以夫妻名义同居生活的男女两性结合，有两种不同的定性：一是事实婚姻关系，二是非法同居关系，特别是1994年《婚姻登记管理条例》对事实婚姻实现了从有条件承认到不承认的转变。[1] 我国司法机关处理此类案件的一般做法是：

1. 1986年3月15日《婚姻登记办法》施行之前，未办结婚登记手续即以夫妻名义同居生活，群众也认为是夫妻关系的，一方向人民法院起诉"离婚"，如起诉时双方均符合结婚的法定条件，可认定为事实婚姻关系；如起诉时一方或双方不符合结婚的法定条件，应认定非法同居关系。

2. 1986年3月15日《婚姻登记办法》施行之后，未办结婚登记手续即以夫妻名

---

〔1〕 杨大文主编：《亲属法》，法律出版社2004年版，第89页。

义同居生活，群众也认为是夫妻关系的，一方向人民法院起诉"离婚"，如同居时双方均符合结婚的法定条件，可认定为事实婚姻关系；如同居时一方或双方不符合结婚的法定条件，应认定为非法同居关系。

3. 1994 年 2 月 1 日《婚姻登记管理条例》实行之后，对未办结婚登记而以夫妻名义同居的男女两性关系一律按同居关系处理。

4. 2001 年修正后的《婚姻法》实施后，对未办理结婚登记的给予程序上的救济，允许补办结婚登记，补办登记的效力可溯及至双方均符合结婚的实质要件之时；未补办结婚登记的，按解除同居关系处理。

二、事实婚姻的处理

（一）离婚诉讼的处理

在离婚诉讼中，法院经审理认定双方当事人的同居关系构成事实婚姻，则对事实婚姻离婚诉讼的处理应适用法律婚姻的诉讼离婚程序进行，因为此时认定该两性关系为事实婚姻就是赋予其婚姻的合法性效力，因此，此时的事实婚姻与法律婚姻的法律效力是基本相同的。唯一的差异之处，根据 1989 年《审理以夫妻名义同居生活案件的意见》的规定，审理事实婚姻关系的离婚案件，应当先进行调解，经调解和好或撤诉的，确认婚姻关系有效，发给调解书或裁定书，经调解不能和好的，应调解或判决准予离婚。依此本意，对于事实婚姻当事人的离婚诉讼请求，不允许法院判决不准离婚。

（二）对事实婚姻财产问题的处理

被认定为事实婚姻关系的，同居期间共同所得的财产应认定为夫妻共同财产，在离婚分割财产时，应本着照顾妇女、儿童利益的原则处理。处理事实婚姻涉及的财产问题一般应当比照法律婚姻的处理原则，具体分割财产时应本着照顾妇女、儿童利益的原则，考虑财产的实际状况和双方的过错程度，妥善予以分割。在司法实践当中应注重保护无过错方的利益。

（三）对事实婚姻子女抚养问题的处理

事实婚姻关系的双方在同居生活期间所生的子女为婚生子女，当事实婚姻的双方离异时，其子女抚养的问题适用《婚姻法》的有关规定办理。事实婚姻期间所生的子女，离婚时由双方协议抚养；协议不成的哺乳期内的子女，原则上由女方抚养。不直接抚养子女的一方应支付子女的抚养费。如果子女是限制行为能力人，一般应征求子女的意见。

（四）对事实婚姻继承关系的处理

事实婚姻的男女双方具有配偶的身份，因此具有夫妻间的权利和义务，彼此互有继承权。《婚姻法解释（一）》第 6 条规定，未按《婚姻法》第 8 条规定办理结婚登记而以夫妻名义共同生活的男女，一方死亡，另一方以配偶身份主张享有继承权的，按照本解释第 5 条的原则处理。该规定意指如果双方构成事实婚姻关系的，则请求权人享有配偶身份的继承权。反之，则不享有继承权。[1]

第七节　非婚同居关系

一、非婚同居关系概述

（一）非婚同居关系的概念

非婚同居关系，既包括不以夫妻名义公开同居生活的试婚、姘居等两性关系，也包括未办结婚登记以夫妻名义同居生活，但不符合事实婚姻法定条件的男女两性结合。根据《婚姻法解释（一）》第5条的规定，同居关系是不同于事实婚姻的一种男女两性结合关系。它包括两大类：①双方均无配偶的同居，此类同居不被法律所禁止，不具有违法性；②单方或双方有配偶又与他人的同居，此类同居具有违法性。[2]

（二）非婚同居关系的特征

非婚同居与事实婚姻既有相同之处又有不同的特点，其特征在于：①非婚同居关系的主体既可以是未婚男女，也可以是已婚男女；②男女双方不具有缔结婚姻的目的性，或者缔结婚姻的目的性不明显；③一般不以夫妻名义共同生活或虽以夫妻名义共同生活但不符合事实婚姻的其他法定条件；④同居行为有的违法，有的不违法，前者如有配偶者与他人同居，后者如双方为无配偶者的同居。[3]

二、非婚同居关系的处理

（一）双方均无配偶者非婚同居关系的处理

双方均无配偶者的非婚同居关系既可以以夫妻名义同居，也可以不以夫妻名义同居，前者如不符合事实婚的法定条件，其不能被认定为事实婚姻关系。法律对此类同居既不禁止也不保护，同居的男女双方不具有婚姻法上的权利义务关系。《婚姻法解释（二）》第1条明确规定，当事人起诉请求解除同居关系的，人民法院不予受理。可见，此类同居关系不属于法律调整的范围。

但是，当事人因同居期间财产分割或者子女抚养纠纷提起诉讼的，人民法院应当受理。根据最高人民法院相关的司法解释，同居双方的财产纠纷问题和子女抚养问题按照以下要点处理：①同居期间共同所得的收入和购置的财产为共有财产，双方各自继承和受赠的财产为双方个人财产；②为共同生产、生活形成的债权、债务，

---

〔1〕　主编注：关于我国事实婚姻制度的立法构想，参见陈苇、高伟："我国事实婚姻制度之重构——澳大利亚的《事实伴侣关系法》的启示"，载《法学杂志》2008年第2期。

〔2〕　参见陈苇主编：《婚姻家庭继承法学》，法律出版社2002年版，第146~147页。

〔3〕　主编注：关于人类两性关系的非传统伴侣模式考察，参见王歌雅：《中国亲属立法的伦理意蕴与制度延展》，黑龙江大学出版社2008年版，第143~147页。

按共同债权、共同债务处理；③在同居生活前一方自愿赠与对方的财物，按赠与关系处理；④一方向另一方索取的财物，应根据双方同居生活时间的长短、对方的过错程度以及双方的经济状况等实际情况酌情返还；⑤同居双方所生子女为非婚生子女，对子女的抚育问题应依现行《婚姻法》的有关规定处理；⑥同居生活期间一方死亡，另一方不能以配偶身份继承遗产，但如果符合《继承法》第14条规定的，可根据相互扶养的具体情况，作为法定继承人以外的人分得适当的遗产。

（二）单方或双方有配偶又与他人同居关系的处理

根据司法解释的有关规定，"有配偶者与他人同居"是指有配偶者与婚外异性，不以夫妻名义，持续、稳定地共同居住。根据《婚姻法解释（二）》第1条规定，当事人请求解除的同居关系，属于《婚姻法》第3条、第32条、第46条规定的"有配偶者与他人同居"的，人民法院应当受理并依法予以解除。可见我国立法对双方均无配偶者的同居关系和单方或双方有配偶者的同居关系法律态度截然不同，对前者并不强制干预，而对后者采取强制解除主义。有配偶者与他人同居是一种严重的违法行为，它既是构成了法定的离婚事由之一，同时也是离婚时无过错方请求损害赔偿的法定事由之一。[1]

导入案例之要点评析

1.2006年12月，甲乙两人登记结婚的行为构成法律上的重婚。根据现行《婚姻法》第2条规定，实行一夫一妻的婚姻制度。因为甲在先前已有一个合法的婚姻关系，因此2006年12月甲乙采用欺骗的方式，骗取登记取得结婚证，已构成法律上的重婚。由于甲乙之间的"婚姻"属于重婚，依法应当被宣告无效。根据现行《婚姻法》第10条规定，重婚的婚姻关系应当被宣告无效。因此，2007年2月经甲的配偶向法院提出宣告婚姻无效的请求，甲乙2006年12月登记的婚姻于2007年3月被法院宣告无效，是有法律依据的。

2.法院不能支持乙请求离婚的诉讼请求，应当依法解除甲乙双方的同居关系并处理财产分割及子女抚养问题。2008年10月孩子满月之日，甲乙摆酒结婚但未办理结婚登记，故甲乙双方之间并无婚姻关系而属于同居关系。根据《婚姻法解释（一）》第5条规定，1994年2月1日民政部《婚姻登记管理条例》公布实施后，未

---

〔1〕　主编注：关于我国设立非婚同居法的社会基础及制度构想，参见陈苇、王薇："我国设立非婚同居法的社会基础及制度构想"，载《甘肃社会科学》2008年第1期。And See Chen Wei & Wang Wei, *On the Social Basis and Legislative Propositions of Establishing Non‑marital Cohabitation Law of the PRC*, US‑China Law Review, Volume 6, Number1 January 2009（Serial Number 50），David Publishing Company, U.S.A., pp.1~13. 关于外国非婚同居法律制度的立法概况及评析，参见王薇：《非婚同居法律制度比较研究》，人民出版社2009年版，第117~404页。关于我国非婚同居关系的现状，参见何丽新：《我国非婚同居立法规制研究》，法律出版社2010年版，第43~63页。

办结婚登记而以夫妻名义共同生活的男女，起诉到人民法院要求离婚的，人民法院应当告知其在案件受理前补办结婚登记；未补办结婚登记的，按照解除同居处理。在解除同居关系时，涉及非婚生子女抚养和财产分割，人民法院应一并解决。在同居期间双方共同所得的收入和购置的财产，按一般共有财产处理，应考虑财产的实际情况和双方过错程度，按照照顾妇女、儿童的原则，妥善分割。非婚生子女的抚养，由双方协商，协商不成的应根据子女的利益和双方的具体情况判决。就本案情况而言，由于甲男染上吸毒恶习，不利于未成年子女的健康成长，法院可判决子女归乙女直接抚养，甲应当给付子女的抚养费。甲乙在同居期间共同出资购买的一套供双方居住的商品房，属于共有财产，应当双方协商分割。如甲乙双方不能达成协议的，从照顾子女和女方的生活考虑，法院可判决归乙所有，同时乙应当向甲折价补偿该商品房价值的一半现金或其他财产。

思考题

一、选择题

（一）单项选择题

1. 甲男与乙女系出自同一外祖父母的表兄妹，后来乙女为他人收养。根据我国现行《婚姻法》的有关规定，他们（　　）。

A. 可以结婚　　　　　　　B. 如果双方不生育子女可以结婚

C. 不能结婚　　　　　　　D. 以上选项均不正确

2. 甲与乙登记结婚3年后，乙向法院请求确认该婚姻无效。乙提出的下列哪一理由可以成立？（　　）（2011年国家司法考试试题）

A. 乙登记结婚的实际年龄离法定婚龄相差2年

B. 甲婚前谎称是海归博士且有车有房，乙婚后发现上当受骗

C. 甲与乙是表兄妹关系

D. 甲以揭发乙父受贿为由胁迫乙结婚

（二）多项选择题

1. 网名"我心飞飞"的21岁女子甲与网名"我行我素"的25岁男子乙在网上聊天后产生好感，乙秘密将甲裸聊的镜头复制保存。后乙要求与甲结婚，甲不同意。乙威胁要公布其裸聊镜头，甲只好同意结婚并办理了登记。下列哪些说法是错误的？（　　）（2006年国家司法考试试题）

A. 甲可以自婚姻登记之日起1年内请求撤销该婚姻

B. 甲可以在婚姻登记后以没有感情基础为由起诉要求离婚

C. 甲有权主张该婚姻无效

D. 乙侵犯了甲的隐私权

2. 赵男、陈女二人到结婚登记机关申请登记结婚，但婚姻登记机关却不予登记。

下列选项中，可以成为婚姻登记机关不予登记的原因有（　　）。

　　A. 一方或双方未达到法定结婚年龄

　　B. 表兄妹

　　C. 赵男的妻子因意外事故死亡，公安机关认为其有谋杀嫌疑，正在立案侦查

　　D. 有人向有关部门告发赵男、陈女在赵妻死亡前长期同居

二、判断分析题

1. 当事人向人民法院申请宣告婚姻无效的，申请时，法定的无效婚姻情形已经消失的，人民法院不予支持。

2. 借婚姻索取财物是在婚姻自主的情况下一方当事人的行为，它与买卖婚姻不同，因此不属于违法行为。

三、简答题

1. 简述确定法定婚龄的依据。

2. 简述无效婚姻的原因及法律后果。

3. 试述可撤销婚姻的原因及撤销权的行使。

四、论述题

1. 试论事实婚姻与非婚同居关系的认定与处理。

2. 试论无效婚姻的相对性与可逆性。

五、案例分析题

原告肖某（女，23 周岁）与被告温某（男，22 周岁）系同村村民，2014 年 1 月双方确定恋爱关系。2014 年年底，双方协商结婚事宜。2015 年 1 月 18 日，肖某与温某双方亲自到当地的婚姻登记机关办理结婚登记，因未提交二人的结婚合影照片，当日未能领取结婚证。同年 1 月 20 日双方因彩礼问题发生争执，肖某提出悔婚，温某表示同意。同年 1 月 22 日肖某从温某处取回结婚证，却发现结婚证男方持证人的姓名不是温某，而是温某其兄。原告肖某遂于同年 1 月 28 日，诉至当地县法院要求宣告其与温某的婚姻无效。

请问：

1. 肖某与温某的夫妻关系是否建立？

2. 人民法院对此案能否受理？

3. 此案应如何处理？

阅读参考文献

1. 房绍坤主编：《亲属与继承法》，科学出版社 2006 年版。

2. 王歌雅：《中国亲属立法的伦理意蕴与制度延展》，黑龙江大学出版社 2008 年版。

3. 陈苇主编：《改革开放三十年（1978～2008）中国婚姻家庭继承法研究之回顾

与展望》，中国政法大学出版社 2010 年版。

4. 王薇：《非婚同居法律制度比较研究》，人民出版社 2009 年版。

5. 何丽新：《我国非婚同居立法规制研究》，法律出版社 2010 年版。

6. 王森波：《同性婚姻法律问题研究》，中国法制出版社 2012 年版。

第五章
婚姻的效力

✤学习的内容和重点

通过本章的学习，要求学生把握婚姻的效力、夫妻人身关系、夫妻财产制、夫妻扶养义务等基本概念，了解夫妻财产制的分类及夫妻继承权，重点把握我国现行夫妻财产制的内容。

导入案例

陈男是某市运动员，与外企职工张女于 2010 年 2 月结婚。婚后次年，张女生育一子后，即辞职回家从事家务，相夫教子。2016 年 1 月，因夫妻双方感情不和，陈男提出要求与张女离婚。张女同意离婚，但对于婚姻期间所得的财产的分割与陈男争执不下，陈男遂向法院提起离婚诉讼。

法院审理查明：夫妻双方对婚姻期间的财产关系无约定。在结婚时，陈男的父母曾指明赠与儿子陈男一套 100 平方米的住房。在婚姻期间，夫妻有存款 25 万元，双方用工资收入购置了一套 140 平方米的商品住房。此外，陈男参加全国性比赛获得 2 枚金牌、奖金 20 万元。

请问：离婚时对婚姻当事人双方争执的存款、住房、金牌、奖金等应如何处理？为什么？

第一节　婚姻效力概述

一、婚姻效力的概念

婚姻效力是指男女因结婚而产生的法律约束力或法律后果。它随婚姻关系的确立而发生，并随婚姻关系的消灭而终止。

婚姻的效力，有广义和狭义之分。广义的婚姻效力，指婚姻成立后在婚姻家庭法及其他相关部门法中产生的法律后果。例如，《民法总则》《刑法》《民事诉讼法》《刑事诉讼法》《劳动法》《国籍法》等部门法中都有涉及婚姻效力的规定。狭义的婚姻效力，仅指婚姻在婚姻家庭法上的效力。其又可分为婚姻的直接效力和间接效力。前者指因婚姻而产生的夫妻间的权利义务关系；后者指婚姻引起的其他亲属间的权利义务关系。本章阐述的婚姻效力，专指婚姻的直接效力，即夫妻间的权利义务关系。

婚姻的直接效力，从性质上可分为两个方面：①婚姻在身份法上的效力；②婚姻在财产法上的效力。从国外立法看，前者包括夫妻的姓氏权、同居义务、忠实义务、婚姻住所决定权及日常家事代理权等；后者包括夫妻财产制、夫妻扶养义务和夫妻继承权，其中夫妻财产制的内容包括夫妻财产的归属、管理和使用、收益及处分等权利，家庭生活费用的负担和夫妻债务的清偿，以及各种夫妻财产制的设立、变更和终止等法律规定。

夫妻关系即夫妻法律关系，它是夫妻之间权利和义务的总和。夫妻关系的内容包括人身关系和财产关系两个方面。人身关系指与夫妻的身份相联系而不具有经济内容的权利义务关系。财产关系指夫妻间具有经济内容的权利义务关系。夫妻人身关系决定夫妻财产关系，夫妻财产关系从属于夫妻人身关系。[1]

在我国，2001 年修正后的《婚姻法》有关婚姻效力的规定，主要集中在第 13 ~ 20 条，以及第 3、4、9、24 条的有关规定。其内容有夫妻人身关系和财产关系两个方面：夫妻人身关系的内容包括夫妻姓名权、夫妻人身自由权、婚姻住所决定权、计划生育义务，以及倡导夫妻应当相互忠实等；夫妻财产关系的内容主要包括夫妻财产制、夫妻扶养义务、夫妻继承权。2001 年 12 月 27 日施行的《婚姻法解释（一）》第 17 条间接承认了夫妻日常家事代理权。2001 年 12 月 29 日颁布的《人口与计划生育法》第 17 条规定公民（包括夫妻）有生育权，并对有关夫妻计划生育的权利义务予以规定。2015 年修正后的《人口与计划生育法》第 17 条继续沿用原第 17 条的规定。2003 年 12 月 25 日颁布、2004 年 4 月 1 日施行的《婚姻法解释（二）》增补规定了夫妻结婚前为结婚而赠与对方的彩礼之归属、夫妻共同财产中其他应当归夫妻共同所有的财产的范围、离婚时对婚姻期间夫妻一方或双方取得的某些特殊财产的分割，包括：知识产权的收益、军人的复员费和自主择业费、股票、债券、投资资金份额、股权及合伙财产份额、独资企业财产、房屋产权等，以及当事人结婚前父母为双方购房的出资款的赠与性质、离婚时夫妻个人债务的清偿及夫妻对共同

---

〔1〕 有关当代中国内地与港、澳、台夫妻关系法的发展趋势研究，参见陈苇主编：《当代中国内地与港、澳、台婚姻家庭法比较研究》，群众出版社 2012 年版，第 295 ~ 300 页。

债务的连带清偿责任等。[1] 2011 年 8 月 13 日施行的《婚姻法解释（三）》进一步对婚内夫妻一方请求分割共同财产的法定条件、夫妻一方个人财产在婚后的孳息及自然增值的归属、婚前或婚后婚姻当事人之间约定的赠与之撤销、婚后父母出资为子女购买的不动产之归属、夫妻的生育纠纷之处理、夫妻一方婚前首付款购买在婚后以共同财产还贷的不动产之归属、夫妻一方擅自出售夫妻共有房屋的效力、夫妻婚后以共同财产购买的以一方父母名义参加房改的房屋之归属、夫妻一方养老金期待利益之归属、夫妻之间借款协议的效力等作出了具体的规定。这标志着我国夫妻财产制的最新发展。

二、我国婚姻法对夫妻法律地位的规定[2]

现行《婚姻法》第 13 条规定："夫妻在家庭中地位平等。"这是男女平等原则的具体体现，是对夫妻法律地位的原则性规定。现行《婚姻法》对夫妻关系的其他具体规定，都体现了这一原则的精神。夫妻是家庭的基本成员，只有在家庭地位平等的基础之上，才能平等地行使权利，平等地履行义务。实现夫妻在家庭中的地位平等，有利于消除夫权统治和家长专制等封建残余的影响，建立互相忠实、互相尊重的夫妻关系。

根据现行《婚姻法》规定的精神，夫妻在人身关系和财产关系两个方面的权利和义务都是完全平等的。法律不允许夫妻任何一方只享受权利而不尽义务，或者只尽义务而不享受权利。

夫妻在家庭中地位平等，既是确定夫妻间权利和义务的总原则，也是处理夫妻间权利和义务纠纷的基本依据。对于夫妻间的权利和义务纠纷，《婚姻法》有具体规定的，应按具体规定处理；无具体规定的，则应按夫妻在家庭中地位平等原则的精神予以处理。

第二节　夫妻人身关系

关于夫妻人身关系，在我国，1980 年《婚姻法》规定有夫妻的姓氏权、人身自由权、婚姻住所决定权、计划生育义务等四个方面内容。2001 年修正后的《婚姻法》

---

〔1〕 参见《婚姻法解释（二）》第 10 ~ 27 条。有关《婚姻法解释（二）》对我国夫妻财产制的新发展之研究，参见陈苇："论我国夫妻财产制的新发展及其立法完善"，载梁慧星主编：《民商法论丛》（第 36 卷），法律出版社 2006 年版，第 240 ~ 259 页；And see Chen Wei, "Recent Developments in the Marital Property System of the People's Republic of China", *The International Survey of Family Law*, 2006 Edition, Published on behalf the International Society of Family Law in May 2006, Printed and Bound in Great Britain by Antony Rowe Limited, Chippenham, Wiltshire, pp. 145 ~ 164.

〔2〕 关于夫妻关系立法的演变，参见陈苇主编：《婚姻家庭继承法学》，群众出版社 2005 年版，第 107 ~ 109 页。

新增规定，夫妻应当互相忠实。《婚姻法解释（一）》第17条的规定间接承认了夫妻的日常家事代理权。2001年12月公布的《人口与计划生育法》和2015年修正后的现行《人口与计划生育法》都对公民（包括夫妻）有生育权以及其他有关夫妻计划生育的权利义务进行了规定。2011年8月施行的《婚姻法解释（三）》对夫妻的生育纠纷之处理作出了规定。

一、夫妻的姓氏权

姓氏权是人格权的重要组成部分，是一项重要的人身权利。有无姓氏权是有无独立人格的重要标志。夫妻的姓氏作为婚姻的效力之一，主要是基于姓氏在传统习惯上具有特殊意义。有的认为，姓是血缘的代表符号，为尊重血统，应采姓氏不因结婚而改变的原则；有的认为，姓是一个家族的代号，为保持婚姻共同体的同一性，应采取夫妻同一婚姓的原则；有的认为，姓仅是个人的代号，为尊重当事人的意思，应实行夫妻既可以夫妻一方的姓为共同婚姓，也可各自保持其本来之姓。正由于结婚可能使夫妻的姓氏发生变化，所以夫妻的姓氏被法律规定为婚姻的效力之一。

在我国封建社会，婚姻多实行男娶女嫁，女子婚后即加入夫宗，冠以夫姓而丧失独立的姓氏权（赘夫则冠以妻姓）。到民国时期，1930年"民法亲属编"第1000条亦规定："妻以其本姓冠以夫姓，赘夫以其本姓冠以妻姓，但当事人另有订定者不在此限。"这里虽有但书的规定，但仍带有明显的封建残余。直至1998年6月17日我国台湾地区当局修正"民法亲属编"，修正后的第1000条规定："夫妻各保有其本姓。但得书面约定以其本姓冠以配偶之姓，并向户政机关登记。冠姓之一方得随时回复其本姓。但于同一婚姻关系存续中以一次为限。"

1949年中华人民共和国成立后，先后颁布的1950年《婚姻法》、1980年《婚姻法》及2001年修正后的《婚姻法》均规定"夫妻双方都有各用自己姓名的权利"。这里虽然是夫妻并提，但其针对的主要是保护已婚妇女的姓氏权。这体现了男女平等原则，有利于破除旧的习俗和法律。当然，此规定并不妨碍夫妻就姓氏问题另作约定。只要夫妻双方自愿达成一致的协议，无论是夫妻别姓（各用自己的姓氏）、夫妻同姓（妻随夫姓或夫随妻姓）或相互冠姓，法律都是允许的。

夫妻享有平等的姓氏权对子女姓氏的确定有重要意义。现行《婚姻法》第22条规定："子女可以随父姓，可以随母姓。"子女的姓氏，应当由父母双方协商确定。在我国奴隶社会和封建社会，子女从来都是从父姓，这是宗法制度对姓氏问题的必然要求。中华民国时期的1930年"民法亲属编"也以子女从父姓、赘夫之子女从母姓为一般原则。我国现行《婚姻法》对子女姓氏的规定，体现了夫妻双方法律地位平等的精神，有利于改变子女只能从父姓的旧传统，有利于破除以男系为中心的宗法制度的残余影响。

二、夫妻的人身自由权

夫妻有人身自由权是夫妻家庭地位平等的重要标志。在旧中国，妇女受"男女有别""男外女内""三从四德"等封建礼教的束缚，只能从事家务，伺奉丈夫和公婆，没有参加工作和社会活动的权利，完全丧失了人身自由，成为家庭奴隶。这不仅摧残了妇女本身，也阻碍了社会经济的发展。

1949 年中华人民共和国成立后，1950 年《婚姻法》第 9 条规定，夫妻双方均有选择职业，参加工作和参加社会活动的自由。1980 年《婚姻法》第 11 条进一步规定，夫妻双方都有参加生产、工作、学习和社会活动的自由，一方不得对他方加以限制或干涉。2001 年修正后的《婚姻法》继续沿用此规定。这些规定既是夫妻地位平等的标志，又为夫妻平等地行使权利和承担义务提供了法律保障。夫妻双方都有参加生产、工作、学习和社会活动的自由。此规定适用于夫妻双方，任何一方都有权参加生产、工作、学习和社会活动，另一方不得对他方行使该项人身自由权利进行限制或干涉。但就其针对性而言，主要是为了保障已婚妇女享有参加生产、工作、学习和社会活动的自由权利，防止丈夫限制或干涉妻子的人身自由。目前，我国妇女在政治、经济、文化和婚姻家庭等方面获得了与男子平等的地位，在社会生产劳动中发挥了重要作用。但在现实生活中，由于男女在经济、文化等方面仍存在着事实上的差距，在一些家庭的夫妻关系中，封建夫权思想的残余影响还仍然存在，有的丈夫对妻子的人身自由常常加以限制。因此，进一步破除封建思想的残余影响，保障已婚妇女的人身自由具有积极意义。

在这里还须指出，夫妻双方都必须正当行使上述人身自由权，不得滥用权利损害他方和家庭的利益。任何一方在行使该项权利时，都必须同时履行法律规定的自己对婚姻家庭承担的义务。如果夫妻任何一方不当行使该项权利，对方有权提出意见，进行必要的劝阻。应当把善意的帮助、建议与非法的限制、干涉区别开来。

三、夫妻的婚姻住所决定权

所谓婚姻住所，是指夫妻婚后共同居住和生活的场所。婚姻住所决定权，是指选择、决定夫妻婚后共同生活住所的权利。对于夫妻婚后共同生活的居所由谁决定，古今中外立法有所不同。在奴隶社会和封建社会，夫妻关系是男尊女卑，夫为妻纲，妻子从属于丈夫。婚姻住所的决定权亦专属于丈夫，实行"妻从夫居"的婚居方式。到资本主义社会，资本主义国家早期立法仍将婚姻住所决定权片面地授予丈夫。如1804 年《法国民法典》第 214 条规定，妻以夫之住所为住所。妻对于夫仍处于从属地位。随着社会发展，一些资本主义国家先后修改立法，规定婚姻住所由夫妻共同决定。如《法国民法典》1975 年修改后的第 215 条第 2 款规定："家庭的住所应设在夫妻一致选定的处所。"在社会主义国家，基于男女平等原则，法律规定夫妻双方平等地享有婚姻住所决定权。

在我国，1980 年《婚姻法》第 8 条明确规定："登记结婚后，根据男女双方约定，女方可以成为男方家庭的成员，男方也可以成为女方家庭的成员。"2001 年修正后的《婚姻法》第 9 条将 1980 年《婚姻法》第 8 条"……男方也可以成为女方家庭的成员"的规定，删除了"也"字，修改为"……男方可以成为女方家庭的成员"，以进一步体现了夫妻双方平等地享有婚姻住所决定权。从其立法精神看，是提倡男方成为女方家庭成员，这是对我国传统的"妇从夫居"婚姻居住方式的一项重要改革。

这一规定的含义有二：

（1）登记结婚后，夫妻双方平等地享有婚姻住所决定权。对于婚后夫妻共同生活的住所的选择，应由夫妻双方自愿约定。一方不得强迫另一方，第三人也不得干涉。

（2）夫妻双方享有互为对方家庭成员的约定权。登记结婚后，根据男女双方约定，女方可以成为男方家庭的成员，即"女到男家落户"，妻从夫居；男方可以成为女方家庭的成员，即"男到女家落户"，夫从妻居。对于结婚时的约定，婚后也可以通过协商加以变更。当然夫妻婚后也可另组新家庭，不加入任何一方原来的家庭，即从新居。这里必须明确，一方成为对方家庭成员后，他（她）与对方的亲属间只是姻亲关系，并不因此而产生法律上的权利和义务。

男到女家落户的婚姻与旧式的"入赘婚"有本质区别。所谓入赘婚，又称赘婿婚，指婿入妻家所成的婚姻。由于赘婿为"家贫无聘财，不能娶妇，及身入妇家作质"[1]，即所谓"家贫子壮出为赘"。在以男系为中心的封建宗法制度下，入赘违反了男娶女嫁、妇从夫居的通例，故赘婿在社会上和家庭中受到歧视，被称为"无能小子"。旧式"入赘婚"与男到女家落户的婚姻主要有如下区别：

（1）两者的性质和目的不同。"入赘婚"是在以男系为中心的宗法制度下，女方家庭招赘婿以达到传宗接代的目的。男到女家落户的婚姻，是在社会主义男女平等原则的基础上，提倡男到女家落户，其目的主要是树立新型的婚姻家庭观和生育观，解决有女无儿户的实际困难，促进计划生育。

（2）两者产生的条件和法律地位不同。"入赘婚"往往是男子被迫的行为，即所谓"家贫子壮出为赘"，其夫妻法律地位也不平等，赘夫往往受到社会和女家的歧视。男到女家落户的婚姻，是男女双方协商自愿选择婚姻住所的结果，其夫妻法律地位平等，男方在社会上和女家不受歧视。

四、夫妻的生育权与计划生育义务

计划生育是我国的一项基本国策。婚姻家庭担负人口再生产的重要任务，生育是家庭的重要职能之一。因此，婚姻家庭法既通过调整婚姻家庭关系而间接作用于生育关系，也直接调整生育关系。在我国，1980年《婚姻法》第12条规定："夫妻双方都有实行计划生育的义务。"2001年修正后的《婚姻法》第16条仍沿用此规定。2001年《人口与计划生育法》第17条规定："公民有生育的权利，也有依法实行计划生育的义务，夫妻双方在实行计划生育中负有共同的责任。"2015年修订后的《人口与计划生育法》第2条仍然沿用原法第2条的规定："我国是人口众多的国家，实行计划生育是国家的基本国策。国家采取综合措施，控制人口数量，提高人口素质……"

---

〔1〕　陈鹏：《中国婚姻史稿》，中华书局1990年版，第741、742页。

同时，该法第 17 条继续沿用原法第 17 条的规定。但第 18 条第 1 款被修改后规定："国家提倡一对夫妻生育两个子女。"我国现行《人口与计划生育法》第 17 条规定的基本精神有如下两个方面：

（一）夫妻有生育的权利

我国现行《人口与计划生育法》第 17 条规定："公民有生育的权利……"依据 1974 年《世界人口行动计划》规定，生育权是"所有夫妇和个人"享有的基本权利。[1] 在我国，生育权是法律赋予公民的一项法定权利。就夫妻而言，生育权是夫妻双方共同享有的权利，而不是夫妻任何一方单方的特权。夫妻享有依照法律的规定生育子女的权利，并受国家法律的保护，任何人不得侵犯。夫妻也有不生育的自由，任何人不得强迫或干涉。育龄夫妻双方有权按照国家有关规定实行计划生育。现行《人口与计划生育法》第 21 条第 1 款规定："实行计划生育的育龄夫妻免费享受国家规定的基本项目的计划生育技术服务。"计划生育工作部门应当提供安全、有效的避孕药具和技术，保障实施节育手术的夫妻的健康和安全。该法第 23 条还规定："国家对实行计划生育的夫妻，按照规定给予奖励。"

关于夫妻对生育权的行使，就生育权的主体而言，夫妻既是共同主体，也是相对独立的单个主体。因此，夫妻在行使生育权时，必须双方协商一致，彼此尊重对方的生育意愿。夫妻一方不得采取强迫、欺诈等手段，使另一方在违背真实意愿的情况下生育。[2] 这是由婚姻共同体的性质和夫妻人格独立的要求决定的。我国《妇女权益保障法》第 51 条第 1 款规定："妇女有按照国家有关规定生育子女的权利，也有不生育的自由。"丈夫的生育意愿与妻子的生育意愿、身体权和健康权发生冲突时，应当依法对妻子的生育意愿、身体权和健康权给予特别保护。[3] 并且，《婚姻法解释（三）》第 9 条已经明确规定："夫以妻擅自中止妊娠侵犯其生育权为由请求损害赔偿的，人民法院不予支持；……"[4]

（二）夫妻有依法实行计划生育的义务

依法实行计划生育是现行《人口与计划生育法》赋予公民的一项法定义务。夫妻双方在实行计划生育中负有共同的责任。夫妻双方应自觉承担此法定义务，夫妻

---

〔1〕 1974 年 8 月 30 日布加勒斯特世界人口会议通过的《世界人口行动计划》第 14 条 F 款规定："所有夫妇和个人都有自由和负责任地决定生育孩子数量和生育间隔并为此而获得信息、教育和手段的基本权利；夫妇和个人在行使这种权利时有责任考虑他们现有子女和将来子女的需要以及他们对社会的责任。""世界人口行动计划"，载 http：//www. 39. net/HotSpecial/people/wxzl/25623. html，访问日期：2016 年 8 月 1 日。

〔2〕 薛宁兰、金玉珍主编：《亲属与继承法》，社会科学文献出版社 2009 年版，第 114 页。

〔3〕 由于我国现行《婚姻法》尚未规定夫妻的生育权，有学者提出建议，夫妻关系立法应明确规定配偶生育权。参见叶英萍：《婚姻法学新探》，法律出版社 2004 年版，第 233 页。

〔4〕 关于夫妻行使生育权冲突的解决模式之研究，参见马忆南："夫妻生育权冲突解决模式"，载《法学》2010 年第 12 期。

任何一方都不得拒绝履行该项义务，更不得将计划生育仅视为女方的义务。育龄夫妻应当按照国家有关计划生育的政策和法律规定生育子女，不得计划外生育。根据现行《人口与计划生育法》第41、42、43条规定，如果夫妻的生育行为违反计划生育法规，应当承担相应的责任。即如不依该法规定生育子女的，应依法缴纳社会抚养费；是国家工作人员的，还应当依法给予行政处分；其他人员还应当由其所在单位或者组织给予纪律处分。如拒绝、阻碍计划生育行政部门及其工作人员依法执行公务的，由计划生育行政部门给予批评教育并予以制止，构成违反治安管理行为的，依法给予治安管理处罚；构成犯罪的，依法追究刑事责任。

育龄夫妇应根据国家的计划生育政策，结合对家庭未来的子女以及社会应负的责任，作出是否生育和何时生育的选择。为了实行计划生育，必须破除"重男轻女"的思想和只有男子才能传宗接代的旧传统观念。从历史上看，剥削阶级从来就把妇女看做是生儿育女的工具，把生育的责任单方面地加在妇女身上。我国封建社会的礼制和法律甚至把"无子"作为"出妻"的理由之一。新中国成立后，破除了旧的生育观，但其残余影响仍在一些人头脑中存在。妇女婚后如不生育或只生育了女孩，往往受到公婆或丈夫的歧视或虐待，甚至成为一些男子要求离婚的原因。有些人认为，计划生育只是妇女的事，与男子无关。这不仅违背男女平等原则，也不符合生育的实际情况，以致妨碍计划生育工作的推行。因此，现行《人口与计划生育法》第22条明确规定："禁止歧视、虐待生育女婴的妇女和不育的妇女。禁止歧视、虐待、遗弃女婴。"有关部门和人民法院应依法保护执行计划生育一方的合法权益，对违法行为一方应给予批评教育、行政处分或法律制裁。

五、夫妻的日常家事代理权

夫妻日常家事代理权，是指夫妻因日常家庭事务与第三人为一定法律行为时互为代理的权利。即夫妻对于日常家庭事务互为代理人，互有代理权。被代理方须对代理方从事日常家事行为所产生的债务，承担连带责任。

我国1950年、1980年前后两部《婚姻法》对夫妻日常家事代理权均未予规定，无夫妻互有日常家事代理权及权利的范围、权利行使的限制、对夫妻及第三人的效力等条款。2001年修正后的《婚姻法》也未规定夫妻日常家事代理权。在社会现实生活中，夫妻参与社会经济活动十分频繁，为保护夫妻双方及第三人的合法权益和维护交易安全，国外许多国家立法明文规定夫妻互有日常家事代理权。有的国家还对夫妻日常家事代理权所生债务责任的承担、权利的限制及对第三人的效力等作出具体规定。如《德国民法典》规定："夫妻双方均有权从事满足家庭适当生活需求而效果也影响他方的事务。""因从事此种事务，夫妻双方均享有权利并负有义务，但依情形另有决定者，不在此限。"《法国民法典》和《日本民法典》规定，对夫妻日常家事代理权所生之债务，夫妻负有连带责任。许多国家的民法一般还规定，夫妻一方滥用日常家事代理权或者显示不宜其行使时，他方得限制之，但不得对抗善意第三人。[1] 因此，我们建议，为维护我国市场经济之交易安全，保护夫妻及第三人的利益，我国《婚姻法》应当增设夫妻日常家事代理权的规定。

《婚姻法解释（一）》第 17 条第 1 项规定："夫或妻在处理夫妻共同财产上的权利是平等的。因日常生活需要而处理夫妻共同财产的，任何一方均有权决定。"我们认为，此款虽然直接规定的是夫妻的日常家事决定权，但也间接地承认了夫妻互有日常家事代理权。但是，此规定还存在以下不足：①在用语上未直接使用"日常家事代理权"一词；②在内容上对日常家事代理权行使的限制、日常家事代理权对夫妻及第三人的效力等未作出具体规定。因此，建议我国立法机关进一步补充、完善有关夫妻日常家事代理权的规定。

六、夫妻的同居义务与忠实义务

关于夫妻的同居义务与忠实义务，我国 1950 年、1980 年前后两部《婚姻法》均无规定。2001 年修正后的《婚姻法》第 4 条新增了"夫妻应当互相忠实，互相尊重"的规定，但对夫妻的同居义务仍未作出规定。

（一）夫妻的同居义务与忠实义务的概念

1. 夫妻同居义务的概念。夫妻同居义务，从国外立法的规定看，指夫妻婚后互负共同生活的义务，但有不能同居的正当理由的，不在此限。

2. 夫妻忠实义务的概念。夫妻忠实义务，从国外立法的规定看，大体有狭义的与广义的两种解释。狭义的夫妻忠实义务，主要指夫妻贞操义务，也就是夫妻婚后互负专一的性生活义务，不得为婚外性行为。广义的夫妻忠实义务，除指夫妻贞操义务外，还包括不得恶意遗弃配偶，以及不得为第三人的利益而损害或牺牲配偶他方的利益。[2] 但须注意，在社会学的解释上，夫妻相互忠实是指夫妻婚后共同生活中在感情上和性生活两方面的相互诚实、专一。

（二）夫妻的同居义务与忠实义务的性质

婚姻关系是以"人伦秩序为基础"的亲属身份关系。[3] 夫妻结婚后应当在一起共同生活，以享受婚姻的权利，并承担婚姻的义务。夫妻同居义务是基于婚姻成立而当然产生的夫妻间的本质性义务。因为，夫妻共同生活是婚姻关系得以维系的基本条件。自人类社会进入个体婚时代以来，夫妻互相忠实，是维护一夫一妻制、保证夫妻共同生活圆满幸福的基本要求。由于婚姻关系具有伦理性，它既要受法律调整，也要受道德规范。事实上，并非夫妻在婚姻生活中的一切行为都是由法律调整的，道德也是调整夫妻婚姻生活的重要行为规范。婚姻关系作为一种人伦秩序，夫妻在婚姻生活中的许多行为都是由道德来规范的。在近现代社会，虽然不同类型国

〔1〕 参见《德国民法典》第 1357 条、《法国民法典》第 220 条、《日本民法典》第 761 条、《瑞士民法典》第 166 条。此外，我国台湾地区"民法亲属编"第 1003 条也有类似的规定。
〔2〕 李志敏主编：《比较家庭法》，北京大学出版社 1988 年版，第 105 页。
〔3〕 陈棋炎、黄宗乐、郭振恭：《民法亲属新论》，三民书局 1995 年版，第 10~11 页。

家的婚姻道德不尽相同，但在不少实行一夫一妻制的国家，占主导地位的婚姻道德都要求夫妻之间互负同居义务与忠实义务，以维护婚姻家庭关系的稳定。如果立法者基于维护一夫一妻制婚姻家庭关系的意旨，把夫妻互负同居义务与忠实义务的道德要求上升为立法，夫妻同居义务与忠实义务就变成了法定义务。也就是说，夫妻互负同居义务与忠实义务，一般来说是婚姻道德的要求。但如果通过立法对夫妻同居义务与忠实义务作出规定的，则其变为法定义务。

（三）夫妻的同居义务与忠实义务之立法演变

在古代社会，一般实行妻从夫居。在家长制家庭中，夫妻地位是不平等的，妻子无独立的人格，必须服从丈夫。妻不得无正当理由擅自离开夫家。如《汉穆拉比法典》规定，如妻无正当理由离开夫家，要依法予以处罚。并且，该法仅片面地要求妻子承担贞操义务，如违反者则依法予以处罚。[1] 在古罗马，"妻子因违反配偶间的忠诚义务而受到为通奸行为规定的处罚"[2]。到近代社会，早期资本主义国家立法规定了夫妻同居义务与忠实义务。但从其规定的内容看，也是夫妻不平等的，尤其是在夫妻相互忠实问题上是对妻严、对夫宽。例如，根据1804年《法国民法典》第212、214、229、230条之规定，夫妻互负忠实义务，妻负与夫同居的义务。夫得以妻与他人通奸为由诉请离婚，而妻只能以夫与他人通奸，并在婚姻住所姘居为由诉请离婚。此外，在法律责任方面也是不平等的，夫通奸与妻通奸，各自承担的法律责任有轻重之不同。随着社会的发展及男女平等原则的贯彻，法国法删除了早期立法中对夫妻法律责任的差别规定。现代社会一些国家的立法亦规定为"夫妻互负忠实义务"。关于违反夫妻忠实义务的法律责任，由于此行为涉及第三人，故法律责任可分为两个方面：①夫妻中有过错方的法律责任。如夫妻一方违反夫妻忠实义务，无过错方除可以此为由提出离婚之诉外，还可以在离婚时请求对方给予精神损害赔偿。但对他方过错表示"宥恕"或超过一定期限者除外[3]。②与有配偶者通奸或姘居的第三人的法律责任。有的国家如日本1979年的判例认为，第三人与有配偶者通奸或姘居，属对配偶他方的侵权行为，允许无过错的受害配偶向破坏他人婚姻家庭关系的第三人请求损害赔偿[4]。在美国，北卡罗来纳州法院1997年8月5日作出了美国司法史上首次"第三者"受罚的判例[5]。但世界上也有的国家，现在已不承认违反夫妻忠实义务要承担法律责任。如，英国1970年修正《婚姻诉讼法》

---

〔1〕 《汉穆拉比法典》第129、132、133、143条，载《世界著名法典汉译丛书》编委会：《汉穆拉比法典》，法律出版社2000年版，第60~62页。

〔2〕 ［意］彼德罗·彭梵得：《罗马法教科书》，黄风译，中国政法大学出版社1992年版，第146页。

〔3〕 关于此精神损害赔偿的侵权性质之学说，参见李洪祥、吕大可：《婚姻法律制度研究》，长春出版社2000年版，第143~145页。

〔4〕 罗丽："日本关于第三者插足引起家庭破裂的损害赔偿的理论与实践"，载《法学评论》1997年第3期。

〔5〕 "美国一妇女向第三者索赔百万美元"，载《民主与法制》1997年第21期。

时，删除了 1965 年《婚姻诉讼法》中有关因通奸所生的损害赔偿请求权的规定。[1]并且，根据英国《离婚改革法》（1971 年施行）第 2 条规定，夫妻一方与他人通奸且夫妻他方不能容忍与之共同生活，是证明婚姻关系破裂的法定情形之一。

（四）国外立法有关夫妻同居义务与忠实义务的规定

目前，国外一些国家立法对夫妻互负同居义务和忠实义务有明文规定，使其成为法定义务。例如，《法国民法典》（1970 年修订的法律）第 215 条规定："夫妻互负共同生活的义务。"第 212 条规定："夫妻互负忠实、帮助、救援的义务。"根据《德国民法典》第 1353 条第 1 款的规定，夫妻双方互负共同生活的义务，夫妻双方相互向对方负责。该法典（第 1314 条第 2 款第 5 项）并规定："如果婚姻双方在结婚时一致认为，其无意承担本法第 1353 条规定的义务，婚姻可以被撤销。"根据《瑞士民法典》第 159 条的规定，夫妻双方互负婚姻共同生活的义务。夫妻双方互负忠实及扶助的义务。《意大利民法典》第 143 条第 2 款规定："基于婚姻的效力，夫妻间互负忠实的义务、相互给予精神和物质扶助的义务、在家庭生活中相互合作和同居的义务。"

（五）我国立法对夫妻同居义务与忠实义务的态度

在我国，1950 年《婚姻法》第 7、8 条对夫妻共同生活关系也曾经作出规定："夫妻为共同生活的伴侣，在家庭中地位平等。""夫妻有互爱互敬，互相帮助……的义务。"这对于指导夫妻双方建立平等和睦的共同生活关系起了良好的作用。但我国 1980 年《婚姻法》对于夫妻共同生活关系即同居关系却未予规定，也没有夫妻互负同居义务和忠实义务的条款。而现实生活中如夫妻一方违背同居义务或忠实义务，往往导致夫妻因感情破裂而提出离婚，故 1989 年《最高人民法院关于人民法院审理离婚案件如何认定夫妻感情确已破裂的若干具体意见》第 7、8 条规定，因感情不和分居已满 3 年，确无和好可能的，或者经人民法院判决不准离婚后又分居满 1 年，互不履行夫妻义务的；以及一方与他人通奸、非法同居等是诉请法院裁判离婚的法定事由之一。这表明我国间接地承认夫妻互有同居义务和忠实义务。由于该《婚姻法》对夫妻的同居义务和忠实义务尚无明文规定，故其性质属于道德义务。

必须肯定，1980 年《婚姻法》是对 1950 年《婚姻法》的继承和发展。它在夫妻人身关系方面的立法，反映了男女平等原则，体现了夫妻法律地位平等的要求，在一定历史时期和一定程度上满足了调整我国夫妻人身关系的需要。但我们也要看到，由于当时社会条件的限制，该法有关夫妻人身关系的规定仍存在一些缺失。随着我国社会主义市场经济的发展，人们物质文化生活水平得到很大提高，人们的婚姻家庭观念也发生了很大变化。在新的形势下，夫妻人身关系方面出现了一些新情况、新问题，如有些人婚姻家庭观念逐渐淡化，婚姻的排他性受到挑战，有配偶的

---

〔1〕 丁保庆译：《英国婚姻诉讼法》（1965 年）第 41 条，载任国钧、任瑞华选编：《外国婚姻家庭法资料选编》，中国政法大学民法教研室 1984 年内部印刷，第 49~51 页。

人与他人姘居、重婚的现象增多〔1〕而 1980 年《婚姻法》在夫妻同居义务和忠实义务立法上的空白，使有配偶者重婚或与他人同居而导致离婚者，不能依法承担相应的民事责任。一些深受这些破坏婚姻家庭行为之害的离婚当事人，发出了强烈要求填补此立法漏洞的呼声。〔2〕因此，2001 年修正后的《婚姻法》根据男女平等和夫妻法律地位平等原则，适应调整婚姻家庭新情况的需要，总结司法实践经验，借鉴国外立法经验，新增第 4 条规定："夫妻应当互相忠实，互相尊重……"这是"从法律的角度，对夫妻提出的规范要求"，是"婚姻家庭道德规范的法律化"。〔3〕然而，对于夫妻的同居义务，2001 年修正后的《婚姻法》仍无规定，继续由道德予以规范。但该法第 32 条规定，因感情不和分居满 2 年，调解无效的，为准予离婚的法定情形之一。这表明我国间接地承认了夫妻应当同居生活，互有同居的义务。我们认为，夫妻的同居生活是保障夫妻生活圆满幸福的基本要求，故建议我国借鉴外国立法经验，今后在修改《婚姻法》时增补规定：夫妻互负同居生活的义务。但有不能同居生活的正当理由的，不在此限。〔4〕

必须指出，重婚、有配偶者与他人同居的行为，既严重违背了夫妻的忠实义务，又违反我国《婚姻法》的禁止性规定，往往可能导致离婚而破坏婚姻家庭，损害无过错配偶的合法权益。因此，在民事责任方面，2001 年修正后的《婚姻法》增设了离婚损害赔偿责任。该法第 46 条规定，因重婚、有配偶者与他人同居，导致离婚的，无过错方有权请求赔偿。但我们必须明确，并非一切因违背夫妻忠实义务的婚外性行为导致离婚的，都要承担离婚损害赔偿责任。因为，婚外性行为的表现形式多种多样，性质各有不同。如通奸一般属于不道德行为，姘居、重婚则属于违法或犯罪行为，故应区别不同情形，分别采用法律、党纪政纪、道德、教育等多种手段予以处理。也就是说，只有严重违反夫妻忠实义务的犯罪或违法行为，如因配偶一方重婚或与他人同居而导致离婚的，离婚时无过错配偶才有权依法请求给予损害赔偿。《婚姻法解释（一）》第 3 条已明确规定："当事人仅以婚姻法第 4 条为依据提起诉讼的，人民法院不予受理；已经受理的，裁定驳回起诉。"

此外，还须说明的是，在修改 1980 年《婚姻法》的过程中，对于立法是否应规定"夫妻的忠实义务"，我国有些学者持否定意见。他们认为，夫妻的忠实义务"是一项道德义务"，不应当由法律来规定。"夫妇间是否相互忠诚，应该是夫妇双方之

---

〔1〕　陈敏："浅谈婚姻家庭案件的特点及审理"，载《法学评论》1997 年第 5 期。
〔2〕　"'婚外恋'应受法律制约"，载《民主与法制》1997 年第 2 期；郑红霞："法律有没有漏洞?"，载《中国妇女》1997 年第 5 期。
〔3〕　全国人大常务委员会法工委研究室编：《中华人民共和国婚姻法实用问答》，中国物价出版社 2001 年版，第 18 页；胡康生主编：《中华人民共和国婚姻法释义》，法律出版社 2001 年版，第 16 页。
〔4〕　陈苇：《中国婚姻家庭法立法研究》，群众出版社 2000 年版，第 165、166、168 页。

间的私事，也只应由他们私下解决，而不应诉诸公堂，寻求公共权力的干预。"〔1〕我们认为，诚然，夫妻忠实既包括思想感情上相互忠诚，又包括性行为的专一。夫妻在思想感情上相互忠诚，应当由道德来规范。因为，思想感情不是法律调整的对象。但是，夫妻性行为的专一，则应由道德和法律共同来规范。因为，婚姻关系不是纯粹的私事，它不仅涉及夫妻双方的利益，而且涉及子女等家庭成员及社会的利益。婚姻家庭关系既是重要的伦理关系，又是重要的法律关系。对于人们在婚姻家庭生活中的行为，既要导之以德，又要约之以法。在婚姻家庭领域，法律与道德的作用是相辅相成的，保护婚姻家庭是法律和道德的共同使命。所以，我国 2001 年修正后的《婚姻法》增补规定"夫妻应当互相忠实"，并且对严重违反夫妻忠实义务的重婚、有配偶者与他人同居而导致离婚的，赋予无过错方配偶离婚损害赔偿请求权，这是十分必要的。这有利于引导夫妻遵守一夫一妻制原则，在互相忠实、互相尊重的基础上建立平等、和睦、文明的婚姻关系。总之，"夫妻应当互相忠实"，这既是道德的要求，也是法律的要求。如果夫妻有违背忠实义务的行为，应当区别不同行为的性质，采取不同的方法处理。即"采用道德调整与法律调整相结合的方式，分层规范"〔2〕。例如，通奸，除与现役军人的配偶长期通奸造成军人婚姻破裂严重后果的构成破坏军婚罪外，一般属于不道德行为，应由道德谴责；有配偶者与他人同居、重婚等则属于违法或者犯罪行为，应当依法予以处理，使其承担相应的法律责任。这样才能达到维护一夫一妻制，促进社会文明进步之目的。〔3〕

第三节　夫妻财产关系

我国婚姻法有关夫妻财产关系的内容主要包括夫妻财产制、夫妻扶养义务和夫妻继承权三个方面。

---

〔1〕　王建勋："把道德的东西还给道德"，马春华："公共权力不应干涉私人领域"，载李银河、马忆南主编：《婚姻法修改论争》，光明日报出版社 1999 年版，第 27、311 页。

〔2〕　马原主编：《新婚姻法条文释义》，人民法院出版社 2002 年版，第 58~61 页。

〔3〕　参见陈苇主编：《婚姻家庭继承法学》，群众出版社 2005 年版，第 118~120 页。近年来，我国有学者已明确指出："明确夫妻有相互忠实的法定义务，不仅是落实一夫一妻制的需要，还为追究侵犯合法婚姻的违法行为提供法律依据。"参见蒋月：《婚姻家庭法前沿导论》，科学出版社 2007 年版，第 69 页。关于我国夫妻忠实义务的救济机制，参见卢文捷：《夫妻忠实义务制度研究》，中国政法大学出版社 2015 年版，第 145~277 页。

一、夫妻财产制

（一）夫妻财产制概述[1]

夫妻财产制又称婚姻财产制，是指规定夫妻财产关系的法律制度。其内容包括各种夫妻财产制的设立、变更与终止，夫妻婚前财产和婚后所得财产的归属、管理、使用、收益、处分，以及家庭生活费用的负担，夫妻债务的清偿，婚姻终止时夫妻财产的清算和分割等问题。

男女因结婚产生夫妻人身关系，并随之产生夫妻财产关系。法律为确保夫妻地位平等和婚姻生活的圆满，并保障夫妻与第三人交易安全，维护社会秩序，设立夫妻财产制，调整夫妻财产关系。夫妻财产制是在男女平等理念下，以规范夫妻财产关系为目的的一种技术。夫妻财产制基于合理主义的精神，不断地进化。[2]

在古代，各国立法对夫妻财产的规定基于夫妻一体主义，多采"吸收财产制"。妻的财产因结婚而为夫家或夫所有，否认妻有独立的财产权。到近现代社会，夫妻财产制随社会的发展而变化，出现了多种形式。对其可从不同的角度，作如下分类：

1. 按夫妻财产制的发生根据分类。按夫妻财产制的发生根据不同，可分法定财产制与约定财产制。

（1）法定财产制。它指在夫妻婚前或婚后均未就夫妻财产关系作出约定，或所作约定无效时，依法律规定而直接适用的夫妻财产制。由于各国政治、经济、文化及民族传统习惯不同，不同时代不同国家规定的直接适用的法定财产制形式也不尽相同。

法定财产制按适用情况不同，又可分为通常法定财产制与非常法定财产制。[3]

第一，通常法定财产制。它指在通常情况下，婚姻当事人双方无约定时依法律的直接规定而适用的财产制。目前世界上的通常法定财产制主要有共同财产制、分别财产制、剩余共同财产制等形式。

第二，非常法定财产制。非常法定财产制是指在特殊情况下，当出现法定事由时，依据法律之规定或经夫妻一方的申请由法院宣告，撤销原依法定或约定设立的共同财产制，改设为分别财产制。

非常财产制，依其产生的程序不同，可分为当然的非常财产制和宣告的非常财产制：①当然的非常财产制。它指夫妻一方受破产宣告时，基于法律的规定，其夫妻财产制当然设定为分别财产制。如依《意大利民法典》第 191 条的规定，在配偶一方破产的情况下，夫妻共同财产关系终止，实行分别财产制。②宣告的非常财产

---

[1] 参见曹诗权主编：《婚姻家庭继承法学》，中国法制出版社 1999 年版，第 160～167 页；陈苇：《中国婚姻家庭法立法研究》，群众出版社 2000 年版，第 175～180 页。

[2] 林秀雄：《夫妻财产制之研究》，中国政法大学出版社 2001 年版，第 98～99 页。

[3] 目前，我国《婚姻法》仅规定有通常法定财产制，而未规定非常法定财产制。参见陈苇："完善我国夫妻财产制的立法构想"，载《中国法学》2000 年第 1 期。

制。它指依据法定事由，经夫妻一方或债权人申请，由法院裁决宣告撤销原共同财产制，改为分别财产制。关于撤销共同财产制之诉的法定事由，各个国家的规定不尽相同，大体包括：夫妻一方无能力管理共同财产或滥用管理共同财产的权利；夫妻分居；夫妻不履行扶养家庭的义务；夫或妻的财产不足以清偿其债务或夫妻财产不足以清偿其总债务；夫妻一方无正当理由，拒绝对共同财产的通常管理予以应有的协作或拒绝他方为夫妻财产上之处分；配偶一方受禁治产宣告等。如《德国民法典》第 1447、1448、1469 条之规定。

（2）约定财产制。约定财产制是相对于法定财产制而言的，指由婚姻当事人以约定的方式，选择决定夫妻财产制形式的法律制度。许多国家的立法都规定了约定财产制，它具有优先于法定财产制适用的效力。但苏联的立法则不允许夫妻就财产关系作出约定，法定财产制是唯一适用的夫妻财产制。在允许约定财产制的国家，立法内容不尽相同，有详略之分和宽严之别。从立法限制的程度看，大体可分为两种情况：一种是立法限制较少的，即对婚姻当事人约定财产关系的范围和内容不予严格限制，立法既未设立几种财产制形式供当事人选择，在程序上也无特别要求，英国等国立法即属此类。另一种是立法限制较多的，即在约定财产制的范围上，明确规定可供选择的财产制种类；在约定的内容上明列不得相抵触的事由；在程序上，还要求夫妻订立要式契约，法国、德国、瑞士等国立法即属此类。

2. 按夫妻财产制的内容分类。按夫妻财产制的内容，可分为统一财产制、联合财产制、共同财产制、分别财产制、剩余共同财产制。

（1）统一财产制。统一财产制指婚后除特有财产外，将妻的婚前财产估定价额，转归丈夫所有，妻则保留在婚姻关系终止时，对此项财产原物或价金的返还请求权。此制为早期资本主义国家法律所采用。因其将对婚前财产的所有权转变为婚姻终止时对夫的债权，使妻处于不利地位，有悖男女平等原则，故现代国家已少有采用。

（2）联合财产制。联合财产制又称管理共同制，指婚后夫妻的婚前财产和婚后所得财产仍归各自所有，但除特有财产外，将夫妻财产联合在一起，由夫管理。夫对妻的原有财产有占有、使用、管理、收益权，必要时有处分权，而以负担婚姻生活费用为代价；婚姻关系终止时，妻的财产由其本人收回或由其继承人继承。此制源于中世纪日尔曼法，被近现代一些资本主义国家所沿用并发展。其虽较统一财产制有明显进步，但夫妻在财产关系上仍处于不平等地位，有悖男女平等原则。故现代社会里原采此制的一些国家如德国、日本、瑞士等已废止此制而另采新制。

（3）共同财产制。共同财产制指除特有财产外，夫妻的全部财产或部分财产归双方共同所有。依共有的范围不同，又分为一般共同制、动产及所得共同制、婚后所得共同制、婚后劳动所得共同制等形式。

第一，一般共同制。它指除特有财产外，夫妻婚前、婚后所得的一切财产（包括动产和不动产）均为夫妻共同所有的财产制。如据我国 1950 年《婚姻法》第 10、23 条及有关立法解释所规定的夫妻财产制，就是除法定的或者约定的特有财产外，夫方婚前财产及夫妻婚后所得财产归双方共有的一般共同制。[1]

第二，动产及所得共同制。它指除夫妻婚前的不动产及特有财产外，夫妻婚前的动产及婚后所得的财产归夫妻共同所有的财产制。[2]

第三，婚后所得共同制。它指除特有财产外，夫妻在婚姻关系存续期间所得的财产（包括劳动所得财产与非劳动所得财产），归夫妻共同所有的财产制。[3]

第四，婚后劳动所得共同制。它指夫妻婚后劳动所得的财产归夫妻共同所有，非劳动所得的财产如继承、受赠所得财产以及其他特有财产等，则归各方个人所有的财产制。[4]

上述不同共有范围的共同财产制，为世界上一些国家分别采用。有的被采为法定财产制，如巴西、荷兰、法国等国；有的被采为约定财产制形式之一，如德国、瑞士等国。必须指出，共同财产制虽具有符合婚姻生活共同体本质的要求，有利于保障夫妻中经济能力较弱一方的权益，实现夫妻家庭地位事实上的平等等优点，但其缺陷是因夫妻一方不能未经对方同意擅自行使共同财产权，有时不能满足夫妻个人的某些特殊需要。因此，在实行共同财产制的国家，大多对夫妻共有财产的范围设有限制性规定，如"法律另有规定或夫妻另有约定者除外"。这些规定即属于夫妻特有财产的规定。其目的是保护夫妻个人财产所有权，并满足夫妻个人对财产关系的特殊要求。

（4）分别财产制。分别财产制指夫妻婚前、婚后所得的财产均归各自所有，各自独立行使管理、使用、收益和处分权；但不排斥妻以契约形式将其个人财产的管理权交付夫或妻行使，也不排斥双方拥有一部分共同财产。如《美国纽约州家庭法》规定："已婚妇女现在所有的或其在婚姻存续期间取得的，或者按本章规定取得的财产，不论是动产还是不动产，以及由这些财产产生的租金、利息、收入和利润，如同婚前一样，是她个人所有的财产，既不受丈夫支配或处分，也不对夫的债务承担责任。"[5] 英美法系的多数国家及大陆法系的个别国家如日本，以分别财产制为法定财产制，还有部分国家以此制为供选择的约定财产制形式之一。必须指出，分别财产制使夫妻婚后财产各自保持独立，便于夫妻一方独立行使财产权，以尊重其个人意愿和满足其特殊需要，在一定程度上也有利于社会的发展。但其缺陷是，在现

---

[1]　中央人民政府法制委员会《关于中华人民共和国婚姻法起草经过和起草理由的报告》（1950 年 4 月 14 日）。

[2]　李浩培等译：《拿破仑法典》第 1401 条，商务印书馆 1979 年版，第 192 页。

[3]　马骧聪译：《苏俄婚姻和家庭法典》（1968 年）第 20、22 条，载张贤钰主编：《外国婚姻家庭法资料选编》，复旦大学出版社 1991 年版，第 195 页。

[4]　仲联译：《南斯拉夫塞尔维亚社会主义共和国婚姻法》第 46 条，载《外国婚姻家庭法典选编》，北京政法学院民法教研室 1981 年内部印刷，第 160 页。

[5]　罗思荣译：《美国纽约州家庭法》第 50 条，载张贤钰主编：《外国婚姻家庭法资料选编》，复旦大学出版社 1991 年版，第 125～126 页。

代社会，男女两性的经济地位事实上存在差距，实行分别财产制，往往会造成事实上夫妻家庭地位不平等。故一些实行分别财产制的国家已在分别财产制中引入共同财产制的因素，以补救其缺陷。目前，在一些实行分别财产制的英美法系国家，例如，在澳大利亚，离婚诉讼中法院可以依据公平、平等的原则，作出变更婚姻当事人财产权益的命令，体现承认家庭中从事家务劳动一方的非直接经济贡献之价值。[1] 在加拿大安大略省，离婚时法院可依法对夫妻双方公平分配婚姻期间夫妻一方所得的财产。[2] 在美国，大部分州授予法院在处理离婚案件时有更多的自由裁量权，以"公平"地分配"婚姻财产"。[3]

（5）剩余共同财产制。剩余共同财产制，又称净益共同制或财产增加额共同制，是指夫妻对于自己的婚前财产及婚后所得财产，各自保留其所有权、管理权、使用收益权及有限制的处分权，夫妻财产制终止时，以夫妻双方在婚姻期间的增值财产（夫妻各自最终财产多于原有财产的增值部分）的差额为剩余财产，由夫妻双方分享的一种夫妻财产制。大陆法系的德国以剩余共同财产制作为法定财产制，法国则将其作为约定财产制之一。[4] 我国台湾地区学者指出，剩余共同财产制"虽名为共同制，而其实为分别财产制"。因为在婚姻期间，夫妻的婚前财产及婚后各自取得的财产均归各自所有，夫妻各独立管理自己的财产，仅在婚姻解销时，以各配偶最终财产扣除结婚时之原有财产，计算其剩余额。剩余额较少的配偶，对于剩余额较多的配偶，就剩余差额的1/2有债权的请求权（为保全此分配请求权，各配偶之财产处分权受有限制）[5]，即此制以分别财产制为基础，引进共同财产制的因素，是兼具两种财产制优点的一种复合形态的财产制。

3. 按夫妻财产的归属分类。按夫妻财产的归属不同，可分为特有财产制与共同财产制。

如前所述，不少设有共同财产制的国家，对婚后夫妻共有财产的范围加以限制，把婚后所得的一定范围财产依法定或夫妻约定作为夫妻一方个人所有的财产。所谓夫妻特有财产，又称夫妻保留财产，是指夫妻婚后在实行共同财产制的同时，依法律规定或夫妻约定，夫妻各自保留的一定范围的个人所有财产。特有财产制，就是在夫妻婚后实行夫妻共同财产制时，依法律规定或夫妻约定，夫妻各自保留一定个

〔1〕 陈苇（项目负责人）：《澳大利亚家庭法（2008年修正）》，群众出版社2009年版，第244~245页。

〔2〕 加拿大《安大略省家庭法》第5条第6款，参见陈苇主编：《加拿大家庭法汇编》，群众出版社2006年版，第98~99页。

〔3〕 ［美］哈里·D. 格劳斯、大卫·D. 梅耶：《美国家庭法精要》（第五版，2007年），陈苇等译，中国政法大学出版社2010年版，第218页。

〔4〕 《德国民法典》第1363~1390条，参见陈卫佐译注：《德国民法典》，法律出版社2010年版，第428~436页；《法国民法典》第1569~1581条，参见罗结珍译：《法国民法典》，北京大学出版社2010年版，第380~384页。

〔5〕 史尚宽：《亲属法论》，中国政法大学出版社2000年版，第331~332页。

人所有财产的范围，由夫妻对该财产的管理、使用、收益、处分权，以及相应的财产责任和特有财产的效力等相关规定组成的法律制度。[1]

根据特有财产发生的原因，可分为法定的特有财产和约定的特有财产。

（1）法定的特有财产。法定的特有财产是依照法律的规定夫妻婚后双方各自保留的个人财产。在国外立法中，其范围大体如下：①夫妻个人日常生活用品和职业必需用品；②具有人身性质的财产和财产权，包括人身损害和精神损害赔偿金、补助金、不可让与的物及债权等；③夫妻一方因指定继承或受赠而无偿取得的财产；④由特有财产所生的孳息及代位物等。

（2）约定的特有财产。约定的特有财产是夫妻双方以契约约定归夫妻一方个人所有的财产。

总之，特有财产制与共同财产制同时并存，是对共同财产制的限制和补充。特有财产为夫妻各自保留的个人财产，它独立于夫妻共同财产之外，实质上属于部分的分别财产，故其效力适用分别财产制的规定。即夫妻各方对其特有财产，享有独立的占有、使用、收益及处分等权利，他人不得干涉。但对家庭生活费用之负担，在夫妻共同财产不足以负担家庭生活费用时，夫妻得以各自的特有财产分担。

综上可见，夫妻财产制种类繁多，内容多样，但法定财产制与约定财产制是其他财产制发生的根据；法定财产制又分为通常法定财产制与非常法定财产制，前者适用于一般的通常情况，后者则是在特殊情况下对法定财产制或约定财产制的变通；而共同财产制与分别财产制，则是夫妻财产制的两种最基本形态。在现代社会，促进夫妻平等、维护婚姻共同生活之圆满、保护第三人的利益及交易安全已成为夫妻财产制立法的立法原则和目的。当代夫妻财产制立法的发展趋势是，分别财产制增加夫妻共享权，共同财产制引进分别财产制的因素。可以相信，兼采分别财产制与共同财产制的合理因素，将成为越来越多国家夫妻财产制的改革方向。[2]

（二）我国现行夫妻财产制[3]

1980年《婚姻法》第13条规定："夫妻在婚姻关系存续期间所得的财产，归夫妻共同所有，双方另有约定的除外。夫妻对共同所有的财产，有平等的处理权。"2001年修正后的《婚姻法》仍沿用此规定，并在此基础上作了必要的修改和补充。其立法的基本精神仍然是坚持夫妻在家庭中地位平等，保护夫妻双方的合法财产权益，并根据新形势的需要，注意保护与夫妻交易的第三人的利益和维护交易安全。

---

[1]　史尚宽：《亲属法论》，中国政法大学出版社2000年版，第358~370页。

[2]　关于现代夫妻财产制的立法宗旨与立法原则，参见陈苇：《中国婚姻家庭法立法研究》，群众出版社2010年版，第217~223页。关于夫妻财产制立法原则研究的主要学术观点，参见陈苇、陈思琴："改革开放三十年中国夫妻关系法研究之回顾与展望"，载陈苇主编：《改革开放三十年（1978~2008）中国婚姻家庭继承法研究之回顾与展望》，中国政法大学出版社2010年版，第161~162页。

[3]　关于中国夫妻财产制的沿革，参见陈苇主编：《婚姻家庭继承法学》，法律出版社2002年版，第186~189页。

根据现行《婚姻法》第17、18、19条的规定，仍采取法定财产制与约定财产制相结合的夫妻财产制。

1. 法定财产制（婚后所得共同制）。依现行《婚姻法》规定，法定财产制仍实行婚后所得共同制。我国习惯称之为夫妻共同财产制。[1] 它指在婚姻关系存续期间，夫妻双方或一方所得的财产，除法律规定或当事人另有约定的外，均归夫妻共同所有，夫妻对共同所有的财产，平等地享有占有、使用、收益和处分的权利的财产制度。其内容主要有夫妻婚前婚后所得财产的归属、夫妻共同财产和夫妻个人财产（又称夫妻特有财产）的范围、夫妻对共同财产和个人财产的权利义务以及夫妻共同财产制终止时财产的分割和清算等。

（1）夫妻共同财产的概念和特征。依现行《婚姻法》规定，夫妻共同财产是指夫妻双方或一方在婚姻关系存续期间所得的财产，但法律另有规定或当事人另有约定的除外。夫妻共同财产具有以下特征：

第一，夫妻共同财产所有权的主体，只能是具有婚姻关系的夫妻。无效婚姻、被撤销的婚姻、非婚同居的男女均不能作为其主体。

第二，夫妻共同财产所有权的取得时间是婚姻关系存续期间。即合法婚姻从领取结婚证之日起（1994年2月1日《婚姻登记管理条例》施行前，男女未办结婚登记即以夫妻名义同居，被认定为事实婚姻的，从同居之日起[2]；1994年2月1日《婚姻登记管理条例》施行后，男女未办结婚登记即以夫妻名义同居，双方当事人补办结婚登记后领取结婚证的，从双方符合结婚实质要件时起[3]），到配偶一方死亡或离婚生效时止。恋爱或订婚期间不属婚姻关系存续期间，夫妻分居或离婚判决未生效的期间仍为婚姻关系存续期间。

第三，夫妻共同财产的来源，包括夫妻双方或一方所得的财产，但法律另有规定或当事人另有约定的除外。这里的"所得"，是指对财产所有权的取得，而非对财产必须实际占有。如果婚前已取得某财产所有权（如继承已开始），即使该财产在婚后才实际占有（如婚后遗产才分割），该财产仍不属于夫妻共同财产。相反，如婚后取得某财产权利，即使婚姻关系终止前未实际占有，该财产也属夫妻共同财产。

以上三个特征同时具备的，才是夫妻共同财产。

（2）夫妻共同财产的范围。现行《婚姻法》第17条规定："夫妻在婚姻关系存续期间所得的下列财产，归夫妻共同所有：①工资、奖金；②生产、经营的收益；③知识产权的收益；④继承或赠与所得的财产，但本法第18条第3项规定的除外；⑤其他应当归共同所有的财产。夫妻对共同所有的财产，有平等的处理权。"

---

〔1〕　关于我国采用婚后所得共同制作为法定夫妻财产制的主要理由，参见夏吟兰、薛宁兰主编：《民法典之婚姻家庭编立法研究》，北京大学出版社2016年版，第190~191页。

〔2〕　《婚姻法解释（一）》第5条。

〔3〕　《婚姻法解释（一）》第4条。

我们理解夫妻共同财产的范围，必须注意以下几点：

第一，工资、奖金，是指夫妻双方或一方在婚后所得的工资和作为工资组成部分的奖金。目前，我国职工的基本工资只是个人收入的一部分，在基本工资之外，还有各种形式的奖金、福利补贴费及一些实物分配等收入，这些共同构成了职工的个人收入，属于夫妻共同财产。[1]

第二，生产、经营的收益，是指夫妻双方或一方在婚后从事生产、经营所得的劳动收入和资本性收入（如买卖股票、债券所得收益或对公司、企业的投资分红所得收入）。

第三，知识产权的收益，指夫妻在婚后转让或许可他人使用自己的著作权、专利权、商标专用权和发明权等得到的经济收入。必须注意，"知识产权的收益"属于夫妻共同财产，但"知识产权"之权利本身属于实际取得知识产权的夫妻一方所有，因为"知识产权"具有人身性。《婚姻法解释（二）》第12条规定："婚姻法第17条第3项规定的'知识产权的收益'，是指婚姻关系存续期间，实际取得或者已经明确可以取得的财产性收益。"我国司法实务部门的法官认为，所谓"将来可以明确取得的收益，比如，一方在婚姻关系存续期间已经和出版社签订了合同，关于稿酬的约定也是明确具体的，如果离婚时还没有实际拿到这笔稿酬，该稿酬也应属于夫妻共同财产"[2]。

值得注意的是，我国1993年《离婚财产分割意见》第15条规定："离婚时一方尚未取得经济利益的知识产权，归一方所有……"因为知识产权具有人身性，与人身不可分离，故婚后一方取得的知识产权本身只能由权利人一方享有。但夫妻婚后一方所得知识产权今后可能带来的预期经济利益是否应属于夫妻共同财产？目前，

---

[1]　关于婚姻期间一方所得及荣誉性奖金是否归夫妻共同所有，我国学者中有"肯定说"与"否定说"两种观点。这两种观点的具体内容，参见裴桦：《夫妻共同财产制研究》，法律出版社2009年版，第131~132页。

[2]　转引自黄松有主编：《最高人民法院婚姻法司法解释（二）的理解与适用》，人民法院出版社2004年版，第123页。

我国法学界有"肯定说"和"否定说"两种不同的观点。[1]

第四，继承或赠与所得的财产，但现行《婚姻法》第18条第3项规定的除外。这是指夫妻双方或一方在婚后继承或赠与所得的财产，除遗嘱或赠与合同确定只归夫或妻一方的财产外，均为夫妻共同财产。《婚姻法解释（二）》第22条第2款规定，当事人结婚后，父母为双方购置房屋出资的，该出资应当认定为对夫妻双方的赠与，但父母明确表示赠与一方的除外。例如，根据《婚姻法解释（三）》第7条第1款规定，婚后由一方父母出资为子女购买的不动产，产权登记在出资人子女名下的，视为只对自己子女一方的赠与，该不动产应认定为夫妻一方的个人财产。至于双方父母出资购买、产权登记在一方子女名下的不动产之权属，《婚姻法解释（三）》第7条第2款规定："由双方父母出资购买的不动产，产权登记在一方子女名下的，该不动产可认定为双方按照各自父母的出资份额按份共有，但当事人另有约定的除外。"[2]

第五，其他应当归共同所有的财产，这是一项概括性规定。因为，随着我国社会经济的发展，人们生活水平不断提高，夫妻财产的种类会不断增多，立法难以逐一列举，所以设此概括性的弹性条款。依《婚姻法解释（二）》第11、14条的规定，"其他应当归共同所有的财产"包括：①一方以个人财产投资取得的收益；②男女双方实际取得或者应当取得的住房补贴、住房公积金；③男女双方实际取得的养老保

---

[1]　"否定说"认为，由于婚后一方所得的知识产权具有人身性，权利本身只能归一方所有。"配偶一方未取得经济利益的知识产权不能分割，此时的知识产权只是与配偶的身份不可分割的人身权利，作为一种无形财产无法也不能分割。"因此，该知识产权的预期经济利益只能归该方所有。"肯定说"认为，知识产权除商标权不直接涉及人身权利的内容以外，其他各类知识产权都具有人身权和财产权之双重属性，因此，基于知识产权的人身性，婚后一方所得知识产权本身只能归该方个人所有。但由该知识产权取得的经济利益，包括既得利益和期待利益，则应属于夫妻共同财产。因为，我国法定夫妻财产制是婚后所得共同制，只要是夫妻在婚姻期间取得的财产权，包括有形财产权本身和无形财产权所带来的经济利益，都应属于夫妻共同财产。例如，婚后一方所得的工资是有形财产，归夫妻共有；婚后一方完成的著作在发表后取得的稿酬，也归夫妻共有。但如该著作尚未发表，可能取得的稿酬只是一种期待经济利益，此期待经济利益也应当归夫妻共有才是公平、合理的。参见陈苇："婚内所得知识产权的财产期待权之归属探讨——兼谈对《婚姻家庭法》（1999年法学专家建议稿）的修改建议"，载《现代法学》2000年第4期；余延满：《亲属法原论》，法律出版社2007年版，第269页。并且，我国有学者建议将"未发表的作品，当成婚姻合伙未完成的事业，待作品的经济收益取得后这部分合伙业务才算完成，因而另一方配偶享有将来收益的分割权"。参见胡苷用：《婚姻合伙视野下的夫妻共同财产制度研究》，法律出版社2010年版，第96页。

[2]　对此司法解释第2款有关"按份共有"的规定，我国有学者提出了质疑，认为其不符合我国现行《婚姻法》规定的婚后所得共同制之精神。参见陈苇："论双方父母赠与夫妻的不动产之归属——对'《婚姻法》司法解释（三）征求意见稿'第8条第2款之我见"，载《西南政法大学学报》2011年第2期。

险金[1]、破产安置补偿费。此外，婚姻期间发放到军人名下的复员费、自主择业费在婚姻期间所得的部分也为夫妻共同财产。[2]

必须指出，《婚姻法解释（一）》第19条规定："婚姻法第18条规定为夫妻一方所有的财产，不因婚姻关系的延续而转化为夫妻共同财产。但当事人另有约定的除外。"但根据《婚姻法解释（三）》第5条的规定，上述夫妻一方个人财产在婚后产生的收益，除孳息和自然增值外，应认定为夫妻共同财产。此外，值得注意的是，近年来我国有些学者认为，在婚姻期间，夫妻一方牺牲自己提高人力资本的机会而从事家务劳动，或为对方提高人力资本在经济上和生活上予以支持，如果一方因另一方的牺牲而获得的成就和地位没有转化为有形的物质财富，在离婚时，应该把因这些牺牲而导致的人力资本的变化所产生的预期利益作为婚内财产的一种形式公平分割。[3]还有学者提出，夫妻一方在婚姻期间获得的学历文凭及职业资格证书等应当属于夫妻共有的"无形财产"，建议立法规定对其在离婚时予以分割。[4]但是，另有一些学者则认为，学历文凭及职业资格证书不能被视为"无形财产"予以分割，而应当在离婚时对夫妻一方在婚姻期间从事家务劳动的价值及其职业机会利益损失

---

〔1〕 在此，必须说明，依据《婚姻法解释（二）》第11条第3项的规定，男女双方实际取得或者应当取得的养老保险金，一律都属于应当归夫妻共同所有的财产。然而，《婚姻法解释（三）》第13条规定："离婚时夫妻一方尚未退休、不符合领取养老保险金条件，另一方请求按照夫妻共同财产分割养老保险金的，人民法院不予支持；……"即现行最新司法解释已经不承认夫妻一方在婚姻期间积累的养老金期待利益为夫妻共同财产。并且，《婚姻法解释（三）》第19条规定："本解释施行后，最高人民法院此前作出的相关司法解释与本解释相抵触的，以本解释为准。"据此，对养老保险金，我们已经删除了《婚姻法解释（二）》第11条第3项"应当取得"的限制词。然而，我们认为，基于我国《婚姻法》规定的婚后所得共同制、基于婚姻期间积累的养老金源于工资、基于承认家务劳动与社会生产劳动具有同等价值的理念、基于联合国文献倡导的夫妻应当平等地共享婚姻期间所得的一切财产权利，夫妻一方在婚姻期间积累的养老金利益包括期待利益，应当属于夫妻共同财产，这才是科学的、合理的。参见陈苇："婚后积累的养老金期待利益应当由夫妻共享——《婚姻法解释（三）》（征求意见稿）第14条之商榷"，载《中国社会科学报》2010年12月7日，第10版。至于婚后所得养老金利益由夫妻共享的法理基础及其分割方法，参见陈苇、陈思琴："论婚后所得养老金利益由夫妻共享之法理基础及其分割方法——以澳大利亚离婚夫妻养老金分割的立法与实践为研究视角"，载夏吟兰等主编：《呵护与守望——庆贺巫昌祯教授八十华诞暨从教五十周年文集》，中国妇女出版社2008年版，第107~120页。

〔2〕 《婚姻法解释（二）》第14条规定："人民法院审理离婚案件，涉及分割发放到军人名下的复员费、自主择业费等一次性费用的，以夫妻婚姻关系存续年限乘以年平均值，所得数额为夫妻共同财产。前款所称年平均值，是指将发放到军人名下的上述费用总额按具体年限均分得出的数额。其具体年限为人均寿命70岁与军人入伍时实际年龄的差额。"

〔3〕 参见夏吟兰："在国际人权框架下审视中国离婚财产分割方法"，载《环球法律评论》2005年第1期。

〔4〕 参见蒋月："试论学历学位和职业资格在离婚时视为'财产'予以分割"，载《法令月刊》2007年第8期。

进行补偿。[1]

第六，夫妻分居两地分别管理、使用的婚后所得财产，应认定为夫妻共同财产。婚后夫妻双方对一方婚前财产上的"添附"，应认定为夫妻共同财产。婚后夫妻双方对婚前一方所有的房屋进行过修缮、装修、原拆原建的，其增值部分或扩建部分应认定为夫妻共同财产。此外，对是个人财产还是夫妻共同财产难以确定的，主张权利的一方有责任举证。当事人举不出有力证据，人民法院又无法查实的，按夫妻共同财产处理。[2]

第七，由一方婚前承租、婚后用共同财产购买的房屋，房屋权属证书登记在一方名下的，应当认定为夫妻共同财产。[3]

（3）夫妻个人财产的范围。如前所述，夫妻特有财产，又称保留财产，是相对于共同财产而言的，指夫妻婚后在实行共同财产制时，依法律规定或依夫妻约定，夫妻各自保留的一定范围的个人所有财产。特有财产包括法定的特有财产与约定的特有财产。前者指夫妻依法律规定各自保留的个人财产；后者指夫妻依约定各自保留的个人财产。例如，夫妻一方的婚前财产，依现行《婚姻法》规定，属于该方的个人财产，但夫妻可以通过约定将其约定为夫妻共同财产或夫妻他方的个人财产。我国现行《婚姻法》和司法解释虽未使用"夫妻特有财产"的概念，但允许夫妻在婚后实行共同财产制的同时，按双方约定或依法规定保留一定范围的个人所有财产。这些财产独立于夫妻共同财产之外，实际上就是夫妻特有财产。

关于夫妻个人财产的范围，现行《婚姻法》第18条规定："有下列情形之一的，为夫妻一方的财产：①一方的婚前财产；②一方因身体受到伤害获得的医疗费、残疾人生活补助费等费用；③遗嘱或赠与合同中确定只归夫或妻一方的财产；④一方专用的生活用品；⑤其他应当归一方的财产。"

关于夫妻个人财产的范围，应当注意以下几点：

第一，夫妻婚前个人所有的财产，包括婚前个人劳动所得财产、继承或受赠的财产及其他合法收入、个人出资购置的结婚物品以及婚前军人的复员费、自主择业

---

〔1〕　参见陈苇、曹贤信："论婚内夫妻一方家务劳动的价值及职业机会利益损失的补偿之道——与学历文凭及职业资格证书之'无形财产分割说'商榷"，载《甘肃社会科学》2010年第4期。此外，值得注意的是，在美国，有学者认为"职业资格证是不可出售的抽象概念"，其代表着专业人士更强的赚钱能力，而未来的赚钱能力完全不符合法律上公认的"财产"内涵。目前，美国除纽约州外，几乎所有的州都反对将职业资格证或其他说明未来收入能力的证书作为婚姻财产。但这些州都规定法院应当考虑夫妻一方对他方获得职业技能所做的贡献，离婚分割财产时应当给予其一定的补偿或判决给付离婚扶养费（此即意味着给予一定的补偿）。参见［美］哈里·D. 格劳斯、大卫·D. 梅耶：《美国家庭法精要》（第五版，2007年），陈苇等译，中国政法大学出版社2010年版，第225～227页。

〔2〕　1993年《离婚财产分割意见》第4、7、12条。

〔3〕　《婚姻法解释（二）》第19条。

费[1]等。并且，根据《婚姻法解释（三）》第 5 条的规定，夫妻一方个人财产在婚后所得的孳息和自然增值，也属于夫妻一方的个人财产。[2]

第二，一方因身体受到伤害获得的医疗费、残疾人生活补助费等费用，因为具有人身性，故只能归该方个人所有。

第三，关于遗嘱或赠与合同中确定只归夫或妻一方的财产，基于私法自治原则，应尊重遗嘱人和赠与人的意愿，依法保护其处分个人财产的权利，故将该财产作为夫妻一方的个人财产。《婚姻法解释（二）》第 22 条第 1 款规定，当事人结婚前，父母为双方购置房屋出资的，该出资应当认定为对自己子女的个人赠与，但父母明确表示赠与双方的除外。另外，婚后由一方父母出资为子女购买的，产权登记在出资人子女名下的不动产，按《婚姻法解释（三）》第 7 条第 1 款的规定，"视为只对自己子女一方的赠与，该不动产应认定为夫妻一方的个人财产"。此外，在婚前或者婚姻关系存续期间，婚姻当事人约定将一方所有的房产赠与另一方，如果已经履行产权变更登记的，赠与的房屋按照约定归属受赠一方所有；如果尚未办理变更产权登记的，则依《婚姻法解释（三）》第 6 条规定，"赠与方在赠与房产变更登记之前撤销赠与，另一方请求判令继续履行的，人民法院可以按照合同法第 186 条的规定处

---

[1] 参见《婚姻法解释（二）》第 14 条。

[2] 必须说明，关于夫妻一方婚前财产在婚后所得孳息的归属，在 2001 年修正后的《婚姻法》施行前，根据 1950 年、1980 年两部《婚姻法》规定的婚后所得共同制之精神，夫妻一方婚前财产在婚后所得的孳息一直都是被作为夫妻共同财产的。2000 年 8 月《中华人民共和国婚姻法（修正案征求意见稿）》第 16 条曾规定，"婚前财产的孳息"，归夫妻共同所有，双方另有约定的除外。但 2000 年 10 月提请全国人大常委会审议的《中华人民共和国婚姻法修正案（草案）》已删除此规定。2001 年 1 月公布征求广大群众和有关方面意见的《中华人民共和国婚姻法修正案（草案）》和 2001 年 4 月 28 日公布施行的修正后的《中华人民共和国婚姻法》，亦均无"婚前财产的孳息"归夫妻共同所有的规定。全国人大常委会法工委研究室在《中华人民共和国婚姻法实用问答》中指出，一方的婚前财产包括婚后所得的孳息，均为夫妻一方的个人财产。即自 2001 年修正后的《婚姻法》施行之日起，夫妻一方婚前财产在婚后所得的孳息，属于夫妻一方的个人财产。参见全国人大常务委员会法工委研究室编：《中华人民共和国婚姻法实用问答》，中国物价出版社 2001 年版，第 69 页。但是，从国外立法看，夫妻一方婚前财产在婚后所得孳息的所有权之归属，在采取婚后所得共同制的一些国家，主要有以下三种不同的立法例：①一律属于夫妻共同财产，如《意大利民法典》第 177 条之规定。参见费安玲、丁玫译：《意大利民法典》，中国政法大学出版社 2004 年版，第 153 页。②一律属于夫妻个人财产，如《俄罗斯联邦家庭法典》（1995 年）第 36 条之规定。参见鄢一美译：《俄罗斯联邦家庭法典》，载中国法学会婚姻法学研究会编：《外国婚姻家庭法汇编》，群众出版社 2000 年版，第 476～477 页。③部分共有、部分个人所有，如《法国民法典》第 1401、1406 条之规定。参见罗结珍译：《法国民法典》，北京大学出版社 2010 年版，第 362～363、364 页。我们认为，法国立法例值得我国借鉴。即对夫妻婚前个人财产在婚后所得的孳息应当区别对待，除与有价证券相关的法定孳息归属于夫妻个人财产外，其余的归属于夫妻共同财产，这是较为合理的。这既有利于保障婚姻家庭生活的圆满幸福，也能兼顾保护夫妻个人财产所有权。参见陈苇主编：《婚姻家庭继承法学》，法律出版社 2002 年版，第 197～198 页。

理"〔1〕。

第四，关于夫妻个人财产中"一方专用的生活用品"，是指夫妻因各自日常生活所需的专用物品，如个人使用的衣物、书籍等。〔2〕

第五，关于其他应当归一方的财产，这是一个概括性规定，包括难以逐一列举的其他个人财产。《婚姻法解释（二）》第13条规定，军人的伤亡保险金、伤残补助金、医药生活补助费属于个人财产。

（4）夫妻对共同财产和个人财产的权利义务。夫妻对共同财产的权利和义务是平等的。夫妻对共同财产享有平等的所有权。夫妻共同财产的性质是共同共有。夫妻对全部共同财产，不分份额地平等地享受权利和承担义务。因此，不能根据夫妻双方收入的有无或高低，来确定其享有共有财产所有权的有无或多少。夫妻双方对于共同财产享有平等的占有、使用、收益、处分的权利。处分权是所有权的重要权能之一。现行《婚姻法》第17条第2款明确规定："夫妻对共同所有的财产，有平等的处理权。"《婚姻法解释（一）》第17条规定："婚姻法第17条关于'夫或妻对夫妻共同所有的财产，有平等的处理权'的规定，应当理解为：①夫或妻在处理夫妻共同财产上的权利是平等的。因日常生活需要而处理夫妻共同财产的，任何一方均有权决定。②夫或妻非因日常生活需要对夫妻共同财产做重要处理决定，夫妻双方应当平等协商，取得一致意见。他人有理由相信其为夫妻双方共同意思表示的，另一方不得以不同意或不知道为由对抗善意第三人。"也就是说，夫妻对共同财产的处分权是平等的，除在日常家事范围内夫妻一方有权独自决定对夫妻共同财产的处理外，其他非因日常生活需要而对夫妻共同财产做重要处理的，应当经过双方协商，取得一致意见后进行。凡重大财产问题，未经双方同意，任何一方不得擅自处分。夫妻一方未经他方同意擅自处分重要共同财产的，夫妻他方有权否认该无权处分的法律效力，然而不得对抗善意第三人。由此给他方配偶造成的损失，应由擅自处分

〔1〕我国《合同法》第186条规定："赠与人在赠与财产的权利转移之前可以撤销赠与。具有救灾、扶贫等社会公益、道德义务性质的赠与合同或者经过公证的赠与合同，不适用前款规定。"并且，该法第187条规定："赠与的财产依法需要办理登记等手续的，应当办理有关手续。"我国《物权法》第9条规定："不动产物权的设立、变更、转让和消灭，经依法登记，发生效力；未经登记，不发生效力，但法律另有规定的除外。依法属于国家所有的自然资源，所有权可以不登记。"该法第14条规定："不动产物权的设立、变更、转让和消灭，依照法律规定应当登记的，自记载于不动产登记簿时发生效力。"关于夫妻间赠与的法律效力，近年我国学者探讨的观点，参见田韶华："夫妻间赠与的若干法律问题"，载《法学》2014年第2期；许莉："夫妻房产约定的法律适用——基于我国约定夫妻财产制的考察"，载《浙江工商大学学报》2015年第1期；姚辉："夫妻财产契约中的物权变动论"，载《人民司法（案例）》2015年第4期；裴桦："也谈夫妻间赠与的法律适用"，载《当代法学》2016年第4期。

〔2〕但我们认为，基于公平原则，婚后购置的贵重首饰、健身器械、价值较大的图书资料以及摩托车、小汽车等生活资料，虽属个人使用，也应视为夫妻共同财产。今后如分割共同财产，可以采取这些物品归使用方所有，对他方予以作价补偿的方式，以方便生活。

共同财产的配偶一方予以赔偿。《婚姻法解释（三）》第 11 条明确规定："一方未经另一方同意出售夫妻共同共有的房屋，第三人善意购买、支付合理对价并办理产权登记手续，另一方主张追回该房屋的，人民法院不予支持。夫妻一方擅自处分共同共有的房屋造成另一方损失，离婚时另一方请求赔偿损失的，人民法院应予支持。"[1]

夫妻对共同财产平等地享有权利，平等地承担义务。家庭共同生活费用，应以夫妻共同财产负担，如共同财产不足以负担时，由夫妻双方以个人财产分担。夫妻为共同生活或为履行抚养、赡养义务等所负债务，为夫妻共同债务，应当以夫妻共同财产清偿，夫妻双方应承担连带责任。

关于夫妻对个人财产的权利义务，夫妻对其个人财产可依自己的意愿独立行使占有、使用、收益和处分的权利，无需征得对方同意；同时，对婚姻关系存续期间夫妻一方所负的个人债务及其个人特有财产所生债务等，均应以夫妻个人财产承担清偿责任。

（5）夫妻共同财产制的终止及夫妻财产清算。夫妻共同财产制因夫妻一方死亡而终止，也可因离婚或其他原因，如改用其他夫妻财产制，或依共同财产制撤销之诉等终止。此外，依《婚姻法解释（三）》第 4 条规定："婚姻关系存续期间，夫妻一方请求分割共同财产的，人民法院不予支持，但有下列重大理由且不损害债权人利益的除外：①一方有隐藏、转移、变卖、毁损、挥霍夫妻共同财产或者伪造夫妻共同债务等严重损害夫妻共同财产利益行为的；②一方负有法定扶养义务的人患重大疾病需要医治，另一方不同意支付相关医疗费用的。"[2]夫妻共同财产制终止，意味着夫妻共同财产关系消灭，从而发生夫妻财产的清算。因一方死亡而终止夫妻共同财产制的，夫妻共同财产的分割，应按我国《继承法》第 26 条第 1 款的规定处理，即："夫妻在婚姻关系存续期间所得的共同所有的财产，除有约定的以外，如果分割遗产，应当先将共同所有的财产的一半分出为配偶所有，其余的为被继承人的遗产。"因离婚而终止夫妻财产制时，关于夫妻财产的清算和分割，详见本书第十一章离婚的法律效力的有关内容。

---

[1] 必须说明，对此解释规定，我国有学者提出了质疑，认为应当采取例外的但书规定对婚姻家庭住房权给予优先保护。参见陈苇："婚姻家庭住房权的优先保护"，载《法学》2010 年第 12 期。

[2] 必须说明，此有关婚姻期间夫妻一方请求分割夫妻共同财产的解释规定，是对目前我国仅有"通常法定财产制"而欠缺"非常法定财产制"的一种补救。但是，由于其所列举的婚内夫妻一方请求分割共同财产的法定事由过少，仍然不能满足我国现实生活中婚姻当事人在婚内要求分割共同财产的需要。因此，我国需要从中国实际出发，借鉴外国立法经验，增设较为全面、系统的"非常法定财产制"。参见陈苇："完善我国夫妻财产制的立法构想"，载《中国法学》2000 年第 1 期。And see Chen Wei, "Legislative Conception of Perfecting the Marital Property System of China", *China Legal Science*, publish China Legal Science Journal Agency, 2001, pp. 122～125.

2. 约定财产制。

（1）约定财产制的概念和意义。约定财产制是法律允许夫妻用协议的方式，对夫妻在婚姻关系存续期间所得财产所有权的归属、管理、使用、收益、处分以及家庭生活费用负担和债务清偿、婚姻解除时财产的清算等事项作出约定，排除法定财产制适用的制度。

关于约定财产制的意义，依 1980 年《婚姻法》规定，夫妻可依双方的意愿，约定处理双方的财产关系。这可以满足新形势下夫妻因各种原因（如个人承包经营，再婚夫妻的财产，涉外婚姻及涉及港、澳、台同胞的婚姻等）以多种形式处理双方财产问题的需要，体现了夫妻享有平等的财产权利，有利于减少家庭纠纷，保护当事人的合法权益，促进家庭经济和社会经济的发展。但该法仅允许夫妻就财产关系进行约定，而对约定财产制的具体内容，如约定的条件和方式、约定的时间和范围、约定的效力、约定的变更或废止等均未规定，故约定财产制缺乏可操作性。针对此不足，2001 年修正后的《婚姻法》进一步补充、完善了约定财产制。

关于约定财产制的立法例，国外主要有三种类型：第一种是概括式，即立法对约定的限制较少，对婚姻当事人约定财产关系的范围和内容均不予严格限制，立法既未设立几种财产制形式供当事人选择，在程序上一般也无特别要求。英国立法即属此类。第二种是列举式，即立法对约定的限制较多，对于约定财产制的范围，明确规定了约定时可供选择的财产制种类；对于约定的内容，明确列举了不得相抵触的事由；在程序上，还要求夫妻订立要式契约。法国、瑞士、意大利等国立法即属此类。第三种是例示式，在此种模式中，既有概括式又有列举式，以列举式对一种或数种典型财产制加以具体规定，以概括式规定夫妻可以对其财产关系作出其他约定。德国立法即属此类。概括式的优点是比较灵活且简便易行，缺点是缺乏公示性，不利于保护第三人的利益和交易安全；列举式的优点是符合物权法定原则和物权公示原则，有利于保护第三人的利益，缺点是欠缺一定的灵活性；例示式则在概括式与列举式之间取长补短，兼具两者的优点。[1] 我国立法机关从实际出发，借鉴外国立法经验，并考虑到人民群众对约定财产制的了解和接受程度，在 2001 年修改后的《婚姻法》中，原则上规定了约定财产的范围及可供选择的约定财产制的内容，并明确规定约定应当采用书面形式，以便今后有据可查；规定为第三人所明知的约定，才对第三人具有法律效力，即夫妻负有对进行交易的第三人之告知义务。这既能保护夫妻的合法财产权益，又能维护第三人的利益和交易安全。

（2）约定财产制的内容。2001 年修正后的《婚姻法》对约定财产制，具体增补了夫妻对财产关系约定的范围、内容、方式以及约定的适用及效力（对夫妻的效力和对第三人的效力）等内容。该法第 19 条规定："夫妻可以约定婚姻关系存续期间所得的财产以及婚前财产归各自所有、共同所有或部分各自所有、部分共同所有。

---

〔1〕　参见陈苇主编：《外国婚姻家庭法比较研究》，群众出版社 2006 年版，第 242～243 页。

约定应当采用书面形式。没有约定或约定不明确的，适用本法第 17 条、第 18 条的规定。夫妻对婚姻关系存续期间所得的财产以及婚前财产的约定，对双方具有约束力。夫妻对婚姻关系存续期间所得的财产约定归各自所有的，夫或妻一方对外所负的债务，第三人知道该约定的，以夫或妻一方所有的财产清偿。"《婚姻法解释（一）》第 18 条规定："婚姻法第 19 条所称'第三人知道该约定的'，夫妻一方对此负有举证责任。"根据这些规定和我国《民法通则》关于民事法律行为的一般性规定，对约定财产制应明确以下几点：

第一，约定的条件和方式。夫妻就财产关系进行约定是一种双方民事法律行为，必须符合民事法律行为的以下构成要件才能有效：①约定的主体必须是具有完全民事行为能力的夫妻双方。约定不得由他人代理。[1] ②约定必须双方自愿。夫妻双方对约定的意思表示必须真实自愿，凡以欺诈、胁迫手段或乘人之危使对方违背真实意思作出的约定无效。③约定的内容必须合法。约定不得规避法律，或损害国家、集体和他人的利益。约定的内容不得超出夫妻财产的范围，如不得将其他家庭成员的财产或国家、集体及他人的财产列入约定财产的范围，不得规避养老育幼、清偿第三人债务等法律义务。④约定的方式须符合法律规定。依现行《婚姻法》规定，约定应当采用书面形式。即约定是要式行为，应当采取书面形式。那么，夫妻双方就财产关系所做的口头约定是否有效呢？根据现行《婚姻法》和有关司法解释的规定，对此应当区别处理。即如属于夫妻双方有争议的口头约定，不予承认其效力。如属于夫妻双方无争议的口头约定，除规避法律的外，为有效约定。[2] 并且，依现行《婚姻法》第 19 条第 3 款规定的精神，如果第三人知道该口头约定的，对该第三人具有法律效力。[3]

第二，约定的时间和范围。现行《婚姻法》对夫妻财产约定的时间无限制。夫妻可以在结婚前、结婚时或婚姻关系存续期间进行约定。关于约定的范围，对夫妻婚前财产或婚后所得财产均可以进行约定。关于约定的具体内容，可以约定婚前财产或婚后所得财产归各自所有、共同所有或部分各自所有、部分共同所有。即可以约定采取分别财产制、一般共同制或限定共同制等。并且，根据民法的意思自治原则，夫妻还可以就财产的使用权、管理权、收益权、处分权等进行约定，也可以约定家庭生活费用的负担、债务清偿责任、婚姻关系终止时财产的清算及分割等。

第三，约定的效力。约定的效力，指夫妻就财产关系进行约定后，对双方当事人及第三人发生的法律约束力。约定的效力可分为对内（指夫妻双方）效力与对外

---

[1]　在国外，有的国家有限制地允许他人代为订立夫妻财产契约。如《德国民法典》第 1411 条规定："法定代理人得为无行为能力的夫妻一方订立婚姻契约，但不得对共同财产制作出协议或废除。""法定代理人为监护人者，仅在经监护法院许可后始行订立此种契约。"

[2]　1993 年《离婚财产分割意见》第 1 条。

[3]　关于外国夫妻约定财产制的形式要件之比较评析，参见陈苇主编：《外国婚姻家庭法比较研究》，群众出版社 2006 年版，第 240～241 页。

（指第三人）效力。从对内效力看，依民法的意思自治原则，夫妻财产关系经双方约定成立后，无论是口头约定、书面约定或公证约定，均可立即发生对内效力，即对夫妻双方发生法律约束力。例如，《婚姻法解释（三）》第16条明确规定："夫妻之间订立借款协议，以夫妻共同财产出借给一方从事个人经营活动或用于其他个人事务的，应视为双方约定处分夫妻共同财产的行为，离婚时可按照借款协议的约定处理。"从对外效力看，为保护第三人的利益和维护交易安全，依现行《婚姻法》第19条第3款和《婚姻法解释（一）》第18条规定，夫妻约定财产归各自所有的，对第三人负有告知义务，并对第三人知道该约定负有举证责任。即夫妻对财产关系的约定只有已告知第三人的，才能发生对外效力，对该第三人发生法律约束力。[1]

第四，约定的变更和废止。夫妻对财产关系进行约定后，可以依法对约定进行变更或废止。约定时经过公证的，变更或废止约定时也要经过公证，才具有法律效力。

第五，约定的无效与撤销。无效的夫妻财产约定，是指已经成立，但因欠缺法律行为的有效要件而不能发生法律效力的约定。可撤销的夫妻财产约定，是指夫妻财产约定成立后，因约定有瑕疵，有撤销权的约定当事人可以诉请法院变更或撤销约定。关于约定的无效及撤销的条件，在现行《婚姻法》未作规定的情况下，应准用《民法总则》有关民事法律行为效力的规定。

（3）约定财产制的适用。我国实行法定财产制与约定财产制相结合的夫妻财产制。法定财产制与约定财产制两者的适用原则是"有约定从约定，无约定从法定"。也就是说，约定财产制可排斥法定财产制优先适用，前者具有优先于后者适用的效力。

二、夫妻扶养义务

（一）扶养概述

1. 扶养的概念和特征。

（1）扶养的概念。扶养的概念有广义和狭义之分：

广义的扶养，是指一定范围的亲属间相互在经济上供养和生活上扶助的法定权利义务。它没有身份、辈分的区别，是抚养、赡养、扶养的统称，即包括长辈亲属对晚辈亲属的抚养、晚辈亲属对长辈亲属的赡养和平辈亲属间的扶养。从国外立法看，大多数国家采取广义说。我国《继承法》《刑法》使用"扶养"一词，也是采取广义的解释。

狭义的扶养，仅指平辈亲属之间相互在经济上供养和生活上扶助的法定权利义

---

〔1〕《瑞士民法典》第181条规定，夫妻财产契约的缔结、变更及废除，须经公证并经当事人及法定代理人署名后，始得生效。夫妻财产契约依夫妻财产制登记后，对第三人产生效力。《德国民法典》第1412条也规定，婚姻契约已登记或为第三人所明知，始发生对第三人的效力。《日本民法典》第765条规定，夫妻财产契约须结婚申报前进行登记后，始发生对夫妻及第三人的效力。

务。东欧一些国家的立法采取狭义说。我国现行《婚姻法》将夫妻间和兄弟姐妹间相互供养和扶助的法定权利义务称为扶养，亦采取狭义说。必须指出，目前在我国，《婚姻法》使用"扶养"一词采取狭义说，而《继承法》《刑法》使用"扶养"一词采取广义说，这种用语不统一，是有悖法律术语使用统一化要求的。故我国学术界不少学者在 1980 年《婚姻法》修改过程中，已提出在《婚姻法》中统一使用"扶养"一词的建议。[1]

（2）扶养关系的三要素。婚姻法规定的一定范围亲属间的扶养关系，是一种民事法律关系。同其他民事法律关系一样，它由主体、内容和客体三要素组成。

第一，扶养关系的主体。所谓扶养关系的主体，是指依法律规定在扶养法律关系中享受权利和承担义务的人。扶养关系的主体可分为两种：一种是享受扶养权利的人，被称为扶养权利人；另一种是承担扶养义务的人，被称为扶养义务人。

第二，扶养关系的内容。所谓扶养关系的内容，是指扶养主体依法享有的权利和承担的义务。即扶养权利人享有的受扶养的权利及扶养请求权；扶养义务人承担的扶养义务。也就是说，扶养关系的内容包括扶养权利和扶养义务两个方面，前者是扶养权利人享有的权利，后者是扶养义务人承担的义务。

第三，扶养关系的客体。所谓扶养关系的客体，是指扶养关系主体的权利义务所共同指向的对象，包括扶养权利人接受扶养和行使扶养请求权的行为，以及扶养义务人履行扶养义务的行为。在一般情况下，扶养义务由义务人自觉履行。只有在扶养义务人不履行义务时，需要扶养的权利人才行使扶养请求权，要求义务人履行法定的扶养义务。

（3）扶养的特征。婚姻法调整的一定范围亲属间的扶养民事法律关系，不同于一般的民事法律关系，也不同于国家扶助或社会扶助，它具有以下特征：

第一，扶养关系只能发生在法定的近亲属之间。从主体看，扶养关系只能发生在法律规定的一定范围的近亲属之间。我国现行《婚姻法》规定的具有扶养关系的近亲属，包括夫妻、父母子女、兄弟姐妹、祖孙等。非法定范围的近亲属，虽也可能发生扶养关系，如基于遗赠扶养协议，或者基于友谊、同情而发生扶养，但都不属婚姻法上的扶养关系，只是一般的民事扶养或道义上的扶养。

第二，扶养关系须具备法定扶养要件而发生。婚姻法上的扶养关系，因具备法定的扶养要件而当然发生。依法律规定，须扶养权利人符合受扶养的法定条件，且扶养义务人具有扶养能力，即同时具备扶养的两个法定要件，才能发生扶养。例如，兄弟姐妹、祖孙间的扶养必须具备扶养的法定要件才能发生。因此，虽为法定的近亲属，如不具备法定的扶养要件，也不能发生扶养关系。并且，如果非因具备法定要件而发生扶养关系，而是基于其他原因如道义上的帮助而扶养的，则不属于婚姻

---

[1]　有关当代中国内地与港、澳、台扶养法的发展趋势研究，参见陈苇主编：《当代中国内地与港、澳、台婚姻家庭法比较研究》，群众出版社 2012 年版，第 711～720 页。

法上的扶养。

第三，扶养的权利义务具有人身专属性。从权利义务的特点看，扶养权利义务基于一定的亲属身份而发生，具有人身专属性。在扶养关系存续期间，其为义务人和权利人的专属权利义务，不得继承、处分（包括放弃）或抵销。[1]

第四，扶养的权利义务是私法上的权利义务。从性质上看，扶养的权利义务是依婚姻法（国外为亲属法或家庭法）的规定而产生的私法上的权利义务，不同于公法上的国家扶助（如社会保障制度规定的社会救济），也不同于社会扶助（如社区帮助、邻里互助）。亲属法上的扶养权利义务，只能发生于法定的近亲属之间，并具有双向性、对等性的特点。即在相互具有扶养关系的近亲属之间，扶养权利义务是相互对应的，一方享有受对方扶养的权利，同时也承担扶养对方的义务，反之亦然。而国家扶助和社会扶助除发生的依据（或依公法或依道义）不同外，权利义务也都是单向的。

2. 扶养的分类。扶养可从不同的角度进行分类。

（1）依扶养主体间辈分分类。依扶养主体间辈分之不同，可分为长辈亲对晚辈亲的抚养、平辈亲之间的扶养及晚辈亲对长辈亲的赡养。

（2）依扶养方式分类。依扶养方式之不同，可分为同居共同生活（经济供养与生活扶助）的扶养与不同居共同生活而给付扶养费的扶养。

（3）依扶养行为内容分类。依扶养行为内容之不同，可分为经济上供养和生活上扶助（照料）。例如，我国继父母与继子女形成抚养教育关系的认定标准之一，就是继父母对继子女有经济上供养或生活上照料的抚养事实。此外，依现行《老年人权益保障法》第14条规定："赡养人应当履行对老年人经济上供养、生活上照料和精神上慰藉的义务……"我国立法在此对扶养的内容作了扩张解释，对老年人的赡养包括经济上供养、生活上照料和精神上慰藉三个方面的义务。

（4）依扶养的程度分类。依扶养的程度之不同，可分为生活保持义务与一般生活扶助义务。此种分类，旨在明确扶养的程度，以便于义务人履行义务。世界上有些国家如德国、瑞士等国立法，依扶养关系主体之间亲属关系之远近和权利义务之多少，规定了不同的扶养条件，使义务人承担不同程度的扶养义务。故依扶养程度之不同，扶养义务可分为两类：①生活保持义务；②一般生活扶助义务。

第一，生活保持义务。所谓生活保持义务，是指夫妻间的扶养和父母对未成年子女的扶养，是义务人必须履行的无条件的义务。因为，此种扶养义务为夫妻、父母子女身份关系所不可缺少的要素，维持对方生活即保持自己生活。如父母以其子女的生活作为自己生活的一部分而维持；夫扶养妻或妻扶养夫，即为保持自己的生活。其扶养与自己的生活程度相等，即使因此而降低与自己的生活水平，也应予以

---

[1]　但已届清偿期之后，权利人可依其意愿放弃、让与或抵销其债权。参见史尚宽：《亲属法论》，中国政法大学出版社2000年版，第752页。

维持。可见，这是一种无条件的在扶养人与被扶养人之间必须保持同一生活水平的扶养，故又称为"共生义务"。

第二，一般生活扶助义务。所谓一般生活扶助义务，指除夫妻间的扶养和父母对未成年子女的扶养外，其他法定的亲属间（如我国兄弟姐妹间、祖孙间）的扶养。这种义务是有条件的，是只有在一方无力独立生活，他方有扶养负担能力时，才产生的义务。即扶养义务人仅在不降低与自己地位相当的生活水平限度内给予扶养，这是一种相对的、有条件的扶养，扶养人与被扶养人之间无须保持同一生活水平，故称为一般生活扶助义务。

总之，生活保持义务与一般生活扶助义务两者的性质有所不同，两者的发生要件和内容也有不同。立法根据亲属关系的不同情况，规定不同的扶养条件，确定不同的扶养程度，便于义务人更好地履行扶养义务。另外，在理论上承认两者的区别，也有助于解释婚姻家庭法有关不同主体间扶养义务的发生要件有所不同的规定。

3. 扶养的要件。所谓扶养的要件，指扶养关系成立的条件。世界上许多国家的立法规定，扶养关系成立的条件有以下两个：

（1）扶养权利人有受扶养的必要。如因年老、年幼、病残等原因缺乏劳动能力又无生活来源，不能维持生活者，即需要扶养。

（2）扶养义务人具有扶养能力。扶养义务人为成年人且有劳动能力、经济负担能力的，即具有扶养能力，能够承担扶养义务。

以上两个条件同时具备的，则扶养关系发生。

这里必须指出，由于生活保持义务与一般生活扶助义务两者的性质有所不同，两者的发生要件和内容也有不同，因此，对于生活保持义务，即使扶养义务人扶养能力不足，其也应尽可能地承担扶养义务，甚至即使降低自己的生活水平也须履行扶养义务。然而，对于一般生活扶助义务，原则上扶养义务人仅在不降低与自己地位相当的生活水平限度内给予扶养，如其扶养能力不足的，依法可免除其扶养义务，而由社会保障制度予以救济。

4. 扶养的范围和顺序。

（1）扶养的范围。所谓扶养的范围，指负有扶养义务的一定亲属的远近界限。根据我国现行《婚姻法》的规定，在法律上享有扶养权利和承担扶养义务的亲属有：夫妻；父母子女；兄弟姐妹；祖父母、外祖父母、孙子女、外孙子女。

（2）扶养的顺序。所谓扶养的顺序，指扶养义务人或者扶养权利人有数人时，确定履行扶养义务人或享受扶养权利人的先后顺位。我国现行《婚姻法》对扶养的顺序虽无明文规定，但从该法有关夫妻、父母子女、兄弟姐妹及祖孙间扶养的法定条件之规定中，大体可以推出两个顺序：第一顺序，夫妻间和父母子女间的扶养权利义务；第二顺序，兄弟姐妹间及祖孙间的扶养权利义务。我们认为，为使当事人明确其扶养顺序，便于依法履行义务，我国《婚姻法》应对扶养的顺序作出明文规定。

5. 扶养的程度和方式。

（1）扶养的程度。所谓扶养的程度，是指供给扶养的水平、标准。根据现行《婚姻法》和有关司法解释的精神，确定给付扶养费的数额，首先应由当事人协商决定，协商不成，由人民法院判决。人民法院判决给付扶养费的数额，应综合考虑扶养义务人的负担能力、扶养权利人的实际需要和当地的一般生活水平这三个因素来确定。

（2）扶养的方式。关于扶养的方式，主要有两种：①同居共同生活的扶养。这是指扶养人与受扶养人同居在一起共同生活，扶养人对受扶养人采取经济供养、生活扶助的方式来履行扶养义务。②定期给付扶养费的扶养。这是指扶养人与受扶养人不同居，没有共同生活，而采取定期给付扶养费的方式履行扶养义务。

在现实生活中，夫妻间、父母子女间的扶养，一般以同居共同生活的方式为主。其他亲属间的扶养，则一般以定期给付扶养费的方式为主。我国现行《婚姻法》对扶养的方式未作规定，一般由当事人协商决定；协商不成的，由人民法院判决。人民法院应考虑当事人亲属关系的远近、扶养义务人的负担能力、扶养权利人的实际需要等因素来确定采取何种扶养方式。

6. 扶养的变更。所谓扶养的变更，指扶养义务人、扶养权利人的顺序，以及扶养方式或程度的改变。如前所述，扶养的发生须具备法定的扶养要件。如扶养义务人或扶养权利人的条件发生变化，就会引起扶养义务人、扶养权利人的顺序、扶养方式或程度发生变化。我国现行《婚姻法》虽对"扶养的变更"尚无直接的明确用语，但对某些情况下扶养的变更是有所规定的。例如，根据现行《婚姻法》第28、29条对祖孙间、兄弟姐妹间的扶养条件之规定，可知在父母对未成年子女无力扶养时，可以变更由祖父母、外祖父母或兄姐承担扶养义务。这就是扶养义务人顺序的变更。又如，依1993年《子女抚养意见》第18条规定，离婚后父或母有给付能力的，子女可依法定情形之一，请求其增加抚养费。这就是扶养程度的变更。而依该意见第16、17条规定，离婚后，父母一方可以依法要求变更抚养关系。这属于子女扶养方式的变更。

7. 扶养的消灭。所谓扶养的消灭，是指当法定的情形或一定的法律事实出现时，当事人间的扶养权利和扶养义务发生终止。依据法律的有关规定，可引起扶养关系终止的原因如下：

（1）当事人一方死亡。因扶养权利义务具有人身性，故无论是扶养权利人或者扶养义务人一方死亡，均引起扶养关系终止。

（2）扶养要件消灭。如果扶养关系的当事人一方或双方条件发生变化，导致扶养要件不再具备时，如扶养权利人不再需要扶养或扶养义务人丧失扶养能力，扶养关系随之终止。但必须注意，扶养要件消灭是一种相对的消灭原因，如重新具备扶养要件的，则又可以恢复扶养关系。

（3）当事人身份关系消灭。因亲属间的扶养是基于一定的身份关系发生的，当此种亲属身份关系消灭时，其亲属扶养关系也随之终止。例如，养父母子女关系依法解除后，养父母对未成年养子女的扶养义务随之终止；夫妻身份关系因离婚而解除时，夫妻间的扶养义务亦随之终止。离婚后，虽夫妻间的扶养请求权丧失，但为救济离婚后配偶一方的生活困难，国外许多国家的立法规定了离婚扶养费请求权或离婚赡养费请求权，我国则规定了离婚时生活困难的经济帮助请求权。[1] 必须说明，关于离婚后夫妻一方给付另一方的经济帮助费（在国外称为离婚扶养费），其性质是否属于"夫妻扶养义务"的延伸，学者们有不同的看法。[2]

（二）我国婚姻法对夫妻扶养义务的规定

我国现行《婚姻法》第20条规定："夫妻有互相扶养的义务。一方不履行扶养义务时，需要扶养的一方，有要求对方付给扶养费的权利。"关于夫妻扶养义务应明确以下几点：

（1）夫妻间扶养义务是婚姻的效力之一。从原因看，夫妻间的扶养义务是基于婚姻的效力而产生的。它是夫妻在经济上相互供养、生活上相互扶助的义务，属于生活保持义务。其目的在于保障夫妻共同生活，是婚姻关系的必然要求。在一般情况下，这种扶养义务是在夫妻共同生活中实现的。

（2）夫妻间的扶养既是义务也是权利。从性质看，夫妻互相扶养，既是义务也是权利。夫妻都有扶养对方的义务，同时，也都有要求对方扶养的权利。

（3）夫妻扶养义务是法定义务且具有强制性。当夫妻一方没有固定收入和缺乏生活来源，或者无独立生活能力或生活困难，或因患病、年老等原因需要扶养，另一方不履行扶养义务时，需要扶养的一方有权请求对方扶养。如果夫妻双方因扶养问题发生纠纷，可以经有关部门进行调解，或直接向人民法院提起诉讼。人民法院在审理扶养纠纷案件时，可首先进行调解，如调解无效，人民法院应当及时依法判决。如其仍拒绝履行给付扶养费义务的，可依法强制执行。如义务人拒不履行扶养义务，情节恶劣构成犯罪的，应按刑法有关规定追究其刑事责任。

三、夫妻继承权

夫妻继承权，又称配偶继承权，指夫妻结婚后基于配偶身份而依法享有的相互继承遗产的权利。我国现行《婚姻法》第24条第1款规定："夫妻有相互继承遗产的权利。"夫妻关系是家庭关系的基础和核心，夫妻间具有密切的人身关系和财产关系。夫妻继承权是婚姻的效力之一，它随夫妻人身关系的发生而产生。在我国，《婚姻法》关于夫妻互有遗产继承权的规定，与《继承法》的规定是一致的。我国《继

〔1〕 参见本书第十一章离婚的法律效力有关部分。
〔2〕 关于离婚后夫妻一方给付夫妻他方的经济帮助费（在国外称为离婚扶养费），其性质是否属于"夫妻扶养义务"的延伸，学者们有不同的见解。参见陈苇、冉启玉："离婚扶养制度研究——中国法与俄罗斯法之比较"，载王利明、郭明瑞、潘维大主编：《中国民法典基本理论问题研究》，人民法院出版社2004年版，第316~335页。

承法》对配偶继承权作了明确具体的规定，配偶与子女、父母同样被列为第一顺序的法定继承人，享有平等的继承权。

处理夫妻相互间的遗产继承应注意以下问题：

（1）夫妻同为第一顺序法定继承人。丈夫去世后，任何人不得侵犯或限制妻对夫遗产的继承权。反之亦同。

（2）确定死亡配偶遗产范围时，要注意配偶个人财产与其他财产的区别。只有死亡配偶遗留的个人所有财产，才是遗产。首先应分别对夫妻共同财产和家庭共同财产进行分割，分割出死亡配偶享有的份额，作为死亡配偶遗产的组成部分，防止将夫妻共同财产或家庭共同财产作为遗产继承，侵犯生存配偶或其他家庭成员的合法权益。

（3）确定生存配偶遗产继承份额时，对登记结婚后，夫妻尚未同居，一方死亡，或同居时间很短，一方死亡，另一方生存配偶的继承权虽应依法予以承认，但应根据同居时间的长短、尽义务的多少及财产的来源情况，酌情确定其继承份额。

（4）夫妻间的继承权，因结婚而发生，因离婚而消灭。在离婚诉讼中，夫妻一方死亡的，他方仍享有配偶继承权。

（5）依我国1989年《审理以夫妻名义同居生活案件的意见》第13条规定，1994年2月1日《婚姻登记管理条例》施行前，未办理结婚登记即以夫妻名义同居的男女双方当事人，在同居期间一方死亡，另一方要求继承死者遗产的，如认定为事实婚姻关系，可以配偶身份按继承法的有关规定处理；[1] 如认定为非法同居关系[2]，但符合《继承法》第14条规定的，可根据相互扶助的具体情况处理。

（6）1950年《婚姻法》施行前的妻和妾，与夫仍均保留夫妻关系的，享有同等的继承权。[3]

导入案例之要点评析

在本案中，夫妻双方对婚姻期间的财产关系并无约定，应按现行《婚姻法》有关婚后所得共制的规定来确定婚姻期间所得财产的归属。在婚姻期间，夫妻双方的积蓄存款25万元及婚后购买的140平方米住房为夫妻婚后的共同财产。在离婚时，该25万元存款应由双方平分；该住房可由夫妻双方协商确定归一方所有，同时该方应按住房市场价值的一半给予另一方补偿。

---

〔1〕《婚姻法解释（一）》第5条规定："未按婚姻法第8条规定办理结婚登记而以夫妻名义共同生活的男女，……1994年2月1日民政部《婚姻登记管理条例》公布实施以前，男女双方已经符合结婚实质要件的，按事实婚姻处理……"

〔2〕必须注意，2001年《婚姻法解释（一）》第5条第2项已经用"同居关系"一词取代了1989年司法解释中的"非法同居关系"一词。

〔3〕1950年《婚姻法》于1950年4月13日公布施行。

对于本案中结婚时其父母指定赠与陈男的 100 平方米住房，根据现行《婚姻法》第 18 条第 3 项规定，指定赠与夫妻一方的个人财产，属于夫妻一方的财产。因此，此住房应属于陈男的个人财产，张女无权分割。

陈男所获奖牌是运动员享有某种荣誉的一种标志，它具有特定的人身属性，只能属于权利人本人，因此陈男所获得的奖牌应归他个人所有。而对于所获得的奖金 20 万元，因奖金属于财产权利，依现行《婚姻法》第 17 条第 1 款的规定，在婚姻关系存续期间所获得的工资、奖金属于夫妻共同财产，应由双方平分。

思考题

一、选择题

（一）单项选择题

1. 刘山峰、王翠花系老夫少妻，刘山峰婚前个人名下拥有别墅一栋。关于婚后该别墅的归属，下列哪一选项是正确的？（　　）（2016 年国家司法考试试题）

A. 该别墅不可能转化为夫妻共同财产

B. 婚后该别墅自动转化为夫妻共同财产

C. 婚姻持续满 8 年后该别墅即依法转化为夫妻共同财产

D. 刘、王可约定婚姻持续 8 年后该别墅转化为夫妻共同财产

2. 甲乙夫妻的下列哪一项婚后增值或所得，属于夫妻共同财产？（　　）（2013 年国家司法考试试题）

A. 甲婚前承包果园，婚后果树上结的果实

B. 乙婚前购买的 1 套房屋升值了 50 万元

C. 甲用婚前的 10 万元婚后投资股市，得利 5 万元

D. 乙婚前收藏的玉石升值了 10 万元

3. 甲乙是夫妻，甲在婚前发表小说《昨天》，婚后获得稿费。乙在婚姻存续期间发表了小说《今天》，离婚后第二天获得稿费。甲在婚姻存续期间创作小说《明天》，离婚后发表并获得稿费。下列哪一选项是正确的？（　　）（2007 年国家司法考试试题）

A.《昨天》的稿费属于甲婚前个人财产

B.《今天》的稿费属于夫妻共同财产

C.《明天》的稿费属于夫妻共同财产

D.《昨天》《今天》和《明天》的稿费都属于夫妻共同财产

（二）多项选择题

1. 甲与乙离婚，甲乙的子女均已成年，与乙一起生活。甲与丙再婚后购买了一套房屋，登记在甲的名下。后甲因中风不能自理，常年卧床。丙见状离家出走达 3 年之久。甲乙的子女和乙想要回房屋，进行法律咨询。下列哪些意见是错误的？（　　）

（2011 年国家司法考试试题）

A. 因房屋登记在甲的名下，故属于甲个人房产

B. 丙在甲中风后未尽妻子责任和义务，不能主张房产份额

C. 甲乙的子女可以申请宣告丙失踪

D. 甲本人向法院提交书面意见后，甲乙的子女可代理甲参与甲与丙的离婚诉讼

2. 张某和王某系夫妻，张某想借钱炒股，王某不同意。张某说："我自己借钱自己还！"此后双方订立书面协议，约定以后各自的收入归各自所有。张某以自己名义向不知有此约定的同事孙某借钱，双方未约定利息。下列哪些选项是正确的？（　　）（2008 年国家司法考试四川地震灾区延期考试试题）

A. 孙某只能要求张某以个人财产还款

B. 孙某有权要求张某以张某和王某共同所有的财产还款

C. 王某如主张此系张某的个人债务，必须举证证明孙某知道她与张某之间的约定

D. 张某还款时应参照同期银行贷款利息向孙某支付利息

二、判断分析题

1. 妻子在婚后为自己购买的贵重首饰属于个人专用生活用品，应认定为个人财产。

2. 夫妻共同财产所有权的取得时间一律从领取结婚证之日起计算。

三、简答题

1. 简述夫妻日常家事代理权。

2. 简述我国夫妻共同财产的范围。

四、论述题

1. 试论夫妻的忠实义务。

2. 试论夫妻约定财产制。

五、案例分析题

小说家顾某（男）在婚前一直没有什么名气。2012 年 1 月，顾某与周某结婚。2016 年 5 月，顾某因其作品在一次比赛中获了大奖而声名鹊起，他遂将以往完成的部分著作向各出版社投稿，结果均被采用，共获得稿酬 28 万元。顾某想把这笔钱全部用于再创作，周某却认为应拿出一部分用于家里的房屋装修，夫妻两人的意见不一。顾某认为这笔钱是自己用婚前完成的作品换来的，应归自己个人所有，怎么用这笔钱应自己一个人说了算，而周某却认为这笔钱是在婚后取得的，自己为顾某出书协助校对也尽了力，这笔钱应是夫妻共有财产，两人应协商决定如何使用。

请问：婚前完成作品，婚后发表所得收入是否属著作权人个人所有？为什么？

阅读参考文献

1. 巫昌祯、杨大文主编：《走向 21 世纪的中国婚姻家庭》，吉林人民出版社 1995 年版。

2. 李银河、马忆南主编：《婚姻法修改论争》，光明日报出版社 1999 年版。

3. 陈苇：《中国婚姻家庭法立法研究》，群众出版社 2010 年版。

4. 胡苷用：《婚姻合伙视野下的夫妻共同财产制度研究》，法律出版社 2010 年版。

5. 夏吟兰、薛宁兰主编：《民法典之婚姻家庭编立法研究》，北京大学出版社 2016 年版。

6. 张华贵主编：《夫妻财产关系法研究》，群众出版社 2017 年版。

第 六 章

父母子女关系

✦学习的内容和重点

通过本章的学习，要求学生把握父母子女关系的基本概念，明确父母子女关系的种类，包括有婚姻关系的父母与子女的关系、无婚姻关系的父母与子女的关系和人工生育的父母子女关系，还包括继父母子女关系、养父母子女关系，了解婚生子女的推定与否认、非婚生子女的认领与准正、人工生育子女的法律地位等知识，重点掌握我国父母子女之间的权利义务。

导入案例

1997 年 1 月，甲与乙登记结婚，次年 2 月生下一子丙。2003 年 2 月，甲乙因双方性格不合，甲起诉请求与乙离婚，经人民法院调解离婚。按双方约定，丙由母亲乙抚养至成年，甲每月支付抚养费 500 元。2014 年 9 月，丙就读高一，学习费用大幅度增加。为了孩子的前途，经济条件不怎么好的乙先后安排丙到 3 家私立学校就读。丙就读高中仅 2 年，乙便为他支付了学费、学杂费数万元。2016 年 8 月，丙向人民法院提起诉讼，因物价上涨，要求父亲甲承担母亲乙自 2010 年起至今为他支付的各项费用的一半，并自 2016 年 9 月起每月支付他生活费 800 元，并承担他此后上大学的教育费的 50%。

请问：丙的诉讼请求是否有法律依据？

第一节　父母子女关系概述

一、父母子女关系的概念和种类

（一）父母子女关系的概念

父母子女关系，在法律上是指父母和子女之间的权利义务关系。父母子女关系又称亲子关系，亲指父母，子指子女。父母子女是最近的直系血亲，是家庭关系的核心组成部分。

（二）父母子女关系的种类

关于父母子女关系的分类，法律一般将父母子女关系分为两大类：①自然血亲的父母子女关系，包括婚生子女与父母的关系、非婚生子女与父母的关系；②法律拟制的父母子女关系。后者在我国法律上主要指养父母子女关系及形成扶养关系的继父母子女关系。

在我国封建社会，为了确认纳妾制度和宗桃继承制度，除了有基于出生而发生的自然血亲的父母子女关系，包括亲生父母、嫡子女、庶子女、婢生子女、奸生子女等外，还包括人为拟制而产生的与名分恩义相关联的父母子女关系，包括嗣父嗣子、养父母子女等。在封建的礼俗中有"三父八母""五父十母"之说。根据《元典章》中"三父八母图"的记载，"三父"是指同居继父、不同居继父、从继母嫁继父；"八母"是指嫡母、继母、养母、慈母、嫁母、出母、庶母、乳母。在我国封建社会，父母子女关系的类别繁多，不同称谓的父母子女除了亲疏有别外，在法律上的地位也不相同。例如，庶子与嫡子的法律地位差别很大，婢生子与奸生子的法律地位很低。至民国时期，1930年"民法亲属编"借鉴大陆法系父母子女关系法的相关规定，将父母子女关系分为自然血亲和拟制血亲两种。前者又分为婚生父母子女关系和非婚生父母子女关系，后者即养父母子女关系。1949年中华人民共和国成立后，废除了纳妾制度和宗桃继承制度，实行男女平等、一夫一妻制。我国1950年《婚姻法》、1980年《婚姻法》和2001年修正后的《婚姻法》均规定了"保护儿童合法权益原则"[1]

我国现行《婚姻法》将父母子女关系分为以下两大类：

1. 自然血亲的父母子女关系。自然血亲的父母子女关系，是指基于出生的事实而产生的父母子女关系，包括婚生的父母子女关系和非婚生的父母子女关系。自然血亲的父母子女关系因血缘联系而存在，除因一方死亡而自然终止外，不能人为地解除。自然血亲的父母子女之间在法律上的权利义务，一般也只能因依法送养子女

---

〔1〕　主编注：自1959年《儿童权利宣言》最早提出"应以儿童的最大利益为首要考虑"的国际性指导原则以来，1979年联合国《消除对妇女一切形式歧视公约》和1989年联合国《儿童权利公约》都作出了"儿童最大利益优先原则"的倡导性规定。在当今世界，"更加注意尊重和保护儿童利益"已是现代婚姻家庭法的发展趋势之一。有学者提出，为实现我国2004年《宪法修正案》有关"国家尊重和人权"的承诺，在我国婚姻家庭法中……明确规定"儿童最大利益优先原则"是十分必要的。参见陈苇、谢京杰："论'儿童最大利益优先原则'在我国的确立——兼论《婚姻法》等相关法律的不足及其完善"，载《法商研究》2005年第5期。And see Chen Wei and Xie Jing – jie, "On the Establishment of the Paramount Principle of the Best Interests of the Child: in Marriage and Family Law of China", 21*st Century Law Review*, Volume 2, Number2, 2006, pp. 72 ~ 91. 此外，有关当代中国内地与港、澳、台亲子法的发展趋势研究，参见陈苇主编：《当代中国内地与港、澳、台婚姻家庭法比较研究》，群众出版社2012年版，第367~369页。有关以儿童最大利益原则为指导完善我国亲子法的建议，参见曹贤余：《儿童最大利益原则下的亲子法研究》，群众出版社2015年版，第276~290页。

而消除。

2. 拟制血亲的父母子女关系。拟制血亲的父母子女关系是基于收养法律行为或再婚后事实上存在抚养关系而形成的父母子女关系，在我国包括养父母子女关系、有抚养教育关系的继父母子女关系。拟制血亲的父母子女关系因法律拟制而形成，除因一方死亡而终止外，还可人为地解除。

20 世纪以来，随着现代医学科学的发展，尤其是人工生殖技术在医学领域的广泛应用，出现了不通过自然的性行为而受孕生育子女的人工生育方式。人工生育技术的采用给父母子女关系带来了新的情况、新的变化，上述父母子女关系的分类已经不能涵盖人工生育的父母子女关系。对此，本章将在第四节作专门探讨。

二、父母子女的权利义务

根据我国现行《婚姻法》第 21～27 条的规定，父母子女的权利义务主要包括以下内容：

（一）父母对子女有抚养教育的义务

现行《婚姻法》第 21 条第 1、2 款规定："父母对子女有抚养教育的义务；……父母不履行抚养义务时，未成年的或不能独立生活的子女，有要求父母付给抚养费的权利。"

1. 抚养义务。抚养，是指父母在经济上、物质上对子女的供养和在日常生活上对子女的照料。抚养义务是父母对子女所负的最基本、最主要的义务，目的在于保障子女的生存和健康成长。

父母对未成年子女的抚养是无条件的。除法律另有规定外，任何情况下父母都必须履行抚养义务。即使父母离婚，双方仍应履行对未成年子女的抚养义务。父母对成年子女的抚养则是有条件的。在一般情况下，父母对子女的抚养到子女成年即 18 周岁为止，对成年子女不再负有抚养义务。但对于不能独立生活的成年子女，父母又有负担能力的，仍应给付必要的抚养费。现行《婚姻法》第 21 条规定的"不能独立生活的子女"，根据《婚姻法解释（一）》第 20 条规定，"是指尚在校接受高中及其以下学历教育，或者丧失或未完全丧失劳动能力等非因主观原因而无法维持正常生活的成年子女"。同条所称的"抚养费"，根据《婚姻法解释（一）》第 21 条规定，"包括子女生活费、教育费、医疗费等费用"。

父母不履行抚养义务，使子女受抚养的权利受到侵害时，子女有向父母追索抚养费的权利。追索抚养费纠纷，可由抚养义务人所在单位或有关部门进行调解，也可直接经由诉讼程序处理。《婚姻法解释（三）》第 3 条明确规定："婚姻关系存续期间，父母双方或者一方拒不履行抚养子女义务，未成年或者不能独立生活的子女请求支付抚养费的，人民法院应予支持。"人民法院应根据抚养权利人的需要和父母的抚养能力，通过调解或判决的方式，确定抚养费的数额、给付期限和方式；对于拒不履行抚养义务，情节恶劣，构成犯罪的，应当依法追究刑事责任。

2. 教育义务。教育，是指父母在思想品德等方面对子女的培养和关怀。父母是子女最直接的启蒙老师，家庭对子女的健康成长有着很大的影响。父母与子女之间的亲密关系，为教育子女提供了无可替代的有利条件。因此，教育子女是父母法律上的一项重要义务，也是社会道德的必然要求。父母对子女的教育义务主要包括两方面的内容：①父母应当以健康的思想、品行和适当的方法教育子女，预防和制止子女实施不良行为，保障子女的身心健康地成长。我国《未成年人保护法》第 11 条规定："父母或者其他监护人应当关注未成年人的生理、心理状况和行为习惯，以健康的思想、良好的品行和适当的方法教育和影响未成年人，引导未成年人进行有益身心健康的活动，预防和制止未成年人吸烟、酗酒、流浪、沉迷网络以及赌博、吸毒、卖淫等行为。"②父母应当尊重未成年子女受教育的权利，必须让适龄的未成年子女按照规定接受义务教育，不得使在校接受义务教育的未成年子女辍学。我国《义务教育法》第 11 条第 1 款规定："凡年满 6 周岁的儿童，其父母或者其他法定监护人应当送其入学接受并完成义务教育；条件不具备的地区的儿童，可以推迟到 7 周岁。"该法第 58 条规定："适龄儿童、少年的父母或者其他法定监护人无正当理由未依照本法规定送适龄儿童、少年入学接受义务教育的，由当地乡镇人民政府或者县级人民政府教育行政部门给予批评教育，责令限期改正。"

（二）父母对子女有保护和教育的权利和义务[1]

现行《婚姻法》第 23 条规定："父母有保护和教育未成年子女的权利和义务。在未成年子女对国家、集体或他人造成损害时，父母有承担民事责任的义务。"

1. 保护义务。保护，是指父母应当保护未成年子女的人身安全和合法权益，预防和排除来自他人的非法侵害和自然界的危害，使未成年子女的人身、财产及其他合法权益处于安全状态。首先，父母自己不得有危害子女的人身安全、侵害未成年子女财产权益的行为。禁止对未成年人实施家庭暴力，禁止虐待、遗弃未成年人，禁止溺婴和其他残害婴儿的行为，不得歧视女性未成年人或者有残疾的未成年人。[2] 其次，父母有权利和义务防止、排除外界对未成年子女的侵害，保障他们的安全和健康。父母是未成年子女的法定监护人和法定代理人，当未成年子女的人身或财产权益受到他人侵害时，父母有权以法定代理人的身份提起诉讼，请求停止侵害、排除妨碍、赔偿损失等。在未成年子女被人拐骗、脱离家庭时，父母有权要求归还子女。如某人实施了拐卖人口的行为，父母可请求司法机关追究其刑事责任。

2. 教育义务。本条规定的"教育"，是对 1980 年《婚姻法》第 17 条规定的"管教"修改而来的，虽然与前述第 21 条中所称的"教育"在文字上一样，但是两

---

[1]　主编注：有关大陆法系国家和英美法系国家之父母对未成年子女监护制度的演变，参见曹诗权：《未成年人监护制度研究》，中国政法大学出版社 2004 年版，第 147～232 页。有关当代中国内地与港、澳、台监护法的发展趋势研究，参见陈苇主编：《当代中国内地与港、澳、台婚姻家庭法比较研究》，群众出版社 2012 年版，第 642～643 页。

[2]　参见现行《婚姻法》第 21 条第 4 款、现行《未成年人保护法》第 10 条第 2 款。

者的侧重点不同。本条规定的"教育"，是指父母有权利和义务按照法律和社会道德的要求，采用正确的、适当的方法，对未成年子女加以管理、教导，并对其行为进行必要的约束，使他们在思想上、品德上得以健康成长。未成年子女属于无民事行为能力或限制民事行为能力人，缺乏对事物的正确判断和处理能力。当子女的言行出现缺点与错误时，父母有责任对其进行批评与帮助，并给予正确的引导。我国2012年修正后的《预防未成年人犯罪法》第14～20条对父母的教育义务作了十分具体的规定，主要包括：未成年人的父母或者其他监护人和学校应当教育未成年人不得有下列不良行为：①旷课、夜不归宿；②携带管制刀具；③打架斗殴、辱骂他人；④强行向他人索要财物；⑤偷窃、故意毁坏财物；⑥参与赌博或者变相赌博；⑦观看、收听色情、淫秽的音像制品、读物等；⑧进入法律、法规规定未成年人不适宜进入的营业性歌舞厅等场所；⑨其他严重违背社会公德的不良行为。"未成年人的父母或者其他监护人和学校应当教育未成年人不得吸烟、酗酒。""未成年人擅自外出夜不归宿的，其父母或者其他监护人、其所在的寄宿制学校应当及时查找，或者向公安机关请求帮助。""未成年人的父母或者其他监护人和学校发现未成年人组织或者参加实施不良行为的团伙的，应当及时予以制止。发现该团伙有违法犯罪行为的，应当向公安机关报告。""未成年人的父母或者其他监护人和学校发现有人教唆、胁迫、引诱未成年人违法犯罪的，应当向公安机关报告。公安机关接到报告后，应当及时依法查处，对未成年人人身安全受到威胁的，应当及时采取有效措施，保护其人身安全。""未成年人的父母或者其他监护人，不得让不满16周岁的未成年人脱离监护单独居住。""未成年人的父母或者其他监护人对未成年人不得放任不管，不得迫使其离家出走，放弃监护职责。未成年人离家出走的，其父母或者其他监护人应当及时查找，或者向公安机关请求帮助。"而且，该法第21条还明确规定："未成年人的父母离异的，离异双方对子女都有教育的义务，任何一方都不得因离异而不履行教育子女的义务。"

3. 损害赔偿责任。在未成年子女对国家、集体或他人造成损害时，父母有承担民事责任的义务。对此，我国《侵权责任法》第32条规定："无民事行为能力人、限制民事行为能力人造成他人损害的，由监护人承担侵权责任。监护人尽到监护责任的，可以减轻其侵权责任。有财产的无民事行为能力人、限制民事行为能力人造成他人损害的，从本人财产中支付赔偿费用。不足部分，由监护人赔偿。"1988年《执行民法通则意见》第158条规定："夫妻离婚后，未成年子女侵害他人权益的，同该子女共同生活的一方应当承担民事责任；如果独立承担民事责任确有困难的，可以责令未与该子女共同生活的一方共同承担民事责任。"第161条规定："侵权行为发生时行为人不满18周岁，在诉讼时已满18周岁，并有经济能力的，应当承担民事责任；行为人没有经济能力的，应当由原监护人承担民事责任。行为人致人损害时年满18周岁的，应当由本人承担民事责任；没有经济收入的，由扶养人垫付；垫付有困难的，也可以判决或者调解延期给付。"

（三）子女对父母有赡养扶助的义务

现行《婚姻法》第 21 条规定："……子女对父母有赡养扶助的义务。……子女不履行赡养义务时，无劳动能力的或生活困难的父母，有要求子女付给赡养费的权利。……"理解子女对父母的赡养扶助义务应注意以下几个问题：

1. 赡养扶助的义务主体。赡养扶助义务的主体是有独立生活能力的成年子女。现行《婚姻法》第 21 条对此虽未有明文，但我国现行《宪法》第 49 条明确规定："……成年子女有赡养扶助父母的义务。……"同时，未成年子女或没有独立生活能力的成年子女自身尚需要父母的抚养，客观上不具备履行赡养扶助义务的能力。因此，现行《婚姻法》第 21 条所规定的对父母承担赡养扶助义务的主体应解释为"有独立生活能力的成年子女"。

2. 赡养扶助的内容。赡养，是指子女在经济上对父母的供养，为父母提供必要的生活费用和生活条件。扶助，是指子女在日常生活上、精神上关心、照料父母。依据我国现行《老年人权益保障法》的规定，赡养人应当履行对老年人经济上供养、生活上照料和精神上慰藉的义务。[1] 赡养人应当使患病的老年人及时得到治疗和护理；对经济困难的老年人，应当提供医疗费用；对生活不能自理的老年人，赡养人应当承担照料责任；不能亲自照料的，可以按照老年人的意愿委托他人或者养老机构等照料；赡养人应当妥善安排老年人的住房，不得强迫老年人迁居条件低劣的房屋。老年人自有的或者承租的住房，子女或者其他亲属不得侵占，不得擅自改变产权关系或者租赁关系；对于老年人自有的住房，赡养人有维修的义务。赡养人有义务耕种或者委托他人耕种老年人承包的田地，照管或者委托他人照管老年人的林木和牲畜等，收益归老年人所有；家庭成员应当关心老年人的精神需求，不得忽视、冷落老年人；与老年人分开居住的家庭成员，应当经常看望或者问候老年人；赡养人不得要求老年人承担力不能及的劳动；等等。[2]

子女对父母的赡养扶助是无期限的，直至父母死亡为止，也不得附加任何条件。子女不得以放弃继承权或者其他原因为由，拒绝履行赡养义务。子女的赡养义务不因父母婚姻关系的变化而消除。无论子女是否与父母居住在一起，都应履行赡养扶助义务。如有多个子女，则应根据每个子女的实际情况，共同对父母进行赡养扶助。赡养费的数额，应根据子女的负担能力和父母的实际需要确定。经老年人同意，赡养人之间可以就履行赡养义务签订协议。赡养协议的内容不得违反法律的规定和老年人的意愿。基层群众性自治组织、老年人组织或者赡养人所在单位监督协议的履

---

[1]　主编注：对于我国现行《老年人权益保障法》是否应当规定子女对父母有"精神赡养"的法定义务，有学者持否定观点。参见高留志：《扶养制度研究》，法律出版社 2006 年版，第 9 页。但 2012 年修正之后的《老年人权益保障法》第 18 条明确规定了精神赡养："家庭成员应当关心老年人的精神需求，不得忽视、冷落老年人。与老年人分开居住的家庭成员，应当经常看望或者问候老年人。……"

[2]　参见我国现行《老年人权益保障法》第二章。

行。子女不履行赡养义务时，无劳动能力的或生活困难的父母[1]，有要求子女付给赡养费的权利，父母可以请求有关部门进行调解或者通过诉讼程序直接向人民法院起诉。人民法院处理赡养纠纷，应当根据父母的实际需要和子女的经济负担能力，坚持保护老年人合法权益的原则，通过调解或判决的方式使子女依法履行赡养义务。对有能力赡养而拒绝赡养的赡养义务人，情节恶劣的，应当依法追究刑事责任。

3. 赡养与抚养的关系。有的子女从小没有得到父母的抚养，成年后对父母是否就没有赡养的义务呢？即赡养与抚养是否对等？对此应区别情况对待。如果父母对子女未尽抚养义务是客观原因或无力抚养导致，如因特大自然灾害、战争等导致父母子女失散，或父母长期身患重病、丧失劳动能力、在监狱服刑等，成年的子女对父母仍负有赡养义务；如果父母对子女未尽抚养义务是基于主观原因，如对子女犯有故意杀人罪（未遂）、强奸罪（父亲强奸女儿）、虐待罪、遗弃罪等，子女成年后，对父母则不负赡养义务。因为这些罪行严重侵害了子女的合法权益，严重伤害了子女的感情。需要注意的是，如果父母仅有虐待、遗弃子女的行为，尚未构成犯罪或犯有其他罪行的，子女成年后仍应尽赡养义务。[2]

（四）子女应当尊重父母的婚姻权利

婚姻权利是公民的基本民事权利。婚姻自由是我国婚姻法的基本原则之一，公民有权依照法律的规定自主决定自己的婚姻问题，不受任何人的非法干涉和强迫。现实生活中，对父母的婚姻权利，绝大多数子女都是尊重的，对父母再婚也是赞同、支持的。但漠视父母的婚姻权利，干涉父母再婚的现象仍时有发生。鉴于此，现行《婚姻法》增设专条以保护父母的婚姻自由权。该法第30条规定："子女应当尊重父母的婚姻权利，不得干涉父母再婚以及婚后的生活。子女对父母的赡养义务，不因父母的婚姻关系变化而终止。"子女应当尊重父母的婚姻权利，包括离婚和再婚的自主权利。司法实务中的有关案例表明，子女之所以干涉父母再婚，一是出于对财产、

---

[1] 包括有生活来源，但因丧失劳动能力，生活不能自理而需要照料的父母。

[2] 2010年，我国台湾地区通过了修改"民法"及"刑法"的修正草案，将父母与子女间的赡养义务调整为"相对义务"，即子女如曾遭父母性侵犯、虐待、遗弃或其他不法侵害，可以请求法院减轻或免除其赡养父母的义务；子女若不扶助、养育或保护曾对他们实施杀人未遂、性侵犯、虐待或弃养等行为的父母，也可免除遗弃罪的追诉。我国台湾地区本次修法强调扶养义务不再是绝对义务，而是依照个案判断的相对义务，民众传统的"天下无不是父母"也会因为修正而产生松动，但并不会瓦解扶养义务制度和动摇良善观念，修正反倒更能符合扶养义务的本意，使得父母子女间能真正为彼此着想，促进双方的情感交流和增进彼此的爱心。根据修法之精神，父母对子女、子女的配偶、子女的直系血亲故意虐待、重大侮辱或为其他不法侵害（依据此条文，未来子女也能以父亲虐待母亲或祖父母为由，要求法院减轻其对父亲的赡养义务），或父母曾弃养子女的，法院可依个案调整减轻子女赡养义务。例如，父母对子女犯有杀人未遂、强制性交、猥亵、妨害幼童发育等重大情节，法院得完全免除子女的赡养责任。子女遗弃曾对其犯有杀人未遂、性侵害、虐待、弃养等罪行的父母，免除遗弃罪的追诉。参见刘文忠："台修'法'免除受虐子女的赡养义务"，载《法制日报》2010年3月23日，第12版。

继承等问题的考虑，担心父母再婚会影响自己的经济利益；二是基于落后的婚姻观念，不能正确对待父母的正当要求。对于干涉父母再婚的子女，应当进行批评教育，责令其改正错误；情节恶劣，后果严重的，应当根据有关规定追究其法律责任。有的子女在干涉父母再婚时，往往以不予赡养要挟。有关赡养义务的规定属于强制性的规范，子女对父母的赡养义务不因父母的婚姻关系变化而终止。因此，即使子女与父母达成若再婚即不负赡养义务的协议也是无效的。

（五）父母子女有相互继承遗产的权利

现行《婚姻法》第24条第2款规定："父母和子女有相互继承遗产的权利。"这一权利是基于父母子女双方的特定身份而产生的。依据我国《继承法》的规定，父母和子女互为第一顺序的法定继承人。父母，包括生父母、养父母和形成抚养教育关系的继父母；子女，包括婚生子女、非婚生子女、养子女和形成抚养教育关系的继子女。

第二节　生子女

基于尊重和保护子女利益的精神，本节名称由原传统教材的"婚生子女与非婚生子女"更改为"生子女"。[1] 对自然血亲的父母子女关系，从父母是否有婚姻关系的角度进行分类，分为"有婚姻关系的父母与子女的关系"与"无婚姻关系的父母与子女的关系"两部分进行阐述。

在原始社会，人类的婚姻为群婚形态，生育行为处于自然状态，子女没有婚生和非婚生之分。自人类进入到阶级社会，婚姻形式从群婚演变发展为一夫一妻制的个体婚姻以来，人类的生育行为也有了合法与非法之分，所生子女也相应有了婚生子女和非婚生子女之别。

---

〔1〕　主编注：依子女的生父母之间是否具有合法的婚姻法关系，传统的亲子法将子女区分为婚生子女与非婚生子女。自人类社会普遍确立一夫一妻制以来，严格的婚姻制度一直否认婚外两性关系，此态度自然殃及在婚外两性关系中出生的子女。在古代社会，由于非婚生子女的父母之婚外两性关系受到法律的否认和道德的谴责，非婚生子女通常不能获得与婚生子女同等的法律地位，其在人身和财产问题上均受到歧视。到近代社会，人们认识到子女的法律地位是不能取决于其父母之间有无合法婚姻关系的，法律歧视无辜的非婚生子女是不公平的，因此社会舆论和法律对非婚生子女的态度发生了很大的转变，许多国家先后修改法律，删除对非婚生子女的歧视性规定，赋予非婚生子女与婚生子女完全相同的法律地位，并明文禁止对非婚生子女的虐待和歧视。在现代社会，从外国亲子法的最新立法动向看，在承认非婚生子女与婚生子女两者具有完全相同法律地位的基础上，近年有些国家已经从子女的称谓上消除了"婚生子女"与"非婚生子女"的差别，统一称为"子女"，以体现尊重和保护儿童利益的立法意旨。参见陈苇主编：《外国婚姻家庭法比较研究》，群众出版社2006年版，第315～318页。

一、有婚姻关系的父母与子女的关系

（一）婚生子女概述

婚生子女，是指在婚姻关系存续期间受胎或出生的子女。严格意义上的婚生子女应具备下列要件[1]：①其父母间须有婚姻关系；②其为生父之妻所怀孕分娩；③其在父母的婚姻关系存续期间受胎；④其为生母之夫的血缘。上述前两个要件很容易证明，但要证明后两个要件很困难。为了解决这一难题，大多数国家的婚姻家庭法基于尊重婚姻道德、维护婚姻制度、维护婚姻家庭的稳定以及保护子女利益的需要，根据医学上的生育经验，设立了婚生子女推定制度。

（二）婚生子女的推定与否认

1. 婚生子女推定的概念。所谓婚生子女的推定，是指子女系生母在婚姻关系存续期间受胎或出生，该子女被法律推定为生母与生母之夫的婚生子女。婚生推定制度是法律为建立婚生亲子关系所设的一种制度。因为，通过外观来证明该子女为生母之夫的血缘，实非易事。为了解决这一难题，大多数国家的婚姻家庭法"依据医学上之统计"以及"信凭婚姻道德"[2]，为维护和巩固因合法婚姻关系建立的家庭，保护子女利益，设立了婚生子女推定制度。在有关婚生子女推定制度的立法和理论观点中，对婚生子女的推定有以下几点认识：

（1）婚生子女的推定不仅是对子女婚生身份的推定，同时也是对父亲身份的推定。

（2）在婚生子女的推定中决定父子女关系的要素有二，即婚姻关系和血缘关系，而不是单纯取决于父子女间的血缘关系。

（3）婚生子女的推定只是一种法律上的推定，可以被客观事实推翻。法律允许利害关系人提出否认之诉，但须经法院判决确认后方可撤销婚生推定。

2. 婚生子女推定的原则与方法。对于子女的婚生推定，主要有以下三种原则和方法：

（1）受胎说。即以子女是否在婚姻关系存续期间受胎为标准的原则和方法。依此方法，只要子女系在婚姻关系期间受胎，即推定为婚生子女，如有反证，可提起否认之诉。

（2）出生说。即以子女是否在婚姻关系存续期间出生为标准的原则和方法。依此方法，在母亲已结婚的一切案件中，可对子女作婚生子女的推定。如果子女在婚前受胎，婚后出生，该子女也被推定为婚生子女。但是，如能证明丈夫不能人道，或在子女可能受胎的期间不在，或通过亲子鉴定等证明该丈夫不可能是子女的父亲，则可提起否认之诉。

（3）混合说。此说又分为两种：一种以出生说为原则，以受胎说为补充。即凡

---

〔1〕　陈棋炎、黄宗乐、郭振恭：《民法亲属新论》，三民书局1987年版，第202页。

〔2〕　陈棋炎、黄宗乐、郭振恭：《民法亲属新论》，三民书局2013年版，第274页。

是在婚姻关系存续期间出生，或在婚姻关系中受胎而在婚姻关系终止或被撤销后出生的子女，皆为婚生子女，推定夫为父。另一种是以受胎说为原则，以出生说为补充。即凡是在婚姻关系中受胎，不问在何时出生，皆为婚生子女，婚前受胎而婚后出生的子女，也可推定为婚生子女。

在借鉴国外立法与总结我国司法实践经验的基础上，我们建议《婚姻法》对婚生子女的推定作出明确规定，以填补父母子女关系立法的漏洞，对婚生子女推定的方法，应以出生说为原则，以受胎说为补充。理由如下：受胎说将婚前受胎而婚后所生的子女排除在婚生子女之外，过于严格，不利于保护子女利益和维护婚姻家庭关系的稳定；出生说的明显缺陷在于，对婚姻关系中受胎而在婚姻终止后出生的子女不能推定为婚生子女。由于两者各有利弊，现代世界各国立法及学说大都倾向于采混合说。我国立法可借鉴混合说。据此，受婚生推定的子女应包括三种：①在婚姻关系中受胎并出生者；②在婚前受胎但于父母婚姻关系存续期间出生者；③在婚姻关系中受胎但于父母婚姻关系终止后出生者。

3. 婚生子女推定的否认。婚生子女推定的否认，是指当事人享有否认被推定的婚生子女为自己亲生子女的诉讼请求权（又称为否认权）的制度。婚生子女的父亲的身份既然只是一种法律上的推定，就有可能被相反的事实推翻。婚生子女的否认是对婚生子女推定的一种限制，目的是尽可能地使法律上的亲子关系与血缘上的亲子关系相统一，保障当事人及其子女的权益，避免应尽义务的当事人规避抚养责任，体现了法律的公正。

（1）否认的原因。现代大多数国家立法采概括主义，即只要提出的证据能推翻子女为婚生即可。只要能证明在其妻受胎期间未与之同居或妻受胎与夫无关，所生子女即与夫没有血缘上的联系。由于婚生否认之诉属于确认之诉，因而我国司法实践中应采此通说，即丈夫无生育能力、在子女受胎期间与妻子无同居的事实、亲子鉴定结论等都可以作为提出否认之诉的证据。

（2）否认权人。根据现代各国法律的规定，享有否认权的人可分为三类：一是丈夫；二是丈夫和子女；三是丈夫、妻子和子女。[1] 由于否认权人的范围关系到当事人的权益、亲子关系和家庭的稳定，所以，如果当事人之间已发生亲子般的亲情和父亲与子女关系的事实，仍毫无限制地允许任何第三人否认这一亲子关系，一概恢复具有真实血缘的亲子关系，既会伤害当事人之间的感情，不利于子女的健康成长，也无益于婚姻家庭和社会秩序的和谐稳定。因此，为了使亲子关系的真实性与稳定性之间尽可能地平衡，我们建议，我国婚姻法对否认权人的范围应加以必要的限制。[2]

---

〔1〕　陈苇主编：《外国婚姻家庭法比较研究》，群众出版社 2006 年版，第 322～323 页。

〔2〕　主编注：关于否认权人的范围限制，有学者主张婚姻期间与婚姻终止后应当有所不同。参见王洪：《从身份到契约》，法律出版社 2009 年版，第 156 页。

（3）否认权的行使期限。为了促使否认权人及时行使权利，早日确定子女的法律身份，绝大多数国家和地区对否认权的期限作了规定。如《法国民法典》规定为6个月；《德国民法典》规定为2年；《日本民法典》、我国台湾地区"民法"规定为1年。时效的计算，一般都从自知悉子女出生之日起开始，亦有国家是从丈夫知悉其妻子在受胎期间有与第三人同居的事实之日起算。我们认为，结合我国国情，参考外国和相关地区立法例，否认权的行使期限应规定为1年，自权利人知道或者应当知道受推定的子女并非其亲生子女之日起计算。

（4）否认之诉。婚生子女的推定只能经过否认之诉予以推翻，故否认权的行使，须以诉讼方式进行。否认之诉一经判决确定，子女的婚生性即被否认，而成为非婚生子女。

4. 设立婚生子女推定与否认制度的意义[1]。如前所述，我国现行《婚姻法》中虽使用了"婚生子女"这一概念，但对于其含义及婚生子女与父母关系依据何种规则推定或否认却未作规定。法学理论通说认为其系根据子女出生的事实而产生的。然而，仅凭出生这一事实是不可能直接确定子女的父亲的。外国立法例大都设立了婚生子女的推定与否认制度，从法律上明确婚生父母子女关系产生的根据。其意义在于：

（1）尊重婚姻道德的需要。一夫一妻制原则是近现代婚姻法的基本原则，该原则要求夫妻之间应当相互忠实，一切婚外性关系都是非法的、不道德的。现实生活经验显示，妻子在婚姻关系中所生子女通常都是由其夫受胎的，即大多数夫妻都能恪守婚姻道德。因此，为了尊重婚姻道德，应该推定丈夫是妻子所生子女的父亲。

（2）保护子女权益的需要。对于妻子在婚姻关系中受胎生育的子女，法律即推定为其夫的婚生子女，生母或子女无须证明子女与夫或父有血缘上的亲子关系。这

---

〔1〕 主编注：关于我国是否设立婚生子女的推定与否认制度，国外立法的最新发展动向值得注意。目前世界上有些国家已经在法律上取消了"婚生子女"与"非婚生子女"的称谓，如德国、埃塞俄比亚、英国、澳大利亚、瑞士、法国等。如在德国，在法律上已经没有"婚生子女"与"非婚生子女"的称谓，而仅使用"子女"一词，即有婚姻关系的男女所生子女，与无婚姻关系的男女所生子女，其法律地位都是平等的，其称谓也是相同的，以体现法律对儿童的尊重和保护。我国有学者提出，我国未来有关亲子关系推定与否认制度的立法，可借鉴德国的立法经验，对子女不再作"婚生"与"非婚生"的区分，而从父母的角度立法，对已结婚的父母所生子女，设立"父母身份的推定"与"父亲身份的撤销"制度；对未结婚的父母所生子女，设立"父母身份的认可"与"父亲身份的确认"制度，这样更能体现子女的法律地位和称谓，不受父母有无婚姻关系的影响，既有利于保护子女的合法权益，又能彰显现代法律对儿童尊重和保护的立法意旨。参见陈苇：《中国婚姻家庭法立法研究》，群众出版社2000年版，第315、356～357页；陈苇、靳玉馨："建立我国亲子关系推定与否认制度研究"，载梁慧星主编：《民商法论丛》总第27卷，金桥文化出版（香港）有限公司2003年版，第245～279页；陈苇主编：《外国婚姻家庭法比较研究》，群众出版社2006年版，第315～318页；澳大利亚《1975年家庭法（2008年修正）》第60B条第（2）（a）款，载陈苇（项目负责人）：《澳大利亚家庭法（2008年修正）》，群众出版社2009年版，第115页。

样可以避免确认父子关系所固有的证明困难，不会使子女的法律身份处于不确定状态，从而使子女在受胎期间和出生后就能切实享有法律赋予的权利，有利于子女权益的保护。

（3）保护丈夫合法权益的需要。婚生子女的推定只是一种法律上的推定，若有相反的事实，丈夫有权否认亲子关系的存在。法律赋予丈夫的这种否认权不仅是血缘真实性原则的要求，以尽可能使法律上的亲子关系与血缘上的亲子关系相统一，而且可以使丈夫免除其不应承担的义务，从而保护丈夫的合法权益。

（4）维护婚姻家庭和睦与稳定的需要。根据有些国家的婚生子女推定制度，享有婚生否认请求权的只能是丈夫、妻子或子女本人，第三人不得任意主张夫妻在婚姻关系中所生子女为自己的子女，这样可以防止他人对夫妻关系和亲子关系的干扰和介入。可见，婚生子女推定制度在法律机制上有利于维护婚姻家庭的和睦与稳定。

我国现行《婚姻法》虽无明文规定婚生子女推定与否认制度，但在司法实践中实际上已采用婚生推定原则确定婚姻关系中所生子女的父亲。早在1956年最高人民法院在《关于徐秀梅所生的小孩应如何断定生父问题的复函》中指出："小孩是在双方婚姻关系继续存在中所生的，男方现主张非其所生，应提出证据证明。男方既提不出任何证据而法院亦无法另找证明方法，在这种情况下，法院只能认为男方的主张不能证明，在这认定下对小孩问题予以判决。"这一司法解释明确了婚生子女推定与否认的原则，即在婚姻关系存续期间所生子女，应认定为夫妻双方的子女；丈夫否认子女非其所生的，应负证明责任。这一法律原则至今仍为人民法院所遵循。值得注意的是，2011年8月13日起施行的《婚姻法解释（三）》已经明确规定了有关亲子关系否认的推定规则，其第2条第1款规定："夫妻一方向人民法院起诉请求确认亲子关系不存在，并已提供必要证据予以证明，另一方没有相反证据又拒绝做亲子鉴定的，人民法院可以推定请求确认亲子关系不存在一方的主张成立。"[1]

二、无婚姻关系的父母与子女的关系

（一）非婚生子女概述

非婚生子女，是指没有婚姻关系的男女所生子女。非婚生子女包括：未婚男女所生子女、已婚妇女与第三人所生的不受婚生推定的子女、已婚妇女所生但被法院判决否认婚生推定的子女。对于无效婚姻或被撤销婚姻的当事人所生的子女，有的国家将其视为非婚生子女，而多数国家却基于保护子女利益的需要，将其规定为婚生子女。

从生育的自然属性上看，非婚生子女与婚生子女并无区别。但是，从生育的法律属性上讲，非婚生子女是婚生子女的对称。在私有制社会，非婚生子女历来受到歧视，其社会地位、家庭地位和法律地位十分低下，被称为"私生子""奸生子"。

---

〔1〕 主编注：关于我国亲子鉴定立法的研究，参见赖红梅：《亲子鉴定法制化进程之思考》，法律出版社2013年版，第98～122页。

事实上，非婚生子女的出现，是由其父母或他人的过错造成的，非婚生子女本身是无辜的，对非婚生子女的歧视是不公平的社会现象。直到 20 世纪初，人们对非婚生子女的态度转向宽容，出于人道主义、人权思想等观念，现代社会趋向于保护非婚生子女的权益，各国开始采取措施改善非婚生子女的法律地位。许多国家通过准正与认领的程序，使非婚生子女婚生化，不少国家开始规定非婚生子女享有与婚生子女同等的权利。[1]

非婚生子女与其生母的法律关系，大多数国家遵循罗马法"谁分娩，谁母亲"之原则，母亲身份都是基于子女出生的事实或者在出生证上登记母亲的姓名而自动取得的，即发生法律上的母子（女）关系。非婚生子女与生父的关系，无法以出生分娩的事实来直接确定。所以，确定生父身份是一个比证明生母身份更为复杂的法律问题。

（二）非婚生子女的认领与准正

1. 非婚生子女的认领。非婚生子女的认领，是指非婚生子女的生父承认该子女是自己的子女的行为。认领的目的，是依法确定非婚生子女的生父。认领主要有两种方式：自愿认领和强制认领。

（1）自愿认领。是指生父自愿承认该非婚生子女为自己子女的行为。又分为两种：①单独行为自愿认领。生父对子女的认领享有决定权，不依赖于其他人的同意，也不管母亲或子女本人是否反对。这种认领表明，生父的意愿对生父身份的确定具有决定性的作用，含有浓厚的父权主义思想，与保护非婚生子女利益的世界潮流相背离，因而为大多数国家的立法所摒弃。②附条件的自愿认领。目前，大陆法系国家普遍实行的是附条件的自愿认领，条件之一就是母亲或子女的同意。如《德国民法典》第 1595 条规定，生父的自愿认领必须经母亲同意，如果母亲在此范围内不享有父母照顾权，认领还必须经子女同意。《日本民法典》规定，对成年子女，非经其承诺，不得认领；父对胎内子女亦可认领，但应经母的承诺。[2]

认领是一种确认人身关系的重要身份法律行为，大多数国家和地区都规定，自愿认领为要式行为，主要通过以下方式进行：①公证认领，如德国和法国规定，认领非婚生子女需进行公证；②登记认领，如苏联立法规定，父母双方应共同到户籍机关登记认领；③事实认领，即生父已经抚养非婚生子女，并且有认为该子女是自己亲生子女的意思表示的，视为认领，如我国台湾地区"民法"的规定。

生父认领非婚生子女后，不得任意撤销其认领。如果认领的意思表示有重大瑕

---

[1] 主编注：值得注意的是，原《日本民法典》曾经规定，非婚生子女继承时，其法定应继份额为婚生子女法定应继份额的 1/2。但在平成二十五年（2013 年）9 月 4 日，日本最高裁判所大法庭对此规定已作出了违宪判决。并在同年，法务省官方主页也公布了此判决，详见 http：//www. moj. go. jp/MINJI/minji07_ 00143. html.

[2] 参见王爱群译：《日本民法典》，法律出版社 2014 年版，第 782～783 条。

疵，认领人可以提起认领无效或撤销之诉；其他利害关系人也可以认领人非该子女之生父而提起无效或撤销之诉。

（2）强制认领。非婚生子女的生父不自愿认领的，非婚生子女本人及其生母或其法定代理人向法院请求强制生父认领，即谓强制认领。强制认领的原因包括：①未婚所生子女，经生母指认的生父不承认该子女与其具有血缘关系；②已婚所生子女，经生母指认该子女的生父为其丈夫以外的第三人而遭否认。

法律要求强制认领的请求权人负有举证责任。请求权人必须提供强制认领的事实和原因，如该子女在受胎期间生父与生母有同居的事实，或有证明确立亲子关系的书面材料等。必要时法院也可依当事人的申请，通过亲子鉴定来确认其生父。必须注意，对于当事人一方起诉请求确认亲子关系，并提供必要证据予以证明，而另一方没有相反证据又拒绝做亲子鉴定的情形，根据《婚姻法解释（三）》第 2 条第 2 款确立的亲子关系推定规则，人民法院可以推定请求确认亲子关系一方的主张成立。[1] 关于强制认领的请求权人，一般限定为生母或该子女本人。关于强制认领的时效，各国规定不一，《法国民法典》规定为 2 年，《瑞士民法典》规定为 1 年，美国各州大多规定为生母在怀孕或分娩后的任何时期。

自愿认领和强制认领具有相同的效力。认领一般具有溯及既往的效力，如《日本民法典》规定，认领溯及出生时发生效力，但不得侵害第三人的既得权利。此外，认领的效力还及于认领后子女的姓氏，以及生父对生母在妊娠、生育等方面的补偿责任等。

2. 非婚生子女的准正。非婚生子女的准正，是指已出生的非婚生子女因父母结婚或司法宣告而取得婚生子女资格的制度。准正制度始于罗马法。为了保护非婚生子女的利益和尊重婚姻制度，现代大陆法系各国和英美法系国家多设有准正制度。

（1）准正的要件。①非婚生父母子女之间须有其身份赖以确定的血缘关系；②生父母须有结婚的事实或司法宣告。

（2）准正的形式。准正有两种形式：①因生父母结婚而准正。其本身又分为两种情况：一是仅以生父母结婚为准正的要件，如德国、比利时、秘鲁等均采此制；二是以生父母结婚和认领为准正的双重要件，如《日本民法典》第 789 条第 1 项规定："父认领的子女，因其父母结婚而取得婚生子女的身份"。②因法院宣告而准正。其是指生父或生母死亡，或有婚姻障碍，致使结婚准正不能时，得依一方或子女的请求，由法院宣告子女为婚生子女。

（3）准正的效力。准正使非婚生子女取得婚生子女的法律资格。关于效力发生的时间，世界上有些国家的规定有所不同。有的规定从父母结婚或法院宣告之日起

---

〔1〕《婚姻法解释（三）》第 2 条第 2 款规定："当事人一方起诉请求确认亲子关系，并提供必要证据予以证明，另一方没有相反证据又拒绝做亲子鉴定的，人民法院可以推定请求确认亲子关系一方的主张成立。"

发生效力,如《法国民法典》第 332 条;有的则规定效力追溯至子女出生之日起发生,如《瑞士民法典》第 259 条和《日本民法典》第 784、789 条。[1]

（三）我国非婚生子女的法律地位

我国现行《婚姻法》第 25 条规定:"非婚生子女享有与婚生子女同等的权利,任何人不得加以危害和歧视。不直接抚养非婚生子女的生父或生母,应当负担子女的生活费和教育费,直至子女能独立生活为止。"《继承法》第 10 条规定:"遗产按照下列顺序继承:第一顺序:配偶、子女、父母……本法所说的子女,包括婚生子女、非婚生子女……"可见,我国法律十分强调对非婚生子女的保护,赋予非婚生子女与婚生子女完全相同的法律地位,法律关于父母子女间权利义务的规定,同样适用于父母与非婚生子女之间。

目前,我国现行《婚姻法》中尚无非婚生子女准正和认领的规定。司法实践中,非婚生子女一般因生父母结婚而被视为婚生子女。非婚生子女与其生父的关系,则须生父自己主动承认;或通过生母或其他监护人提出证据,法院经查证属实,能证明非婚生子女与生父关系的,即可判决确认非婚生子女与生父的关系,并适用婚生子女与父母之间权利义务的规定。[2]

第三节　继子女

一、继父母子女概述

（一）继父母子女的概念

继子女,是指夫与前妻或妻与前夫所生的子女。继父母,是指母之后夫或父之后妻。继父母与继子女关系,是由于生父母一方死亡,或者父母离婚后另行再婚而形成的。

（二）继父母子女关系的类型

我国现行《婚姻法》以继父母子女间是否形成抚养教育关系为依据,将继父母子女关系分为两种类型:①未受继父母抚养教育的继子女,与继父母属于直系姻亲关系;②受继父母抚养教育的继子女,与继父母属于法律拟制直系血亲关系。形成

---

[1] 主编注:关于婚生子女的推定与否认制度、非婚生子女的准正和认领制度,我国台湾地区"民法亲属编"的相关立法,参见宋豫、陈苇主编:《中国大陆与港、澳、台婚姻家庭法比较研究》,重庆出版社 2002 年版,第 264~267 页;陈苇主编:《当代中国内地与港、澳、台婚姻家庭法比较研究》,群众出版社 2012 年版,第 346~351 页;法国、德国、意大利、瑞士、日本、英国、美国对此的相关立法,参见陈苇主编:《外国婚姻家庭法比较研究》,群众出版社 2006 年版,第 281~283、285~287、289~295、297~298、302~303、307~308 页。

[2] 主编注:关于我国亲子关系制度的构建研究,参见司丹:《亲子关系的体系建构与制度延展》,法律出版社 2016 年版,第 160~208 页。

了抚养教育关系的继父母子女之间发生父母子女间的权利义务关系；没有形成抚养教育关系的继父母子女之间不具有法律上的权利义务关系。

对于怎样才算形成了抚养教育关系，我国现行《婚姻法》未作规定，理论上和实践中也没有形成统一的标准。主要的理论观点有：①以继父母负担了继子女全部或部分抚养费为标准；②继父母与未成年的继子女长期共同生活，对继子女进行了教育和生活上的照料的，即使未负担继子女的抚养费，也应认为形成了抚养教育关系；③只要继父母与继子女长期一起共同生活，就可以认定其间形成了抚养教育关系。从《婚姻法》的立法意图解释，我们认为第一种和第二种观点均可取。然而，继父母与未成年的继子女共同生活多长时间才能视为"长期"呢？如果抚养的时间很短或时断时续的，是否可以认为已经形成抚养教育关系呢？此外，现实生活中，有的继子女在其生父母与继父母结婚时已经成年，对继父母自愿进行了赡养照顾，或者继父母虽未抚养教育过继子女，但继子女在成年后对继父母自愿进行了赡养照顾的，双方之间可否认为形成了抚养教育关系？这些问题不解决，不仅直接影响到《婚姻法》的实施，且使司法实践无法可依，不能定分止争。

二、继父母子女的法律地位

我国现行《婚姻法》第 27 条规定："继父母与继子女间，不得虐待或歧视。继父或继母和受其抚养教育的继子女间的权利和义务，适用本法对父母子女关系的有关规定。"这一规定说明在我国，继父母子女之间应平等相待，不得虐待或歧视。未形成抚养教育关系的继父母子女之间无法律上的权利义务；形成了抚养教育关系的继父母子女之间的权利义务，与亲生父母子女之间的权利义务是相同的。

需要注意的是，与继父母形成了抚养教育关系的继子女不同于养子女，该继子女与其生父母间的权利义务关系，并不因这种抚养教育关系的形成而终止。即是说，该类继子女既与其生父母间继续存在父母子女间的权利义务关系，同时又与继父母发生父母子女间的权利义务关系。1985 年《执行继承法意见》第 21 条规定："继子女继承了继父母遗产的，不影响其继承生父母的遗产。继父母继承了继子女遗产的，不影响其继承生子女的遗产。"

此外，现行《婚姻法》第 27 条仅规定了形成抚养教育关系的继父母子女之间发生父母子女间的权利义务关系，并未明确该继子女与继父母的近亲属之间是否也产生近亲属间的权利义务。学理上对此也有不同意见，有学者认为，形成了抚养教育关系的继子女与继父母的近亲属之间也产生一定的法律关系。[1] 我们认为，继子女与继父母这种法律拟制血亲与养父母子女这种法律拟制血亲关系形成的原因有着本质的不同，其效力也不应与收养的效力等同。1985 年《执行继承法意见》的相关规定就未承认继父母子女关系的效力可及于其他近亲属。1985 年《执行继承法意见》第 24 条第 1 款规定："继兄弟姐妹之间的继承权，因继兄弟姐妹之间的扶养关系而

---

〔1〕 曹诗权主编：《婚姻家庭继承法学》，中国法制出版社 1999 年版，第 206～207 页。

发生。没有扶养关系的，不能互为第二顺序继承人。"第 26 条规定："被继承人的养子女、已形成扶养关系的继子女的生子女可代位继承；被继承人亲生子女的养子女可代位继承；被继承人养子女的养子女可代位继承；与被继承人已形成扶养关系的继子女的养子女也可以代位继承。"

三、继父母子女关系的终止

关于继父母子女之间的关系能否解除的问题，现行《婚姻法》无规定。根据有关司法解释及学理通说，其终止可区分两种情况分别处理。

（一）未形成抚养教育关系的情况

未形成抚养教育关系的继父母子女之间属于姻亲关系，不产生父母子女之间的权利义务。在生父与继母或生母与继父离婚时，这种关系随之终止。

（二）形成抚养教育关系的情况

形成抚养教育关系的继父母子女之间属于拟制直系血亲，能否解除应视具体情况而定：

1. 在生父与继母或生母与继父的婚姻关系存续期间，如果继子女未成年，为维护子女的利益，继父母子女关系一般不得解除。

2. 生父与继母或生母与继父的婚姻关系因一方死亡而终止，另一方生父母要求将子女领回抚养，或生父母与继父母离婚，未成年子女由生父或生母领回抚养的，该继子女与继父母的关系自然解除。

3. 因生父与继母或生母与继父离婚，如果继父母不同意继续抚养未成年的继子女的，其已形成的抚养教育关系因此而终止；如果继父母愿意继续抚养继子女，生父母又同意的，应当允许。1993 年《子女抚养意见》第 13 条规定："生父与继母或生母与继父离婚时，对曾受其抚养教育的继子女，继父或继母不同意继续抚养的，仍应由生父母抚养。"

4. 生父与继母或生母与继父的婚姻关系因生父母死亡而终止，或生父母与继父母离婚的，受继父母抚养教育的继子女已经成年的，其已形成的抚养教育关系不能自然解除。如果继父母子女关系恶化，继父母或继子女一方或双方提出解除继父母子女关系的，可以准许。但是，为维护老人的合法权益，对年老体弱、生活困难的继父母，继子女应当承担赡养扶助的义务。

已经形成抚养教育关系的继父母子女之间属于拟制直系血亲，可以通过协议方式解除，也可以通过诉讼解除。

第四节　人工生育子女

自 20 世纪以来，随着人工生殖技术的问世和应用，出现了不通过自然的性行为而受孕生育子女的人工生育方式。人工生殖技术带来了诸多全新的伦理和法律问题。

在亲子关系领域，人工生殖技术推翻了传统认定父母子女关系基础的血缘联系，产生了生物学上的母亲（分娩之母）、遗传学上的父母（精子或卵子的提供者）以及社会学上的父母（不提供生殖细胞且不怀孕分娩的养育者）等的不同，传统的亲子法面临着挑战。为使人工生殖技术得以正确运用，以免造成社会与法律秩序的混乱，一些国家对人工生殖技术以立法进行规范，主要内容包括规范人工生殖技术的实施范围、条件、程序、管理机构、法律责任以及如何确定人工生殖子女的法律地位等。如法国在 1994 年 7 月 29 日通过第 94 - 653 号法令修改了民法典，其第 311 - 19、311 - 20 条对"借助医学方法进行的生育"，精子、卵子捐赠人的法律地位、夫妻对借助医学方法进行的生育表示同意的方式和效力等问题均作了规定。我国卫生部于 2001 年 2 月 20 日发布的《人类辅助生殖技术管理办法》（自 2001 年 8 月 1 日起施行）第 3 条规定："人类辅助生殖技术的应用应当在医疗机构中进行，以医疗为目的，并符合国家计划生育政策、伦理原则和有关法律规定。禁止以任何形式买卖配子、合子、胚胎。……"夫妻双方要求实施人类辅助生殖技术的，应符合国家计划生育政策、伦理原则和有关法律规定，并须签署同意书。

一、人工体内授精子女

人工体内授精是用人工方法将精液注入女子体内，使精子与卵子自然结合，以达到妊娠目的的一种生殖技术。作为一种治疗男子不育症的技术，人工体内授精是我国目前临床主要运用的人工生育方式。按照所用精液的来源不同，通常将其分为同质（同源）人工体内授精和异质（异源）人工体内授精。

（一）同质人工体内授精子女

同质授精（AIH）是指用丈夫的精液对妻子进行体内授精以生育子女的方法。它与自然生殖的区别仅在于授精的方式不同，所生子女的血缘来自夫妻双方。依据婚生推定理论，子女是在婚姻关系存续期间受胎或出生的即为婚生子女，至于受胎方式是自然受胎还是人工受胎，并不影响子女的婚生地位。故同质授精子女当然应解释为夫妻双方的婚生子女。在实践中，由于精子冷藏技术的运用，使 AIH 子女地位的确定变得复杂起来。

1. 妻子未征得丈夫同意或欺骗丈夫实施 AIH 所生子女的地位。施行人工生殖是一种手术，依医疗惯例，夫妻应共同到医院以书面方式同意而为之。但如果妻子未征得丈夫同意或欺骗丈夫实施，所生子女的法律地位如何呢？史尚宽先生认为，婚姻生活系以子女出生及对子女负扶养责任为基础的，从保障子女利益出发，不应容许夫单方任意回避子女之出生，故不问已得夫之承诺或在其协力之下施行手术，抑或夫不知，甚至违反夫之意思而施行手术，只要在婚姻关系存续中以夫之精子受胎者，均应认为是婚生子女。[1] 有的学者则认为，未经丈夫同意出生的 AIH 子女，丈

---

〔1〕　史尚宽："人工授精在民刑法上之问题"，载《史尚宽法学论文选集之一》，荣泰印书馆 1973 年版，第 525～526 页。

夫有否认权。[1] 我们赞同史尚宽先生的观点。依据婚生推定理论，子女在婚姻关系中受胎或出生的即为婚生子女，丈夫如果要否认该子女非其亲生，须证明该子女与自己没有血缘关系。在 AIH 情况下，妻子虽未征得丈夫同意或欺骗丈夫实施了手术，但该子女却与丈夫有血缘关系，因此，丈夫不能否认。

2. 妻子在夫死亡或离婚后可否使用前夫冷藏的精液实施人工授精生育子女。依据婚生推定理论，在夫死亡或离婚后，妻因实施人工授精而受胎并非在婚姻关系存续期间，所生子女不得推定为婚生子女。又因父死亡时尚未受胎，并不符合民法关于胎儿利益保护的规定，依继承法，也不得为其保留必要继承份额。但是，该子女确实与母之前夫具有血缘关系，在血缘上而言，他们与夫生前所生的子女并无实质区别，若视他们与婚生子女的地位迥异，似有歧视之嫌。针对这一点，大多数立法例偏向于禁止在夫死亡或离婚后使用前夫冷藏的精液，以避免争议和维护子女的利益。

（二）异质人工体内授精子女

异质授精（AID）是指使用第三人捐赠的精子注入妻子体内以生育子女的方法。由于 AID 所生子女只和母亲一方存在血缘关系，而精子的提供者与母亲并无婚姻关系，因此，确定由 AID 所生子女的法律地位远较 AIH 的复杂。有学者主张赋予 AID 子女独立的法律地位，因为其既不像婚生子女是因婚姻、血缘关系而产生的，又不像继子女是姻亲关系的产物，也不像养子女因收养关系而形成，更不像非婚生子女是婚外性行为的结果。AID 子女兼有血缘、婚姻和抚养等多重性，其产生有合法性，因此，应给予其独立的法律地位。[2] 也有学者认为，AID 子女应作法律拟制的血亲对待，适用有关养子女或继子女的规定。[3] 依婚生推定理论，妻子在婚姻关系存续期间受胎所生子女即受婚生推定，但夫妻一方如能证明该子女非自夫受胎，得于知悉子女出生后一定期间内提起婚生否认之诉。然而，通常夫妻是在双方同意的情况下实施 AID 方式生育子女的，如过于坚持事实上的血缘主义会不利于子女身份的安定和婚姻的和谐。所以，我们主张对 AID 子女的法律地位应区分情形加以分析。在婚姻关系存续期间，经夫妻双方一致同意实施 AID 所生的子女，应为婚生子女，夫妻任何一方不得行使否认权。如果实施 AID 未经丈夫同意或违背丈夫的意思，那么所生子女为非婚生子女，丈夫享有否认权。但从保护子女身份安定考虑，丈夫如未于知悉子女出生后法定期间内提起否认之诉，该子女的婚生地位即已确定，不得再提起否认之诉以推翻该推定。

二、人工体外授精子女

体外授精—胚胎移植（TVF - ET）是指用人工方法将卵子自体内取出，与精子

---

〔1〕　吕国强：《生与死：法律探索》，上海社会科学院出版社 1991 年版，第 70 页。

〔2〕　杨振山主编：《民商法实务研究·婚姻家庭卷》，山西经济出版社 1997 年版，第 311 页。

〔3〕　杨大文主编：《亲属法》，法律出版社 1997 年版，第 238 页。

在培养皿中授精，再将受精卵或胚胎植入女性子宫内以生育子女的方法。使用这种技术生育出来的子女被称为"试管婴儿"。体内授精和体外授精一样都是非自然生殖，但后者比前者更多地替代了自然生殖过程。在这一过程中，当事人可能有不孕夫妇、精子捐赠人、卵子捐赠人及怀孕分娩者等，其涉及的法律问题比体内授精更为复杂。根据 TVF－ET 所使用的精子和卵子的来源不同，可将其分为妻卵体外授精和捐卵体外授精。

（一）妻卵体外授精

由于精子的来源不同，妻卵体外授精有同质和异质体外授精之别。同质体外受精指的是利用医学技术，将夫的精子和妻的卵子在体外完成授精后再植入妻子子宫以生育子女的方法。这种方法与自然受孕的同质体内授精的细胞来源完全相同，均来自夫妻，区别仅是授精地点一个在体内，一个在体外。因此，妻卵同质体外授精所生子女的法律地位在解释上与 AIH 子女相同，为夫妻双方的婚生子女。异质体外授精指的是用第三人捐献的精子与妻卵在体外完成授精后再植入妻子子宫以生育子女的方法。这种情形与使用第三人捐献精子的 AID 子女的细胞相同，区别仅在于授精地点，所以，妻卵异质体外授精所生子女的法律地位应与 AID 子女的一样。

（二）捐卵体外授精

传统自然生育过程中，法律上基于"谁分娩，谁为母亲"的推定原则，认为凡女性怀孕且分娩子女即当然地被视为所生子女的母亲，因为卵子与子宫有着不可分离性。但是，现代医学技术已经使卵子也可以捐献，即让怀胎分娩的母体与所用卵子的提供者并非一人，造成一为生理上的联系者（分娩者），一为血缘基因上的联系者（捐卵者）。在这种情况下，究竟谁是法律上的母亲？传统的推定原则受到质疑，学说上有三种主张：

第一种主张认为，卵子虽然来自第三人，但胚胎系移植至妻子的体内，且由妻子完成分娩子女，故妻子应为子女法律上的母亲。这种解释与传统的"谁分娩，谁为母亲"的原则一致。

第二种主张认为，为了贯彻血统真实主义，生殖细胞来源于谁，谁即为该子女的母亲。故应以捐卵者为该子女法律上的母亲。此种主张虽然能够维持血统的真实性，但可能出现以下问题：①卵子捐献者若为未婚女性，所生子女即成为法律上的非婚生子女；②卵子捐献者若为已婚女性，父子关系是依生殖细胞捐献人还是依受胎时婚姻关系进行推定，两者产生矛盾；③与人工生殖治疗不孕的目的相违背。

第三种主张认为应以是否有成为子女之母亲的意思作为判断标准。捐献人如仅提供卵子而无成为子女法律上母亲之意思时，自不得使其成为该子女法律上的母亲，反之，则以其为子女法律上的母亲。这种主张以意思主义作为认定身份关系的标准，对子女权益的保障似有不周，若捐献者与分娩人均有意或均无意成为该子女之母时，如何解决其冲突？由此，意思主义仅能作为补充，不能作为唯一的判断标准。

我们认为，比较以上三种主张，似以第一种更为合理。但我国现行法无父子婚生推定的规定，有关母子血缘关系的认定系以分娩事实作为唯一判断标准。随着人工生育技术的发展，这样的规定显然已有疏漏，建议尽快立法填补。

（三）代理母亲

在妻子子宫无法使受精卵着床时，使用妻卵和夫精、妻卵和供精、供卵和夫精或供卵和供精在体外授精后，将胚胎植入他人子宫进行分娩生育，此分娩者即为代理母亲。通过代理母亲生育子女所引起的法律问题十分复杂。例如，谁是孩子的法律上的父母？尤其是妻子与代理母亲两人哪一个是孩子法律上的母亲？代孕合同是否有效？可否强制执行？如果代理母亲为已婚，其夫与孩子之间是什么关系？等等。

由于代理母亲涉及的法律问题异常复杂，法律上是否应当允许其存在的争议颇大。有的国家已通过立法或正在制定法律禁止代理母亲的适用；有的国家和地区则有条件地承认其存在，对有偿代孕合同予以禁止。我国的《人类辅助生殖技术管理办法》第3条第2款明确规定："……医疗机构和医务人员不得实施任何形式的代孕技术。"禁止任何形式的代理母亲。

第五节　父母对未成年子女的照护权

一、父母照护权概述

父母对未成年子女的照护权，即"父母照护权"或"父母照顾权"[1]，在历史上许多大陆法系国家的立法中被称为"亲权"。亲权制度源于罗马法的家父权和日尔曼法的保护权，指父母对于未成年子女在人身和财产方面的养育、管教以及保护的权利和义务。[2]但是到了现代社会，在有的国家的立法中，"亲权"已不再是纯粹的权利，而被代之以包含权利义务的"父母照护权"[3]，是指父母照料未成年子女的日常生活、保障其人身安全、谨慎管理归未成年子女所有的财产，以及代理其为民事法律行为和诉讼行为的权利义务。[4]

我国现行《婚姻法》中没有亲权或父母照护权的称谓，而只是把父母称为法定

[1]　主编注：我国有学者认为，父母照顾权虽然名为权利，但实际上以为他人谋利益为目的，是利他性的权利，是一种"义务权"。参见王丽萍：《亲子法研究》，法律出版社2004年版，第152页。
[2]　孔祥瑞、李黎：《民法典亲属编立法若干问题研究》，中国法制出版社2005年版，第190页。
[3]　如《德国民法典》在第四编"家庭法"的第二章"亲属"中，设专节即第五节规定了"父母照顾权"。
[4]　主编注：在现代社会，有关父母对未成年子女的"亲权"或称"监护权"立法的变化，以德国最为典型。20世纪70年代以来，德国亲子法进行了一系列修改，为尊重和保护儿童利益，1979年7月18日德国的《亲权照顾权新调整法》用"父母照护权"一词取代了原来的"亲权"。此后，1997年修改的《德国民法典》新增的第1697 a条明确规定：法官在处理父母照护权、交往权以及看护等事务方面，"应当考虑……作出最有利于子女利益的裁判"。参见陈苇：《中国婚姻家庭法立法研究》，群众出版社2010年版，第31页。

监护人。根据监护对象范围的宽窄，监护有广义和狭义之分。广义上的监护是指对一切未成年人和限制民事行为能力及无民事行为能力的成年人的人身和财产权益进行监督和保护的法律规范之总和。英美法系国家多采用这一体例，如英国、美国等。[1] 狭义上的监护是指对无父母或父母不能照护的未成年人以及其他限制民事行为能力或无民事行为能力成年人的人身和财产权益进行监督和保护的法律规范的总和。狭义的监护排除了父母对未成年子女的监督和保护，对此另设亲权制度加以规定。大陆法系国家多采此立法例，如日本、德国、瑞士等。[2]

我国《民法通则》和现行《婚姻法》均采广义的概念，将亲权的内容包含在监护中。对此在学术上一直存在争议。未成年人的监护与亲权虽然有一定的区别，但也是紧密联系的两个概念，即都是为了维护未成年人的利益，都体现了对未成年人人身和财产权益的维护，亲权人或监护人大多与被监护人存在亲属关系等，只是"监护制度是一项突破了亲属范围的，具有更为广泛的社会性的保护被监护人合法利益的制度"[3]。

二、父母照护权的内容

我国的监护制度是广义的监护，对于未成年人，父母是第一顺序的法定监护人。根据我国现行《婚姻法》和相关司法解释的规定，除父母对未成年子女抚养的权利义务外，父母对未成年子女的其他权利义务即属于外国法中的亲权或父母照护权的内容。基于此，我们可以通过立法将父母对未成年子女的监护确定为我国的父母照护权。父母照护权包括人身照护权和财产照护权两个方面。

（一）父母对未成年子女的人身照护权

父母应当保护未成年子女的身体健康，照顾其生活，依法维护其人身权利不受侵犯。

1. 保护未成年子女的人身安全不受侵犯。父母应当照顾未成年子女的生活，使其在安全健康的环境中成长，避免和排除任何自伤及他伤等意外事件的发生，保障

---

〔1〕　主编注：在英美法系国家，也从过去重视父母对子女的权利转变为强调父母对子女的责任。例如，在英国，依1989年《儿童法》第2、3条规定，强调父母对子女负有"父母责任"。参见［美］凯特·斯丹德利：《家庭法》，屈广清译，中国政法大学出版社2004年版，第263页。在澳大利亚，1995年《家庭法改革法》用"父母责任"一词取代了过去父母对子女的"监护"概念。依该法第61B条的规定，父母责任是指法律所规定的父母对儿童在人身和财产方面的"权利、义务、责任和职权"，法律强调父母应当依法履行此父母责任。参见陈苇、王鹍："澳大利亚儿童权益保护立法评介及其对我国立法的启示——以家庭法和子女抚养（评估）法为研究对象"，载《甘肃政法学院学报》2007年第3期；并参见澳大利亚《1975年家庭法（2008年修正）》第60B条，载陈苇（项目负责人）：《澳大利亚家庭法（2008年修正）》，群众出版社2009年版，第114～115页。

〔2〕　主编注：关于现代社会未成年人监护制度公法化变革的情况，参见陈苇、高伟："未成年人监护制度公法化变革研究"，载陈苇：《中国婚姻家庭法立法研究》，群众出版社2010年版，第470～555页。

〔3〕　李开国：《民法总则研究》，法律出版社2003年版，第131页。

其健康成长。

2. 教育管理被照护的未成年人。父母不仅要保护未成年子女的人身安全不受侵犯，还要关注其心理健康。父母应按照国家法律规定，使未成年子女接受义务教育，并以健康的思想、品行和适当的方法教育子女，预防和制止未成年子女的不良行为。我国现行《未成年人保护法》第 11 条规定："父母或者其他监护人应当关注未成年人的生理、心理状况和行为习惯，以健康的思想、良好的品行和适当的方法教育和影响未成年人，引导未成年人进行有益身心健康的活动，预防和制止未成年人吸烟、酗酒、流浪、沉迷网络以及赌博、吸毒、卖淫等行为。"在法律允许的范围内，父母可以采取斥责等必要手段惩戒子女，对有严重不良行为的，父母应当严加管教。

3. 指定未成年子女的住所。父母既有教育和管理未成年子女的权利和义务，自应有指定其住所的权利和义务，受到照护的未成年子女不应脱离照护而单独居住。对于指定的住所，未成年子女应当服从。如《德国民法典》《日本民法典》皆明确规定了父母的住所指定权。[1] 我国现行《婚姻法》虽未规定住所指定权，但 2012 年修正的《预防未成年人犯罪法》第 19 条规定："未成年人的父母或者其他监护人，不得让不满 16 周岁的未成年人脱离监护单独居住。"第 16 条第 2 款规定："未成年人擅自外出夜不归宿的，其父母或者其他监护人、其所在的寄宿制学校应当及时查找，或者向公安机关请求帮助。收留夜不归宿的未成年人的，应当征得其父母或者其他监护人的同意，或者在 24 小时内及时通知其父母或者其他监护人、所在学校或者及时向公安机关报告。"

4. 未成年子女的交还请求权。他人不法扣留、拐卖、绑架未成年子女，不但侵害了子女的人身自由，而且侵害了父母的保护教育权。因此，对于不法扣留、藏匿、拐卖、绑架未成年子女之人，法律赋予父母请求返还子女的权利。[2]

（二）父母对未成年子女的财产照护权

财产照护权，包括父母对未成年子女的财产依法享有管理、使用、收益和必要的处分的权利，财产法上的法定代理权和同意权，以及照护权终止时的财产返还义务等。

1. 财产管理权。未成年子女的财产主要来源于两个渠道：①未成年子女通过无偿方式如接受赠与或者继承等取得财产，即未成年子女的特有财产；②未成年子女通过自己的劳动或有偿方式取得财产，即未成年子女的非特有财产。父母对未成年子女财产管理权的客体，外国立法例中一般指未成年子女的特有财产，例外的情况是：①父母允许未成年子女独立经营的财产，由子女自行管理；②父母允许未成年

---

〔1〕《德国民法典》第 1631 条第 1 项规定："人身照护权包括……确定其居所的义务和权利"；《日本民法典》第 821 条规定："子女应以亲权人指定的处所为其居所。"

〔2〕《德国民法典》第 1632 条第 1 项规定："人身照顾权包括要求对子女的父母或父母的一方非法藏匿子女的人交还子女的权利。"

子女处分的财产，未成年子女有处分权；③第三人无偿给予未成年子女财产且表示不由父母管理或不由父或母管理的。至于非特有财产，应归子女私有，由其自行管理、使用、收益。[1]

有些国家的法律规定了父母对子女特有财产的管理权，如《日本民法典》第824条、《瑞士民法典》第318条、《法国民法典》第382条、《德国民法典》第1626条等。所谓管理，指对财产的保存、利用及改良等。基于管理权，父母不得怠于行使权利而使子女财产受损。父母应以与处理自己事务为同样的注意行使对未成年子女财产的管理权。父母未尽此注意义务而致使子女财产受到损害的，应负损害赔偿责任。如因此而危及子女财产的，其管理权也可被宣告停止。管理财产的费用，应当从未成年子女的财产中支付。

2. 使用收益权。有些国家法律规定，父母有合理地支配利用未成年子女特有财产和获取孳息的权利。之所以这样规定，是因为父母既然享有管教保护未成年子女的权利与义务，又对未成年子女的特有财产有管理的权利与义务，自应赋予父母以使用收益权，以补偿其相关费用和损失。如《日本民法典》第828条规定："子女达成年时，行使亲权人应从速进行管理计算。但是，子女养育及财产管理的费用，视为与子女财产的收益抵销。"《法国民法典》第387条也有类似规定。随着社会的发展，社会更加重视维护未成年子女的财产利益，有些国家的法律对父母的收益权采否定态度，规定未成年子女的特有财产收益剩余应归子女所有。[2]

3. 处分权。在管理财产时，适当的处分行为是不可避免的，为了防止父母滥用权利损害未成年子女的利益，父母对未成年子女财产的处分必须受到限制。除非为了子女的利益，父母不得处分未成年子女的财产。我国《民法通则》第18条第1款对此有明文规定。外国法中的规定更为具体。如《德国民法典》第1641条规定："父母不得代理子女为赠与。但与依道德应尽之义务或应予考虑之体面相符合的赠与除外。"《瑞士民法典》第320条第2款规定："支付子女的抚养、教育或职业训练费用时，监护官厅得许可父母动用子女财产中一定款项。"《日本民法典》第826条第1款规定："关于行使亲权的父或母为与其子女利益相反的行为，行使亲权人应请求家庭法院为子女选任特别代理人。"

4. 代理权和同意权。父母是未成年子女的法定代理人。无民事行为能力的未成年子女，由其法定代理人代理进行民事活动；限制民事行为能力的未成年子女如从事与其年龄、智力及精神状况不相适应的民事活动的，应由其法定代理人代理进行或者征得其法定代理人的同意。

5. 财产返还。在子女成年或解除照护权时，父母应将子女的全部财产交给子女。

---

〔1〕　参见殷生根、王燕译：《瑞士民法典》，中国政法大学出版社1999年版，第323条。

〔2〕　参见杜景林、卢谌：《德国民法典——全条文注释》（下册），中国政法大学出版社2015年版，第1649条；于海涌、赵希璇译：《瑞士民法典》，法律出版社2016年版，第319条。

如果由于其他原因导致照护权终止的，父母应将属于子女的全部财产交给子女的法定代理人。

6. 财产状况报告。为了督促父母更好地行使照护权，父母应定期或在接到通知后向法院就未成年子女的财产状况作出报告。要求父母报告未成年子女财产状况的还可以是其他利害关系人，他们可以向法院提出申请，法院也可以依职权要求父母报告。

导入案例之要点评析

我国现行《婚姻法》第21、36、37条分别规定："父母对子女有抚养教育的义务；……父母不履行抚养义务时，未成年的或不能独立生活的子女，有要求父母付给抚养费的权利……""父母与子女间的关系，不因父母离婚而消除。离婚后，子女无论由父或母直接抚养，仍是父母双方的子女。离婚后，父母对于子女仍有抚养和教育的权利和义务……""离婚后，一方抚养的子女，另一方应负担必要的生活费和教育费的一部或全部，负担费用的多少和期限的长短，由双方协议；协议不成时，由人民法院判决。关于子女生活费和教育费的协议或判决，不妨碍子女在必要时向父母任何一方提出超过协议或判决原定数额的合理要求。"《婚姻法解释（一）》第20、21条分别规定："婚姻法第21条规定的'不能独立生活的子女'，是指尚在校接受高中及其以下学历教育，或者丧失或未完全丧失劳动能力等非因主观原因而无法维持正常生活的成年子女。""婚姻法第21条所称'抚养费'，包括子女生活费、教育费、医疗费等费用。"

本章"导入案例"中，丙的诉讼请求，部分于法无据，部分于法有据。

（1）甲乙离婚后，就丙的抚养费问题达成协议，甲也一直按照协议履行了法定义务。随着物价的上涨及教育费用的增加，每月支付500元抚养费的标准已不能满足丙的生活、学习的合理需求，虽然丙依法有权请求父亲甲增加抚养费，但直到2016年8月丙才提起诉讼。由于丙在其需要受抚养期间未提出此要求，现不能再针对过去的抚养提出增加抚养费的请求。因此，丙要求父亲甲分担母亲乙自2010年起至今为其支付的各项费用的一半的诉讼请求，于法无据，法院应不予支持。

（2）丙虽已成年，但仍在上高中，原来确定的甲每月支付500元的抚养费标准已不能满足他的生活、学习的合理需求。因此，丙请求父亲甲增加2016年9月以后的抚养费的诉讼请求于法有据，法院应当予以支持。上述费用应当支付至丙高中阶段学习毕业或结业时止。

（3）丙读大学只是一种可能，不是必然发生的事实，而且法律规定的"不能独立生活的子女"是指尚在校接受高中及其以下学历教育的成年子女。一般来说，成年就读大学的子女，在其身体健康的情况下，父母没有承担其抚养费的义务。因此，丙要求父亲甲分担其上大学的费用，没有事实和法律依据，法院应不予支持。

思考题

一、选择题

（一）单项选择题

1. 自然血亲的父母子女关系有两种，包括婚生子女与父母的关系和（　　）。

A. 非婚生父母与子女关系　　B. 非婚生子女与父母关系

C. 父母与生子女的关系　　D. 生子女与生父母的关系

2. 甲的儿子乙（8岁）因遗嘱继承了祖父遗产10万元。某日，乙玩耍时将另一小朋友丙的眼睛划伤。丙的监护人要求甲承担赔偿责任2万元。后法院查明，甲已尽到监护职责。下列哪一说法是正确的？（　　）（2015年国家司法考试试题）

A. 因乙的财产足以赔偿丙，故不需用甲的财产赔偿

B. 甲已尽到监护职责，无需承担侵权责任

C. 用乙的财产向丙赔偿，乙赔偿后可在甲应承担的份额内向甲追偿

D. 应由甲直接赔偿，否则会损害被监护人乙的利益

（二）多项选择题

1. 钱某与胡某婚后生有子女甲和乙，后钱某与胡某离婚，甲、乙归胡某抚养。胡某与吴某结婚，当时甲已参加工作而乙尚未成年，乙跟随胡某与吴某居住。后胡某与吴某生下一女丙，吴某与前妻生有一子丁。钱某和吴某先后去世，下列哪些说法是正确的？（　　）

A. 胡某、甲、乙可以继承钱某的遗产

B. 甲和乙可以继承吴某的遗产

C. 胡某和丙可以继承吴某的遗产

D. 乙和丁可以继承吴某的遗产

2. 甲8周岁，多次在国际钢琴大赛中获奖，并获得大量奖金。甲的父母乙、丙为了甲的利益，考虑到甲的奖金存放银行增值有限，遂将奖金全部购买了股票，但恰遇股市暴跌，甲的奖金损失过半。关于乙、丙的行为，下列哪些说法是正确的？（　　）（2016年国家司法考试试题）

A. 乙、丙应对投资股票给甲造成的损失承担责任

B. 乙、丙不能随意处分甲的财产

C. 乙、丙的行为构成无因管理，无须承担责任

D. 如主张赔偿，甲对父母的诉讼时效期间在进行中的最后6个月内因自己系无行为能力人而中止，待成年后继续计算

二、判断分析题

1. 父母子女双方声明断绝关系后，彼此不再负有抚养、赡养义务。

2. 我国的监护制度属于狭义上的监护。

三、简答题

1. 如何理解父母对未成年子女的抚养和教育义务？

2. 简述父母照护权的内容。

3. 简述父母在未成年子女致国家、集体和他人损害时的赔偿责任。

四、论述题

1. 试述继父母与继子女的法律地位。

2. 试述我国婚姻法对非婚生子女的保护。

五、案例分析题

原告李小某之母王某与被告李某于2013年经人介绍相识。2014年1月，王某与李某在证人徐某处租房同居生活，其间王某怀孕。同年12月，王某在某市妇幼保健院生下原告李小某。2015年10月开始，王某与李某在某市某镇租房同居生活，后双方为抚养费发生纠纷诉至某市人民法院。

在法院的审理中，原告的代理人王某为证明李小某是被告李某的亲生女儿，提供了由某市妇幼保健院出具的《出生医学证明》，该证明上载明李小某的父亲是被告李某。庭审中，证人魏某等三证人到庭作证。魏某证实原告之母王某与被告李某是她介绍后才相互认识的；证人徐某证实2014年1月，原告之母王某与被告李某在她家租房共同居住，并看见王某怀有身孕，住了大约一年多后王某和李某搬走；证人陈某证实2015年国庆节过后，看见王某及被告李某带着原告李小某在某镇租房居住共同生活，住了大约半年后就搬走了。三位证人的证词证明王某与被告认识的过程以及同居生活怀孕并生育原告李小某后共同生活的事实。

法院审理认为，原告应当就其主张的事实及诉讼请求提供证据予以证明，原告提供的证据只是证明了原告之母王某生育原告及被告李某与王某有过同居生活、彼此关系亲密的事实，而不能直接证明被告就是原告的父亲。原告向法院申请进行亲子鉴定，但被告拒绝作亲子鉴定。因亲子鉴定必须被告配合才能进行，现被告拒绝作亲子鉴定，致使鉴定无法进行。

请问：本案应当如何处理？为什么？

阅读参考文献

1. 王丽萍：《亲子法研究》，法律出版社2004年版。

2. 曹贤余：《儿童最大利益原则下的亲子法研究》，群众出版社2015年版。

3. 陈苇主编：《当代中国内地与港、澳、台婚姻家庭法比较研究》，群众出版社2012年版。

4. 佟丽华主编：《未成年人法学·家庭保护卷》，法律出版社2007年版。

5. 司丹：《亲子关系的体系建构与制度延展》，法律出版社2016年版。

6. 赖红梅：《亲子鉴定法制化进程之思考》，法律出版社2013年版。

第七章

收养制度

✤学习的内容和重点

通过本章的学习，要求学生了解收养的概念、特征及种类，理解收养法的基本原则，重点掌握收养的成立要件、法律效力以及收养的解除。

导入案例

李某某和王某于 2002 年 5 月结婚，一直没有生育子女。2007 年 6 月两人决定共同收养一名弃婴，并依法办理了登记，之后给弃婴取名李某。由于李某某常年外出打工，李某就一直同王某的母亲赵某某生活。王某也常常看望并照料李某，并每月付给 400 元的生活费。2010 年 6 月，李某某与王某因为感情不和协议离婚，双方商定李某由王某直接抚养，并继续与王某的母亲赵某某共同生活，李某某和王某每月各给付女儿李某生活费 300 元。2012 年 6 月，王某与刘某结婚，李某仍一直随王某的母亲赵某某生活，王某仍每月给付原定的生活费。2014 年 8 月王某因为车祸死亡后，李某某和刘某都不愿承担给付李某抚养费的义务。赵某某本人没有固定的生活来源，她多次找李某某和刘某，要求给付抚养李某的生活费。2015 年 2 月，李某某为彻底摆脱李某对其的影响，就与赵某某协商，以一次性给付李某 8000 元生活费为条件，解除他与李某的收养关系。2016 年 2 月，赵某某认为李某某给的生活费太少，找到李某某，要求他增加抚养费。而李某某以他早已与王某离婚，当时的离婚协议书已经写明李某由王某直接抚养，并且自己与赵某某已协商解除了与李某的收养关系为由而拒绝支付。赵某某遂起诉到人民法院。

请问：

1. 李某某与王某离婚后，李某某与李某的养父女关系是否已经解除？为什么？

2. 李某某与赵某某能否协商解除李某某与李某的收养关系？为什么？

3. 刘某对李某是否有抚养义务？为什么？

第一节　收养概述

一、收养的概念和特征

（一）收养的概念

收养，是指公民依法领养他人子女为自己子女，从而使收养人和被收养人之间建立拟制亲子关系的民事法律行为。在收养的身份法律关系中，当事人分别是收养人、被收养人和送养人。领养他人子女的人为收养人，即养父母；被他人收养的人为被收养人，即养子女；将子女或儿童送给他人收养的父母、其他监护人和社会福利机构为送养人。应当特别注意的是，收养行为是变更被收养人身份关系的民事法律行为，因此，被收养人是收养法律行为的主体，而不是收养行为的标的。

收养制度是家庭制度的重要组成部分，也是生育制度的必要补充。养父母与养子女间的权利义务关系、养子女与养父母的近亲属间的权利义务关系，都是家庭关系的重要内容。在我国，1950 年《婚姻法》第 13 条规定了养父母与养子女间的相互关系，1980 年《婚姻法》第 20 条、2001 年修正后的《婚姻法》第 26 条，进一步对养子女的法律地位及养子女和养父母、生父母之间的法律关系作出了明确规定。1991 年 12 月 29 日全国人民代表大会常务委员会颁布了《中华人民共和国收养法》，该法自 1992 年 4 月 1 日起施行。从此，我国有了专门的部门法作为调整收养关系的准则。1998 年对《收养法》进行了修正，进一步完善了我国的收养制度。[1]

（二）收养的特征

收养是一种民事法律行为，具有一切民事法律行为共同的特征，同时收养还具有自身不同于其他民事法律行为的特征。

1. 收养行为的身份性。收养是一种变更亲属关系及其权利义务的行为，具有法定的拟制效力和解除效力。一方面，通过收养，收养人和被收养人之间发生法律拟制的亲子关系，双方具有与自然血亲的父母子女相同的权利和义务；另一方面，养子女和生父母之间的权利和义务，则因收养的成立而消除。收养既是引起养父母、养子女权利义务发生的法律事实，又是引起生父母、生子女权利义务终止的法律事实，并且收养变更亲属关系及其权利义务的效力还依法及于父母子女以外的其他亲属。

---

〔1〕 主编注：有关当代中国内地与港、澳、台收养法的发展趋势研究，参见陈苇主编：《当代中国内地与港、澳、台婚姻家庭法比较研究》，群众出版社 2012 年版，第 424～430 页。有关中国内地收养立法的现状及其立法完善的研究，See Chen Wei and Shi Lei, "Present Legislation on Adoption in China and its Refrom Proposals", *The International Survey of Family Law*, 2012 Edition, Printed in Great Britain by CPI Antony Rowe, Chippenham and Eastbourne, Published by Family Law a Publishing Imprint of Jordan Publishing Limited, 2012, pp. 53～68.

需要说明的是，子女为他人收养后，被收养人与生父母及其他亲属间消除的只是法律上的权利义务关系，基于血缘联系而发生的自然血亲关系是不可能人为地加以消灭的，其仍然存在。因此，与自然血亲有关的法律规定，如直系血亲和三代以内旁系血亲禁止结婚等，在适用上不受收养的影响。

2. 收养关系主体的限定性。在一般的民事法律行为中，对主体的身份通常不加限制，但是收养行为涉及人的身份关系问题，所以法律规定了特别的限制：①收养人和被收养人必须是自然人，社会组织不具有收养的主体资格；②收养人、送养人和被收养人必须符合法律所规定的资格和条件，否则不得收养子女、送养子女或者被他人所收养；③收养关系主体间不能违背伦理关系。如原本就存在自然直系血亲关系的自然人间不得收养，晚辈不得收养长辈，平辈间也不得收养。

3. 收养关系的可变性。收养行为创设的是拟制血亲的亲子关系，因而也可以通过法律行为来解除这种血亲关系。基于收养而发生的亲子关系，既可在符合法定条件时依照法定程序而成立，亦可在出现法定情况时通过法定方式而解除。这一点是由收养行为的性质决定的，也是拟制血亲的父母子女关系与自然血亲的父母子女关系相区别的重要特征。

（三）收养与公养、寄养、认"干亲"的区别

1. 收养与公养的区别。收养是一种特定的民事法律行为，须经有关当事人协议，依法成立；公养则是国家对孤儿、弃婴和儿童的收留、养育，是一种行政法上的行为，是由有关机构（在我国，这些机构由各地民政部门主管）依法实施的。收养变更亲属身份，收养人和被收养人之间产生父母子女的权利义务；公养则不变更亲属身份，收留、养育机构和被收留、养育人之间不产生父母子女的权利义务。

2. 收养与寄养的区别。所谓寄养，是指父母因某种原因，暂时不能直接履行对子女的抚养义务，而委托他人代为抚养的行为。收养与寄养有如下区别：①收养关系的成立和解除都必须经过法律规定的程序，而寄养无须经过法定程序；②收养关系建立后，收养人与被收养人之间产生拟制血亲关系，而寄养不产生此关系；③收养关系是长期甚至永久的，而寄养关系随寄养原因的消除而消除，具有临时性。

3. 收养与认"干亲"的区别。认"干亲"是指没有血缘关系的人基于感情而结成的一种名义上的亲戚，如拜认"干爹""干妈"等。"干亲"双方不共同生活，也无收养的合意，只是一种名义上的、不产生任何法律上的权利义务关系的人际关系形式，因而没有法律意义。

二、收养的类型

依据不同的标准，可以对收养进行不同的分类：

（一）收养未成年人和收养成年人

根据收养对象的不同，分为收养未成年人和收养成年人。收养未成年人，是指收养对象是未成年人；收养成年人，是指收养对象为成年人。根据我国现行《收养法》第4、7条的规定，不满14周岁的未成年人才可以被收养，只有在收养三代以内

旁系血亲的子女、收养继子女等特殊情形下才不受被收养人不满 14 周岁的限制。这表明我国以收养未成年人为原则,以收养成年人为例外。

(二)完全收养和不完全收养

根据收养效力的不同,收养可分为完全收养和不完全收养。完全收养,是指收养成立之后,养子女与生父母及其近亲属间的权利义务关系完全消灭,只与养父母之间发生亲子关系;不完全收养,是指收养成立之后,养子女不但与养父母之间发生亲子关系,而且与其生父母仍保留一定的权利义务关系。前者只适用于未成年人;后者既适用于未成年人,也适用于成年人。我国现行《收养法》只承认完全收养,不承认不完全收养。

(三)生前收养和遗嘱收养

根据收养发生时间的不同,收养可分为生前收养和遗嘱收养。生前收养,是指收养人在生存期间与被收养人建立收养关系,这是各国法律规定的确立收养关系的主要形式;遗嘱收养,又称为死后收养,是指收养人生前通过订立遗嘱的方式指定养子女,在收养人死亡后遗嘱发生法律效力,被收养人有权继承收养人的遗产。遗嘱收养的目的在于传宗接代,是为死而无后者设定的。我国不采遗嘱收养制,如果有这样的遗嘱,应分别按照遗嘱继承或者遗赠的规定进行。

(四)法定收养和事实收养

根据收养的成立是否履行了法定的形式要件,收养可分为法定收养和事实收养。法定收养,是指依照法定的收养形式要件和实质要件成立的收养关系;事实收养,是指不具备法律规定的收养的实质要件和形式要件,但已经形成了事实上的父母子女关系的收养。我国对 1992 年 4 月 1 日实施《收养法》以前的"事实收养"原则上予以承认;而对于《收养法》生效以后发生的"事实收养"不予承认,当事人之间不发生养父母与养子女的法律关系。

(五)共同收养和单独收养

根据收养人数量的不同,收养可分为共同收养和单独收养。收养人为一人的收养,是单独收养,它包括独身收养和已婚夫妻单方收养。无配偶者收养子女的,为独身收养。对于已婚夫妻单方收养子女,有的国家允许,有的国家则明确禁止。英、法、德等国法律允许非婚生子女的生父或生母单独收养其子女;我国现行《收养法》允许继父或继母收养继子女也具有单方收养的特征。收养人为 2 人以上的,是共同收养。共同收养仅限于夫妻双方收养子女,非夫妻者则禁止 2 人或 2 人以上共同收养。已婚夫妻共同收养是世界许多国家法律普遍规定的类型,也是许多国际公约所倡导和鼓励的收养类型。我国现行《收养法》第 10 条第 2 款规定:"有配偶者收养子女,须夫妻共同收养。"

第二节 收养法的基本原则

收养法的基本原则集中体现了收养法的性质和特点。它不仅是国家设立收养制度、制定收养法的目的和指导思想，也是公民实施收养行为必须遵循的准则，同时也是人民法院处理收养纠纷案件的依据。它贯穿于收养法的始终，具有对一切收养关系都普遍适用的效力。我国现行《收养法》第 2、3 条对收养的基本原则作了规定，共有五项基本原则。

一、有利于被收养人的抚养、成长原则

收养制度从"为家"的收养、"为父母"的收养，逐渐发展到现代"为子女"的收养。所谓"为子女"的收养，是指以确保子女的最大利益为优先考虑，以抚育被收养的未成年子女健康成长为目的的收养。这是现代社会许多国家收养法的共同目的，并得到 1989 年 11 月 20 日联合国《儿童权利公约》的确认。[1] 我国已于 1991 年 12 月 29 日经第七届全国人大常委会第 23 次会议批准加入《儿童权利公约》。因此，收养法以有利于被收养人的抚养、成长为原则，是我国应该履行的国际义务。

现阶段，我国被收养的对象绝大多数是未成年人，他们缺乏识别能力，没有自我保护能力，需要一个良好的、适宜他们健康成长的条件和生活环境。在收养的过程中，他们的合法权益容易受到侵害。一些人甚至假借收养子女达到种种非法目的，或者借收养来买卖儿童。因此，我国现行《收养法》为了保障未成年人的人身、财产和其他合法权益不因收养而受到侵害，确立了这一基本原则。这一原则是我国现行《收养法》最重要的基本原则，贯穿于收养活动的全过程，在现行《收养法》关于收养关系的成立、收养的效力、收养关系的解除等方面都得到了贯彻和落实，其主要体现在以下几方面：

1. 收养人必须具有抚养教育被收养人的能力，能够为被收养的未成年人提供适宜他们健康成长的条件和环境，否则不得收养子女。

2. 可以被收养的未成年人只能是丧失父母的孤儿、查找不到生父母的弃婴和儿童或者是父母有特殊困难无力抚养的子女。

3. 现行《收养法》严禁借收养名义买卖儿童，以保护未成年人的人格尊严。借收养名义买卖儿童的，依法追究刑事责任。遗弃婴儿的，由公安部门处以拘留或者警告；构成犯罪的，依法追究刑事责任。出卖亲生子女的，由公安部门没收非法所得，并处以罚款；构成犯罪的，依法追究刑事责任。

4. 收养人在被收养人成年以前，不得解除收养关系，但收养人、送养人双方协

---

〔1〕 联合国《儿童权利公约》第 21 条规定："凡承认和（或）许可收养制度的国家应确保以儿童的最大利益为首要考虑……"

议解除的除外。收养年满 10 周岁以上的未成年人的，应当征得本人同意。收养人不履行抚养义务，有虐待、遗弃等侵害未成年养子女合法权益行为的，送养人有权要求解除收养关系。

二、保障被收养人和收养人的合法权益原则

保障被收养人和收养人的合法权益原则，为 1998 年修正后的《收养法》新增加的一项基本原则。收养关系涉及收养人和被收养人双方的利益，因此，《收养法》必须同时保障被收养人和收养人双方合法权益的平等实现。保障被收养人和收养人合法权益原则在我国现行《收养法》中体现为：

1. 被收养人一般应为不满 14 周岁的处于特殊生活状况下的未成年人。

2. 收养人一般须年满 30 周岁，无子女，并且具备抚养教育被收养人的能力。

3. 生父母送养子女，须双方共同送养；有配偶者收养子女，须夫妻共同收养。

4. 收养人、送养人要求保守收养秘密的，其他人应当尊重其意愿，不得泄露。

三、平等自愿原则

收养行为是民事法律行为，平等自愿是实施一切民事法律行为的基本原则，收养当然不能例外。

平等原则，是指当事人在收养活动中的法律地位平等。收养是人为设立父母子女关系的法律行为，以意思表示真实自愿为收养关系成立的必备条件。只有在平等的基础之上，当事人才能作出真实的意思表示。平等原则反映了现行《收养法》调整收养关系的基本要求，其主要体现在：

1. 收养人、送养人和被收养人的法律地位一律平等，不允许任何一方享有超越法律的特权。

2. 收养当事人在收养活动中应当平等协商，任何一方不得将自己的意志强加于他方。

3. 收养关系当事人的合法权益受法律的平等保护。任何一方当事人的合法权益受到非法侵犯时，都有权请求人民法院给予保护和救济。

自愿原则，是指收养当事人从事收养活动时的意志自由，不受国家公权力和其他人的非法干预。此原则是意思自治原则在现行《收养法》上的体现。收养是改变亲属关系的行为，带有浓厚的感情因素，收养人是否愿意领养他人子女、送养人是否同意将子女送给他人收养、有识别能力的被收养人是否愿意被他人收养等都是由当事人自己的感情和意志决定的。因此，收养必须遵循自愿的原则。自愿原则主要体现在：

1. 收养人、送养人有依法进行收养活动或不进行收养活动的自由，他人无权干涉。

2. 当事人有选择收养行为相对人的自由。

3. 收养关系的成立及协议解除，须收养人、送养人双方自愿。被收养人年满 10 周岁以上的，应当征得其本人同意。

四、不违背社会公德原则

因为收养行为不仅关系着当事人的切身利益，而且还直接涉及社会公共利益，所以，有必要从维护社会公德的立场出发，对收养子女的行为加以必要的制约。不违背社会公德原则在现行《收养法》中体现为：

1. 无配偶的男性收养女性的，收养人与被收养人年龄应相差 40 周岁以上。

2. 收养子女应当符合亲属间的辈分要求。晚辈不能收养长辈为养子女，年幼者不能收养年长者为养子女，平辈间也不得收养。

五、不违背计划生育原则

实行计划生育是我国的一项基本国策，也是我国现行《婚姻法》的一项基本原则。收养子女作为补充自然生育之不足的必要手段，与计划生育有着直接联系。因此，收养子女也必须贯彻计划生育政策并有利于计划生育政策的实施，不得借收养名义违背计划生育的法律、法规。这一原则在现行《收养法》中主要体现在以下三个方面：

1. 除法律另有规定外，有子女的人不得再收养子女。

2. 无子女的人在一般情况下只能收养一名子女，法律另有规定的除外。

3. 生父母为送养人时，必须是因其有特殊困难而无力抚养子女的，才能将子女送给他人收养，生父母不得随意送养自己的子女；送养后，送养人不得以送养子女为由违反计划生育的规定再生育子女。

第三节　收养的成立

收养的成立，是指收养当事人依照《收养法》规定的条件和程序建立收养关系。由于收养是变更亲属身份和权利义务关系的一项重要法律行为，其后果不仅关系当事人的切身利益，而且关系社会的整体秩序。所以收养关系须同时具备实质要件和形式要件两方面，始能合法成立。我国现行《收养法》第二章规定了收养关系的成立应当具备以下实质要件和形式要件。

一、收养成立的实质要件

（一）一般收养的实质要件

按照我国现行《收养法》的规定，在一般情况下，收养关系的三类民事活动主体各自应依法具备一定的条件。

1. 被收养人的条件。我国现行《收养法》第 4 条规定，被收养人应当符合下列条件：

（1）是不满 14 周岁的未成年人。这是由收养的性质所决定的，以 14 周岁以下的未成年人为收养对象，有利于培养建立养亲子间的感情，有利于收养关系的稳定和发展。所以，没有亲属关系的一般公民是不允许收养成年子女的。如果为了实现老有所养的愿望，可以通过与特定的成年公民签订遗赠扶养协议的方式实现。

（2）是丧失父母的孤儿，或查找不到生父母的弃婴和儿童，或是生父母有特殊困难无力抚养的子女。这里所指的"孤儿"，是指父母双亡的不满 14 周岁的未成年人。"弃婴和儿童"，是指被父母或其他监护人丢弃而脱离家庭或监护人的未满 14 周岁的未成年人。[1] 从目前的情况看，丢弃儿童的主要是该儿童的生父母。被丢弃的对象则多为女婴、残疾儿童及非婚生子女。当有关组织多方查找弃婴的生父母无望时，通常由社会福利院将他们收养起来。"生父母有特殊困难无力抚养的子女"，是指其生父母因身体健康方面的原因或家庭经济方面的原因，遭遇到特殊的困难，丧失了抚养子女的能力，致使其子女陷于得不到生父母抚养的境地。生父母是否有特殊困难，要根据当事人的具体情况来认定。而普通的多子女的家庭，是不能仅根据子女数量多而决定送养的。

法律确立这一条件，旨在通过收养使那些没有父母抚养的孩子或者父母无力抚养的孩子，得到养父母良好的抚养教育，重获家庭的温暖。

（3）收养年满 10 周岁以上的未成年人的，应当征得被收养人的同意。年满 10 周岁的未成年人，属于限制民事行为能力人。他们有初步判断、辨明简单行为后果的能力。因此，当收养他们作为养子女时，应当征求、尊重其本人的意愿，取得其同意，以建立和睦的养父母子女关系。

2. 收养人的条件。根据我国现行《收养法》规定，[2] 收养人应当符合下列条件：

（1）无子女。这里所说的无子女，包括未婚者无子女、已婚者尚无子女以及因欠缺生育能力而不可能有子女等各种情形。在解释上，子女既包括婚生子女，也包括非婚生子女和养子女。在 2015 年《人口与计划生育法》修订前，我国推行的计划生育政策提倡一对夫妻只生一个孩子。2015 年《人口与计划生育法》修订后，国家提倡一对夫妻生育两个子女。但在现行《收养法》修改之前，依据过去计划生育法律法规所确定的收养实质要件仍然有效。因此，只有无子女者，才能收养子女，从而使家庭得以完善，感情得以慰藉。

（2）有抚养教育被收养人的能力。首先，收养人应当具有完全民事行为能力，无行为能力或限制行为能力的精神病人不能辨认或不能完全辨认其行为，无法承担抚养教育子女的责任，而且还可能有害未成年子女的身心健康，因此这些人不得收养子女。其次，收养人要有抚养教育被收养人的能力，包括有抚养和教育被收养人的经济条件、身体条件和教育能力，能够履行父母的职责，使被收养的未成年人健康成长。

（3）未患有在医学上认为不应当收养子女的疾病。这既是为保障养子女的身体

---

〔1〕 1992 年 8 月 11 日民政部《关于在办理收养登记中严格区分孤儿与查找不到生父母的弃婴的通知》。
〔2〕 现行《收养法》第 6、8~10 条。

健康，也是收养人抚育养子女的前提条件。如果养父母身患传染病，极易将疾病传染给养子女，危害养子女的身体健康；如果养父母患有严重疾病，生活不能自理，也不能履行抚育子女的义务。

（4）年满30周岁。法律要求收养人必须达到30周岁，是出于对收养关系的性质和生育时间的考虑。30周岁以下的人，生育子女的机会尚多，不必急于收养他人子女作为自己的子女。到达相当年龄后再收养子女，能够更好地承担养父母的职责。基于我国的人口现状和人口政策，收养人年满30周岁始得收养子女是比较适宜的。

（5）有配偶者收养子女，须夫妻共同收养。对于有配偶者收养子女，现行《收养法》第10条第2款确立了夫妻共同收养原则。因此，只有经夫妻双方同意，收养才能成立。否则，如果允许夫妻单方收养，另一方从感情上、物质上不接纳这个孩子，不仅对子女成长不利，而且还会影响夫妻和睦。

此外，如果夫妻一方长期下落不明，或者丧失民事行为能力不能表意时，是否允许他方单方收养？对此现行《收养法》未作规定。外国收养立法对此问题有两种立法例：①"拟制共同收养"，即夫妻一方不能表意时，他方可以夫妻双方的名义收养子女，而收养的效力及于夫妻双方；②"单方收养"，即夫妻一方不能表意时，他方可以不经其同意而单方收养子女，但收养的效力不能及于不能表意的一方。[1] 我们认为，收养关系的成立应以本人的意愿为基础，基于身份行为不得代理的原则，"拟制共同收养"实不可取。建议今后在修改《收养法》时，根据收养应当有利于被收养的未成年人的抚养、成长的原则，可补充规定：当夫妻一方不能表意或失踪时，他方只要符合现行《收养法》第6条规定的条件，可以单方收养，但收养的效力不及于未表意的一方。

（6）收养人只能收养一名子女。这也是《收养法》基于当时我国计划生育的基本国策加以制定的。对这一条件，收养关系当事人必须遵守。法律另有规定的除外。

（7）无配偶的男性收养女性的，收养人与被收养人的年龄应当相差40周岁以上。这一规定是出于伦理道德上的考虑和保护被收养人的需要。

（8）收养人必须为自愿收养。收养人须为具有完全民事行为能力的成年人，其收养的意愿必须为收养人真实的内心意思表示。当他们受到欺诈、胁迫或他人乘人之危迫使其作出意思表示并为收养行为时，可以请求法院依法宣告收养无效。

---

[1] 主编注：关于有配偶者的单方收养，在国外，目前许多国家以夫妻共同收养为原则，而以特殊情况下允许夫妻一方收养为例外。例如，在法国，如果配偶一方处于不能为意思表示的状态，另一方可以单方收养；在意大利，生父母一方下落不明、较长时间不知去向或持续无判断能力以及不认真关心子女等情况下，生父母另一方的收养意思表示具有法律效力；在英国，生父母得共同收养其非婚生子女，但在父母一方下落不明或有其他重大理由时也可由他方单独收养。德国、美国、日本、法国、俄罗斯等国家的法律也有相似的规定。参见陈苇主编：《外国婚姻家庭法比较研究》，群众出版社2006年版，第337、342、348、351、356、360、364、372页。

3. 送养人的条件。依照现行《收养法》规定，[1] 送养人须符合以下条件：

（1）送养人可以是孤儿的监护人、社会福利机构或有特殊困难无力抚养子女的生父母。

第一，孤儿的监护人。当被收养人的父母已经死亡或均不具备完全民事行为能力时，由其监护人作为送养人。现行《收养法》第13条规定："监护人送养未成年孤儿的，须征得有抚养义务的人同意。有抚养义务的人不同意送养、监护人不愿意继续履行监护职责的，应当依照《中华人民共和国民法通则》的规定变更监护人。"这是对孤儿的监护人送养孤儿时的限制性规定。按照《民法通则》第16条的规定，可以作为孤儿的监护人的，既可以是孤儿的祖父母、外祖父母、成年兄姐等近亲属，也可以是经未成年人的父、母所在单位或未成年人住所地的居民委员会、村民委员会同意的，与孤儿的父母关系密切的其他亲属朋友。其中，孤儿的祖父母、外祖父母、成年兄姐等近亲属，为孤儿的法定扶养义务人。因此，由孤儿的近亲属行使同意权，更有利于未成年孤儿的成长。

此外，现行《收养法》第12条规定："未成年人的父母均不具备完全民事行为能力的，该未成年人的监护人不得将其送养，但父母对该未成年人有严重危害可能的除外。"这是因为在未成年人的父母均不具备完全民事行为能力的情况下（属于发病期间的精神病人、痴呆症患者等），他们不可能表达真实的意愿。而未成年人又没有自我保护能力。为了维护父母和子女的权益，该未成年人的监护人不得将其送养。但是，在生父母对该未成年子女有严重危害可能的情况下，从维护该未成年子女的安全出发，法律允许监护人将未成年人送养。

第二，社会福利机构。对于一些被遗弃的婴幼儿，公安部门暂时无法查明其生父母或监护人的；某些父母双亡，其他亲属又无力抚养的孤儿，按照现行《未成年人保护法》第43条第2款的规定，由民政部门设立的儿童福利机构收留抚养。因此，当收养人自愿收养弃婴、孤儿时，应由收留他们的社会福利机构作为送养人。而对于某些生父母自费送到福利院寄养的残疾儿童，福利院是无权将他们送养的。

第三，有特殊困难无力抚养子女的生父母。这一规定是同以生父母有特殊困难无力抚养的子女为被收养人的规定相对应的。现行《婚姻法》第21条规定："父母对子女有抚养教育的义务……"父母的这种义务通常是不能免除的。但在社会实际生活中，也确实存在一些父母有特殊困难无力抚养子女的情况。如父母因患病、重残、丧失劳动能力而无可靠经济来源，或因自然灾害等原因造成其无力抚养子女等，在这些情况下，允许生父母将子女送他人收养有利于子女的健康成长。

（2）生父母送养子女，须双方共同送养。生父母送养子女，须经协商一致共同送养（包括须经已离婚的原配偶同意）。一方不同意或未作同意的意思表示的，另一方不得单独送养。但生父母一方不明或者查找不到的，可以单方送养。非婚生子女

---

[1] 现行《收养法》第5、10~12、18条。

的生母在下列情形下，可以单方送养：无法确定非婚生子女的生父；经法院宣告非婚生子女的生父失踪；非婚生子女的生父自然死亡或经法院宣告死亡。根据现行《收养法》第11、12条的精神，如果生父母双方确有困难无力抚养子女，而其中一方不具有完全民事行为能力，无法征得其同意的，也应当允许另一方单方送养。

现行《收养法》第18条规定："配偶一方死亡，另一方送养未成年子女的，死亡一方的父母有优先抚养的权利。"从法理上分析，死亡一方的父母与该未成年人是祖父母与孙子女，或者外祖父母与外孙子女的关系，两者之间有法律上的权利义务关系。从情理上说，死亡一方的父母出于对死者的眷念，通常会对未成年的孙子女或外孙子女十分爱怜。因此，祖父母、外祖父母主张对孙辈的抚养权利，不仅合法合理，也有利于未成年人的成长。在这种情况下，生存的一方不得一意孤行地将孩子送养出去。

（3）送养必须为自愿送养。送养人送养与收养人收养，须双方自愿。送养方同意，主要是指被收养人的生父母的同意（包括已离婚的父母双方同意）。收养父母双亡的孤儿或查找不到生父母的弃婴，应取得其监护人或社会福利机构的同意。

（4）不得以送养子女为理由，违反计划生育的规定再生育子女。这一规定是指生父母送养子女后，不得以送养子女后无子女或者子女少为理由，再申请生育指标并生育子女。

（二）特殊收养的实质要件

在我国社会实践中，有些收养关系的建立，不能完全适用前述的一般性条件，还需对特殊主体的收养条件作出放宽性或限定性规定。依照现行《收养法》规定，特殊收养有如下一些情况：

1. 无配偶的男性收养女性子女。无配偶者是指因未婚、离婚或丧偶而处于非婚姻状态的人。现实社会中，不少人因这样或那样的原因而无意结婚或再婚，但他们却希望能收养子女，以释解孤独，并老有所养。为维护这些人的切身利益，收养法允许无配偶者收养子女。但对于无配偶男性收养女性，现行《收养法》第9条则作了限定性的规定："无配偶的男性收养女性的，收养人与被收养人的年龄应当相差40周岁以上。"这是出于对幼女人身权益特殊保护的需要作出的特殊规定。对于单身男性收养养女的行为，除年龄差的特殊限定外，还必须具备一般收养成立的各项条件。然而，对于无配偶的男性收养男性、无配偶的女性收养男性或女性子女的，现行《收养法》未作限定性规定。因此，他们只要具备收养的一般性条件，即可允许收养。

2. 收养三代以内同辈旁系血亲的子女。这类收养关系的特殊性主要表现在：收养人与送养人是三代以内同辈旁系血亲，即双方属于兄弟姐妹、堂兄弟姐妹、表兄弟姐妹；被收养人是收养人的侄子女、甥子女、堂侄子女、表侄子女等旁系血亲。由于这类收养发生在血亲之间，受到我国传统伦理道德的影响和制约，现行《收养法》规定在一些条件上可以放宽。根据现行《收养法》第7条规定，此类收养可以放宽的条件有：

（1）不受被收养人不满 14 周岁的限制。

（2）不受送养人应是有特殊困难无力抚养子女的生父母的限制。

（3）无配偶的男性收养三代以内同辈旁系血亲的女儿，不受收养人与被收养人的年龄应当相差 40 周岁的限制。

（4）华侨收养三代以内同辈旁系血亲的子女，还可以不受收养人须无子女的限制。

3. 收养孤儿、残疾儿童或者查找不到生父母的弃婴和儿童。现行《收养法》第 8 条第 2 款规定："收养孤儿、残疾儿童或者社会福利机构抚养的查找不到生父母的弃婴和儿童，可以不受收养人无子女和收养 1 名的限制。"按此规定，有子女的公民亦可收养孤儿、残疾儿童或者社会福利机构抚养的查找不到生父母的弃婴和儿童，收养 1 名或数名均可。孤儿、残疾儿童或者社会福利机构抚养的查找不到生父母的弃婴和儿童为他人收养，有利于其在养父母的抚育下健康成长。放宽条件既是出于保护上述儿童的需要，也是对此类符合社会公共利益的收养行为的肯定和鼓励。当然，在处理具体问题时应当充分考虑收养人自身的抚养能力和其他条件。

4. 继父（或继母）收养继子女。现行《收养法》第 14 条规定："继父或者继母经继子女的生父母同意，可以收养继子女，并可以不受本法第 4 条第 3 项、第 5 条第 3 项、第 6 条和被收养人不满 14 周岁以及收养 1 名的限制。"根据这一规定，继父或继母收养继子女可以不像一般收养中那样受下列条款的限制："被收养人为生父母有特殊困难无力抚养的子女""送养人为有特殊困难无力抚养子女的生父母""收养人应当是年满 30 周岁、无子女、有抚育被收养人能力、未患有在医学上认为不应当收养子女疾病的人""被收养人应当不满 14 周岁"和"只能收养 1 名子女"。

现行《婚姻法》第 27 条第 2 款规定："继父或继母和受其抚养教育的继子女间的权利和义务，适用本法对父母子女关系的有关规定。"继父或继母对继子女的抚养教育不是法定义务，它是以自愿为前提的。但一旦形成这种抚育关系，该子女就会与生父母和继父（或继母）形成双重的父母子女的权利义务关系。现行《收养法》允许继父（或继母）将继子女收养为养子女，并在条件上作出了放宽性规定。这种特殊收养具有以下特征：

（1）继父或继母须事先征得其再婚配偶（即子女的生母或生父）的同意，并且取得不与其共同生活的子女另一方生父或生母的同意。继子女年满 10 周岁以上的，还应征得其本人的同意。

（2）继子女被继父（或继母）收养后，其身份即由继子女变成继父（或继母）一方的养子女，其与再婚关系之外的一方生父（或生母）的权利义务，即因收养关系的成立而消除。这样就改变了原双重权利义务关系，有利于其养亲家庭关系的稳定和睦。同时，继子女与其再婚的婚姻关系内的生母（或生父）一方之间仍保留原直系血亲的母子（或父子）权利义务关系。

5. 隔代收养。即收养孙子女。在现实生活中，有些老年收养人因与被收养人年龄悬殊或辈分不当，不宜成为养父母子女，而将被收养人作为养孙子女收养，因而产生隔代收养问题。现行《收养法》对隔代收养未作明文规定，也未明文禁止。1984 年《最高人民法院关于贯彻执行民事政策法律若干问题的意见》第 29 条规定："收养人收养他人为孙子女，确已形成养祖父母与养孙子女关系的，应予承认。解决收养纠纷或有关权益纠纷时，可依照婚姻法关于养父母与养子女的有关规定，合情合理地处理。"由于最高人民法院在现行《收养法》施行前所作的上述解释与《收养法》并不抵触，仍可适用。但应注意：收养养孙子女必须由收养人本人直接收养，而不是为子女代为收养。收养人确实为本人收养孙子女，并符合收养的实质要件，办理了合法的收养手续，只是称谓不同的，其收养关系应被确认为有效。养孙子女（被收养人）与养祖父母（收养人）之间的权利义务关系，适用养父母子女关系的规定，而不适用祖孙关系的规定。

6. 收养成人。由于成年人已由其生父母抚养成年，若又被他人收养，成年养子女与生父母的权利义务消除，可以不尽赡养扶助义务，这对生父母明显不利，也与现代收养制度的目的不符。因此，现行《收养法》对收养成年人予以严格限制，即只有在以下两种情况下，被收养人才可以不受不满 14 周岁的年龄限制：①收养人收养三代以内同辈旁系血亲的子女；②继父或继母收养继子女。

二、收养成立的形式要件

由于收养涉及亲子关系的重大变更，收养关系当事人除要符合收养关系成立的实质要件外，还必须符合法定的形式要件，即履行一定的收养程序，收养才能产生法律效力。依我国现行《收养法》规定，收养关系成立的唯一法定程序是收养登记程序。此外，当事人双方可以自愿订立收养协议，当事人双方或一方也可要求办理收养公证。

（一）登记是收养成立的必经程序

我国 1991 年《收养法》第 15 条规定，国内公民之间收养关系的成立有协议、登记、公证三种不同的程序。为了保障《收养法》的正确实施，保护收养关系依法成立，现行《收养法》将登记程序作为我国收养的唯一必经程序。现行《收养法》第 15 条第 1、2 款规定："收养应当向县级以上人民政府民政部门登记。收养关系自登记之日起成立。收养查找不到生父母的弃婴和儿童的，办理登记的民政部门应当在登记前予以公告。"根据 1999 年 5 月 25 日民政部颁布的《中国公民收养子女登记办法》和现行《收养法》第 15 条的精神，办理收养登记的机关，是县级以上人民政府的民政部门。

1. 办理收养登记的机关。办理收养登记的法定机关，是县级以上人民政府的民政部门。按照被收养人情况的不同，又可分为：

（1）收养社会福利机构抚养的查找不到生父母的弃婴、儿童和孤儿的，在社会福利机构所在地的收养登记机关办理登记。

（2）收养非社会福利机构抚养的查找不到生父母的弃婴和儿童的，在弃婴和儿童发现地的收养登记机关办理登记。

（3）收养生父母有特殊困难无力抚养的子女或者由监护人监护的孤儿的，在被收养人生父母或者监护人户口所在地（组织作监护人的，在该组织住所地）的收养登记机关办理登记。

（4）收养三代以内同辈旁系血亲的子女，以及继父或者继母收养继子女的，在被收养人生父或者生母户口所在地的收养登记机关办理登记。

2. 收养登记的具体程序。收养登记的具体程序可分为申请、审查和登记三个步骤。

（1）申请。为保证收养当事人的意思表示的真实性，办理收养登记时，当事人必须亲自到场。首先，夫妻共同收养子女的，一方如果不能亲自到收养登记机关的，应当书面委托另一方办理登记手续，委托书应当经过村民委员会或者居民委员会证明或者经过公证。其次，送养人为公民的，须送养人亲自到收养登记机关办理收养登记；送养人为社会福利机构的，须由其负责人或委托代理人到收养登记机关办理收养登记。最后，被收养人是年满10周岁以上的未成年人的，亦必须亲自到收养登记机关。

申请收养登记时，收养人应当向收养登记机关提交收养申请书。收养申请书应包括如下内容：①收养人情况；②送养人情况；③被收养人情况；④收养的目的；⑤收养人作出的不虐待、不遗弃被收养人和抚育被收养人健康成长的保证。

申请办理收养登记时，根据收养人和被收养人的不同情况，收养人应当提供以下证件和证明材料：居民户口簿和居民身份证；由收养人所在单位或者村民委员会、居民委员会出具的本人婚姻状况、有无子女和抚养教育被收养人的能力等情况的证明；县级以上医疗机构出具的未患有在医学上认为不应当收养子女的疾病的身体健康检查证明。收养查找不到生父母的弃婴、儿童的，应当提交收养人经常居住地计划生育部门出具的收养人生育情况证明。其中收养非社会福利机构抚养的查找不到生父母的弃婴、儿童的，收养人还应当提交下列证明材料：收养人经常居住地计划生育部门出具的收养人无子女的证明；公安机关出具的捡拾弃婴、儿童报案的证明。收养继子女的，可以只提交居民户口簿、居民身份证和收养人与被收养人生父或者生母结婚的证明。

申请办理收养登记时，送养人应当向收养登记机关提交下列证件和证明材料：居民户口簿和居民身份证（组织作监护人的，提交其负责人的身份证件）；《收养法》规定送养时应当征得其他有抚养义务的人同意的，还应提交其他有抚养义务的人同意送养的书面意见材料。不同情况的送养人还应当向收养登记机关提交以下证明材料：①社会福利机构为送养人的，应当提交弃婴、儿童进入社会福利机构的原始记录，公安机关出具的捡拾弃婴、儿童报案的证明，或者孤儿的生父母死亡或者宣告死亡的证明。②监护人为送养人的，应当提交实际承担监护责任的证明，孤儿的父母死亡或者宣告死亡的证明，或者被收养人生父母无完全民事行为能力并对被收养人有严重危害的证明。③生父母为送养人的，应当提交与当地计划生育部门签订的不违反计划生育规定的协议；有特殊困难无力抚养子女的，还应当提交其所在单位或者村民委员会、居民委员会出具的送养人有特殊困难的证明。其中，因丧偶或者一方下落不明由单方送养的，还应当提交配偶死亡或者下落不明的证明；子女由三代以内同辈旁系血亲收养的，还应当提交公安机关出具的或者经过公证的与收养人有亲属关系的证明。④被收养人是残疾儿童的，应当提交县级以上医疗机构出具的该儿童的残疾证明。

（2）审查。收养登记机关收到收养登记申请书及有关材料后，应当自次日起 30 日内进行审查。审查的主要内容包括：①收养申请人是否符合法律所规定的收养人条件以及其收养的目的是否正当；②被收养人是否符合法律所规定的被收养人条件；③送养人是否符合法律所规定的送养人条件；④当事人申请收养的意思表示是否真实。

根据现行《收养法》第 15 条第 2 款和《中国公民收养子女登记办法》第 7 条的规定，收养查找不到生父母的弃婴、儿童的，收养登记机关应当在登记前公告查找其生父母。根据 2008 年《收养登记工作规范》要求，公告应当刊登在收养登记机关所在地设区的市（地区）级以上地方报纸上。公告要附有查找不到生父母的弃婴、弃儿的照片。办理公告时，收养登记员要保存捡拾证明和捡拾地派出所出具的报案证明。派出所出具的报案证明应当有出具该证明的警员签名和警号。自公告之日起满 60 日，弃婴、弃儿的生父母或者其他监护人未认领的，视为查找不到生父母的弃婴、弃儿。

（3）登记。经过审查后，收养登记机关认为申请人证件齐全有效、符合《收养法》规定的收养条件的，应为其办理收养登记，发给收养证。收养关系自登记之日起成立。对不符合《收养法》规定条件的，不予登记，并对当事人说明理由。

收养关系成立后，需要为被收养人办理户口登记或者迁移手续的，由收养人持收养登记证到户口登记机关按照国家有关规定办理。

（二）当事人可以自愿订立书面收养协议和办理收养公证

现行《收养法》第 15 条第 3 款规定："收养关系当事人愿意订立收养协议的，可以订立收养协议。"第 4 款规定："收养关系当事人各方或者一方要求办理收养公证的，应当办理收养公证。"可见，收养协议和收养公证并不是收养的法定形式要件，而是由当事人自主选择进行的。

1. 收养协议。收养协议，是收养关系当事人之间依照法律规定订立的关于同意成立收养关系的协议。订立收养协议应当符合如下法律要求：①订立收养协议的当事人即收养人、被收养人与送养人均须符合现行《收养法》规定的收养成立的条件；②收养协议的主要条款，应当包括收养人、送养人和被收养人的基本情况，收养的目的，收养人不虐待、不遗弃被收养人和抚育被收养人健康成长的保证，以及双方合意订立的其他内容；③收养协议的形式，应当为书面协议。

收养协议自收养关系当事人正式签订之日起生效。

2. 收养公证。收养公证，是根据收养关系当事人各方或者一方的要求由公证机关对其订立的收养协议依法作出的公证证明。关于收养公证的办理，有如下法律规定：①办理收养公证并不是成立收养关系的必经法律程序。只有在收养关系当事人要求办理收养公证的情况下，才依法予以办理。②办理收养公证时，公证机关应当对申请收养公证的当事人的条件和收养协议内容的合法性进行审查。经过审查后，认为收养人、送养人和被收养人符合法律规定的相关条件，收养协议的内容合法有效的，才能办理收养公证证明。③公证机关对收养公证的文件应当妥善保管。

第四节　收养的效力

一、收养的法律效力

收养的法律效力，是指因收养民事法律行为的成立而产生的法律后果。根据现行《收养法》第23、24条的规定，自收养关系成立之日起，将产生一系列的法律效力，可以概括为拟制效力和解销效力两个方面。

（一）收养的拟制效力

收养的拟制效力，亦称为收养的积极效力，是指收养依法创设新的亲属关系及其权利义务的效力。在当代各国的收养法中，对收养的拟制效力有不同的立法例。有的国家规定，收养的拟制效力仅及于养父母与养子女及收养关系存续期间养子女所出的晚辈直系血亲，而不及于养父母的血亲，如德国、瑞士、法国、奥地利等。有的国家则规定，收养的拟制效力同时及于养父母的血亲，如日本、韩国等。[1] 按照我国现行《收养法》的规定，收养的拟制效力不仅及于养父母与养子女，也及于养子女与养父母的近亲属。

1. 对养父母与养子女的拟制效力。我国现行《收养法》第23条第1款规定："自收养关系成立之日起，养父母与养子女间的权利义务关系，适用法律关于父母子女关系的规定；……"

按此规定，基于收养的拟制效力，养父母养子女关系与自然血亲的父母子女关系具有同等的法律效力，两者在亲子间的权利义务上是完全相同的。例如，现行《婚姻法》有关父母对子女的抚养教育保护义务、子女对父母的赡养扶助义务等规定，《继承法》有关父母与子女互为第一顺序的法定继承人的规定，均适用于养父母与养子女。

收养的拟制效力，也表现在养子女的姓氏上，养子女的姓随养亲，这是当代各

---

〔1〕　杨大文、马忆南编著：《婚姻家庭法（一）》，北京大学出版社2004年版，第200～201页。

国亲属法的通例。我国现行《收养法》第 24 条规定："养子女可以随养父或者养母的姓，经当事人协商一致，也可以保留原姓。"养子女的姓既可随养父，也可随养母，这同现行《婚姻法》第 22 条有关子女姓氏问题的规定是完全一致的。上述规定既符合收养制度的宗旨和男女平等的原则，又具有一定的灵活性。

2. 对养子女与养父母的近亲属的拟制效力。我国现行《收养法》第 23 条第 1 款还规定："……养子女与养父母的近亲属间的权利义务关系，适用法律关于子女与父母的近亲属关系的规定。"

养子女与养父母的近亲属间的权利义务关系，是养父母与养子女关系在法律上的延伸。收养对养子女与养父母的近亲属的拟制效力，表现为养子女与养父母的近亲属以及养父母与养子女的近亲属之间发生的拟制效力，取得亲属的身份，发生权利义务关系。具体来说，养子女与养父母的父母发生祖孙的身份关系和权利义务关系；养子女与养父母的子女，取得兄弟姐妹的身份，发生兄弟姐妹的权利义务关系；养父母对于养子女所出的晚辈直系血亲，也取得祖孙的身份，发生祖孙的权利义务关系。

上述近亲属间的抚养和赡养适用现行《婚姻法》第 28、29 条的规定；法定继承适用《继承法》第 10 条及其相关规定。养兄弟姐妹、养祖父母、养外祖父母为第二顺序法定继承人；养孙子女、养外孙子女可以代位继承其养祖父母、养外祖父母的遗产。

（二）收养的解销效力

收养的解销效力，亦称为收养的消极效力，是指收养依法消灭原有的亲属关系及其权利义务的效力。在当代各国的收养法中，关于收养的解销效力的规定因完全收养和不完全收养而不同。在完全收养的情形下，养子女与生父母及其他近亲属间的权利义务关系基于收养的成立而消除。在不完全收养的情形下，养子女与生父母及其他近亲属间仍保有法定的权利义务关系。按照我国现行《收养法》的规定，收养均属于完全收养，收养的解销效力不仅及于养子女与生父母，也及于养子女与其他近亲属，他们之间的权利义务关系基于收养的成立而消除。

1. 对养子女与生父母的解销效力。我国现行《收养法》第 23 条第 2 款规定，养子女与生父母间的权利义务关系，因收养关系的成立而消除。按此规定，收养的解销效力所消除的，仅为法律上父母子女的权利义务关系，而非自然意义上的父母子女的血缘关系。养子女与生父母间基于出生而具有的直接血缘联系，是客观存在的，不能通过法律手段加以改变。因此，我国现行《婚姻法》中有关禁止直系血亲结婚的规定，对养子女与生父母是仍然适用的。

2. 对养子女与生父母的其他近亲属的解销效力。我国现行《收养法》第 23 条第 2 款还规定，养子女与生父母以外的其他近亲属间的权利义务关系，亦因收养关系的成立而消除。按此规定，子女被他人收养后，与生父母的父母不再具有祖孙间的权利义务关系；与生父母的其他子女间，不再具有兄弟姐妹间的权利义务关系。我国现行《婚姻法》中有关禁止直系血亲和三代以内旁系血亲结婚的规定，对养子女与生父母以外的其他近亲属也是适用的。

二、收养行为的无效

无效的收养行为，是指欠缺收养关系成立的有效条件，因而不能产生收养的法律效力的收养行为。收养子女是一项重要的法律行为，必须符合现行《收养法》规定的实质要件并履行法定的形式要件，始能成立合法有效的收养关系，否则无法律效力。

（一）收养无效的原因

现行《收养法》第 25 条规定收养行为无效的原因有两类：

1. 违反《民法通则》第 55 条规定的收养行为无效。包括：①收养人或者送养人不具有相应的民事行为能力。无民事行为能力人或限制民事行为能力人不能或不能完全辨认自己的行为，依法不得为收养或送养行为，否则其行为无效。②收养人、送养人或年满 10 周岁以上的被收养人的意思表示不真实。即一方以欺诈、胁迫的手段或者乘人之危，使对方在违背真实意愿的情况下所为的收养行为无效。③违反法律或者社会公共利益的收养行为。例如收养人与送养人恶意串通，以收养的名义实为招募童工的行为，与立法的宗旨相违背，因而没有法律效力。

2. 违反了现行《收养法》规定的收养实质要件或形式要件的，为无效收养。主要包括：①收养人有子女而收养非孤儿、弃儿或非残疾儿童的；②收养人未满 30 周岁而收养的；③无配偶的男性收养女性，双方的年龄差距不足 40 周岁的；④被收养人超过 14 周岁的；⑤生父母因超生而将子女送养，或将独生子女送养拟再领取生育指标的；⑥收养当事人不符合《收养法》规定的其他条件的；⑦收养程序不符合《收养法》规定的。

以上违法现象，仅针对一般收养而言。特殊收养应根据《收养法》的特殊规定，来判断其是否有效。[1]

（二）确认收养无效的程序

我国现行法律、法规规定确认收养无效的程序有两种，即人民法院依诉讼程序确认收养无效和收养登记机关依行政程序确认收养无效。现行《收养法》第 25 条仅有依诉讼程序确认收养无效的规定。关于依行政程序确认收养无效的问题，是以民政部关于办理收养登记的有关规定为依据的。1999 年民政部发布的《中国公民收养子女登记办法》第 12 条规定："收养关系当事人弄虚作假骗取收养登记的，收养关系无效，由收养登记机关撤销登记，收缴收养登记证。"至于当事人和利害关系人能否依行政程序申请确认收养登记无效的问题，并无规定。

在审判实践中，依诉讼程序确认收养无效有以下两种情形：①当事人或利害关系人提出请求确认收养无效之诉，由人民法院依法判决收养无效；②人民法院在审

〔1〕　巫昌祯主编：《婚姻与继承法学》，中国政法大学出版社 2007 年版，第 266 页。

理有关案件的过程中发现无效收养行为，在有关判决中确认收养无效。

（三）收养无效的法律后果

现行《收养法》第 25 条第 2 款规定："收养行为被人民法院确认无效的，从行为开始时起就没有法律效力。"收养行为经收养登记机关依行政程序确认无效，同样也是自始无效的。确认收养无效的司法判决和行政决定具有溯及既往的效力，这是收养无效和收养关系解除的重要区别。

三、《收养法》施行前形成的收养关系之效力的确认

我国 1991 年《收养法》自 1992 年 4 月 1 日起施行。对于 1991 年《收养法》施行前形成的收养关系，由于过去没有收养的专门法律，没有规定收养关系成立要履行何种法律手续，为了维护收养人当事人的利益，促进家庭的安定、和睦，对于1991 年《收养法》施行前形成的下列收养关系应予承认：

1. 对于依照当时有关规定办理了收养公证或户籍登记手续的收养关系，承认其合法有效。

2. 对于 1991 年《收养法》施行前已经形成的事实收养关系应予承认。1984 年《最高人民法院关于贯彻执行民事政策法律若干问题的意见》第 28 条规定："亲友、群众公认，或有关组织证明确以养父母与养子女关系长期共同生活的，虽未办理合法手续，也应按收养关系对待。"因此，对于《收养法》施行前，符合收养的实质要件，仅是缺少形式要件的收养关系，法律是予以保护的。一些当事人在该《收养法》施行后，为避免因原收养关系成立时未履行法律手续而出现各种问题，可以补办收养公证。该《收养法》施行后成立的收养关系，应当依照该《收养法》的规定办理，对于不具备该《收养法》规定的形式要件的事实收养，为无效的收养关系，不再承认其效力。

人民法院审理收养案件，对于 1991 年《收养法》施行后发生的收养关系，审理时适用该《收养法》。1991 年《收养法》施行前受理，施行时尚未审结的收养案件，或者 1991 年《收养法》施行前发生的收养关系，该《收养法》施行后当事人诉请确认收养关系的案件，审理时应适用收养时的有关规定。收养时没有规定的，可比照该《收养法》处理。对于该《收养法》施行前成立的收养关系，该《收养法》施行后当事人诉请解除收养关系的，应适用该《收养法》。1991 年《收养法》施行前涉及收养问题的有关政策、法律规定和司法解释，凡与该《收养法》相抵触的不得再适用。

第五节　收养的解除

收养子女是变更身份和权利义务关系的严肃的法律行为，收养关系成立后一般不得随意解除。但是，收养关系毕竟是一种拟制血亲，可能因各种原因导致收养关系的恶化和事实上的解体，所以收养关系因法律行为而产生，也可以依一定的条件和程序而解除。收养关系的解除，是指收养效力发生后，因遭遇一定事由，无法继续亲子关系，而使该关系得以消灭，又被称为收养关系的终止。我国《收养法》规定收养关系的解除有协议解除和诉讼解除两种方式，并对收养关系解除的条件和程序，以及解除收养关系后的法律后果作了规定。

一、协议解除

收养关系成立后，在被收养人成年之前，收养人、送养人双方可以协议解除收养关系。养父母与成年养子女关系恶化、无法共同生活的，双方也可协议解除收养关系。收养关系的协议解除必须符合现行《收养法》规定的条件和程序。

（一）协议解除的条件

协议解除收养的，应符合以下条件：

1. 当事人须有解除收养关系的合意。养子女未成年时须收养人、送养人双方协商一致；养子女年满 10 周岁以上的，还应当征得本人同意。养子女成年后，应由养父母与成年养子女达成解除收养关系的协议。

2. 当事人必须具有完全民事行为能力。只有具有完全民事行为能力的人才能认识解除收养关系这一重要的法律行为的重大意义和后果，才能作出真实而有效的意思表示。如果在解除收养关系时，收养人、送养人或成年养子女一方没有相应的民事行为能力，不得由他人代理达成解除收养关系的协议。在此情况下，只能通过诉讼程序办理。

3. 夫妻共同收养者，其终止收养亦须夫妻共同解除收养关系。收养人在收养时有配偶者，依照现行《收养法》第 10 条的规定须夫妻共同收养。但终止收养时，如有配偶者，是否须共同终止收养？现行《收养法》对此无明文规定。通常认为夫妻共同收养者，应由夫妻共同终止收养关系。因为如果可以单方终止收养，与夫妻共同收养原则的立法精神相悖，亦无法谋求身份上的统一。但在有配偶者单方收养子女或者收养人在收养时无配偶终止收养时已有配偶等情形下，可以单方终止收养关系。

（二）协议解除的程序

现行《收养法》第 28 条规定，当事人协议解除收养关系的，应当到民政部门办理解除收养关系的登记。同时依《中国公民收养子女登记办法》第 9 条的规定，收养关系当事人协议解除收养关系的，应当持居民户口簿、居民身份证、收养登记证和解除收养关系的书面协议，共同到被收养人常住户口所在地的收养登记机关办理解除收养关系登记。

收养登记机关收到解除收养关系登记申请书及有关材料后，应当自次日起 30 日内进行审查；对于符合《收养法》规定的，为当事人办理解除收养关系的登记，收回收养登记证，发给解除收养关系证明。

二、诉讼解除

收养当事人不能达成解除收养关系协议的，收养人、送养人或者已经成年的被收养人可以向人民法院起诉，通过诉讼程序由人民法院处理。人民法院审理这类案件，应当查明当事人要求解除收养关系的真实原因，以及养父母与养子女间的关系状况和实际生活情况，本着保护合法的收养关系，维护收养当事人的权利以及有利于未成年被收养人的抚养、成长的原则，根据《收养法》的有关规定处理。

1. 养子女为未成年人，养父母要求解除收养关系的。现行《收养法》第26条第1款规定："收养人在被收养人成年以前，不得解除收养关系，但收养人、送养人双方协议解除的除外，……"这是因为依照现行《收养法》第4条的规定，被收养人一般是抚养上有困难的未成年人，从有利于被收养的未成年人的抚养、成长的原则出发，《收养法》作出在被收养人成年以前收养人不得解除收养关系的限制性规定，以保护被收养的未成年人的利益。因此，在养子女为未成年人时，收养人起诉要求解除收养关系的，人民法院应当对收养人进行法制教育，驳回其诉讼请求。但在审判实践中，有的收养关系成立后，生父母一方反悔，并用种种不正当手段破坏养父母与养子女的关系，以致收养关系恶化，无法继续维持。在此情况下，养父母因有重大理由诉请解除收养关系，且为养子女的利益所必要，人民法院应实事求是地予以支持。

2. 养子女为未成年人，送养人要求解除收养关系的。现行《收养法》第26条第2款规定："收养人不履行抚养义务，有虐待、遗弃等侵害未成年养子女合法权益行为的，送养人有权要求解除养父母与养子女间的收养关系。送养人、收养人不能达成解除收养关系协议的，可以向人民法院起诉。"因此，当收养人不履行抚养义务，有虐待、遗弃等侵害未成年养子女合法权益行为，送养人向法院起诉要求解除收养关系的，人民法院应依法解除养父母与养子女间的收养关系。但如果在收养关系成立后，送养人一方反悔，在养父母无过错行为的情况下要求解除收养关系的，人民法院应当从保护合法的收养关系出发，教育当事人信守收养协议，对其诉讼请求不予支持。

3. 被收养人成年以后，养父母与成年养子女关系恶化，一方要求解除收养关系的。对此应根据双方关系的实际情况，本着维护收养关系当事人合法权益的原则，决定是否准予解除：①双方关系尚未恶化到无法共同生活的程度的，应查明纠纷原因，排除不利因素，实现调解和好；②双方关系已经恶化到无法继续共同生活的程度，经调解无效的，应当准予解除收养关系。

4. 关于养父母死亡后可否终止收养关系的问题。由于我国《收养法》实行完全收养制，收养关系并不因养父母子女一方死亡而终止。养父母双方均已死亡后，养子女无从终止收养关系，有时对养子女甚为不利。因为养子女不能再由他人收养或者回到送养人家，故有的立法例设有养父母死亡后养子女得终止收养关系的规定。如我国台湾地区"民法亲属编"第1080条规定："养父母死亡后，养子女不能维持生活而无谋生能力者，得声请法院许可，终止收养关系。"此为保护养子女的立法措施，值得我国《收养法》借鉴。在《收养法》作出明确规定前，基于收养应当有利于被收养的未成年人的健康成长原则，亦应作肯定的解释。

三、解除收养的法律后果

无论协议解除或诉讼解除收养关系，都会使因收养关系成立所产生的一切法律效力归于消灭。根据我国《收养法》的规定，收养关系解除后，产生下列法律后果：

（一）拟制血亲关系的解除

现行《收养法》第29条规定，收养关系解除后，养子女与养父母及其他近亲属间的权利义务关系即行消除。

解除收养关系的直接后果是养父母养子女关系的终止，双方不再具有父母子女间的权利义务关系。养子女与养父母的近亲属关系，本来就是以收养关系为中介的，解除收养关系，他们之间就不再具有子女与父母的近亲属间的权利义务关系。

（二）自然血亲关系的恢复

现行《收养法》第29条还规定，收养关系解除后，养子女与生父母及其他近亲属间的权利义务关系自行恢复，但成年养子女与生父母及其他近亲属间的权利义务关系是否恢复，可以协商确定。

可见，关于养子女与生父母及其他近亲属间的权利义务关系的恢复问题，《收养法》是以养子女是否已经成年为界限，区别对待，分别处理的。如果成年养子女与生父母协商确定恢复父母子女间的权利义务关系，该子女与其他近亲属间的权利义务关系即随之恢复。

（三）解除收养后的财产问题及其处理

现行《收养法》第30条对解除收养关系后成年养子女的生活费给付义务和养父母的补偿请求权作了明确的规定，其立法精神主要是保护收养人的合法权益，妥善地处理解除收养关系的善后事宜。

1. 成年养子女的生活费给付义务。收养关系解除后，经养父母抚养的成年养子女，对缺乏劳动能力又缺乏生活来源的养父母，应当给付生活费。

关于生活费的数额，应依据养父母的实际生活需要、当地的实际生活水平及成年养子女的负担能力而定。

2. 养父母的补偿请求权。因养子女成年后虐待、遗弃养父母而解除收养关系的，养父母可以要求养子女补偿收养期间支出的生活费和教育费。

生父母要求解除收养关系的，养父母可以要求生父母适当补偿收养期间支出的生活费和教育费，但因养父母虐待、遗弃养子女而解除收养关系的除外。

按此规定，养父母的补偿请求权，得依照不同情形，向成年养子女或其生父母主张。养父母对养子女的虐待、遗弃，是其向生父母主张补偿请求权的法定障碍。

导入案例之要点评析

（1）李某某与李某之间的养父女关系不因李某某与王某的离婚而解除。根据《收养法》规定的收养成立的条件和程序，李某某与李某之间的收养关系合法成立，具有法律效力。从收养关系成立之日起，李某某与李某之间的权利义务关系，适用法律关于父母子女关系的规定。现行《婚姻法》第36条规定，父母与子女间的关系，不因父母离婚而消除。离婚后，子女无论由父或母直接抚养，仍是父母双方的子女，父母对于子女仍有抚养和教育的权利和义务。

（2）李某某与赵某某不能协商解除李某某与李某的收养关系。根据现行《收养法》第26条的规定，收养人在被收养人成年以前，不能解除收养关系，但收养人、送养人双方协议解除的除外。本案中，李某是弃婴，没有送养人，而赵某某是李某的养外祖母，故不符合送养人和收养人协议解除收养的条件，所以，李某某与赵某某不能协商解除李某某与李某的收养关系。

（3）刘某对李某没有抚养义务。根据现行《婚姻法》第27条第2款的规定，继父或继母和受其抚养教育的继子女间的权利和义务，适用本法对父母子女关系的有关规定。本案中，李某与刘某之间是继父女关系，但李某一直与赵某某一起生活，并未与刘某发生抚养教育关系，因此双方之间并未形成有抚养关系的继父母子女关系。故刘某对李某无法定的抚养义务。

思考题

一、选择题

（一）单项选择题

1. 张某和李某达成收养协议，约定由李某收养张某6岁的孩子小张；任何一方违反约定，应承担违约责任。双方办理了登记手续，张某依约向李某支付了10万元。李某收养小张1年后，因小张殴打他人赔偿了1万元，李某要求解除收养协议并要求张某赔偿该1万元。张某同意解除但要求李某返还10万元。下列哪一表述是正确的？（　　）（2014年国家司法考试试题）

A. 李某、张某不得解除收养关系

B. 李某应对张某承担违约责任

C. 张某应赔偿李某1万元

D. 李某应返还不当得利

2. 甲、乙夫妻在一次意外事故中死亡，留下3岁的儿子小甲由祖父母抚养。7年后，祖父母年老体弱，无力抚养，将小甲送养给他人。而小甲的外祖父母知情后不同意送养，其本身有抚养能力。问祖父母的送养行为是否有效？（　　）

A. 有效。因为祖父母是小甲的监护人

B. 有效。因为祖父母是小甲的监护人，而外祖父母无力抚养

C. 无效。因为监护人送养未成年孤儿，须征得有抚养义务的人同意

D. 无效。因为监护人不得送养未成年孤儿

（二）多项选择题

1. 丙是甲乙夫妻的养女，现已长大成人。丙与甲乙夫妻之间经常因琐事吵架，导致关系恶化，无法共同生活，于是协议解除了他们之间的收养关系。其产生的法律后果包括以下哪些？（　　　）

A. 丙与养父母甲乙之间的身份关系及权利义务关系消灭

B. 丙与养父母的其他近亲属间的身份关系及权利义务关系消灭

C. 丙与生父母及其他近亲属间的权利义务关系自行恢复

D. 丙与生父母及其他近亲属间的权利义务关系是否恢复，由双方协商确定

2. 甲乙婚后一直无子，收养了一名男孩小丙。几年后，甲乙因意外事故而死亡。甲乙的父母在处理完后事以后，让小丙回到其生父母的身边。而甲乙的父母都有抚养小丙的能力。下列说法正确的是（　　　）。

A. 甲乙的父母应抚养小丙

B. 甲乙的父母与小丙之间已形成了法律拟制的祖孙关系

C. 因收养成立，小丙与其生父母之间的权利义务关系解除

D. 因收养成立，其生父母对小丙已没有抚养教育的义务

二、判断分析题

1. 根据我国现行《收养法》的规定，继父母经继子女的生父母同意，可以收养继子女，此时，该继子女可以不受被收养人未满 14 岁、收养人须年满 30 周岁和收养人有抚养教育被收养人的能力的限制。

2. 据我国现行《收养法》的规定，收养关系成立的必经程序是收养人和送养人订立收养协议并办理收养登记。

三、简答题

1. 简述我国《收养法》的基本原则。

2. 简述收养的法律特征。

3. 简述收养成立的法律效力。

四、论述题

1. 试论收养成立的一般实质要件。

2. 试论解除收养的法律后果。

五、案例分析题

张某、贾某夫妇为维持生计，经常外出打工。2005 年 2 月，张某、贾某夫妇外出后一直杳无音讯，一去不回。无奈之下，张某的父母于 2010 年 8 月向人民法院请求宣告张某、贾某死亡。人民法院依法发出公告，在公告的期限内张某、贾某夫妇仍无音信，法院于 2011 年 9 月依法作出了宣告张某、贾某夫妇死亡的判决。张某夫

妇的儿子张新（9岁）随其祖父母生活。2013年12月张某的父母因年老无力照顾张新，与收养人刘某某夫妇签订了收养协议，并办理了公证手续。2016年初，张某夫妇突然出现，想要回儿子张新，随后张某以送养人不合格、张新不符合被收养人的条件为由，请求法院确认刘某某夫妇与张新之间的收养关系无效。请问：

1. 张新是否符合被收养人的条件？
2. 张某的父母是否符合送养人的条件？
3. 该收养关系是否有效？

阅读参考文献

1. 蒋新苗：《比较收养法》，湖南人民出版社1999年版。
2. 王歌雅主编：《婚姻家庭继承法》，清华大学出版社2008年版。
3. 吴晓芳主编：《婚姻家庭政策法律解读与实用范本典型案例全书》，中国法制出版社2010年版。
4. 杨立新：《家事法》，法律出版社2013年版。
5. 田小梅主编：《以案学法：维护妇女儿童权益典型案例解析》，中国政法大学出版社2015年版。
6. 陈苇主编：《婚姻家庭继承法学》，群众出版社2017年版。

第八章

监护制度

❖学习的内容和重点

通过本章的学习，要求学生了解监护的概念、类型及其与亲权的关系，掌握监护的开始，监护人的范围、顺序、职责和权利，以及监护的撤销、变更与终止等基本知识。

导入案例

两位原告之子与被告张某于 2014 年初登记结婚，同年 11 月 18 日生一子陆某。被告张某系两位原告之儿媳。两位原告之子于 2015 年 4 月 27 日因车祸死亡。2015 年 10 月 10 日，两位原告以被告张某从未履行对孩子的监护责任为由诉至法院，要求依法变更并确认陆某的监护抚养权由两原告行使。2015 年 10 月 12 日，被告提起反诉，要求陆某由反诉原告行使抚养和监护权，两位反诉被告将孩子返还反诉原告。

法院经审理查明以下事实：2015 年 3 月初，被告与两位原告之子闹矛盾，遂独自返回娘家，两位原告之子曾带着陆某到被告娘家要求被告哺乳，被告拒不开门相见。两位原告之子在此后一个多月因车祸意外死亡。此后，孙子陆某仍然一直与两位原告共同生活至 2015 年 10 月 10 日两位原告起诉被告张某，要求变更其孙子的直接抚养监护人为祖父母。

请问：人民法院应如何处理本案？为什么？

第一节　监护制度概述

一、监护的概念

民法上，将自然人通过自己的行为取得、行使民事权利和履行、承担民事义务的能力称为民事行为能力。不具备完全民事行为能力的自然人，不论是限制民事行为能力人还是无民事行为能力人，均需借由监护制度来补充其民事行为能力的不足。根据我国《民法通则》第 14 条规定，无民事行为能力人、限制民事行为能力人的监护人是他的法定代理人。由监护人代为或协助被监护人从事各种民事活动，能更好地满足被监护人的社会生活需求。除了弥补行为能力之不足外，民法上设立监护制度尚具有保护限制民事行为能力人和无民事行为能力人的人身、财产及其他合法权益的目的。因此，监护制度是保护无民事行为能力人或者限制民事行为能力人的合法权益，弥补其民事行为能力不足的法律制度[1]。在监护关系中，履行保护义务的人是监护人，被保护的人是被监护人，监护人是被监护人的法定代理人。监护制度是有关监护的设立、变更、撤销以及监护的权利与职责等法律规范的总和。

因监护制度的立法体例的差异，监护的概念有广义和狭义之分[2]。广义的监护，是指对一切未成年人和无民事行为能力、限制民事行为能力成年人的人身和财产进行监督保护的法律规范的总称，包括父母对未成年子女的监护、父母以外的监护人对未成年人的监护以及对成年人的监护。而狭义的监护则是指与亲权制度并行的监护制度，父母对未成年子女的监督保护为亲权制度，而对不在亲权保护下的未成年人以及无民事行为能力、限制民事行为能力成年人的监督保护制度为监护制度。英美法系的很多国家采广义监护的概念，而大陆法系的各国多采狭义监护的概念[3]。我国《民法通则》和2017年10月1日生效实施的《民法总则》采用的都是广义监护的概念。

二、监护的类型

根据设立的原因，监护可以分为法定监护和意定监护。而法定监护因监护人确定的依据不同又可分为协议监护和指定监护。按照监护职责的履行情况还可以分为临时监护和固定监护。

（一）法定监护与意定监护

法定监护与意定监护（包括父母的遗嘱指定监护与被监护人本人的指定监护和委托监护）的划分标准，是确定监护人的依据是法律的规定或有关当事人的意愿（父母的遗嘱、被监护人本人的意愿或者监护人基于自己意愿的委托）。

1. 法定监护。根据我国《民法总则》的规定，我国的法定监护分为未成年人之监护与成年人之监护。前者是指对未成年人设立的监督和保护制度，指未成年人有监护能力的父母、祖父母、外祖父母、兄、姐，以及经未成年人住所地的居民委员会、村民委员会或者民政部门同意的其他愿意担任监护人的个人或者组织对未成年人的监护[4]；后者是指对不能辨认或者不能完全辨认自己行为的欠缺民事行为能力

---

[1]　参见全国人民代表大会常务委员会副委员长李建国2017年3月8日在第十二届全国人民代表大会第五次会议上关于《中华人民共和国民法总则（草案）》的说明。

[2]　曹诗权：《未成年人监护制度研究》，中国政法大学出版社2004年版，第68页。

[3]　杨大文主编：《亲属法》，法律出版社2012年版，第266页。

[4]　《民法总则》第27条规定："父母是未成年子女的监护人。未成年人的父母已经死亡或者没有监护能力的，由下列有监护能力的人按顺序担任监护人：①祖父母、外祖父母；②兄、姐；③其他愿意担任监护人的个人或者组织，但是须经未成年人住所地的居民委员会、村民委员会或者民政部门同意。"

的成年人的监督保护制度，即由无民事行为能力或限制民事行为能力成年人的有监护能力的配偶、父母、子女、其他近亲属，以及经被监护人住所地的居民委员会、村民委员会或者民政部门同意的其他愿意担任监护人的个人或者组织对无民事行为能力或限制民事行为能力成年人的监护。[1]

2. 意定监护。意定监护之监护人的选择确定，依据的是当事人的意愿。根据选择确定监护人之当事人的不同身份，意定监护可以分为父母的遗嘱指定监护、本人的意定监护和委托监护。

（1）父母的遗嘱指定监护。它是指被监护人的父母担任监护人的，可以通过遗嘱指定被监护人的监护人，在其死亡后监督保护被监护人。父母的遗嘱指定监护是意定监护的一种方式。[2] 国外一些国家的民法典明确规定父母可以通过遗嘱指定监护人。[3] 我国 1986 年《民法通则》尚未设立遗嘱指定监护制度，但 2017 年 10 月 1 日起施行的我国《民法总则》之第 29 条已经明确规定，父母可以通过遗嘱指定的方式为被监护人确定监护人。[4]

（2）本人的意定监护。它是指具有完全民事行为能力的成年人，针对其将来可能丧失行为能力的情况，根据本人的意愿提前为自己指定监护人。即与法定监护和父母的遗嘱指定监护不同，本人的意定监护之确定监护人的依据是被监护人"本人"的意愿。成年人监护的观念在现代发生了较大的转变，随着国际人权组织将关注的视野更多地投向残障者，一系列新思潮衍生了，如"维持本人（残障者）生活正常化"和"尊重本人的自我决定权"等。[5] 这些新的思潮改变了过去对欠缺民事行为能力人的隔绝式监护理念，而尊重本人的自我决定权还体现为允许具备民事行为能力的成年人为自己将来可能丧失行为能力的情况提前做出安排，可以通过事先协商确定监护人来协助和保护自己。在 2012 年我国修订《老年人权益保障法》时首次规定了本人的意定监护，该法第 26 条第 1 款规定："具备完全民事行为能力的老年人，可以在近亲属或者其他与自己关系密切、愿意承担监护责任的个人、组织中协商确定自己的监护人。监护人在老年人丧失或者部分丧失民事行为能力时，依法承担监护责任。"2017 年的《民法总则》第 33 条进一步将有权协商确定自己监护人的主体扩大到所有具备完全民事行为能力的成年人。因此，在我国，本人的意定监护是指具有完全民事行为能力的成年人，通过与其近亲属和其他愿意担任监护人的个人或

---

[1] 《民法总则》第 28 条规定："无民事行为能力或者限制民事行为能力的成年人，由下列有监护能力的人按顺序担任监护人：①配偶；②父母、子女；③其他近亲属；④其他愿意担任监护人的个人或者组织，但是须经被监护人住所地的居民委员会、村民委员会或者民政部门同意。"

[2] 参见陈苇：《中国婚姻家庭法立法研究》，群众出版社 2000 年版，第 370～371 页。

[3] 参见罗结珍译：《法国民法典》，北京大学出版社 2010 年版，第 397、398 条；陈卫佐译注：《德国民法典》，法律出版社 2015 年版，第 1776、1777 条。

[4] 《民法总则》第 29 条规定："被监护人的父母担任监护人的，可以通过遗嘱指定监护人。"

[5] 李霞："成年后见制度的日本法观察——兼及我国的制度反思"，载《法学论坛》2003 年第 4 期。

者组织事先协商，以书面形式确定该成年人在丧失或者部分丧失民事行为能力时的监护人。[1]

（3）委托监护。它是指根据委托人自己的意愿选择确定委托监护人，其属于意定监护的一种，即监护人可以将其监护职责范围内的某项事务在一定期间内委托给他人，委托监护人则代为履行委托范围内的监护职责。现行《未成年人保护法》第16条规定："父母因外出务工或者其他原因不能履行对未成年人监护职责的，应当委托有监护能力的其他成年人代为监护。"1988年《执行民法通则意见》第22条明确规定了委托监护人承担责任的情形："监护人可以将监护职责部分或者全部委托给他人。因被监护人的侵权行为需要承担民事责任的，应当由监护人承担，但另有约定的除外；被委托人确有过错的，负连带责任。"

（二）协议监护与指定监护

协议监护与指定监护的划分标准，是根据法定监护人的确定依据是当事人的协商决定还是相关机构、法院的指定。根据《民法总则》的规定，法定监护人的选择确定可分为两种：协议监护与指定监护。

1. 协议监护。它是指依法具有监护资格的数人之间，通过协议确定监护人。同一顺序的具有监护资格的人可能为数人，为确定权利、落实责任，可以只由其中一人或数人担任监护人。具有监护资格的数人协商确定监护人有助于监护人自愿履行监护职责，但协商确定监护人时，应当尊重被监护人的真实意愿。[2]

2. 指定监护。它是指当事人对监护人的确定有争议的，由居民委员会、村民委员会、民政部门或人民法院在具有监护资格的人中指定监护人。根据《民法总则》第31条第1款的规定，指定监护有两种途径：一是发生争议时由被监护人住所地的居民委员会、村民委员会或者民政部门指定监护人，有关当事人对指定不服的，再向人民法院申请指定监护人；二是《民法总则》新增的，对确定监护人有争议的当事人可以直接要求人民法院申请指定监护人，而不需经过居民委员会、村民委员会、民政部门指定监护人的前置程序。指定监护时，居民委员会、村民委员会、民政部门或者人民法院应当尊重被监护人的真实意愿，按照最有利于被监护人的原则在依法具有监护资格的人中指定监护人（《民法总则》第31条第2款）。

（三）临时监护与固定监护

临时监护与固定监护的划分标准，是依据监护人承担监护职责是临时性的还是固定的、长期性的。

---

〔1〕《民法总则》第33条规定："具有完全民事行为能力的成年人，可以与其近亲属、其他愿意担任监护人的个人或者组织事先协商，以书面形式确定自己的监护人。协商确定的监护人在该成年人丧失或者部分丧失民事行为能力时，履行监护职责。"

〔2〕《民法总则》第30条规定："依法具有监护资格的人之间可以协议确定监护人。协议确定监护人应当尊重被监护人的真实意愿。"

1. 临时监护。它是在指定监护之前，为保护被监护人的合法权益而由特定机关担任临时监护人，待监护人被指定后临时监护终止。依照《民法总则》第31条和第36条的规定，临时监护的适用有两种情况：①因对监护人的确定有争议的，居民委员会、村民委员会、民政部门或人民法院在具有监护资格的人中指定监护人之前，被监护人的人身权利、财产权利以及其他合法权益处于无人保护状态，为保障被监护人的合法权益，由被监护人住所地的居民委员会、村民委员会、法律规定的有关组织或者民政部门担任临时监护人。②因有关个人或组织申请撤销监护人资格，人民法院审理撤销监护人资格案件的，在依法指定监护人之前应安排临时监护措施。临时监护人依法履行监护职责，到监护人被指定开始履行监护职责时终止其监护职责。

2. 固定监护。除临时监护和委托监护外，其他的监护人履行监护职责均为固定监护。固定监护人履行监护职责直至监护关系终止，或监护人被撤销监护人资格。因特殊情况需要变更监护人的，应通过指定监护的程序变更。擅自变更的，则不能免除被指定的监护人的责任（《民法总则》第31条第4款）。

（四）未成年人的监护与成年人的监护

未成年人的监护与成年人的监护之划分标准，是依据被监护人是否达到成年年龄。

1. 未成年人的监护。未成年人的监护，是指对未达到法定成年年龄人的监护。根据监护人的身份之不同，未成年人的监护可以分为父母对未成年人的亲权（或称父母对未成年人的照护权[1]）与非父母对未成年人的监护（此属于狭义的监护）。前者是指父母对未成年子女的权利和义务，亲权最初是指父母对子女的权利，但近现代亲权制度的主要内容已变为父母对子女的扶养、保护、照料、教育的权利和义务。后者是指对不在父母亲权保护之下的未成年人的监护。

2. 成年人的监护。成年人的监护，是指对已经成年，但不能辨认或不能完全辨认自己行为的无民事行为能力人或限制行为能力人的监护。根据被监护人的判断识别能力之不同，为更好地促进被监护人的自主决定权，尊重其意愿，不少国家的监护制度将成年人的监护分为各种类型或层次，分别适用不同情况的被监护人。例如，在日本，成年人监护分为：针对"因精神上的缺陷而缺乏对事物的判断能力却处于常态的人"的"监护"制度；针对"因精神上的缺陷造成对事物的判断能力显著低下，不能完全辨认自己行为的人"的"保佐"制度；以及针对"因精神上的缺陷不

---

〔1〕　例如，《德国民法典》过去使用的"亲权"（elterliche gewalt）一词已经被"父母照顾"（elterliche sorge）所取代。《德国民法典》第1626条第1款第1句规定："父母有照顾未成年子女的义务和权利。"陈卫佐译注：《德国民法典》，法律出版社2015年版，第502页。

具有完全判断事物的能力的人"的"辅助"制度。[1] 我国《民法总则》并没有区分成年被监护人的具体情形而设置不同层次的监护措施。[2]

三、未成年人的监护与亲权的关系

（一）父母对未成年人的亲权与非父母对未成年人的监护之概念

我国立法采广义的监护的概念，未成年人的父母与其他监护人统称为监护人。父母子女是血缘最近的直系血亲，父母对子女负有抚养、保护、照料的义务，要把未成年子女教育培养成为能独立生活的社会个体，这种亲密的父母子女关系所承载的重大社会意义，与其他监护人与被监护人之间保护监督的功能相比确有差异，所以很多国家专门规定了父母对未成年子女的权利和义务，即亲权制度。亲权制度来源于罗马法和日耳曼法，最初主要强调父母对子女的权利，但近现代亲权制度的主要内容已变为父母对子女的抚养、保护、照料、教育的义务。而非父母对未成年人的监护则是由除父母之外的近亲属或愿意承担监护职责的个人或组织担任监护人，被监护人则是不在父母亲权保护之下的未成年人。

（二）父母对未成年人的亲权与非父母对未成年人的监护之异同比较

父母对未成年人的亲权与非父母对未成年人的监护既有联系又有区别。两者的共同点为不论是父母亲权人还是非父母的监护人，都应尽到保护监督未成年人人身、财产权益的职责，父母亲权人和非父母监护人均为未成年人的法定代理人，因未尽亲权责任或监护职责致未成年人致人损害，均须承担相应的民事责任。两者的不同点则表现为：其一，亲权的身份基础是亲密的父母子女关系，而监护则没有这种血缘最近血亲的基础，监护人可能是被监护人的其他近亲属，也可能是有关组织和机构。因此，基于未成年人的出生，其父母就是其当然的亲权人，不需要经过设定亲权人的程序。而监护人通常都需要经过设立监护人程序才能确定。其二，相比监护人，法律对亲权人更信任，亲权人也享有更多权利。例如，有些国家对监护设有监护监督人，但对亲权人没有专门的亲权监督机构。再如亲权人通常享有对子女财产的用益权，而监护人则受到限制，其对被监护人的财产没有用益权。监护人进行监护伊始，就需要将设定监护当时和将来归属于被监护人的所有财产编制成财产目录；

---

[1] 被监护人可以实施购买日用品等有关日常生活的行为，但其他法律行为需由监护人代为实施；被保佐人在实施重大经济行为时需要得到保佐人的同意；而对成年人设置辅助，需要本人申请或得到本人同意，被辅助人在实施特定法律行为时必须得到辅助人的同意。参见《日本民法典》第7条、第9条、第11条、第13条、第15条、第17条。

[2] 主编注：关于中国民法典之监护制度立法体系的完善建议，参见陈苇、李艳："中国民法典之监护制度立法体系构建研究"，载《西南政法大学学报》2017年第2期；关于我国未成年人意定监护制度的立法研究，参见陈苇、陈钊："瑞士新成年人意定照顾制度研究及其启示"，载中国法学会婚姻法学研究会、苏州大学王健法学院编：《中国法学会婚姻法学研究会2017年年会暨民法典婚姻家庭编立法重大问题研讨会论文集》，2017年9月内部印刷，第1～17页；关于我国老年人监护的立法研究，参见张伟、高丰美："老年监护的立法模式、原则与程序研究"，载《安徽大学学报（哲学社会科学版）》2016年第6期。

而亲权人不需要,即使法律要求亲权人编制目录,通常也只限于未成年子女因死因取得而获取的较大金额财产。[1] 其三,有些国家规定了监护人可以因其监护活动得到报酬,而亲权人没有取得报酬的权利。[2]

第二节　未成年人之监护

一、未成年人之监护的开始

自然人从出生即取得权利能力,但未成年人不具备完全民事行为能力,需要监护制度来补足其行为能力,保护其合法权益,故未成年人从出生时起至取得完全民事行为能力期间均需要为其设定监护。

未成年人之监护的开始,可分为法定监护的开始与意定监护的开始。前者始于未成年人之法定监护的原因出现之时,如未成年人的出生、未成年人的父母已经死亡或没有监护能力,均为我国未成年人之法定监护的开始原因(《民法总则》第27条)。后者始于未成年人的父母之委托监护的事由发生之时,如父母外出而不能履行监护职责时,应由委托监护人开始履行监护职责。

二、未成年人之监护人的范围与顺序

(一)未成年人之监护人的范围

未成年人之监护人的范围,可分为法定监护人的范围与意定监护人的范围。关于我国未成年人之法定监护人范围,根据《民法总则》第27条及第29条的规定,未成年人之法定监护人范围包括有监护能力的下列个人或组织:父母;父母监护人遗嘱指定的监护人;祖父母、外祖父母;兄、姐;其他经未成年人住所地的居民委员会、村民委员会或者民政部门同意,愿意担任监护人的个人或者组织;民政部门或具备履行监护职责条件的被监护人住所地的居民委员会、村民委员会。关于我国未成年人之意定监护人的范围,可由未成年人的法定监护人在委托监护协议中指定或在遗嘱指定监护中予以确定。

(二)未成年人之监护人的顺序

未成年人之监护人的顺序,可分为法定监护人的顺序与意定监护人的顺序。关于我国未成年人之法定监护人的顺序,第一顺序的法定监护人是父母。父母是未成年子女的当然监护人,子女一出生,父母就自然为其监护人。父母对未成年子女的监护权不容非法侵犯。只有在未成年人的父母已经死亡,或者没有监护能力,或者被人民法院依法撤销监护人资格的情况下,才有另行确定法定监护人的必要性,由

---

〔1〕　例如《德国民法典》第1802条、第1805条关于监护人财产管理的职责和限制的规定,第1792条、第1799条关于监护监督人的规定,以及第1638~1649条关于亲权人财产照顾权利和职责的规定。

〔2〕　杨大文主编:《亲属法》,法律出版社2012年版,第270页。

《民法总则》第 27 条确定的下列有监护能力的人按顺序担任监护人：①祖父母、外祖父母；②兄、姐；③经未成年人住所地的居民委员会、村民委员会或者民政部门同意的其他愿意担任监护人的个人或者组织。没有上述具有监护资格的人担任未成年人监护人的，监护人由民政部门担任，也可以由具备履行监护职责条件的被监护人住所地的居民委员会、村民委员会担任（《民法总则》第 32 条）。关于我国未成年人之意定监护人的顺序，可由未成年人的法定监护人在委托监护或遗嘱指定监护中予以确定。根据我国《民法总则》第 29 条规定，父母监护人可以通过遗嘱指定监护人，但没有明确遗嘱指定监护人的顺序。我们认为，基于《民法总则》第 5 条确立的民事活动之意思自治原则，意定监护应当优先于法定监护。父母作为未成年子女的第一顺序监护人，其遗嘱指定可视为第一顺序监护人意志或意愿的延续，人民法院在确定未成年人的监护人时，可优先考虑父母遗嘱指定的监护人。[1] 但在遗嘱指定的监护人拒绝担任监护人，或者确有不适合担任监护人的情况，或由其担任监护人不符合未成年人的最大利益时，则应当实行法定监护。

第三节　成年人之监护

一、成年人之监护的开始

不能辨认自己行为或者不能完全辨认自己行为的成年人因不具备完全民事行为能力，需要为其设定监护人。认定自然人无民事行为能力或限制行为能力，须经法定程序。在我国，现行《民事诉讼法》第 187 条第 1 款规定："申请认定公民无民事行为能力或者限制民事行为能力，由其近亲属或者其他利害关系人向该公民住所地基层人民法院提出。"但根据《民法总则》第 24 条的规定，申请人已从"其近亲属或者其他利害关系人"扩大到了"其利害关系人和有关组织"。其中，有关组织包括居民委员会、村民委员会、学校、医疗机构、妇女联合会、残疾人联合会、依法设立的老年人组织、民政部门等。人民法院经审理判决宣告某公民为无民事行为能力人或者限制民事行为能力人的，应为其设定监护人。

成年人之监护的开始，可分为法定监护的开始与意定监护的开始。前者始于成年人之法定监护的原因出现之时，如根据我国《民法总则》第 28 条的规定，在成年人无民事行为能力或限制民事行为能力时，应当由其有监护能力的近亲属按法定的顺序担任监护人。此即为成年人之法定监护的开始。然而，如果具有完全民事行为能力的成年人本人曾经通过签订委托协议设有意定监护，并约定有监护开始之具体

---

〔1〕 从国外立法看，《德国民法典》中有父母遗嘱指定监护，其第 1779 条第 1 款规定，当不能按照父母遗嘱指定确定监护人时，家庭法院才能在听取青少年福利局的意见后挑选监护人。也即在德国，遗嘱指定监护人是未成年人监护人的优先人选。

情形的，则于该约定的具体情形发生时，开始对该成年人的意定监护。

二、成年人之监护人的范围与顺序

（一）成年人之监护人的范围

成年人之监护人的范围，可分为法定监护人的范围与意定监护人的范围。我国成年人之法定监护人，根据我国《民法总则》第28条及第33条的规定，包括有监护能力的下列个人或组织：被监护人在具有完全民事行为能力时，经协商以书面形式在其近亲属、其他愿意担任监护人的个人或者组织中确定的监护人；配偶；父母；子女；其他近亲属；其他经被监护人住所地的居民委员会、村民委员会或者民政部门同意，愿意担任监护人的个人或者组织；民政部门或具备履行监护职责条件的被监护人住所地的居民委员会、村民委员会。关于我国成年人之意定监护人的范围，可由成年人在委托监护协议中予以指定。

（二）成年人之监护人的顺序

成年人之监护人的顺序，可分为法定监护人的顺序与意定监护人的顺序。关于我国成年人之法定监护人的顺序，根据我国《民法总则》第28条的规定，下列有监护能力的人按顺序担任监护人：①配偶；②父母、子女；③其他近亲属；④其他经被监护人住所地的居民委员会、村民委员会或者民政部门同意，愿意担任监护人的个人或者组织。没有上述具有监护资格的人担任成年人监护人时，监护人由民政部门担任，也可以由具备履行监护职责条件的被监护人住所地的居民委员会、村民委员会担任。关于我国成年人之意定监护人的顺序，可由成年人在委托监护协议中予以指定。必须说明，我国《民法总则》第33条虽然规定了成年人的意定监护制度，但未明确意定监护人与法定监护人担任监护人的顺序。我们认为，根据《民法总则》第35条第3款明确的在成年人监护中应"最大程度地尊重被监护人的真实意愿"的原则，被监护人在具有完全民事行为能力时经协商以书面形式在其近亲属、其他愿意担任监护人的个人或者组织中确定的监护人，应具有优先担任监护人的资格。[1]在意定监护人拒绝担任监护人，或者确有不适合担任监护人的情况下，应当实行法定监护，由前述《民法总则》第28条规定的有监护能力的人按顺序担任监护人。

---

〔1〕 在设立有意定监护制度的国家，成年人的监护开始时，在没有被监护人意定的监护人的情况下，才由有权机构选任其他监护人。参见《德国民法典》第1897条第5款；《瑞士民法典》第389条、第390条。

第四节　监护人的职责与权利、监护职责的履行与法律责任

一、监护人的职责与权利

（一）监护人的职责

监护人的职责是代理被监护人实施民事法律行为，保护被监护人的人身权利、财产权利以及其他合法权益等（《民法总则》第34条第1款），这是由设立监护制度的目的决定的。监护人的职责具体有如下几项：

1. 代理被监护人实施民事法律行为。无民事行为能力人、限制民事行为能力人的监护人是其法定代理人（《民法总则》第23条）。作为被监护人的法定代理人，监护人在代理被监护人实施民事法律行为时要注意区分被监护人的行为能力情况：不满8周岁的未成年人、不能辨认自己行为的成年人以及不能辨认自己行为的8周岁以上的未成年人是无民事行为能力人，由监护人代理实施民事法律行为；而对于限制行为能力的被监护人，实施民事法律行为时应由监护人代理或者经监护人同意、追认，但是可以独立实施纯获利益的民事法律行为或者与其年龄、智力或精神健康状况相适应的民事法律行为。

2. 保护被监护人的人身权利、财产权利以及其他合法权益。监护人应保护被监护人的人身和财产安全不受侵犯，当被监护人的人身和财产安全受到非法侵害时，监护人作为法定代理人有权代被监护人请求法律保护。监护人对被监护人的财产应妥善管理，但对其财产没有用益权。监护人除为维护被监护人利益外，不得处分被监护人的财产（《民法总则》第35条第1款），监护人也不得接受被监护人的财产，不论是有偿还是无偿的。[1]

3. 教育未成年被监护人。对未成年人，监护人应当正确履行对其的教育职责。现行《未成年人保护法》第10~16条细化了父母或其他监护人对未成年人的教育职责：父母或者其他监护人应当创造良好、和睦的家庭环境，关注未成年人的生理、心理状况和行为习惯，以健康的思想、良好的品行和适当的方法教育和影响未成年人，引导未成年人进行有益身心健康的活动，预防和制止未成年人的违法甚至犯罪等行为。父母或者其他监护人应当根据未成年人的年龄和智力发展状况，在作出与未成年人权益有关的决定时告知其本人，并听取他们的意见。父母因外出务工或者其他原因不能履行对未成年人监护职责的，应当委托有监护能力的其他成年人代为监护。我国现行《预防未成年人犯罪法》规定，未成年人的父母或者其他监护人不得让不满16周岁的未成年人脱离监护单独居住；不得对未成年人放任不管，不得迫使其离家出走，放弃监护职责。我国《义务教育法》第5条第2款也规定，适龄儿

---

[1]　王利明：《民法总则研究》，中国人民大学出版社2003年版，第369页。

童、少年的父母或者其他法定监护人应当依法保证其按时入学接受并完成义务教育。

4. 看护成年被监护人，督促其治疗并协助其康复。成年被监护人通常因为精神障碍而不能辨认或不能完全辨认自己的行为，对于这样的被监护人，社会应当尊重、理解和关爱，不应歧视和侮辱。为了被监护人的利益，监护人应促进其康复，督促其治疗，看护被监护人以避免发病期间伤害自己和他人的情况的发生。根据 2012 年颁布的我国《精神卫生法》第 49 条和第 59 条的规定，精神障碍患者的监护人应当妥善看护未住院治疗的患者，按照医嘱督促其按时服药、接受随访或者治疗；精神障碍患者的监护人应当协助患者进行生活自理能力和社会适应能力等方面的康复训练。

（二）监护人的权利

监护人依法履行的上述监护职责，从另一个方面看也就是他的权利。这种权利与监护人作为被监护人的法定代理人代行被监护人的权利存在区别，属于监护人自己的一种权利，该权利受法律保护。[1] 监护人的监护权虽然是权利，但不能放弃也不能随意处置，因为监护权是履行监护职责的保障。同时，监护权本身，尤其是父母对未成年子女的监护权包含明显的身份利益，也不容非法侵犯。如果侵害监护人的监护权，可依法追究侵权人的民事侵权责任（我国《侵权责任法》第 2 条）。

二、监护职责的履行与法律责任

（一）监护职责的履行

在我国，《民法总则》第 35 条规定了监护人履行监护职责的原则，即"最有利于被监护人"的原则。我国《民法通则》没有监护职责履行原则的规定，《民法总则》新增加了"最有利于被监护人"的原则。所谓"最有利于被监护人"的原则应是在保护被监护人的过程中，监护人不论是代理被监护人实施民事法律行为，还是保护被监护人的人身权利、财产权利以及其他合法权益，其抉择和行动均应以最有利于被监护人为出发点和判断标准。对基于年龄、智力和精神健康状况而有一定判断能力的被监护人而言，符合被监护人的真实意愿的行为是最有利于被监护人的自我实现的，也应是最有利于被监护人的。未成年人的监护人履行监护职责，在作出与被监护人利益有关的决定时，应当根据被监护人的年龄和智力状况，尊重被监护人的真实意愿。而成年人的监护人履行监护职责，应当最大限度地尊重被监护人的真实意愿，保障并协助被监护人实施与其智力、精神健康状况相适应的民事法律行为。对成年被监护人有能力独立处理的事务，监护人不得干涉。

（二）监护人的法律责任

在我国，为防止监护人侵害被监护人利益，同时监督监护人切实履行监护职责，根据《民法总则》第 34 条第 3 款及《侵权责任法》第 32 条的规定，如果发生如下情形，监护人需承担法律责任：①监护人不履行监护职责，包括作为法定代理人不

---

〔1〕 谢怀栻：《民法总则讲要》，北京大学出版社 2007 年版，第 88 页。

履行或者不完全履行职责,造成被监护人人身、财产或其他权益损害的;②监护人因故意或者过失侵害被监护人合法权益的;[1] ③被监护人致人损害,而监护人未尽到监护职责的。对于监护人的上述不法行为,现行《未成年人保护法》还规定了劝诫、制止和处罚的措施。[2]

第五节 监护的撤销、变更与终止

一、监护的撤销

为保护被监护人的利益,对不尽监护职责,或者侵害被监护人人身、财产权益的监护人,依法可撤销其监护人资格。监护人资格一经依法撤销,原监护人不再担任被监护人之监护人,非经法定恢复程序,监护人资格不能恢复。监护人资格被撤销后,负有扶养义务的原监护人仍应履行扶养义务。

（一）监护的撤销之法定情形

根据我国《民法通则》第18条第3款规定,监护人不履行监护职责或者侵害被监护人的合法权益的,人民法院可以根据有关人员或者有关单位的申请,撤销监护人的资格。《民法总则》第36条明确规定了撤销监护人资格的法定情形:①监护人实施严重损害被监护人身心健康行为的;②监护人怠于履行监护职责,或者无法履行监护职责并且拒绝将监护职责部分或者全部委托给他人,导致被监护人处于危困状态的;③监护人实施严重侵害被监护人合法权益的其他行为的。[3] 监护人有上述情形之一的,未成人住所地、监护人住所地或者侵害行为地基层人民法院应根据有关个人或者组织的申请,撤销其监护人资格,为被监护人安排必要的临时监护措施,并按照最有利于被监护人的原则依法指定监护人。

（二）监护的撤销之请求权主体

在我国,人民法院受理撤销监护人资格案件,应根据有关个人或者组织的申请。根据《民法总则》第36条第2、3款,有权申请人民法院撤销监护人资格的有关个人和组织包括:其他依法具有监护资格的人,居民委员会、村民委员会、学校、医

---

[1] 为保护被监护人的权利,《民法总则》第190条、第191条规定,无民事行为能力人或者限制民事行为能力人对其法定代理人的请求权的诉讼时效期间,自该法定代理终止之日起计算;未成年人遭受性侵害的损害赔偿请求权的诉讼时效期间,自受害人年满18周岁之日起计算。

[2] 《未成年人保护法》第62条规定,父母或者其他监护人不依法履行监护职责,或者侵害未成年人合法权益的,由其所在单位或者居民委员会、村民委员会予以劝诫、制止;构成违反治安管理行为的,由公安机关依法给予行政处罚。

[3] 对撤销监护资格更为详细的认定标准,尚可参考最高人民法院、最高人民检察院、公安部、民政部《关于依法处理监护人侵害未成年人权益行为若干问题的意见》（法发〔2014〕24号）中的相关规定。

疗机构、妇女联合会、残疾人联合会、未成年人保护组织、依法设立的老年人组织、民政部门等。上述个人和民政部门以外的组织未及时向人民法院申请撤销监护人资格的，民政部门应当向人民法院申请。

（三）监护的撤销之法律后果

在我国，人民法院审理撤销监护人资格案件，比照适用现行《民事诉讼法》第十五章的特别程序，实行一审终审，一般应在立案后 30 日内审结。经人民法院判决撤销监护人资格后，产生如下法律后果：

1. 被撤销监护人资格者停止履行监护职责。因监护人资格被撤销，原监护人不再担任被监护人的监护人，不再继续履行监护职责，也不再享有监护权。

2. 被撤销监护资格者的法定扶养义务并不因此消失。《民法总则》第 37 条规定："依法负担被监护人抚养费、赡养费、扶养费的父母、子女、配偶等，被人民法院撤销监护人资格后，应当继续履行负担的义务。"扶养和监护是相互独立的两个不同的法律关系，如果监护人同时也是扶养义务人，监护人资格被撤销仅终止监护关系，原有的扶养权利义务关系并不会终止。

3. 对需要监护的被监护人，应当依法另行确定监护人。根据《民法总则》第 36、39 条的规定，监护关系因监护人被撤销监护人资格而终止后，被监护人仍然需要监护的，人民法院应安排必要的临时监护措施，并按照最有利于被监护人的原则依法另行指定监护人。

（四）监护的撤销之恢复

对于被监护人与被撤销监护人资格人之间具有亲子关系的，考虑到父母子女间亲密的血缘联系，多年共同生活的感情基础，被监护人的父母或者子女被人民法院撤销监护人资格后确有悔改表现的，经其申请，人民法院可以在尊重被监护人真实意愿的前提下，视情况恢复其监护人资格；但对被监护人实施故意犯罪的情形除外（《民法总则》第 38 条）。被撤销的监护人资格恢复后，监护人与被监护人之间的监护关系恢复，而人民法院指定的监护人与被监护人的监护关系同时终止。

二、监护的变更与终止

（一）监护的变更

监护的变更，是指在监护期间基于某些需要或某些情况而变更监护人。监护的变更分为当事人自行协商变更和依法定程序变更两种方式。[1] 如果监护人是经数位具有法定监护人资格的人协商确定的，一般也可以由当事人协商一致变更；如数位具有法定监护资格的人之间未能达成新的协议，也可以根据《民法总则》第 31 条规定的指定监护人程序请求变更监护人，在确定新的监护人之前，原监护人仍应履行监护职责。如果监护人是由指定监护程序确定的，则不得擅自变更，也应依指定监护人程序申请变更监护；对于未经法定程序擅自变更监护的，不能免除被指定的监

---

〔1〕 李开国：《民法总则研究》，法律出版社 2003 年版，第 135 页。

护人的责任。[1]

（二）监护的终止

监护的终止即监护关系的消灭，分为绝对终止和相对终止。前者是指基于被监护人方面的原因而终止，如被监护人取得相应行为能力；后者是基于监护人方面的原因而终止，但发生监护的内在根据依然存在。[2] 对于相对终止，终止后被监护人仍然需要监护的，应当依法另行确定监护人（《民法总则》第39条第2款）。监护终止的原因包括：①被监护人取得或者恢复完全民事行为能力；②监护人丧失监护能力；③被监护人或者监护人死亡；④人民法院认定监护关系终止的其他情形（《民法总则》第39条第1款）。

导入案例之要点评析

人民法院应当驳回两位原告的诉讼请求，判令两位原告将陆某交付本案反诉原告张某承担抚养和监护职责。

根据我国《民法通则》第16条以及《民法总则》第27条的规定，未成年人的父母是未成年子女的第一顺序监护人。在本案中，被告张某作为陆某的母亲，其对陆某享有法定的监护权。《民法通则》第18条以及《民法总则》第34条均规定，监护人依法履行监护职责的权利，受法律保护。被告张某对陆某的监护权不受他人侵犯，同时其也必须履行监护职责，不得随意放弃。法院应当对张某拒不开门哺乳儿子的行为进行批评教育。自2015年3月两位原告之子与被告张某发生纠纷而其回娘家之后，至2015年10月两位原告起诉变更陆某的监护权，陆某已经随其祖父母生活长达8个月，但被告张某仍然是陆某的法定监护人。虽然被告张某未及时向两位原告要求返还，但从其提出反诉要求将孩子返还自己由其抚养和监护来看，其并无遗弃陆某之意。在未经法定程序撤销被告张某的监护人资格的情况下，两位原告要求监护陆某的诉讼请求于法无据，被告反诉要求返还其孩子，对陆某行使监护权于法有据，应予支持。

思考题

一、选择题

（一）单项选择题

1. 无民事行为能力或者限制民事行为能力的成年人，应该由有监护能力的

---

[1] 《民法总则》第31条第4款规定："监护人被指定后，不得擅自变更；擅自变更的，不免除被指定的监护人的责任。"

[2] 谭启平主编：《中国民法学》，法律出版社2015年版，第100页。

（　　）作为第一顺序监护人。

    A. 配偶　　　　　　　B. 父母

    C. 成年子女　　　　　D. 成年兄弟姐妹

  2. 依法可以担任未成年人监护人的，不能是未成年人的（　　）。

    A. 祖父母　　　　　　B. 外祖父母

    C. 兄姐　　　　　　　D. 弟妹

  3. 甲的儿子乙（8 岁）因遗嘱继承了祖父遗产 10 万元。某日，乙玩耍时将另一小朋友丙的眼睛划伤。丙的监护人要求甲承担赔偿责任 2 万元。后法院查明，甲已尽到监护职责。下列哪一说法是正确的？（　　）（2015 年国家司法考试题）

    A. 因乙的财产足以赔偿丙，故不需用甲的财产赔偿

    B. 甲已尽到监护职责，无需承担侵权责任

    C. 用乙的财产向丙赔偿，乙赔偿后可在甲应承担的份额内向甲追偿

    D. 应由甲直接赔偿，否则会损害被监护人乙的利益

  （二）多项选择题

  1. 监护人有下列（　　）情形之一的，人民法院可根据有关个人或者组织的申请，撤销其监护人资格。

    A. 实施严重损害被监护人身心健康行为的

    B. 怠于履行监护职责，导致被监护人处于危困状态的

    C. 无法履行监护职责并且拒绝将监护职责部分或者全部委托给他人，导致被监护人处于危困状态的

    D. 实施严重侵害被监护人合法权益的其他行为的

  2. 有下列（　　）情形之一的，监护关系终止。

    A. 被监护人取得或者恢复完全民事行为能力

    B. 监护人丧失监护能力

    C. 被监护人死亡

    D. 监护人死亡

二、判断分析题

  1. 具有完全民事行为能力的成年人，可以与其近亲属、其他愿意担任监护人的个人或者组织事先协商，以书面形式确定自己的监护人。

  2. 未成年人甲的父亲是其法定监护人，甲父临终前通过遗嘱指定甲的伯父为甲的监护人，该监护人的遗嘱指定是无效的。

三、简答题

  1. 简述未成年人之法定监护人的范围和顺序。

  2. 简述监护人的职责和法律责任。

  3. 简述监护终止的原因。

四、论述题

1. 试论撤销监护人资格的条件和程序。

2. 试论意定监护的有效要件和法律效力。

五、案例分析题

邓某与何某系夫妻关系，双方共生育4名子女。邓某患老年性痴呆数年，近年加重，出现意识不清，反应迟钝，智力严重下降，所有生活需靠家人照顾。2016年5月9日，新疆××司法鉴定所鉴定邓某为无民事行为能力人。由于何某也已高龄，没有监护能力，邓某的4个子女对于由谁来担任监护人的问题发生争议，现邓某的次子向人民法院提起诉讼，要求法院指定监护人。

请问：人民法院能否直接受理此案？此案又应如何处理？

阅读参考文献

1. 王利明：《民法总则研究》，中国人民大学出版社2003年版。

2. 谭启平主编：《中国民法学》，法律出版社2015年版。

3. 杨大文主编：《亲属法》，法律出版社2012年版。

4. 曹诗权：《未成年人监护制度研究》，中国政法大学出版社2004年版。

5. 李霞：《成年监护制度研究——以人权的视角》，中国政法大学出版社2012年版。

第九章

祖孙关系和兄弟姐妹关系

✤学习的内容和重点

　　通过本章的学习，要求学生了解我国婚姻法关于祖孙、兄弟姐妹的权利和义务的规定，重点掌握祖孙间抚养、赡养及兄弟姐妹间相互扶养的条件。

导入案例

　　张某与妻子刘某于1987年元月结婚，次年12月生有一子张某晨。1989年1月刘某因车祸死亡，年底张某经朋友介绍认识了赵某，1990年1月两人结婚，共同抚养张某晨。后来，张某与赵某先后生育了张某平、张某伟。张某伟2岁时，因病成为痴呆，生活不能自理。2008年1月，张某去世，当时张某晨20岁，张某平17岁，张某伟10岁，张某平、张某伟均由他们的母亲赵某抚养。2009年2月，赵某也因病去世。自此，张某晨搬出另住，张某伟由张某平扶养，张某晨则分文不给。2016年2月，张某平因为失业，无力负担扶养张某伟的全部费用，便要求张某晨分担一部分费用，但张某晨坚持不给。双方争执不下，张某平诉至法院，要求张某晨与其共同承担对张某伟的扶养义务。法院经审理查明，张某晨在一大型企业工作，收入较高，有负担能力。

　　请问：张某晨有无扶养张某伟的法定义务？为什么？

第一节　祖孙关系

一、祖孙关系概述

　　我国1950年《婚姻法》所调整的家庭成员的范围，仅包括夫妻、父母子女间的关系。1980年《婚姻法》及2001年修正后的《婚姻法》对家庭关系的调整对象有所扩大，增加了祖父母、外祖父母与孙子女、外孙子女之间、兄弟姐妹之间的关系。这既符合我国家庭结构的实际，又有利于发挥家庭成员间互帮互助的传统美德，也有利于贯彻《婚姻法》有关保护儿童、老人合法权益的原则。

祖孙关系是一种隔代直系血亲关系，包括祖父母与孙子女、外祖父母与外孙子女。从其产生原因来看，又分为自然血亲的祖孙关系和拟制血亲的养祖孙关系。随着社会的变迁，家庭结构虽然已由直系家庭制向夫妻家庭制过渡，以夫妻关系和父母子女关系为中心的核心家庭已成为主要的家庭模式，但是，祖孙关系仍然是具有现代意义的家庭关系。[1] 这是因为：

（1）从我国家庭类型的实际状况看，核心家庭虽然是我国城乡家庭的主要类型，但主干家庭模式仍具有广泛的社会基础，同居生活的祖孙关系在我国还占有相当的比例。

（2）人口寿命的延长和孩子出生数量的减少扩大了家庭、亲属体系中的纵向关系。也就是说，孩子出生数量的减少紧缩了兄弟姐妹关系和堂、表兄弟姐妹关系等横向的家庭关系，寿命的延长扩展了祖孙等纵向的家庭关系。这样，作为纵向家庭关系之一的祖孙关系的重要性也就相应地增大了。

（3）我国的家庭承担着养老育幼的扶养功能。父母子女或夫妻间因某些客观原因不能或无力履行扶养责任时，需要由祖孙、兄弟姐妹等关系密切的近亲属承担扶养义务，以确保家庭中的老人、儿童受扶养的权利。

二、祖孙间的抚养、赡养义务

祖父母与孙子女、外祖父母与外孙子女之间，是三代以内的直系血亲。在一般情况下，子女由父母抚养，父母由子女赡养，祖孙之间不发生扶养关系。但是，当发生某种客观原因，导致父母子女之间无法直接履行抚养、赡养的权利义务时，祖孙之间在一定条件下就产生了抚养、赡养权利义务关系。现行《婚姻法》第28条规定："有负担能力的祖父母、外祖父母，对于父母已经死亡或父母无力抚养的未成年的孙子女、外孙子女，有抚养的义务。有负担能力的孙子女、外孙子女，对于子女已经死亡或子女无力赡养的祖父母、外祖父母，有赡养的义务。"据此规定，祖孙之间互负抚养、赡养义务是有条件的。

（一）祖父母、外祖父母对孙子女、外孙子女承担抚养义务的条件

1. 祖父母、外祖父母有负担能力。所谓祖父母、外祖父母有负担能力，是指祖父母、外祖父母在满足自己的生活及其第一顺序的法定扶养义务人（其配偶、子女、父母）的合理的生活需要后，还有抚养孙子女、外孙子女的经济能力。

2. 孙子女和外孙子女的父母已经死亡或父母无力抚养。父母已经死亡或父母无力抚养包括父母双亡，父母一方死亡但另一方丧失抚养能力，或者父母健在但都没有抚养能力三种情形。

3. 孙子女和外孙子女未成年。未成年是指不满18周岁。未成年孙子女、外孙子女应以不能维持生活而无谋生能力者为限。孙子女、外孙子女虽为未成年人但能以自己财产维持生活的，无需抚养。已经成年的孙子女、外孙子女，无论其是否具有

---

〔1〕 王洪：《婚姻家庭法》，法律出版社2003年版，第299～300页。

独立生活的能力，祖父母、外祖父母均无法定抚养义务。

以上三个条件必须同时具备，才产生祖父母、外祖父母对孙子女、外孙子女的抚养义务。适用上述条件时，不以是否同居一家、共同生活为限。如果祖父母和外祖父母均有负担能力，应将他们视为同一顺序的抚养义务人，由他们共同承担抚养义务。抚养费的负担与给付由祖父母、外祖父母共同协商确定；协议不成时，由人民法院判决。

（二）孙子女、外孙子女对祖父母、外祖父母承担赡养义务的条件

1. 孙子女、外孙子女为有负担能力的成年人。孙子女、外孙子女为有负担能力的成年人，是指孙子女、外孙子女已年满 18 周岁，且能以自己的劳动收入和其他收入满足自己及其第一顺序的法定扶养义务人（其配偶、子女、父母）的合理的生活需要后，还有赡养祖父母、外祖父母的经济能力。

如果孙子女、外孙子女中数人均有负担能力，应根据他们的经济情况共同负担。

2. 祖父母、外祖父母的子女已经死亡或子女确无力赡养。死亡包括自然死亡和宣告死亡。无力赡养，是指祖父母、外祖父母的子女不能以自己的劳动收入和其他收入的全部或部分满足自己及其第一顺序法定继承人包括其父母的基本生活需要，即父亲对祖父母、母亲对外祖父母没有经济供养能力。

3. 祖父母、外祖父母必须是需要赡养的人[1]。祖父母、外祖父母需要赡养，是指祖父母、外祖父母失去劳动能力、生活困难、没有生活来源，或生活来源不能维持当地基本生活需要。

以上三个条件必须同时具备，才产生孙子女、外孙子女对祖父母、外祖父母的赡养义务。适用上述条件时，不以同居一家、共同生活为限。

三、祖孙间的继承权

我国《继承法》第 10 条第 1、2 款规定，遗产按照下列顺序继承：第一顺序：配偶、子女、父母；第二顺序：兄弟姐妹、祖父母、外祖父母。继承开始后，由第一顺序继承人继承，第二顺序继承人不继承；没有第一顺序继承人继承的，由第二顺序继承人继承。可见，祖父母、外祖父母是孙子女、外孙子女的第二顺序法定继承人，没有第一顺序继承人或第一顺序继承人均放弃或丧失继承权时，祖父母、外祖父母可继承孙子女、外孙子女的遗产。

根据我国《继承法》第 11 条的规定，被继承人的子女先于被继承人死亡的，由被继承人子女的晚辈直系血亲代位继承。代位继承人一般只能继承他的父亲或者母亲有权继承的遗产份额。可见，孙子女、外孙子女在其父母先于祖父母、外祖父母

---

〔1〕 主编注：关于需要扶养（包括赡养、扶养、抚养）应当如何认定？我国有学者认为，所谓扶养权利人有受扶养的必要，通常是指扶养权利人不能维持生活且无谋生能力；所谓不能维持生活，是指其没有财产；无谋生能力则指其没有工作能力。参见余延满：《亲属法原论》，法律出版社 2007 年版，第 524 页。

死亡时，可以代位继承人的资格继承祖父母、外祖父母的遗产。

第二节　兄弟姐妹关系

一、兄弟姐妹关系概述

兄弟姐妹是最亲近的旁系血亲，包括同父母的兄弟姐妹、同父异母或同母异父的兄弟姐妹、养兄弟姐妹和有扶养关系的继兄弟姐妹。在现实生活中，由于他们生活在一个家庭里，朝夕相处，兄姐扶养和教育弟妹的事情时有发生。而 1950 年《婚姻法》的法律条文未涉及他们之间的权利义务关系，他们之间的扶助完全是出于道义上的责任，是一种自愿行为。现行《婚姻法》对兄弟姐妹之间的权利、义务进行了规范。

二、兄弟姐妹间的扶养义务

我国现行《婚姻法》第 29 条规定："有负担能力的兄、姐，对于父母已经死亡或父母无力抚养的未成年的弟、妹，有扶养的义务。由兄、姐扶养长大的有负担能力的弟、妹，对于缺乏劳动能力又缺乏生活来源的兄、姐，有扶养的义务。"由此可见，这种扶养义务是有条件的。

（一）兄、姐扶养弟、妹须具备的条件

1. 兄、姐有负担能力。兄、姐有负担能力，是指兄、姐以自己的劳动收入和其他收入在维持自己的及其第一顺序的法定扶养义务人（对其配偶、子女、父母）的合理的生活需要后，还有扶养弟、妹的经济能力。

如果兄、姐中数人均有负担能力，则应根据他们的经济情况共同负担。

2. 被扶养人的父母已经死亡或父母无力抚养。死亡包括自然死亡和宣告死亡。父母无力抚养，是指父母不能以自己的劳动收入和其他收入维持自己和第一顺序法定继承人包括未成年子女的基本生活需要，即父母对其未成年的子女无经济供养能力。

3. 弟、妹必须是未成年人。未成年是指未满 18 周岁。弟、妹包括同父母的弟、妹，同父异母或同母异父的弟、妹，养弟、养妹，以及有扶养关系的继弟、继妹。

以上三个条件必须同时具备，才产生兄、姐对弟、妹的扶养义务。适用此条件，不以同居一家、共同生活为限。

如果该未成年人的兄、姐、祖父母、外祖父母均有负担能力，应当由谁承担对他的扶养义务呢？现行《婚姻法》未作明文规定。根据法学理论，他们都应被视为同一顺序的扶养义务人。为了确保该未成年人的健康成长，由他们协商分担扶养责任，是符合《婚姻法》基本原则的。

（二）弟、妹扶养兄、姐须具备的条件

1. 弟、妹由兄、姐扶养长大。由兄、姐扶养长大的弟、妹，是指长期依靠兄、姐提供全部或主要扶养费用直到能以自己的收入作为主要生活来源的成年弟、妹。

2. 弟、妹有负担能力。弟、妹有负担能力，是指弟、妹以自己的劳动收入和其他收入满足本人及其第一顺序法定扶养义务人（其配偶、子女、父母）合理的生活需要后，还有扶养兄、姐的经济能力。

3. 兄、姐缺乏劳动能力又缺乏生活来源。缺乏劳动能力，是指缺乏或丧失一般正常的劳动能力。缺乏生活来源，是指缺乏维持生存所必需的生活费用和用品等。

以上三个条件必须同时具备，才产生弟、妹对兄、姐的扶养义务。适用此条件，不以同居一家、共同生活为限。

需要特别指出的是，祖孙之间、兄弟姐妹之间的扶养义务是第二位的，具有父母对子女抚养义务的补充性质。符合法定条件的扶养人，必须自觉履行扶养义务。否则，被扶养人有权向人民法院提起诉讼，请求法院强制义务人履行扶养义务。

三、兄弟姐妹间的继承权

根据我国《继承法》第10条的规定，兄弟姐妹互为第二顺序法定继承人，没有第一顺序法定继承人或第一顺序法定继承人均放弃或丧失继承权时，被继承人的兄弟姐妹有权继承遗产。

导入案例之要点评析

张某晨有扶养张某伟的法定义务。我国现行《婚姻法》第29条规定，有负担能力的兄、姐，对于父母已经死亡或父母无力抚养的未成年的弟、妹，有扶养的义务。可见，兄、姐对弟、妹承担扶养义务，应符合下列法定条件：①兄、姐有负担能力；②弟、妹尚未成年而且其父母已经死亡或父母无抚养能力。本案中，张某平是张某伟的同父同母的兄弟，在其父母双亡时，其应当依法承担扶养弟弟张某伟的义务。然而，张某晨作为张某伟同父异母的兄弟，应否承担扶养张某伟的义务呢？我国现行《婚姻法》第29条所指的兄、姐、弟、妹既包括同父同母的兄弟姐妹，也包括同父异母或同母异父的兄弟姐妹，因此，张某晨作为未成年的张某伟的同父异母的兄长，也同样有扶养弟弟张某伟的法定义务。

思考题

一、选择题

（一）单项选择题

1. 下列关于我国婚姻家庭法所调整的婚姻家庭关系的外延哪个说法是正确的？（　　　）

A. 我国婚姻家庭法所调整的婚姻家庭关系非常广泛，不但包括夫妻关系，还包括所有其他家庭成员所产生的一切法律关系

B. 我国婚姻家庭法所调整的婚姻家庭关系实际上就是夫妻关系

C. 我国婚姻家庭法所调整的婚姻家庭关系包括夫妻关系以及父母和子女的关系

D. 我国婚姻家庭法所调整的婚姻家庭关系除了夫妻关系之外，还有父母子女关系、兄弟姊妹关系、祖父母与孙子女关系、外祖父母与外孙子女关系

2. 下列对于祖父母、外祖父母和父母已经死亡或父母无力抚养的未成年的孙子女、外孙子女之间抚养的关系说法错误的是（　　）。

A. 有负担能力的祖父母、外祖父母，对于父母已经死亡或父母无力抚养的未成年的孙子女、外孙子女，有抚养的义务

B. 有负担能力的孙子女、外孙子女，对于子女已经死亡或子女无力赡养的祖父母、外祖父母，有赡养的义务

C. 祖父母、外祖父母，对于父母已经死亡或父母无力抚养的未成年的孙子女、外孙子女，一定具有抚养的义务

D. 孙子女、外孙子女，对于子女已经死亡或子女无力赡养的祖父母、外祖父母，并不必然具有赡养的义务

（二）多项选择题

1. 李某死后留下一套房屋和数十万元的存款，生前未立遗嘱。李某有三个女儿，并收养一子。大女儿中年病故，留下一子。养子收入丰厚，却拒绝赡养李某。在两个女儿办理丧事期间，小女儿因交通事故意外身亡，留下一女。下列哪些选项是正确的？（　　）

A. 二女儿和小女儿之女均是第一顺序法定继承人

B. 大女儿之子对李某的遗产继承属于代位继承

C. 小女儿之女属于转继承

D. 分配遗产时养子应当不分或者少分

2. 在下列哪些情况下，有负担能力的祖父母、外祖父母应抚养未成年的孙子女、外孙子女？（　　）

A. 孙子女、外孙子女的父母死亡

B. 孙子女、外孙子女的父母一方死亡、另一方确无能力抚养

C. 孙子女、外孙子女的父母未死亡但丧失抚养能力

D. 孙子女、外孙子女的父母失业无经济收入

二、判断分析题

1. 祖父母、外祖父母对孙子女、外孙子女进行抚养的必备前提是：祖父母或者外祖父母有负担能力，孙子女、外孙子女的父母已经死亡或父母无力抚养。

2. 我国《继承法》规定的第二顺序法定继承人包括：兄弟姐妹、祖父母、外祖父母、孙子女、外孙子女。

三、简答题

1. 祖父母、外祖父母抚养孙子女、外孙子女的法定条件有哪些？

2. 孙子女、外孙子女在什么情况下有义务赡养祖父母、外祖父母？

3. 弟、妹在什么条件下对兄、姐负有扶养义务？

四、论述题

试论继祖父母、继外祖父母与继孙子女、继外孙子女之间产生抚养、赡养的义务的法定条件。

五、案例分析题

何某华、何某学、何某文是姐弟关系，他们的父母早年去世，姐弟三人相依为命。为了扶养何某学、何某文两个弟弟，大姐何某华平常省吃俭用，甚至为了扶养弟弟一直没有结婚成家。1992 年，小弟何某文考入大学读书，毕业后进入一所高等学校工作，经济条件较好。大弟何某学则在家乡务农。何某文于 1999 年 1 月结婚，次年 2 月生有一子，为方便工作他便让大姐到他家为其照看孩子、料理家务。2016 年 2 月，七十多岁的何某华因长期劳累、抑郁，患了癌症。住院后，何某文夫妇不但不到医院照料，还打电话让在农村的哥哥何某学来照看姐姐。经治疗，何某华花去医药费 3 万元。何某学住在农村，妻子亦患病在身，经济困难实在难以承担这笔费用。何某华认为，小弟何某文工资收入高，自己对他尽的义务也最多，他应该承担这笔医疗费。双方为此多次进行协商，未达成一致。无奈之下，何某华将何某文告上法庭，要求其支付医疗费 3 万元，并每月给付生活费 500 元。

请问：法院能否支持何某华的诉讼请求？为什么？

阅读参考文献

1. 杨大文、马忆南编著：《婚姻家庭法（一）》，北京大学出版社 2004 年版。

2. 王丽萍：《婚姻家庭法律制度研究》，山东人民出版社 2004 年版。

3. 何志主编：《婚姻继承法原理精要与实务指南》，人民法院出版社 2008 年版。

4. 马忆南：《婚姻家庭继承法学》，北京大学出版社 2014 年版。

5. 熊英：《婚姻家庭继承法判例与制度研究》，法律出版社 2015 年版。

第十章

离婚制度

✤学习的内容和重点

通过本章的学习，要求学生了解婚姻终止、离婚、登记离婚、诉讼离婚的基本概念以及我国离婚制度的历史沿革，重点掌握我国离婚制度的指导思想、离婚程序、判决准予离婚的法律原则等基本知识。

导入案例

张某（男）和周某（女）于 2008 年经人介绍恋爱结婚。由于结婚 5 年后周某还没有生育小孩，引起张某的不满。从 2014 年 1 月开始，张某与王某（女）通奸，被周某发现并受到斥责后，张某索性在外租房与王某公开同居生活，很少回家。2016年 2 月，张某以夫妻感情破裂为由向法院起诉离婚。周某表示她不同意离婚，并认为张某有婚外情，他根本就无权起诉要求离婚。

请问：

1. 人民法院是否应受理张某的离婚诉讼请求？为什么？

2. 人民法院能否判决张某与周某离婚？其法律根据和理由是什么？

第一节　离婚概述

一、婚姻终止的概念和原因

（一）婚姻终止的概念

婚姻终止，又称婚姻关系的消灭，是指合法有效的婚姻因发生一定的法律事实而归于消灭。对其含义的理解应注意三点：

（1）终止的必要前提是合法有效的婚姻的存在。婚姻无效或被撤销与婚姻终止有严格的区别。

（2）婚姻终止必然产生一定的法律后果。即在婚姻家庭法上，在当事人之间及当事人与第三人之间引起的人身关系和财产关系的变化。

（3）婚姻终止以一定的法律事实为基础。引起婚姻终止的法律事实不同，其法律后果也不同。

（二）婚姻终止的原因

婚姻终止的原因有两种：一是配偶一方死亡（包括一方被宣告死亡）；二是夫妻双方离婚。出现任何一种情况，其后果都使原有的婚姻关系的法律效力归于消灭。

1. 因配偶一方死亡而终止婚姻关系。死亡分为自然死亡和宣告死亡。配偶关系以配偶双方的生命存在为前提，配偶一方死亡必然导致婚姻关系终止的后果。

（1）因配偶一方自然死亡而终止婚姻关系。配偶一方自然死亡，在客观上婚姻关系因失去继续存在的主体而自然终止。应注意的是，终止婚姻关系是对内效力终止，其对外效力并不绝对消灭，即夫妻间的人身关系、财产关系的权利义务不存在，但他方一般仍保持着与死亡一方亲属的姻亲关系。

（2）因配偶一方宣告死亡而终止婚姻关系。宣告死亡是在法律上推定失踪人已经死亡。宣告死亡与自然死亡有相同的法律后果，即都使婚姻关系终止。我国《民法总则》第46条规定，自然人下落不明满4年，或者因意外事件，下落不明满2年的，其利害关系人可以向人民法院申请宣告该自然人死亡。但因意外事件下落不明，经有关机关证明该自然人不可能生存的，申请宣告死亡不受2年时间的限制。同时，我国现行《民事诉讼法》第184、185条也规定，公民下落不明满4年，或者因意外事故下落不明满2年，或者因意外事故下落不明，经有关机关证明该公民不可能生存，利害关系人申请宣告其死亡的，向下落不明人住所地基层人民法院提出。人民法院受理宣告死亡案件后，应当发出寻找下落不明人的公告，宣告死亡的公告期间为1年，因意外事故下落不明，经有关机关证明该公民不可能生存的，宣告死亡的公告期间为3个月。公告期间届满，人民法院应当根据被宣告死亡的事实是否得到确认，作出宣告失踪、宣告死亡的判决或者驳回申请的判决。根据《民法总则》第51条规定，被宣告死亡的人的婚姻关系，自死亡宣告之日起消灭。[1]

宣告死亡只是在法律上推定失踪人已经死亡。宣告死亡后，可能出现两种情况：①被宣告死亡人确实死亡；②被宣告死亡人仍然存活或又重新出现。对此，经本人或利害关系人申请，人民法院应当撤销原宣告死亡的判决，作出新判决。我国现行《民事诉讼法》第186条规定："被宣告失踪、宣告死亡的公民重新出现，经本人或者利害关系人申请，人民法院应当作出新判决，撤销原判决。"对被宣告死亡人重新出现，其配偶一方已经再婚的处理，大多数国家法律规定，生存一方的再婚关系应受保护，即后婚有效，前婚仍然解除。如果生存配偶尚未再婚，在被宣告死亡者生还后，有的国家规定，其婚姻自行恢复；而有的国家规定须履行相关手续后方可恢复婚姻。我国《民法总则》第51条规定："……死亡宣告被撤销的，婚姻关系自撤

---

[1] 对于宣告死亡后，婚姻关系何时终止，外国立法的规定各有不同：一种是从宣告死亡之日起婚姻关系即行终止，生存一方再婚合法；另一种是配偶一方被宣告死亡后，直至生存一方再婚时，婚姻关系才视为终止。显然我国采用前一种立法体例。

销死亡宣告之日起自行恢复，但是其配偶再婚或者向婚姻登记机关书面声明不愿意恢复的除外。"

2. 因离婚而终止婚姻关系。

（1）离婚的概念与特征。离婚是夫妻双方在生存期间依照法律规定的条件和程序解除婚姻关系的法律行为。

离婚具有以下基本特征：①离婚是法律行为。作为民事法律行为，当事人离婚必须按法律规定的程序办理，得到国家法律认可后，才能发生法律效力。当事人之间未经法定程序的任何协议或一方当事人擅自宣告解除婚姻的行为都不发生离婚的法律效力。②离婚的主体是具有婚姻关系的男女双方，没有合法的夫妻身份便没有离婚的主体条件。③离婚必须在夫妻双方未死亡时进行。④离婚解除婚姻关系，即离婚终止夫妻之间的一切权利义务关系，与对方亲属的姻亲关系也随之消灭，具有消灭对内对外关系的效力。这一点与前文提到的因配偶一方死亡而导致婚姻关系终止的法律后果不同。

（2）离婚的分类。以当事人对离婚的态度为依据，可分为双方自愿的离婚和一方要求的离婚；以离婚的程序为依据，可分为登记离婚和诉讼离婚；以解除婚姻关系的方式为依据，可分为协议离婚和判决离婚。

（3）离婚不同于婚姻无效。具体来说：①在性质方面，离婚是解除合法婚姻关系的手段；婚姻无效是对不具有法律效力的"婚姻"的制裁手段。②在请求权方面，离婚诉讼只能由婚姻当事人提起；婚姻无效之诉可由当事人提出，也可由第三人或有关机关提出。③在法律后果方面，离婚的法律后果在于解除夫妻身份关系、分割夫妻财产、处理子女抚养及探望权问题。婚姻无效是对违法婚姻的否定，婚姻被宣告无效后，当事人不具有夫妻的权利和义务。同居期间所得的财产，由当事人协议处理，协议不成时，由人民法院根据照顾无过错方的原则判决。当事人所生子女，适用《婚姻法》有关父母子女的规定。[1] ④在有无溯及力方面，离婚解除婚姻关系的效力自离婚生效之日起产生，无溯及力；婚姻无效是自始无效，具有溯及力。⑤在时间效力方面，离婚请求权只能存在于双方当事人生存期间；婚姻无效请求权既可在双方生存期间行使，也可在双方或一方死亡后行使。⑥在程序方面，离婚可依诉讼程序进行，由人民法院处理，也可依行政程序由婚姻登记机关办理。婚姻无效，应由人民法院宣告，但须经当事人或利害关系人提出请求，方能宣告婚姻无效，同时应将收缴的双方的结婚证书和生效判决书寄送当地婚姻登记机关。

（4）离婚不同于婚姻的撤销。具体而言：①内涵不同。离婚是对现存有效婚姻关系的解除，不具有制裁性质。而婚姻撤销，是对因胁迫结婚的婚姻依法否定其效力，具有制裁违法"婚姻"的性质。②当事人意思表示程序不同。离婚是双方当事人通过合法行为消灭其间婚姻关系的自主行为，允许当事人意思自治，即按双方意

---

〔1〕 现行《婚姻法》第12条。

愿协议离婚；协议不成，可请求人民法院判决。可撤销婚姻，不以双方达成一致意思表示为必要，而由受胁迫一方自行决定是否申请法院撤销。③原因不同。离婚的原因往往发生在结婚以后。而婚姻撤销的原因往往发生在结婚之时或之前，结婚一开始就包含了可撤销的内在原因。④提出的主体不同。离婚仅限于婚姻双方当事人提出，由当事人自己表示离婚的意愿。婚姻撤销，只能由受胁迫一方当事人提出。⑤有无溯及力不同。离婚是对现存婚姻关系的解除，终止婚姻关系，没有溯及力，即承认离婚前的那段婚姻仍是有效的。而婚姻撤销自始否定整个婚姻的效力，具有溯及力，婚姻自始无效。⑥提出的时间限制不同。离婚，在婚姻关系存在的任何时间都能提出。婚姻撤销应自结婚登记之日（被非法限制人身自由的，自恢复人身自由之日）起1年内提出。不在规定期限内提出的，可撤销婚姻则转化为有效婚姻。⑦法律后果不同。离婚终止当事人之间的夫妻身份关系，对共同财产由双方协议处理；协议不成的，则由人民法院根据财产的具体情况，依据照顾子女和女方权益的原则判决。离婚时符合法定条件的一方当事人有权请求对方给予家务劳动补偿、经济帮助以及向过错方请求离婚损害赔偿。婚姻撤销是对婚姻效力的自始根本否定，夫妻关系并未形成，同居期间所得财产由当事人协议处理；协议不成的，由人民法院根据照顾无过错方的原则判决。任何一方都无权请求对方给予家务劳动补偿、经济帮助等。

（5）离婚不同于别居制度。别居制度的基本核心就是依法解除夫妻之间的同居义务，而仍保持其婚姻关系。该制度是在中世纪欧洲基督教实行禁止离婚的背景下产生的，为不堪共同生活的夫妻所设，用来补救禁止离婚的不足，以缓和并改善夫妻关系。当今，一些国家仍沿用别居制度，作为离婚制度的补充，或作为夫妻关系恶化走向离婚的一种过渡，它与中世纪的别居制度不同，不再是禁止离婚的补救手段。有些国家，比如意大利，把判决别居和事实上的分居达若干年作为法定的离婚理由之一。[1]

离婚与别居的主要区别如下：①别居期间，夫妻仍负贞操义务；离婚后双方当事人则无此义务。②别居期间，夫妻有相互扶养的法定义务；离婚后则此义务消灭。

---

[1] 主编注：在法国，夫妻分居的时间已持续达3年的，依配偶一方的请求，分居判决当然转为离婚判决。在其他情况下，需根据夫妻双方的请求，分居判决才能转为离婚判决。在德国，如果婚姻双方分居1年并且双方均申请离婚或者被申请人同意离婚，则推定婚姻破裂，此推定为不可驳回之推定。如果婚姻双方分居已逾3年，即使双方没有离婚合意或被申请人反对离婚，亦推定婚姻已破裂，此推定亦是不可驳回之推定。在瑞士，定期分居的期限已过，或不定期分居的期限已经持续3年，即使只有配偶一方诉请离婚，也应判决准予离婚。在英国，婚姻当事人双方于提起离婚之诉前已连续别居2年以上且被告同意离婚，或婚姻当事人双方于提起离婚之诉前已连续别居5年以上的，法官可认定其婚姻已经无可挽回地破裂。参见陈苇主编：《外国婚姻家庭法比较研究》，群众出版社2006年版，第401、402、409、420页。依澳大利亚《1975年家庭法（2008年修正）》第48条规定，申请离婚令应以夫妻分居为理由，当法院确信夫妻分居已持续12个月时，应作出离婚令。参见陈苇（项目负责人）：《澳大利亚家庭法（2008年修正）》，群众出版社2009年版，第110～111页。

③别居期间，婚姻关系继续存在，夫妻双方只解除同居义务，双方不得另行结婚，否则构成重婚；离婚则完全解除婚姻关系，离婚后，双方当事人均可再婚。④别居期间，夫妻间仍有相互继承财产的权利；离婚后则双方当事人无此权利。

我国现行《婚姻法》中没有别居制度的规定，只规定"因感情不和分居满 2 年的"应视为夫妻感情确已破裂，可依法判决准予离婚。[1]

二、离婚立法主义的历史演变

（一）离婚制度的立法主义

离婚制度是人类婚姻制度的重要组成部分，它随着社会经济制度和政治制度的发展而不断发展变化，同时还要受社会宗教和其他意识形态的影响和制约。随着历史的发展，特别是在近现代社会，人类社会的离婚制度有了长足的发展并不断得到完善。纵观世界离婚制度的历史演变，对离婚的态度基本上有两种立法主义：一是禁止离婚主义，另一种是许可离婚主义。这两种立法主义在很长一段时期内有过并存局面。就禁止离婚主义而言，随着离婚制度的不断发展，其已失去存在的价值，并为历史所淘汰，而许可离婚主义则是人类进入文明时代以来始终存在的一种婚姻制度，它是人类离婚制度的主体部分。[2]

1. 禁止离婚主义。禁止离婚主义是指不允许解除婚姻的立法主张或法律制度，主张夫妻无论出于何种原因，均不得离婚。该主义产生于基督教教义，盛行于中世纪的欧洲，影响及于近现代社会，至今仍主宰着极少数国家的婚姻制度，如圣马力诺、安道尔、马耳他、菲律宾、巴拉圭等仍奉行这一原则。基督教约产生于公元 1 世纪，到公元 313 年，教会被统治阶级利用，其地位发生了变化，得到迅速发展。10 ~ 15 世纪，基督教发展到鼎盛时期，教会法直接干涉人们的婚姻家庭。按照教会法的规定，夫妻关系恶化到无法生活的时候，只能采取别居的办法，而不准离婚。所以，别居是禁止离婚的替代手段。直至现代，资本主义的一些国家法律中，仍然规定有别居制度，但它只作为离婚的过渡形式。如夫妻感情不和，可先别居，缓和一下矛盾；如果夫妻感情继续恶化或夫妻矛盾不能妥善解决，则由别居转为离婚。[3]

禁止离婚主义是宗教婚姻的产物，其理论基础不外乎以下几点：①基于宗教思

---

[1] 主编注：关于我国分居制度的立法研究，参见姜大伟：《我国夫妻分居法律制度建构研究》，中国政法大学出版社 2015 年版，第 223 ~ 236 页。

[2] 主编注：关于离婚法的人文主义基本理念，参见冉启玉：《人文主义视阈下的离婚法律制度研究》，群众出版社 2012 年版，第 54 ~ 76 页。

[3] 主编注：关于现代化别居制度的特点及依据，参见孟德花：《别居与离婚制度研究》，中国人民公安大学出版社 2009 年版，第 17 ~ 19 页。关于我国设立分居制度的必要性及立法构想，参见陈苇、罗晓玲："设立我国分居制度的社会基础及其制度构想"（上、下），分别载《政法论丛》2011 年第 1 期和 2011 年第 2 期．And see Wei Chen, Lei Shi and Xiao - Ling Luo, "A Separation System for China's Mainland: Concept and Social Reality", *International Journal of Law, Policy and the Family*, Volume 6, Number 1, April 2012, published by Oxford University Press, Printed by Bell and Bain Ltd, UK., pp. 88 ~ 101.

想；②基于道德观念；③基于子女利益。以上三点是禁止离婚的理由。随着人类历史文明的发展，禁止离婚主义已越来越被人们所反对；到了近代，大多数国家的法律都确认了离婚的合法性；在当代社会，禁止离婚主义在大多数国家已被彻底摒弃。

2. 许可离婚主义。许可离婚主义是指允许解除婚姻关系的立法主张。它强调：婚姻是男女两性为共同生活而自愿结成的，不是自然而成；应承认婚姻的可变性及可离异性，允许夫妻生存期间根据双方或一方的请求解除婚姻关系。许可离婚主义的模式经过了以下发展演变的过程：

(1) 专权离婚主义。专权离婚主义是指男子享有较大的离婚权，妇女没有离婚权或者离婚权受到极为严格的限制。这种离婚立法主义是男子在政治上、经济上处于优势地位的必然结果，其在奴隶社会、封建社会的成文法典中有较多体现。如在信奉伊斯兰教的国家里，《古兰经》明确规定丈夫可以休妻；《汉穆拉比法典》规定，妻子通奸、不生育、浪费家庭财产等，丈夫可以与她离异。在负债情况下，丈夫可以出卖妻子或把妻子作为财产交给债权人。恩格斯曾指明了专权离婚制度的本质特点："一夫一妻制家庭与对偶婚不同的地方，就在于婚姻关系要坚固得多，这种关系现在已不能由双方任意解除了。这时通例只有丈夫可以解除婚姻关系，离异他的妻子。"

(2) 限制离婚主义。限制离婚主义，又称"有因离婚"，是指夫妻双方均享有离婚请求权，但法律对离婚条件严加限制的立法主张。法律明确列举了离婚理由，只有符合法律规定的离婚理由，才允许离婚。最初规定的法定离婚理由为一方有过错，如通奸、遗弃、虐待、重婚、一方被判刑等，享有离婚请求权的是无过错一方，这又称为"有责离婚主义"。后来扩大了离婚法定理由的范围，又将客观存在影响婚姻目的实现的事实列为可诉的理由，如一方患严重疾病、生理缺陷、生死不明、夫妻分居一定期限等。在这些情况下，当事人主观上并无过错，这种立法主义被称为"目的主义"，在离婚立法史上开"无责离婚主义"的先河。这使离婚作为制裁手段的作用逐渐退去，变成了只是对婚姻已经破裂的事实的确认。[1]

(3) 自由离婚主义。自由离婚主义是指根据夫妻双方或一方当事人的自由意志，只要婚姻在客观上已经破裂即可准予离婚的主张。这赋予了当事人自行决定是否解除婚姻关系的自由，是很先进的立法思想。自由离婚主义是一种平权离婚主义，夫妻双方在法律上享有平等的离婚权，夫妻任一方，无论有无过错，均可依照法定的程序提出离婚。

---

〔1〕 主编注：关于过错离婚到无过错离婚的发展演变，参见蒋月：《婚姻家庭法前沿导论》，科学出版社2007年版，第121~129页。

（二）中国离婚制度的演变概况[1]

中国古代的离婚方式，包括"出妻""义绝""和离"以及基于特定缘由的"呈诉离婚"。

"出妻"是中国古代最主要的离婚方式，是与当时的社会背景相适应的，贯彻了男性权利本位的原则。因其具备的必要条件有七个：不顺父母、无子、淫、口多言、妒忌、盗窃、恶疾，故又称"七出"。我国古代以"七出"为夫家休妻的理由，但受"三不去"的限制。"三不去"的内容为：一是经持舅姑之丧；二是娶时贱后富贵；三是有所受无所归。[2]

"义绝"是中国封建时代具有特色的一种法定离婚方式。依唐律，合当义绝的情形有五：一为夫殴妻之祖父母、父母及杀妻之外祖父母、伯叔父母、兄弟、姑、姊妹；二为夫妻祖父母、外祖父母、伯叔父母、兄弟、姑、姊妹自相杀；三为妻殴詈夫之祖父母，杀伤夫外祖父母、伯叔父母、兄弟、姑、姊妹；四为妻与夫之缌麻以上亲奸，或夫与妻母奸；五为妻欲害夫。

"和离"从形式上看相当于现代的协议离婚，但实际上在男尊女卑和夫权统治的社会现实中是不可能允许女子有独立自主决定自己婚姻的权利的。《唐律·户婚》规定："若夫妻不相安谐而和离者，不坐。"但在当时社会条件下，妇女是很难实现其离婚意愿的，它往往成为出妻的别名。

基于特定缘由的"呈诉离婚"，又称官府断离，指夫妻双方中一方基于特定缘由向官府提出离婚诉讼，由官府判令离异。[3]最典型的原因包括卖妻为奴婢、夫家尊亲属对妻有严重虐待行为等。[4]

第二节　我国处理离婚问题的指导思想

离婚是一种十分复杂的社会现象，它不仅关乎夫妻的切身利益，使夫妻双方的人身关系和财产关系发生一系列变化，而且关系到子女的抚养教育和其他家庭成员的利益，影响社会的道德风尚、妇女的发展进步、儿童的健康成长、民族的繁荣发

---

[1] 主编注：关于中华人民共和国离婚制度的特点及离婚标准的演变，参见金眉：《中国亲属法的近现代转型——从〈大清民律草案·亲属编〉到〈中华人民共和国婚姻法〉》，法律出版社2010年版，第182~187页。有关当代中国内地与港、澳、台婚法的发展趋势研究，参见陈苇主编：《当代中国内地与港、澳、台婚姻家庭法比较研究》，群众出版社2012年版，第528~537页。
[2] 参见陈苇主编：《婚姻家庭继承法学》，群众出版社2005年版，第225页。
[3] 主编注：中国古代实行"专权离婚主义"。但正如我国有学者指出的那样，中国古代也有属于"离婚救济"性质的措施。参见李俊：《离婚救济制度研究》，法律出版社2008年版，第43页。
[4] 关于我国民国时期1930年"民法亲属编"之离婚制度的主要内容，参见陈苇主编：《婚姻家庭继承法学》，法律出版社2002年版，第322~324页。

展以及社会的和谐进步。因此，正确把握处理离婚问题的指导思想对于切实贯彻落实我国《婚姻法》，保障夫妻双方的合法权益，改善和巩固婚姻家庭关系，协调处理婚姻家庭纠纷，促使社会和谐稳定，都具有十分重要的意义。[1]

根据我国现行《婚姻法》的基本原则和有关离婚的具体规定，结合我国长期以来对民事审判和调解工作的经验总结，不论是双方自愿离婚，还是一方要求离婚，我们都必须坚持"保障离婚自由，防止轻率离婚"这一指导思想。

一、保障离婚自由

离婚自由是我国《婚姻法》的一项基本原则，也是《宪法》赋予公民的一项基本权利。所谓婚姻自由，是指婚姻当事人有权按照法律规定，自主自愿决定自己的婚姻问题，不受任何人的强制和干涉。婚姻自由包括结婚自由和离婚自由两个方面。离婚自由是指夫妻有依法解除婚姻关系的自由。

婚姻关系不同于以友谊为基础的朋友关系，也不是以血缘为基础的血亲关系。婚姻是男女双方在充分了解、真心相爱的基础上，以夫妻身份建立家庭为目的的两性结合，它以爱情为基础，以当事人互爱为前提，任何人不得代替，也不得强迫。没有感情或者夫妻感情已破裂，婚姻关系就失去了继续存在的基础。对于那些名存实亡的婚姻关系，离婚是正常的，而且对于当事人双方、家庭、社会都是有利的。如果用勉强的办法或行政手段使他们免于离婚，也是徒劳的。即使用法律手段强行维护这种事实上已经死亡的婚姻关系，其最终结果不但给双方及子女带来痛苦和不良影响，也会给社会带来不安定的因素，甚至会使矛盾激化、转化，发生伤亡悲剧。

所以，保障离婚自由，是为了使一些不合理的或者已经死亡的婚姻关系，能够通过正当途径得以解决，使双方有可能另建幸福美满的家庭。列宁说得好："实际上离婚自由，并不会使家庭关系瓦解，而相反会使这种关系在文明社会中唯一可能的坚固的民主基础上巩固起来。"可见，只有这样，才能使男女双方在共同生活中，真正平等相待，互敬互爱，和睦友好。无数事实证明，不少不和睦的夫妻离婚后，各自重新组成美满家庭，不仅解除了两个人的痛苦，而且变成了四个人的幸福，使婚姻家庭关系得以改善和巩固。当然，我们要清楚地认识到，实现离婚自由并非是目的，而是解决夫妻间矛盾的一种手段；我们必须从积极方面认识《婚姻法》关于离婚问题的有关规定。保障离婚自由，不仅是为保护当事人的合法权益所设，也是构建和谐家庭与和谐社会的需要。

二、防止轻率离婚

保障离婚自由，决不意味着可以轻率地对待和处理离婚问题，或者把离婚作为改善和巩固婚姻家庭关系的唯一手段。正如马克思指出的："婚姻不能听从已婚者的

---

[1] 主编注：关于当代中国的三次离婚高峰期及 2003~2008 年的离婚率，参见陈苇：《中国婚姻家庭法立法研究》，群众出版社 2010 年版，第 293~300 页。

任性，相反地，已婚者的任性应该服从婚姻的本质。"列宁也指出："承认妇女有离婚自由，并不等于号召所有的妻子都来闹离婚！"[1]

婚姻自由是相对自由，必须接受社会共同生活准则的约束。否则，绝对的婚姻自由下只能是谁都没有自由可言。因此，每一个公民，在对待离婚问题上，既要有提出离婚诉讼的自由权利，又要遵守我国《婚姻法》的规定。只有在夫妻感情确已破裂，无法继续共同生活时，才能使用离婚这一手段。离婚自由的实现，以遵守道德和法律为前提。我国《婚姻法》既要保障离婚自由，又要防止轻率离婚，其根本的目的在于改善婚姻家庭关系，化解夫妻矛盾，注意保护妇女和子女合法权益，注意社会效果。[2]

第三节　我国登记离婚制度

登记离婚又被称为行政登记离婚或协议离婚，是指夫妻双方自愿离异，并就子女抚养、财产处理等相关问题达成适当协议后，由有关机关认可即可解除婚姻关系的一种离婚方式。

登记离婚是离婚自由（即双方当事人是否离婚、何时离婚及如何离婚的充分自主权）的具体体现，反映了法律尊重当事人有关婚姻意思自治的现代法治精神。登记离婚以当事人完全自愿并达成协议为前提，有利于他们和平友好地分手，有利于防止矛盾激化，消除对立情绪，是一种先进的离婚制度。一些国家如日本允许当事人登记离婚。[3] 我国现行《婚姻法》第31条规定："男女双方自愿离婚的，准予离婚。双方必须到婚姻登记机关申请离婚。婚姻登记机关查明双方确实是自愿并对子女和财产问题已有适当处理时，发给离婚证。"

一、登记离婚的条件

在我国，登记离婚应符合以下条件：

1. 双方当事人必须具有完全民事行为能力。离婚是重要的民事法律行为，如果婚姻当事人一方或双方为无民事行为能力人或限制民事行为能力人，不具有民事行为能力或完全民事行为能力，可能无法表示自己的真实意愿，并对子女、财产问题

---

[1] 《马克思恩格斯全集》（第21卷），人民出版社1965年版，第96页；《列宁全集》（第23卷），人民出版社1958年版，第67页。

[2] 主编注：关于离婚法律制度中的自由与正义的关系，参见夏吟兰：《离婚自由与限制论》，中国政法大学出版社2007年版，第68～85页；邓丽：《婚姻法中的个人自由与社会正义——以婚姻契约论为中心》，知识产权出版社2008年版，第274～289页。

[3] 依《日本户籍法》第76条规定，协议离婚的双方当事人须双方到户籍机关依法定程序进行，必须填写离婚申报书，办理离婚登记。参见陈苇主编：《外国婚姻家庭法比较研究》，群众出版社2006年版，第410～411页。

难以依法妥当地处理。2003 年《婚姻登记条例》第 12 条第 2 项规定，办理离婚登记的一方或者双方当事人属于无民事行为能力人或限制民事行为能力人的，婚姻登记机关不予受理。对于夫妻一方为无民事行为能力人或限制行为能力人的离婚，应依诉讼程序，并由其法定代理人代理诉讼。并且，必须注意，《婚姻法解释（三）》第 8 条规定："无民事行为能力人的配偶有虐待、遗弃等严重损害无民事行为能力一方的人身权利或者财产权益行为，其他有监护资格的人可以依照特别程序要求变更监护关系；变更后的监护人代理无民事行为能力一方提起离婚诉讼的，人民法院应予受理。"

2. 双方当事人必须具有合法有效的婚姻关系，双方的结婚登记必须是在我国内地的婚姻登记机关办理的。

3. 双方当事人必须具有离婚的合意，即双方对离婚的意愿必须是自愿、真实、一致的，不是受对方或他方的欺诈、胁迫或重大误解而作出的。

4. 双方当事人本人必须亲自到场申请办理离婚登记。婚姻关系是专属于双方当事人的人身关系，是否解除婚姻关系应由双方亲自决定。夫妻以外的第三人包括其父母、有关单位都不能代为作出解除婚姻关系的意思表示。[1]

5. 双方当事人必须经过协商对离婚后子女和财产问题已作出适当处理。双方当事人应在保护子女合法权益的原则下对离婚后有关未成年子女和不具有独立生活能力的子女的抚养问题作出合理的、具有可操作性的安排，包括离婚后子女随哪一方生活、子女的抚养费和教育费如何负担以及不直接抚养子女方对子女的探望方式及时间等，不能因父母离婚而影响子女的健康成长。登记离婚双方当事人还应在男女平等、保护妇女合法权益原则下，对夫妻共同财产作出合理分割和处理；对共同债务的清偿以及离婚后对有困难一方的经济帮助做好安排。对子女或财产问题不能达成一致协议的，婚姻登记机关不予受理。

二、登记离婚的程序

（一）申请

根据我国 2003 年《婚姻登记条例》第 10、11 条规定，内地居民自愿离婚的，男女双方应当共同到一方当事人常住户口所在地的婚姻登记机关提出离婚登记申请，并提供以下证件和证明材料：①本人的户口簿、身份证；②本人的结婚证；③双方当事人共同签署的离婚协议书。

（二）审查

婚姻登记机关接到当事人的离婚登记申请后，应当依照现行《婚姻法》和《婚

---

〔1〕　主编注：有学者指出，我国台湾地区法院否定"代理离婚"，却允许"使者离婚"（使者代为传达离婚意思，当事人以使者"为其意思表示机关"），此举是否妥当，实有疑问。从身份行为之特殊性观之，无论是代理或使者，原则上似不应适用于身份行为。参见林秀雄：《婚姻家庭法之研究》，中国政法大学出版社 2001 年版，第 250 ~ 254 页。

姻登记条例》的规定，严格审查当事人是否符合协议离婚的法定条件，当事人携带的证明材料、证件是否齐全、真实，以及协议的内容有无虚假、欺骗情况。应当根据既要保障离婚自由又要反对轻率离婚的指导思想，向双方当事人讲明《婚姻法》的规定，挽救感情尚未完全破裂的婚姻；对于子女抚养教育、财产处理不恰当的，应当根据法律、法规及有关政策，帮助当事人重新调整；达不成一致意见的，应当建议他们按诉讼离婚方式处理。婚姻登记机关经过审查，发现申请登记离婚的当事人有下列情形之一的，不应受理：①未达成离婚协议的；②属于无民事行为能力人或者限制民事行为能力人的；③其结婚登记不是在中国内地办理的。

（三）登记

我国 2003 年《婚姻登记条例》第 13 条规定："婚姻登记机关应当对离婚登记当事人出具的证件、证明材料进行审查并询问相关情况。对当事人确属自愿离婚，并已对子女抚养、财产、债务等问题达成一致处理意见的，应当当场予以登记，发给离婚证。"取得离婚证，夫妻关系即解除。[1]

对于离婚证遗失或者损毁的情况应如何解决的问题，2003 年《婚姻登记条例》第 17 条明确规定，当事人可以持户口簿、身份证向原办理婚姻登记的机关或者一方当事人常住户口所在地的婚姻登记机关申请补领。婚姻登记机关对当事人的婚姻登记档案进行查证，确认属实的，应当为当事人补发离婚证。[2]

第四节　我国诉讼离婚制度

一、诉讼离婚的概念和条件

（一）诉讼离婚的概念

诉讼离婚又称裁判离婚，是指婚姻当事人一方基于一定理由，向法院提起离婚之诉，经法院审理裁决离婚的制度。在我国，一方要求离婚或双方对子女抚养及财产分割有争议的离婚，须经人民法院审判裁决。

（二）诉讼离婚的条件

1. 离婚当事人必须有婚姻关系。要求离婚的当事人，必须有法律确认的婚姻关系。在我国法律确认的婚姻关系有两种：①经婚姻登记机关办理了结婚登记，领取了结婚证的合法婚姻关系；②1994 年 2 月 1 日《婚姻登记管理条例》施行前，没有

---

〔1〕 对于登记离婚后一方翻悔的处理，最高人民法院曾有 1985 年《最高人民法院关于男女登记离婚后一方翻悔，向人民法院提起诉讼，人民法院是否应当受理的批复》，以及 1986 年最高人民法院（1986）民字第 45 号批复作出指导，但上述两批复已于 2013 年废止。

〔2〕 主编注：关于我国登记离婚制度实施情况的实证调查，参见陈苇、石雷、张维仑："中国登记离婚制度实施中儿童权益保障情况实证调查研究"，载陈苇主编：《21 世纪家庭法与家事司法：实践与变革》，群众出版社 2016 年版，第 226～248 页。

配偶的男女双方符合结婚条件，未办结婚登记即以夫妻名义同居生活的事实婚姻关系。无效婚姻、重婚、姘居及其他非婚同居关系的男女双方没有婚姻关系，不能请求离婚。

2. 夫妻一方要求离婚或双方要求离婚但对有关离婚事项不能达成协议。夫妻一方要求离婚，对方不同意离婚或夫妻双方虽然自愿离婚但对子女抚养、财产处理未达成协议的，经一方请求，人民法院才受理。一般来说，任何婚姻关系以外的第三人，包括当事人的父母等近亲属，均无权替代婚姻当事人请求离婚。但在特殊情况下，为保护被监护人的权益，监护人可以依法代理无民事行为能力一方提起离婚诉讼。《婚姻法解释（三）》第8条规定："无民事行为能力人的配偶有虐待、遗弃等严重损害无民事行为能力一方的人身权利或者财产权益行为，其他有监护资格的人可以依照特别程序要求变更监护关系；变更后的监护人代理无民事行为能力一方提起离婚诉讼的，人民法院应予受理。"

3. 须有管辖权的人民法院受理离婚请求。根据我国现行《民事诉讼法》规定的原告就被告的原则，一般情况下，要求离婚的一方须向被告一方住所地的人民法院起诉。被告住所地与经常居住地不一致的，向被告经常居住地人民法院起诉。

二、诉讼外的调解

现行《婚姻法》第32条第1款规定："男女一方要求离婚的，可由有关部门进行调解或直接向人民法院提出离婚诉讼。"据此，对于男女一方要求离婚，另一方不同意离婚的婚姻纠纷，以及双方虽然同意离婚但不能在子女抚养、财产分割问题上达成一致的婚姻纠纷，既可在诉讼前由有关部门进行调解，又可以不经调解直接向人民法院提起诉讼，并通过诉讼离婚方式解决。这里的"有关部门"是指当事人所在单位、群众团体、村民居委会或居民委员会、人民调解机构、法律服务机构、婚姻登记机关。

诉讼外的调解并非离婚的必经程序，不具有法律强制性，应遵循自愿、合法原则。因此，诉讼外的调解并不是离婚的方式之一，而是离婚前的一种促使双方妥善处理婚姻纠纷的有效措施。根据2014年《民事诉讼法解释》第148条第1款的规定，对于当事人调解达成协议后，请求人民法院按照调解协议的内容制作判决书的，人民法院不予准许。[1]

诉讼外的调解，具体会产生三种不同的结果：

（1）双方消除矛盾，解决纠纷重归于好，继续保持夫妻关系。诉讼离婚前的调

---

[1] 主编注：关于我国香港地区的家庭调解情况、经过专门培训的调解员采用治疗性家庭调解模式进行调解，治疗性家庭调解模式与诉讼相比，前者所具有的优越性，参见岳云编著：《家庭调解——适用于华人家庭的理论与实践》，茇英丽等译，中国社会科学出版社2005年版，第24～29页。关于中国专业化家事调查制度构建的建议，参见来文彬：《家事调解制度研究》，群众出版社2014年版，第211～237页。

解，即使是行政机关、司法机关对单位工作人员的调解，也是民事行为，不是行政行为或司法行为，对当事人没有约束力。

（2）经过调解，双方当事人同意离婚，达成离婚协议，由一方要求离婚转化为双方自愿离婚。此时，双方当事人应到婚姻登记管理机关办理离婚登记。

（3）调解无效。一方坚持离婚，另一方仍不同意离婚，或者双方虽然同意离婚，但对子女、财产问题无法达成妥善处理的一致意见的，可以通过诉讼离婚方式解决。

三、诉讼离婚程序

（一）起诉与受理

根据现行《民事诉讼法》第119条规定，离婚案件当事人提起离婚诉讼，必须符合以下四个条件：①提出离婚诉讼的必须是夫妻双方的一方当事人。②有明确的被告。作为离婚案件的被告，只能是与原告存在着夫妻关系的对方当事人。③有具体的诉讼请求、事实及理由。④属于人民法院受理民事诉讼的范围及受诉人民法院管辖。离婚诉讼属于人民法院受理民事诉讼的范围。但是，由于一方当事人对另一方实施诸如虐待、遗弃行为或存在重婚等犯罪行为，需要追究行为人刑事责任的，则属刑事诉讼的范围，不能在离婚诉讼中一并解决。

根据我国现行《民事诉讼法》第21、22条规定，离婚案件一般应由被告住所地人民法院管辖，被告住所地与经常居住地不一致的，由经常居住地人民法院管辖。下列民事诉讼，由原告住所地人民法院管辖：①对不在中华人民共和国领域内居住的人提起的有关身份关系的诉讼；②对下落不明或者宣告失踪的人提起的有关身份关系的诉讼；③对被采取强制性教育措施的人提起的诉讼；④对被监禁的人提起的诉讼。根据2015年《民事诉讼法解释》第8、11、12条的规定，双方当事人都被监禁或者被采取强制性教育措施的，由被告原住所地人民法院管辖。被告被监禁或者被采取强制性教育措施1年以上的，由被告被监禁地或者被采取强制性教育措施地人民法院管辖。双方当事人均为军人的民事案件由军事法院管辖。夫妻一方离开住所地超过1年，另一方起诉离婚的案件，可以由原告住所地人民法院管辖。夫妻双方离开住所地超过1年，一方起诉离婚的案件，由被告经常居住地人民法院管辖；没有经常居住地的，由原告起诉时被告居住地的人民法院管辖。

但依据现行《民事诉讼法》第124条第7项，对人民法院已经判决不准离婚和调解和好的离婚案件，如没有新情况、新理由，原告在6个月之内又起诉的，人民法院不予受理。

（二）离婚诉讼中的调解

离婚诉讼中的调解，又称诉讼内调解，或司法调解，是指在人民法院的审判人员主持下，由双方当事人自愿协商，达成协议，解决纠纷的一种方法和程序。现行《婚姻法》第32条第2款规定："人民法院审理离婚案件，应当进行调解；……"离婚诉讼中的调解与审理普通民事案件的调解有所不同，人民法院审理普通民事案件的调解，应当根据自愿、合法的原则进行；当事人一方或者双方不愿调解的，应当及时裁判。而人民法院审理离婚案件，应当进行调解，但不应久调不决（2015 年《民事诉讼法解释》第 145 条）。离婚诉讼中的调解是人民法院审理离婚案件的必经程序，是人民法院行使审判职能的一个重要方面。

离婚时诉讼内的调解与诉讼外的调解不同。具体表现在：①它是人民法院行使国家审判权的一种方式，与审判结合进行，就审理程序来说，人民法院可以在第一审程序、第二审程序和审判监督程序中进行调解；②离婚诉讼中的调解重在发挥人民法院的主导作用，经过调解，双方达成的离婚协议必须得到人民法院的批准认可，发给离婚调解书后才能发生法律效力。

人民法院的调解应坚持自愿、合法的原则。所谓"自愿"原则，是指双方当事人在人民法院的主持下，通过协商自愿达成协议，不能违反当事人的意愿，强迫命令；所谓"合法"原则，是指调解的程序符合法律规定，通过调解达成的协议内容也必须符合法律的规定。[1]

离婚诉讼中的调解有三种结果：①双方达成和好协议，原告撤诉，将调解协议记录在卷；②双方达成离婚的协议，人民法院制作离婚调解书，双方签收了离婚调解书后，发生法律效力，双方当事人不得上诉，双方的婚姻关系解除；③协议不成，调解无效或者调解书送达前一方翻悔，继续进行诉讼，进入判决阶段。

（三）诉讼离婚的判决

判决是人民法院在调解无效时，对当事人争议的诉讼标的作出的强制性决定。

判决能导致两种结果：①判决离婚；②判决不准离婚。判决以经过开庭审理查明的事实为依据，以法定的判决离婚的条件——感情确已破裂为标准。即对于夫妻感情确已破裂，符合法律规定的准予离婚条件的，应当判决离婚，并对子女、财产等问题一并作出处理；对于感情尚未真正破裂，不符合法律规定的准予离婚条件的，应当判决不准离婚。

对于一审判决，当事人有权在判决书送达之日起 15 日内向上一级人民法院提起上诉，未在上诉期内依法上诉的，一审判决发生法律效力。在上诉期内依法上诉的，案件进入二审程序。二审时，仍可进行调解，调解无效作出的判决，属终审判决，一经送达即发生效力，不能再行上诉。

根据我国现行《民事诉讼法》第 202 条规定，当事人对已经发生法律效力的解除婚姻关系的判决、调解书，不得申请再审。

四、诉讼离婚中的两项特殊保护

（一）对男方离婚请求权的限制性规定

我国现行《婚姻法》第 34 条规定："女方在怀孕期间、分娩后 1 年内或中止妊

---

〔1〕 主编注：在我国香港，在离婚诉讼的任何阶段，如果法院认为婚姻双方当事人有合理的达成相互和解的可能，法院就可以将该离婚诉讼适当延后一段时间审理，以便当事人双方尝试达成和解，从而顺利解决离婚纠纷。参见龙翼飞：《香港家庭法》，河南人民出版社 1997 年版，第 98～99 页。

娠后6个月内,男方不得提出离婚。女方提出离婚的,或人民法院认为确有必要受理男方离婚请求的,不在此限。"这是保护妇女、儿童合法权益原则的直接体现。对男方在此期间提出离婚作出限制,是非常必要的。男方提出离婚若违反了这一限制性规定,人民法院就不应受理。

在司法实践中,要正确贯彻执行这一限制性规定,应注意:

(1)这一规定推迟了男方行使起诉权利的时间,并非剥夺男方的诉权,也不涉及是否准予离婚这一实质问题;在上述期限届满后,男方即可依法行使离婚的起诉权。

(2)一审法院判决离婚时,未发现女方怀孕,女方发现自己怀孕并提出上诉,二审法院查证女方确实怀孕的,应撤销原判决,驳回男方的离婚诉讼请求。

(3)女方分娩后1年内,婴儿死亡的,原则上也应适用上述规定。

这一规定有两种例外情况:①女方提出离婚的,不受该规定的限制。女方在此期间提出离婚,就表明她认为离婚才更利于保护自己和子女的利益,并对离婚可能带来的后果做好了充分的思想准备。另外,男女双方一致同意离婚,并对子女、财产问题达成协议,也应允许双方到婚姻登记机关办理离婚登记手续。②人民法院认为确有必要受理男方离婚请求的,也不受这一规定的限制。这主要针对女方有重大过错的情况,例如,女方婚后与他人发生性关系而怀孕;女方怀孕期间或分娩后1年内或中止妊娠6个月内,男方生命受到女方威胁或者合法权益受到女方严重侵害;女方有虐待、遗弃婴儿的行为;等等。在上述情况下,男方要求离婚时,如不及时处理,可能使矛盾激化,甚至发生流血事件,因此人民法院可以受理男方的离婚请求,至于是否准予离婚,仍应根据具体情况和法律的规定来处理。

(二)对现役军人配偶的离婚诉权的限制性规定

我国现行《婚姻法》第33条规定:"现役军人的配偶要求离婚,须得军人同意,但军人一方有重大过错的除外。"这是对非军人一方离婚请求权的限制性规定,体现了在离婚问题上对现役军人的特殊保护。

人民军队是人民民主专政的基石,担负着保卫国家,保卫社会主义建设的神圣职责。对现役军人的婚姻家庭实施特殊保护,是符合国家、人民利益的,也符合军人和军人配偶的根本利益,有重大意义。

现役军人的范围是指参加中国人民解放军具有军籍的干部和战士、人民武装警察部队的干部和战士(包括军队中的文职人员)。但退伍、复员、转业的军人以及军事单位中不具有军籍的职工不属现役军人的范围。现役军人的配偶是指非军人一方。现役军人配偶要求离婚是指非军人一方向军人一方提出的离婚。双方都是现役军人或军人一方向非军人一方提出离婚的不适用上述规定。对此,一般应先经当事人所在部队团级以上的政治机关审查、调解;调解无效时,由部队政治机关出具证明,方可到有管辖权的人民法院提出离婚诉讼。

军人有重大过错,非军人配偶要求离婚的,不受"须得军人同意"的限制。这是在军人有重大过错时保护非军人配偶利益的必要措施，这体现了公平原则的要求。若军人没有过错或者虽有过错但并非重大过错，其配偶要求离婚的，仍须征得军人的同意。所谓重大过错，应包括《婚姻法解释（一）》第 23 条规定的四种情形：①重婚的或者有配偶者与他人同居的；②实施家庭暴力或虐待、遗弃家庭成员的；③有赌博、吸毒等恶习屡教不改的；④军人有其他重大过错导致夫妻感情破裂的。

第五节　判决离婚的法律原则

一、判决离婚的法律原则概述

判决离婚的法律原则指对于夫妻一方或双方提出的离婚请求，由法院依照法律作出肯定或否定判决离婚的法律准则或法律依据。由于各国的社会背景、立法传统、风俗习惯以及人们的婚姻观念等都有所不同，判决离婚的法律原则及其在司法审判实践中的具体运用也存在明显差异。

判决离婚的法律原则主要有以下类型：

1. 过错主义原则。过错主义原则又称有责主义原则，指夫妻一方须以他方有违背婚姻或其他足以导致婚姻解体的过错为由而诉请离婚。至于具体是以什么过错作为提起离婚诉讼的理由，均由法律加以规定。但同时也要作出某些限制，即在一定情形下，纵然一方有法定过错，基于特定事由，他方也不得提请判决离婚。[1]

2. 目的主义原则。目的主义原则是指夫妻一方须以婚姻共同生活中发生违背婚姻目的的事实为由而诉请离婚的法律准则。这种事实并不能归责于一方，但却使婚姻关系难以持续。如《瑞士民法典》第 141 条规定："配偶一方患有精神病，致使他方无法继续维持婚姻共同生活，并且病持续 3 年，经专家鉴定为不治之症时，他方可随时诉请离婚。"

3. 破裂主义原则。破裂主义原则又称无责主义原则或破绽主义原则，指夫妻一方或双方须以婚姻关系破裂，夫妻不能共同生活且无须继续维持为由诉请离婚的法律准则。破裂主义只注重婚姻破裂的事实而不注重造成破裂的原因，尤其是不问当事人有无过错。[2] 我国 1980 年《婚姻法》和 2001 年修正后的《婚姻法》均采破裂

---

〔1〕　主编注：例如，《法国民法典》规定，夫妻一方因另一方反复严重违反婚姻权利与义务的事实，致使夫妻共同生活不能忍受时，得请求离婚。此外，配偶一方被判决《刑法典》第 131 – 1 条所指的刑罚（1992 年 12 月 16 日第 92 – 1336 号法律第 136 条）之时，另一方配偶得请求离婚（1994 年 3 月 1 日起生效，第 243 条）。但是，如果夫妻双方自发生上述事实后已经和解，则不得再援用这些事实作为请求离婚的理由，否则，法官可宣告离婚申请不予受理。参见陈苇主编：《外国婚姻家庭法比较研究》，群众出版社 2006 年版，第 390 ~ 391 页。

〔2〕　主编注：关于我国破裂主义离婚法律原则之历史演变的研究，参见胡志超：《中国破裂主义离婚法律制度》，法律出版社 2010 年版，第 29 ~ 37 页。

主义原则，以夫妻"感情确已破裂"作为判决准予离婚的法律原则。在英国，1969
年《离婚改革法》第 1 条明确规定："本法生效后，婚姻任何一方可以向法庭请求离
婚的唯一理由是婚姻关系已无可挽回的破裂。"[1]　在美国，1969 年加利福尼亚州制
定了该国第一部破裂主义的离婚法；到 1981 年美国除极少数州外，绝大多数州都实
行了某种模式的无过错离婚法。与此同时，一些西方国家也先后转向采取婚姻破裂
原则：瑞典于 1974 年，奥地利和澳大利亚于 1975 年，均修改法律摈弃过错原则，而
采取婚姻破裂原则；法国于 1975 年修改法律兼采婚姻破裂原则和过错原则；原联邦
德国于 1976 年确立"婚姻解体"原则；加拿大于 1984 年确立婚姻破裂原则。[2]

目前，在许多国家的离婚立法中，多将前述各种立法原则结合在一起，采用单
一无责主义原则的国家并不普遍。例如，《法国民法典》中属于离婚的情形包括"双
方相互同意的离婚""共同生活破裂的离婚"和"因错误而离婚"。

二、我国判决离婚的法律原则

我国现行《婚姻法》第 32 条第 2 款规定："人民法院审理离婚案件，应当进行
调解；如感情确已破裂，调解无效，应准予离婚。"

"夫妻感情确已破裂"，是指在程度上，夫妻感情彻底破裂、全面破裂，而不是
某些方面的裂痕；在时间上，夫妻感情已经破裂，而不是可能破裂、将要破裂或刚
刚开始破裂；在现实表现上，只能是真正破裂，而不是虚假的破裂表象或当事人主
观上认为破裂。

（一）我国判决离婚的法律原则的立法及其理由

我国判决离婚的法律原则是采取婚姻关系破裂主义还是感情破裂主义，这个问
题曾在我国婚姻立法修正过程中引起了学界的争议。有部分学者认为，我国判决离
婚的法律原则应坚持婚姻破裂主义，他们认为婚姻破裂主义较符合我国现实状况。
另有部分学者则认为，我国判决离婚的法律原则仍应坚持夫妻感情破裂主义，其理
由包括婚姻本质、离婚制度的演变、我国司法实践等三个方面。

1. 感情确已破裂作为判决离婚的法律原则，符合婚姻的本质。因为婚姻是男女
双方基于感情的结合，但人的感情是微妙而多变的，夫妻之间的感情也是发展变化
的。这种变化，既有向积极方面发展的可能，表现为夫妻之间的感情随着同甘共苦
的共同生活日趋亲密；也有向消极方面变化的可能，即由于种种原因而演变成为感
情不和，甚至最终导致破裂。马克思在《论离婚法草案》中说："离婚仅仅是对下面
这一事实的确定：某一婚姻已经死亡，它的存在仅仅是一种外表和骗局。不用说，
既不是立法者的任性，也不是私人的任性，而每次都只是事物的本质来决定婚姻是
否已经死亡""立法者对于婚姻所能规定的，只是这样一些条件……在什么条件下婚

---

〔1〕　参见丁保庆译："1969 年《英国离婚改革法》"，载任国钧、王瑞华选编：《外国婚姻家庭资料选编
　　　　（上）》，中国政法大学民法教研室 1984 年内部印刷，第 55 页。
〔2〕　参见张贤钰："当代外国离婚法改革的评价和启示"，载《中国法学》1991 年第 3 期。

姻按其实质来说已经离异了。法院判决的离婚只能是婚姻内部崩溃的记录。"[1]夫妻感情的完全破裂，应该说是婚姻关系的死亡，而已经死亡了的婚姻，就没有必要再继续维持下去。只有解除这种本质上已经死亡的婚姻关系，使双方当事人摆脱痛苦，才有可能使双方重组美满家庭，也才能使社会主义的婚姻家庭关系得以发展和巩固。

2. 感情确已破裂作为判决离婚的法律原则，符合离婚立法的历史发展方向。随着人类历史的发展，对判决离婚的法律原则，有些国家逐步摈弃了具体列举法定理由的方式，采用概括规定的方法。我国对此进行借鉴，采取了概括和列举并用的方法。为此，我国现行《婚姻法》第 32 条作为判决离婚的法律原则，既反映了婚姻的本质，又有利于保障离婚自由，同时符合我国离婚立法的传统和发展趋势。

3. 将感情确已破裂作为判决离婚的法律原则，是建立在对我国长期立法、司法审判实践经验总结的基础之上的。我国 1950 年《婚姻法》第 17 条第 1 款规定："……男女一方坚决要求离婚的，经区人民政府和司法机关调解无效时，亦准予离婚。"并在第 2 款规定："……县或市人民法院对离婚案件，也应首先进行调解；如调解无效时，即行判决。"对此，原中央人民政府法制委员会在有关婚姻问题的解答中特别指明："如经调解无效，而又确实不能继续维持夫妻关系的应准予离婚。如经调解虽然无效，但事实证明双方并非到确实不能继续同居的程度，也可以不批准离婚。"即以"不能继续维持夫妻关系"作为准予离婚的标准。1963 年《最高人民法院关于贯彻执行民事政策几个问题的意见》（修正稿）中指出："对那些夫妻感情已完全破裂，确实不可能和好的，法院应积极做好坚持不离一方的思想工作，判决离婚。"这就明确地以"感情是否完全破裂"作为准予离婚的标准。1979 年《最高人民法院关于贯彻执行民事政策法律的意见》中又进一步指出："人民法院审理离婚案件准离与不准离的基本界限，要以夫妻关系事实上是否确已破裂，能否恢复和好为原则。"而 1980 年《婚姻法》和 2001 年修正后的《婚姻法》则把"夫妻感情确已破裂"作为判决准予离婚的法定条件。可见，它是对我国离婚立法长期经验的总结。

从夫妻感情的实际情况出发处理离婚案件，也是对我国长期司法实践经验的总结。在 20 世纪 50 年代，我国司法机关依据《婚姻法》掌握离与不离的界限，在解除封建包办、强迫婚姻方面，取得了显著成绩。但后来，由于受到"左倾"思想的影响，出现了"正当理由说"，即不管双方感情是否确已破裂，只要没有正当理由，一律不准离婚。特别是对一方因喜新厌旧思想引起的离婚案件，不论双方感情是否确已破裂，有无和好可能，一概判决不准离婚。反之，如一方犯了政治错误或被判刑，其配偶要求离婚，就认为离婚理由正当，一般予以判决离婚，但实际上夫妻感情并不一定已经破裂。直到十一届三中全会以后，纠正了过去"左"的错误，1980 年《婚姻法》和 2001 年修正后的《婚姻法》都明确规定以夫妻"感情确已破裂"

---

[1]　参见《马克思恩格斯全集》（第 1 卷），人民出版社 1956 年版，第 182～185 页。

作为判决准予或不准予离婚的法定条件。[1]

（二）感情破裂与调解无效的关系

感情破裂与调解无效两者是不可分割的有机统一整体，并存在内在的辩证关系。感情破裂是实质性理由，是判决准予或不准予离婚的法律原则；调解无效是程序性理由，不能作为判决离婚的实质要件。感情确已破裂在离婚理由中处于主导的决定地位，调解无效处于从属辅助性地位。一般来说，调解无效是感情确已破裂的自然结果与反映，而感情确已破裂是调解无效的内在原因。但并不是调解无效，感情就一定确已破裂。调解无效作为程序性行为的结果，原因可以是多方面的，而感情确已破裂仅是其中之一。因此，可以从两个角度来理解现行《婚姻法》第32条的规定：①如果感情确已破裂，调解无效，应准予离婚；②如果感情没有破裂或者尚未完全破裂，虽然调解无效，也不准予离婚。

（三）夫妻感情确已破裂的认定方法

1989年《认定夫妻感情确已破裂的意见》规定："判断夫妻感情是否确已破裂，应当从婚姻基础、婚后感情、离婚原因、夫妻关系的现状和有无和好的可能等方面综合分析。"对此，可从以下四个方面理解：

1. 看婚姻结合的基础，即看双方结合时的感情基础：双方是包办强迫的，还是自主自愿的；是基于相互爱慕而结合，还是基于其他利益，如金钱、地位、容貌而草率结合。这直接或间接地影响到婚姻的质量。当然婚姻基础只代表过去，事物是不断发展变化的，在判断分析时不能一概而论，要结合其他因素来判断。

2. 看婚后感情状况，即看夫妻共同生活期间的感情状况。要从婚后感情变化总体上判断其感情是较好的、一般的、差的、比较差的，从感情变化的趋势得出正确结论。

3. 看离婚原因，即看原告提出离婚的真正理由是什么，应当去伪存真，查清离婚的真实原因，抓住案件的主要矛盾，有针对性地作出调解工作。

4. 看夫妻关系的现状及有无和好的可能性。依夫妻关系的实际状况，夫妻感情尚未完全破裂，有和好希望的，法院应尽力调解，帮助当事人和好；感情确已破裂，已无和好希望的，应依法准予离婚。[2]

（四）认定夫妻感情确已破裂的列举性规定

1989年《认定夫妻感情确已破裂的意见》列举了14种夫妻感情确已破裂的具体情形，凡符合其中之一的，即视为夫妻感情确已破裂，一方坚决要求离婚，经调解无效的，可依法判决准予离婚。我国2001年修正的《婚姻法》第32条第3款明确规

---

〔1〕 主编注，在对我国1980年《婚姻法》进行修改时，关于我国判决准予离婚的法定条件应采取"婚姻关系破裂"还是"夫妻感情破裂"，学者们的论争观点及主要理由，参见李银河、马忆南主编：《婚姻法修改论争》，光明日报出版社1999年版，第113~192页。

〔2〕 参见张民安主编：《婚姻家庭法》，中山大学出版社2002年版，第105页。

定有下列情形之一，调解无效的，应准予离婚：

1. 重婚或有配偶者与他人同居的。我国现行《婚姻法》第 3 条明确规定，禁止重婚。现行《刑法》第 258 条规定，有配偶而重婚的，或者明知他人有配偶而与之结婚的，处 2 年以下有期徒刑或者拘役。对于重婚一方起诉要求与原配偶离婚的，人民法院应依据夫妻感情是否确已破裂判断，无和好可能的，调解或判决准予离婚。如调解或判决离婚的，应当在财产分割、子女抚养、经济帮助等方面，照顾无过错一方的利益，对因一方重婚而导致离婚的，无过错方有权请求损害赔偿。

我国现行《婚姻法》第 3 条还规定，禁止有配偶者与他人同居。由于有配偶者与他人同居往往严重损害夫妻双方的感情，破坏了婚姻赖以存在的基础，法院应先进行调解，严肃批评有过错的一方，甚至建议其所在单位给予处分，对无过错一方也要做思想工作；如果双方感情确已破裂，法院调解无效的，应准予离婚。

2. 实施家庭暴力或虐待、遗弃家庭成员的。我国现行《婚姻法》第 3 条明确规定，禁止家庭暴力，禁止家庭成员间的虐待和遗弃。人民法院处理这类案件，应当认真查明夫妻之间、家庭其他成员间平时的感情状况，以及虐待、遗弃的具体事实和情节。如果只是一时一事的原因，平时感情较好，可以采取批评教育的方式要求犯错的行为人改正其行为，承认错误，赔礼道歉，调解和好；如果夫妻之间、其他家庭成员间平时感情不好，经常实施家庭暴力或严重虐待、遗弃家庭成员，甚至习以为常，已经严重伤害夫妻感情，经过调解，受侵害的一方仍坚持要求离婚的，应当判决准予离婚；如果实施家庭暴力或虐待、遗弃家庭成员构成犯罪的，应依法追究行为人的刑事责任。

3. 有赌博、吸毒等恶习屡教不改的。人民法院处理这类案件，应查明具体事实和有赌博、吸毒等恶习一方的一贯表现。如果情节较轻的，可以进行批评教育，使其悔改；如果当事人表示真诚悔改并有实际表现，而夫妻双方的另一方也能谅解的，应当着重调解和好；如果当事人已经构成犯罪或者屡教不改，一贯不履行家庭义务，对方对其悔改已经没有信心，夫妻难以共同生活，确实没有和好可能，经调解对方仍坚决要求离婚的，应当判决准予离婚。

4. 因感情不和分居满 2 年的。这里需要注意两点：①夫妻分居的原因是感情不和，而不是工作学习、户口或者住房紧张等客观原因造成的；②夫妻分居的时间要满 2 年。对于因感情不和分居满 2 年的夫妻，经过调解无效的，应当调解或判决离婚。

5. 其他导致夫妻感情破裂的情形。这属于法律的兜底性条款，是指除了上述四种情形之外的其他导致夫妻感情破裂的情形。"其他情形"由人民法院根据实际情况依法进行确定并严格控制其范围。

此外，现行《婚姻法》还规定，一方被宣告失踪，另一方提出离婚诉讼的，应准予离婚。需要说明的是，这里的判决离婚只是婚姻关系终止的一种法定形式，将导致夫妻之间的权利义务不复存在。下落不明一方的财产可以委托他人代为管理。

并且，根据《婚姻法解释（三）》第9条规定："……夫妻双方因是否生育发生纠纷，致使感情确已破裂，一方请求离婚的，人民法院经调解无效，应依照婚姻法第32条第3款第5项的规定处理。"

导入案例之要点评析

人民法院应当受理张某的离婚诉讼。因为张某在提出离婚诉讼时，并不存在现行《婚姻法》第33、34条有关离婚诉讼的两项特别规定对离婚当事人一方离婚请求权的限制。或者说，婚姻当事人一方即使属于有配偶者与他人同居，对婚姻关系的破裂有过错，也不符合《婚姻法》规定的限制离婚请求权的条件。所以，人民法院应当受理张某的离婚请求。

根据现行《婚姻法》第32条第3款的规定，有配偶者与他人同居的，调解无效，人民法院可以视为夫妻感情确已破裂，准予离婚。从本案的实际情况看，张某坚决要求离婚，他与王某由通奸已经发展到租房公开同居生活，并且张某与婚外异性的同居导致其与周某夫妻分居已经有两年多的时间，虽然周某不同意离婚，但当事人双方缺乏调解和好的条件。法院如果经调解无效，应当认定夫妻感情已破裂，判决准予张某与周某离婚。

思考题

一、选择题

（一）单项选择题

1. 甲、乙夫妻双方经协商同意离婚，甲因出差而委托丙去离婚登记机关代为办理离婚登记手续。依我国法律，丙（   ）。

A. 可以代理

B. 在甲乙双方同意下可以代理

C. 在取得甲授权委托书的情况下可以代理

D. 不能代理

2. 我国判决离婚的基本原则是（   ）。

A. 过错主义   B. 目的主义

C. 破裂主义   D. 混合主义

（二）多项选择题

1. 我国现行《婚姻法》规定，在（   ）情形下，限制男方的离婚诉权。

A. 女方在怀孕期间和分娩后1年内的

B. 女方终止妊娠的

C. 军人一方向非军人一方提出离婚的

D. 非军人一方向军人一方提出离婚的

2. 人民法院认定夫妻感情确已破裂时，应综合考虑的因素是（   ）。

A. 婚姻基础

B. 婚后感情

C. 提出请求离婚的一方是否有过错

D. 夫妻感情的现状和有无和好的可能

二、判断分析题

1. 我国判决离婚的法律原则是婚姻关系破裂。

2. 诉讼外调解和诉讼内调解都是人民法院审理离婚案件的必经程序。

三、简答题

1. 简述离婚与婚姻无效的区别。

2. 如何认定夫妻感情确已破裂？

3. 登记离婚应具备哪些实质要件？

四、论述题

1. 试论我国处理离婚问题的指导思想。

2. 试论我国判决准予离婚的法律原则。

五、案例分析题

2010 年 5 月，杨男与陈女登记结婚，并按农村习俗举办了婚礼。婚后初期，二人感情尚好。次年育有一子。然而好景不长，由于两人性格不合，经常吵架、打架。2014 年 5 月，杨男与陈女发生争吵后，一气之下离家出走再也没回来。2016 年 2 月，由于儿子遭遇车祸丧生，又让这段婚姻生活蒙上阴影。为了结束这段已死亡的婚姻，陈女于 2016 年 5 月向法院起诉离婚。

请问：人民法院是否应判决离婚？为什么？

阅读参考文献

1. 夏吟兰：《离婚自由与限制论》，中国政法大学出版社 2007 年版。

2. 蒋月：《婚姻家庭法前沿导论》，科学出版社 2007 年版。

3. 陈爱武：《家事法院制度研究》，北京大学出版社 2010 年版。

4. 来文彬：《家事调解制度研究》，群众出版社 2014 年版。

5. 任伊珊、张卫主编：《中国调解制度与最佳调解事例——中国调解高峰论坛优秀作品集》，法律出版社 2015 年版。

第十一章
离婚的法律效力

✤学习的内容和重点

　　通过本章的学习，要求学生了解离婚对当事人身份、财产上的效力，离婚对父母子女关系的法律后果等，把握我国准予离婚的法律原则、离婚经济补偿请求权、离婚损害赔偿请求权及探望权的行使条件及应注意的事项，重点掌握有关离婚时夫妻财产的分割及债务的清偿、子女的抚养等基本知识。

导入案例

　　王平（男）与丁兰（女）于 2008 年 1 月结婚。王平婚前于 2007 年 1 月按揭贷款购房，以个人财产首付款 20 万后，向银行贷款 80 万元，每年还贷 4 万购买了住房一套，并用个人积蓄 5 万元购置了家具，丁兰则购置了全部家用电器。2009 年 3 月，双方生育一子王丰，王丰从小一直随王平的父母生活。2009 年，丁兰父亲去世，丁兰继承了一批字画，估价 20 万元。2010 年，王平父亲去世，王平继承了价值 5 万元的遗产。2012～2013 年，王平所写著作一部已出版，得稿酬 1 万元，全部用于购买专业书籍。2015 年 12 月，丁兰与人通奸被王平发现，导致夫妻关系恶化。2016 年 10 月，王平向法院诉请离婚。经法院调解，丁兰同意离婚，但在财产分割、子女抚养及离婚的损害赔偿等问题上与王平争执不下。在财产处理上，王平认为住房是自己贷款购买并登记在自己名下，贷款也是由自己归还，主张房屋应归自己所有；家具及家用电器均是婚前财产，应分别归各自所有；双方所继承的遗产及丁兰婚后储蓄及利息均应按共有财产分割；自己写的著作属于知识产权，具有人身专属性，故一切收入（包括用此类收入购买的书籍）均应归本人所有；儿子王丰从小长期随自己的父母生活，应由自己抚养；离婚是丁兰的过错造成的，自己因此在精神上受到打击而影响了工作，其应赔偿自己所受到的损失。而丁兰对家具及家用电器均归各自所有没有意见，但对房屋及继承遗产的归属等有不同看法。她认为房屋虽是王平婚前购置，但在房屋贷款的偿还上双方已有约定，王平的收入用于还款，自己的收入则用来支付日常生活的开支，故房屋应属夫妻共同财产；继承的遗产带有纪念意义，应归各自所有；王平的著作出版所得收入应为共同财产；儿子王丰尚年幼（现年 7 岁），由母亲抚养更合适；她在婚后把自己的主要精力用在料理家务及协助王平的写作工作上，王平应对她的付出给予一定经济补偿。

请问：

1. 本案离婚当事人主要争执哪些问题？

2. 本案依法应当如何处理？为什么？

离婚的法律效力，又被称为离婚的法律后果。随着婚姻关系的解除，当事人之间在身份关系、财产关系上的权利义务将发生一系列的变化并随之产生夫妻共同财产的分割、共同债务的清偿、一方对生活困难方的经济帮助、离婚损害赔偿、父母对子女的抚养教育及探望权等问题。

第一节　离婚对当事人身份上的效力

离婚对当事人身份上的效力，是指婚姻当事人之间随着婚姻关系的解除，原基于夫妻身份而产生的夫妻间的人身关系的消灭。这是离婚法律效力最直接的体现，具体包括以下方面：

一、夫妻的身份关系消灭

婚姻当事人因缔结婚姻而产生夫妻身份关系，这种身份关系又因离婚而消灭。而随着身份关系的消灭，原夫妻之间基于身份关系而产生的一切权利义务关系都将不复存在。

二、夫妻的忠实义务与同居义务终止

在婚姻关系存续期间，夫妻有相互忠实的义务和同居的义务，这既是婚姻道德的要求，也是婚姻自然属性的体现。而离婚后，夫妻的身份关系解除，夫妻忠实义务和同居义务也自然终止。

三、夫妻的日常家事代理权终止

在婚姻关系存续期间，夫妻基于特定的人身关系和财产关系在日常家事的范围内互为代理人，并承担由此而产生的法律后果。这一代理权限是其婚姻成立效力的体现。离婚解除了婚姻关系，夫妻日常家事代理权也随之终止。在没有其他授权的情况下，任何一方不得再为他方从事任何代理行为。

四、双方当事人获得再婚的权利

我国实行一夫一妻的婚姻制度，有配偶者在配偶死亡或离婚前不得再行结婚，否则即构成重婚，当事人应承担相应的法律责任。但当合法的婚姻关系因离婚而解除时，再婚的障碍即不存在，当事人双方获得再婚的权利和自由。

但须注意的是，在我国，离婚分为登记离婚与诉讼离婚。如果当事人双方选择行政登记程序离婚，则双方的婚姻关系自领取离婚证之日起解除。如果当事人选择

诉讼离婚的，调解离婚自双方当事人均在调解书上签字后离婚即生效；判决离婚的，则自离婚判决书生效之日起婚姻关系解除。

五、姻亲关系消灭

姻亲关系因结婚而发生，但是否因离婚而消灭则有不同的主张，具体分为消灭主义和不消灭主义两种。采消灭主义的国家和地区，其立法规定姻亲关系因离婚而终止，如日本、韩国民法和我国台湾地区的"民法"的规定。而采不消灭主义的国家则认为离婚并不因此而消灭姻亲关系，如《德国民法典》第1590条第2款即规定："即使姻亲关系所由建立的婚姻已解除，姻亲关系也存续。"《瑞士民法典》的规定与之相同。我国现行《婚姻法》没有规定姻亲关系，在社会生活中，根据民众的风俗习惯，当婚姻因一方死亡而终止时，姻亲关系并不自然消灭，这在我国《继承法》第12条中亦有体现；[1]当婚姻因离婚而终止时，姻亲关系则消灭。

在有些国家的法律规定中，虽然姻亲关系因离婚而消灭，但在直系姻亲之间则禁婚效力仍然存在。例如，《日本民法典》第735条规定："直系姻亲间不得结婚，……在姻亲关系消灭后亦同。"虽然我国现行《婚姻法》上没有这一限制性规定，但在民间习惯上是有此禁忌的。

第二节 离婚对当事人财产上的效力

夫妻之间的财产关系以身份关系的存在为前提，随着身份关系的消灭，其财产关系随之终止。故离婚对当事人财产上的效力，是指因当事人身份关系的消灭而引起的财产上的法律后果。具体包括以下方面：

一、夫妻扶养义务终止

按照我国现行《婚姻法》的规定，在婚姻关系存续期间，夫妻有互相扶养的义务，这是婚姻效力的体现。当夫妻离婚后，随着其夫妻身份的消灭，彼此间的扶养义务也随之终止。[2]

二、配偶继承权丧失

按照我国现行《婚姻法》和《继承法》的规定，夫妻有相互继承遗产的权利。基于夫妻身份而享有的夫妻继承权，随着夫妻婚姻关系的解除而丧失。离婚后，任何一方不再具有法定继承人资格，也无权以夫妻身份继承对方的遗产。

---

[1] 我国《继承法》第12条规定："丧偶儿媳对公、婆，丧偶女婿对岳父、岳母，尽了主要赡养义务的，作为第一顺序继承人。"

[2] 关于离婚后的扶养或离婚后的经济帮助，其性质是否属于夫妻扶养义务的延伸，有"肯定说"与"否定说"两种观点。参见陈苇、冉启玉："离婚扶养制度研究——中国法与俄罗斯法之比较"，载王利明、郭明瑞、潘维大主编：《中国民法典基本理论问题研究》，人民法院出版社2004年版，第316~335页。

三、夫妻财产制终止

夫妻财产制因婚姻关系的成立而产生，因婚姻关系的解除而终止。所以，夫妻离婚，也就意味着夫妻共同财产关系消灭，从而发生夫妻共同财产的分割、债务的清偿、对一方的经济补偿等问题。

（一）夫妻共同财产的分割

现行《婚姻法》第39条规定："离婚时，夫妻的共同财产由双方协议处理；协议不成时，由人民法院根据财产的具体情况，照顾子女和女方权益的原则判决。夫或妻在家庭土地承包经营中享有的权益等，应当依法予以保护。"由于这一规定较为原则、笼统，可操作性不强，而离婚时夫妻共同财产分割涉及的问题却非常复杂，单靠这一条的规定并不足以解决复杂多样的夫妻共同财产分割情形。因此，《婚姻法解释（二）》的相关规定重点是解决婚姻关系解除时的夫妻财产分割及债权债务纠纷问题，《婚姻法解释（三）》也有部分内容涉及夫妻财产特别是房产及债务的处理问题。此外，在现行《婚姻法》修正前，1993年11月3日最高人民法院发布的《离婚财产分割意见》，除与2001年修正后的《婚姻法》以及最高人民法院新出台的司法解释相抵触的条款不再适用外，其他条款只要没有违背修正后的《婚姻法》的精神实质，并与最高人民法院的其他最新解释不相抵触，仍是人民法院处理离婚案件财产分割的依据。另外，夫妻在离婚时因种种原因可能并未分割全部共同财产，离婚后，一方以尚有夫妻共同财产未处理为由向人民法院起诉请求分割，根据《婚姻法解释（三）》第18条的规定，经审查该财产确属离婚时未涉及的夫妻共同财产的，人民法院应当依法予以分割。

1. 离婚时财产分割的范围。离婚时，可以分割的财产只能是夫妻的共同财产。而究竟哪些财产属于夫妻共同财产，则可按以下几种方式确定：

（1）根据现行《婚姻法》第17条的规定确定夫妻共同财产。

（2）根据夫妻对财产的约定划定共同财产。现行《婚姻法》第19条第1款规定："夫妻可以约定婚姻关系存续期间所得的财产以及婚前财产归各自所有、共同所有或部分各自所有、部分共同所有。……"如果夫妻双方约定婚姻关系存续期间所得的财产以及婚前财产为夫妻共同所有，则离婚时可以分割的共同财产不仅包括婚后所得财产，而且还包括双方或一方的婚前财产；如果夫妻双方约定婚姻关系存续期间所得的财产以及婚前财产为部分各自所有、部分共同所有，则离婚时可以分割的共同财产只有作为共有部分的那些财产。

（3）对个人财产还是夫妻共同财产难以认定而夫妻双方又无法举证的，则推定为夫妻共同财产。[1]

---

〔1〕 1993年《离婚财产分割意见》第7条规定："对个人财产还是夫妻共同财产难以确定的，主张权利的一方有责任举证。当事人举不出有力证据，人民法院又无法查实的，按夫妻共同财产处理。"

（4）根据最高人民法院的司法解释确定为共同财产。[1] 主要包括以下财产：一方以个人财产投资取得的收益（孳息和自然增值除外）[2]；男女双方实际取得或者应当取得的住房补贴、住房公积金、破产安置补偿费[3]；男女双方实际取得的养老保险金[4]。

以上范围的财产都属于可以分割的夫妻共同财产。除此以外的夫妻个人财产属于夫妻个人所有；子女的财产属于子女所有[5]；其他家庭成员的财产，属于其他家庭成员所有；全家共有的财产，属于全家共有，分割时应先把夫妻共同财产从家庭共同财产中析出，再进行分割。这样处理，既维护了离婚当事人的利益，也保护了其他利害关系人的合法权益。

2. 分割夫妻共同财产的原则。根据现行《婚姻法》的有关规定和相关司法解释，在分割夫妻共同财产时，必须遵循以下原则：

（1）男女平等原则。男女平等原则是我国现行《婚姻法》的一项基本原则。这一原则要求在离婚时夫妻财产分割问题上，夫妻双方既有平等地分割共同财产的权利，也有平等地承担共同债务的义务，而不管其收入的高低或有无。

（2）照顾子女和女方合法权益原则。离婚时，在财产分割问题上照顾子女和女方合法权益原则是《婚姻法》保护妇女和儿童合法权益原则的具体体现。2001 年修正后的《婚姻法》对此的规定与 1980 年《婚姻法》相比有些变化，"即由原来的'照顾女方和子女权益的原则'改为'照顾子女和女方权益的原则'，这一顺序的改变，反映了在处理夫妻共同财产分割时指导思想的变化：离婚时，在夫妻共同财产的分割问题上将优先考虑未成年子女的利益"[6]。之所以要优先考虑未成年子女的利益，是因为父母离婚对未成年子女的身心伤害是最大的，由此导致的将是其学习、

---

〔1〕《婚姻法解释（二）》第 11 条、《婚姻法解释（三）》第 5 条。

〔2〕 主编注：关于《婚姻法解释（三）》第 5 条规定的"夫妻一方个人财产在婚后产生的收益，除孳息和自然增值外，应认定为夫妻共同财产"，我国有学者对此提出了质疑，主张该孳息除个别类型如存款利息等外应当属于夫妻共同财产。参见许莉："夫妻个人财产婚后所生孳息之归属"，载《法学》2010 年第 12 期。

〔3〕《婚姻法解释（二）》第 11 条规定："婚姻关系存续期间，下列财产属于婚姻法第 17 条规定的'其他应当归共同所有的财产'：①一方以个人财产投资取得的收益；②男女双方实际取得或者应当取得的住房补贴、住房公积金；③男女双方实际取得或者应当取得的养老保险金、破产安置补偿费。"

〔4〕《婚姻法解释（三）》第 13 条规定："离婚时夫妻一方尚未退休、不符合领取养老保险金条件，另一方请求按照夫妻共同财产分割养老保险金的，人民法院不予支持；婚后以夫妻共同财产缴付养老保险费，离婚时一方主张将养老金账户中婚姻关系存续期间个人实际缴付部分作为夫妻共同财产分割的，人民法院应予支持。"

〔5〕 未成年的子女不具有独立管理财产的能力，其财产虽由父母代为管理，但财产的所有权仍属于未成年人，非为其利益，父母不得擅自处分其财产。在分割夫妻共同财产时，不能将这部分代管的财产也视为夫妻共同财产。

〔6〕 杨立新、秦秀敏主编：《中华人民共和国婚姻法释义与适用》，吉林人民出版社 2001 年版，第 422 ~ 423 页。

生活环境和条件的改变。为了避免父母离婚而影响未成年子女的学习和生活，有必要从物质上对其提供适当的帮助和照顾。

对女方的照顾是由我国的历史和现实情况以及女方为社会和家庭所作出的无偿贡献等因素决定的。从历史的角度看，受传统观念的影响，女方在教育机会、就业机会等方面都不如男性，由此导致了其在经济能力、独立谋生能力等方面总体上弱于男性。而从现实的情况看，在市场经济条件下，劳动力市场的就业竞争日益加大，就业中针对女性的性别歧视导致了女性就业机会的减少，而我国作为发展中国家，社会保障和福利制度尚不完善，社会能够提供的保障程度不高，这就需要加强家庭的保障作用；同时，女性还承担着家务劳动的职责和繁衍后代的使命，而在现阶段，家务劳动和女性生育的社会价值还无法通过社会得到补偿，而家庭的补偿在婚姻关系存续期间可以通过共同财产制实现，在离婚时则必须体现在分割共同财产时对女方的照顾之中。

（3）有利生产、方便生活原则。夫妻的共同财产按照用途来划分，可以分为生产资料和生活资料两种。在分割这两种财产时，必须遵循有利生产、方便生活的原则，使分割后的财产既不损害其效用、性能，也不损害其经济价值。如对生产资料，应尽可能分给需要且有能力经营的一方，以做到物尽其用，保证生产活动的正常进行；对生活资料，在分割时也应考虑夫妻、子女的实际需要程度，以达到方便生活的目的。同时，应使另一方得到相应的补偿。

（4）不损害国家、集体和他人利益原则。夫妻财产的分割，不仅涉及夫妻双方的利益，而且还可能影响到国家、集体和他人的利益。因此，按照这一原则的要求，夫妻在分割共同财产时，不得把属于国家、集体和他人所有的财产当做夫妻共同财产进行分割；达成的财产分割协议，不得损害国家、集体和他人的利益等。如果违反了这一要求，所作的财产分割无效。

3. 夫妻财产分割的方法。按照现行《婚姻法》的规定，离婚时，夫妻共同财产的分割方法有两种：

（1）按协议分割。即由当事人双方对财产如何分割进行协商，以达成财产分割协议。对于双方达成的财产分割协议，只要不违背法律的规定，人民法院一般不加以干涉，这体现了法律对当事人意思自治的尊重。并且，《婚姻法解释（二）》第8条第1款规定："离婚协议中关于财产分割的条款或者当事人因离婚就财产分割达成的协议，对男女双方具有法律约束力。"但是，对于当事人达成的以登记离婚或者到人民法院协议离婚为条件的财产分割协议，如果双方协议离婚未成，一方在离婚诉讼中反悔的，根据《婚姻法解释（三）》第14条规定，"……人民法院应当认定该财产分割协议没有生效，并根据实际情况依法对夫妻共同财产进行分割"。

（2）依法判决分割。即在当事人协商不成时，由人民法院根据上述财产分割的四原则，并结合实际情况进行判决。按照《婚姻法解释（二）》《婚姻法解释（三）》的规定，人民法院在进行判决时，对不同性质的财产应采取不同的分割方式：

第一，属于军人名下的复员费、自主择业费等一次性费用的分割。《婚姻法解释（二）》第14条规定："人民法院审理离婚案件，涉及分割发放到军人名下的复员费、自主择业费等一次性费用的，以夫妻婚姻关系存续年限乘以年平均值，所得数额为夫妻共同财产。前款所称年平均值，是指将发放到军人名下的上述费用总额按具体年限均分得出的数额。其具体年限为人均寿命70岁与军人入伍时实际年龄的差额。"按照这一条款的规定，在具体分割属于军人名下的复员费、自主择业费等一次性费用时，应先明确这样几个问题：①具体年限的确定。具体年限为人均寿命70岁与军人入伍时实际年龄的差额，如军人入伍时的实际年龄为20岁，其具体年限即为50岁，也就是70岁减去20岁的数额。②年平均值的计算。计算方法为将发放到军人名下的上述费用总额按具体年限均分得出的数额。如发放到军人名下的费用总额是50 000元，而具体年限为50岁，则年平均值为50 000元除以50后所得的数额，即1000元。③属于夫妻共同财产的数额。其计算方法为夫妻婚姻关系存续年限乘以年平均值，所得数额即为夫妻共同财产。如夫妻婚姻关系存续年限为10年，则10年乘以年平均值1000元，属于夫妻共同财产的数额即为10 000元。④夫妻共同财产的分割。如属于夫妻共同财产的数额为10 000元，按平均分割的原则，夫妻双方应各分得5000元。

第二，股票、债券、投资基金等有价证券的分割。[1] 随着人们收入水平的提高，夫妻双方用共同财产购买公司的股票、债券等有价证券以获取投资收益的行为日益普遍。在婚姻关系存续期间，这些有价证券无论是记在夫或妻哪一方的名下，都由双方共享其中的权利。而一旦婚姻关系解除，作为夫妻共同财产的有价证券也成为分割的对象。但有价证券的分割与其他财产的分割形式不同。《婚姻法解释（二）》第15条规定："夫妻双方分割共同财产中的股票、债券、投资基金份额等有价证券以及未上市股份有限公司股份时，协商不成或者按市价分配有困难的，人民法院可以根据数量按比例分配。"根据这一规定，夫妻离婚时，分割有价证券的方法是首先由双方协商解决或者按市价进行分割；如果协商不成或按市价分割有困难的，则由人民法院根据有价证券的数量按比例分配。

第三，夫妻共有的有限责任公司出资额的分割。有限责任公司是股东以其认缴

---

〔1〕 股票是股份有限公司签发的证明股东所持股份的凭证。股票持有人认购股票是一种出资行为，不能退股，也无权要求股份有限公司返还出资。但持有人作为股份有限公司的股东，享有股东权。债券是指发行人以筹集长期资金为目的，将其所需要资金总额分割为多数单位金额，向社会公众大量地负担金钱债务而发行的证券。债券表示持有人对发行人的债权，而发行人作为债务人，须保证按规定期限向其持有人支付利息和偿还本金。投资基金，又称"共同基金""互惠基金"，是指通过发行受益凭证或基金股份，将众多投资者的资金聚集起来，交由专业人员管理运作，投资于各种证券与金融工具，或投资于产业部门，以获得收益的投资方式。参见刘树成主编：《现代经济辞典》，凤凰出版社、江苏人民出版社2005年版，第1003页。

的出资额为限对公司承担责任，公司是以其全部资产对公司债务承担责任的企业法人。[1] 在市场经济时代，为了使共同财产增值，夫妻一方或双方作为出资人用共同财产投资于有限责任公司，从而成为公司的股东，并因此享有从公司获得经济利益与参与公司经营管理的权利。出资额所代表的股权的分割远较一般财产的分割复杂，除了必须遵循现行《婚姻法》的规定外，还必须符合《公司法》的要求。结合《公司法》的有关规定，《婚姻法解释（二）》第16条规定："人民法院审理离婚案件，涉及分割夫妻共同财产中以一方名义在有限责任公司的出资额，另一方不是该公司股东的，按以下情形分别处理：①夫妻双方协商一致将出资额部分或者全部转让给该股东的配偶，过半数股东同意、其他股东明确表示放弃优先购买权的，该股东的配偶可以成为该公司股东；②夫妻双方就出资额转让份额和转让价格等事项协商一致后，过半数股东不同意转让，但愿意以同等价格购买该出资额的，人民法院可以对转让出资所得财产进行分割。过半数股东不同意转让，也不愿意以同等价格购买该出资额的，视为其同意转让，该股东的配偶可以成为该公司股东。用于证明前款规定的过半数股东同意的证据，可以是股东会决议，也可以是当事人通过其他合法途径取得的股东的书面声明材料。"[2]

第四，夫妻共有的合伙企业出资额的分割。随着我国个体私营企业的发展，夫妻以共同财产与他人合伙经营企业的现象也日益增多。而合伙是指两个或两个以上的人为了共同的经济目的，自愿签订合同，共同出资、经营，共负盈亏和风险，对外负无限连带责任的联合体。与其他的营利性企业相比，合伙企业具有共同出资、共同经营、共享收益、共担风险的特点。由于其经营情况的好坏，直接影响到每一个合伙人的切身利益，因此，它对合伙人的入伙与退伙等有专门的要求。在夫妻关系存续期间，如果夫妻用共同财产以一方的名义在合伙企业出资，虽然收益由双方共享，风险也由双方共担，但在形式上，只有一方成为该企业的合伙人，另一方则不是该企业的合伙人，不能参与到该企业的生产经营活动中去。而当双方离婚时，若双方已协商一致，同意将其在合伙企业中的财产份额全部或者部分转让给不是该企业合伙人的一方，根据《婚姻法解释（二）》第17条的规定，应按以下情形分别处理：①其他合伙人一致同意的，该配偶依法取得合伙人地位；②其他合伙人不同意转让，在同等条件下行使优先受让权的，可以对转让所得的财产进行分割；③其他合伙人不同意转让，也不行使优先受让权，但同意该合伙人退伙或者退还部分财

[1] 我国《公司法》第3条规定："公司是企业法人，有独立的法人财产，享有法人财产权。公司以其全部财产对公司的债务承担责任。有限责任公司的股东以其认缴的出资额为限对公司承担责任；股份有限公司的股东以其认购的股份为限对公司承担责任。"
[2] 有学者认为，该条纯粹针对离婚时夫妻双方就该股权转让份额和转让价格达成一致意见的情况而设立，如双方达不成一致意见法院应如何处理则没有涉及，而后一种情况则更需要探讨，并对此进行了专门的研究。参见张伟、叶名怡："离婚时夫妻所持公司股权分割问题研究"，载《法商研究》2009年第3期。

产份额的，可以对退还的财产进行分割；④其他合伙人既不同意转让，也不行使优先受让权，又不同意该合伙人退伙或者退还部分财产份额的，视为全体合伙人同意转让，该配偶依法取得合伙人地位。

第五，夫妻以一方名义设立的独资企业共有财产的分割。在夫妻关系存续期间，夫妻如果以一方名义投资设立独资企业的，按照《婚姻法解释（二）》第18条的规定，人民法院分割夫妻在该独资企业中的共同财产时，应当按照以下情形分别处理：①一方主张经营该企业的，对企业资产进行评估后，由取得企业一方给予另一方相应的补偿；②双方均主张经营该企业的，在双方竞价基础上，由取得企业的一方给予另一方相应的补偿；③双方均不愿意经营该企业的，按照《中华人民共和国个人独资企业法》等有关规定办理，即在双方均不愿经营独资企业的情况下，该企业只能解散。按照法律规定，个人独资企业解散后，要对企业财产进行清算，对债务进行清偿，只有在债务清偿后有剩余财产时，才涉及对共同财产的分割问题。

第六，离婚诉讼中房屋财产的分割。在我国大部分家庭中，房屋是其最大也是最有价值的财产。针对房屋的不同情况，最高人民法院在其出台的司法解释中提出了以下处理意见：

其一，双方共有房屋的分割。双方共有的房屋既包括双方婚前或婚后用共同财产购买的房屋，也包括一方婚前承租、婚后用共同财产购买的房屋。对于后一种情况，《婚姻法解释（二）》第19条已明确规定，即使房屋权属证书登记在一方名下，也应当认定为夫妻共同财产。对于夫妻共有的房屋，如果在离婚时双方对房屋的价值及归属无法达成协议，人民法院应按以下情形分别处理：①双方均主张房屋所有权并且同意竞价取得的，应当准许；②一方主张房屋所有权的，由评估机构按市场价格对房屋作出评估，取得房屋所有权的一方应当给予另一方相应的补偿；③双方均不主张房屋所有权的，根据当事人的申请拍卖房屋，就所得价款进行分割。

其二，双方共有的"部分产权"房的分割。根据1991年11月23日国务院住房制度改革小组公布的《关于全国推进城镇住房制度改革的意见》的规定，所谓"部分产权"房，是指职工以标准价格购买公有住房后享有部分权能并且这种权能受到法定限制的产权房。这种房屋因具有福利性，仅售给房屋所有单位的职工，职工购买后享有永久居住权、使用权、收益权、有限的处分权和继承权等权利。而且按照该意见的规定，夫妻双方在享受了一方的福利购房待遇后，另一方就丧失了再次购买本单位福利房的权利。因此，在离婚时如何分割这部分财产一直是司法实践中的一个难题。1996年最高人民法院《公房使用、承租问题解答》第9、10条中，对"部分产权"房的分割提出了一条概括性的处理意见：如果夫妻双方对房屋的分割有协议的，只要该协议没有违反法律规定，房屋产权单位也同意的，则按协议的规定进行分割；如果双方对房屋的归属有争议，而双方的经济、住房条件基本相同，且双方同意的，可通过竞价的方式解决；如果双方既达不成协议，也无法通过竞价方式解决的，则只能由法院根据双方的具体情况，按照离婚时财产分割的原则通过判决的方式解决。此时，分得房屋"部分产权"的一方，应按所得房屋产权的比例，依照离婚时当地政府有关部门公布的同类住房标准价，给予对方一半价值的补偿。

其三，双方共同居住的公房的处理。公房指房屋所有权属于全民所有或集体所有的房屋。这类性质的房屋具体又可分为统管公房和自管公房两类。统管公房是指由政府的房地产管理部门统一管理的房屋。而自管公房是指由机关、国有企事业单位等自行营建、自行管理的房屋。这两类公房因其房屋租金低廉，具有福利性质的特点，因而在夫妻离婚时，双方往往对其承租权发生争执，在双方协商解决不了时，就要由法院作出裁判。因而1996年《公房使用、承租问题解答》对夫妻双方共同居住的公房，在离婚时应如何解决提出了以下处理意见：①对于夫妻共同居住的公房，离婚后双方均可承租的情形。具体包括以下几种情形：婚前由一方承租的公房，婚姻关系存续5年以上的；婚前一方承租的本单位的房屋，离婚时，双方均为本单位职工的；一方婚前借款投资建房取得的公房承租权，婚后夫妻共同偿还借款的；婚后一方或双方申请取得公房承租权的；婚前一方承租的公房，婚后因该承租房屋拆迁而取得房屋承租权的；为夫妻双方单位投资联建或联合购置的共有房屋的；一方将其承租的本单位的房屋，交回本单位或交给另一方单位后，另一方单位另给调换房屋的；婚前双方均租有公房，婚后合并调换房屋的；其他应当认定为夫妻双方均可承租的情形。②对夫妻双方均可承租的公房的处理原则。在夫妻双方均可承租公房的情况下，除房屋面积较大，能够隔开分室居住使用，或有条件另调房屋分别居住或承租方可以给另一方解决住房的情形外，法院必须作出裁判，决定该房屋的最终承租权。法院在作出裁判时，应依照以下原则处理：照顾抚养子女的一方；男女双方在同等条件下，照顾女方；照顾残疾或生活困难的一方；照顾无过错一方。③对不享有公房承租权一方的经济补偿或帮助。夫妻双方均可承租的公房由一方承租后，承租方应对另一方给予适当的经济补偿。如果离婚时，一方对另一方婚前承租的公房无权承租而解决住房确有困难的，法院可调解或判决其暂时居住，但暂住期限一般不超过2年。暂住期间，暂住方应交纳与房屋租金等额的使用费及其他必要的费用；如果经济上确有困难，承租公房一方有负担能力的，应给予一次性的经济帮助。

其四，对尚未取得所有权的房屋的处理。根据《婚姻法解释（二）》第21条的规定，离婚时双方对尚未取得所有权或者尚未取得完全所有权的房屋有争议且协商不成的，人民法院不宜判决房屋所有权的归属，应当根据实际情况判决由当事人使用。当事人就前款规定的房屋取得完全所有权后，有争议的，可以另行向人民法院提起诉讼。

其五，对父母出资房屋的处理。在我国，无论是农村还是城市，在子女结婚时，父母有为其建造或购置房屋的习惯。在离婚时，双方针对该房屋究竟属于父母对夫妻双方的赠与还是只是对其中一方的赠与常常发生争执。《婚姻法解释（二）》第22条针对这种情况作出了以下规定：当事人结婚前，父母为双方购置房屋出资的，该出资应当认定为对自己子女的个人赠与,但父母明确表示赠与双方的除外。当事人结婚后,父母为双方购置房屋出资的,该出资应当认定为对夫妻双方的赠与,但父母明确表示赠与一方的除外。但这一规定由于存在不足之处[1],《婚姻法解释(三)》对其又进行了修改。根据《婚姻法解释(三)》第 7 条第 1 款规定,婚后由一方父母出资为子女购买的不动产,产权登记在出资人子女名下的,就可以视为只对自己子女一方的赠与,则该不动产应认定为夫妻一方的个人财产。[2] 至于双方父母出资购买、产权登记在一方子女名下的不动产之权属,《婚姻法解释(三)》第 7 条第 2 款规定:“由双方父母出资购买的不动产,产权登记在一方子女名下的,该不动产可认定为双方按照各自父母的出资份额按份共有,但当事人另有约定的除外。”[3]

其六,对双方用夫妻共同财产出资购买以一方父母名义参加房改的房屋的处理。《婚姻法解释(三)》第 12 条规定:“婚姻关系存续期间,双方用夫妻共同财产出资购买以一方父母名义参加房改的房屋,产权登记在一方父母名下,离婚时另一方主张按照夫妻共同财产对该房屋进行分割的,人民法院不予支持。购买该房屋时的出资,可以作为债权处理。”

其七,对一方婚前贷款购房,婚后夫妻共同还贷房的处理。《婚姻法解释(三)》第 10 条规定:“夫妻一方婚前签订不动产买卖合同,以个人财产支付首付款并在银行贷款,婚后用夫妻共同财产还贷,不动产登记于首付款支付方名下的,离婚时该不动产由双方协议处理。依前款规定不能达成协议的,人民法院可以判决该不动产归产权登记一方,尚未归还的贷款为产权登记一方的个人债务。双方婚后共同还贷支付的款项及其相对应财产增值部分,离婚时应根据婚姻法第 39 条第 1 款规定的原

---

[1] 按最高人民法院关于《婚姻法解释(三)》第 7 条制定背景的介绍,该规定是为弥补《婚姻法解释(二)》第 22 条的局限性而制定的。其局限性主要表现在:①现实中很少出现“父母明确表示赠与一方”的情形。一方面是因为父母在为子女购房出资时很少甚至不愿设想将来子女离婚的可能;另一方面则是传统上认为婚姻就是以感情为基础,以财产共同使用为依托。因此,即便父母在为子女购房出资时已经考虑了上述可能,一般也不会明确表示赠与给自己子女一方,以免因此产生一些不必要的误会,影响夫妻感情。②在如何认定“父母明确表示赠与一方”的问题上存在困难。③在出现“闪婚”之闪结闪离情形时,直接认定父母为子女购买房屋的出资对夫妻双方的共同赠与缺乏社会认同。所以《婚姻法解释(三)》第 7 条第 1 款将父母出资为子女购买不动产的最终归属的认定简单化为主要以产权登记作为标准,即登记在谁名下就属于谁所有。参见最高人民法院民事审判第一庭编著:《最高人民法院婚姻法司法解释(三)理解与适用》,人民法院出版社 2011 年版,第 118 页。

[2] 但这一款的规定仍存在许多不足之处,相关分析参见杨晋玲:“试论赠与基础丧失规则在我国婚姻法中的设立——以婚姻法司法解释(三)第七条第一款为例”,载《中华女子学院学报》2014 年第 2 期。

[3] 主编注:对此司法解释之“按份共有”的规定,我国有学者提出了质疑,提出应当为“共同共有”。参见陈苇:“论双方父母赠与夫妻的不动产之归属——对‘《婚姻法》司法解释(三)征求意见稿’第 8 条第 2 款之我见”,载《西南政法大学学报》2011 年第 2 期。

则，由产权登记一方对另一方进行补偿。"〔1〕

第七，家庭土地承包经营权的处理。〔2〕我国自 20 世纪 80 年代开始在农村推行家庭承包经营责任制。由家庭以户为单位与国家或者集体经济组织通过订立承包合同以获得对土地的承包经营权。在土地承包经营权的主体中，家庭以农村承包经营户的民事主体形式作为承包经营权人，国家或集体经济组织作为发包人。《物权法》第 125 条规定："土地承包经营权人依法对其承包经营的耕地、林地、草地等享有占有、使用和收益的权利，有权从事种植业、林业、畜牧业等农业生产。"夫妻作为农村承包经营户中的重要成员，与其他的家庭人员一起共同享有土地承包经营权。在离婚时，应当保护夫或妻所享有的土地承包经营权中的合法权益，任何人不得侵犯。

然而，在现实生活中，离婚当事人（特别是其中的女方当事人）的土地承包经营权在一些地方常常受到侵犯。〔3〕为了保护离婚当事人的土地承包经营权，2001 年修正后的《婚姻法》第 39 条第 2 款明确规定："夫或妻在家庭土地承包经营中享有的权益等，应当依法予以保护。"现行《妇女权益保障法》不仅对离婚妇女土地承包经营权的保护问题作出了专门的规定，而且还针对实践中存在的各种侵犯农村妇女土地权益的问题作出了明确的规定，其第 32 条规定："妇女在农村土地承包经营、集体经济组织收益分配、土地征收或者征用补偿费使用以及宅基地使用等方面，享有与男子平等的权利。"第 33 条第 1 款规定："任何组织和个人不得以妇女未婚、结婚、离婚、丧偶等为由，侵害妇女在农村集体经济组织中的各项权益。"根据法律的相关规定，离婚时，村民委员会、人民法院应当充分保障男女双方当事人的土地承包经营权，任何人不得侵害或剥夺。

第八，养老金的分割。《婚姻法解释（三）》第 13 条规定："离婚时夫妻一方尚未退休、不符合领取养老保险金条件，另一方请求按照夫妻共同财产分割养老保险金的，人民法院不予支持；婚后以夫妻共同财产缴付养老保险费，离婚时一方主张将养老金账户中婚姻关系存续期间个人实际缴付部分作为夫妻共同财产分割的，人民法院应予支持。"〔4〕

---

〔1〕 主编注：对此司法解释规定，我国有学者提出了质疑，提出应当考虑"区分出资类型""区分不动产的实际用途"等因素的不同情况，对不动产的权属进行不同的规定。参见蒋月："论夫妻一方婚前借款购置不动产的利益归属——对'《婚姻法》司法解释（三）征求意见稿'第 11 条的商榷"，载《西南政法大学学报》2011 年第 2 期。

〔2〕 家庭土地承包经营权是指土地所属的农业组织内部成员通过承包经营的方式，在集体经济组织所有的或者国家所有由集体经济组织长期使用的土地上进行耕作、养殖及畜牧等农业活动的权利。

〔3〕 农村妇女土地承包经营权得不到有效保护并被侵犯的情况，参见郭建梅、李莹："农村妇女土地权益问题及法律保护的探索与思考"，载李明舜、林建军主编：《妇女法研究》，中国社会科学出版社 2008 年版，第 98 ~ 104 页。

〔4〕 主编注：对此司法解释规定，我国有学者提出了质疑，提出婚姻期间积累的养老金期待利益，应当属于夫妻的共同财产。参见陈苇："婚后积累的养老金期待利益应当由夫妻共享——《婚姻法解释（三）》（征求意见稿）第 14 条之商榷"，载《中国社会科学报》2010 年 12 月 7 日，第 10 版。

第九，离婚时尚未在继承人之间实际分割的遗产的处理。根据现行《婚姻法》的规定，夫妻双方在婚姻关系存续期间继承的财产，除遗嘱中明确只归夫或妻一方的财产外，均属于夫妻共同所有。但该遗产在分割之前，属于数名共同继承人的共同财产，继承人的配偶离婚时要求分割的，应按照《婚姻法解释（三）》第 15 条的规定处理，即"婚姻关系存续期间，夫妻一方作为继承人依法可以继承的遗产，在继承人之间尚未实际分割，起诉离婚时另一方请求分割的，人民法院应当告知当事人在继承人之间实际分割遗产后另行起诉"。

（二）夫妻共同债务的清偿

1. 夫妻共同债务的概念和特征。夫妻共同债务是指夫妻双方或一方在婚姻关系存续期间为共同生活所负的债务。这一债务具有三个特征：

（1）债务关系一般发生在婚姻关系存续期间。这一特征明确了债务发生的时间界限，即从婚姻关系正式确立之时起至婚姻关系终止时止。根据这一特征，夫妻一方婚前所负的债务或婚姻关系解除后所负的债务为个人债务，应以个人特有财产偿还，但法律另有规定或能证明为共同债务的除外。如《婚姻法解释（二）》第 23 条的规定："债权人就一方婚前所负个人债务向债务人的配偶主张权利的，人民法院不予支持。但债权人能够证明所负债务用于婚后家庭共同生活的除外。"

（2）借债的目的是基于夫妻共同生活的需要。这一特征明确了共同债务的范围界限。我国现行《婚姻法》第 41 条规定："离婚时，原为夫妻共同生活所负的债务，应当共同偿还。……"即只有因共同生活需要而发生的债务才能认定为共同债务，具体包括夫妻为日常生活需要所负的债务、夫妻为履行法定扶养义务所负的债务、法律推定为共同债务等情形。[1]

对于在什么情形下，法律可以推定该债务为共同债务，2001 年修正后的《婚姻法》并无规定，但《婚姻法解释（二）》第 24 条对此有规定："债权人就婚姻关系存续期间夫妻一方以个人名义所负债务主张权利的，应当按夫妻共同债务处理。但夫妻一方能够证明债权人与债务人明确约定为个人债务，或者能够证明属于婚姻法第 19 条第 3 款规定情形的除外。"据此规定，在夫妻婚姻关系存续期间，一方以个人名义所负的债务一律按夫妻共同债务对待。只有在两种例外的情况下，才可以认定为夫妻一方的个人债务：①另一方能举证证明债权人与债务人已明确约定为个人

---

〔1〕　主编注：关于认定夫妻一方举债性质之举证责任的分配，2014 年 7 月《最高人民法院民一庭关于婚姻关系存续期间夫妻一方以个人名义所负债务性质如何认定的答复》〔（2014）民一他字第 10 号〕中作出明确规定："在不涉及他人的离婚案件中，由以个人名义举债的配偶一方负责举证证明所借债务用于夫妻共同生活，如证据不足，则其配偶一方不承担偿还责任。在债权人以夫妻一方为被告起诉的债务纠纷中，对于案涉债务是否属于夫妻共同债务，应当按照《最高人民法院关于适用〈中华人民共和国婚姻法〉若干问题的解释（二）》第 24 条规定认定。如果举债人的配偶举证证明所借债务并非用于夫妻共同生活，则其不承担偿还责任。"

债务的；②债权人已知道债务人与其配偶实行的是分别财产制的。[1] 必须注意，2017年3月1日起施行的最高人民法院《关于适用〈中华人民共和国婚姻法〉若干问题的解释（二）的补充规定》在2004年施行的《婚姻法解释（二）》第24条原有规定基础上增加两款，分别作为该条第2款和第3款："夫妻一方与第三人串通，虚构债务，第三人主张权利的，人民法院不予支持。""夫妻一方在从事赌博、吸毒等违法犯罪活动中所负债务，第三人主张权利的，人民法院不予支持。"

（3）夫妻对共同债务承担连带责任。这一特征明确了夫妻对共同债务的责任性质。夫妻对共同债务的责任是一种连带责任，该债务不因双方离婚而免除。也就是说，只要债权人的债权没有得到清偿，任何时候他都有权向夫妻任何一方请求全额清偿。这一精神在《婚姻法解释（二）》中有所体现，其第25条规定："当事人的离婚协议或者人民法院的判决书、裁定书、调解书已经对夫妻财产分割问题作出处理的，债权人仍有权就夫妻共同债务向男女双方主张权利。一方就共同债务承担连带清偿责任后，基于离婚协议或者人民法院的法律文书向另一方主张追偿的，人民法院应当支持。"第26条规定："夫或妻一方死亡的，生存一方应当对婚姻关系存续期间的共同债务承担连带清偿责任。"[2]

2. 夫妻共同债务的清偿方式。我国现行《婚姻法》第41条规定："离婚时，原为夫妻共同生活所负的债务，应当共同偿还。共同财产不足清偿的，或财产归各自所有的，由双方协议清偿；协议不成时，由人民法院判决。"根据这一规定，夫妻共同债务的清偿方式分为三种：

（1）共同清偿。由于夫妻对共同债务负有连带清偿的责任，因而双方对债务都有偿还的义务。实践中，需要以夫妻共同财产偿还的债务主要包括夫妻为日常生活

---

[1] 有学者认为，最高人民法院的这一规定只注重了对第三人利益和交易安全的维护，而没有很好地平衡婚姻家庭利益，加之除外情形中适用条件规定得不科学、不合理，如不以共同生活需要作为认定的前提条件，在债权人与债务人通谋的情况下，另一方往往无法举证，反而为夫妻一方与第三人通谋伪造虚假债务，为个人挥霍而大肆举债，任意无偿为第三人承担保证责任等行为提供了依据，损害了夫妻另一方的利益。参见陈苇主编的《家事法研究》2009年卷（群众出版社2010年版）中的相关论文，例如，何菊花的"论夫妻债务推定规则的实践困境及对策"、冯伟的"离婚时夫妻债务性质认定研究"等。另外，可参见王跃龙："无偿保证所生之债务不应认定为夫妻共同债务"，载《法学》2008年第10期。有关主张共同债务的举证责任应当分配给举债夫妻一方的理由研究，参见夏吟兰："我国夫妻共同债务推定规则之检讨"，载《西南政法大学学报》2011年第1期。还有学者主张对夫妻债务性质的认定应当从三个方面考察：一是目的；二是界定期间；三是家事管理。参见王歌雅："离婚债务清偿：法律规制与伦理关怀"，载《中华女子学院院报》2013年第2期。此外，对于我国夫妻共同债务认定规则重构的建议，参见陈法："我国夫妻共同债务认定规则之检讨与重构"，载《法商研究》2017年第1期。

[2] 主编注：关于离婚诉讼财产清算中妇女财产权益保护的司法实践情况实证调查，参见陈苇、张鑫："诉讼离婚财产清算中妇女财产权益法律保护实证研究——以我国重庆市某基层人民法院2011～2013年审结的离婚案件为对象"，载《河北法学》2016年第8期。

需要所负的债务、夫妻为履行法定扶养义务所负的债务[1]、债权人证明或法律推定为共同债务的[2]等。

（2）协议清偿。如果共同财产不足清偿，或者财产归夫妻各自所有的，则由双方协议清偿。但双方对债务清偿所达成的协议，只是夫妻内部的约定，并不足以对抗债权人，离婚的双方当事人对外仍负有连带清偿的责任。

（3）判决清偿。如果夫妻共同财产不足以清偿所欠债务，或者财产归夫妻各自所有，而双方对债务的偿还又达不成协议的，按照现行《婚姻法》的规定，此时就需要由人民法院根据双方的经济状况和所欠债务的性质等进行判决。离婚的双方当事人对外仍负有连带清偿的责任。

（三）对离婚时擅自处理夫妻共同财产行为的处理

在司法实践中，夫妻离婚时，经常出现一方为了达到多占财产的目的而隐藏、转移夫妻共同财产或为了私怨而毁损夫妻共同财产的行为，为了保护夫妻另一方的合法权益，2001年修正后的《婚姻法》第47条规定："离婚时，一方隐藏、转移、变卖、毁损夫妻共同财产，或伪造债务企图侵占另一方财产的，分割夫妻共同财产时，对隐藏、转移、变卖、毁损夫妻共同财产或伪造债务的一方，可以少分或不分。离婚后，另一方发现有上述行为的，可以向人民法院提起诉讼，请求再次分割夫妻共同财产。人民法院对前款规定的妨害民事诉讼的行为，依照民事诉讼法的规定予以制裁。"据此规定，对离婚时擅自处理夫妻共同财产行为的处理方法有两种：①通过少分或不分共同财产加以处罚；②赋予利益受损的一方再次分割夫妻共同财产的请求权。按照《婚姻法解释（一）》第31条的规定，这一请求权的诉讼时效为2年，从另一方发现对方有擅自处理夫妻共同财产的行为之次日起计算。

此外，根据《民事诉讼法》第100条的规定，如果当事人发现对方有隐藏、转移、变卖、毁损夫妻共同财产行为的，还可以向人民法院申请财产保全。如果对方当事人隐藏、转移、变卖、毁损已被查封、扣押的财产，或者已被清点并责令其保管的财产，转移已被冻结的财产，或伪造、毁灭重要证据妨碍人民法院审理案件，构成妨害民事诉讼的行为的，根据该法第111条的规定，人民法院可以根据情节轻重予以罚款、拘留；构成犯罪的，依法追究刑事责任。

（四）离婚时的经济补偿

2001年修正后的《婚姻法》第40条规定："夫妻书面约定婚姻关系存续期间所得的财产归各自所有，一方因抚育子女、照料老人、协助另一方工作等付出较多义务的，离婚时有权向另一方请求补偿，另一方应当予以补偿。"这是2001年修正后

---

[1] 1993年《离婚财产分割意见》第17条规定，夫妻为共同生活或为履行抚养、赡养义务等所负债务，应认定为夫妻共同债务，离婚时应当以夫妻共同财产清偿。
[2] 前述《婚姻法解释（二）》第23、24条的规定即属于这种情况。

的《婚姻法》增设的有关离婚经济补偿请求权的规定。[1]

1. 设立离婚经济补偿请求权的意义。

(1) 离婚经济补偿请求权体现了对夫妻家务劳动的正确评价。家务劳动是指不能直接产生经济效益的为满足家庭成员的生活需要所从事的劳动，包括料理家务、抚养子女、照顾老人等。[2] 夫妻一方通过家务劳动而对婚姻的贡献，与另一方维持家计扶养家庭成员有同等价值。这种价值在婚姻关系存续期间可通过夫妻共享家庭利益来实现；在离婚时则可以通过一方对另一方的离婚经济补偿请求权来体现。

(2) 离婚经济补偿请求权以公平原则为基础，有助于夫妻之间实质平等的实现。在现实生活中，夫妻双方都有通过参加社会劳动实现自我价值的权利。但在我国现阶段，由于传统的夫妻分工模式及男女性别观念的影响，在婚姻生活中，抚养子女、照料老人和协助对方工作等义务大多由妇女来承担，这对家庭生活有利，却不利于妇女职业技能的提高，影响了其在市场经济社会中的职业竞争能力。在婚姻关系存续期间，该方的生活可以通过夫妻之间的扶养义务来保障，该方的职业价值可以通过另一方的成就来体现。而婚姻关系一旦解除，夫妻之间的扶养义务即不复存在，其通过另一方的成就而获得的预期利益也将消失。因此，必须通过相关制度的设立以弥补其为家庭付出所造成的弱势地位，以体现法律的公平性，实现夫妻实质上的平等。离婚经济补偿请求权制度的设立正是这一要求的体现。[3]

(3) 离婚经济补偿请求权的设立有助于平衡分别财产制之下夫妻双方的利益。一般认为，在共同财产制之下，夫妻的家务劳动已经与社会劳动一样受到了同等的评价，在离婚时付出较多一方可通过分得共同财产而获得补偿。但在分别财产制之下，各自的财产归各自所有，不存在分割夫妻共同财产的问题。因此，对家庭生活和他方事业付出较多的一方的利益必然受到损害。为了平衡夫妻双方的利益，有必要通过相关制度的设立，对承担家务劳动较多一方的付出作出正确的评价，而设立

---

[1] 主编注：近年我国有不少学者肯定此制度具有积极功能，但也有学者建议废除"离婚经济补偿制度"。对此制度的"存废论"之争，参见陈苇主编：《改革开放三十年（1978～2008）中国婚姻家庭继承法研究之回顾与展望》，中国政法大学出版社2010年版，第164～167、190～194页。关于我国设立离婚经济补偿制度的必要性及完善立法的建议，参见陈苇、于林洋："论我国离婚经济补偿制度的命运：完善抑或废除"，载《法学》2011年第6期。

[2] 主编注：关于对家务劳动的公平分工对婚姻的影响，参见［英］安东尼·W. 丹尼斯、罗伯特·罗森：《结婚与离婚的法经济学分析》，王世贤译，法律出版社2005年版，第220～230页。

[3] 主编注：关于英国离婚制度的公平价值之分析，参见石雷：《英国现代离婚制度研究》，群众出版社2015年版，第257～258页。

离婚经济补偿请求权正好可以达到这一目的。[1]

2. 离婚经济补偿请求权的行使条件。根据我国现行《婚姻法》的规定，离婚经济补偿请求权的行使必须满足以下条件：

（1）夫妻双方以书面形式约定实行分别财产制。这是适用补偿请求权的前提条件。如果夫妻双方实行的是法定的婚后所得共同所有制或约定实行其他财产制形式，则不能请求补偿。

（2）夫妻一方在共同生活中对家庭付出了较多。补偿以权利与义务对等为原则，只有一方付出了较多才存在要求另一方给予补偿的问题。付出包括以下方面：①抚育子女。这本属夫妻双方的共同义务，理应共同分担。如果实行分别财产制而又不能分担这些义务，则离婚时付出较少一方应对另一方给予补偿。②照料老人。主要是照料对方的老人。照料自己的父母是作为子女应尽的义务，而夫妻一方与对方的父母虽是直系姻亲关系，但婚姻法并未赋予其赡养扶助的义务，其照料对方父母的行为主要属于一种家庭伦理行为，且这种照料势必需要其付出较多的时间和精力，因此应予补偿。③协助另一方工作。在婚姻关系存续期间，这种协助可能是有偿的，也可能是无偿的。如果是无偿的，则受益一方需要对之予以补偿，以弥补其因付出而造成的损失。[2]

（3）离婚时付出较多的一方提出了经济补偿的请求。根据现行《婚姻法》第40条的规定，该补偿请求权的行使时间应限于离婚之时，即在协议离婚或诉讼离婚中一并提出。如果在离婚时，符合条件的请求权人不请求对方补偿的，即视为其已经放弃了补偿的请求，以后不得再要求补偿。

3. 离婚经济补偿数额的确定。应予补偿的数额和补偿方式，先由双方协商确定；协议不成时，则由法院判决确定。法院在判决时，应考虑请求权人付出义务的多少、另一方从中获利的情况、双方的财产状况及其经济能力等因素。获得的利益不仅包括显性的、有形的财产价值，还应包括隐性的、无形的可期待利益，如文凭、执业资格证书等。[3]

---

〔1〕 这一制度设立以后，有学者通过实证研究发现，现实生活中能够获得补偿者数量极少，在有些地方甚至为零。原因在于其只适用于分别财产制下的离婚夫妻，而我国选择分别财产制的夫妻很少。故认为要使补偿请求制度发挥其应有的作用，有必要扩大适用范围，也即只要对家务劳动付出较多，离婚时即可请求补偿，而不问其所采用的财产制形式。参见夏吟兰：《离婚自由与限制论》，中国政法大学出版社2007年版，第216~223页。

〔2〕 主编注：关于婚姻期间一方取得学历、文凭等证书，而夫妻他方对其给予支持之家务劳动价值及职业机会利益损失的补偿问题，参见陈苇、曹贤信："论婚内夫妻一方家务劳动价值及职业机会利益损失的补偿之道——与学历文凭及职业资格证书之'无形财产分割说'商榷"，载《甘肃社会科学》2010年第4期。

〔3〕 参见陈苇：《中国婚姻家庭法立法研究》，群众出版社2010年版，第271~292页。

四、离婚时对生活困难一方的经济帮助

我国现行《婚姻法》第 42 条规定："离婚时，如一方生活困难，另一方应从其住房等个人财产中给予适当帮助。具体办法由双方协议；协议不成时，由人民法院判决。"

（一）经济帮助的性质和目的

许多国家的法律中都有离婚后，一方应为生活确有困难或有特殊需要的另一方提供相应经济保障的规定，但在称谓及性质上却各有不同，我国称为生活困难时的"经济帮助"，而国外一般称为"扶养费"或"扶养金"。就其性质而言，国外一般把其视为夫妻扶养义务的延续。但在我国，学者们对此却有不同看法。有的认为现行《婚姻法》规定的离婚经济帮助属于夫妻扶养义务的延续；而有的认为经济帮助"不同于婚姻关系存续期间的扶养义务，不是这种法定扶养义务的延伸，而只是派生于原夫妻关系的一种责任，是离婚的一种善后措施"[1]；还有的认为"它既是夫妻之间互相扶养的法律义务在离婚后的延伸，也是扶弱济贫的社会主义道德的要求"[2]。虽然对这一制度的性质存在不同的看法，但一般认为这一制度设立的目的在于保障离婚自由原则的贯彻落实，以保障离婚后生活困难一方的利益。[3]

（二）经济帮助的条件

按照现行《婚姻法》的规定，一方对另一方进行帮助的条件是：

（1）在离婚时即存在生活困难。如果离婚时生活不困难，而在离婚以后才出现困难的，则不能请求帮助，故请求权的提出有很强的时限性。而按照《婚姻法解释（一）》的规定，生活困难是指依靠个人财产和离婚时分得的财产无法维持当地基本

---

〔1〕　杨大文主编：《亲属法》，法律出版社 2004 年版，第 197 页。

〔2〕　杨大文主编：《婚姻家庭法》，中国人民大学出版社 2001 年版，第 195 页。

〔3〕　主编注：有日本学者指出，离婚扶养作为一种负担，在一定程度上限制了离婚自由。有美国学者认为，传统的离婚扶养费有三项独特的经济功能：①对违反婚姻契约的一种损害赔偿；②一种对妻子（在传统婚姻中）偿付其婚姻合伙财产份额的方式；③（也许是最重要的功能）向妻子提供一种离职金或失业补助。设立离婚扶养或离婚经济请求权，其主要意旨在于：填补婚姻关系终止后夫妻扶养请求权之丧失，离婚时无独立生活能力或生活困难的一方依法有权向他方请求扶养，以维持其离婚后的正常生活，直至其重新具备独立生活能力或生活困难已消除或再婚时为止。一方面，救济离婚后一方的生活困难，体现了婚姻家庭法"保障弱者利益"的原则精神。另一方面，它的实施有利于保障生活困难一方当事人实现离婚自由。在现代社会，其仅剩下一种功能，即救济离婚后一方的生活困难。参见陈苇、冉启玉："离婚扶养制度研究——中国法与俄罗斯法之比较"，载王利明、郭明瑞、潘维大主编：《中国民法典基本理论问题研究》，人民法院出版社 2004 年版，第 316～335 页。And see Chen Wei and Ran Qi‐yu，"A Study of the System of Spousal Maintenance on Divorce：A Comparison between China and Russia"，*International Journal of Law*，*Policy and the Family*，Volume 19，Number 3，December 2005，Published by Oxford University Press，pp. 310～326.

生活水平。一方离婚后没有住处的，属于生活困难。[1]

（2）提供帮助的一方有经济负担能力。离婚时的经济帮助采用的是"需要和可能"的原则。如一方有接受帮助的需要而另一方无帮助能力，则无法提供帮助。只有在一方有需要，而另一方有经济负担能力时，才能提供帮助。

（三）经济帮助的方法

按照现行《婚姻法》的规定，经济帮助的具体办法由双方协商；协商不成的，由人民法院判决。法院在判决时，除了考虑帮助方的经济条件外，还应考虑受助方的具体情况和实际需要。实践中通常采用的做法是[2]：

（1）受助方年龄较轻且有劳动能力，只是生活上暂时存在困难的，则采用给予短期或一次性支付帮助费用的办法。

（2）结婚多年，受助方年老体弱，失去劳动能力且又没有生活来源的，帮助方则应在居住或生活等方面给予适当的安排，必要时可给予长期的经济帮助。

（3）离婚时，如以房屋对生活困难者进行帮助，可以是房屋的居住权或者房屋的所有权。[3]

（4）在执行帮助期间，受资助一方另行结婚或经济收入足以维持生活时，对已经确定的帮助费尚未执行或者未全部执行的，帮助一方即可停止给付。

（5）原定经济帮助执行完毕，受助方又要求对方再给予帮助的，人民法院一般不予支持。

离婚后的经济帮助虽然在我国已实行多年，但由于其制度设计上的一些不足之处，如适用条件过于严格、经济帮助数额过低难以解决生活困难者的实际困难、住房帮助的规定难以落实等，其并没有发挥出应有的离婚救济作用。因此，有必要对现行《婚姻法》有关离婚后的经济帮助的规定加以改进和完善。[4]

---

〔1〕 主编注：在国外，与我国离婚经济帮助类似的被称为离婚扶养。离婚扶养的功能与我国的离婚经济帮助有同有异：前者不仅限于救济离婚当事人于离婚时存在的生活困难，而且还包括对婚姻期间夫妻一方对夫妻他方所做直接贡献和间接贡献的经济补偿。有关美国离婚"补偿性扶养"的立法概况、"补偿为请求权基础的学说"以及获得补偿性扶养之要件，参见张学军：《论离婚后的扶养立法》，法律出版社2004年版，第120～124、254～268、319～320页。

〔2〕 参见1984年8月30日《最高人民法院关于贯彻执行民事政策法律若干问题的意见》中第14条的规定。

〔3〕 该项为《婚姻法解释（一）》第27条第3款的规定。

〔4〕 关于完善我国离婚扶养立法的具体建议，参见陈苇、冉启玉："离婚扶养制度研究——中国法与俄罗斯法之比较"，载王利明、郭明瑞、潘维大主编：《中国民法典基本理论问题研究》，人民法院出版社2004年版，第333～335页。

第三节　离婚损害赔偿

一、离婚损害赔偿概述

离婚损害赔偿，是指因夫妻一方的重大过错致使婚姻关系破裂的，过错方应对无过错方的损失予以赔偿的法律制度。离婚损害赔偿制度虽是一项古老的离婚救济方式，但首次对这一制度明确加以规定的是 1907 年的《瑞士民法典》，继其之后，大陆法系的一些国家如法国、德国、日本等的民法典引入了类似的规定。

我国在 2001 年修改《婚姻法》时，增设了离婚损害赔偿制度。[1] 这一制度的设立具有以下意义：

（1）有利于保障无过错方合法权益的实现。在离婚案件中保障无过错方的利益，一直是我国《婚姻法》处理离婚纠纷所坚持的一项原则。但由于我国 1950 年和 1980 年《婚姻法》中都没有关于离婚损害赔偿的内容，司法实践中，即便存在婚姻一方严重损害另一方利益的行为，因无法可依，也难以实现对无过错方合法权益的有效维护，而只能通过分割夫妻财产时对无过错方给予适当照顾来体现。由于离婚损害赔偿与离婚财产分割两种制度之间存在着本质的差异，仅靠分割夫妻共同财产时照顾无过错方，不仅过错方的行为得不到有效制裁，也难以体现法律对无过错方的保护。

（2）有利于实现《婚姻法》保护弱者利益的功能。我国《婚姻法》历来都重视对弱者利益的维护，但以往的立法只注重了对弱者的照顾，而没有重视对弱者权利的保护。当婚姻一方违背了婚姻义务，对另一方已造成实际损害时，如果不通过相应制度的设立，使无过错方获得相应的慰藉，并使过错方受到应有的制裁，则不仅弱者的利益无法获得有效保护，法律应有的维护公平、正义功能也无从得以体现。

（3）有利于保障离婚自由原则的实现。离婚损害赔偿制度属于离婚救济制度的一个组成部分。在我国的离婚制度中，只有离婚时对生活困难一方的经济帮助而无离婚后的扶养制度，因此，婚姻当事人出于对今后生活的考虑，在一方长期实施违背婚姻义务的行为时，也不敢主张自己的权益，提出离婚请求。而离婚损害赔偿制度对离婚自由具有重要的平衡作用，它从一定程度上消除了婚姻当事人对离婚后生活的顾虑，从而可以自主地提出离婚请求。因此离婚损害赔偿制度伸张了正义，明辨了是非，使受害者获得了精神安慰和经济赔偿，使加害者得到了应有的惩罚。[2]

---

〔1〕　主编注：关于中国离婚损害赔偿制度的立法与实践情况，See Wei Chen, Lei Shi and Xin Zhang, "The Divorce Damages System in China: Legislation and Practice", *International Journal of Law, Policy and the Family*, Number 1, April 2016, Published by Oxford University Press, pp. 105 ~ 114.

〔2〕　夏吟兰：《离婚自由与限制论》，中国政法大学出版社 2007 年版，第 263 页。

（4）有利于完善婚姻立法，满足司法实践的需要。现实生活中存在着婚姻一方违背婚姻义务如重婚、有配偶者与他人同居、实施家庭暴力等现象，这不仅损害了另一方的利益，而且也给社会带来了危害。对这些违法行为，应当通过完善的法律体系，从不同角度、不同层次加以调节、规范，以有效抑制、防范。在这其中，婚姻家庭立法也应通过相应制度的设立来加以规范，以满足司法实践的需要，实现其维护公平、正义，抑恶扬善的功能。[1]

二、离婚损害赔偿请求权的成立条件

根据现行《婚姻法》第46条的规定，离婚损害赔偿请求权的成立必须符合以下条件：

（一）一方具有法定的过错行为

在现实生活中，导致夫妻离婚的情形有很多，如通奸、赌博、吸毒等。但按照现行《婚姻法》第46条的规定，只有以下四种情形之一下的离婚才可以请求离婚损害赔偿：①重婚；②有配偶者与他人同居；③实施家庭暴力；④虐待、遗弃家庭成员。这是一条限制性的列举规定，适用时不能对法定过错行为作扩大化解释。之所以限定这四项过错行为，是因为它们都是现行《婚姻法》第3条明确禁止的行为，属于严重的违法行为。[2]

（二）须有损害事实

离婚损害赔偿，顾名思义，应以损害存在为必要。有损害才有赔偿，无损害就无赔偿的前提与基础。这种损害既包括财产损害，也包括非财产损害。财产损害是指过错方实施的法定过错行为造成无过错方财产利益的损失。[3] 非财产损害则包括人身损害和精神损害。前者指人身受到的伤害，后者包括精神利益（如名誉权、自由权等）的损害和精神创伤两部分。精神创伤指因过错配偶的重婚、与他人同居、虐待、遗弃等行为导致婚姻破裂而造成无过错配偶肉体上和精神上的痛苦。[4]

（三）须有因果关系

根据法律的规定，配偶一方实施的重婚、与他人同居、家庭暴力和虐待、遗弃家庭成员的法定过错行为必须是导致婚姻关系破裂而离婚，造成无过错方配偶遭受

---

[1] 关于离婚损害赔偿的功能与目的，参见陈苇："建立我国离婚损害赔偿制度研究"，载《现代法学》1998年第6期；关于我国内地离婚损害赔偿制度的司法实践情况实证调查，参见陈苇、张鑫："我国内地离婚损害赔偿制度存废论：以我国内地司法实践实证调查及与台湾地区制度比较为视角"，载《河北法学》2015年第6期。

[2] 也正是因为受适用的情形所限，这一规定并未如立法者所预期的那样发挥出其应有的作用。参见夏吟兰："离婚衡平机制研究"，载《中华女子学院学报》2004年第5期；夏吟兰：《离婚自由与限制论》，中国政法大学出版社2007年版，第260~268页。

[3] 关于财产损害的范围，学界有不同意见。有的认为应包括直接损失和间接损失，而有的认为应包括所持财产的减少和可期待利益的丧失，还有的学者认为是否包括可期待利益的丧失应当区别对待。参见陈苇：《中国婚姻家庭法立法研究》，群众出版社2010年版，第372~373页。

[4] 陈苇：《中国婚姻家庭法立法研究》，群众出版社2010年版，第373~374页。

财产损害和非财产损害的直接原因，即只有损害与赔偿之间存在因果关系，无过错方才能请求损害赔偿。财产损害的存在必须由请求权人即无过错方举证证明；非财产损害的发生，则无须请求权人举证证明，只要过错方有上述法定违法行为并导致离婚的，法律即可推定这种损害存在。

（四）须主观上有过错

过错包括故意和过失，而离婚损害赔偿以配偶一方的故意为主观要件，即配偶一方故意实施重婚、与他人同居、家庭暴力和虐待、遗弃家庭成员的行为。如果是因过失伤害家庭成员而导致离婚的，因不具备主观要件而不承担离婚损害赔偿责任。

三、离婚损害赔偿请求权的行使

（一）只能由无过错一方提出损害赔偿请求

离婚损害赔偿的请求权主体是无过错的一方当事人，无过错指的是无现行《婚姻法》第46条所列举的4种特定过错。《婚姻法解释（三）》第17条明确规定："夫妻双方均有婚姻法第46条规定的过错情形，一方或者双方向对方提出离婚损害赔偿请求的，人民法院不予支持。"在婚姻生活中，婚姻当事人双方对离婚的发生或多或少都会有一些过错，但只要不属于上述4种情形之一都可提出赔偿请求。如果双方都有上述过错，则任何一方都不能再以对方有过错为由而提出赔偿请求。而根据民事诉讼不告不理的原则，损害赔偿的请求只能由无过错的一方当事人自己提出；没有提出的，人民法院在审理离婚案件时不能主动干预、处理。

（二）只能向有过错方提起

《婚姻法解释（一）》第29条第1款规定："承担婚姻法第46条规定的损害赔偿责任的主体，为离婚诉讼当事人中无过错方的配偶。"即过错方只能是与无过错方有合法夫妻身份的另一方。由于我国对事实婚姻采取了有条件的承认态度，因此，凡符合事实婚姻构成要件的，男女双方离婚时，也适用现行《婚姻法》有关损害赔偿制度的规定。除此以外，未形成婚姻关系的未婚同居、婚外同居以及婚姻被宣告无效或撤销的男女双方之间的损害赔偿问题不适用这一规定。

由于我国现行《婚姻法》没有关于配偶权的规定，也就不可能以配偶权遭受侵害为由向婚姻关系以外的第三人（如与过错方重婚或同居者）提出赔偿请求。

（三）权利行使的时间特定

离婚损害赔偿请求权行使的前提条件是离婚诉讼，因此，无过错方必须在离婚诉讼中一并提出赔偿请求。《婚姻法解释（一）》第30条规定："人民法院受理离婚案件时，应当将婚姻法第46条等规定中当事人的有关权利义务，书面告知当事人。在适用婚姻法第46条时，应当区分以下不同情况：①符合婚姻法第46条规定的无过错方作为原告基于该条规定向人民法院提起损害赔偿请求的，必须在离婚诉讼的同时提出。②符合婚姻法第46条规定的无过错方作为被告的离婚诉讼案件，如果被告不同意离婚也不基于该条规定提起损害赔偿请求的，可以在离婚后1年内就此单独提起诉讼。③无过错方作为被告的离婚诉讼案件，一审时被告未基于婚姻法第46条规定提出损害赔偿请求，二审期间提出的，人民法院应当进行调解，调解不成的，告知当事人在离婚后 1 年内另行起诉。"

离婚损害赔偿同样也适用于登记离婚。按照《婚姻法解释（二）》第 27 条的规定："当事人在婚姻登记机关办理离婚登记手续后，以婚姻法第 46 条规定为由向人民法院提出损害赔偿请求的，人民法院应当受理。但当事人在协议离婚时已经明确表示放弃该项请求，或者在办理离婚登记手续 1 年后提出的，不予支持。"

由于离婚损害赔偿请求权行使的前提条件是离婚诉讼，因此，适用《婚姻法解释（一）》第 29 条第 2、3 款规定，人民法院判决不准离婚的案件，对于当事人基于婚姻法第 46 条提出的损害赔偿请求，不予支持。在婚姻关系存续期间，当事人不起诉离婚而单独依据该条规定提起损害赔偿请求的，人民法院不予受理。

（四）离婚损害赔偿的范围

离婚损害赔偿包括物质损害赔偿和精神损害赔偿两个方面。[1] 物质损害赔偿通过支付赔偿金的方式承担，法官在确定赔偿金的数额时，应考虑以下因素：①过错方的过错程度；②无过错方所受到的实际损失；③过错方与无过错方的财力与未来的生活需要；④夫妻双方年龄及健康状况；⑤夫妻双方的谋生能力；⑥当事人所在地的经济发展水平。[2] 而精神损害赔偿则适用《最高人民法院关于确定民事侵权精神损害赔偿责任若干问题的解释》的有关规定，其赔偿数额的确定，按该解释第 10 条的规定应考虑以下因素：①过错程度；②侵害的手段、场合、行为方式等具体情节；③所造成的后果；④过错方获利情况；⑤过错方承担责任的经济能力；⑥当地平均生活水平等。

四、离婚损害赔偿与照顾无过错方原则的适用

按照《婚姻法》的规定，离婚时法院分割夫妻共同财产适用照顾子女和女方权益的原则。而 1993 年《离婚财产分割意见》还提出了应坚持对无过错方的照顾原则，其意图是为了体现法律的公平与正义，通过财产分割时的不分或少分来宣示法院对过错方行为的态度，实际应属于对过错方的一种间接的制裁方式。在 2001 年修正后的《婚姻法》增设了离婚损害赔偿制度后，照顾无过错方原则还应否被继续适用？对此，学术界有两种截然不同的观点。

"否定说"认为，既然现行《婚姻法》已增设了离婚损害赔偿制度，用损害赔偿责任取代了照顾无过错方原则，那么在共同财产分割中就不应再考虑引起离婚的个人责任问题，而应通过离婚损害赔偿制度使无过错方获得应有的救济。[3] 人大常委

---

〔1〕 但也有学者认为，离婚损害赔偿的范围是信赖利益损失和非物质损失。参见张学军："离婚损害赔偿制度辨析"，载《政治与法律》2008 年第 2 期。

〔2〕 杨立新、秦秀敏主编：《中华人民共和国婚姻法释义与适用》，吉林人民出版社 2001 年版，第 472～473 页。

〔3〕 刘春梅："用侵权损害赔偿取代照顾无过错方原则"，载李银河、马忆南主编：《婚姻法修改论争》，光明日报出版社 1999 年版，第 254～256 页。

会法工委副主任胡康生主编的《中华人民共和国婚姻法释义》也认为："根据本法的规定，在夫妻共同财产分割时，法院考虑的因素仅是子女权益和女方权益，不涉及过错或无过错的因素。但为了体现公平，照顾无过错方的利益，本法第46条规定了离婚损害赔偿制度……"[1]

"肯定说"认为，离婚损害赔偿与照顾无过错方原则，两者应当可以并存。"肯定说"具体分为以下两种观点：

第一种观点认为，离婚损害赔偿与照顾无过错方原则在同一案件中可以同时适用。因为，虽然照顾无过错方原则的适用和离婚损害赔偿责任的承担都产生于一方的过错，其结果都直接关系到财产问题，但两者有着明显区别，主要是"照顾"不是一种民事责任；"损害赔偿"是一种民事责任。因此，如果一方有过错行为，在分割夫妻共同财产时，要照顾无过错方。如果该过错行为属于承担离婚损害赔偿责任的四种法定情形之一，还应该承担离婚损害赔偿责任。不能因为在分割夫妻共同财产时照顾了无过错方而否认有过错一方的损害赔偿责任；也不能因为有过错方承担了损害赔偿责任，在分割夫妻共同财产时，对无过错方就不再予以照顾。[2]

第二种观点则认为，离婚损害赔偿与照顾无过错方原则应当分别适用于"具有法定过错"与"一般过错"的不同过错情形，即两者在同一离婚案件中不能被同时适用。因为，现行《婚姻法》规定的离婚损害赔偿，仅适用于法定的4项过错行为引起的离婚。在现实生活中，除法定过错引起离婚外，还有通奸、婚外恋、嫖娼、吸毒、赌博等多种过错引起夫妻感情破裂而离婚。对非因法定的4项过错离婚的，离婚时照顾无过错方适当多分共同财产，可以体现法律的公平、公正。如果法定的4项过错引起离婚的，过错方既要承担赔偿责任，又要少分共同财产，这种同时适用的主张，有失公平、公正。[3]

我们认为，"肯定说"的第二种观点似更符合我国实际，具有合理性。

第四节　离婚对父母子女的法律后果

一、离婚后的父母子女关系

我国现行《婚姻法》第36条第1款规定："父母与子女间的关系，不因父母离婚而消除。离婚后，子女无论由父或母直接抚养，仍是父母双方的子女。"第2款规定："离婚后，父母对于子女仍有抚养和教育的权利和义务。"这一规定的基本内容包括：①父母子女间的关系不受父母离婚的影响；②子女不论随哪一方生活，仍是

---

〔1〕　胡康生主编：《中华人民共和国婚姻法释义》，法律出版社2001年版，第162~163页。

〔2〕　滕蔓、丁慧、刘艺：《离婚纠纷及其后果的处置》，法律出版社2001年版，第136~137页。

〔3〕　参见陈苇主编：《婚姻家庭继承法学》，群众出版社2005年版，第271~272页。

父母双方的子女，父母双方在离婚后，对子女仍有抚养和教育的权利和义务。现行《婚姻法》之所以作出这一规定，是因为父母子女关系和婚姻关系的性质不同。婚姻关系是男女双方基于自愿而缔结的两性关系，它可以依法律的规定而成立，也可依法律的规定而解除。而父母子女关系则不同，它是一种基于出生而自然形成的血亲关系，一旦形成即不以人的意志为转移，不能人为地消灭。

在现实生活中，有人认为离婚后，子女归谁抚养就是谁的子女，与对方无关，甚至拒绝对方探望子女。这种看法和做法显然是错误的，不符合法律规定。同样，有的人在离婚后，推卸对子女抚养教育的责任，不愿意负担子女的生活教育费用，这也是错误的，是违反法律规定的。[1]

二、离婚后子女随何方生活的确定

离婚后，子女随何方生活问题，在审判实践中常常是双方当事人争执的焦点，也直接关系着子女的利益。实践中往往形成三种争执：①双方都要求抚养子女；②双方都不愿抚养子女；③对抚养费的数额争执不下。因此，对子女的抚养问题，离婚时必须妥善解决，否则会影响子女的健康成长和合法权益的保护。为此，现行《婚姻法》第 36 条第 3 款规定："离婚后，哺乳期内的子女，以随哺乳的母亲抚养为原则。哺乳期后的子女，如双方因抚养问题发生争执不能达成协议时，由人民法院根据子女的权益和双方的具体情况判决。"根据这一规定，在处理子女抚养问题时应注意以下几点：

（一）哺乳期内的子女，以随哺乳的母亲抚养为原则

在子女的抚养问题上，"幼年原则"[2] 一直受到世界各国的推崇，我国《婚姻法》关于这一问题的规定，也体现了这一精神。1993 年《子女抚养意见》以 2 周岁为界限来处理子女的抚养问题：2 周岁以下的子女，一般随母方生活；2 周岁以上未成年的子女，如果父方和母方均要求随其生活，则根据各方的条件作不同的处理。但需要注意的是，这一规定只是从婴儿生长发育的利益出发所作的一般性规定，在某些特殊情况下，也可以由父亲直接抚养。如 1993 年《子女抚养意见》第 1 条即规定，2 周岁以下的子女，一般随母方生活。母方有下列情形之一的，可随父方生活：①患有久治不愈的传染性疾病或其他严重疾病，子女不宜与其共同生活的；②有抚

---

[1] 主编注：关于我国离婚诉讼中儿童权利保护的实证调查研究，参见陈苇、张庆林："离婚诉讼中儿童抚养问题之司法实践及其改进建议：以某县法院 2011～2013 年审结离婚案件为调查对象"，载《河北法学》2015 年第 1 期。And see Chen Wei and Zhang Qinglin, "The Juridical Practice of Child - Rearing Questions in Divoce Proceedings and Proposals for Improvement", *The International Survey of Family Law*, 2016 Edition, Printed and Bound by CPI Group（UK）Ltd. Croydon, CRO 4YY, 2016, pp. 105～128.

[2] "幼年原则"理论，是指子女在年幼时从天性和自然上对母亲的需要超过父亲，且母亲比父亲更适合对年幼子女的养育和保护。这一心理学上的预设，强调母爱在子女年幼时具有不可替代性。参见孙若军："父母离婚后的子女监护问题研究"，载《法学家》2005 年第 6 期。

养条件不尽抚养义务，而父方要求子女随其生活的；③因其他原因，子女确无法随母方生活的。父母双方协议 2 周岁以下的子女随父方生活，并对子女健康成长无不利影响的，可予准许。

（二）哺乳期后的子女抚养问题，先由双方协商；达不成协议时，由人民法院根据子女的权益和双方的具体情况判决

哺乳期后的子女是指 2 周岁后的未成年子女。对哺乳期后子女的抚养，不论是由父母协商还是法院判决，都应从有利于子女身心健康、保障子女的合法权益出发，并结合父母双方的抚养能力和抚养条件等具体情况来妥善解决。根据 1993 年《子女抚养意见》第 2~6 条的规定，具体可分为以下几种情形来处理：

1. 尊重父母的协议。2 周岁以上的子女随何方生活，由父母双方协议。在有利于保护子女利益的前提下，父母双方协议轮流抚养子女的，可予准许。

2. 优先考虑父母一方的实际情况和抚养条件。

（1）对 2 周岁以上未成年的子女，父方和母方均要求随其生活，一方有下列情形之一的，可予优先考虑：①已做绝育手术或因其他原因丧失生育能力的；②子女随其生活时间较长，改变生活环境对子女健康成长明显不利的；③无其他子女，而另一方有其他子女的；④子女随其生活，对子女成长有利，而另一方患有久治不愈的传染性疾病或其他严重疾病，或者有其他不利于子女身心健康的情形，不宜与子女共同生活的。

（2）父方与母方抚养子女的条件基本相同，双方均要求子女与其共同生活，但子女单独随祖父母或外祖父母共同生活多年，且祖父母或外祖父母要求并且有能力帮助子女照顾孙子女或外孙子女的，可作为子女随父或母生活的优先条件予以考虑。

3. 考虑子女的意见。父母双方对 10 周岁以上的未成年子女随父或母生活发生争执的，应考虑子女意见。[1]

虽然，我国现行《婚姻法》和上述司法解释关于子女抚养问题的规定是以有利于子女身心健康、保障子女的合法权益为出发点来考虑的，但有学者指出，我国有些规定仍体现出"父母本位"的立法痕迹，与真正体现子女利益最大化原则，在立

---

[1] 主编注：有学者认为，决定离婚后子女之监护人的基准有三：①必须重视子女的年龄；②必须衡量父母对子女之爱心；③应尊重至少应斟酌子女之意见。以上三点应当结合其他实际情况予以综合考虑，"以寻求对子女最有利之方法，才能符合法律规定'子女利益'之精神"。参见林秀雄：《婚姻家庭法之研究》，中国政法大学出版社 2001 年版，第 94~95 页。

法上尚有一段距离。[1] 例如，在立法体系方面，子女抚养应是亲子关系问题，应作为亲子法的内容而不是离婚法的内容来规定；在确定子女归谁抚养的问题上，法律和司法解释更多考虑的是父母的情况而非子女的利益等。[2]

三、离婚后父母一方对子女的探望权

探望权制度起源于英美法系，后为各国立法所接受，用以调整离婚后父母与子女的相互交往关系。世界许多国家的法律中都有关于探望权的规定，只是称谓有所不同，有的称为探视权，有的称为交往权，我国称为探望权。在我国，探望权是指父母离婚后，不直接抚养子女的一方依法享有的、同未与其共同生活的子女进行会面和交往的权利。

（一）设立探望权制度的立法动因

1. 探望权制度的设立是社会现实的需要。我国1950年和1980年两部《婚姻法》中都没有关于探望权的规定，对于离婚后不直接抚养子女一方与子女的交往问题，实践中主要由双方自行协商解决，法律一般不予过问。当双方协商无效或难以协商时，也无法求助于法律予以救济。而随着社会的发展和离婚率的持续上升，离异双方在子女探望问题上的纠纷也日益增多。为了解决现实生活中的这类矛盾并使之有法可依，2001年修正后的《婚姻法》顺应时代的需要，增设了有关探望权的规定，将夫妻离异后不直接抚养子女一方与子女的相互交往关系纳入法律调控的范围。

2. 探望权制度的设立体现了法律对亲子之间固有权利的尊重和维护。亲子关系即父母子女关系，是一种自然血亲关系，子女一经出生便自然产生，除非一方死亡或子女被人收养，否则在任何情况下它都存在。这种关系既包括物质上的抚养关系，也包括精神上的交往关系。当夫妻关系处于正常状态，父母子女在同一个家庭里共同生活时，这两种关系也便自然享有，正常进行，无需通过法律加以确认和调整。而当父母离婚时，子女只能随父或母一方生活，这才使未与子女共同生活的离婚父母一方在行使这一权利时可能遇到阻碍，需要通过法律来加以规范。但是法律的调整只是对这一权利的尊重和维护，其作为自然权利的性质并未根本改变。有鉴于此，"探望权不是产生于父母之间的协议，也不需要法院判决确认。只要直接抚养权一确

---

〔1〕　在我国，有些学者认为，我国现行《婚姻法》中还没有明确确立"儿童最大利益优先原则"；法律中没有取消"非婚生子女"的称谓；关于夫妻生育权的行使没有以"儿童最大利益优先原则"为指引；未成年子女抚养关系的确定和变更未规定应依据"儿童最大利益优先原则"；未成年人的收养关系之解除没有规定应依"儿童最大利益优先原则"；等等，这些都有待修改、完善相关立法。参见陈苇、谢京杰："论'儿童最大利益优先原则'在我国的确立——兼论《婚姻法》等相关法律的不足及其完善"，载《法商研究》2005年第5期。

〔2〕　参见夏吟兰："离婚亲子关系立法趋势之研究"，载《吉林大学社会科学学报》2007年第4期；孙若军："父母离婚后的子女监护问题研究"，载《法学家》2005年第6期。有些学者建议，应依据"保护未成年子女最大利益原则"决定未成年子女的监护权由父或母单方行使或由父母双方共同行使。参见陈苇、冉启玉："公共政策中的社会性别——《婚姻法》的社会性别分析及其立法完善"，载《甘肃政法学院学报》2005年第1期。

定，探望权也同时成立，非抚养一方的父或母自动取得探望权"[1]。因此，凡无法定理由阻止探望权行使的行为都是违法的。

3. 探望权制度的设立符合子女最大利益原则。探望权制度的设立，体现了法律对父母利益与子女利益的双重维护，但"如何平衡父母探望的权利和促进子女身心健康发展，是探望权制度的关键"[2]。自20世纪60年代以来，世界各国在婚姻家庭的立法中十分关注对未成年人利益的维护，将是否符合子女的利益作为确定监护权归属以及探望权的基本依据。[3] 2001年修正后的《婚姻法》增设探望权的规定，虽然也体现出法律对父母权益的关注，但"立法本意是为了子女身心得到更好的发展"[4]，也就是说，立法的落脚点在于对子女利益的维护。设立探望权，使不直接抚养子女的父或母在离婚后仍然保持与子女的交往关系，可以适当减轻子女的家庭破碎感，有利于其身心健康成长。

（二）现行《婚姻法》对探望权的有关规定

现行《婚姻法》第38条规定："离婚后，不直接抚养子女的父或母，有探望子女的权利，另一方有协助的义务。行使探望权利的方式、时间由当事人协议；协议不成时，由人民法院判决。父或母探望子女，不利于子女身心健康的，由人民法院依法中止探望的权利；中止的事由消失后，应当恢复探望的权利。"为了保证探望权的实现，第48条还规定："对拒不执行有关……探望子女等判决或裁定的，由人民法院依法强制执行。有关个人和单位应负协助执行的责任。"从以上规定可以看出，我国现行《婚姻法》有关探望权的规定主要涉及以下内容：

1. 探望权的行使主体。探望权只能由不直接抚养子女的父或母一方享有，除父或母以外的其他亲属，如祖父母、外祖父母、兄弟姐妹等，不能成为探望权的权利

---

[1] 杨立新、秦秀敏主编：《中华人民共和国婚姻法释义与适用》，吉林人民出版社2001年版，第412页。

[2] 杨立新、秦秀敏主编：《中华人民共和国婚姻法释义与适用》，吉林人民出版社2001年版，第412页。

[3] 例如，美国法律规定，在允许或限制探望子女时，衡量的标准是是否符合子女最大利益；在瑞典，其亲子法把探望权的主体确定为子女，因此，可以实现多大范围内的探视问题，要以"子女的利益"为中心来决定；在法国和德国，其民法典在规定父母子女交往权时，也明确强调了子女的利益。我国婚姻法历来重视对未成年人利益的维护，两部婚姻法都在总则部分规定了保护儿童合法权益原则，在家庭关系部分和离婚部分的条文规定中，也始终把维护子女利益作为抚养、监护的前提条件。参见夏吟兰：《美国现代婚姻家庭制度》，中国政法大学出版社1999年版，第297页。[日]利谷信义等编：《离婚法社会学》，陈明侠等译，北京大学出版社1991年版，第285页。

[4] "高法民一庭负责人就婚姻法司法解释答记者问"，载《人民法院报》2001年12月28日，第1版。

主体。[1] 虽然这些亲属不是现行《婚姻法》所规定的探望权的主体，但法律并不禁止其进行探望。而直接抚养子女的一方则作为义务人，负有协助其行使权利的义务。这一义务的具体内容现行《婚姻法》虽未指明，但根据探望权的含义，应包括：按双方协议或判决确定的时间将子女交给对方；允许对方按确定的方式进行探望；在子女不愿探望而不直接抚养方又无不利于子女身心健康的情形时进行说服、引导；不在子女和探望方之间设置障碍，使对方无法探望或子女不愿接受对方探望；等等。

2. 行使探望权的方式与时间。虽然不直接抚养方探望子女的权利源于其固有的亲子身份关系，不存在确权的问题，但是在具体行使时，因为涉及直接抚养方与子女的利益，因此在探望的方式与时间的确定上必须顾及三方的利益，而不能由享有权利者自作主张。根据现行《婚姻法》"行使探望权利的方式、时间由当事人协议；协议不成时，由人民法院判决"的规定，确定探望的方式与时间的途径有两种：当事人协议和法院判决，而其中又以当事人的协议为优先。协议优先充分尊重了当事人的意思自治，有利于探望权在今后的顺利行使；如当事人之间无法协议或协议不成的，则由人民法院判决确定。然而，无论是当事人协议抑或法院判决，在确定具体的探望方式、时间时，应根据符合"子女最大利益原则"作出安排。[2]

3. 探望权的中止与恢复。探望权是不直接抚养子女一方的一项自然权利，又是其作为父或母的一项基本权利，因此，该项权利不得被任意剥夺。但是，当父母的探望不利于子女身心健康时，法律可以暂时中止其探望权，待有关情形消除后，再予以恢复。[3] 我国现行《婚姻法》规定："父或母探望子女，不利于子女身心健康的，由人民法院依法中止探望的权利；中止的事由消失后，应当恢复探望的权利。"

[1] 主编注：关于探望权的权利主体是否仅限于离婚后的夫妻一方？在我国，有学者认为，探视权的权利主体除离婚后未与子女共同生活的父母一方外，还应当包括分居的夫妻之未与子女共同生活的一方。参见陈苇："离婚后父母对未成年子女监护权问题研究——兼谈我国《婚姻法》相关内容的修改与补充"，载《中国法学》1998年第3期。有学者认为，未与子女共同生活的祖父母、外祖父母等近亲属也应为探望权的权利主体。参见夏吟兰、蒋月、薛宁兰：《21世纪婚姻家庭关系新规制——新婚姻法解说与研究》，中国检察出版社2001年版，第323～324页。还有学者认为，未成年子女本人也是探望权的权利主体。参见赵敏、余荣红："应明确子女为探望权的权利主体——兼评我国探望权制度的立法宗旨"，载《前沿》2005年第5期。有学者主张将探望权的权利主体扩大到未与未成年子女共同生活的包括祖父母、外祖父母、兄弟姐妹在内的近亲属。参见余延满：《亲属法原论》，法律出版社2007年版，第373页。
[2] 主编注：虚拟探望，即探望权主体相互之间利用互联网的网络视频等现代通信设施进行看望和谈话的交流方式，是对现实中当事人双方的面对面探望交流不足的一种补充。有关美国的虚拟探望立法与实践之研究，参见陈思琴：《离婚后亲子关系法律制度研究》，中国社会科学出版社2011年版，第412页。
[3] 在国外，《美国统一结婚离婚法》第407条规定："只要符合子女的最大利益，法庭可以修改允许或拒绝探视的裁决。但只要这种探视不会危害子女的身体、精神、道德或感情的健康，法庭不应限制父母探视子女的权利。"《法国民法典》第288条第2款规定："仅在有重大理由的情况下，始能拒绝该方探视与留宿子女的权利。"

根据这一条款的规定，探望权的中止与恢复应注意以下问题：

（1）中止探望权的法定事由。关于中止探望权行使的法定事由，现行《婚姻法》并未具体列举，只是作了一个概括性的规定，即"不利于子女身心健康的"。在现实生活和司法实践中，所谓"不利于子女身心健康"的情形，主要是指：探望权人患有严重传染性疾病或者其他严重疾病，可能危及子女健康的；探望权人在行使探望权时对子女有侵权行为或者犯罪行为，损害子女利益的；探望权人滥用探望权，挑唆、损害被探望人与直接抚养方的关系等情形。

（2）中止探望权的请求权人。《婚姻法解释（一）》第26条规定："未成年子女、直接抚养子女的父或母及其他对未成年子女负担抚养、教育义务的法定监护人，有权向人民法院提出中止探望权的请求。"根据这一规定，中止探望权的请求权人包括未成年子女本人、直接抚养子女的父或母，以及其他对未成年子女负担抚养、教育义务的法定监护人。

（3）中止探望权的程序。中止探望权是司法行为，非经人民法院依法裁定，任何机关、任何个人不得擅自中止不直接抚养方探望子女的权利。按照《婚姻法解释（一）》第25条的规定，中止探望权的程序和步骤为：当事人在履行生效判决、裁定或者调解书的过程中，请求中止行使探望权，人民法院在征询双方当事人意见后，认为需要中止行使探望权的，依法作出裁定。

（4）探望权的恢复。探望权的中止不同于终止，它只是暂时停止当事人的探望权，待中止的情形消失后，根据当事人的申请，人民法院应宣告恢复其探望的权利。

4. 探望权的强制执行。强制执行是人民法院依照法律规定的程序，运用国家强制力量，使已经生效的民事法律文书的内容得以实现的诉讼活动。为了保证探望权能够得到顺利实现，现行《婚姻法》规定，当义务人拒不执行有关探望的判决或裁定时，人民法院可以依法强制执行。但是探望权的强制执行与不履行其他民事判决、裁定的强制执行是有区别的，为了避免执行中的误解，《婚姻法解释（一）》第32条明确探望权中的强制执行是指"对拒不履行协助另一方行使探望权的有关个人和单位采取拘留、罚款等强制措施，不能对子女的人身、探望行为进行强制执行"，以免影响子女的身心健康。[1]

四、子女抚养关系的变更

抚养关系确定以后，父母双方应认真履行抚养教育子女的权利义务。但如果父母的情况发生了重大变化，可以变更抚养关系。根据1993年《子女抚养意见》第15～17条的规定，子女抚养关系的变更分为两种情形：

---

[1] 主编注：澳大利亚近年来对"子女接触令"（有的国家称为"探望权令"）的实施采取了一些改进措施，以体现"子女最大利益原则"的要求。参见陈苇、赵燕："澳大利亚'子女接触令'实施的改进建议对我国之启示"，载《法治研究》2010年第9期。

（一）父母协议变更子女抚养关系

通过协商变更抚养关系，一般只需要父母达成变更协议即可。因为抚养关系的变更是一种民事法律行为，允许当事人通过意思自治解决。当然，在子女有识别能力的情况下，父母双方还应听取子女的意见，不应违背其意愿而单方面作出变更决定。父母双方在自愿协商的情况下达成的协议，没有不利于子女健康成长的情形的，应予准许。

（二）法院判决变更子女抚养关系

如果一方要求变更子女抚养关系，而另一方不同意变更的，要求变更的一方应向法院起诉解决。因为在离婚诉讼中，子女的抚养问题已随着离婚案件的审理终结而结束，一方要求变更的诉讼请求，属于一个新的民事权益争议，应通过另行起诉来解决。变更情况既可因直接抚养方不愿意继续抚养而发生，也可因无直接抚养权一方要求抚养而发生。人民法院受理变更子女抚养关系之诉后，根据1993年《子女抚养意见》第16条的规定，一方要求变更子女抚养关系有下列情形之一的，应予支持：①与子女共同生活的一方因患严重疾病或因伤残无力继续抚养子女的；②与子女共同生活的一方不尽抚养义务或有虐待子女行为，或其与子女共同生活对子女身心健康确有不利影响的；③10周岁以上的未成年子女，愿随另一方生活，该方又有抚养能力的；④有其他正当理由需要变更的。

五、子女抚育费的负担与变更

（一）子女抚育费的负担

子女抚育费，也叫抚养费，包括子女生活费、教育费、医疗费等费用。[1] 现行《婚姻法》第37条第1款规定："离婚后，一方抚养的子女，另一方应负担必要的生活费和教育费的一部或全部，负担费用的多少和期限的长短，由双方协议；协议不成时，由人民法院判决。"根据这一规定，子女无论随父或母哪一方生活，另一方都应负担必要的生活费和教育费。负担费用的多少和期限的长短，首先由双方协商确定。这样规定，既尊重了当事人的意愿，也有利于以后义务的履行。但在现实生活中，有的当事人为了争得对子女的直接抚养权而愿意全部承担子女的抚养费用，如果其有抚养能力，法院应予准许。但如果其并不具有抚养能力的，法院应进行必要的干预。1993年《子女抚养意见》第10条也规定："父母双方可以协议子女随一方生活并由抚养方负担子女全部抚育费。但经查实，抚养方的抚养能力明显不能保障子女所需费用，影响子女健康成长的，不予准许。"

如果双方协议不成或协议不被准许的，则应由人民法院判决确定。人民法院在判决中，应明确以下问题：

1. 抚育费的数额。根据1993年《子女抚养意见》第7条的规定，人民法院在确定子女抚育费的数额时，应考虑子女的实际需要、父母双方的负担能力和当地的实

---

[1]《婚姻法解释（一）》第21条。

际生活水平。具体而言，有固定收入的，抚育费一般可按其月收入的 20%～30% 的比例给付。负担两个以上子女抚育费的，比例可适当提高，但一般不得超过月总收入的 50%；无固定收入的，抚育费的数额可依据当年总收入或同行业平均收入，参照上述比例确定；有特殊情况的，可适当提高或降低上述比例。

2. 抚育费的给付方式。抚育费的给付方式应根据父母双方的工作性质、收入情况等确定。定期给付是抚育费支付的一般原则，通常以月、季度、年为时间单位。有固定收入的，抚育费应按月给付；无固定收入的，如从事农业生产的农民等，可按收益季度或年度给付；有条件的也可一次性给付。如果一方无经济收入或者下落不明的，可用其财物折抵子女抚育费。

3. 抚育费的给付期限。抚育费的给付期限，一般至子女 18 周岁止。但有两种情况例外：①16 周岁以上不满 18 周岁，以其劳动收入为主要生活来源，并能维持当地一般生活水平的，父母可停止给付抚育费。②尚未独立生活的成年子女有下列情形之一，父母又有给付能力的，仍应负担必要的抚育费：其一，丧失劳动能力或虽未完全丧失劳动能力，但其收入不足以维持生活的。其二，尚在校就读的。根据《婚姻法解释（一）》第 20 条的规定，尚在校就读是指尚在校接受高中及其以下学历教育的。其三，确无独立生活能力和条件的。无独立生活能力和条件应限于因客观原因造成的，如果属于其主观原因造成的，如有能力独立生活而不愿，则不属于这种情况。

在司法实践中，有的当事人以对方擅自变更子女姓氏为由拒不支付子女抚育费而引起纠纷。对此，1993 年《子女抚养意见》第 19 条中明确指出："父母不得因子女变更姓氏而拒付子女抚育费。父或母一方擅自将子女姓氏改为继母或继父姓氏而引起纠纷的，应责令恢复原姓氏。"

（二）子女抚育费的变更

父母协议或法院判决中确定的抚育费数额，是根据离婚当时子女的实际需要和父母双方的经济状况确定的。在以后的实际生活中，如果子女的需要或父母的情况发生了变化，法律允许进行合理变更。现行《婚姻法》第 37 条第 2 款规定："关于子女生活费和教育费的协议或判决，不妨碍子女在必要时向父母任何一方提出超过协议或判决原定数额的合理要求。"抚育费的变更包括增加、减少和免除三种情况。

1. 抚育费的增加。既然抚育费是根据子女的实际需要和父母的经济状况确定的，当原定的情况发生变化时，子女可以提出增加的要求。至于是否增加或增加多少应先由当事人协议，协议不成的，要求增加的子女可向法院起诉解决。根据 1993 年《子女抚养意见》第 18 条的规定，子女要求增加抚育费有下列情形之一的，父或母有给付能力的，法院应予支持：①原定抚育费数额不足以维持当地实际生活水平的；②因子女患病、上学，实际需要已超过原定数额的；③有其他正当理由应当增加的。

2. 抚育费的减少和免除。1993 年《子女抚养意见》第 7 条规定："子女抚育费的数额，可根据子女的实际需要、父母双方的负担能力和当地的实际生活水平确定。

……有特殊情况的，可适当提高或降低上述比例。"根据这一规定的精神，抚育费在一定条件下也可以减少或免除。根据司法实践的经验，一般在以下情况下，抚育费可以减少或免除：①离婚后，直接抚养子女的一方再行结婚，其新的配偶愿意负担继子女的抚育费的一部或全部，原有给付义务的生父或生母，可酌情减少或免除其负担的抚育费。但是，必须明确，继父或继母没有负担继子女抚育费的法律义务。如他们不愿负担，生父或生母的原负担义务不得减少或免除。②原有给付义务的一方，因发生重大变化而无力负担的，也可以通过协议或法院判决，减少或免除抚育费。如义务方丧失劳动能力而又无生活来源，或者由于长期患病，或者因犯罪而被判刑等。离婚父母双方协商抚育费的减少或免除，如有不利于子女健康成长的情形，即使直接抚养方同意减免，也不应准许；如果义务方暂时无负担能力，则可暂时中止其给付义务，当其有给付能力时，则应当令其恢复给付。

六、离婚后父母对未成年子女致人损害民事责任的承担

父母离婚后，子女一般随父母一方生活，在此期间如果发生未成年子女致人损害的情形，就必然涉及民事责任如何承担的问题。我国《民法通则》第133条规定："无民事行为能力人、限制民事行为能力人造成他人损害的，由监护人承担民事责任。监护人尽了监护责任的，可以适当减轻他的民事责任。有财产的无民事行为能力人、限制民事行为能力人造成他人损害的，从本人财产中支付赔偿费用。不足部分，由监护人适当赔偿，但单位担任监护人的除外。"[1] 1988年《执行民法通则意见》第158条规定："夫妻离婚后，未成年子女侵害他人权益的，同该子女共同生活的一方应当承担民事责任；如果独立承担民事责任确有困难的，可以责令未与该子女共同生活的一方共同承担民事责任。"根据以上法律及司法解释的规定，在未成年子女致人损害时民事责任的承担问题中，以下几个问题必须加以明确：

（一）离婚后父母对子女的监护责任

《民法总则》第27条第1款规定："父母是未成年子女的监护人。"1988年《执行民法通则意见》第21条规定："夫妻离婚后，与子女共同生活的一方无权取消对方对该子女的监护权。但是未与该子女共同生活的一方，对该子女有犯罪行为、虐待行为或者对该子女明显不利的，人民法院认为可以取消的除外。"据此，有学者认为，我国法律对离婚后父母对子女的监护采用的仍是共同监护模式。[2] 所以，未直接抚养子女的一方，虽不再与子女共同生活，但仍然负有监护的责任。

---

〔1〕 我国《侵权责任法》第32条规定："无民事行为能力人、限制民事行为能力人造成他人损害的，由监护人承担侵权责任。监护人尽到监护责任的，可以减轻其侵权责任。有财产的无民事行为能力人、限制民事行为能力人造成他人损害的，从本人财产中支付赔偿费用。不足部分，由监护人赔偿。"由此可见，我国《民法通则》和《侵权责任法》对未成年子女致人损害民事责任承担的条件、责任人等的规定基本相同，但在监护人承担监护责任的方式和范围上有差异。

〔2〕 夏吟兰："离婚亲子关系立法趋势之研究"，载《吉林大学社会科学学报》2007年第4期。

（二）负有监护责任的父母承担民事责任的顺序

虽然法律规定父母离婚后对未成年子女仍负有共同的监护责任，但在现实生活中，对其的监护责任实际上只能由直接抚养方负责，不直接抚养方除探望期间外，在其他的时间履行监护职责存在很多现实困难。因此，1988 年《执行民法通则意见》规定，由直接抚养方承担民事责任，只有在直接抚养方独立承担民事责任有困难时，才由非直接抚养方承担民事责任。

导入案例之要点评析

本案离婚当事人双方争执的问题主要集中在以下四个方面：

（1）共同财产分割。双方对婚后所采取的财产制形式没有作出约定，因此应按法定财产制的规定处理。对于没有争议的财产，则按双方的合意协商处理。首先，确定双方共同财产的范围。按照现行《婚姻法》及相关司法解释的规定，婚姻期间夫妻双方的共同财产应包括：婚后的收入及储蓄和利息、双方各自继承所得财产（因为本案无被指定一方继承的除外情况）、王平的著作出版所得。其次，共同财产的分割。在一般情况下，共同财产采取平均分割的方式。此案中双方不存在需要照顾的情况，故应平均分割。至于房屋，《婚姻法解释（三）》第 10 条规定："夫妻一方婚前签订不动产买卖合同，以个人财产支付首付款并在银行贷款，婚后用夫妻共同财产还贷，不动产登记于首付款支付方名下的，离婚时该不动产由双方协议处理。依前款规定不能达成协议的，人民法院可以判决该不动产归产权登记一方，尚未归还的贷款为产权登记一方的个人债务。双方婚后共同还贷支付的款项及其相对应财产增值部分，离婚时应根据婚姻法第 39 条第 1 款规定的原则，由产权登记一方对另一方进行补偿。"该房屋由王平婚前购买且登记在其名下，虽然双方对还款方式作出过约定，但如果王平夫妻达不成协议，法院可以判决该房屋归王平所有。婚后王平还贷支付的款项及相对应财产增值部分，由王平对丁兰进行一半价值的补偿。

（2）子女抚养问题。按照 1993 年《子女抚养意见》的规定，在父母双方都要求抚养子女，且抚养条件基本相同时，如果子女单独随祖父母或外祖父母共同生活多年，祖父母或外祖父母要求并且有能力帮助子女照顾孙子女或外孙子女的，可作为子女随父或母生活的优先条件予以考虑。在此案中，本案的离婚当事人双方均要求抚养子女，且抚养条件基本相同，但因王丰一直随王平的父母共同生活，因此在子女抚养问题上王平的抚养子女要求应被优先考虑，由其直接抚养王丰更适当。

（3）离婚损害赔偿问题。本案当事人离婚是由丁兰与人通奸，导致夫妻感情破裂造成的，但按现行《婚姻法》第 46 条的规定，无过错方有权请求损害赔偿的情形只包括重婚、有配偶者与他人同居、实施家庭暴力和虐待、遗弃家庭成员 4 种情形，通奸不属于可以请求损害赔偿的法定事由，故法院对王平的诉讼请求不应予以支持。

（4）离婚经济补偿问题。按照现行《婚姻法》第40条的规定，只有在夫妻双方约定实行分别财产制的情形下，才能请求离婚补偿。因此，虽然婚后丁兰在料理家务、协助对方写作工作方面付出了较多义务，但因双方实行的是共同财产制，故不符合可以请求离婚经济补偿的法定情形，法院对其诉讼请求应依法不予支持。

思考题

一、选择题

（一）单项选择题

1. 乙起诉离婚时，才得知丈夫甲此前已着手隐匿并转移财产。关于甲、乙离婚的财产分割，下列哪一选项是错误的？（　　）（2016年国家司法考试试题）

　　A. 甲隐匿转移财产，分割财产时可少分或不分

　　B. 就履行离婚财产分割协议事宜发生纠纷的，乙可再起诉

　　C. 离婚后发现甲还隐匿其他共同财产，乙可另诉再次分割财产

　　D. 离婚后发现甲还隐匿其他共同财产，乙再行起诉不受诉讼时效限制

2. 钟某性情暴躁，常殴打妻子柳某，柳某经常找同村未婚男青年杜某诉苦排遣，日久生情。现柳某起诉离婚，关于钟、柳二人的离婚财产处理事宜，下列哪一选项是正确的？（　　）（2016年国家司法考试试题）

　　A. 针对钟某家庭暴力，柳某不能向其主张损害赔偿

　　B. 针对钟某家庭暴力，柳某不能向其主张精神损害赔偿

　　C. 如柳某婚内与杜某同居，则柳某不能向钟某主张损害赔偿

　　D. 如柳某婚内与杜某同居，则钟某可以向柳某主张损害赔偿

3. 甲（男）、乙（女）结婚后，甲承诺，在子女出生后，将其婚前所有的一间门面房变更登记为夫妻共同财产。后女儿丙出生，但甲不愿兑现承诺，导致夫妻感情破裂离婚，女儿丙随乙一起生活。后甲又与丁（女）结婚。未成年的丙因生重病住院急需医疗费20万元，甲与丁签订借款协议从夫妻共同财产中支取该20万元。下列哪一表述是错误的？（　　）（2014年国家司法考试试题）

　　A. 甲与乙离婚时，乙无权请求将门面房作为夫妻共同财产分割

　　B. 甲与丁的协议应视为双方约定处分共同财产

　　C. 如甲、丁离婚，有关医疗费按借款协议约定处理

　　D. 如丁不同意甲支付医疗费，甲无权要求分割共有财产

4. 黄某与唐某自愿达成离婚协议并约定财产平均分配，婚姻关系存续期间的债务全部由唐某偿还。经查，黄某以个人名义在婚姻存续期间向刘某借款10万元用于购买婚房。下列哪一表述是正确的？（　　）（2011年国家司法考试试题）

　　A. 刘某只能要求唐某偿还10万元

　　B. 刘某只能要求黄某偿还10万元

C. 如黄某偿还了 10 万元，则有权向唐某追偿 10 万元

D. 如唐某偿还了 10 万元，则有权向黄某追偿 5 万元

（二）多项选择题

1. 屈赞与曲玲协议离婚并约定婚生子屈曲由屈赞抚养，另口头约定曲玲按其能力给付抚养费并可随时探望屈曲。对此，下列哪些选项是正确的？（　　）（2016 年国家司法考试试题）

A. 曲玲有探望权，屈赞应履行必要的协助义务

B. 曲玲连续几年对屈曲不闻不问，违背了法定的探望义务

C. 屈赞拒不履行协助曲玲探望的义务，经由裁判可依法对屈赞采取拘留、罚款等强制措施

D. 屈赞拒不履行协助曲玲探望的义务，经由裁判可依法强制从屈赞处接领屈曲与曲玲会面

2. 董楠（男）和申蓓（女）是美术学院同学，共同创作一幅油画作品《爱你一千年》。毕业后二人结婚育有一女。董楠染上吸毒恶习，未经申蓓同意变卖了《爱你一千年》，所得款项用于吸毒。因董楠恶习不改，申蓓在女儿不满 1 周岁时提起离婚诉讼。下列哪些说法是正确的？（　　）（2015 年国家司法考试试题）

A. 申蓓虽在分娩后 1 年内提出离婚，法院应予受理

B. 如调解无效，应准予离婚

C. 董楠出售《爱你一千年》侵犯了申蓓的物权和著作权

D. 对董楠吸毒恶习，申蓓有权请求离婚损害赔偿

二、判断分析题

1. 甲、乙结婚的第十年，甲父去世前留下遗嘱，将其拥有的一套房子留给甲，并声明该房屋只归甲一人所有。甲、乙即使约定将该房屋变为共同财产，其协议也无效。

2. 甲男与乙女结婚后，借款 2 万元共同开办了一个养猪场，但因没有经验，猪经常死亡，造成严重亏损。一次甲男在去集市途中遇车祸死亡。由于甲男死亡，所欠 2 万元债务乙女只应承担 1/2 即 1 万元债务。

三、简答题

1. 离婚在当事人间产生哪些法律效力？

2. 夫妻共同债务具有什么特征？

3. 当事人请求离婚时的经济补偿必须具备什么条件？

四、论述题

1. 试述分割夫妻共同财产时应遵循的原则。

2. 试述离婚损害赔偿请求权的成立条件及权利行使的条件。

五、案例分析题

郑某为某企业的供销科长，婚前租住本厂一套二居室的套房。2010 年初经人介

绍认识了刘某，并于当年结婚。2011 年 12 月，刘某生一女孩。为了照顾家庭和小孩，郑某动员刘某辞去工作，专心在家料理家务。孩子出生二年后，因郑某经常在外跑业务，在家时间不多，又有传闻说郑某在外与一女子有暧昧关系，为此夫妻二人经常吵架，有几次郑某还动手打了刘某。

2017 年 1 月，刘某向法院起诉要求与郑某离婚，并提出以下请求：①孩子判归郑某抚养；②因离婚是由郑某的过错造成的，分割夫妻共同财产时，其应多分；③郑某应给予自己经济补偿，从 2011 年 12 月起至起诉时，每月补偿 1000 元；④郑某对自己实施了家庭暴力，理应对其给予离婚损害赔偿；⑤自己准备参加就业技能培训，请求郑某支付培训费 5000 元；⑥自己没有工作，要求离婚后继续租住现有住房，在找到工作之前郑某还应按月付给自己一定的生活费。郑某表示同意离婚，也同意抚养女儿，但因其经常出差在外，没时间照顾孩子，故愿意支付抚养费，孩子仍归刘某抚养；刘某长期不工作，家里的所有开支都是自己承担，故不应再多分财产；对刘某提出的第 3~6 项请求郑某也持不同意见。

请问：法院应否支持刘某的诉讼请求？

阅读参考文献

1. 张学军：《论离婚后的扶养立法》，法律出版社 2004 年版。
2. 李俊：《离婚救济制度研究》，法律出版社 2008 年版。
3. 陈思琴：《离婚后亲子关系法律制度研究》，中国社会科学出版社 2011 年版。
4. 冉启玉：《人文主义视阈下的离婚法律制度研究》，群众出版社 2012 年版。
5. 梁小平：《离婚损害赔偿制度研究》，中国政法大学出版社 2015 年版。
6. 陈苇主编：《婚姻家庭继承法学案例教程》，群众出版社 2017 年版。

第十二章

继承制度概述

❖学习的内容和重点

通过本章的学习，要求学生把握继承、继承权、遗产等基本概念，了解我国继承法的基本原则，重点掌握我国继承法规定的继承开始的时间，继承权的取得、丧失和行使，继承权的法律保护以及遗产的范围等基本知识。

导入案例

张某国与李某珍于1982年登记结婚，婚后育有二女张丽和张娜。张某国与李某珍于1998年共同购买了某市河滨小区8幢1－3－1号房屋。2001年1月3日，李某珍因病去世。2005年，张某国另与王碧玉登记结婚，居住在河滨小区8幢1－3－1号，张丽、张娜均已结婚并在外地工作。2007年1月，河滨小区8幢1－3－1号房屋拆迁。拆迁方在花园小区为张某国夫妇安置了住房一套（花园小区5幢4－2－2号），并发放旧房补偿款6.4万元、搬家补助费0.2万元、临时安置补偿费1.2万元。2017年2月1日，张丽、张娜因急需买房，向张某国提出分割部分补偿款，张某国以只有等他死后女儿们才有权继承遗产为由，拒绝了张丽、张娜的请求。因不满父亲的做法，2017年3月1日，张丽和张娜向当地人民法院起诉张某国，请求依法确认原告对其母亲遗产的继承权，并分割花园小区5幢4－2－2号房屋、旧房补偿款、搬家补助费、临时安置补偿费中属于母亲李某珍遗产的部分。

请问：

1. 对李某珍遗产的继承从何时开始？为什么？

2. 张丽、张娜起诉请求分割母亲的遗产是否已经超过诉讼时效？为什么？

3. 张丽、张娜起诉请求分割的上述财产中，哪些属于李某珍的遗产？为什么？

第一节　继承的概念和特征

一、继承的概念

"继承"一词的含义，有广义与狭义之分。广义的继承，是指生者对死者生前享有的权利和承担的义务的承受，其内容不仅包括财产继承，还包括身份继承。身份继承是指生者承袭死者的身份，如继承王位、爵位或家长身份等。狭义的继承，即财产继承，是指生者对死者的财产权利和义务的承受。我国古代社会以身份继承为主，是广义的继承。现代社会绝大多数国家已无身份继承而专行财产继承，故当代的"继承"一词是指狭义的继承，即财产继承的简称。

所谓继承制度，是指将死者生前遗留的财产权利和义务，依法律的规定或依死者的遗嘱指定转移给他人承受的法律制度。在继承关系中，遗留财产的死者称为被继承人，死者遗留的个人财产称为遗产，依法或依遗嘱继承遗产的人称为继承人，继承人依法或依遗嘱取得遗产的权利称为继承权。[1] 继承制度的内容主要包括有关遗产的转移方式（法定继承、遗嘱继承、遗赠等）、法定继承人的范围和顺序、遗产范围、遗产的处理原则和分割方法以及被继承人债务的清偿等法律制度。继承法则是调整自然人死亡后所发生的财产移转关系的法律规范的总称。

二、继承的特征

继承是民事法律关系的重要组成部分之一，这种民事法律关系具有不同于其他民事法律关系的特征，主要如下：

（一）财产继承关系的发生以被继承人死亡为原因

一般民事法律关系的发生原因，多数是民事法律行为。而财产继承关系的发生原因，则是被继承人死亡这一法律事实的出现。因为，财产继承关系是以财产所有权为基础的，是财产所有权的延伸和继续。[2] 只有被继承人死亡后，其遗留的个人所有的合法财产才是遗产，才能发生遗产所有权转移给继承人的财产继承关系。

（二）财产继承人只能是与被继承人有一定亲属身份关系的自然人

一般民事法律关系的主体，可以是自然人、法人或国家，而财产继承人只能是自然人，因为财产继承与一定的亲属身份关系相联系。按我国《继承法》的规定，财产继承人只能是与被继承人之间存在婚姻、血缘或扶养关系的自然人。[3] 国家、法人及其他社会组织都不能成为财产继承人，只能作为遗赠受领人。此外，国家或集体组织对于无人继承又无人受遗赠的遗产，可作为取得该遗产的主体。

（三）财产继承的内容是财产权利和财产义务的全面承受

与单务民事法律关系的权利主体只享有财产权利不同，按我国《继承法》的规定，财产继承关系的权利主体即继承人，既享有继承遗产的权利，又承担在遗产实际价值范围内清偿被继承人生前所负债务的义务。即财产继承关系的内容是继承人对财产权利和财产义务的全面承受，是取得财产权利和履行财产义务的统一。因此，财产继承的标的，即权利义务指向的对象，不仅包括积极财产即遗产，而且包括消

---

〔1〕 参见佟柔主编：《继承法教程》，法律出版社1986年版，第1页。
〔2〕 刘素萍主编：《继承法》，中国人民大学出版社1988年版，第23页。
〔3〕 参见《继承法》第10～12条。

极财产即被继承人遗留的个人债务及应缴纳的税款。此外，在附义务的遗嘱继承情况下，财产继承的标的，除包括积极财产和消极财产外，还可以是遗嘱人指定遗嘱继承人必须履行的某些行为。

（四）财产继承的结果是继承人无偿取得遗产所有权

财产继承是财产所有权转移的一种方式。它不同于有偿民事法律关系需给付相应代价才能取得财产所有权，也不同于赠与财产关系是公民生前赠与其个人所有财产，使受赠人无偿取得该财产所有权。它是于被继承人死亡后由其继承人依法或依遗嘱无偿取得遗产。即财产继承的结果是继承人无偿取得遗产的所有权。

财产继承也不同于分家析产。两者的主要区别是：①从发生的原因看，前者基于被继承人死亡而发生；后者基于家庭共有财产人请求而发生。②从财产关系的性质看，前者是被继承人的遗产通过继承转移给继承人所有；后者是家庭共有财产通过分家析产变为家庭成员分别所有，不发生财产所有权的转移。③从财产的范围看，遗产仅限于被继承人死亡后遗留的个人合法财产，应把夫妻共有财产和家庭共有财产中被继承人享有的份额分离出来，先析产后继承；而分家析产的财产范围仅限于家庭共有财产。

第二节　我国继承法的基本原则

财产继承法律制度是人类社会出现私有制和阶级以后，随国家的产生而产生的。它同其他法律制度一样，是建立在一定社会经济基础上的上层建筑，由经济基础所决定，又为一定的经济基础服务。我国社会主义继承制度是建立在以社会主义公有制为主体的经济基础之上的，是为维护公民的财产权益，实现社会主义家庭的生产、消费和养老育幼等职能服务的。我国 1950 年、1980 年先后颁行的两部《婚姻法》均规定，夫妻、父母子女有互相继承遗产的权利。我国 1954 年及以后修订的历部《宪法》也都确认，国家保护公民的私有财产的继承权。我国 1985 年《继承法》以宪法为根据，与《民法通则》《婚姻法》的有关规定相一致，全面贯穿着保护公民私有财产继承权、继承权男女平等、养老育幼及照顾病残、权利义务相一致、互谅互让协商处理遗产等基本原则。这些基本原则是制定、解释、执行和研究我国《继承法》的出发点和依据。[1]

---

[1] 有关中国内地与港、澳、台地区继承法基本原则的比较研究，参见陈苇、宋豫主编：《中国大陆与港、澳、台继承法比较研究》，群众出版社 2007 年版，第 76～84 页。有关外国继承法基本原则的比较研究，参见陈苇主编：《外国继承法比较与中国民法典继承编制定研究》，北京大学出版社 2011 年版，第 44～82 页。

一、保护公民私有财产继承权原则

我国现行《宪法》第 13 条第 2 款规定："国家依照法律规定保护公民的私有财产权和继承权。"宪法确立的保护公民私有财产继承权的原则，是我国社会主义继承法的立法依据。我国《继承法》第 1 条明确规定："根据《中华人民共和国宪法》规定，为保护公民的私有财产的继承权，制定本法。"我国《继承法》始终贯穿了保护公民私有财产继承权这一宪法规定的原则，反映了民法的私有财产权神圣原则之精神。

（一）保护公民私有财产继承权的必要性

（1）是保护公民个人财产所有权的需要。财产继承权是财产所有权的延伸。保护公民私有财产继承权，是保护公民个人财产所有权的需要。在我国社会主义初级阶段，坚持以公有制为主体、多种所有制经济共同发展的基本经济制度，坚持以按劳分配为主体、多种分配方式并存的分配制度。公民的个人所有财产受法律保护，可以调动人们的劳动积极性，促进经济发展。法律允许将公民死后遗留的个人所有财产转移给他的继承人，这是保护公民个人财产所有权的必然要求。

（2）是调动人们积累财富的积极性的需要。保护公民私有财产继承权，有利于调动人们为社会、家庭和个人积累财富的积极性，有利于增加生产，厉行节约。

（3）是实现家庭职能的需要。保护公民私有财产继承权，是实现家庭职能的需要。在我国现阶段，家庭仍然承担着养老育幼、生产、消费等职能。保护公民私有财产继承权，可保证家庭实现这些职能有一定的物质条件。

（二）保护公民私有财产继承权原则在我国《继承法》中的体现

保护公民私有财产继承权原则，在我国《继承法》中主要体现在以下方面：

（1）公民死亡时遗留的个人所有财产依法可以作为遗产，依法或依遗嘱由死者的继承人继承。

（2）公民的遗产继承权不受非法剥夺。公民的继承权，如不具有法定事由，不得被法院判决剥夺或自然丧失，非依合法有效的遗嘱也不得被取消。

（3）公民的遗产继承权受法律保护。公民的继承权受到非法侵害时，公民有权请求人民法院依法予以保护。

二、继承权男女平等原则

我国现行《宪法》第 48 条第 1 款规定："中华人民共和国妇女在政治的、经济的、文化的、社会的和家庭的生活等各方面享有同男子平等的权利。"我国现行《婚姻法》第 13、17、24 条明确规定了夫妻在家庭中地位平等，夫妻对共同所有的财产，有平等的处理权，夫妻有相互继承遗产的权利等内容。我国《继承法》第 9 条规定，继承权男女平等。

（一）继承权男女平等原则的意义

男女平等原则，既是我国现行《宪法》和《婚姻法》规定的一项重要原则，也是我国《继承法》的一项重要原则，它反映了民法的平等原则之精神。继承权男女平等，是我国近现代社会的继承制度区别于我国古代封建社会继承制度的一个显著标志。在旧中国，从西周到民国初期的制度，都是实行宗祧继承。遗产的继承以嫡长子为主或诸子均分，女儿一般无继承权，只有在"户绝"的情况下，才由女儿继承，而立嗣制度又排斥了女儿的继承权。至民国时期的 1930 年"民法继承编"，始废除了宗祧继承，规定男女有平等的继承权，但在半殖民地半封建社会条件下，实际上未能得到贯彻执行。中华人民共和国成立后，颁布了 1950 年《婚姻法》，废除了封建婚姻家庭制度，确立了婚姻自由、男女平等的原则，旧中国以男子为中心的宗祧继承制度也被彻底废除，妇女享有与男子平等的继承权。在司法实践中，我国各级人民法院审理婚姻家庭继承案件，始终坚持继承权男女平等原则。但由于封建思想的残余影响，在我国有些地方，尤其是有些偏远农村，还存在忽视妇女财产继承权或否定妇女财产继承权的情况。因此，我国《继承法》明确规定继承权男女平等。[1] 这有利于消除歧视妇女继承权的封建思想的影响，保护妇女的合法权益。

（二）继承权男女平等原则在我国《继承法》中的体现

继承权男女平等原则在我国《继承法》中主要体现为：

（1）法定继承权男女平等。在法定继承时，确定法定继承人的范围、顺序，不因男女性别的不同而有差异，并且继承遗产的份额是男女平等。即不以性别决定公民有无继承权或继承顺序的先后。每一类继承人和每一顺序继承人中，既有男性也有女性。例如，夫与妻、子与女、父与母都平等地作为第一顺序法定继承人。同时，继承遗产份额的多少也不因男女性别不同而有差异。在法定继承人所尽义务大体相同且无其他特殊情况时，男女继承人继承遗产的份额应均等。

（2）代位继承权男女平等。自然人无论男女均可作为代位继承人。适用于父系的代位继承，同样也适用于母系。

（3）立遗嘱权男女平等。在遗嘱继承时，自然人无论男女均平等地享有按自己的意志，依法立遗嘱处分个人所有财产的权利。并且，自然人无论男女也都可以按遗嘱人的指定成为遗嘱继承人。

（4）死亡配偶的遗产与生存配偶的财产平等地受法律保护。我国《继承法》规定，对夫妻共同财产，"除有约定的以外，如果分割遗产，应当先将共同所有的财产的一半分出为配偶所有，其余的为被继承人的遗产"。

（5）丧偶男女平等地享有带产再婚的权利。我国《继承法》规定，夫妻一方死亡后另一方再婚的，有权处分所继承的财产，任何人不得干涉。这有利于防止现实

---

〔1〕　近年来，我国有些学者主张采用"继承权平等原则"一词代替"继承权男女平等原则"一词。因为，继承权平等应当既包括男女的继承权是平等的，还包括非婚生子女与婚生子女以及其他家庭成员的继承权都是平等的。所以，"继承权平等原则"与"继承权男女平等原则"两者相比，前者更能完整地反映继承权平等的立法精神。参见房绍坤、郭明瑞、唐广良：《民商法原理（三）》，中国人民大学出版社 1999 年版，第 566～569、572～573 页；陈苇、宋豫主编：《中国大陆与港、澳、台继承法比较研究》，群众出版社 2007 年版，第 41～43 页。

生活中一些地方出现的干涉寡妇带产再婚的违法行为。

三、养老育幼原则

养老育幼，即赡养老人、抚育未成年子女及照顾病残者，这是我国社会主义社会家庭的重要职能之一，也是我们中华民族的传统美德。

（一）养老育幼原则的意义

保护老人和儿童的利益是我国法律的一项原则。根据我国现行《宪法》第45、49条规定，中华人民共和国公民在年老、疾病或者丧失劳动能力的情况下，有从国家和社会获得物质帮助的权利，父母有抚养教育未成年子女的义务，成年子女有赡养扶助父母的义务，禁止虐待老人、妇女和儿童。我国现行《婚姻法》第21、28、29条亦明确规定了父母子女之间、祖孙之间、兄弟姐妹之间的扶养义务。

（二）养老育幼原则在我国《继承法》中的体现

养老育幼原则在我国《继承法》中主要体现在以下方面：

（1）根据养老育幼的需要，确定法定继承人的范围和顺序以及代位继承。我国《继承法》第10、11、12条规定，子女、父母、配偶为第一顺序继承人，兄弟姐妹、祖父母、外祖父母为第二顺序继承人。丧偶儿媳对公、婆，丧偶女婿对岳父母尽了主要赡养义务的，作为第一顺序继承人。并规定，被继承人的子女先于被继承人死亡的，由被继承人的子女的晚辈直系血亲代位继承。

（2）在遗产分配份额上，老弱病残者适当多分。我国《继承法》第13、14、28条规定，同一顺序继承人分配遗产时，一般应当均等。对生活有特殊困难的缺乏劳动能力的继承人，分配遗产时，应当予以照顾。对继承人以外的依靠被继承人扶养的缺乏劳动能力又没有生活来源的人，可以分给他们适当的遗产。遗产分割时，应当保留胎儿的继承份额。

（3）遗嘱应当对缺乏劳动能力又没有生活来源的继承人保留必要的遗产份额。依我国《继承法》第19条的规定，遗嘱应当对缺乏劳动能力又没有生活来源的继承人保留必要的遗产份额。依1985年《执行继承法意见》第37条的规定，遗嘱人未保留缺乏劳动能力又没有生活来源的继承人的遗产份额的，遗产处理时，应当为该继承人留下必要的遗产，所剩余的部分，才可参照遗嘱确定的分配原则处理。

（4）遗赠扶养协议制度，使老人、病残者生有所养，死有所葬。我国《继承法》第31条设立了遗赠扶养协议制度，老人、病残者或其他公民可以与扶养人或集体所有制组织签订遗赠扶养协议。按照协议，扶养人承担该公民生养死葬的义务，享有受遗赠（即被扶养人死后其遗产遗赠给扶养人）的权利。

四、权利义务相一致原则

权利与义务相一致是我国社会主义宪法的一个重要原则，也是我国《继承法》

的一个重要原则。[1] 马克思主义认为，"没有无义务的权利，也没有无权利的义务"。[2] 权利与义务是紧密联系在一起的，不允许任何公民只享受权利而不尽义务。权利与义务相一致原则在我国《继承法》中主要体现在以下方面：

（1）权利与义务一致是法定继承时确定某些法定继承人的身份、应继份额，以及继承人以外的人酌分遗产的依据之一。该原则在法定继承中表现为：

第一，有扶养关系是发生法定继承权的根据之一。丧偶的儿媳对公婆、丧偶的女婿对岳父母尽了主要赡养义务的，作为第一顺序继承人。继兄弟姐妹之间的继承权，因继兄弟姐妹之间的扶养关系而发生。没有扶养关系的，不能互为第二顺序继承人。[3]

第二，对被继承人尽扶养义务的多少，是在同一顺序法定继承人中确定分配遗产份额的依据之一。对被继承人尽了主要扶养义务或与被继承人共同生活的继承人，分配遗产时，可以多分。有扶养能力和有扶养条件的继承人，不尽扶养义务的，分配遗产时，应当不分或者少分。

第三，对被继承人尽扶养义务是法定继承时确定酌分遗产人及其酌分遗产份额的依据。继承人以外的对被继承人扶养较多的人，可以分给他们适当的遗产。分给他们遗产时，按具体情况可多于或少于继承人。[4]

（2）接受遗嘱继承或遗赠以履行遗嘱所附义务为前提条件。遗嘱继承或者遗赠附有义务的，继承人或者受遗赠人应当履行义务。没有正当理由不履行义务的，经有关单位或者个人请求，人民法院可以取消他接受遗产的权利。

（3）继承人继承遗产，同时应在遗产实际价值范围内承担清偿被继承人依法应当缴纳的税款和债务的义务。继承人放弃继承的，对被继承人依法应当缴纳的税款和债务可以不负偿还责任。

（4）故意杀害被继承人、遗弃被继承人或者虐待被继承人且情节严重的继承人，丧失继承权。

（5）按遗赠扶养协议，扶养人承担该公民生养死葬的义务，享有受遗赠的权利。

五、互谅互让、协商处理遗产的原则

我国《继承法》第 15 条规定："继承人应当本着互谅互让、和睦团结的精神，协商处理继承问题……"这反映了我国社会主义家庭关系和社会主义道德风尚的要求。并且，当事人协商处理继承问题，也体现了民法的意思自治原则之精神。互谅

---

〔1〕　近年来，我国有些学者认为"权利义务相一致原则"不是继承法的基本原则。因为继承法的基本原则在效力方面具有完全性，它贯穿于继承法的始终。"权利义务相一致原则"在法定继承或遗嘱继承中都不能完全适用。所以，它"只能作为遗产分配的一项具体原则"。参见陈苇、宋豫主编：《中国大陆与港、澳、台继承法比较研究》，群众出版社 2007 年版，第 37 页。

〔2〕　《马克思恩格斯选集》（第 2 卷）；人民出版社 1972 年版，第 137 页。

〔3〕　1985 年《执行继承法意见》第 24 条。

〔4〕　参见 1985 年《执行继承法意见》第 31 条。

互让、协商处理遗产的原则[1]在我国《继承法》中主要表现为：

（1）在法定继承时，同一顺序的继承人可协商确定各自继承的遗产份额。即在法定继承时，同一顺序继承人继承遗产的份额，一般应当均等。但继承人协商同意，也可以不均等。

（2）遗产分割的具体时间和办法，可由继承人协商确定。继承从被继承人死亡时开始，但无论是实行法定继承或者是实行遗嘱继承（除遗嘱另有指定外），遗产分割的具体时间和办法，均可以由继承人协商确定。在我国现实生活中，实行法定继承时较为普遍的做法是，当父母一方死亡，另一方尚生存时，子女们一般互相协商不进行遗产分割，待父母双亡后再分割遗产。[2]

第三节　继承的开始

一、继承开始的时间

（一）继承开始时间的确定

我国《继承法》第2条规定："继承从被继承人死亡时开始。"即确定继承开始的时间，应以被继承人死亡的时间为准。

被继承人死亡包括自然死亡（即生理死亡）和宣告死亡两种情况。自然人的"生理死亡时间"应以医学上公认的方法所确定的生命终止时间为准。被宣告死亡的人，人民法院宣告死亡的判决作出之日视为其死亡的日期；因意外事件下落不明宣告死亡的，意外事件发生之日视为其死亡的日期。[3]

1985年《执行继承法意见》第2条规定："相互有继承关系的几个人在同一事件中死亡，如不能确定死亡先后时间的，推定没有继承人的人先死亡。死亡人各自都有继承人的，如几个死亡人辈分不同，推定长辈先死亡；几个死亡人辈分相同，推定同时死亡，彼此不发生继承，由他们各自的继承人分别继承。"

（二）继承开始时间的法律意义

1. 继承开始时间是遗产所有权开始转移给继承人的时间。继承开始时间是继承权从期待权变为既得权的时间，是遗产所有权开始转移给继承人的时间。在继承开始前，继承人对被继承人的遗产仅有期待权，具有将来承受遗产的可能性。只有在

〔1〕　近年来，我国有些学者认为"互谅互让、协商处理遗产的原则"不是继承法的基本原则。因为，继承法的基本原则在效力方面具有完全性，它贯穿于继承法的始终。"互谅互让、协商处理遗产原则是对法定继承人分割遗产的倡导性规定，不适用于遗嘱继承"，所以它不能成为继承法的基本原则。参见陈苇、宋豫主编：《中国大陆与港、澳、台继承法比较研究》，群众出版社2007年版，第37页。
〔2〕　关于当代中国民众继承习惯的特点及发展趋势预测，参见陈苇（项目负责人）：《当代中国民众继承习惯调查实证研究》，群众出版社2008年版，第37~75页。
〔3〕　参见《民法总则》第48条。

继承开始时，继承人的继承权既未放弃也未丧失的，其继承遗产的期待权则转化为既得权，继承人才有资格实际继承被继承人的遗产。也就是说，继承开始时，被继承人生前个人所有的财产转化为遗产，其所有权转移，归有权获得该遗产的人所有。

2. 继承开始的时间是确定遗产范围的时间。在被继承人死亡前，遗产的范围不能被确定。因为随情况的变化，被继承人生前的个人所有财产可能会有变动。只有在被继承人死亡时，其遗留的个人财产范围才能被确定下来。被继承人死亡时遗留的个人所有财产才是遗产。

3. 继承开始的时间是确定继承人范围的时间。只有在继承开始时尚生存着的继承人才有资格参加继承，取得被继承人的遗产。在继承人先于被继承人死亡的情况下，如果先亡者为被继承人的子女，则由被继承人的子女的晚辈直系血亲代位继承；如果先亡者为除被继承人的子女外的其他继承人，则不能发生代位继承。

4. 继承开始的时间是确定遗产转移方式和遗嘱是否有执行效力的时间。继承开始时，才能确定遗产转移的方式：有遗赠扶养协议的，按协议办理；无协议而有遗嘱的，按遗嘱继承或遗赠办理；没有协议和遗嘱，或协议和遗嘱未处分的遗产，适用法定继承。同时，继承开始时也是确定遗嘱是否有效的时间，只有在被继承人死亡时符合法定条件和形式的遗嘱，才具有法律效力，才能够被执行。

5. 继承开始的时间是确定保护继承权 20 年诉讼时效期间的起算点。我国《继承法》第 8 条规定："继承权纠纷提起诉讼的期限为 2 年，自继承人知道或者应当知道其权利被侵犯之日起计算。但是，自继承开始之日起超过 20 年的，不得再提起诉讼。"即继承权请求保护的（20 年）长期时效的起算点，始于继承开始的时间。

最后必须明确，继承开始的时间与遗产的分割时间既有区别又有联系。①两者的区别在于，继承开始的时间，是被继承人遗产所有权转移给继承人、受遗赠人等人所有的时间。这个时间是不能由继承人或其他任何人加以改变的。遗产分割的时间，是继承人实际取得被继承人遗产的时间。这个时间可以由继承人经过协商加以确定。所以，继承开始的时间与遗产分割的时间往往不是一致的，其间都或长或短有一定的时间距离。在这段时间里，继承开始后，继承人没有表示放弃继承，并于遗产分割前死亡的，其继承遗产的权利转移给他的合法继承人。因为在继承开始后，该继承人已取得了其应继承的遗产所有权，故其于遗产分割前死亡的，他享有的遗产份额应当由其合法继承人继承。这就是"转继承"。②两者的联系在于，继承开始之时，亦为遗产分割的效力开始之时。即使遗产分割的实际时间晚于继承开始的时间，遗产分割的效力也应溯及继承开始时。因而如果遗产在分割前产生了孳息或债务，那么，该孳息或债务应随遗产一起转移给该遗产的继承人。

二、继承开始的地点

继承开始的地点指继承开始的具体地方。我国《继承法》对此无明文规定。在司法实践中，通常以被继承人生前最后住所地（一般也为户籍所在地）为继承开始的地点。如果主要遗产不在被继承人生前最后住所地或被继承人最后住所地不明的，则以被继承人主要遗产所在地为继承开始的地点。

确定继承开始的地点的法律意义在于：①继承开始的地点是召集继承人、受遗赠人等有权取得遗产的人，前来接受遗产的场所；②继承开始的地点是清点被继承人的遗产，并加以妥善保管，清偿被继承人的债务，执行遗赠，继承人协商分割遗产的场所；③继承开始的地点是继承遗产纠纷的诉讼地。按我国现行《民事诉讼法》第33条第3项的规定，因继承遗产纠纷提起的诉讼，由被继承人死亡时住所地或者主要遗产所在地人民法院管辖。

三、继承的通知

继承的通知，是指将被继承人死亡、继承开始的情况告诉继承人、遗嘱执行人的行为。我国《继承法》第23条规定："继承开始后，知道被继承人死亡的继承人应当及时通知其他继承人和遗嘱执行人。继承人中无人知道被继承人死亡或者知道被继承人死亡而不能通知的，由被继承人生前所在单位或者住所地的居民委员会、村民委员会负责通知。"通知的形式可以是书信、电报、电话、口传等，也可以采用公告形式，以便继承人、遗嘱执行人及时前来参加继承，执行遗嘱。[1]

第四节　继承法律关系

一、继承法律关系的概念

继承法律关系是指由继承法律规范调整的社会关系。[2] 它是因被继承人死亡而在继承人、受遗赠人、继承参与人等相互之间，以及他们与继承人以外的其他民事主体之间所发生的权利义务关系。

二、继承法律关系三要素

继承法律关系同其他民事法律关系一样，由主体、客体、内容三个要素组成。

（一）继承法律关系的主体

继承法律关系的主体是指在财产继承中，享有一定的权利和承担一定的义务的

---

〔1〕 必须注意，继承开始后，为保护继承人与遗产债权人的利益，应当进行遗产管理。继承的通知只是遗产管理的内容之一。目前，我国《继承法》尚无全面系统的遗产管理制度，有关外国遗产管理制度的比较评析以及我国遗产管理制度的立法建议，参见陈苇主编：《外国继承法比较与中国民法典继承编制定研究》，北京大学出版社2011年版，第122～123、139～140页；薛宁兰、邓丽："构建我国遗产管理制度的若干思考"，载《中国继承法修改热点难点问题研讨会论文集》，西南政法大学民商法学院和外国家庭法及妇女理论研究中心2012年编印，第238～248页；杜江涌："遗产管理人制度研究"，载陈苇主编：《中国继承法修改热点难点问题研究》，群众出版社2013年版，第437～463页；陈苇、石婷："我国设立遗产管理制度的社会基础及其制度构建"，载《河北法学》2013年第7期；石婷：《遗产管理制度研究》，群众出版社2017年版，第202～228页。

〔2〕 参见刘春茂主编：《中国民法学·财产继承》，中国人民公安大学出版社1990年版，第73～74页。

人。继承法律关系的主体与继承的主体不同。前者的范围较广，包括继承人（法定继承人、遗嘱继承人）、受遗赠人、继承参与人，以及其他相关民事主体；后者专指继承人。在继承法律关系主体中，继承人、受遗赠人是基本主体，他们既是最基本的权利主体，即遗产的最基本的受益人，也是最基本的义务主体，即履行清偿被继承人债务或遗嘱所附义务的承担者。继承参与人是指继承人、受遗赠人以外的所有参加继承的人，包括遗产管理人、遗嘱见证人、遗嘱执行人、酌分遗产人、遗产债权人、遗产债务人等。他们在参与继承活动中，有的享有一定权利，有的承担一定义务。而一切社会组织和其他公民，都是继承法律关系的义务主体，都负有不得侵犯权利主体享有的权利的义务。

必须明确的是，被继承人不是继承法律关系的主体。因为自然人的民事权利能力始于出生，终于死亡。继承从被继承人死亡时开始，继承法律关系发生之时，也就是被继承人的民事权利能力终止之时，故被继承人不是继承法律关系的主体。此外，应明确，每一个权利主体相对于其他权利主体而言，也是义务主体，同样负有不得侵犯其他继承人继承权利的义务。

（二）继承法律关系的内容

继承法律关系的内容是指遗产继承中的权利义务关系，即继承法律关系的主体，如继承人、受遗赠人、继承参与人等，在遗产继承活动中享有的权利和承担的义务。继承法律关系中的权利，包括对被继承人遗产的继承权、受遗赠权、酌分遗产权、债权等；继承法律关系中的义务，包括清偿被继承人依法应当缴纳的税款和债务的义务，以及被继承人在遗嘱中所附的义务（可以是财产性义务，也可是某种行为）等。

必须指出的是，继承法律关系中的权利与义务往往是紧密联系，不可分割的。继承法律关系的权利主体往往又是义务主体。如继承人既有继承遗产的权利，也要承担清偿死者债务（包括缴纳税款）的义务；在附义务的遗赠中，受遗赠人享有取得遗赠的权利，承担遗嘱指定必须履行的义务；等等。并且继承法律关系中的各种主体，如继承人、受遗赠人、酌分遗产人、遗嘱执行人等，所享有的权利和承担的义务是不尽相同的。

根据继承法律关系的主体不同，继承法律关系大体包括继承人与继承人以外的不特定的第三人之间的权利义务关系、共同继承人之间的权利义务关系、继承人与受遗赠人之间的权利义务关系、继承人与遗产酌分请求权人之间的权利义务关系、继承人与被继承人的债权人之间的权利义务关系等因被继承人死亡而发生的民事法律关系。[1]

（三）继承法律关系的客体

根据民法原理，民事法律关系的客体是指权利义务所指向的对象或标的。继承

---

〔1〕　张玉敏：《继承法律制度研究》，法律出版社 1999 年版，第 20～21 页。

法律关系的客体，则是指继承法律关系中权利义务所指向的对象或标的。如前所述，继承法律关系依主体的不同可以划分为不同种类的民事法律关系。而不同性质的民事法律关系，其权利义务所指向的对象或标的是不同的。

继承的客体是指继承开始后继承人承受的权利和义务所指向的对象。即其权利指向的对象是遗产及死者遗留的其他不具有人身专属性的财产法律地位等，其义务指向的对象包括死者的债务（包括应缴纳的税款）、遗嘱指定的继承人必须履行的某些行为等。我国《继承法》第3、33、21条分别规定："遗产是公民死亡时遗留的个人合法财产……""继承遗产应当清偿被继承人依法应当缴纳的税款和债务……""遗嘱继承或者遗赠附有义务的，继承人或者受遗赠人应当履行义务……"此外，依据民法原理，被继承人死亡时遗留的不具有人身专属性质的其他财产法律地位，继承人也得继承。例如，被继承人权利取得权原有之瑕疵、被继承人所负担出卖人之瑕疵担保责任、被继承人处分不动产尚未履行登记之地位、所有权转移之登记义务等，均得继承。又如，有限责任股东的法律地位，以及诉讼之权利义务得移转于继承人而该诉讼因当事人之死亡中断的诉讼法律地位，继承人也得继承。[1] 根据我国《民事诉讼法》第150条及《民事诉讼法解释》第55条规定，在民事诉讼中，一方当事人死亡，人民法院应及时通知其继承人作为当事人承担诉讼。[2] 总之，继承人在继承开始后所继承的对象，既包括遗产和被继承人遗留的其他财产法律地位（包括某些诉讼法律地位），又包括被继承人的债务（应缴纳的税款在内）和遗嘱对遗嘱继承人、受遗赠人所附加的某些负担（履行某些行为）。因此，我国有些学者指出，继承的客体是继承开始后被继承人在财产法上的法律地位。也就是说，继承人在继承开始后概括地承受被继承人遗留的财产上之一切权利义务，但权利义务专属于被

---

〔1〕 史尚宽：《继承法论》，中国政法大学出版社2000年版，第159~161页。

〔2〕 但依据现行《民事诉讼法》第151条的规定，离婚案件一方当事人死亡的，或者追索赡养费、扶养费、抚育费以及解除收养关系案件的一方当事人死亡的，终结诉讼。因此，这些案件中被继承人的诉讼地位，继承人不能继承。

继承人本人者除外。[1]

第五节　继承权

一、继承权的概念和特征

（一）继承权的概念和种类

继承权是公民依照法律的规定或被继承人生前所立合法有效遗嘱的指定，享有的继承被继承人遗产的权利。该词汇经常在两种意义上被使用：①客观意义上的继承权；②主观意义上的继承权。[2]

1. 客观意义上的继承权。客观意义上的继承权，又称继承期待权，是指继承开始前推定继承人法律上的地位，为将来继承开始时得为继承之希望的地位。它的产生是基于法律的规定（如法定继承权）或遗嘱的指定（如遗嘱继承权），与继承人本人的主观意志无关，具有客观性，并且它本身并不具有直接的财产内容，仅仅是一种将来具有实现可能性的财产权利，即继承人有将来参加继承取得遗产的可能性。台湾学者史尚宽先生指出："推定继承人对于被继承人财产之处分，不得为任何之异议，唯有特留分权人于继承开始后为特留分之保全，得请求被继承人处分之扣减，从而无论以此种继承权为期待权或为附条件之权利，不发生现在被侵害之问题，不得为处分之标的，其性质甚为薄弱。加之，推定继承人之地位因死亡或继承权丧失而被剥夺，因先顺序或同顺序继承人之出现全部或一部被覆灭。"[3] 即由于法定继承人可能因法定事由而丧失其继承遗产的权利，遗嘱继承人也可能因遗嘱的变更、撤销或无效而丧失遗嘱继承权，等等，故继承人将来继承取得遗产只是一种可能性。

---

[1] 必须指出，对继承的客体，目前我国学术界有三种学说：遗产说、遗产和债务说、法律地位说。我们赞同法律地位说。正如史尚宽先生所指出的："继承的客体，只需于继承开始时为被继承人的权利义务，不以其效力确定为必要，故附条件或未届期之权利义务，不妨为继承之标的。只需属于财产上之权利义务，其种类在所不同。财产法之形成权、抗辩权，亦为继承之对象。虽非具体的权利义务，仅为法律之地位，亦不妨继承。但属于身份之权利义务，不在其内、故个人的人格权、亲属的身份权，不得继承。扶养之权利义务内容，虽与财产有关，然性质上基于身份，亦原则上不得继承。唯扶养义务人迟延给付之已现实化的扶养费债务，与通常之债权债务同样，由继承人继承。被继承人一身专属之权利，因被继承人死亡而消灭，亦不为继承之对象……法律上禁止让与之权利义务，亦不认有继承。"参见史尚宽：《继承法论》，中国政法大学出版社2000年版，第153~154页。即这种法律地位，是在继承开始时被继承人遗留的、依其性质和法律规定是可以继承的、专属于被继承人个人的财产法律地位。参见张玉敏：《继承法律制度研究》，法律出版社1999年版，第34~38页。此外，我国还有学者认为，继承权的权利说更能反映继承权的本质。参见杨立新、朱呈义：《继承法专论》，高等教育出版社2006年版，第64页。

[2] 参见郭明瑞、房绍坤编著：《继承法教程》，法律出版社1996年版，第62~66页。

[3] 史尚宽：《继承法论》，中国政法大学出版社2000年版，第92~93页。

只有当具备法定条件，即出现了一定的法律事实时，这种可能性继承权转化为现实性继承权（即主观意义上的继承权），才能给继承人带来实际的财产利益。所以，客观意义上的继承权又被一些学者称为"继承期待权"。

2. 主观意义上的继承权。主观意义上的继承权，又称继承既得权，是指继承开始时，继承人享有的对被继承人的遗产实际取得的权利。它反映了继承开始后继承人的法律地位。这种继承权与继承人的主观意志相联系，继承人既可以接受，也可以放弃，并且它是一种具有现实性的财产权利，可以给继承人带来实际财产利益，即实际取得被继承人遗产的继承权。所以，主观意义上的继承权又被一些学者称为"继承既得权"。

总之，继承人享有客观意义上的继承权，只表明他具有取得被继承人遗产的法律地位，但并未实际取得被继承人的遗产；只有当继承人享有主观意义上的继承权时，他才能实际取得被继承人的遗产。由客观意义上的继承权转化为主观意义上的继承权，必须具备以下两个条件：

（1）必须是被继承人已经死亡（如果是遗嘱继承，还须被继承人生前立有合法有效的遗嘱）。因为继承始于被继承人死亡之时，如被继承人尚生存，则不能发生继承问题。

（2）必须是被继承人遗留有遗产。如果未留有遗产，继承权则因无具体的标的而无法实现。

当上述两个条件同时具备时，客观意义上的可能性继承权转化为主观意义上的现实性继承权。至于"继承人没有丧失继承权"，有的学者认为也是继承期待权向继承既得权两者的转化条件之一。我们认为，如果继承人在前者向后者转化之前已丧失继承权，即丧失继承期待权，就谈不到转化问题。只有继承人享有继承期待权，才谈得上转化问题。所以，"继承人没有丧失继承权"不应作为两者转化的条件之一。

（二）继承权的法律特征

继承权有以下法律特征：

1. 继承权是一种财产权。继承权是继承人通过继承取得被继承人遗产所有权的一种财产权利。即继承权是所有权的延伸，是所有权派生出来的一种财产权，而非身份权。

2. 继承权属于绝对权，具有排他性。继承权的权利主体是特定的，即继承人，如法定继承人或遗嘱继承人；义务主体是不特定的，是除继承人以外的其他民事主体，包括自然人、法人及其他社会组织等。权利主体无须经义务主体实施一定行为即可实现其权利，义务主体则负有不妨碍权利主体行使继承权和不得侵犯继承权的义务。在共同继承的情况下，每一个共同继承人，相对其他共同继承人而言，也是义务主体，负有不妨碍其他共同继承人行使其继承权和不侵犯他人继承权的义务。

3. 继承权的权利主体只能是与被继承人有一定亲属关系的自然人。按我国《继承法》规定，能够作为法定继承人和遗嘱继承人成为继承权权利主体的只能是自然人。因为继承关系是基于婚姻、血缘、家庭等方面的人身关系而产生的财产关系，继承权的享有以与被继承人之间有一定亲属身份关系为前提。亲属关系只能发生在自然人之间，只有与被继承人有一定亲属身份关系的自然人才能作为继承人。国家、法人、社团等均不能作为继承权的权利主体。它们接受遗产时，只能以受遗赠人的身份取得遗赠财产，或以其原来固有的身份取得无人承受的遗产。

4. 继承权的客体只能是遗产。继承权是公民享有的一种财产权，其客体只能是被继承人的遗产，包括死者遗留的财产和财产权利。至于死者的债务，属于继承法律关系中义务所指向的客体，而非继承权的客体。公民的人身权以及某些与公民的人身不可分离的财产权，也不能作为继承权的客体，只能随公民的死亡而消灭。

5. 继承权的实现以特定的法律事实的出现为前提。继承从被继承人死亡时开始。在被继承人死亡前，法律规定或遗嘱指定的继承权，还只是公民具有的将来继承遗产的法律地位，即继承人具有将来继承被继承人遗产的可能性，但并未实际取得任何财产利益。只有当被继承人死亡且留有遗产这一法律事实出现时，继承才开始。享有继承权的公民即直接当然地取得被继承人的遗产，但表示放弃继承或丧失继承权的除外。至此，继承权得以最终实现。

二、继承权的取得

继承权取得的根据有两种：①法律的直接规定；②合法有效遗嘱的指定。因法律直接规定而取得的继承权，是法定继承权；因合法有效遗嘱的指定而取得的继承权，是遗嘱继承权。

（一）法定继承权的取得

法定继承权是基于法律的直接规定取得的。取得法定继承权的根据，主要是血缘关系和婚姻关系。但现代一些国家立法已突破了传统，将与被继承人形成扶养关系（或共同生活关系）作为取得法定继承权的根据之一。在我国，法定继承权取得的根据有三，即婚姻关系、血缘关系和扶养关系。

（1）因婚姻关系而取得法定继承权。根据我国现行《婚姻法》第24条和《继承法》第10条的规定，夫妻有相互继承遗产的权利。配偶为第一顺序法定继承人。夫妻间的遗产继承权，又称配偶继承权，它是基于合法婚姻关系的成立而产生的一种财产权利。婚姻关系是家庭关系的基础和核心，夫妻之间具有密切的人身关系和财产关系。当配偶一方死亡时，生存配偶依法律规定为法定继承人，对死亡配偶的遗产享有继承权。这有利于保护生存配偶的合法权益。

（2）因血缘关系而取得法定继承权。血缘关系是以婚姻关系为前提，基于出生而产生的亲属关系，如父母子女关系、兄弟姐妹关系、祖孙关系。因血缘关系而取得继承权，是古今中外立法的通例，一般都按照血缘关系的远近确定法定继承人的范围和顺序。其目的是保证实现家庭养老育幼的职能，使人类社会得以延续。从现实生活中看，血缘关系较近的亲属往往相互关系密切，生活上相互关心和帮助，经济上相互扶助和依赖，有的还共同生活在一个家庭之中。所以，我国现行《婚姻法》第 24 条和《继承法》第 10、11 条以血缘关系为根据，规定父母子女、兄弟姐妹、祖孙等近血缘亲属为法定继承人，相互享有继承权。这有利于实现家庭养老育幼的职能。

（3）因扶养关系而取得法定继承权。按我国《继承法》规定的精神，扶养关系也是取得法定继承权的根据之一。《继承法》第 12 条规定："丧偶儿媳对公、婆，丧偶女婿对岳父、岳母，尽了主要赡养义务的，作为第一顺序继承人。"诚然，丧偶儿媳、丧偶女婿与公婆、岳父母之间没有血缘关系，是姻亲关系，相互本无继承权。但如果前者对后者尽了主要赡养义务，则相互间形成扶养关系，依法律的规定，前者可作为后者的法定继承人，享有法定继承权。目前，在我国，家庭仍是社会的基本细胞，担负着养老育幼（包括照顾病残者和生活特殊困难者）的职能。社会主义道德亦提倡尊老爱幼，要求家庭成员之间互相关心和互相帮助。我国法律正是基于这些理由将扶养关系作为取得法定继承权的根据之一。值得注意的是，对尽了主要赡养义务的丧偶儿媳、丧偶女婿依据扶养关系取得继承权，近年来我国有些学者提出质疑，认为其作为酌分遗产人更为妥当。[1] 另有学者还指出："继承法如此规定实际上是将本应由道德规范调整的问题纳入了法律规范调整的范畴，是一种立法上的失误。"[2] 目前，我国港、澳、台三地区都未把扶养关系作为取得继承权的依据。[3]

（二）遗嘱继承权的取得

遗嘱继承权的取得根据是合法有效的遗嘱的指定。按我国《继承法》第 16 条的规定，我国遗嘱继承人的范围与法定继承人的范围相同，即遗嘱人只能在法定继承人的范围内指定遗嘱继承人。也就是说，在我国，取得遗嘱继承权的人只能是法定继承人范围以内的人。遗嘱人指定继承人的根据是什么呢？从现实生活中的大多数遗嘱看，遗嘱人往往都指定与自己最亲近的人（如配偶、父母、子女等近亲属）、最需要扶养的人（如遗嘱人的病残子女、年老多病的父母等）或曾经扶养过自己的人作为遗嘱继承人。这表明，遗嘱人指定继承人的主要根据仍然是婚姻关系、血缘关系和扶养关系。当然，这只是一般情况。在特殊情况下，某些遗嘱人也会根据自己的个人好恶、某继承人的才德等来指定遗产承受人。例如，遗嘱人指定某个自己最喜欢的非亲属自然人作为受遗赠人并使其取得更多的遗产份额，或指定会生产经营的继承人继承生产资料等。在此情况下，只要该遗嘱合法有效，其指定的受遗赠人或继承人即可取得受遗赠权或遗嘱继承权。

---

〔1〕 陈苇、杜江涌："我国法定继承制度的立法构想"，载《现代法学》2002 年第 3 期。

〔2〕 郭明瑞、房绍坤、关涛：《继承法研究》，中国人民大学出版社 2003 年版，第 75 页。

〔3〕 陈苇、宋豫主编：《中国大陆与港、澳、台继承法比较研究》，群众出版社 2007 年版，第 154 页。

三、继承权的行使

（一）继承权行使的概念

继承权的行使是指继承人或其法定代理人通过实施一定的行为使继承权得以实现。继承权行使的内容包括表示接受或放弃继承、占有和管理遗产、请求分割遗产等行为。

（二）继承权行使的方式

继承权行使的方式与公民是否具有民事行为能力密切相关。确定公民是否具有民事行为能力，有两个标准：一是年龄；二是智力。我国《民法总则》根据公民年龄和智力的不同情况，把公民的民事行为能力分为三种：完全民事行为能力、限制民事行为能力和无民事行为能力。公民的民事行为能力不同，对继承权的行使方式也有所不同。

（1）完全民事行为能力人继承权的行使。根据我国《民法总则》第18条规定的精神，凡具有完全民事行为能力的人都可以依法独立地行使继承权。在继承开始后，他们可以根据自己的意志独立地表示接受或放弃继承、参加遗产管理、请求分割遗产等。他们在行使继承权时，无需征得他人同意，也不受他人干预。

（2）限制民事行为能力人继承权的行使。我国《继承法》第6条第2款规定："限制行为能力人的继承权、受遗赠权，由他的法定代理人代为行使，或者征得法定代理人同意后行使。"即限制民事行为能力人不能独立行使继承权。限制民事行为能力人的继承权，如由本人行使，首先必须征得其法定代理人的同意，或者只能由其法定代理人代为行使。

（3）无民事行为能力人继承权的行使。我国《继承法》第6条第1款规定："无行为能力人的继承权、受遗赠权，由他的法定代理人代为行使。"即无民事行为能力人不能行使继承权。他的继承权，只能由其法定代理人代为行使。

为保护限制行为能力人和无行为能力人的合法利益，1985年《执行继承法意见》第8条还规定："法定代理人代理被代理人行使继承权、受遗赠权，不得损害被代理人的利益。法定代理人一般不能代理被代理人放弃继承权、受遗赠权。明显损害被代理人利益的，应认定其代理行为无效。"因此，法定代理人代理限制民事行为能力人、无民事行为能力人行使继承权时，应当注意依法维护他们的合法权益，如其代理行为违反法律的有关规定，则会被依法认定为无效。

四、继承权的丧失

（一）继承权的丧失的概念

"继承权的丧失"这一概念，有狭义和广义之分。狭义的继承权的丧失，是指法律规定在发生一定事由时，由法院取消继承人的继承权或其自然丧失继承权，又称之为继承权的剥夺。广义的继承权的丧失，包括继承权的依法被剥夺，以及其他非继承人自己的意志所决定的原因而使继承人不得享有继承权（如被遗嘱取消继承权）。以下阐述仅限于狭义的继承权丧失，即继承权的剥夺问题。

（二）继承权丧失的法定事由

根据我国《继承法》第7条的规定，继承人有下列行为之一的，丧失继承权：

（1）故意杀害被继承人的。构成此行为必须具备两个要件：①主观上具有杀害被继承人的故意，而不论其基于什么动机。如果只具有伤害的故意或只具有过失，则不具备主观要件。②客观上实施了非法剥夺被继承人生命的行为，不论其手段是作为或不作为，也不论其结果是既遂或未遂。如因执行公务或正当防卫等合法行为致被继承人死亡的，则不具备客观要件。只有同时具备上述主客观犯罪要件的继承人，才依法丧失对被害被继承人的遗产的继承权。但必须注意，该继承人对于其他近亲属的遗产继承权，不得被一并予以剥夺。

（2）为争夺遗产而杀害其他继承人的。构成此行为必须具备两个要件：①主观上有杀害其他继承人的故意，且具有争夺遗产的动机。如果主观上只有伤害的故意，或只有过失，或虽有杀害的故意，但无争夺遗产的动机，而是出于其他动机，如泄愤报复等，则不具备主观要件。②客观上实施了非法剥夺其他继承人生命的行为，而不论既遂或未遂，不论被害人与加害人是否为同一顺序继承人，也不论是法定继承人或遗嘱继承人。如果被害人不是法定继承人（包括遗嘱继承人）以内的人，则不具备客观要件。只有同时具备上述主客观犯罪要件的继承人，才依法丧失继承权。

（3）遗弃被继承人的，或者虐待被继承人情节严重的。遗弃被继承人，是指依法负有法定义务且具有扶养能力继承人，对没有独立生活能力的被继承人，故意不履行扶养义务的行为。凡继承人有遗弃被继承人的行为，不论其情节是否恶劣，后果是否严重，也不论其是否构成犯罪，均依法丧失继承权。虐待被继承人，是指继承人对被继承人进行精神上或肉体上的摧残折磨。依我国《继承法》第7条第3项规定，虐待被继承人情节严重的，才丧失继承权。虐待被继承人情节是否严重，可以从实施虐待行为的时间长短、手段恶劣程度、后果是否严重、社会影响的大小等方面认定。虐待被继承人情节严重的，不论是否追究刑事责任，均可确认其丧失继承权。但是，继承人虐待被继承人情节严重的，或者遗弃被继承人的，如以后确有悔改表现，而且被虐待人、被遗弃人生前又表示宽恕的，可以不确认其丧失继承权。[1]

（4）伪造、篡改或者销毁遗嘱，情节严重的。伪造遗嘱，指继承人为了夺取或独占遗产而以被继承人的名义制造假遗嘱的行为。篡改遗嘱，指被继承人生前立有遗嘱，但继承人认为遗嘱内容对自己不利，为夺取或独占遗产而擅自改变原遗嘱内容的行为。销毁遗嘱，指被继承人生前立有遗嘱，继承人为了争夺或独占遗产而将该遗嘱破坏、毁灭的行为。上述三种违法行为均违背了被继承人的真实意志，侵犯了其生前依法处分个人合法财产的权利，侵害了其他继承人和受遗赠人的合法权益，其中情节严重的，即侵害了缺乏劳动能力又无生活来源的继承人利益，并造成其生

---

[1]　参见1985年《执行继承法意见》第10、13条。

活困难的，应依法丧失继承权。[1]

　　（三）继承权丧失的形式

　　继承权丧失的形式，是指继承权丧失的方式或程序，即继承权的丧失通过何种方式或程序实现。关于继承权丧失的形式，主要有两种立法方式：①继承权当然丧失，即基于法定事由的发生，继承人当然丧失继承权，无须经诉讼程序宣告；②继承权宣告丧失，即基于法定事由的发生，由其他继承人或利害关系人请求，经诉讼程序宣告继承人丧失继承权。我国澳门地区采宣告丧失，而我国台湾地区采当然丧失。[2]

　　根据我国《继承法》第7条的规定，我国立法采取继承权当然丧失，即继承人有丧失继承权的法定事由之一的，则当然丧失继承权，无须经诉讼程序宣告。但是，如果在遗产继承中继承人之间因是否丧失继承权而发生纠纷，诉讼到人民法院的，则由人民法院根据《继承法》第7条的规定，判决确认其是否丧失继承权。[3]

　　在这里必须明确：①确认丧失继承权，不是丧失继承权的法定必经程序。继承人基于丧失继承权法定事由的发生，依法当然丧失继承权，而无需经诉讼程序宣告。不论该继承人本人是否仍主张其继承权，均不影响其继承权的当然丧失。如其与其他继承人（或利害关系人）对是否丧失继承权有争议的，可经诉讼程序，由人民法院依法确认其是否丧失继承权。②确认丧失继承权的机关只能是人民法院，其他任何社会组织或个人均无权确认继承权之丧失。

　　（四）继承权丧失的效力

　　根据我国《继承法》第7条规定的精神：①继承权丧失的时间效力，应始于继承人具有丧失继承权的法定事由之时。即当继承人具有丧失继承权的法定事由时，其继承权依法当然丧失。但如丧失继承权的法定事由发生于继承开始以后的，其丧失继承权（包括当然丧失继承权或确认丧失继承权）的效力应溯及继承开始之时。如该不当继承人在继承开始后已占有遗产的，应予以返还。②在对人的效力方面，继承权丧失的效力及于继承人晚辈直系血亲的代位继承权。继承人丧失继承权的，其晚辈直系血亲不得代位继承。[4] 但是，特定继承权丧失的效力并不及于继承人对其他被继承人的继承权。即继承人丧失的继承权，只是对某一特定被继承人继承权的丧失，并不意味对其他被继承人的继承权一律丧失。例如，某甲因杀害父亲而丧失对其父的遗产继承权，但他对其母及其他被继承人无导致继承权丧失的行为的，则对其母及其他被继承人仍然享有继承权。

---

〔1〕　参见1985年《执行继承法意见》第14条。

〔2〕　陈苇、宋豫主编：《中国大陆与港、澳、台继承法比较研究》，群众出版社2007年版，第187页。

〔3〕　参见1985年《执行继承法意见》第9条。

〔4〕　参见1985年《执行继承法意见》第28条。

五、继承权的保护

（一）继承恢复请求权的概念

继承权的保护，又称继承恢复请求权的保护。所谓继承恢复请求权，又称遗产诉权或继承回复权，是指合法继承人的财产继承权被他人侵害时，有请求恢复到继承开始时状态的权利。继承恢复请求权的内容包括两个方面：①请求确认继承人的继承资格和继承地位；②请求恢复其继承标的即对遗产的返还请求权利。因此，继承恢复请求权的意义在于，既能使继承人请求依法确认其继承人的地位和资格，又能根据这种继承人的地位和资格，请求侵权人返还被其非法占有的遗产，从而达到保护继承人的继承权，维护公民合法权益的目的。

继承人的继承权被侵犯主要有以下情况：①在共同继承时，同一顺序继承人中的一人或数人非法侵吞了另一部分继承人应得的遗产份额；②第二顺序的法定继承人非法排斥了第一顺序法定继承人的继承权；③已丧失继承权的人或非继承人没有法律根据地取得被继承人的遗产又拒不返还。

当继承人的继承权被侵犯时，继承人有继承恢复请求权，并受到法律保护。

（二）继承恢复请求权的保护期限

继承恢复请求权的保护期限，是指继承人在其继承权受侵害时，依法请求恢复其继承权、返还被侵占遗产的请求权的有效期限。在法定的保护期限届满前，被侵权人享有向人民法院提起诉讼要求恢复继承的请求权，并受法律保护；在法定的保护期限届满后则此权利不再受法律保护。

我国《继承法》第8条规定："继承权纠纷提起诉讼的期限为2年，自继承人知道或者应当知道其权利被侵犯之日起计算。但是，自继承开始之日起超过20年的，不得再提起诉讼。"2017年10月1日起施行的《民法总则》第188条规定："向人民法院请求保护民事权利的诉讼时效期间为3年。法律另有规定的，依照其规定。诉讼时效期间自权利人知道或者应当知道权利受到损害以及义务人之日起计算。法律另有规定的，依照其规定。但是自权利受到损害之日起超过20年的，人民法院不予保护；有特殊情况的，人民法院可以根据权利人的申请决定延长。"此外，我国《民法总则》和有关司法解释还规定了继承权诉讼时效的中止、中断和延长。

（1）继承诉讼时效的中止。在诉讼时效期间内，因不可抗拒的事由致继承人无法主张继承权利的，人民法院可按中止诉讼时效处理；继承人在知道自己的权利受侵犯之日起的2年之内，其遗产继承纠纷确在人民调解委员会进行调解期间的，可按中止诉讼时效处理。我国《民法总则》第194条规定："在诉讼时效期间的最后6个月内，因下列障碍，不能行使请求权的，诉讼时效中止：①不可抗力；②无民事行为能力人或者限制民事行为能力人没有法定代理人，或者法定代理人死亡、丧失民事行为能力、丧失代理权；③继承开始后未确定继承人或者遗产管理人；④权利人被义务人或者其他人控制；⑤其他导致权利人不能行使请求权的障碍。自中止时效的原因消除之日起满6个月，诉讼时效期间届满。"

（2）继承诉讼时效的中断。继承人因遗产继承纠纷向人民法院提起诉讼，诉讼时效即为中断。我国《民法总则》第195条规定："有下列情形之一的，诉讼时效中断，从中断、有关程序终结时起，诉讼时效期间重新计算：①权利人向义务人提出履行请求；②义务人同意履行义务；③权利人提起诉讼或者申请仲裁；④与提起诉讼或者申请仲裁具有同等效力的其他情形。"

（3）继承诉讼时效期间的届满与延长。自继承开始之日起的第18年至第20年期间内，继承人才知道自己的权利被侵犯的，其提起诉讼的权利，应当在继承开始之日起的20年之内行使，超过20年的，不得再提起诉讼。[1] 根据《民法总则》第188条的规定，自权利受到损害之日起超过20年的，人民法院不予保护，但有特殊情况的，人民法院可以根据权利人的申请决定延长。

（4）超过诉讼时效期间，当事人自愿履行的，不受诉讼时效的限制。[2]

（三）对去台人员和台湾同胞继承权的保护

台湾是中国领土的一部分，台湾人民与大陆人民是骨肉同胞，都具有共同的中国国籍。由于特殊的历史原因，海峡两岸同胞隔绝近四十年，但两岸人民的婚姻、血缘关系依然存在。自1987年11月台湾当局采取放宽台胞到大陆探亲的措施以来，两岸同胞的交往日益频繁。保护去台人员和台湾同胞的合法继承权是我国一贯遵循的基本原则。根据1988年8月我国最高人民法院的有关规定，对去台人员和台湾同胞的继承权从以下方面予以保护：

（1）按照《继承法》的规定，去台人员和台胞与大陆同胞一样，享有同等的继承权，不能因为继承人去台湾而影响他们对在大陆遗产的继承。去台人员或者台胞对大陆的遗产主张继承权的，人民法院依法给予保护。

（2）人民法院过去处理的继承案件中已经给去台人员或者台胞保留了遗产份额的，他们可以向人民法院申请执行而取得。过去未经人民法院处理过的继承问题，去台人员或者台胞回大陆后均可以向人民法院起诉。

（3）今后人民法院处理继承案件时，对在台湾的合法继承人，要设法通知其参加诉讼；无法通知的，应为其保留应继承的份额，并指定财产代管人。

（4）在适用诉讼时效方面，对涉台民事案件作了特别规定。根据《民法总则》第188条的规定，从权利被侵害之日起超过20年，权利人才向人民法院提起诉讼的，人民法院不予保护。但由于涉及去台人员和台湾同胞的案件，许多已经超过20年了，因此对去台人员和台湾同胞的诉讼时效期间，人民法院可以作为特殊情况予以适当延长。

---

〔1〕 参见《执行继承法意见》第15～18条。
〔2〕 参见《民法通则》第138条。

第六节　遗　产

一、遗产的概念和特征

"遗产"一词，从各国立法看，大体有两种含义：广义的遗产，是指被继承人死亡时遗留下来的财产权利（又称积极财产）和财产义务（又称消极财产）；狭义的遗产，专指被继承人死亡时遗留下的财产权利，不包括财产义务。我国《继承法》第3条规定"遗产是公民死亡时遗留的个人合法财产"，即遗产作为继承权的客体，是指被继承人死亡时遗留的个人合法财产和依法可以继承的财产权利。[1] 它具有以下法律特征：

（1）遗产是公民死亡时遗留的财产，具有特定的时间性和财产性。公民死亡这一法律事实的出现，是公民生前个人财产转化为遗产的法定时间界限。在公民死亡之前，其拥有的一切财产都不属于遗产，而属个人所有财产。只有在公民死亡后，其遗留的个人所有财产才转化为遗产。而财产性则是区别公民遗留的物或权利能否作为遗产的标准之一。死者遗留的物或权利中，凡具有财产性的物或权利（如房屋、家具或所有权、债权等）都可作为遗产；反之，凡不具有财产性的物或权利（如死者消费后已丧失使用价值的废物，或具有人身性的权利如死者的姓名权、肖像权、监护权等）都不能作为遗产。

（2）遗产是公民遗留的个人合法所有财产，具有专属性和合法性。死者遗留的财产和财产权利中，凡属其个人所有的部分，包括死者单独所有或在共有财产中死者享有的份额都属于遗产；反之，凡属他人所有的部分，如租赁物、借用物及在共有财产中他人享有的份额等都不能作为遗产。同时，死者遗留的财产中，凡属法律允许为公民个人所有且系其合法取得的财产，都可作为遗产。反之，凡属法律规定

---

[1] 必须说明，随着对继承法理论研究的深入，近年来我国有些学者对我国《继承法》有关遗产的概念提出了质疑，认为我国立法之不足有：①未从正反两方面对遗产进行界定；②对遗产正面列举的内容不够科学；③对遗产的合法性规定不合理。并且提出修改立法的建议：①从正反两个方面界定遗产的范围；②增加对遗产排除范围的规定；③对属于遗产的某些特殊财产进行适度列举；④删除遗产的"合法性"限制语。参见陈苇、宋豫主编：《中国大陆与港、澳、台继承法比较研究》，群众出版社2007年版，第223~224页。值得注意的是，近年在对遗产范围界定的研究中，有些学者主张将遗产分为一般遗产和特殊遗产，后者可以称为"不完全遗产"。"不完全遗产"包括归扣中的不完全遗产与扣减中的不完全遗产两种。参见陈苇主编：《外国继承法比较与中国民法典继承编制定研究》，北京大学出版社2011年版，第232~234页；陈苇、魏小军："论我国遗产范围立法的完善"，载《河南财经政法大学学报》2013年第6期。有关建立我国遗产归扣制度的研究，参见李洪祥："遗产归扣制度的理论、制度构成及其本土化"，载《中国继承法修改热点难点问题研讨会论文集》，西南政法大学民商法学院和外国家庭法及妇女理论研究中心2012年编印，第225~237页；陈苇、杜志红："我国设立归扣制度的基础与制度构建研究"，载《政法论丛》2013年第2期。

不得为公民个人所有的财产（如土地、森林、矿藏资源等），或公民无合法根据取得的财产（如盗窃或非法侵占有国家、集体、他人的财产）都不能作为遗产。

（3）遗产是公民遗留的依法能够转移给他人的财产，具有限定性。公民死亡时遗留的个人合法所有财产和财产权利，凡属法律允许转移给他人所有的（如房屋、家具、所有权、债权等）都可作为遗产；反之，凡属法律不允许转移给他人的，如某些具有人身性质的财产权（如夫妻间请求扶养费的权利、工伤职工领取伤残津贴的权利、残疾军人领取医疗费的权利等）都不能作为遗产。

只有以上三个特征同时具备，才能确定为遗产，缺少其中任何一个特征，都不能确定为遗产。

二、遗产的范围

根据我国《继承法》第3条的规定，遗产的范围如下：

（1）公民的收入。包括公民的工资、奖金收入，从事合法经营的收入，以及接受赠与、继承等所得的财产。

（2）公民的房屋、储蓄和生活用品。公民的房屋包括公民个人所有的自住房、出租房、营业用房（仅指地上建筑部分，不包括宅基地。宅基地为公有，公民只有使用权）。公民的储蓄即公民个人所有的存款。公民的生活用品指公民个人所有的日常生活用品，如家具、衣服、首饰、家用电器等。

（3）公民的林木、牲畜和家禽。公民的林木是指公民在住宅前后自种的林木，自留地、自留山上所种的林木，以及其他归公民所有的林木。公民的牲畜指公民自己饲养的马、牛、羊、猪等。公民的家禽指公民自己喂养的鸡、鸭、鹅等。

（4）公民的文物、图书资料。公民的文物指公民自己收藏的书画、古玩、艺术品。如果其中有国家规定的珍贵文物，应遵守《文物保护法》的有关规定，严禁倒卖牟利，严禁私自卖给外国人。公民的图书资料指公民个人所有的书籍、手稿、笔记等。如果涉及国家机密的，应按国家有关保密的规定处理。

（5）法律允许公民所有的生产资料。一般指国家法律允许从事工商经营的或农副业生产的公民拥有的汽车、拖拉机、船舶及饲料加工机器等各种交通运输工具、农用机具、饲养设备等，以及华侨、港澳台同胞、外国人在我国内地投资所拥有的各种生产资料。

（6）公民的著作权、专利权中的财产权利。一般指公民享有的知识产权（著作权、专利权、商标权、发明权、发现权等）中的财产权利。但依法律规定，知识产权具有时间性，其财产权只在一定时间内受法律保护。故公民对知识产权的财产权的享有，只限于法定的保护期限内。如我国对著作权的财产权保护期为作者终生及其死后50年，对发明专利权的财产权保护期为20年等。凡法定保护期届满，知识产权中的财产权利即归于消灭，其继承人也就无从继承，该智力成果即成为公共财富，任何人都可以无偿地自由利用。

（7）公民的其他合法财产。包括国库券、债券、支票、股票等有价证券和履行标的为财物的债权等。

此外，公民个人承包应得的个人收益，为公民的合法收入的组成部分，也属于遗产的范围。我国《继承法》第 4 条规定："个人承包应得的个人收益，依照本法规定继承。个人承包，依照法律允许由继承人继续承包的，按照承包合同办理。"也就是说，公民个人承包经营所得的个人收入，属于遗产，可以被继承。但承包合同包括承包权，不属于遗产，不能继承。如作为一方当事人的公民死亡，或双方当事人均为公民而一方死亡，则合同关系终止。如承包人死亡后，其继承人想继续承包而又为法律允许的，可与原发包人协商，变更当事人而续包，但这不是继承问题，而是承包合同的主体变更问题。[1] 还须明确的是，公民个人承包应得的个人收益，从是否已经实际取得的角度，可分为已取得的收益和未取得的收益两部分。前者指公民对其应得的个人收益中实际取得的部分，如承包人死亡，该收益可直接作为遗产。后者指公民对其应得的个人承包收益中尚未实际取得的部分，如某些承包合同，经营周期长，收益慢，如植树造林等，承包人虽然对该收益享有所有权，但在收获前，并不能实际取得利益。在取得个人承包收益前，如承包人死亡，可把死者生前对承包所投入的资金和所付出的劳动及其增值和孳息，由发包单位或者接续承包合同的个人合理折价、补偿，其价额作为遗产。[2]

三、认定遗产应注意的问题

（一）被继承人的遗产与公共财产的区别

遗产的范围只限于被继承人生前个人所有的财产。即只有被继承人生前享有所有权的财产，才属于遗产。而被继承人生前享有使用权的自留地、自留山、宅基地等，或享有承包权的土地、荒山、滩涂、果园、鱼塘等，因属国家或集体所有的财产即公共财产，均不能作为被继承人的遗产。

（二）被继承人的遗产与共有财产的区别

共有财产包括夫妻共有、家庭共有、合伙共有等财产。当被继承人为共有财产的权利人之一时，其死亡后，应把死者享有的份额从共有财产中分出，作为死者遗产的组成部分。我国《继承法》第 26 条第 1 款规定："夫妻在婚姻关系存续期间所得的共同所有的财产，除有约定的以外，如果分割遗产，应当先将共同所有的财产的一半分出为配偶所有，其余的为被继承人的遗产。"也就是说，当夫妻一方死亡时，只能将夫妻共同财产的 1/2 作为死者的遗产，其余的 1/2 则为生存配偶的个人所有财产。该条第 2 款规定："遗产在家庭共有财产之中的，遗产分割时，应当先分出

---

〔1〕 2002 年颁布的我国《农村土地承包法》（2009 年修正）第 31 条规定："承包人应得的承包收益，依照继承法的规定继承。林地承包的承包人死亡，其继承人可以在承包期内继续承包"。第 50 条规定："土地承包经营权通过招标、拍卖、公开协商等方式取得的，该承包人死亡，其应得的承包收益，依照继承法的规定继承；在承包期内，其继承人可以继续承包。"

〔2〕 参见 1985 年《执行继承法意见》第 4 条。

他人的财产。"也就是说，只有把家庭共有财产中属于其他家庭成员的财产分出后，剩余的部分才是死亡的家庭成员的遗产。同样，当合伙共有财产关系中某合伙人死亡时，只能把其在合伙财产中享有的份额分出，作为其遗产，而不能把其他合伙人享有的财产份额都作为死者的遗产。

（三）被继承人的遗产与保险金、抚恤金、死亡赔偿金的区别

被继承人生前和保险公司签订的人身保险合同，如果在合同中投保人已指定了受益人，被保险人死亡后，则由合同所指定的受益人取得保险金并享有所有权。即该保险金因死者生前不享有所有权，故不能作为死者的遗产。如果没有指定受益人或者受益人指定不明的，则被保险人死亡后，给付的保险金可作为死者的遗产。[1]

抚恤金是职工因工死亡、革命军人牺牲或病故时，国家或死者生前所在单位等给予死者家属的精神关怀和物质帮助，不是死者生前的个人财产，故不能作为遗产。

死亡赔偿金是死者因他人的侵权行为导致死亡而由赔偿义务人支付给死者近亲属的民事赔偿金。死亡赔偿金具有抚慰和经济补偿等性质，有权请求死亡赔偿金的主体是死者的近亲属，故死亡赔偿金不是遗产。

四、遗产的保管

继承开始后至遗产分割前的这一期间内，为防止遗产毁损、灭失或被隐匿、被侵吞，应对遗产妥善保管。[2] 我国《继承法》第 24 条规定："存有遗产的人，应当妥善保管遗产，任何人不得侵吞或者争抢。"1985 年《执行继承法意见》第 44 条规定："人民法院在审理继承案件时，如果知道有继承人而无法通知的，分割遗产时，要保留其应继承的遗产，并确定该遗产的保管人或保管单位。"因保管遗产而支出的必要费用，应当从遗产中扣除或由继承人支付。该司法解释第 59 条还规定："人民法院对故意隐匿、侵吞或争抢遗产的继承人，可以酌情减少其应继承的遗产。"如果继承人以外的个人或组织非法侵占、损坏遗产的，也应追究其法律责任。

导入案例之要点评析

1. 我国《继承法》第 2 条规定："继承从被继承人死亡时开始。"即确定继承开

---

〔1〕 2015 年修正的我国《保险法》第 42 条规定："被保险人死亡后，有下列情形之一的，保险金作为被保险人的遗产，由保险人依照《中华人民共和国继承法》的规定履行给付保险金的义务：①没有指定受益人，或者受益人指定不明无法确定的；②受益人先于被保险人死亡，没有其他受益人的；③受益人依法丧失受益权或者放弃受益权，没有其他受益人的。受益人与被保险人在同一事件中死亡，且不能确定死亡先后顺序的，推定受益人死亡在先。"

〔2〕 关于我国遗产管理制度的立法建议，参见石婷：《遗产管理制度研究》，群众出版社 2017 年版，第 202～228 页。由于我国《继承法》规定的是限定继承（有限责任继承），为保护继承人和遗产债权人的利益，对遗产进行妥善管理是实行限定继承的必要条件。参见黎乃忠：《限定继承制度研究》，群众出版社 2017 年版，第 74～77 页。

始的时间，应以被继承人死亡的时间为准。对李某珍遗产的继承也应该从 2001 年 1 月 3 日李某珍因病去世时开始。李某珍去世时，其第一顺序法定继承人包括其配偶和子女，即张某国、张丽和张娜。

2. 2001 年 1 月 3 日，李某珍患病去世后继承开始，张丽、张娜作为第一顺序的法定继承人，均享有对李某珍遗产的继承权，她们作为共同继承人可随时提出分割共同继承的遗产。2017 年 2 月 1 日，张丽和张娜向其父亲张某国提出分割其母亲遗产的请求，遭到张某国的拒绝，张某国拒绝女儿们分割遗产请求的行为是对法定第一顺序共同继承人张丽、张娜继承权的否认。我国《继承法》第 8 条规定："继承权纠纷提起诉讼的期限为 2 年，自继承人知道或者应当知道其权利被侵犯之日起计算。但是，自继承开始之日起超过 20 年的，不得再提起诉讼。"本案的共同继承人张丽、张娜知道其继承权被侵犯是在 2017 年 2 月 1 日张某国拒绝分割共有遗产之时，所以 2017 年 3 月 1 日张丽、张娜即向人民法院起诉请求确认继承权并分割遗产并没有超过 2 年的诉讼时效，也没有超过 20 年的最长时效。

3. 1998 年张某国和李某珍购买的河滨小区 8 幢 1 - 3 - 1 号房屋系夫妻两人的共同财产。我国《继承法》第 26 条第 1 款规定："夫妻在婚姻关系存续期间所得的共同所有的财产，除有约定的以外，如果分割遗产，应当先将共同所有的财产的一半分出为配偶所有，其余的为被继承人的遗产。"因此，河滨小区 8 幢 1 - 3 - 1 号房屋产权的一半应属于李某珍的遗产，由其第一顺序法定继承人张某国、张丽、张娜共同继承而共有。2007 年 1 月河滨小区 8 幢 1 - 3 - 1 号房屋拆迁，拆迁方还房一套（花园小区 5 幢 4 - 2 - 2 号）并补足拆迁房与所还房屋的差价（旧房补偿款 6.4 万元）。搬家补助费系对居住在拆迁房内人口搬家所需费用的补助，临时安置补偿费则是对居住在拆迁房内人口因房屋拆迁而不得不暂时另觅住房的补偿，原则上只有实际居住在拆迁房屋内的人口才能享有，本案中即只有张某国、王碧玉夫妇才享有搬家补助费和临时安置补偿费，故张丽、张娜请求分割搬家补助费、临时安置补偿费的请求于法无据，法院应当不予支持。李某珍原遗产的形态发生转化，由河滨小区 8 幢 1 - 3 - 1 号房屋的一半产权转化为花园小区 5 幢 4 - 2 - 2 号产权的一半以及旧房补偿款 6.4 万元的一半。故本案原告请求分割的财产中，花园小区 5 幢 4 - 2 - 2 号产权的一半以及旧房补偿款 6.4 万元的一半为李某珍的遗产，依法应由李某珍的第一顺序法定继承人张某国、张丽、张娜三人共同继承，遗产分割时如无法定的特殊情形，原则上三人应平均分割。

思考题

一、选择题

（一）单项选择题

1. （　　）情形，行为人不会因此丧失继承权。

A. 故意伤害被继承人致其死亡的

B. 为争夺遗产而杀害其他继承人的

C. 遗弃被继承的，或者虐待被继承人情节严重的

D. 伪造、篡改或者销毁遗嘱，情节严重的

2. 遗产分割时，应当保留胎儿的继承份额。胎儿出生时是死体的，保留的份额（　　）。

A. 归属胎儿的继承人　　　　　B. 归属胎儿的母亲

C. 按照法定继承办理　　　　　D. 以上选项均不正确

（二）多项选择题

1. 甲、乙为夫妻，长期感情不和。2010 年 5 月 1 日甲乘火车去外地出差，在火车上失踪，没有发现其被害尸体，也没有发现其在何处下车。2016 年 6 月 5 日法院依照法定程序宣告甲死亡。之后，乙向法院起诉要求铁路公司对甲的死亡进行赔偿。关于甲被宣告死亡，下列哪些说法是正确的？（　　）（2016 年国家司法考试试题）

A. 甲的继承人可以继承其财产

B. 甲、乙婚姻关系消灭，且不可能恢复

C. 2016 年 6 月 5 日为甲的死亡日期

D. 铁路公司应当对甲的死亡进行赔偿

2. 王某与李某系夫妻，两人带女儿外出旅游，因发生车祸三人全部遇难，但无法确定死亡的先后时间。下列哪些选项是正确的？（　　）（2008 年国家司法考试试题）

A. 推定王某和李某先于女儿死亡

B. 推定王某和李某同时死亡

C. 王某和李某互不继承

D. 女儿作为第一顺序继承人继承王某和李某的遗产

二、判断分析题

1. 李四曾经虐待其父亲李三，情节严重，后经过教育以后确有悔改表现，因此李三生前立遗嘱将部分遗产指定给李四继承，由此依法可不确认李四丧失对其父李三的继承权。

2. 王强是不满 10 周岁的未成年人，父母早已离异。后其生父死亡，生父立有遗嘱将一半遗产指定给王强继承，但王强的母亲不愿意接受此遗产，就代理王强表示放弃继承，该放弃继承有效。

三、简答题

1. 简述丧失继承权的法定事由。

2. 简述相互有继承关系的几个人在同一事件中死亡，不能确定死亡先后时间时，依法确定这几个人的死亡顺序的方式。

3. 简述自然人遗产的范围。

四、论述题

1. 试论我国继承法的基本原则。

2. 试论继承开始的法律意义。

五、案例分析题

刘春和陈丽系夫妇，育有两个子女刘晓云和刘晓刚。刘晓云已经结婚，有一子罗琦。2016 年 5 月 12 日，刘春和陈丽带着罗琦前往某景区旅游，路上遭遇地震灾害，全部遇难，不能确定死亡的先后时间。刘春和陈丽有夫妻共同财产价值 50 余万元。刘春还有弟弟刘夏，陈丽除子女外没有其他继承人。

请分析本案的继承法律关系。

阅读参考文献

1. 刘春茂主编：《中国民法学·财产继承》，中国人民公安大学出版社 1990 年版。

2. 张玉敏：《继承法律制度研究》，法律出版社 1999 年版。

3. 郭明瑞、房绍坤、关涛：《继承法研究》，中国人民大学出版社 2003 年版。

4. 陈苇主编：《外国继承法比较与中国民法典继承编制定研究》，北京大学出版社 2011 年版。

5. 石婷：《遗产管理制度研究》，群众出版社 2017 年版。

6. 黎乃忠：《限定继承制度研究》，群众出版社 2017 年版。

第十三章

法定继承

✤学习的内容和重点

通过本章的学习，要求学生了解法定继承的概念、特征等基本知识，重点掌握我国《继承法》有关法定继承人的范围和顺序、法定继承的份额及遗产分配原则等规定，认识代位继承与转继承的区别。

导入案例

叶小龙是孤儿，1960年1月与江雪结婚，婚后夫妻共生育3名子女，分别为叶丹、叶雯和叶钢。叶丹从小患眼疾，成年后双眼完全失明，没有劳动能力，依靠父母抚养。叶雯大学毕业后到外地工作，叶钢技校毕业后参加工作。1990年叶钢与莫玲结婚，婚后生育一子叶滔。2005年1月，因叶小龙夫妇年事已高，经济条件也不好，照顾叶丹确有困难，叶钢就将姐姐叶丹接到自己家里扶养并照顾其日常生活。2016年6月20日上午，叶钢出差时因车祸遇难，叶小龙得知爱子死亡的消息时极度悲痛，当天下午突发脑溢血，经抢救无效死亡。

请问：

1. 叶钢死亡时，哪些人可以请求分得其遗产？
2. 叶小龙死亡时，哪些人可以请求分得其遗产？

第一节　法定继承概述

一、法定继承的概念和特征

法定继承是遗嘱继承的对称，是指在无遗嘱的情况下，直接依据法律规定的继承人范围、继承顺序及遗产分配原则进行遗产转移的一种继承方式。这种继承只能在无遗嘱时才能发生，故又称为无遗嘱继承。根据我国《继承法》的规定，法定继承具有以下两个特征：

1. 法定继承以一定的人身关系为前提。即法定继承权的取得根据，是被继承人与继承人之间存在婚姻关系、血缘关系或扶养关系。我国法定继承人被严格限定在有扶养关系的近亲属范围内。

2. 法定继承人的范围、继承顺序、继承份额和遗产分配原则等都由法律明确规定，属于强制性规范，除法律另有规定外，其他任何单位、组织和个人均无权变更。

二、法定继承的适用范围

法定继承是我国现实生活中继承遗产的一种主要方式。我国《继承法》第 5 条规定："继承开始后，按照法定继承办理；有遗嘱的，按照遗嘱继承或者遗赠办理；有遗赠扶养协议的，按照协议办理。"根据《继承法》第 27 条及其他有关规定，法定继承适用以下情况：①被继承人生前未同他人订立遗赠扶养协议，或已订立的遗赠扶养协议无效的；②被继承人生前未立遗嘱的；③遗嘱继承人放弃继承权、丧失继承权或者受遗赠人放弃受遗赠权的；④遗嘱继承人、受遗赠人先于遗嘱人死亡的；⑤遗嘱无效部分所涉及的遗产，以及遗嘱未处分的遗产。

第二节　法定继承人的范围及顺序

一、法定继承人的范围

法定继承人的范围是指适用法定继承方式时，哪些人可以作为死者遗产的继承人。确定法定继承人的范围，是法定继承的首要问题。在我国，确定法定继承人范围的依据，包括婚姻关系、血缘关系和扶养关系。这是"发挥家庭职能的要求"[1]。根据我国《继承法》第 10 ~ 12 条的规定，我国法定继承人的范围包括：配偶、子女、父母、兄弟姐妹、祖父母、外祖父母，孙子女、外孙子女及其直系卑血亲（为代位继承人），对公婆或岳父母尽了主要赡养义务的丧偶儿媳或丧偶女婿。[2]

（一）配偶

夫妻是共同生活的伴侣，夫妻双方互称配偶。夫妻是家庭的基本成员，相互间有着密切的人身关系和财产关系。我国现行《婚姻法》《继承法》规定，夫妻有相互继承遗产的权利。配偶是法定继承人。配偶继承权的取得，是基于合法有效的婚姻关系成立和存续。只有存在合法婚姻关系的夫妻，才能享有配偶继承权。如果男女之间没有合法有效的婚姻关系，双方不具有合法配偶的身份，则不能享有配偶继承

---

〔1〕　刘素萍主编：《继承法》，中国人民大学出版社 1988 年版，第 195 页。

〔2〕　关于我国法定继承人的范围，我国有些学者提出了修改立法的不同建议，参见张玉敏：《继承法律制度研究》，法律出版社 1999 年版，第 207 ~ 211 页；陈苇、杜江涌："我国法定继承制度的立法构想"，载《现代法学》2002 年第 3 期；郭明瑞、房绍坤、关涛：《继承法研究》，中国人民大学出版社 2003 年版，第 72 ~ 76 页；杨立新、朱呈义：《继承法专论》，高等教育出版社 2006 年版，第 161 ~ 162 页。关于外国继承法之法定继承人（即无遗嘱继承人）的范围与顺序之比较研究，参见陈苇主编：《外国继承法比较与中国民法典继承编制定研究》，北京大学出版社 2011 年版，第 374 ~ 414 页；刘文：《继承法律制度研究》，中国政法大学出版社 2016 年版，第 92 ~ 98 页。

权。如果在继承开始之前，夫妻间已依法解除了婚姻关系，配偶身份随之终止，则配偶继承权也归于消灭。因此，如男女双方系非法同居、重婚等违法两性关系，不具有婚姻的效力，双方当事人之间则不具有配偶身份，当然也不能享有配偶继承权。但对于 1994 年 2 月 1 日民政部的《婚姻登记管理条例》施行前形成的、符合我国有关司法解释规定条件的事实婚姻，因系比照"合法"婚姻关系处理，有条件地承认其效力，故事实婚姻双方当事人互相享有配偶继承权[1]。此外，对在 1950 年《婚姻法》施行前形成的重婚、纳妾等，属历史遗留问题，如本人未提出解除关系，一般不予干涉[2]。应承认妻、妾对丈夫的遗产均享有继承权，并且妻与妾对夫的遗产享有同等的配偶继承权。

（二）子女

子女与父母有着最近的血缘关系，是父母最近的晚辈直系血亲。他们之间有密切的人身关系和财产关系，故我国现行《婚姻法》《继承法》规定，父母子女有相互继承遗产的权利。子女是父母的法定继承人，不论其已婚或未婚，也不论其是男是女，享有平等的继承权。我国《继承法》第 10 条第 3 款规定："本法所说的子女，包括婚生子女、非婚生子女、养子女和有扶养关系的继子女。"

1. 亲生子女。亲生子女包括婚生子女和非婚生子女。他们都享有平等的继承权，即子女无论是婚生还是非婚生，不论是儿子还是女儿，也不论是否结婚，他们享有的继承权都是平等的。任何否定或限制非婚生子女继承权的行为，否定或限制女儿包括已婚女儿继承权的行为，都是违法的。

被继承人的亲生子女，不仅包括被继承人死亡前已出生的，也包括被继承人死亡前已怀孕、在其死亡时尚未出生的胎儿。诚然，公民的民事权利，始于出生，但是胎儿虽不是现实的民事权利主体，却可能是将来的民事权利主体。根据养老育幼原则，我国《继承法》第 28 条规定："遗产分割时，应当保留胎儿的继承份额。胎儿出生时是死体的，保留的份额按照法定继承办理。"[3]

2. 养子女。根据我国现行《婚姻法》第 26 条的规定，养父母和养子女间的权利义务，适用父母子女关系的有关规定。我国《继承法》把养子女作为法定继承人之一，养子女享有与亲生子女同等的继承权。根据我国现行《婚姻法》第 26 条第 2 款的规定，养子女与生父母及其他近亲属的权利义务，因收养关系的成立而消除，故收养关系成立后，养子女在享有对养父母的遗产继承权的同时，对其生父母及其他近亲属的遗产继承权随之消灭。但是，养子女虽无权继承生父母的遗产，如果对养

---

[1] 参见 1989 年《审理以夫妻名义同居生活案件的意见》第 13 条；2001 年《婚姻法解释（一）》第 5 条。

[2] 参见 1952 年《婚姻法施行以前重婚的处理原则的规定》。

[3] 我国《民法总则》第 16 条规定："涉及遗产继承、接受赠与等胎儿利益保护，胎儿视为具有民事权利能力。但是胎儿娩出时为死体的，其民事权利能力自始不存在。"

父母尽了赡养义务，同时又对生父母扶养较多的，除可依《继承法》第10条的规定继承养父母的遗产外，还可依《继承法》第14条的规定分得生父母的适当的遗产。[1] 在养子女与养父母的收养关系解除后，则他们之间的继承权随之消灭；养子女如恢复了与生父母的权利义务关系，则对生父母的遗产享有继承权。

在收养关系中，还有一种养孙子女。这种养孙子女是指收养人在没有亲生子女或养子女的情况下，直接收养的养孙子女。由于收养人与被收养人之间年龄相差悬殊、辈分不同，民间习惯上称之为"养孙子女"。我国法律视这种养祖孙关系具有与养父母子女关系相同的权利义务，养祖孙之间互有遗产继承权。

对于我国1991年《收养法》施行前（1992年4且1日起施行）形成的事实收养关系，如果不违背当时有关法律政策规定的条件，应予承认。事实收养关系的养父母与养子女互有遗产继承权。

关于"过继"子女的继承权问题，根据有关司法解释，应当区别对待。"过继"子女与"过继"父母形成扶养关系的，即为养父母子女，互有继承权；如系封建性的"过继""立嗣"，没有形成扶养关系的，不能享有继承权。[2]

3. 有扶养关系的继子女。继父母子女关系分为形成扶养关系的和未形成扶养关系的两种。我国现行《婚姻法》第27条第2款规定："继父或继母和受其抚养教育的继子女间的权利和义务，适用本法对父母子女关系的有关规定。"也就是说，继父母与继子女之间形成扶养关系的，就具有父母子女的权利和义务，也包括有相互继承遗产的权利；没有形成扶养关系的，就不具有父母子女的权利和义务，也包括没有相互继承遗产的权利。必须指出，有扶养关系的继子女除有权继承继父母的遗产外，还有权继承生父母的遗产（即享有双重继承权）。[3]

此外，我国司法解释还规定，"在旧社会形成的一夫多妻家庭中，子女与生母以外的父亲的其他配偶之间形成扶养关系的，互有继承权"。[4]

（三）父母

父母是子女最亲近的直系尊血亲，我国现行《婚姻法》《继承法》规定，父母为子女的法定继承人。《继承法》第10条第2款还规定，对子女有遗产继承权的父母，"包括生父母、养父母和有扶养关系的继父母"。但必须注意，生父母对于已经被他人收养的生子女并无继承权。因为生父母与生子女在法律上的权利义务关系已经随收养的成立而消除。父母子女互有继承权，父母能否取得子女遗产继承权与子女能否取得父母遗产继承权两者要求的条件是完全一致的。如有扶养关系的继子女，享有对继父母和生父母的遗产继承权，同样，有扶养关系的继父母，也享有对继子女

---

[1]　参见1985年《执行继承法意见》第19条。
[2]　参见1984年《关于贯彻执行民事政策法律若干问题的意见》第38条。
[3]　参见1985年《执行继承法意见》第21条。
[4]　参见1985年《执行继承法意见》第20条。

和生子女的遗产继承权。因此，可以参照子女继承父母的遗产的条件来确定父母对子女的遗产继承权。

（四）兄弟姐妹

兄弟姐妹是最亲近的旁系血亲，在生活中往往互相扶养。我国现行《婚姻法》《继承法》规定，兄弟姐妹有互相继承遗产的权利，互为法定继承人。根据《继承法》第10条的规定，兄弟姐妹包括：

1. 亲兄弟姐妹。亲兄弟姐妹包括同父同母的兄弟姐妹、同父异母或同母异父的兄弟姐妹。他们之间具有血缘联系，是自然血亲关系，互有遗产继承权[1]。

2. 养兄弟姐妹。养兄弟姐妹包括养子女与养子女之间、养子女与生子女之间两种养兄弟姐妹关系，他们是基于收养关系的成立而产生的法律拟制旁系血亲关系，互有继承权。但被收养人与其亲兄弟姐妹间的权利义务关系，因收养关系的成立而消除，故互无继承权。

3. 有扶养关系的继兄弟姐妹[2]。有扶养关系的继兄弟姐妹之间的继承权是基于继兄弟姐妹之间的扶养关系而发生，故没有形成扶养关系的，不能互有继承权。如继兄弟姐妹仅与其继父母形成扶养关系，而继兄弟姐妹间未形成扶养关系的，则不能互为遗产继承人。有扶养关系的继兄弟姐妹，如有亲兄弟姐妹的，除继兄弟姐妹间可互相继承遗产外，还可继承亲兄弟姐妹的遗产（即享有双重继承权）[3]。

（五）祖父母、外祖父母

祖父母、外祖父母是除父母以外的血缘关系最近的直系尊亲属。我国现行《婚姻法》第28条规定："有负担能力的祖父母、外祖父母，对于父母已经死亡的或父母无力抚养的未成年的孙子女、外孙子女，有抚养的义务。"我国《继承法》规定，祖父母、外祖父母为法定继承人。这里的祖父母、外祖父母包括：生祖父母和生外祖父母；养祖父母和养外祖父母；形成扶养关系的继祖父母和继外祖父母。法律规定祖父母、外祖父母享有继承孙子女、外孙子女遗产的权利，有利于发挥家庭养老

---

[1] 有学者指出，在我国台湾地区无论全血缘或半血缘的兄弟姐妹，均为第三顺序继承人，且其应继份相等。但在日本民法上，兄弟姐妹固为第三顺序继承人（第889条第1项第2款），唯半血缘兄弟姐妹之应继份仅为全血缘兄弟姐妹之1/2（第900条第4项但书）。参见陈棋炎、黄宗乐、郭振恭：《民法继承新论》，三民书局2005年版，第36页。

[2] 关于继兄弟姐妹之间的继承权，我国有学者认为，形成扶养关系的继兄弟姐妹在实际中是很少见的，主张不把他们作为法定继承人，而是赋予他们遗产酌分请求权，按《继承法》第14条的规定取得遗产。参见张玉敏：《继承制度研究》，成都科技大学出版社1994年版，第253页。也有的学者认为，继兄弟姐妹间虽没有血缘关系，但由于其父母再次结婚而形成姻亲关系，形成扶养关系的继兄弟姐妹间也就产生了权利义务。根据权利义务一致的原则，形成扶养关系的继兄弟姐妹间应当相互有继承权。参见郭明瑞、房绍坤、关涛：《继承法研究》，中国人民大学出版社2003年版，第68页。有的学者亦赞同后一种观点，认为我国未来继承立法应继续维持现行《继承法》关于兄弟姐妹的继权之规定。参见张平华、刘耀东：《继承法原理》，中国法制出版社2009年版，第172～173页。

[3] 参见1985年《执行继承法意见》第24条。

育幼的职能。

（六）孙子女、外孙子女及其晚辈直系血亲

孙子女、外孙子女是隔代直系卑亲属，他们具有平等的法律地位。根据我国《继承法》第11条和有关司法解释的规定，孙子女、外孙子女及其晚辈直系血亲均为法定代位继承人，代位继承人不受辈数限制。代位继承人包括：被继承人的子女（生子女、养子女和有扶养关系的继子女）的晚辈直系自然血亲和晚辈直系养亲。[1]

（七）对公婆尽了主要赡养义务的丧偶儿媳和对岳父母尽了主要赡养义务的丧偶女婿

儿媳与公婆、女婿与岳父母是姻亲关系，他们之间本无法律上的权利和义务，故在一般情况下，不论其是否丧偶对公婆或岳父母均无遗产继承权。但在现实生活中，有些儿媳或女婿在丧偶以后仍然继续对公婆或岳父母尽主要赡养义务。对此，我国《继承法》第12条规定，"丧偶儿媳对公、婆，丧偶女婿对岳父、岳母，尽了主要赡养义务的，作为第一顺序继承人"。

认定"尽了主要赡养义务"一般可从以下两方面综合考虑：

1. 在经济上对公婆或岳父母生活提供了主要经济来源，或者在生活上对公婆或岳父母提供了主要劳务帮助。

2. 对公婆或岳父母尽赡养义务具有长期性、经常性。

以上两个条件同时具备的，即可认定为尽了主要赡养义务。尽了主要赡养义务的丧偶儿媳或丧偶女婿，依法享有对公婆或岳父母遗产的继承权，不论他们是否再婚，均为第一顺序法定继承人。必须注意，丧偶儿媳或丧偶女婿依《继承法》第12条的规定作第一顺序法定继承人时，既不影响其子女代位继承，也不影响他们本人对其父母的遗产继承。[2]

二、法定继承的顺序

法定继承的顺序，是指法律规定的各法定继承人继承遗产的先后次序。继承开始后，并非所有的法定继承人都同时参加继承，而是根据法律规定的先后顺序，依次参加继承。继承顺序在前的法定继承人，有优先参加遗产继承的权利。继承顺序在后的法定继承人，只有在无前一顺序继承人或前一顺序继承人全部丧失继承权或全部放弃继承权的情况下，才能参加遗产继承。

我国《继承法》第10条规定，遗产按照下列顺序继承：第一顺序：配偶、子

---

[1] 参见1985年《执行继承法意见》第25、26条。

[2] 参见1985年《执行继承法意见》第29、30条。

女、父母。[1] 第二顺序：兄弟姐妹、祖父母、外祖父母。第 12 条规定："丧偶儿媳对公、婆，丧偶女婿对岳父、岳母，尽了主要赡养义务的，作为第一顺序继承人。"我国《继承法》确定以上继承顺序的依据主要有二：①亲属关系的亲疏远近；②近亲属间扶养关系的密切程度。亲属关系近的，扶养关系最密切的配偶、父母、子女，以及尽了主要扶养义务的丧偶儿媳或丧偶女婿被列为第一顺序继承人；而与第一顺序继承人相比较而言，亲属关系稍远的、扶养关系不够密切的（尽扶养义务是有条件的）兄弟姐妹、祖父母、外祖父母被列为第二顺序继承人。[2] 至于孙子女、外孙子女，虽与祖父母、外祖父母同是被继承人的隔代直系血亲，都属于二亲等，其法律上的权利义务都一样（现行《婚姻法》第 28 条），但因我国《继承法》规定其为代位继承人，所以未将他们列入继承顺序。

---

[1] 关于配偶的法定继承顺序，目前在世界上有两种立法例：①将配偶作为固定顺序的继承人，其仅可与某一顺序（多为第一顺序）的血亲继承人共同继承遗产，如我国和俄罗斯采此立法例；②将配偶不作为固定顺序的继承人，其可与参加继承的任一顺序（有的英美法系国家仅限于第一、二顺序）的血亲继承人共同继承遗产，多数国家如德国、瑞士、日本、美国等国采此立法例。参见刘春茂主编：《中国民法学·财产继承》，中国人民公安大学出版社 1990 年版，第 250～257 页；张玉敏主编：《继承法教程》，中国政法大学出版社 1998 年版，第 197 页；郭明瑞、房绍坤、关涛：《继承法研究》，中国人民大学出版社 2003 年版，第 71 页。

[2] 对于配偶和血亲继承人的法定继承顺序，我国学者们提出了修改立法的不同建议。有些学者认为，为保证遗产保留在被继承人的家庭内部，宜将子女作为第一顺序继承人，父母作为第二顺序继承人，并且为兼顾保护配偶和血亲继承人的利益，宜采取不固定配偶的顺序的立法例。参见张玉敏：《继承法律制度研究》，法律出版社 1999 年版，第 207～208、211～212 页；陈苇、杜江涌："我国法定继承制度的立法构想"，载《现代法学》2002 年第 3 期；陈苇、宋豫主编：《中国大陆与港、澳、台继承法比较研究》，群众出版社 2007 年版，第 292～293 页；张华贵主编：《夫妻财产关系法研究》，群众出版社 2017 年版，第 287 页；陈苇、董思远："民法典编纂视野下法定继承制度的反思与重构"，载《河北法学》2017 年第 7 期。但是，有些学者则认为，从有利于保障老年人的赡养出发，应当继续坚持配偶、父母、子女都作为第一顺序法定继承人的立法例。参见郭明瑞、房绍坤、关涛：《继承法研究》，中国人民大学出版社 2003 年版，第 72～73 页；杨立新、朱呈义：《继承法专论》，高等教育出版社 2006 年版，第 170 页。关于外国继承法之法定继承顺序（又称无遗嘱继承人的继承顺序）之比较评析，参见陈苇主编：《外国继承法比较与中国民法典继承编制定研究》，北京大学出版社 2011 年版，第 406～408 页；关于我国法定继承顺序之民众观念的实证调查，参见陈苇、李艳："当代中国四川省民众的法定继承观念及遗产处理习惯实证调查研究——兼论'民法典继承编'法定继承制度之立法完善"，载中国法定会婚姻法学研究会、苏州大学王健法学院编：《中国法学会婚姻法学研究会 2017 年年会暨民法典婚姻家庭编立法重大问题研讨会论文集》，2017 年 9 月内部印刷，第 18～46 页。

第三节　法定继承的份额与酌分遗产

一、法定继承的份额

在法定继承中，如数人共同继承，就产生了在同一顺序数名法定继承人之间确定各自继承份额的问题。根据我国《继承法》第13条的规定，法定继承中的遗产分配，应遵循以下原则：

1. 同一顺序继承人继承遗产的份额，一般应当均等。即当同一顺序的各个法定继承人，在生活状况、劳动能力以及对被继承人尽扶养义务等条件大体相同时，其继承遗产的份额应当均等。[1]

2. 对生活有特殊困难的缺乏劳动能力的继承人，分配遗产时，应当予以照顾。即对没有独立经济来源或其他经济收入而难以维持最低生活水平，并且因年幼或年迈、病残等原因没有劳动能力的继承人，应照顾多分遗产，其所得份额应大于平均份额。

3. 根据继承人尽扶养义务的情况确定其继承遗产的份额。我国《继承法》规定，对被继承人尽了主要扶养义务或者与被继承人共同生活的继承人，分配遗产时，可以多分，有扶养能力和有扶养条件的继承人，不尽扶养义务的，分配遗产时，应当不分或者少分。即在被继承人生前，对被继承人在经济上承担了主要生活费用或生活上提供了主要劳务帮助，以及与被继承人共同生活的继承人，可以多分遗产。有扶养能力和扶养条件的继承人，对需要扶养的被继承人不尽扶养义务的，应当不分或少分遗产。但适用上述规定有两种情况应除外：①继承人有扶养能力和条件，愿意尽扶养义务，但被继承人因有固定收入和劳动能力，明确表示不要求其扶养的，分配遗产时，一般不应因此而影响其继承份额；②有扶养能力和扶养条件的继承人，虽然与被继承人共同生活，但对需要扶养的被继承人不尽扶养义务，分配遗产时，可以少分或者不分。[2]

4. 继承人协商同意的，也可以不均等。即同一顺序的法定继承人经平等协商，互谅互让，自愿达成遗产分配份额协议的，即使分配份额不均等，也应按协议处理。

二、酌分遗产

（一）酌分遗产人与酌分遗产权的概念

酌分遗产人是指除法定继承人外，与被继承人生前形成过一定扶养关系，依法

<hr />

〔1〕　关于配偶的应继份之研究，参见李俊："论法定继承中配偶的顺序及应继份的确认"，载《中国继承法修改热点难点问题研讨会论文集》，西南政法大学民商法学院和外国家庭法及妇女理论研究中心2012年6月内部印刷，第145～157页。

〔2〕　参见1985年《执行继承法意见》第33、34条。

可以分得适当遗产的人。酌分遗产权是指酌分遗产人依法享有的可以酌情分得适当遗产的权利。我国《继承法》第14条规定："对继承人以外的依靠被继承人扶养的缺乏劳动能力又没有生活来源的人，或者继承人以外的对被继承人扶养较多的人，可以分给他们适当的遗产。"

（二）酌分遗产权的法律特征

根据我国《继承法》第14条的规定，酌分遗产权具有以下法律特征：

1. 酌分遗产权的权利主体是特定的，其只限于除法定继承人以外的两种人：①继承人以外的依靠被继承人扶养的缺乏劳动能力又无生活来源的人；②继承人以外的对被继承人扶养较多的人。

2. 酌分遗产权的取得根据是在被继承人生前与其形成了一定的扶养关系，包括依靠被继承人扶养或对被继承人扶养较多这两种情况。

3. 酌分遗产权的标的，即酌分的遗产，其数额是不确定的。这主要取决于酌分遗产人依靠被继承人扶养的程度或对被继承人进行扶养的程度，以及遗产总额的多少。在一般情况下，酌分遗产人的份额应少于继承人的平均份额。但在酌分遗产人完全依靠或主要依靠被继承人扶养，或者酌分遗产人对被继承人扶养较多或完全扶养时，其酌分遗产的份额，也可以等于或高于继承人的平均份额[1]。被继承人没有法定继承人的，酌分遗产人依其扶养的情况，也可以取得全部遗产[2]。

（三）酌分遗产的适用

酌分遗产只能在法定继承时适用，而不能在遗嘱继承时适用。我国《继承法》对酌分遗产规定在法定继承章里，这表明在法定继承时，法定继承人以外的人可依法酌分遗产。但对遗嘱继承，《继承法》第19条仅规定，"遗嘱应当对缺乏劳动能力又没有生活来源的继承人保留必要的遗产份额"，而未规定为法定继承人以外的人保留酌分遗产份额，故酌分遗产不能被适用于遗嘱继承[3]。

（四）酌分遗产权的保护

为保护酌分遗产人的合法权益，我国司法解释规定："依继承法第14条规定可以分给适当遗产的人，在其依法取得被继承人遗产的权利受到侵犯时，本人有权以

---

[1] 参见1985年《执行继承法意见》第31条。

[2] 参见《最高人民法院关于被继承人死亡后没有法定继承人，分享遗产人能否分得全部遗产的复函》（1992年9月16日）。

[3] 此外，必须注意，如果既是受酌给遗产人又是受遗赠人，应当依何种顺序交付遗产？有学者认为，酌给遗产含有死后扶养之思想，以受酌给人不能维持生活而无谋生能力为必要，而受遗赠不以此为要件。因此，受遗赠之顺序应在受酌给遗产之后。但是，因受有相当之遗赠，而无法受酌给遗产，若采通说之见解，该受赠人将沦为最后顺序之受偿者，此不仅使其居于不利之地位，且有违背被继承人特为赠与之意思。因此，如果受遗赠人未受遗赠时，本有受酌给之权利者，其受偿之顺序宜与受酌给遗产之顺序相同，较为合理。参见林秀雄：《继承法讲义》，元照出版有限公司2005年版，第95页。

独立的诉讼主体的资格向人民法院提起诉讼。但在遗产分割时，明知而未提出请求的，一般不予受理；不知而未提出请求，在 2 年以内起诉的，应予受理。"[1] 即酌分遗产人享有独立的诉权，当其酌分遗产权受到侵犯时，有权在法定诉讼时效期间内，向人民法院起诉，请求保护其酌分遗产权。

第四节　代位继承与转继承

一、代位继承的概念和条件

代位继承是指被继承人的子女先于被继承人死亡，继承开始后，由被继承人子女的晚辈直系血亲代替已亡父母继承被继承人的遗产。在代位继承中，先于被继承人死亡的继承人，称为被代位继承人或被代位人；代替被代位人继承遗产的人称为代位继承人或代位人；代位人代替被代位人继承遗产的权利，叫代位继承权。

我国《继承法》第 11 条规定："被继承人的子女先于被继承人死亡的，由被继承人的子女的晚辈直系血亲代位继承。代位继承人一般只能继承他的父亲或者母亲有权继承的遗产份额。"由此可见，代位继承必须具备以下条件：

1. 代位继承的发生原因，是在法定继承时被继承人的子女先于被继承人死亡。代位继承制度是法定继承制度的组成部分，代位继承只适用于法定继承，不适用于遗嘱继承和遗赠。遗嘱继承人和受遗赠人如先于立遗嘱人死亡，则遗嘱不发生效力。即遗嘱继承人未取得继承权，受遗赠人也未取得受遗赠权，故均不发生代位继承问题。代位继承的目的，旨在保护被继承人已失去父母的晚辈直系血亲的合法权益。因此，只有在法定继承时，被继承人的子女先于被继承人死亡的，才能发生代位继承。如被继承人的长辈直系亲属（父母）或旁系亲属（兄弟姐妹），以及被继承人的配偶等，在法定继承时，先于被继承人死亡的，均不能发生代位继承。

2. 被代位人只能是被继承人的子女，而不能是被继承人的其他亲属。被继承人的子女包括生子女、养子女和形成扶养关系的继子女。

3. 代位继承人只能是被代位人的晚辈直系亲属。代位继承人不受辈数的限制，被代位人的子女、孙子女、外孙子女、曾孙子女、外曾孙子女等，均可作为代位继承人。代位继承人包括被代位人的晚辈直系自然血亲和晚辈直系养亲，即被继承人子女（包括生子女、养子女、已形成扶养关系的继子女）的生子女或养子女均可作为代位继承人。[2]

4. 被代位人必须有继承权。代位继承人只能继承被代位人有权继承的遗产份额。根据我国司法解释，我国的代位继承人不是基于自己固有的继承顺序直接取得继承

---

[1]　参见 1985 年《执行继承法意见》第 32 条。

[2]　参见 1985 年《执行继承法意见》第 26 条。

权，而是基于代替被代位人的地位取得继承权。因此，被代位人必须有继承权，代位继承人才有位可代。被代位人丧失继承权的，其晚辈直系血亲不得代位继承。[1]并且，代位继承人只能继承他的父亲或者母亲有权继承的遗产份额。代位继承人有2人以上的，则由数个代位继承人共同继承和分割被代位人应得的遗产份额。

二、转继承

转继承是指继承人在被继承人死亡之后，遗产分割前死亡，其应继承的遗产份额由他的继承人继承。我国有关司法解释规定，"继承开始后，继承人没有表示放弃继承，并于遗产分割前死亡的，其继承遗产的权利转移给他的合法继承人"。[2]在转继承中，死亡的继承人称为原继承人，原继承人的继承人称为转继承人。转继承权的标的是原继承人享有的遗产份额。当数个同一顺序转继承人共同继承时，则应由他们共同继承和分割原继承人享有的遗产份额。可见，转继承是原继承人继承遗产权利的转移，所以，它又被称为再继承或第二次继承。

📺 导入案例之要点评析

我国《继承法》第10条第1、2款规定："遗产按照下列顺序继承：第一顺序：配偶、子女、父母。第二顺序：兄弟姐妹、祖父母、外祖父母。继承开始后，由第一顺序继承人继承，第二顺序继承人不继承。没有第一顺序继承人继承的，由第二顺序继承人继承。"

2016年6月，叶钢死亡时，其有第一顺序继承人配偶莫玲、儿子叶滔以及父母叶小龙和江雪，因此其第二顺序继承人两个姐姐叶丹和叶雯不能参加继承。但是根据《继承法》第14条的规定，"对继承人以外的依靠被继承人扶养的缺乏劳动能力又没有生活来源的人，或者继承人以外的对被继承人扶养较多的人，可以分给他们适当的遗产"。叶钢的姐姐叶丹是缺乏劳动能力又没有生活来源的残疾人，2005年1月以来一直依靠叶钢扶养，依据《继承法》第14条的规定，叶丹可以请求酌情分得弟弟叶钢的部分遗产。同时，根据1985年《执行继承法意见》第52条的规定，"继承开始后，继承人没有表示放弃继承，并于遗产分割前死亡的，其继承遗产的权利转移给他的合法继承人"。叶小龙虽然在分割叶钢的遗产前死亡，但其并未表示放弃继承，并且也未立遗嘱指定继承人，所以其继承叶钢遗产的权利依法应转移给他的法定继承人。

---

[1] 参见1985年《执行继承法意见》第28条。对于我国法律规定的，被代位人丧失继承权则其晚辈直系血亲不得代位继承，我国有学者认为，此规定与现代法律的自己责任原则精神相悖，是不合理的。这实际上是让子女承担了自己死亡父母的违法或犯罪行为的部分不利后果。参见陈苇、宋豫主编：《中国大陆与港、澳、台继承法比较研究》，群众出版社2007年版，第294页。

[2] 参见1985年《执行继承法意见》第52条。

叶小龙死亡时，其第一顺序法定继承人有其配偶江雪、女儿叶丹和叶雯。根据我国《继承法》第 11 条的规定："被继承人的子女先于被继承人死亡的，由被继承人的子女的晚辈直系血亲代位继承。代位继承人一般只能继承他的父亲或者母亲有权继承的遗产份额。"叶小龙的儿子叶钢虽然先于其父亲叶小龙死亡，但叶钢的儿子叶滔有权代位继承其父亲叶钢本应继承的遗产份额。因此，可以请求分割叶小龙遗产的法定继承人有被继承人叶小龙的配偶江雪、两个女儿叶丹、叶雯以及孙子叶滔。

思考题

一、选择题

（一）单项选择题

1. 周某的（　　），是她的第二顺序法定继承人。

A. 女儿　　　　　　　B. 外孙女

C. 养兄弟　　　　　　D. 继子

2. 在杨城的子女先于杨城死亡的情形下，（　　）不可以代位继承杨城的遗产。

A. 杨城养女的子女

B. 杨城亲生儿子的女儿

C. 杨城亲生儿子的形成抚养关系的继子女

D. 杨城形成抚养关系的继子的亲生子女

（二）多项选择题

1. 熊某与杨某结婚后，杨某与前夫所生之子小强由二人一直抚养，熊某死亡，未立遗嘱。熊某去世前杨某孕有一对龙凤胎，于熊某死后生产，产出时男婴为死体，女婴为活体但旋即死亡。关于对熊某遗产的继承，下列哪些选项是正确的？（　　）（2016 年国家司法考试试题）

A. 杨某、小强均是第一顺位的法定继承人

B. 女婴死亡后，应当发生法定的代位继承

C. 为男婴保留的遗产份额由杨某、小强继承

D. 为女婴保留的遗产份额由杨某继承

2. 李某死后留下一套房屋和数十万存款，生前未立遗嘱。李某有三个女儿，并收养了一子。大女儿中年病故，留下一子。养子收入丰厚，却拒绝赡养李某。在两个女儿办理丧事期间，小女儿因交通事故意外身亡，留下一女。下列哪些选项是正确的？（　　）（2007 年国家司法考试试题）

A. 二女儿和小女儿之女均是第一顺序继承人

B. 大女儿之子对李某遗产的继承属于代位继承

C. 小女儿之女属于转继承人

D. 分配遗产时，养子应当不分或少分

二、判断分析题

1. "过继"子女与"过继"父母形成扶养关系的，即为养父母子女，互有继承权；如系封建性的"过继""立嗣"，没有形成扶养关系的，不能享有继承权。

2. 继兄弟姐妹之间的继承权，因继兄弟姐妹的父母结婚而发生。

三、简答题

1. 简述法定继承的适用。

2. 简述酌分遗产权的法律特征。

3. 简述代位继承的条件。

四、论述题

1. 试论法定继承遗产分配的原则。

2. 试论我国法定继承人的范围和顺序。

五、案例分析题

胡玫5岁时生父母离婚，胡玫由母亲直接抚养，胡玫的弟弟胡强由父亲直接抚养。3年后胡玫的母亲与田赛再婚，胡玫由母亲和继父共同抚养成人。2008年9月，田赛死亡，胡玫作为继承人之一继承了其继父的财产。2016年2月，胡玫的生父死亡，胡玫要求继承其父亲的遗产，但遭到其弟弟胡强的反对。胡强认为，姐姐已经继承了继父田赛的遗产，就不能再继承生父的遗产。

请问：胡强的观点是否正确？并简述理由。

阅读参考文献

1. 杨立新、朱呈义：《继承法专论》，高等教育出版社2006年版。

2. 张玉敏主编：《中国继承法立法建议稿及立法理由》，人民出版社2006年版。

3. 陈苇、宋豫主编：《中国大陆与港、澳、台继承法比较研究》，群众出版社2007年版。

4. 张平华、刘耀东：《继承法原理》，中国法制出版社2009年版。

5. 蒋月主编：《继承法：案例评析与问题研究》，中国法制出版社2009年版。

6. 杨立新、刘德权、杨震主编：《继承法的现代化》，人民法院出版社2013年版。

第 十 四 章

遗嘱继承

❖学习的内容和重点

通过本章的学习，要求学生把握遗嘱、遗嘱继承、遗嘱成立、遗嘱效力等基本概念，了解我国继承法当中关于遗嘱继承的相关规定，重点掌握我国继承法规定的遗嘱的成立条件，遗嘱的效力及遗嘱的变更、撤销等内容。

导入案例

张强是一名退休工人，中年丧妻，与其妻仅育有一子张某，该子性格粗暴，对父亲很不孝顺。后来，张强认识了同样丧偶的王某，两人志同道合，办理结婚登记后成为夫妻。

2015年8月，张强身患重病，精神失常。后经过老伴王某的悉心照料，逐渐恢复了正常。2016年1月张强病愈后亲自立下书面遗嘱，在遗嘱中张强表示将自己的住房留给老伴王某，存款10万中的5万留给老伴王某，5万留给儿子张某，并委托其好友李某作为遗嘱执行人。张某得知其父立下遗嘱的消息后，前往父亲家中要求其改变遗嘱内容，却没有得到父亲的同意，在父子两人争吵过程中张强心脏病突发去世。

李某按照遗嘱处分张强的遗产时，张某以父亲生前患有精神病为由，主张遗嘱无效，要求按照法定继承处理，并主张其对房屋也享有继承权。

请问：本案中张强所立的遗嘱是否有效？

第一节 遗嘱和遗嘱继承

一、遗嘱和遗嘱继承的概念

（一）遗嘱的概念和特征

所谓遗嘱，是指自然人生前在法律允许的范围内，按照法律规定对自己的财产作出处分及对其他事务作出安排，并于死亡后发生效力的民事行为。根据遗嘱的概念，我们可以总结出遗嘱的如下特征：

1. 遗嘱是一种单方民事法律行为。民事法律行为可分为单方民事法律行为和双方民事法律行为。双方民事法律行为须双方的意思表示一致才能成立（如契约），而单方民事法律行为只要行为人单方的意思表示就可以发生法律效力，遗嘱是典型的单方民事法律行为。单方民事法律行为又可分为有相对人的单方民事行为和无相对人的单方民事行为。有相对人的单方民事行为须意思表示到达相对人时生效，而无相对人的单方民事行为则不以意思表示到达相对人为生效要件，即只要有遗嘱人自己的意思表示，遗嘱即可成立，而无需继承人的同意。因此，遗嘱人有权改变或者撤销自己所立的遗嘱。

2. 遗嘱是要式民事行为。要式民事行为是指须具备法律规定的形式才发生法律效力的民事行为。遗嘱虽然是遗嘱人自己意思表示的体现，但由于遗嘱涉及各继承人之间的利益，并且它是在遗嘱人死亡后才发生效力的，因此，为确保能够体现遗嘱人的真实意愿并尽量避免纠纷，法律对遗嘱的形式给予了较为严格的限制，只有符合法律规定形式的遗嘱才能发生法律效力。

3. 遗嘱于遗嘱人死亡时发生法律效力。遗嘱虽然是遗嘱人生前所立，但遗嘱在设立时并没有发生法律效力，而是于遗嘱人死亡时才生效的。因此，在遗嘱人死亡前，任何人无权要求依遗嘱内容分得财产。

4. 遗嘱行为不适用代理。依照我国《民法总则》第 161 条第 2 款的规定，依照法律规定、当事人约定或者民事法律行为的性质，应当由本人亲自实施的民事法律行为，不得代理。遗嘱行为由于带有强烈的人身性，因此应当由遗嘱人亲自进行而不能适用代理制度，代理的遗嘱不具有效力。

5. 遗嘱内容须符合法律规定。遗嘱虽然是遗嘱人对自己财产所作的处理，但该处理行为也应当符合法律的规定，内容不符合法律规定的遗嘱是无效的。

（二）遗嘱继承的概念和特征

遗嘱继承是与法定继承相对应的继承方式，是指遗嘱继承人按照被继承人的合法有效的遗嘱继承遗产的法律制度。由于在遗嘱继承中，继承人的范围、继承份额等均由遗嘱人指定，因此遗嘱继承又被称为指定继承。遗嘱继承具有以下特征：

1. 被继承人死亡且立有合法有效的遗嘱是遗嘱继承的发生原因。在法定继承中，只要存在被继承人死亡的单一法律事实即可引起法定继承，但在遗嘱继承中，则必须有被继承人死亡和合法有效遗嘱的存在两个法律事实才能引起遗嘱继承，缺少其中任何一个都不能引起。因此，虽然遗嘱是遗嘱继承的前提，但两者并不能等同，遗嘱继承的发生除了要有遗嘱外，还必须满足该遗嘱合法有效并且被指定的继承人没有放弃继承。

2. 遗嘱继承是对被继承人意思自治的尊重。遗嘱继承按照被继承人生前所立遗嘱继承遗产，体现了被继承人的生前意志。在遗嘱继承中，遗嘱继承人的范围、继承份额、方式等均由被继承人指定，是被继承人对自己财产所作的处分，因而遗嘱继承体现了对被继承人意思自治的尊重。

3. 遗嘱继承优先于法定继承被适用。由于遗嘱继承体现了被继承人的意志，而对个人意志的尊重是近代私法的基本理念之一，因此遗嘱继承具有优先于法定继承的效力。在继承开始后，如有合法有效的遗嘱的，要先按照遗嘱进行继承，对于遗嘱中没有处分的财产再适用法定继承。

二、遗嘱继承的适用

根据我国《继承法》，只有在满足以下条件时，才适用遗嘱继承：

1. 合法有效遗嘱的存在。被继承人死亡和合法有效遗嘱的存在是引起遗嘱继承的共同原因，因此合法有效的遗嘱是遗嘱继承的前提条件。据此，遗嘱必须是被继承人真实的意思表示，并且其内容和形式要符合法律的规定，只有合法有效的遗嘱，才具有执行力。

2. 没有遗赠扶养协议。根据我国《继承法》第5条的规定："继承开始后，按照法定继承办理；有遗嘱的，按照遗嘱继承或者遗赠办理；有遗赠扶养协议的，按照协议办理。"同时1985年《执行继承法意见》第5条也规定："被继承人生前与他人订有遗赠扶养协议，同时又立有遗嘱的，继承开始后，如果遗赠扶养协议与遗嘱没有抵触，遗产分别按协议和遗嘱处理；如果有抵触，按协议处理，与协议抵触的遗嘱全部或部分无效。"因此，只有在没有遗赠扶养协议的情况下，才适用遗嘱继承。

3. 继承人有继承权且没有放弃继承权。继承人有继承资格也是适用遗嘱继承的前提之一，若继承人丧失了继承资格，则其不能参加遗嘱继承。对遗嘱指定的继承，继承人也可以放弃，但继承人放弃继承的意思表示必须以明示的方式作出。继承开始后，如果对遗嘱指定的继承，继承人未明确表示放弃的，就应适用遗嘱继承。

三、遗嘱自由原则

（一）遗嘱自由原则的意义

基于民法的意思自治原则，遗嘱自由受法律保护。在我国，保障遗嘱自由主要有以下几方面意义：

1. 实行遗嘱自由是对个人私有财产权的尊重。继承权是个人财产所有权的合理延伸，承认遗嘱自由也就是承认财产所有人处分其财产的自由，是对个人私有财产权的尊重。只有承认遗嘱自由，法律对个人财产所有权的保障才是完善的。

2. 实行遗嘱自由有利于减少继承纠纷和稳定家庭关系。由于继承与每一个继承人的切身利益密切相关，因而在没有遗嘱的情况下，就有可能发生继承人为争夺遗产而发生纠纷的事情，尤其是在人员较多的家庭中。而若被继承人在生前对自己的财产处理作出安排，则可以有效减少纠纷的发生，有利于家庭和睦及家庭关系的稳定。

3. 实行遗嘱自由有利于发展社会福利事业。虽然近代社会实行遗嘱自由的主要原因是保护个人私有财产权利，但是，另一方面遗嘱自由也可以促进社会福利事业的发展。遗嘱人可以通过遗嘱将财产用于社会福利事业，如创办学校、医院、养老院，建立各种福利基金会等。随着社会的不断进步，文明程度的不断提高，遗嘱自由在这方面的作用也越来越突出。[1]

（二）遗嘱自由的限制——必留份制度

遗嘱自由并不是绝对的，总要受到一定的限制，除了法律和公序良俗外，还要受到家庭制度的限制。在外国立法上，主要通过两种方式来限制遗嘱自由：①特留份制度，即被继承人在处分自己的财产时，必须为配偶及一定范围的亲属保留法定的遗产份额。该制度为多数大陆法系国家所采用，其特点是一定范围内的法定继承人均享有特留份权利而不问其生活状况如何，该制度的主要目的是维护被继承人的亲属的利益。[2] ②没有一般性地规定特留份，但给予特定继承人以保障的制度。该制度通常是英美法系国家采用，其适用一般要求为特定范围的继承人并且其有受扶养的需要。[3]

在我国，对遗嘱自由的限制主要是通过必留份制度实现的。我国《继承法》第19条规定，"遗嘱应当对缺乏劳动能力又没有生活来源的继承人保留必要的遗产份额"，其目的主要是维护需要受扶养的家庭成员的利益。[4] 我国现行必留份制度主要包含以下内容：

1. 必留份的享有主体必须在法定继承人范围以内。我国《继承法》没有规定胎儿是否为必留份的主体。有学者认为，从《继承法》第19条规定的立法精神看，胎儿如果出生后没有生活来源的，也应当成为必留份的主体。

2. 法定继承人必须同时具备缺乏劳动能力和没有生活来源两个因素才可以适用必留份制度。因为必留份制度的目的是保护没有劳动能力和生活来源的继承人的利益，维持其基本生活，而有劳动能力或者有生活来源的继承人有能力维持自己的生活，因而也就不在必留份制度的保护范围内。判断一个继承人是否缺乏劳动能力又没有生活来源，应以继承开始时为准。无论其在遗嘱设立时是否缺乏劳动能力和没有生活来源，只有在继承开始时同时具备了该两种情况的，才受必留份制度的保障。

3. 遗嘱应当对缺乏劳动能力又没有生活来源的继承人保留"必要的遗产份额"。"必要的遗产份额"是指能够满足其基本生活需要，维持当地群众一般生活水平的遗产份额，并不一定与应继份额相等。根据该特定继承人的具体情况和当地经济状况，

---

[1] 房绍坤、范李瑛、张洪波编著：《婚姻家庭与继承法》，中国人民大学出版社2007年版，第314页。

[2] 参见郭明瑞、房绍坤、关涛：《继承法研究》，中国人民大学出版社2003年版，第146~147页。

[3] 参见龙翼飞：《比较继承法》，吉林人民出版社1996年版，第81~86页。

[4] 主编注：关于对我国必留份制度的修改，我国有学者主张设立"先取份、居住权和生活费请求权"三位一体的制度来取代我国的必留份制度。参见魏小军：《遗嘱有效要件研究——以比较法学为主要视角》，中国法制出版社2010年版，第233~235页。另外，我国有些学者提出，由于特留份制度与必留份制度两者具有不同的功能，建议增设特留份制度并保留必留份制度，以期既保障被继承人的无劳动能力又无生活来源的法定继承人之利益，又兼顾保护被继承人的其他法定继承人之利益。参见陈苇主编：《外国继承法比较与中国民法典继承编制定研究》，北京大学出版社2011年版，第344~345、349~350页。有关特留份制度的伦理价值研究，参见夏吟兰："特留份制度之伦理价值分析"，载陈苇主编：《中国继承法修改热点难点问题研究》，群众出版社2013年版，第93~101页。

"必要的遗产份额" 既可以少于法定继承人的应继份额，也可以等于或大于应继份额。

4. 遗嘱中未给缺乏劳动能力又没有生活来源的继承人保留必要的遗产份额的，涉及处分应保留份额遗产的遗嘱内容无效。1985 年《执行继承法意见》第 37 条第 1 款规定："遗嘱人未保留缺乏劳动能力又没有生活来源的继承人的遗产份额，遗产处理时，应当为该继承人留下必要的遗产，所剩余的部分，才可参照遗嘱确定的分配原则处理。"据此，遗嘱的其余内容仍是有效的。

第二节　遗嘱成立的条件

由于遗嘱是对被继承人财产的处置，无论对被继承人还是对继承人来说都关系重大，因此法律对遗嘱进行了一系列限制，只有符合一定条件的遗嘱才能成立。

一、遗嘱人必须有遗嘱能力

（一）遗嘱能力的概念和立法例

遗嘱能力，是指自然人依法享有的设立遗嘱、对自己的财产在死后作出处分的资格。由于遗嘱是一种特殊的民事行为，因此行为人必须得具有法律特别规定的行为能力才可以设立遗嘱。

在外国法律上，对完全民事行为能力人和无民事行为能力人的遗嘱能力的规定没有区别，即完全民事行为能力人都有遗嘱能力，无民事行为能力人也就不具有遗嘱能力。对遗嘱能力的规定的差别主要体现在限制民事行为能力人上，即限制民事行为能力人是否具有遗嘱能力，对此主要有两种不同的规定：①遗嘱能力与民事行为能力相一致，完全民事行为能力人具有遗嘱能力，欠缺民事行为能力的人也就不具有遗嘱能力，英国、美国即采取此立法例。②遗嘱能力与民事行为能力不完全一致，一定条件下的限制民事行为能力人也可以有遗嘱能力，如德国、法国等国的规定。

我国《继承法》没有直接规定自然人的遗嘱能力，但该法第 22 条第 1 款规定，"无行为能力人或限制行为能力人所立的遗嘱无效"。这也就是从反面规定了只有完全民事行为能力人才有遗嘱能力。因此，我国公民可分为有遗嘱能力人和无遗嘱能力人。

1. 有遗嘱能力人。根据我国《继承法》的规定，有遗嘱能力人必须是完全民事行为能力人。依我国《民法总则》的规定，完全民事行为能力人包括两类：①年满 18 周岁的成年人，具有完全民事行为能力，是完全民事行为能力人；②16 周岁以上的未成年人，以自己的劳动收入为主要生活来源的，视为完全民事行为能力人。因此，在我国，具有遗嘱能力，能够设立遗嘱的人就包括 18 周岁以上的成年人和 16 周岁以上且以自己的劳动收入为主要生活来源的未成年人两类。

2. 无遗嘱能力人。无遗嘱能力人在我国包括无民事行为能力人和限制民事行为能力人两类。根据我国《民法总则》的规定，不满 8 周岁的未成年人和不能辨认自己行为的成年人，为无民事行为能力人；8 周岁以上的未成年人和不能完全辨认自己行为的成年人，为限制民事行为能力人。这两部分人都不具有遗嘱能力，其所设立的遗嘱无效。

在遗嘱能力的问题上，还需要注意两点：

（1）被宣告为无民事行为能力人或限制民事行为能力人的精神病患者，在其精神恢复正常而宣告其为无民事行为能力人或限制民事行为能力人的判决尚未撤销前，其所立的遗嘱是否有效？对此存在不同的观点。我们认为，精神病患者在治愈后，即使宣告其为无民事行为能力人或限制民事行为能力人的判决尚未撤销，也应当认定其所设立的遗嘱是有效的。因为对民事行为能力进行宣告，既是为了维护精神病患者的利益，也是为了维护交易安全、保护第三人。而设立遗嘱并不损害交易安全，也不影响精神病患者的利益，因此，即使其宣告尚未撤销，只要其确已治愈并且遗嘱是其真实的意思表示，就不应当否认遗嘱的效力。只是主张遗嘱有效的人应当对立遗嘱人的精神状况承担举证责任。[1]

（2）患有聋、盲、哑等疾病的成年人，是否具有遗嘱能力？我们认为，即使患有聋、盲、哑等疾病，只要其精神状况正常，就是完全民事行为能力人，因此也应当具有遗嘱能力。当然为了确保其真实意思得以体现，法律也应当对他们设立遗嘱作出一些特殊规定。

（二）遗嘱能力的确定时间

遗嘱的成立与生效之间还有一定的时间间隔，因而遗嘱能力的确认究竟是以遗嘱设立时为准还是以遗嘱生效时为准，也需要予以明确。对此，我国《继承法》没有明确规定，而 1985 年《执行继承法意见》第 41 条则规定："遗嘱人立遗嘱时必须有行为能力。无行为能力人所立的遗嘱，即使其本人后来有了行为能力，仍属无效遗嘱。遗嘱人立遗嘱时有行为能力，后来丧失了行为能力，不影响遗嘱的效力。"据此，遗嘱人的遗嘱能力是以立遗嘱时为标准的，只要立遗嘱时遗嘱人有遗嘱能力，则遗嘱不因其之后丧失遗嘱能力而失去效力；而只要其立遗嘱时不具有遗嘱能力，即使之后其具有了遗嘱能力，遗嘱也不因此而有效。

二、遗嘱的意思表示必须真实

只有意思表示真实的遗嘱，才能真正体现遗嘱人的意愿，因此遗嘱必须是遗嘱人完全自愿作出的，不反映遗嘱人真实意思表示的遗嘱是不发生效力的。我国《继承法》第 22 条第 2、3、4 款规定："遗嘱必须表示遗嘱人的真实意思，受胁迫、欺骗所立的遗嘱无效。伪造的遗嘱无效。遗嘱被篡改的，篡改的内容无效。"受胁迫所立的遗嘱，是指遗嘱人受到他人的非法威胁而作出的不符合自己真实意思表示的遗

---

[1]　郭明瑞、房绍坤：《继承法》，法律出版社 2004 年版，第 141 页。

嘱。受欺骗所立的遗嘱，是指遗嘱人因受他人的言语或行为的错误导向而作出的与自己真实意愿不符的遗嘱。伪造的遗嘱则是指他人以遗嘱人的名义设立的遗嘱。这三种遗嘱都不是遗嘱人真实意愿的体现，因而都是无效的。被篡改的遗嘱是指遗嘱被遗嘱人以外的人作了更改的遗嘱，这时被篡改的部分已经不是遗嘱人的意思表示，因而是无效的。当然，在遗嘱符合法律规定形式的情况下，法律上均默认该遗嘱是遗嘱人真实的意思表示，若有人主张相反的情况，则应由主张者负举证责任。

同时，为了确保遗嘱的真实性，遗嘱必须由遗嘱人亲自设立，而不能由他人代为设立，故遗嘱不适用代理制度，代理设立的遗嘱无效。应当注意的是，代理不同于代书，遗嘱不得代理，但可以由他人代书。

三、遗嘱的内容必须合法

遗嘱的内容，是指遗嘱人在遗嘱中所表示出来的对自己的财产及相关事务作出的具体安排。作为民事法律行为的一种，遗嘱的内容当然应当合法。同时基于意思自治和遗嘱自由原则，遗嘱人对遗嘱的内容具有决定权，只要不违反法律和公序良俗的，遗嘱人可以在遗嘱中指定任何内容而不限于法律规定的事项。若遗嘱的内容中有法律不允许的内容，则该内容无效，遗嘱的其余部分仍然是有效的。一般说来，遗嘱的内容主要包括以下方面：

（一）指定继承人、受遗赠人

因为遗嘱的主要目的就是指定继承人、受遗赠人，因此指定继承人、受遗赠人是遗嘱的主要内容。同时，指定的继承人、受遗赠人必须明确。

我国《继承法》第16条第2、3款规定："公民可以立遗嘱将个人财产指定由法定继承人的一人或者数人继承。""公民可以立遗嘱将个人财产赠给国家、集体或者法定继承人以外的人。"据此，遗嘱指定的继承人必须是法定继承人以内的一人或数人，但不受法定继承顺序的限制；受遗赠人是法定继承人以外的国家、集体或个人。

（二）指定遗产的分配方法或份额

遗嘱的主要内容就是处分遗产，因此在遗嘱中应当对财产的具体分配方法作出安排。遗嘱人应当对指定的继承人和受遗赠人所分得的具体财产作出说明，若有数个继承人或受遗赠人共同继承一项财产的情况，则应对每个继承人、受遗赠人所继承的份额进行说明，没有作出说明的，应当平均分配。遗嘱人可以在遗嘱中处分全部财产，也可以仅对部分财产作出安排，对于遗嘱人没有处分的财产，应适用法定继承办理。

（三）对遗嘱继承人、受遗赠人附加义务

我国《继承法》第21条规定："遗嘱继承或者遗赠附有义务的，继承人或者受遗赠人应当履行义务。没有正当理由不履行义务的，经有关单位或者个人请求，人民法院可以取消他接受遗产的权利。"据此，遗嘱人可以在遗嘱中对指定的继承人、受遗赠人规定义务作为其接受继承和受遗赠的条件。

（四）指定替补继承人、受遗赠人

遗嘱人可以在遗嘱中指定，若指定的继承人、受遗赠人不能继承或接受遗赠时由某人继承或者受遗赠。遗嘱中再指定的继承人、受遗赠人一般称为替补继承人和替补受遗赠人。因为要想发生遗嘱继承，除了遗嘱人的指定外，还要该指定的继承人具有继承权，并且其没有放弃继承权，遗赠也是同理。因此，就有可能发生遗嘱人指定的继承人、受遗赠人不能继承或者受遗赠的情况，为了避免在这种情况下依照法定继承处理，有些国家的立法规定，遗嘱人可以指定替补的继承人和受遗赠人。例如，《德国民法典》第2096条规定："被继承人可以针对继承人在继承开始前或者开始后丧失继承权的情形，指定另一人为继承人（补充继承人）。"但目前我国《继承法》对此并没有明确的规定。我们建议今后在修改我国《继承法》时，对此予以规定。因为指定替补的继承人、受遗赠人在本质上仍然是遗嘱人对自己财产的处分，并且也不违反法律和公序良俗，基于对遗嘱人意思自治的尊重，应当承认这样的指定是有效的。

（五）指定遗嘱执行人

为了确保遗嘱能够得到充分的执行，遗嘱人可以在遗嘱中指定其所信任的人作为遗嘱执行人。我国《继承法》第16条第1款规定，在遗嘱中"可以指定遗嘱执行人"。但因为遗嘱执行人问题只涉及遗嘱的执行而非处分，因此遗嘱执行人并不是遗嘱中必不可少的内容，没有指定遗嘱执行人的并不影响遗嘱的效力。

（六）其他事项

除了以上内容外，遗嘱人还可以在遗嘱中对其他事项作出安排。

四、遗嘱的形式必须符合法律规定

遗嘱的形式，是指遗嘱人以何种方式来表达自己对于财产如何处理的意思表示。作为要式法律行为，遗嘱只有按照法律规定的形式作成才具有效力。为了确保遗嘱是遗嘱人的真实意思表示，各国法律多对遗嘱形式有严格的限制，但同时为了保障遗嘱自由原则的实现，各国法律对遗嘱形式也都作了多样的规定，以供遗嘱人选择。我国《继承法》第17条规定的遗嘱形式共有五种：公证遗嘱、自书遗嘱、代书遗嘱、录音遗嘱和口头遗嘱。

（一）公证遗嘱

公证遗嘱是指经过公证机关公证的遗嘱。公证遗嘱的方式最为严格，比其他形式的遗嘱更能保障当事人的真实意思表示，因此，当公证遗嘱与自书遗嘱、代书遗嘱、录音遗嘱和口头遗嘱发生抵触时，公证遗嘱具有最高效力。1985年《执行继承法意见》第42条规定："遗嘱人以不同形式立有数份内容相抵触的遗嘱，其中有公证遗嘱的，以最后所立公证遗嘱为准；没有公证遗嘱的，以最后所立的遗嘱为准。"[1]
公证遗嘱的办理需要符合以下要求：

1. 须由遗嘱人亲自申请办理。由于遗嘱是本人的意思表示，所以遗嘱公证必须由本人亲自办理，不得代理。遗嘱人申请设立公证遗嘱时，应当携带有关的身份证明和遗嘱涉及的财产的产权证明等材料亲自到公证机关以口头或者书面形式提出申请，遗嘱人亲自到公证机关办理确有困难的，可以请求公证人员到其所在地办理。

2. 公证人员在对相关事项的真实性、合法性作出审查的基础上依法对遗嘱进行公证。根据我国法律规定，公证人员审查的内容包括遗嘱人是否具有遗嘱能力、遗嘱人提供的材料是否合法有效、遗嘱的内容是否合法有效等，据此可以看出我国对遗嘱公证的审查是实质审查。公证机关经审查，认为申请人提供的材料真实、合法，遗嘱也不违反法律规定的，应当向遗嘱人出具《遗嘱公证书》，并由公证机关和遗嘱人分别保存。

另外，办理遗嘱公证的公证人员，若与遗嘱人或者继承人有亲属关系或者利害关系，遗嘱人认为其有可能影响公证的，有权要求其回避。

（二）自书遗嘱

自书遗嘱是指由遗嘱人亲笔书写的遗嘱。自书遗嘱简便易行、易于保密，因而常为遗嘱人所采用。我国《继承法》第17条第2款规定："自书遗嘱由遗嘱人亲笔书写，签名，注明年、月、日。"由此可见，自书遗嘱应当符合以下要求：

1. 遗嘱内容必须是遗嘱人亲自书写。为了确保遗嘱的真实性，防止他人伪造、篡改遗嘱，自书遗嘱必须由遗嘱人亲自书写而不能由他人代写。至于遗嘱人自书遗嘱所用的工具、书写材料及文字等则没有限制。

2. 遗嘱人需要在自书遗嘱上签名。遗嘱人的亲自签名既可以证明遗嘱确是遗嘱人所写，又可以证明该遗嘱是遗嘱人的真实意思表示，因此没有遗嘱人签名的自书遗嘱是无效的。同时，自书遗嘱的签名必须由遗嘱人亲自书写自己的名字，而不能以盖章或者按手印等方式代替。若遗嘱中有需要修改、增删的地方，遗嘱人也应该在该修改、增删处签名并注明日期，否则遗嘱被视为没有修改、增删。

[1] 对于公证遗嘱具有优先适用效力的立法，我国学者主要有"肯定说"与"否定说"两种观点，前者对现行立法持赞同态度，参见徐国栋主编：《绿色民法典草案》，社会科学文献出版社2004年版，第235、244页；王利明主编：《中国民法典学者建议稿及立法理由（人格权编·婚姻家庭编·继承编）》，法律出版社2005年版，第563页。后者对现行立法持不赞同的态度，主张为保障实现遗嘱人处分其个人财产的意志自由，公证遗嘱与其他形式遗嘱的效力应当等同，应采取"后遗嘱优先于前遗嘱被适用"的原则，参见梁慧星主编：《中国民法典草案建议稿》，法律出版社2003年版，第376、379页；张玉敏主编：《中国继承法立法建议稿及立法理由》，人民出版社2006年版，第13页；陈苇主编：《外国继承法比较与中国民法典继承编制定研究》，北京大学出版社2011年版，第347、359页。此外，有关公证遗嘱适用的效力位阶之法律价值取向与我国民众对遗嘱形式的主要选择意愿的研究，参见陈法："论我国公证遗嘱适用的效力位阶——以法律的价值理论与民众继承习惯的现实为视角"，载《现代法学》2012年第5期。

3. 需要注明年、月、日。遗嘱中记载的时间是确定遗嘱人是否有遗嘱能力以及存在多份遗嘱时确定遗嘱先后的依据，因此，自书遗嘱中必须注明日期。该日期应当是遗嘱制作完毕，遗嘱人签名之日。标注的日期要明确、具体，包括年、月、日，若遗嘱中标注的日期不具体，而且又无法通过遗嘱的其他内容予以确定的，遗嘱无效。

此外，我国 1985 年《执行继承法意见》第 40 条规定："公民在遗书中涉及死后个人财产处分的内容，确为死者真实意思的表示，有本人签名并注明了年、月、日，又无相反证据的，可按自书遗嘱对待。"由此可以看出，只要确实是遗嘱人处分遗产的真实意思表示，没有"遗嘱"字样的也可以按自书遗嘱对待。

（三）代书遗嘱

代书遗嘱是指由遗嘱人口述遗嘱内容，由他人代写的遗嘱，多发生在遗嘱人不能书写的情况下。因为代书遗嘱极容易被伪造和篡改，因此法律必须对其进行较为严格的规定。我国《继承法》第 17 条第 3 款规定："代书遗嘱应当有两个以上见证人在场见证，由其中一人代书，注明年、月、日，并由代书人、其他见证人和遗嘱人签名。"因此，代书遗嘱要符合以下要求：

1. 代书遗嘱应当有两个以上见证人在场见证。为了确保遗嘱确实是遗嘱人的真实意思表示，防止他人对遗嘱的伪造和篡改，遗嘱人必须指定两个以上的遗嘱见证人在场见证。因此，没有两个以上见证人在场见证的代书遗嘱是无效的。

2. 遗嘱应由遗嘱人口述遗嘱内容，而由其中一名见证人代书。代书遗嘱的内容必须是由遗嘱人口述的，代书人只是把具体内容代写出来，而不是由代书人代理设立遗嘱。代书人只需要忠实记载遗嘱人的意思表示即可。代书人在记录完遗嘱内容后，应向遗嘱人宣读一遍，以便遗嘱人核实，确保代书遗嘱真实准确地反映遗嘱人的意思。

3. 代书人、其他见证人、遗嘱人须在遗嘱上签名，并注明年、月、日。在代书人宣读完遗嘱，遗嘱人和其他见证人确定无误后，在场的见证人和遗嘱人都必须在遗嘱上签名。遗嘱见证人的签名必须亲自书写而不能以盖章或者按手印的方式代替，而考虑到代书遗嘱的遗嘱人多是无法书写或者不识字的人，因此应当允许遗嘱人的签名采取盖章或者按手印的方式。代书遗嘱也需要注明设立遗嘱的年、月、日，日期的具体要求同自书遗嘱一致。

为了保证遗嘱内容的真实性，我国法律也对见证人资格作出了规定，根据《继承法》第 18 条的规定，下列人员不能作为遗嘱见证人：①无行为能力人、限制行为能力人。前者不能辨认自己行为，不能以自己名义参加民事活动并享有民事权利和承担义务。后者则是其民事行为能力受到限制，二者均不是完全民事行为能力人，不能参与订立遗嘱这类较复杂的民事活动。②继承人、受遗赠人。继承人、受遗赠人不能作为见证人的原因不在于其是否有民事行为能力，而在于他们与遗嘱有直接利害关系，有可能影响遗嘱人自愿表达其内心意志，再者，他们的证明也难以保持客观性和真实性。因此，他们不得作为遗嘱见证人。③与继承人、受遗赠人有利害关系的人。与继承人、受遗赠人有利害关系的人，由于受利益关系的影响，难以保证其证明的客观性、真实性，所以这些人也不能做遗嘱见证人。根据有关司法解释，继承人、受遗赠人的近亲属、债权人、债务人、共同经营的合伙人，应当被视为利害关系人。

（四）录音遗嘱

录音遗嘱是指以录音方式记录下来的遗嘱人的口述遗嘱。录音遗嘱比代书遗嘱表达的意思更准确，更能准确反映遗嘱人的意愿，有其有利的一面，但同时录音带也极容易被剪辑、伪造，因此法律上也应当对录音遗嘱规定严格的限制条件。我国《继承法》第17条第4款规定："以录音形式立的遗嘱，应当有两个以上见证人在场见证。"

我们认为，录音遗嘱要符合以下要求：①遗嘱人必须当着见证人的面口述遗嘱的全部内容、遗嘱人姓名和遗嘱的设立日期，遗嘱人的口述要清楚、明白；②见证人也应当将自己的姓名、见证证明录制在录音带上；③录音遗嘱制成后，要当场封存，并由见证人签名，注明年、月、日。

（五）口头遗嘱

口头遗嘱是指由遗嘱人口头设立而没有任何记载的遗嘱。口头遗嘱简便易行，而且在某些危急的情况下口头遗嘱也是唯一可以采用的形式，因而有必要承认这种遗嘱方式。然而，口头遗嘱极易被篡改，而且其内容完全靠见证人的表述来证明，安全性极低，所以口头遗嘱的适用更要有严格的限制。我国《继承法》第17条第5款规定："遗嘱人在危急情况下，可以立口头遗嘱。口头遗嘱应当有两个以上见证人在场见证。危急情况解除后，遗嘱人能够用书面或者录音形式立遗嘱的，所立的口头遗嘱无效。"据此，口头遗嘱必须具备以下两个条件：

1. 遗嘱人在危急情况下，无法以其他方式设立遗嘱。危急情况一般是指遗嘱人生命垂危、发生意外灾害随时有生命危险等情况。

2. 必须有两个以上的见证人在场见证。为了保证真实体现遗嘱人的意思，口头遗嘱也要求必须有两个以上的见证人在场见证。我国法律并没有规定要求见证人将口头遗嘱的内容记录下来，但为了确保真实，有条件的情况下，见证人应当将遗嘱人口述的遗嘱记录下来或者事后补记下来，并由记录人、其他见证人签名，注明年、月、日。[1]

另外，根据我国《继承法》的规定，危急情况解除后，遗嘱人能够用其他方式设立遗嘱的，所立的口头遗嘱无效。但是，遗嘱人应当在危急情况解除多久后另立遗嘱呢？我国法律对此并没有规定。但是为了避免纠纷，我们认为，法律应当规定遗嘱人在危急情况解除后另立遗嘱的合理期间。对此有学者建议，在危急情况解除后，遗嘱人应于2周内重新以其他形式设立遗嘱。如果遗嘱人于危急情况解除后不

---

〔1〕 主编注：对于口授遗嘱，我国台湾地区明确要求通过书面或录音方式予以记录并且见证人须签名。参见陈苇、宋豫主编：《中国大陆与港、澳、台继承法比较研究》，群众出版社2007年版，第354页。

足 2 周未另立遗嘱死亡的,应当承认其所立的口头遗嘱。如果遗嘱人于危急情况解除 2 周后仍未设立其他形式遗嘱的,则对其所立的口头遗嘱不予认可。[1]

第三节　遗嘱的效力

一、遗嘱效力概述

（一）遗嘱效力的概念

遗嘱的效力是指立遗嘱人在遗嘱中所作的意思表示得以实现的效力,亦即遗嘱的生效。此种效力实际上就是遗嘱的执行效力,即遗嘱从何时起可以执行。

遗嘱的生效与遗嘱的成立是两个既有联系又有区别的概念。遗嘱的成立属于事实判断的问题,其着眼点在于遗嘱行为是否存在;而遗嘱的生效属于价值判断的问题,其着眼点在于遗嘱行为能否获得法律的承认和保障。

首先,遗嘱生效的前提条件是应当存在有效的遗嘱行为。但遗嘱在满足了成立要件之后并不立即发生法律效力,只有当立遗嘱人死亡这一事实出现时才实际地发生法律效力。其次,遗嘱作为一种民事法律行为,同一般民事法律行为一样可以附加一定的生效条件。我国《继承法》第 21 条对附义务的遗嘱作了规定:"遗嘱继承或者遗赠附有义务的,继承人或者受遗赠人应当履行义务。没有正当理由不履行义务的,经有关单位或者个人请求,人民法院可以取消他接受遗产的权利。"1985 年《执行继承法意见》第 43 条规定:"附义务的遗嘱继承或遗赠,如义务能够履行,而继承人、受遗赠人无正当理由不履行,经受益人或其他继承人请求,人民法院可以取消他接受附义务那部分遗产的权利,由提出请求的继承人或受益人负责按遗嘱人的意思履行义务,接受遗产。"这表明我国《继承法》认可遗嘱人在遗嘱中为继承人等受益人附加一定的义务作为遗嘱生效的附加条件。遗嘱人死亡后,继承人或者其他受益人履行了义务,遗嘱所附生效条件成就或者期限到来,遗嘱方发生效力。

（二）遗嘱发生法律效力的时间标准

由于遗嘱是遗嘱人按照法律规定的方式处分遗产或其他事务,并于遗嘱人死亡时发生法律效力的一种法律行为。因此,遗嘱的法律效力开始于遗嘱人死亡之时,遗嘱人死亡之前,遗嘱不发生法律效力。遗嘱人死亡,包括两种情况:①自然死亡,也就是说遗嘱人因疾病、年老等原因而生命终结;②经人民法院宣告死亡,也就是指自然人下落不明满法定期限,人民法院根据利害关系人的申请,以审判程序宣告该自然人死亡。遗嘱人自然死亡时,遗嘱从其自然死亡时发生法律效力。遗嘱人经人民法院宣告死亡的,自人民法院宣告死亡的判决作出之日起[2],遗嘱发生法律效力。

---

〔1〕 郭明瑞、房绍坤、关涛:《继承法研究》,中国人民大学出版社 2003 年版,第 119 页。
〔2〕 《民法总则》第 48 条。

二、遗嘱的无效

遗嘱的无效是指遗嘱由于欠缺法律规定的生效要件而自始、当然地不发生法律效力，即遗嘱人在遗嘱中所作的意思表示无效，遗嘱人处分自己财产遗愿不能实现。遗嘱合法即生效，违法即无效。因此，我国《继承法》对遗嘱的无效也作出了详细的规定，依据《继承法》第 19、22 条及 1985 年《执行继承法意见》第 38 条等规定，遗嘱无效包括以下几种情形：

1. 无民事行为能力人及限制民事行为能力人所立的遗嘱无效。遗嘱作为遗嘱人处分个人财产的行为，对于遗嘱人而言是非获利的行为，所以要求遗嘱人在设立遗嘱时必须具有与此行为相适宜的年龄、智力和正常的精神状况，在此前提下，法律才能够赋予其以遗嘱形式处分财产的资格。而无民事行为能力人和限制民事行为能力人不具备这方面的心智，因此，他们所设立的遗嘱只能是无效的。且遗嘱人的行为能力应以设立遗嘱时的情形为准，完全民事行为能力人在设立遗嘱之后丧失民事行为能力的，不影响其遗嘱的效力。反之，无民事行为能力人和限制民事行为能力人在设立遗嘱后成为完全民事行为能力人的，其所立遗嘱仍不能产生法律效力。

2. 遗嘱人因受到胁迫或欺诈而设立的遗嘱无效。受胁迫所立的遗嘱，是指遗嘱人在受到他人的威胁或要挟，为了避免自己或亲属的生命健康或财产等权益遭受侵害而违心地设立与自己真实的内心意思相违背的遗嘱。

受欺诈所立的遗嘱，是指遗嘱人因受到他人故意歪曲事实的言词及虚假的行为的误导而产生错误的认识，从而在设立遗嘱时作出了与自己真实意志不相符合的意思表示。

对遗嘱人进行胁迫或者欺诈的人可以是继承人或者是继承人以外的其他人，可以是能够从遗嘱人违背真实意愿所设立的遗嘱中获益的人，亦可以是不会从中获益的人。由于遗嘱人是在受到胁迫或欺诈的情况下设立的遗嘱，这严重违背了要求遗嘱内容是遗嘱人真实意思表示的法律精神，所以此种遗嘱当然无效。

3. 伪造的遗嘱无效。伪造的遗嘱是指以被继承人的名义设立，而实际上却并非是被继承人意思表示的遗嘱。伪造遗嘱的人一般会出于从伪造行为中获益或者不因遗嘱人亲自处分财产而丧失获益机会的目的而实施伪造遗嘱的行为。但同时需要明确的是，伪造人出于何种目的和动机均不会成为此种无效遗嘱的构成要件。由于伪造的遗嘱中的内容完全不是被继承人的意思表示，所以不论遗嘱的内容如何、也不论遗嘱是否会对被继承人及继承人的利益造成损害，伪造遗嘱都不发生法律效力。

4. 遗嘱被篡改的，篡改的内容无效。被篡改的遗嘱是指除遗嘱人以外的其他人对遗嘱的内容进行了更改。需要注意的是，与伪造遗嘱不同，篡改只是对遗嘱的部分内容作了更改。因为篡改的内容不是遗嘱人的真实意思表示，所以被篡改的部分不发生法律效力。

5. 遗嘱没有为缺乏劳动能力又没有生活来源的继承人保留必要的份额，对应当保留的必要份额的处分无效。我国《继承法》第 19 条规定："遗嘱应当对缺乏劳动能力又没有生活来源的继承人保留必要的遗产份额。"该规定中所涉及的享受继承"必要份额"的继承人应当是同时丧失了劳动能力和生活来源两个条件的人，而对其保留必要的遗产份额是为了维持此人的基本生活。同时需要明确的是，此类遗嘱的无效并非是针对遗嘱的全部内容，而只是其中处分了"应保留遗产份额"的部分内容无效，不影响其他部分内容产生效力。

6. 遗嘱中处分不属于遗嘱人自己财产的遗嘱内容无效。我国1985年《执行继承法意见》第38条规定："遗嘱人以遗嘱处分了属于国家、集体或他人所有的财产，遗嘱的这部分，应认定无效。"所以，遗嘱只能作为遗嘱人处分自己财产的意思表示部分才能发生法律效力。

三、遗嘱的不生效

遗嘱的不生效是指遗嘱人设立的合法遗嘱于遗嘱人死亡时由于一些客观原因的出现致使遗嘱无法执行，即不发生法律效力。这样的情形包括以下几种：

1. 遗嘱中所指定的继承人或受遗赠人先于遗嘱人死亡的。

2. 遗嘱所指定的继承人丧失了继承权或受遗赠人丧失了受遗赠权。

3. 附有解除条件的遗嘱，如果在遗嘱人死亡以前条件已经成就，则遗嘱不发生法律效力。因为附解除条件的民事法律行为在条件成就时其效力停止，因此，该遗嘱内容也不会发生效力。

4. 附有停止条件的遗嘱，遗嘱继承人、受遗赠人在条件成就前已经死亡，则遗嘱不发生法律效力。

5. 遗嘱人死亡时，遗嘱中涉及的财产已经不存在。此种情形又可分为两种状态：①这部分财产如果是被遗嘱人在生前以事实或者法律行为处分而不再存在，可以推定为遗嘱人对遗嘱作出了变更；②财产由于其他原因而不再存在，而该部分财产的继承人又不能够就该部分财产向保险公司或第三人请求赔偿时，则针对该部分财产的遗嘱内容无效。

在这里，应该对遗嘱的无效和不生效加以区别，两者的相同之处在于遗嘱均不能发生法律效力。两者的区别在于遗嘱不发生法律效力的原因不同，遗嘱的无效是由于遗嘱本身违反了法律之规定，而遗嘱不生效则是由于其他的客观原因所导致的。[1]

---

〔1〕 主编注，关于共同遗嘱的效力，我国《继承法》尚无规定，在国外立法中有的采"肯定说"，有的则采"否定说"，参见陈苇主编：《外国继承法比较与中国民法典继承编制定研究》，北京大学出版社2011年版，第333页。对于共同遗嘱的效力，我国学者亦有"肯定说"与"否定说"之争，"肯定说"参见杨晓林、段凤丽："婚姻财产协议中共同遗嘱条款的效力"，载《中国继承法修改热点难点问题研讨会论文集》，西南政法大学民商法学院和外国家庭法及妇女理论研究中心2012年6月编印，第93~95页；"否定说"参见陈苇主编：《外国继承法比较与中国民法典继承编制定研究》，北京大学出版社2011年版，第333页，张华贵："利益平衡与立法选择：论立法应当禁止夫妻共同遗嘱"，载陈苇主编：《中国继承法修改热点难点问题研究》，群众出版社2013年版，第154~170页。

第四节　遗嘱的变更、撤销和执行

一、遗嘱的变更和撤销

（一）遗嘱的变更和撤销的概念

遗嘱的变更，是指遗嘱人在遗嘱依法成立以后对其部分内容所做的修改或变动，并确认修改后的遗嘱将在遗嘱人死亡时发生法律效力。遗嘱的撤销，是指遗嘱人废弃先前已经合法成立的遗嘱，使其内容丧失法律效力。两者的区别在于对遗嘱内容的改变程度不同，变更是遗嘱人对遗嘱部分内容的改变，而撤销是对遗嘱全部内容的改变。

（二）遗嘱的变更和撤销的要件

遗嘱人对遗嘱的变更和撤销可以在遗嘱成立至遗嘱人死亡之前，基于任何理由而为之，但变更和撤销行为也必须满足以下几个法定要件，才能够最终产生法律效力：

1. 遗嘱变更或撤销时，遗嘱人必须具有完全民事行为能力，即具有遗嘱能力。若遗嘱人在设立遗嘱之后，丧失了遗嘱能力的，在其恢复遗嘱能力之前对遗嘱所作的变更或撤销将不会产生法律效力。法律仍承认原遗嘱的效力。

2. 遗嘱的变更或撤销必须是遗嘱人真实的意思表示。同遗嘱的设立一样，遗嘱的变更或撤销也应当是遗嘱人内心真实意思的表达，伪造遗嘱的变更或撤销以及遗嘱人因受到胁迫或欺诈而违背自己的真实意愿作出的对遗嘱内容的变更或撤销不发生法律效力，原设立遗嘱仍有效。

3. 遗嘱的变更和撤销的意思表示必须由遗嘱人亲自作出。遗嘱的特殊性质决定了遗嘱的设立、变更及撤销都只能由遗嘱人亲自为之，而不得适用代理。所以，遗嘱的变更及撤销只能是遗嘱人的生前行为。

（三）遗嘱的变更和撤销的方式

遗嘱的变更和撤销可以适用明示和推定两种方式：

1. 明示方式。适用明示方式对遗嘱进行变更或者撤销，是指遗嘱人针对已经设立的遗嘱明确作出变更或撤销遗嘱的意思表示。这种变更、撤销的方式简单明了，容易被外界所认知和把握。明示方式包括两种情形：①针对已经设立的遗嘱，遗嘱人明确表示对其部分内容予以变更或对其全部内容予以废弃；②遗嘱人重新设立新的遗嘱，且在新遗嘱中明确表示变更或撤销原遗嘱。

2. 推定方式。适用推定方式对遗嘱进行变更或者撤销，是指遗嘱人虽未明确地作出变更或撤销原遗嘱的意思表示，但法律可以依据遗嘱人在遗嘱成立以后实际作出的某种行为，推定遗嘱人具有变更或撤销原遗嘱的内心意思，并产生实际的法律后果。与明示方式相比，推定方式在为外界的认定和把握方面更为复杂。实践中包括以下几种情况：

（1）遗嘱人立有数份遗嘱，且数份遗嘱的部分或全部内容互相抵触，则遗嘱人虽未在后立遗嘱中明确表示变更或撤销先立遗嘱，也应当推定遗嘱人变更或撤销先立遗嘱。我国《继承法》第20条第2款规定："立有数份遗嘱，内容相抵触的，以最后的遗嘱为准。"但这其中也会出现例外情况。1985年《执行继承法意见》第42条规定："遗嘱人以不同形式立有数份内容相抵触的遗嘱，其中有公证遗嘱的，以最后所立公证遗嘱为准；没有公证遗嘱的，以最后所立的遗嘱为准。"此规定表明公证遗嘱较之其他遗嘱而言具有更高的法律效力。

（2）遗嘱人在生前实行的行为与遗嘱内容相抵触，则推定遗嘱人以行为变更或撤销已设立的遗嘱。此种情形是指遗嘱人在遗嘱成立之后、生效之前，对在遗嘱中已经预先分配过的财产进行了现实处分，而实际作出的分配又与遗嘱内容不相符合，导致预先设立的遗嘱部分或全部内容的实际执行成为不可能，至此只能推定遗嘱人变更或撤销原遗嘱。

（3）遗嘱人有意为毁损、涂改遗嘱的行为，视为变更、撤销遗嘱。我国《继承法》虽未对此作出明确规定，但学界的通说认为，遗嘱人故意将已经设立的遗嘱毁损或者涂改的，应当推定遗嘱人变更或撤销原遗嘱。适用这种推定方式必须要明确的一点是，遗嘱人的毁损或涂改行为应是故意为之，如果遗嘱人并非故意，则不能被视为是对遗嘱的变更或撤销。

（四）遗嘱的变更和撤销的效力

遗嘱的变更或撤销的效力，自遗嘱人作出变更或撤销行为，且行为符合法定要件之时起产生。遗嘱的变更和撤销的效力在于使原遗嘱不再发生法律效力，原遗嘱内容不能够自遗嘱人死亡时转变为现实的法律关系。

遗嘱变更的，应当将变更后的遗嘱视为遗嘱人处分自己财产的真实意思表示。遗嘱人死亡时，变更后的遗嘱产生实际的法律效力。

遗嘱被撤销的，被撤销的遗嘱失效，将遗嘱人重新设立的遗嘱视为遗嘱人真实的意思表示实际执行。若遗嘱人未设立新遗嘱的，则视为被继承人未设立遗嘱，在被继承人死亡时按照法定继承来处分被继承人的财产。

（五）遗嘱的变更和撤销与其他可变更、可撤销行为的比较

1. 权利行使的主体不同。遗嘱的变更和撤销必须由遗嘱人亲自为之，遗嘱人不得委托他人代理，人民法院和仲裁机关也不得变更或撤销公民的遗嘱。而一般可变更、可撤销行为的变更及撤销权利可由行为的利害关系人本人或其委托的代理人行使，同时要由人民法院或仲裁机关对于是否准予变更或撤销作出裁决。

2. 权利的行使前提和原因不同。遗嘱的变更和撤销行为针对的是已经合法成立、具备生效要件的遗嘱。且遗嘱的变更和撤销均属于无因行为，即不需要法定的原因，只要遗嘱人出于本意作出意思表示即可。而其他民事行为的变更和撤销权的行使前提是存在欠缺有效要件的民事行为，包括行为人对行为内容有重大误解的民事行为、

显失公平的民事行为。

3. 权利行使的时间不同。遗嘱人对于遗嘱的变更或撤销的权利在遗嘱设立之后至遗嘱人死亡之前的任何时间都可以行使。而针对一般民事行为的变更或撤销必须在法定的除斥期间内作出，否则法律将不予保护。

4. 变更和撤销行为产生效力的条件不同。遗嘱人对于遗嘱的变更或撤销均属于单方民事法律行为，只要遗嘱人变更或撤销的意思表示真实且由遗嘱人亲自为之，则行为一经作出即可产生变更或撤销的法律效力。而一般民事行为的变更或撤销则不能仅仅因为权利人作出意思表示而产生法律效力，必须要经由人民法院或仲裁机关作出裁决，权利人的变更或撤销行为才能得以生效。

5. 权利行使的法律后果不同。遗嘱人对于遗嘱的变更或撤销权的行使，所产生的法律后果只是将遗嘱的部分或全部内容予以废弃，并不会导致对其他主体权利的侵害，也不必承担任何民事责任。而其他民事行为经人民法院或仲裁机关确认变更或撤销后，原行为即丧失法律效力，同时产生相应的法律后果或民事责任：返还财产，使当事人的法律地位恢复到民事行为成立之前的状态；赔偿损失，由于民事行为的变更或撤销发生的损失赔偿问题，有过错一方向无过错一方进行赔偿，双方皆有过错的，则各自承担相应的赔偿责任。

二、遗嘱的执行

（一）遗嘱执行的概述

遗嘱的执行是指遗嘱生效之时，由特定的人按照遗嘱人设立遗嘱的内容处分财产，以完成遗嘱人遗愿的行为。就遗嘱的内容而言，并非全部事项都需要经过遗嘱执行才能完成。其中，遗嘱所涉及的消极内容，如遗嘱中的相关继承人因没有尽到赡养义务而不得继承遗产，或是对某一债务人债务的免除等内容都不需要执行行为的辅助，而于遗嘱人死亡时自然生效。但除此之外，遗嘱中还涉及一些内容必须通过执行行为才能够实现，如遗产的分配、遗赠的执行、债务的清偿等。所以遗嘱的执行对于遗嘱内容的最终实现具有重要意义。

（二）遗嘱执行人的确定

遗嘱执行是于遗嘱人死亡之后开始的执行行为及程序，所以遗嘱执行人必须是除遗嘱人以外的其他人。但并非任何人都可以被确定为遗嘱执行人，由于遗嘱执行是完成遗嘱人遗愿的关键行为，同时遗嘱执行又关系到众多继承人的切身利益，所以必须对遗嘱人的资格作出一定的限制。虽然我国《继承法》并未对此作出明确规定，但是依据遗嘱继承的特点及司法实践经验，有的个人和组织是不适宜担任遗嘱执行人的。无行为能力或限制行为能力人不适合担任遗嘱执行人，原因在于通常遗嘱所涉及的内容较多，执行过程也较为复杂，所以要求执行人应当是具有执行能力的完全民事行为能力人。

就何种人可以担任遗嘱的执行人的问题，我国《继承法》第16条第1款规定："公民可以依照本法规定立遗嘱处分个人财产，并可以指定遗嘱执行人。"但该条法规只明确了一种遗嘱执行人的产生方式，内容不够完善。根据实践中的遗嘱执行人的产生根据不同，遗嘱执行人可以分为以下三种：

1. 遗嘱人指定的遗嘱执行人。遗嘱人可以在遗嘱中指定法定继承人或法定继承人以外的其他人担任遗嘱执行人。遗嘱执行人可以是自然人，也可以是法人。遗嘱人可以指定一人或数人作为遗嘱的执行人。由于遗嘱执行人责任的履行状况直接关系到遗嘱人的遗愿能否得以实现，而相对于法定继承人而言，其他人不负有担任遗嘱执行人的义务，且其他人一般不会从遗嘱执行当中获得利益。所以，当法定继承人以外的其他人被指定为遗嘱执行人时，被指定人并非必须接受遗嘱人的指定而成为遗嘱执行人，而是有权选择是否担任，可以接受也可以拒绝。但与此同时，法定继承人是遗嘱人的近亲属，又会因为遗嘱的执行而获得一定的利益，所以被指定为遗嘱执行人的法定继承人原则上不得拒绝，应当认真履行执行职责。

2. 法定的遗嘱执行人。法定的遗嘱执行人是依据法律当然享有遗嘱执行权的人。目前我国的《继承法》还未就法定的遗嘱执行人的情况作出明确的规定，但是根据现实的需要，当遗嘱执行面临以下几种情形时需要法定的遗嘱执行人来履行执行职责：①遗嘱中没有明确指定遗嘱执行人；②遗嘱指定的执行人是法定继承人以外的其他人，而被指定人拒绝担任遗嘱执行人；③遗嘱所指定的执行人丧失了担任执行人的能力，或是先于遗嘱人死亡，或是出现了不适宜担任遗嘱执行人的其他情形。

出现以上情况时，就需要由法定的遗嘱执行人来履行执行职责。那么，何人适宜作为法定的遗嘱执行人呢？学界的通说认为，由于法定继承人是遗嘱人的近亲属，双方的身份、情感、生活都存在着密切的联系，对遗产的相关情况、状态也比较了解，并且能够最终从遗嘱执行中获得一定的利益，所以法定继承人最适宜成为法定的遗嘱执行人。在此基础上，可以由全体的法定继承人共同担任遗嘱的执行人，也可以经过协商确定其中的一人或数人为遗嘱的执行人。

3. 由遗嘱人生前所在的单位或继承开始地的基层组织来担任遗嘱的执行人。若遗嘱人未指定遗嘱的执行人，同时又无法定继承人或者有法定继承人而法定继承人不具备担任遗嘱执行人的能力时，由遗嘱人生前所在的单位或继承开始地的基层组织如居民委员会、村民委员会来担任遗嘱的执行人是一种切实可行的方式。

（三）遗嘱执行人的职责与权利

遗嘱执行人在履行职责、完成遗嘱人遗愿的过程中，需要同时保护继承人、受遗赠人等遗嘱的相关受益人的合法权益，由此决定了遗嘱执行人必须履行一定的职责和享有一定的权利：

1. 审查遗嘱。由于不成立、不生效以及无效的遗嘱都是不能执行的，所以遗嘱人在实际执行遗嘱前必须查明遗嘱的内容是否真实且合法。包括遗嘱人是否具有遗嘱能力、遗嘱人在遗嘱中所作出的意思表示是否真实、遗嘱人生前是否曾作出过变更或者撤销遗嘱的意思表示、遗嘱的内容是否合法等方面的情况。在确定遗嘱真实有效的情况下方可开始遗嘱的执行。

2. 清点遗产。作为遗嘱的执行人，其必须清楚地了解遗嘱中所涉及的各项遗产的数量、价值、状态等状况，所以清理遗产是遗嘱执行人的重要职责。如果遗嘱中所涉及的遗产数量较多、情况较为复杂，遗嘱执行人在查明遗产状况时应当编制财产清单，并将清单交付于继承人等利害关系人，告知遗嘱人以遗嘱处分的财产范围。

3. 管理遗产。在经过清点掌握了遗产的范围后，遗嘱执行人有权对遗产进行管理。如果遗嘱人在遗嘱中明确指出遗嘱执行人应当如何对财产进行管理的，遗嘱执行人应当遵照遗嘱人的要求进行管理。遗嘱中没有此类要求的，遗嘱执行人应当以遗嘱的顺利执行为管理遗产的必要限度。所以，遗嘱执行人有代遗嘱人为收取债权、偿还债务、缴纳欠缴税款等行为的权利。如遗产为他人所占有，遗嘱人可以针对该部分遗产行使返还请求权。但遗嘱执行人不得依照自己的意志对财产行使处分权。因遗产管理而支出的必要费用可以从遗产中扣除。

4. 公布遗嘱内容。遗嘱执行人应当在遗产范围确定之后，向全体遗嘱继承人和受遗赠人公布遗嘱的内容，同时说明遗产的范围及状况。

5. 排除执行妨碍。对于在遗嘱执行过程中遇到的，来自遗嘱的受益人或者其他人的非法干涉和妨碍，遗嘱执行人都可以行使排除妨害请求权。必要时遗嘱执行人还可以通过诉讼途径请求人民法院保护遗嘱执行的顺利完成。

6. 交付遗产。遗嘱执行的最终目的在于按照遗嘱人的遗愿将遗产交付给遗嘱继承人和受遗赠人，至此遗嘱的执行结束。[1]

遗嘱执行人必须严格地依照法律的规定及遗嘱内容忠实地履行执行职责。遗嘱执行人在执行过程中因故意或者过失而给遗嘱的受益人造成损害的，须承担相应的赔偿责任。同时，若遗嘱执行人由于不可归责于自身的原因而受到损害的，也可以请求遗嘱的继承人作出赔偿。如遗嘱执行人在执行过程中出现擅自处分遗产等不忠实履行职责的情形，遗产的受益人可以请求人民法院作出撤销遗嘱执行人资格的裁决。

---

[1] 主编注：关于遗嘱执行人的报酬请求权，我国《继承法》尚无规定。我国学者认为，由于遗嘱的执行，需要遗嘱执行人花费相当的时间和精力，一般来说，在我国实际生活中，如果遗嘱执行人不是被继承人的所在单位或所在村（居）委会基层组织的，也不是法定继承人、遗嘱继承人或受遗赠人的（如果遗嘱指定给予该继承人或受遗赠人以遗嘱执行报酬的除外），其可以根据执行遗嘱的工作实际情况，请求从遗产中给予适当的报酬。参见陈苇主编：《外国继承法比较与中国民法典继承编制定研究》，北京大学出版社2011年版，第140页；吴国平："遗嘱执行人制度的不足及其完善"，载《中国继承法修改热点难点问题研讨会论文集》，西南政法大学民商法学院和外国家庭法及妇女理论研究中心2012年编印，第210页；曹贤余："遗嘱执行人制度完善之探讨"，载《中国继承法修改热点难点问题研讨会论文集》，西南政法大学民商法学院和外国家庭法及妇女理论研究中心2012年编印，第216页。

导入案例之要点评析

此案件涉及遗嘱人的遗嘱能力问题。只有具备完全民事行为能力的人才具有遗嘱能力，其所立的遗嘱才能产生法律效力。

我国《继承法》没有对公民的遗嘱能力作出明确规定，只规定无行为能力人或者限制行为能力人所立的遗嘱无效，即只有完全民事行为能力人才具有遗嘱能力，而遗嘱人是否具有遗嘱能力应当以立遗嘱时的情形为判断标准，设立遗嘱之前或之后的行为能力状况对遗嘱的效力不产生影响。1985年《执行继承法意见》第41条规定："遗嘱人立遗嘱时必须有行为能力。无行为能力人所立的遗嘱，即使其本人后来有了行为能力，仍属无效遗嘱。遗嘱人立遗嘱时有行为能力，后来丧失了行为能力，不影响遗嘱的效力。"

本案中的遗嘱人张强虽曾患过精神病，但其在设立遗嘱时该疾病已痊愈。因此，张强设立遗嘱时具有遗嘱能力，而且其遗嘱是其真实的意思表示，遗嘱也不存在其他不合法因素，应当认定该遗嘱有效。

思考题

一、选择题

（一）单项选择题

1. 贡某立公证遗嘱：死后财产全部归长子贡文所有。贡文知悉后，自书遗嘱：贡某全部遗产归弟弟贡武，自己全部遗产归儿子贡小文。贡某随后在贡文遗嘱上书写：同意，但还是留10万元给贡小文。其后，贡文先于贡某死亡。关于遗嘱的效力，下列哪一选项是正确的？（　　）（2016年国家司法考试试题）

A. 贡某遗嘱已被其通过书面方式变更

B. 贡某遗嘱因贡文先死亡而不生效力

C. 贡文遗嘱被贡某修改的部分合法有效

D. 贡文遗嘱涉及处分贡某财产的部分有效

2. 甲立下一份公证遗嘱，将大部分财产留给儿子，少部分留给女儿。后儿子因犯罪被判刑，甲伤心至极，在病床上当众将遗嘱销毁，不久后去世。其子出狱后要求按照遗嘱继承遗产。对此，下列哪一选项是正确的？（　　）（2008年国家司法考试试题）

A. 其子有权依照遗嘱内容继承遗产

B. 其子只能依据法定继承的规定继承遗产

C. 其子丧失继承权

D. 可以酌情分给其子适当的遗产

（二）多项选择题

1. 甲有一子一女，二人请了保姆乙照顾甲。甲为感谢乙，自书遗嘱，表示其三间房屋由两个子女平分，所有现金都赠给乙。后甲又立下自书遗嘱，将其全部现金分给两个子女，不久甲去世。下列哪些选项是错误的？（　　）

A. 甲的前一遗嘱无效　　　　　　　B. 甲的后一遗嘱无效

C. 所有现金应归甲的两个子女所有　　D. 所有现金应归乙所有

2. 张某立有遗嘱，表示将遗产20万元留给弟弟甲，但此款项中的10万元须用于设立高校奖学金。张某死后，甲取得他的20万遗产，但并未履行设立奖学金的义务且无正当理由。张某有一子一女。下列选项正确的是（　　）。

A. 甲的继承权被取消后，张某的儿子和女儿继承张的遗产

B. 甲的继承权被取消后，按照法定继承分配张的遗产

C. 取消甲取得遗产的权利应由张某的儿子或女儿请求人民法院作出

D. 张某的儿子或女儿必须按照张某的要求履行义务，才能取得张某的遗产

二、判断分析题

1. 遗嘱人可以因未成年子女不服管教而用遗嘱剥夺其继承权。

2. 遗嘱人在遗嘱中对夫妻共同财产的处分行为无效。

三、简答题

1. 试述遗嘱继承的概念和特征。

2. 试述遗嘱继承的适用。

3. 试述遗嘱的成立条件。

四、论述题

1. 试论遗嘱的效力。

2. 试论遗嘱的执行。

五、案例分析题

李某有一养子李甲，李某立遗嘱，将房产及所有遗产留给其妻。后因李某病重，担心自己去世后无人照顾妻子，就修改遗嘱内容将房产及财产留给李甲，但要求李甲赡养养母。后李某病故，其全部遗产由李甲继承。两年后，李甲与养母关系恶化，李甲不再对养母尽赡养义务。随后，养母诉至法院，请求解除养母子关系，并按照李某第一次立的遗嘱继承遗产。

请问：该案应如何处理？

阅读参考文献

1. 龙翼飞：《比较继承法》，吉林人民出版社1996年版。

2. 杨立新主编：《继承法修订入典之重点问题》，中国法制出版社2015年版。

3. 房绍坤、范李瑛、张洪波：《婚姻家庭与继承法》，中国人民大学出版社2007

年版。

4. 魏小军:《遗嘱有效要件研究——以比较法学为主要视角》,中国法制出版社
2010 年版。

5. 陈苇主编:《婚姻家庭继承法学》,群众出版社 2017 年版。

第十五章

遗赠和遗赠扶养协议

❖学习的内容和重点

通过本章的学习，要求学生了解遗赠、遗赠扶养协议的概念、法律特征。理解遗赠与遗嘱继承、赠与的异同，遗赠扶养协议与遗赠的异同。重点掌握受遗赠权的接受与放弃、遗赠扶养协议生效与解除的相关条件。

导入案例

2011 年 5 月，杨某向朋友甲借款 5000 元，承包了一口鱼塘。次年，杨某用鱼塘营利的 4000 元购买了一辆摩托车。乙受杨某的邀请帮助管理鱼塘。在共事中，杨某很赏识乙，立遗嘱将摩托车赠与乙，并告知了乙。2016 年 4 月，一场山洪冲毁了鱼塘。在鱼塘抢险过程中，杨某不幸溺水死亡。杨某死亡后，乙帮助杨之子丙处理了杨的丧事，在处理杨的遗产时，发现除了摩托车外，还有 3000 元的银行存款。在得知杨某死亡的事实后，甲要求丙归还 5000 元借款；三个月后乙向丙提出要求取得遗嘱赠与他的摩托车。

请问：

1. 本案发生了哪些法律关系？
2. 乙是否有权取得摩托车？
3. 本案的遗产应如何处理？

我国《继承法》第 5 条规定："继承开始后，按照法定继承办理；有遗嘱的，按照遗嘱继承或者遗赠办理；有遗赠扶养协议的，按照协议办理。"可见，公民死亡后，其遗产转移方式依效力大小依次为：遗赠扶养协议、遗嘱继承与遗赠、法定继承。其中，遗赠扶养协议和遗赠是公民生前处分自己死后财产的两种重要方式。

第一节　遗　赠

我国《继承法》第 16 条第 2、3 款规定："公民可以立遗嘱将个人财产指定由法定继承人的一人或者数人继承。公民可以立遗嘱将个人财产赠给国家、集体或者法定继承人以外的人。"据此,公民可以立遗嘱将其遗产处分给法定继承人,也可以将遗产处分给法定继承人以外的人,后者即遗赠。从我国《继承法》第 16 条的规定可以看出,遗赠是被继承人死后遗产转移的一种方式。遗赠充分尊重了遗嘱人的意愿,是遗嘱自由原则的重要体现。

一、遗赠的概念和特征

根据我国《继承法》的规定,遗赠是公民以遗嘱方式将其个人合法财产的一部分或全部,赠送给国家、集体组织或法定继承人以外的其他公民,并于遗嘱人死亡时发生执行效力的单方法律行为[1]。在遗赠制度中,遗嘱人称为遗赠人,遗嘱指定的接受财产的人称为受遗赠人。

遗赠制度早在古罗马时代就已经出现了,在罗马法中,遗嘱以指定继承人为使命,遗赠仅是从属于遗嘱的一个部分[2]。"综合罗马法学家关于遗赠的定义,可见罗马法上的遗赠,是指遗赠人以遗嘱对继承人以外的第三人所作的赠与,而使继承人负执行义务的行为。"[3] 在罗马法上,遗赠虽然是采取遗嘱的方式,但遗赠与遗嘱继承的目的是不相同的,它经过了一个演变过程。在古代罗马法中,遗嘱的主要目的在于指定继承人,被指定的继承人不仅继承死者的遗产,而且还要继承死者的人格,而遗嘱中的遗赠,其目的仅在于处分财产,将遗产赠送给他人,受遗赠人并不承继死者的人格。在古代罗马,继承的目的在于承继死者的人格,当其中一个子女被指定为人格继承人后,未被指定为继承人的其他子女将会得不到遗产。为调节子女之间在财产继承上的不公平,于是创设遗赠制度,通过遗赠将遗产分配给没有被指定为人格继承人的子女,以补救遗嘱继承的缺陷。后来,随着基督教在罗马的传播,教徒将财产遗赠给寺院的情况增多,也有生前受他人恩惠,死后将财产遗赠给恩主作为报答的情形。此时遗赠的目的与古代罗马法已大不相同[4]。

到了中世纪,遗赠被教会利用,教会可以从教徒那里接受遗赠,增加财产,针对世俗封建政权通过《永久产业法》禁止对宗教团体的一切土地赠与,12 世纪初教会法通过"受益权"遗赠的方式获得了赠与土地的利益。于是,作为一种取得所有权或利益的手段,遗赠很快发展起来,成为遗嘱继承的组成部分,近代资产阶级民法典基本上都有关于遗赠的规定。但与中世纪不同的是,近现代民法典中的遗赠,其主要目的是充分实现财产所有人处分自己财产的自由意志。

如同继承权,受遗赠权是独立于物权与债权之外的特殊财产权,具有特殊的法律效力。遗赠以遗嘱的存在为前提,它具有以下法律特征:

---

〔1〕 巫昌祯主编:《婚姻与继承法学》,中国政法大学出版社 2007 年版,第 284 页。
〔2〕 史尚宽:《继承法论》,中国政法大学出版社 2000 年版,第 498 页。
〔3〕 周枏:《罗马法原论》(下册),商务印书馆 1994 年版,第 545 页。
〔4〕 参见龙斯荣:《罗马法要论》,吉林大学出版社 1991 年版,第 228 页。

1. 遗赠是以遗嘱为之的单方法律行为。遗赠是遗嘱的内容之一，遗赠必须以遗嘱的方式进行，这是遗赠的本质特征。当遗嘱中指定的遗产接受人为法定继承人以外的人时为遗赠，接受遗产的人为受遗赠人，遗嘱中指定的财产为遗赠物。公民死亡时没有遗嘱或遗嘱无效的，则不发生遗赠。遗赠人在订立遗嘱时必须是有遗嘱能力的人，未成年人、精神病患者由于行为能力受到限制，不具有遗嘱能力，因而他们所立的遗赠无效。

遗赠是以遗嘱为之的赠与行为，遗嘱属于单方法律行为，与之相适应，遗赠也是单方法律行为。遗赠仅须遗嘱人的单方意思表示即可成立，不需要征得受遗赠人的同意，也不需要征求其他人的意见。但受遗赠人可以拒绝接受遗赠。

2. 遗赠是于遗嘱人死亡后发生效力的行为。遗嘱是公民生前按照法律规定的方式对自己死亡之后的财产进行处分，并于死亡时发生执行效力的法律行为，从遗嘱订立直至遗嘱人死亡之前，该遗嘱都未发生执行效力，只要遗嘱人还健在，任何人不得依遗嘱要求对遗嘱人的财产进行分割。作为遗嘱内容之一的遗赠也一样，在遗嘱人死亡之前，并未发生执行效力，受遗赠人不得要求受让遗嘱指定的财产。由于遗嘱在遗嘱人死亡前没有生效，因此，遗嘱人在订立遗嘱后，可以根据自己的意愿，随时修改、变更或撤销遗赠。

3. 遗赠是给法定继承人以外的特定人以财产利益的行为。根据我国《继承法》的规定，受遗赠人必须是法定继承人以外的国家、集体或公民个人，如果遗嘱中指定的财产承受人是法定继承人，则依该遗嘱发生的是遗嘱继承而不是遗赠。接受遗产的人是否是法定继承人，是区分遗嘱继承与遗赠的唯一标志。

遗嘱确定受遗赠人后，该受遗赠人则成为特定的人。不论是自然人，还是国家、集体组织或法人，都是遗嘱人在遗嘱中明确指定的，具有不可替代性。如果受遗赠人是公民，则该公民在继承开始时必须是活着的人，继承开始时已经死亡的人不能成为受遗赠人，其继承人不能继承其受遗赠权。"但遗赠人死亡时已经受孕或在接受遗赠的法定期间内受孕的胎儿也可以作为受遗赠人。"[1] 如果该受遗赠人是具有法人资格的组织、团体时，则继承开始时该组织、团体也必须存在，否则不能接受遗赠。受遗赠人在继承开始后，明确表示自己放弃接受遗赠，而将受遗赠权转让给其他人，则该转让行为无效。受遗赠人的受遗赠权虽然不能继承与转让，但并不影响受遗赠人接受遗赠的权利由其代理人代理行使，也不影响受遗赠人在接受遗赠后死亡，其继承人受让遗赠财产的权利。1985 年《执行继承法意见》第 53 条规定："继承开始后，受遗赠人表示接受遗赠，并于遗产分割前死亡的，其接受遗赠的权利转移给他的继承人。"

4. 遗赠是一种给予财产利益的无偿行为。遗赠是给予他人以财产利益的行为，

---

〔1〕 郭明瑞："郭明瑞谈继承法之'大修'"，载《法制日报》2010 年 3 月 17 日，第 12 版。

是遗嘱人对自己财产的一种无偿转让。[1] 这种财产利益，既可以是给予财产权利，也可以是免除受遗赠人的财产义务。

遗赠是一种无偿的财产让与行为。根据我国《继承法》的规定，受遗赠人只能是法定继承人以外的人。因此，受遗赠人与遗嘱人没有法定继承人的血缘关系、婚姻关系或扶养关系，其与遗嘱人之间没有法律上的权利义务关系。受遗赠人接受遗赠不需要以履行法定义务为前提，遗赠完全是一种无偿的财产让与。虽然遗赠人有时在遗嘱中也可以附设某种义务，但财产性义务不能超出转让的财产权利范围。

二、遗赠与遗嘱继承、赠与的区别

（一）遗赠与遗嘱继承的区别

虽然遗赠与遗嘱继承都是遗嘱人以遗嘱处分自己财产的方式，但两者在具体内容上还是有差别的。

1. 主体范围不同。根据我国《继承法》的规定，遗嘱继承的主体即遗嘱继承人只能是法定继承人范围内的人，《继承法》确定的法定继承人包括：配偶、子女（孙子女、外孙子女为代位继承人）和父母，祖父母、外祖父母和兄弟姐妹。此外，丧偶儿媳对公婆尽了主要赡养扶助义务的、丧偶女婿对岳父母尽了主要赡养扶助义务的，属于第一顺序的法定继承人。遗嘱继承人与遗嘱人之间具有法定的亲属关系，与遗嘱人之间存在着法律上的权利义务。而遗赠的主体即受遗赠人则必须是法定继承人范围以外的人，既可以是国家、集体、法人或非法人组织，也可以是自然人。同时，受遗赠人与遗赠人之间既不具有法定的亲属关系，也没有法定的权利义务关系。

2. 客体内容不同。遗嘱继承与法定继承一样，其客体是被继承人的财产权利与财产义务，遗赠的客体是纯粹的财产权利，不包括财产义务。受遗赠人系无偿取得遗产，通常是只享受权利不承担义务。如果被继承人生前负有债务，则应用遗产先偿还债务，剩余的遗产才执行遗赠。《继承法》第34条规定："执行遗赠不得妨碍清偿遗赠人依法应当缴纳的税款和债务。"而遗嘱继承人对于遗产的继承，既包括财产权利，也包括财产义务。在我国，依《继承法》第33条的规定，遗嘱继承人继承遗产，应当清偿被继承人依法应当缴纳的税款和债务，尽管遗嘱继承人的清偿责任是以遗产的实际价值为限。然而，在国外，有些国家遗嘱继承人与受遗赠人两者并无是否为法定继承人之分，两者的区别仅为受遗赠人只接受遗产而不承担遗产债务，而遗嘱继承人既接受遗产又承担遗产债务，如德国、瑞士等国即采此例。[2]

必须注意的是，根据我国1985年《执行继承法意见》第62条的规定，如果遗产已被分割而债务未清偿时，则受遗赠人有清偿债务的义务，"遗产已被分割而未清偿债务时，如有法定继承又有遗嘱继承和遗赠的，首先由法定继承人用其所得遗产

---

〔1〕 刘文编著：《继承法比较研究》，中国人民公安大学出版社2004年版，第279页。
〔2〕 张平华、刘耀东：《继承法原理》，中国法制出版社2009年版，第318页。

偿还；不足以清偿时，剩余的债务由遗嘱继承人和受遗赠人按比例用所得遗产清偿债务；如果只有遗嘱继承和遗赠的，由遗嘱继承人和受遗赠人按比例用所得遗产偿还"。此处受遗赠人虽然承担了债务清偿义务，但这并不说明受遗赠人承受了遗赠人的生前债务和税款，它仅限于在遗产的实际价值范围内对遗赠人生前债务的清偿，剩余部分财产则为遗赠的财产，所以遗赠客体的纯粹财产权利性质并没有因此而改变。

3. 权利行使方式不同。根据我国《继承法》第 25 条的规定，受遗赠人应当在知道受遗赠后 2 个月内，作出是否接受遗赠的明确意思表示，即受遗赠人要通过明确的意思表达方式，来表明接受遗赠或放弃接受遗赠，如果在 2 个月内受遗赠人没有作出明确的意思表示，则推定其放弃接受遗赠。遗嘱继承权的行使方式与受遗赠权的行使方式正好相反，遗嘱继承人对继承的接受，既可以通过明示的方式进行，也可以通过默示的方式进行，如果遗嘱继承人没有作出意思表示的，则推定其接受继承；同时在时间上，遗嘱继承人作出放弃继承的意思表示不以 2 个月为限，继承开始后至遗产分割前的任何时间内，遗嘱继承人均可作出放弃继承的意思表示。

4. 遗产取得方式不同。我国《物权法》第 29 条规定："因继承或者受遗赠取得物权的，自继承或者受遗赠开始时发生效力。"根据《物权法》及其他相关法律规定的精神，我国实行的是当然继承，即自继承开始后，遗产即归继承人所有，不论继承人是否占有或管理了遗产。因此在继承开始后，遗产继承人可直接参与遗产的分配，以实现其继承权。与继承相同，受遗赠也是在遗嘱人死亡时发生效力，受遗赠人于遗嘱人死亡时即取得遗赠财产的所有权。

但就接受遗产的方式而言，遗嘱继承人通常是以继承人身份直接参与遗产的分割，而受遗赠人往往不直接占有受遗赠的财产，因此他不能直接参与遗产的分配。当受遗赠人表示接受遗赠后，便有权请求继承人或遗产占有人，或遗嘱执行人，或遗产管理人交付遗产，如继承人、遗产占有人、遗嘱执行人或遗产管理人拒不交付遗产，则受遗赠人有权提起诉讼。

（二）遗赠与赠与的区别

我国《合同法》第 185 条规定："赠与合同是赠与人将自己的财产无偿给予受赠人，受赠人表示接受赠与的合同。"其中出赠财产的一方为赠与人，接受赠与方为受赠人。遗赠与赠与存在相同之处，即两者都是一种财产转让方式，是当事人一方将自己的财产无偿地给予他人的行为。尽管遗赠与赠与都是无偿取得财产的方式，都涉及财产的无偿转移，但两者之间主要区别如下：

1. 两者的法律性质不同，且受调整的法律规范不同。遗赠是一种单方法律行为，遗嘱人立遗嘱时不必征得受赠与人同意，只需要自己单方的意思，并在遗嘱中作出遗赠的意思表示就可以成立，受遗赠人依据遗嘱就可以获得遗嘱指定的财产。而赠与是一种双方的法律行为，赠与人与受赠与人之间是一种合同关系，是赠与人将自己的财产无偿给予受赠与人，受赠与人表示接受的合同，赠与人与受赠与人双方必须意思表示一致，赠与合同方可成立。并且，遗赠受《继承法》调整，赠与受《合同法》调整。

2. 两者的有效形式要件不同。遗赠以遗嘱的存在为前提，遗嘱是一种要式法律行为，因此，遗赠也是一种要式法律行为，遗赠必须符合法律规定的形式要件，以遗嘱的方式进行，否则，遗赠既不合法成立，也不产生法律效力。我国《继承法》第17条规定了公证遗嘱、自书遗嘱、代书遗嘱、录音遗嘱以及口头遗嘱五种形式，并对每一种遗嘱提出了形式上的要求。而赠与是一种非要式法律行为，法律对赠与没有严格的形式要求，当事人双方用口头形式或书面形式都可达成赠与协议。日常生活中，当事人之间发生的赠与大多是口头的，一方表示无偿赠与，另一方表示接受，合同即可成立。

3. 两者的生效时间不同。遗赠是遗赠人生前作出，在其死后生效的一种意思表示。遗赠必须在遗赠人死亡后才能发生执行效力，因此，受遗赠人不能在遗赠人尚未死亡时就请求支付遗赠物，遗赠标的物在继承开始前灭失的，遗赠不生效，受遗赠人也不能要求遗嘱执行人承担相应的给付义务。然而，在我国，依《合同法》第44条规定："依法成立的合同，自成立时生效。法律、行政法规规定应当办理批准、登记等手续生效的，依照其规定。"可见，赠与合同的生效时间是赠与人将自己的财产无偿给予受赠人，受赠人表示接受赠与的时候。

4. 两者处分的财产范围不同。遗赠是赠与人以遗嘱的方式处分其死后遗留财产的法律行为，因此，我国《继承法》对遗嘱合法性的要求同样适用于遗赠。遗嘱人在遗嘱中，不得剥夺缺乏劳动能力又无生活来源的法定继承人的必要遗产份额。赠与则与此不同，首先，赠与合同是赠与人处分自己生存时的个人合法财产的合同。其次，法律对赠与人处分的财产没有特别的限制，如果赠与人为了躲避债务或恶意拖欠债务而将自己的财产赠与他人，则债权人可以通过诉讼申请法院撤销赠与。

遗赠与赠与除了上述区别外，在能否变更与撤销的问题上也有不同。根据法律对遗嘱的规定，遗嘱人在生前可以任意地变更、撤销遗嘱或修改遗嘱的内容，也可以随时地撤销或变更遗嘱，不受任何人的干涉或阻挠，法律也不得干预，因为遗嘱人在世时遗嘱尚未发生执行的效力。而赠与则不然，根据我国《合同法》第186条的规定，赠与人在赠与财产的权利转移之前可以撤销赠与，但具有救灾、扶贫等社会公益、道德义务性质的赠与合同或者经过公证的赠与合同，则不能撤销。也就是说，不是所有的赠与合同都是可以随意撤销的。

第二节　遗赠扶养协议

一、遗赠扶养协议概述

（一）遗赠扶养协议的概念

我国《继承法》第31条规定："公民可以与扶养人签订遗赠扶养协议。按照协议，扶养人承担该公民生养死葬的义务，享有受遗赠的权利。公民可以与集体所有制组织签订遗赠扶养协议。按照协议，集体所有制组织承担该公民生养死葬的义务，享有受遗赠的权利。"[1] 根据这一规定，遗赠扶养协议是被扶养人（即遗赠人）与扶养人之间签订的有关扶养与遗赠关系的协议，根据这一协议，扶养人承担被扶养人生养死葬的义务，被扶养人承担将自己的财产于死后转归扶养人所有的义务。其中，接受扶养、给付财产的一方是遗赠人、被扶养人或受抚养人，承担生养死葬义务、接受财产赠与的一方为受遗赠人、扶养人。扶养人可以是公民，也可以是集体经济组织。

遗赠扶养协议是当事人双方签订的关于生养死葬的合同，但该合同不同于一般的商品经济关系的合同，它带有明显的互助性质，不单纯以财产利益为目的，它是我国继承法律制度中的一项特殊制度，具有中国特色。

（二）遗赠扶养协议的现实意义

遗赠扶养协议是我国继承立法的一个创新。我国人口众多，老龄化现象严重，国家的经济能力和社会保障措施尚不足以使每一个老人都能无偿地充分享受到国家的福利保障，在吸收"五保"协议经验基础上形成的遗赠扶养协议，在一定范围内、一定程度上为孤寡老人的生活提供了保障。它对于解决老年人的扶养问题，减轻国家、社会的负担，维护被扶养人的利益，维护社会稳定，弘扬社会主义道德，具有重要意义。

遗赠扶养协议有利于解决农村"五保户"问题。"五保户"是指无劳动能力、无生活来源、无法定扶养义务人，或者虽有法定扶养义务人，但是扶养义务人是无扶养能力的老年人、残疾人或未成年人。在我国农村，"五保户"长期以来由农村集体经济组织负责供养，在吃、穿、住、医、葬方面给予生活照顾和物质帮助。虽然享受"五保"的老人财产都十分有限，但当他们死亡时，其亲属往往与集体经济组织争夺财产。遗赠扶养协议制度的产生，为解决农村"五保户"问题提供了立法依据。1994年1月23日国务院公布实施的《农村五保供养工作条例》，为解决五保对象死

---

〔1〕 自2017年10月1日起施行的《民法总则》，已将原《民法通则》规定的"公民"二字改为"自然人"（参见《民法总则》第13条、第14条、第15条、第17条、第25条），放以下本教材中的"公民"被代以"自然人"的称谓。

亡后的财产纠纷，明确规定"五保对象死亡后，其遗产归所在的农村集体经济组织所有；有五保供养协议的，按照协议处理"[1]条例以遗赠扶养协议的形式，确定了五保户死亡后遗产归集体经济组织所有，同时还将《继承法》第31条第2款的规定引进了五保供养。遗赠扶养协议明确了农村五保双方的权利义务，从而避免了五保对象的亲属与集体组织之间纠纷的发生。

遗赠扶养协议制度是我国养老、扶老制度的重要补充。1996年《老年人权益保障法》第23条第2款规定："农村的老年人，无劳动能力、无生活来源、无赡养人和扶养人的，或者其赡养人和扶养人确无赡养能力或者扶养能力的，由农村集体经济组织负担保吃、保穿、保住、保医、保葬的五保供养，乡、民族乡、镇人民政府负责组织实施。"从该条的规定中我们可以看出，"五保"是农村集体经济组织对"三无"老人承担的法定的生养死葬义务与责任，但该法并没有涉及遗产赠与问题，五保供养成为我国农村的一项社会福利性的保障措施。2006年3月1日，国务院公布实施了新的《农村五保供养工作条例》，明确将"五保供养"纳入国家的社会福利保障体系中，由国务院民政部门及县级以上地方各级人民政府民政部门主管，乡、民族乡、镇人民政府管理本行政区域内的五保供养工作，村民委员会协助乡、民族乡、镇人民政府开展农村五保供养工作，五保供养资金在地方政府财政预算中安排，[2]原条例中第19条关于五保对象死亡后遗产归属的相关规定被废止。虽然农村五保户的供养被纳入了国家的福利保障体系中，但并不影响公民或组织与老年人签订扶养协议。1996年《老年人权益保障法》第24条规定："鼓励公民或者组织与老年人签订扶养协议或者其他扶助协议。"明确将遗赠扶养协议作为养老、扶老社会保障制度的一项重要补充措施。2015年修订的《老年人权益保障法》第36条规定："老年人可以与集体经济组织、基层群众性自治组织、养老机构等组织或者个人签订遗赠扶养协议或者其他扶助协议。负有扶养义务的组织或者个人按照遗赠扶养协议，承担该老年人生养死葬的义务，享有受遗赠的权利。"

遗赠扶养协议制度有利于减轻国家和社会的负担。由于我国当前的社会保障福利事业还不发达，还不能满足全社会的需要，也不能把所有老人的养老任务全包下来，因此需要发动社会力量来养老、扶老。对于不符合国家供养但又需要扶养的老人，国家福利机构、自然人个人或组织兴办的老年福利院、敬老院、老年公寓，按照遗赠扶养协议，解决了他们的生养死葬问题。遗赠扶养协议不仅为老人生前提供了可靠的生活保障，也打消了他们对死后安葬问题的顾虑，还在一定程度上减轻了国家和社会的负担。

（三）遗赠扶养协议的法律特征

根据我国继承法的规定，遗赠扶养协议具有以下法律特征：

---

[1] 1994年《农村五保供养工作条例》第19条。
[2] 2006年《农村五保供养工作条例》第3、11条。

1. 遗赠扶养协议是一种双方的法律行为。遗赠扶养协议由扶养人与被扶养人双方共同订立，协议的成立、变更和解除必须双方协商一致。除了受继承法调整外，遗赠扶养协议同时还受合同法的调整，它是一种特殊的合同。虽然法律对遗赠扶养协议的形式并没有作特别的限制性要求，但是由于该类合同的履行时间一般都比较长，为避免合同履行期间发生争议，故我们认为宜采取书面形式。

2. 遗赠扶养协议是一种双务有偿的法律行为。遗赠扶养协议是以扶养和遗赠为内容的合同，扶养与遗赠在合同中是相互依存、密不可分的：扶养是以受遗赠为条件或前提的，遗赠则是以接受扶养为前提或条件的，合同双方彼此之间既承担义务，又享有权利，但享有权利是以履行义务为前提的。扶养人只有履行了扶养义务才能获取遗赠，被扶养人只有承担了遗赠义务才能接受扶养，所以说，遗赠扶养协议是一种双务有偿的法律行为。

3. 遗赠扶养协议的主体具有一定的特殊性。遗赠扶养协议是以生养死葬为内容的合同，因此其受扶养的主体一方必须是自然人，扶养人可以是有扶养能力的自然人，也可以是集体经济组织。扶养人如为公民则必须是法定继承人以外的人，因为法定继承人本身就负有扶养或赡养的义务。

4. 遗赠扶养协议自合同成立时生效。遗赠扶养协议是被扶养人生前与他人签订的生养死葬的合同，是诺成性合同，自合同成立时生效，但当事人双方权利与义务的实现则有时间上的差异。合同成立后，扶养人就开始履行对被扶养人的扶养义务，被扶养人则享有受对方扶养的权利，但扶养人权利的实现则必须是在被扶养人死后，即只有在被扶养人死后才能取得遗赠的财产。扶养人在被扶养人生前不得提出取得遗赠财产的要求。

5. 遗赠扶养协议在适用上具有优先性。自然人死亡后，其遗留财产可因法定继承而发生转移，也可因遗嘱、遗赠而发生转移，还可能因遗赠扶养协议而转移，但在这些遗产转移的方式中，遗赠扶养协议具有优先适用的特性。我国《继承法》第5条规定："继承开始后，按照法定继承办理；有遗嘱的，按照遗嘱继承或者遗赠办理；有遗赠扶养协议的，按照协议办理。"1985年《执行继承法意见》第5条则进一步明确了遗赠扶养协议优先适用的特性：被继承人生前与他人订有遗赠扶养协议，同时又立有遗嘱的，继承开始后，如果遗赠扶养协议与遗嘱没有抵触，遗产分别按协议和遗嘱处理；如果有抵触，按协议办理，与协议抵触的遗嘱全部或部分无效。

（四）遗赠扶养协议与遗赠的区别

遗赠扶养协议既具有合同的性质，又具有遗赠的某些特征，它是一种特殊的协议。虽然遗赠扶养协议与遗赠都属于死后遗赠遗产的法律行为，但两者仍然具有明显的区别：

1. 在性质上，遗赠扶养协议是双方法律行为，遗赠则是单方法律行为。遗赠扶养协议是由当事人双方协商一致订立的合同，合同的订立、变更、解除和履行，适用《合同法》的基本原则和规定。而遗赠则是遗嘱人单方的意思表示，遗赠的成立只要有遗嘱人单方的意思表示即可，无须征得受遗赠人的同意。同时，遗赠随意性较大，遗赠人不仅可以单方立遗嘱，还可以随时变更遗嘱的内容，或撤销遗嘱另立新遗嘱，但遗赠扶养协议一经签订，非经对方同意，任何一方都不得随意变更或撤销。在形式上，遗赠是要式法律行为，必须通过遗嘱来进行，而对于遗赠扶养协议的形式法律没有作特别限制性规定，因而它不是要式法律行为。

2. 在内容上，遗赠扶养协议是有偿法律行为，遗赠是无偿法律行为。遗赠扶养协议的扶养人取得遗产是以履行扶养义务为前提的，被扶养人接受扶养人的扶养以死后遗赠财产为代价，因此，遗赠扶养协议体现了权利与义务相一致的原则。而遗赠是无偿的财产转让，受遗赠人接受遗产不以尽义务为前提。现实生活中虽然也有一些附义务的遗赠，但这种遗赠不仅少，而且受遗赠人所承担的义务基本是限定在受遗赠的财产范围内，不会改变遗赠的无偿性质。

3. 在时间上，遗赠扶养协议自合同成立之日起生效，遗赠只能在遗嘱人死亡后才发生实施效力。虽然遗赠扶养协议中扶养人取得遗产是在被扶养人死亡之后，也即遗赠是在被扶养人死后才发生执行效力，但扶养人对被扶养人承担的扶养义务却已于合同成立之日开始履行了，也是从这一时间开始，被扶养人即已承担赠与扶养人财产的义务，双方的债权债务关系自合同成立之日起已经形成，只是在遗产交付上根据约定于被扶养人死亡后才进行而已。遗赠是遗嘱的内容之一，遗嘱只能在遗嘱人死亡后才发生执行效力。

4. 在效力上，遗赠扶养协议具有先于遗赠适用的效力。由于遗赠扶养协议是当事人双方协商一致的有偿合同，因此，在财产权利转移时间上，它比在被继承人死亡后才发生的继承、赠与都要早。同时由于遗赠扶养协议是双务有偿合同，其必然要比单务无偿法律行为具有优先适用的效力。依我国《继承法》第 5 条、1985 年《执行继承法意见》第 5 条规定，如死者生前既有遗赠又有遗赠扶养协议且两者相互抵触时，适用遗赠扶养协议，与遗赠扶养协议抵触的遗嘱全部或部分无效。

（五）遗赠扶养协议与继承契约

在国外，与我国遗赠扶养协议具有相似作用的制度是继承契约。继承契约是被继承人与民事主体订立的关于继承或遗赠的协议。[1] 继承契约作为一种合同，其主体双方为被继承人与继承人或第三人，也就是说，契约的受益人可以是合同的一方，也可以是合同以外的第三人。

对于继承契约的效力，在国外的立法中有两种截然不同的态度。一种是否定继承契约，如法国、意大利、西班牙等。如《法国民法典》规定，任何人不得就尚未开始的继承订立契约，即使取得被继承人同意也不可。《法国民法典》禁止继承契约的理由是，被继承人生前的继承权是一种期待权，期待权转化为既得权需要取决于各种因素和条件，因此通过契约处理将来继承遗产的权利显然是不合理的。另一种

---

〔1〕 陈苇、宋豫主编：《中国大陆与港、澳、台继承法比较研究》，群众出版社 2007 年版，第 378 页。

是肯定继承契约，如德国、瑞士、英国、美国等。在这些国家的立法中，被继承人得通过订立继承契约指定继承人或受遗赠人。如《德国民法典》第 1941 条（继承合同）规定："被继承人可以通过合同指定继承人以及下达遗赠和遗托指令（继承合同）。既可以将订立合同的另一方也可以将第三人指定为继承人（合同继承人）或指定为受遗赠人。"[1]

遗赠扶养协议与继承契约都是以合同的方式处置被继承人的遗产，两者有许多相似之处，如都是双方法律行为，接受遗产的效力均在被继承人死亡时，双方都要受合同的约束，效力都优于遗嘱继承与遗赠等。但两者的区别如下：①订立合同的主体不同，通常遗赠扶养协议的扶养人是法定继承人以外的人，继承契约的主体却多为相互间有继承关系的人，特别是夫妻之间；②订立合同的目的不同，订立遗赠扶养协议主要是为了财产赠与方的生养死葬，继承契约则主要是为了指定继承人或受遗赠人，以减少继承纠纷；③合同的性质不同，遗赠扶养协议是双务合同，双方互享权利互负义务，继承契约一般为单务、无偿合同，受益人获得遗产利益往往是无偿的，不一定以履行义务为对价。[2]

二、遗赠扶养协议当事人的权利和义务

作为我国社会福利保障制度的重要补充措施，遗赠扶养协议首先要解决被扶养人的生前扶养和死后安葬问题，其次要明确扶养人在被扶养人死后能获得遗赠之财产。因此，遗赠扶养协议的内容包括扶养和遗赠两个方面。协议应当明确扶养的内容和具体要求，遗赠的财产种类、名称、数量和状况等。为便于合同的有效履行，合同还应明确双方在扶养和遗赠方面的权利与义务。

（一）扶养人的主要权利与义务

扶养人应当根据协议中约定的标准，负责被扶养人生前的衣食住行，妥善安排、照料被扶养人的生活。如果被扶养人生病，还应予以医疗和护理。被扶养人死后，应料理其后事，处理丧葬事务。扶养人不得有虐待、遗弃被扶养人的行为，不得随意中断对被扶养人的供养与照料。如扶养人无正当理由不履行义务，导致协议解除的，不能享有受遗赠的权利。

扶养人有权在被扶养人死亡后取得约定遗赠的财产，在有正当理由的情况下，有权要求解除遗赠扶养协议，但应事先通知，并安排好被扶养人的短期生活。因被扶养人无正当理由不履行协议，导致协议解除的，抚养人有权要求被扶养人偿还已支出的扶养费用。

---

[1]　主编注，关于在我国设立继承扶养合同制度的研究，参见朱凡："我国《继承法》增设继承扶养合同研究"，载陈苇主编：《中国继承法修改热点难点问题研究》，群众出版社 2013 年版，第 519~534 页。

[2]　参见郭明瑞、房绍坤、关涛：《继承法研究》，中国人民大学出版社 2003 年版，第 187 页；刘文编著：《继承法比较研究》，中国人民公安大学出版社 2004 年版，第 315~320 页；陈苇、宋豫主编：《中国大陆与港、澳、台继承法比较研究》，群众出版社 2007 年版，第 378 页。

（二）被扶养人的主要权利与义务

被扶养人应遵守协议，不得对已约定的财产进行出卖、赠与、毁损等不利于扶养人的处分，应妥善保管、使用协议约定的财产，应保证死后协议中约定的财产能够为扶养人取得。因被扶养人无正当理由不履行协议，导致协议解除的，被扶养人对扶养人已经支出的扶养费用应予补偿。

被扶养人有权要求扶养人按照协议约定的标准，对自己扶养、照顾、扶助，死后由扶养人办理丧事。在有正当理由的前提下，有要求解除遗赠扶养协议的权利。因扶养人无正当理由不履行协议，导致协议解除的，被扶养人对扶养人已经支出的扶养费用有权不予补偿。

三、遗赠扶养协议的解除

遗赠扶养协议成立后，对双方即产生了约束力，双方都必须按照协议约定的内容履行。但在协议履行过程中，双方发生纠纷要求解除遗赠扶养协议的，或利害关系人要求解除的，应从双方当事人的合法权益出发，遵循自愿、平等、公平、诚信原则，尊重当事人意愿，合理解决。

（一）当事人要求解除的情形

1985 年《执行继承法意见》第 56 条规定："扶养人或集体组织与公民订有遗赠扶养协议，扶养人或集体组织无正当理由不履行，致协议解除的，不能享有受遗赠的权利，其支付的供养费用一般不予补偿；遗赠人无正当理由不履行，致协议解除的，则应偿还扶养人或集体组织已支付的供养费用。"从扶养人的角度来看，遗赠扶养协议扶养人的扶养义务自协议生效时即发生效力，且是持续性的，直至被扶养人死亡时止，中间不得中断。如果扶养人无正当理由不履行扶养义务，或不认真履行扶养义务，致使被扶养人的生活经常处于缺乏照料的状况，或扶养人虐待被扶养人，则被扶养人有权要求解除遗赠扶养协议。协议解除后，扶养人不能享有受遗赠的权利，其已经支付的扶养费用一般也不予补偿。从被扶养人的角度来看，由于遗赠扶养协议是以被扶养人将其约定的财产于死后为扶养人取得为条件而接受扶养的，因此，扶养人对于将来可能成为被扶养人遗产的财产享有期待权。为了保障协议的履行和扶养人的财产期待权，被扶养人未经扶养人同意，不得擅自处分协议中约定的财产，如果被扶养人擅自处分约定的财产，致使扶养人无法取得被扶养人遗产，或约定的财产受到损害时，扶养人有权要求解除协议，并得要求被扶养人补偿已经支付的扶养费用。[1]

（二）利害关系人要求取消遗赠的情形

利害关系人主要是指被扶养人的近亲属，主要是其法定继承人。利害关系人要求取消扶养人接受遗赠，涉及遗赠扶养协议在被扶养人死亡后的履行，如果取消了扶养人的受遗赠，实际上也就是由利害关系人终止了遗赠扶养协议或解除了遗赠扶

---

[1] 1985 年《执行继承法意见》第 56 条。

养协议。利害关系人只有在下列情况才有权要求解除遗赠扶养协议：扶养人在被扶养人生前未尽扶养义务或虐待遗弃被扶养人；扶养人在被扶养人死亡后未尽丧葬义务；协议订立后被扶养人变成无民事行为能力或限制民事行为能力人，无法维护自身权益。对于利害关系人要求解除协议或取消扶养人接受遗赠的诉讼，法院应在查明事实的基础上，具体情况具体对待。扶养人确实没有对被扶养人尽到生养死葬义务，可酌情减少其受遗赠财产的数量或份额，扶养人根本没有对被扶养人尽到生养死葬义务，或以非法手段谋取被扶养人财产的，则可以取消其获得遗赠财产的权利。如果扶养人对已变成无民事行为能力或限制民事行为能力的被扶养人不履行或不认真履行扶养义务，则可判决解除遗赠扶养协议，对扶养人已经支付的供养费用可酌情补偿。

导入案例之要点评析

我国《继承法》第 16 条第 3 款规定："公民可以立遗嘱将个人财产赠给国家、集体或者法定继承人以外的人。"第 25 条第 2 款规定："受遗赠人应当在知道受遗赠后的 2 个月内，作出接受或者放弃受遗赠的表示。到期没有表示的，视为放弃受遗赠。"第 33 条第 1 款规定："继承遗产应当清偿被继承人依法应当缴纳的税款和债务，缴纳税款和清偿债务以他的遗产实际价值为限。超过遗产实际价值部分，继承人自愿偿还的不在此限。"第 34 条规定："执行遗赠不得妨碍清偿遗赠人依法应当缴纳的税款和债务。"

1. 本案的相关法律关系。2011 年 5 月杨某向甲借款 5000 元承包鱼塘，因而与甲形成了借贷关系。2016 年杨某死亡，因而发生了其子丙的法定继承法律关系。杨某生前立有遗嘱，指定将摩托车赠与乙，因此，于杨某死后发生了遗赠法律关系。

2. 本案的遗赠应被推定为放弃。根据我国《继承法》第 25 条的规定，乙应在杨某死亡后 2 个月内向丙明确表示接受遗赠的摩托车。然而，乙虽然帮助丙办理了杨某的丧事，但却未在法定的时间内做出接受杨某赠与的意思表示，而是在杨某死亡后的第 3 个月才主张受遗赠权，其已超过法定表示接受遗赠的期限。故依法应当推定乙已放弃接受遗赠，乙无权取得摩托车。

3. 本案遗产的处理。本案的遗产有 3000 元的银行存款和实物摩托车，另有被继承人的债务 5000 元。根据我国《继承法》及 1985 年《执行继承法意见》的规定，继承遗产应清偿被继承人的债务，清偿债务以遗产的实际价值为限，执行遗赠不妨碍清偿债务。因此，本案应先清偿债务，因乙已放弃接受遗赠，而杨某又没有其他遗嘱，故剩余遗产按法定继承处理，由其法定继承人丙继承。遗产的分割方法：先以 3000 元存款清偿 5000 元债务，不足部分用摩托车抵偿，或变卖或作价，清偿债务后的剩余遗产应当由丙继承。

思考题

一、选择题

（一）单项选择题

1. 甲与乙签订协议，约定甲将其房屋赠与乙，乙承担甲生养死葬的义务。后乙拒绝扶养甲，并将房屋擅自用作经营活动，甲遂诉至法院要求乙返还房屋。下列哪一项是正确的？（　　）

A. 该协议是附条件的赠与合同

B. 该协议在甲死亡后发生法律效力

C. 法院应判决乙向甲返还房屋

D. 法院应判决乙取得房屋所有权

2. 甲死后留有房屋1套、存款3万元和古画1幅。甲生前立有遗嘱，将房屋分给儿子乙，存款分给女儿丙，古画赠予好友丁，并要求丁帮丙找份工作。下列哪种说法是正确的？（　　）

A. 甲的遗嘱无效

B. 若丁在知道受遗赠后2个月内没有作出接受的意思表示，则视为接受遗赠

C. 如古画在交付丁前由乙代为保管，若意外灭失，丁无权要求乙赔偿

D. 如丁在作出了接受遗赠的意思表示后死亡，则其接受遗赠的权利归于消灭

（二）多项选择题

1. 因生病时得到了弟媳的悉心照料，2006年王某立有遗嘱，表示将现二室一厅的住房给弟弟的儿子甲（12岁），但需帮助偿还欠丙的2000元债务。2009年5月王某死亡。王某有一女已出嫁。下列哪些选项是正确的？（　　）

A. 甲未成年，应由其父代理接受遗赠

B. 王某欠丙的债务应由其女儿偿还

C. 甲必须在2个月内亲自表示是否接受遗赠，不能由他人代理

D. 债务没有超过住房的价值，王某遗嘱中关于房屋的指定属于遗赠

2. 梁某已80多岁，老伴和子女都已过世，年老体弱，生活拮据，欲立一份遗赠扶养协议，死后将3间房屋送给在生活和经济上照顾自己的人。梁某的外孙子女、侄子、侄女及干儿子等都争着要做扶养人。你以为他们中的哪些人可以作遗赠扶养协议的扶养人？（　　）

A. 外孙子女　　　　　　　　B. 侄子

C. 侄女　　　　　　　　　　D. 干儿子

二、判断分析题

1. 遗赠与遗赠扶养协议都是遗嘱人生前处分自己死后财产，并于死后发生执行效力的单方法律行为。

2. 公民甲于2002年立一遗嘱，将自己的遗产全部捐献给希望工程。2009年10

月甲结婚，同年底其妻怀孕。2010 年 3 月甲因病死亡。其所立遗嘱因取消了胎儿的继承权而归于无效，本案转为法定继承。

三、简答题

1. 简述遗赠与遗嘱继承、赠与的区别。

2. 简述遗赠扶养协议的法律特征。

3. 简述遗赠扶养协议双方当事人的权利义务。

四、论述题

1. 试论遗赠的概念与法律特征。

2. 试论遗赠扶养协议的现实意义。

五、案例分析题

老人张林，系某矿井下工人，其妻子早逝，唯一的女儿张玲也远嫁他乡。他退休以后，身体状况较差，生活越来越需要他人的照顾，可出于封建思想又不愿到女儿家生活。邻居李某系张某的同事，邻里关系十分融洽，经常帮助料理张某的生活，张某生病了还送张某去医院看病或帮助请医生上门。为表达感谢同时又使自己的生活有人照顾，张某与李某协商，由李某一家照料张某生活，包括养老送终，张某死亡后则将所有财产赠给李某。李某对此表示同意，1998 年 10 月 5 日，双方签订了一份书面遗赠扶养协议，并且到公证机关办理了公证。2004 年夏，张某的外甥小华利用暑假来看外公，在双方共同生活的一个多月里，小华不仅在生活上给外公无微不至的关心与照顾，还在精神上给外公带来了极大的乐趣。小华走后，张某十分思念，立下自书遗嘱：现在居住的三间房子在自己去世后由小华继承。将自书遗嘱办理公证后，张某将遗嘱的事告诉了女儿，要求女儿每当小华放假就让其来与自己共同生活。从此每次放假小华都与外公共同生活一段时间。2016 年 3 月张某去世，在料理完丧事后，李某与张玲就房屋发生了争执，李某认为根据协议张某所有的财产都归自己所有，包括房屋三间，张玲认为，父亲已用公证遗嘱改变了原来的遗赠扶养协议的部分内容，房屋应该由小华继承。双方争执不下，李某起诉到法院，要求取得三间房屋。

请问：本案应如何处理？为什么？

阅读参考文献

1. 史尚宽：《继承法论》，中国政法大学出版社 2000 年版。

2. 秦伟编著：《继承法》，上海人民出版社 2001 年版。

3. 巩沙、郝惠珍主编：《新版以案说法——婚姻家庭法篇》，中国人民大学出版社 2005 年版。

4. 陈苇主编：《中国继承法修改热点难点问题研究》，群众出版社 2013 年版。

5. 刘文：《继承法律制度研究》，中国政法大学出版社 2016 年版。

第十六章

遗产处理

❖学习的内容和重点

通过本章的学习，要求学生把握遗产的接受和放弃等基本概念，了解遗产分割的原则和方法，重点掌握被继承人遗产债务的清偿原则、方法和顺序以及无人承受遗产和"五保户"遗产的处理等基本知识。

导入案例

王某早年丧偶，有两个女儿王樱和王琴，后又收养了一子取名王新。王新在外地工作成家，生有一子王建军。2002 年王新因工伤事故死亡，当时王建军只有两岁。王新的妻子一年后与张某结婚，王建军与母亲、继父共同生活，张某自己没有子女，待王建军如同己出，后王建军改名为张建军。2017 年 1 月，王某因病去世，王樱、王琴在整理父亲遗物时发现王某亲笔书写的遗嘱一份，其中写明祖传房屋一栋留给生活比较困难又照顾自己较多的女儿王樱。该遗嘱对其他财产未作处分。经查，王某尚有存款、红木家具及家用电器若干，价值约 15 万元。

王樱因与妹妹关系一直很好，父亲又将房子留给了自己，故提出自己只要房屋，其他财产放弃继承。但赶回奔丧的张建军的母亲提出异议，认为张建军也是王家的后代，也有权继承祖父的遗产。而王家姐妹则认为王新本不是父亲的亲生儿子，张建军又长期与继父生活，并已经改姓为张，故与王家没有关系，也无权继承财产。

请问：

1. 张建军是否有继承权？为什么？

2. 王樱放弃法定继承部分的遗产的效力如何？为什么？

3. 王某的遗产应如何处理？为什么？

第一节　遗产的接受和放弃

一、遗产的接受

（一）遗产接受的概念

遗产的接受，包括继承的接受和遗赠的接受，是指继承人或受遗赠人为意思表示愿意继承或受遗赠而接受遗产。即继承开始后，依法或依照遗嘱享有继承资格的法定继承人或遗嘱继承人，是否实际参加继承取得遗产，应以其是否表示接受继承为依据；受遗赠人是否能实际取得遗产，也应以其是否表示接受遗赠为依据。

（二）遗产接受的法定期限

我国《继承法》第25条规定："继承开始后，继承人放弃继承的，应当在遗产处理前，作出放弃继承的表示。没有表示的，视为接受继承。受遗赠人应当在知道受遗赠后2个月内，作出接受或者放弃受遗赠的表示。到期没有表示的，视为放弃受遗赠。"也就是说，继承的接受，不论是法定继承还是遗嘱继承，只要继承人没有在继承开始之后遗产分割之前表示放弃，即视为接受继承；而遗赠的接受，必须在法定期限内表示，才具有法律效力。

（三）遗产接受的方式

接受继承的表示方式，可以是明示的，也可以是默示的。继承开始后，继承人既可以明确表示接受继承，也可以不表示放弃继承而视为接受继承。而遗赠的接受，必须以明示的方式表示，才具有法律效力。

二、遗产的放弃

（一）遗产放弃的概念

遗产的放弃，包括继承的放弃和受遗赠的放弃，是指继承人或受遗赠人为不接受被继承人遗产的意思表示。继承权或受遗赠权是继承人或受遗赠人享有的一项民事权利，他可以根据自己的意愿予以放弃。

（二）放弃遗产的法定期限

我国《继承法》第25条规定："继承开始后，继承人放弃继承的，应当在遗产处理前，作出放弃继承的表示。没有表示的，视为接受继承。受遗赠人应当在知道受遗赠后2个月内，作出接受或者放弃受遗赠的表示。到期没有表示的，视为放弃受遗赠。"放弃继承意思表示的期限，始于继承开始之时，止于遗产分割之前。因为在继承开始之前，继承人具有继承遗产的民事权利能力。公民的权利能力，开始于出生，终止于死亡，不能被放弃。遗产分割后，继承人表示放弃的已不是继承权，而是其个人财产的所有权。放弃遗赠的意思表示，受遗赠人应当在知道受遗赠后2个月内做出，到期未做出，视为放弃。

（三）放弃遗产的方式

放弃继承的意思表示方式，只能是明示的方式。继承人放弃继承应当以书面形式向其他继承人表示。如果用口头方式表示放弃继承，本人承认，或有其他充分证据证明的，也应当认定其放弃有效。在诉讼中，继承人向人民法院以口头方式表示放弃继承的，要制作笔录，由放弃继承的人签名。而受遗赠权的放弃，既可以用明示的方式，也可以用默示的方式。

三、接受和放弃遗产的效力

继承人表示接受或放弃遗产后，将产生一定的法律效力，根据我国有关司法解释和司法经验，主要体现为：

1. 继承人表示接受遗产，则继承人取得其应继份的所有权。

2. 继承人表示拒绝接受遗产，其法律后果是该继承人将其应继份额转移给其他表示接受继承的法定继承人。[1]

3. 继承人表示接受遗产，并将其应继份额全部或部分指定转移给特定的继承人或继承人以外的人，则形成一种民事赠与关系，产生赠与的法律后果。

4. 继承人表示接受遗产，但在遗产分割之后放弃遗产的，则属于所有权行使中的抛弃行为，应按《民法总则》及《物权法》有关规定认定和处理。[2]

5. 继承人因放弃继承权，致其不能履行法定义务的，放弃继承权的行为无效。[3]

6. 遗产处理前或在诉讼进行中，继承人对放弃继承翻悔的，由人民法院根据其提出的具体理由，决定是否承认。遗产处理后，继承人对放弃继承翻悔的，不予承认。[4]

7. 继承开始后，继承人没有表示放弃继承，并于遗产分割前死亡的，其继承遗产的权利转移给他的合法继承人。[5]

8. 继承开始后，受遗赠人表示接受遗赠，并于遗产分割前死亡的，其接受遗赠的权利转移给他的继承人。[6]

第二节　遗产的分割

一、遗产分割概述

(一) 遗产分割的概念

遗产分割，是指数个共同继承人或者继承人与其他遗产取得权人在继承开始后对遗产形成共有，按照各自应得遗产份额分配遗产的法律行为。继承开始后，遗产是共同继承人或者继承人与其他遗产取得权人的共同财产。但是，遗产的共有状态只是暂时的，而遗产的分割却是必然的。遗产一经分割，遗产上的权利义务即归属于各个继承人分别享有和承担，从而结束遗产共有关系。在遗产分割之前，要注意保管好遗产，我国《继承法》第 24 条规定："存有遗产的人，应当妥善保管遗产，

---

[1] 主编注：关于放弃继承行为能否成为债权人撤销的标的之探讨，参见陈苇、王巍："论放弃继承行为不能成为债权人撤销权的标的"，载《甘肃社会科学》2015 年第 5 期。

[2] 1985 年《执行继承法意见》第 49 条。

[3] 1985 年《执行继承法意见》第 46 条。

[4] 1985 年《执行继承法意见》第 50 条。

[5] 1985 年《执行继承法意见》第 52 条。

[6] 1985 年《执行继承法意见》第 53 条。

任何人不得侵吞或者争抢。"对于因遗产保管而花费的费用，应从遗产中支付。

（二）遗产分割的时间

我国《继承法》只规定继承从被继承人死亡时开始，由此可见，遗产分割的时间应是继承开始后的任何时间，即使在继承开始后超过了 20 年，继承人仍然享有遗产分割请求权，但是，却未规定遗产分割应当在继承开始后的什么时间内进行。在遗产分割的时间问题上，应当注意区分遗产分割的时间与继承开始的时间有本质区别。具体来说，主要体现在：

1. 遗产分割的时间是约定的，它可以是继承开始后的任何时间，其具体时间是经过继承人协商或其他方式确定的；而继承开始的时间是法定的，它只能是被继承人死亡的时间，继承人或其他任何人都不能加以变更。

2. 遗产分割的时间可以是一个具体时间，也可以是一段时间，即在一段时间内分割遗产；而继承开始的时间是一个具体时间。

3. 遗产分割的时间发生的是继承人实际取得遗产所有权的效力，继承人可以对其取得的遗产加以处分；而继承开始的时间，发生继承人取得主观意义上继承权的效力，继承人可以行使继承权，但不能处分其应继份。

（三）遗产分割的原则

遗产分割的原则是指遗产依据何种准则进行分割。此是继承法的重要内容，直接涉及继承人的切身利益，是保证遗产分割公平合理的准则。在英美法系国家，实行间接继承，即被继承人死亡后，遗产应先由遗嘱执行人或遗产管理人清算后，再交与各继承人，即无遗产分割问题。在大陆法系国家，实行直接继承、当然继承。遗产于继承开始时即转归全体继承人共有（或为共同共有，如德国、瑞士），或为分别共有（如法国、日本），并准许各共有人随时请求分割。外国民法大多数规定有遗产分割的一些准则。规定得最简单的如日本，《日本民法典》第 906 条规定，遗产的分割，应考虑属于遗产的物或权利的种类及性质、各继承人的年龄、职业、身心状态、生活状况及其他有关情事而进行。而《德国民法典》与《瑞士民法典》都有极详细的规定。遗产分割应在一定的原则指导下进行，根据我国《继承法》规定的立法精神，遗产分割的原则可以概括为以下五项：

1. 均等原则和适当照顾原则。《继承法》第 13 条第 1 款规定："同一顺序继承人继承遗产的份额，一般应当均等。"此规定是指各继承人条件大致相同的情况下均等分割遗产，特殊情况下可以不均等。依《继承法》第 13 条之规定，不均等分割遗产的情形主要有：①对生活有特殊困难的缺乏劳动能力的继承人，分配遗产时，应当予以照顾。②对被继承人尽了主要扶养义务或者与被继承人共同生活的继承人，分配遗产时，可以多分。③有扶养能力和有扶养条件的继承人，不尽扶养义务的，分配遗产时，应当不分或者少分。④继承人协商同意的，也可以不均等。此外，《继承法》第 14 条规定，对继承人以外的依靠被继承人扶养的缺乏劳动能力又没有生活来源的人，或者继承人以外的对被继承人扶养较多的人，可以分给他们适当的遗产。

此处要注意，如果继承人以外的人要想适当分得遗产，必须满足一定的条件：①主体只能为法定的两种特定的人，即或是依靠被继承人扶养的缺乏劳动能力又缺乏生活来源的人，或为继承人以外的对被继承人扶养较多的人；②所得遗产的数额是不确定的，这主要取决于对被继承人的依靠程度或是对被继承人的平时生活所照顾的程度；③适当分得并不代表就要少于平均数额，也有可能分得的数额等于或高于继承人的平均数额。而且，这种酌情适当分得遗产的权利是受到法律保护的，若该请求权受到侵害，则相关的权利主体可以依法维权。[1]

2. 尊重被继承人意愿原则。被继承人留有遗嘱时，如果遗嘱中定有分割遗产的方法，或者在遗嘱中委托他人代为决定的，只要是遗嘱人真实的意思表示，并且不违反法律、社会公共利益和社会主义道德，此遗嘱指定应当有效。

3. 遗产分割自由原则。遗产共有只是一种暂时性的共有关系，以遗产分割为终局目的和结果，而不追求共有状态的持续性和长久性，所以随时请求遗产分割是其必然要求。很多国家皆规定了此原则。所谓遗产分割自由原则，是指共同继承人得随时行使遗产分割请求权，任何继承人不得拒绝分割遗产。遗产分割请求权从性质上说属于形成权，继承人可以随时行使，不因时效而消灭。为更好地满足继承人生活、生产需要，故应允许继承人得随时请求分割遗产。[2]

4. 保留胎儿的继承份额原则。被继承人留有未出生的胎儿的，分割遗产时应当为胎儿保留一定的遗产份额。胎儿的应继份一般为各继承人所得遗产的平均数，也可视遗产的价值大小，大于或小于平均数。胎儿的应继份额由其母亲代管。《继承法》第28条规定："遗产分割时，应当保留胎儿的继承份额。胎儿出生时是死体的，保留的份额按照法定继承办理。"1985年《执行继承法意见》第45条进一步规定："应当为胎儿保留的遗产份额没有保留的应从继承人所继承的遗产中扣回。为胎儿保留的遗产份额，如胎儿出生后死亡的，由其继承人继承；如胎儿出生时就是死体的，由被继承人的继承人继承。"由此可见，我国《继承法》并未规定胎儿出生是分割遗产的前提，只要确定有胎儿存在，不管是否出生，皆可分割遗产，但胎儿应得的份额必须保留。

5. 互谅互让、协商分割原则。《继承法》第15条规定："继承人应当本着互谅互让、和睦团结的精神，协商处理继承问题。遗产分割的时间、办法和份额，由继承人协商确定。协商不成的，可以由人民调解委员会调解或者向人民法院提起诉讼。"贯彻此原则，有利于促进家庭和睦团结、社会稳定安宁。外国继承立法也有类似规定，如《日本民法典》第907条规定："以遗嘱禁止分割情形外，共同继承人可以随

[1] 我国台湾地区亦设有酌给遗产制度，参见陈苇、宋豫主编：《中国大陆与港、澳、台继承法比较研究》，群众出版社2007年版，第286~288页。
[2] 关于遗产分割的自由与限制，参见郭明瑞、房绍坤、关涛：《继承研究》，中国人民大学出版社2003年版，第168~170页。

时以协议分割遗产。"

6. 物尽其用原则。物尽其用原则是指遗产分割时，应当从有利于生产和生活需要出发，不损害遗产的效用，注意充分发挥遗产的实际效用。《继承法》第 29 条规定："遗产分割应当有利于生产和生活需要，不损害遗产的效用。不宜分割的遗产，可以采取折价、适当补偿或者共有等方法处理。"1985 年《执行继承法意见》第 58 条进一步规定："人民法院在分割遗产中的房屋、生产资料和特定职业所需的财产时，应依据有利于发挥其使用效益和继承人的实际需要，兼顾各继承人的利益进行处理。"因此，在实际分割遗产时，应将生产资料尽可能分配给有生产经营能力的继承人；对于生活资料的分割，要考虑到继承人的实际需要，首先分配给有特殊需要的继承人。当取得生产资料或生活资料的继承人所得的遗产价值超出其应继承的遗产价值的，应给其他继承人以合理补偿。不少国家立法也有类似规定。如《日本民法典》第 906 条规定："遗产的分割，应考虑属于遗产的物或权利的种类及性质、各继承人的年龄、职业、身心状态、生活状况及其他有关情事而进行。"

（四）遗产分割的方法

遗产分割的方法，是指继承人取得遗产应继份的方法。关于遗产分割的方法，如果遗嘱中已经指定了分割方法，则应按遗嘱指定的方法分割遗产；遗嘱中没有指定遗产分割方法的，由继承人具体协商遗产的分割方法；继承人协商不成的，可以通过调解确定遗产分割的方法；调解不成的，则通过诉讼程序，由人民法院确定遗产的分割方法。

《继承法》第 29 条第 2 款规定："不宜分割的遗产，可以采取折价、适当补偿或者共有等方法处理。"据此，遗产分割的方法主要有以下四种：

1. 实物分割。遗产分割在不违反分割原则的情况下，可以采取实物分割的方法。适用实物分割的遗产，可以是可分物也可以是不可分物。对可分物，可以作总体的实物分割。如对粮食，可划分出每个继承人应继承的数量。但对不可分物，则不能作总体的分割，只能作个体的分割，如电视机、冰箱等。对不可分物不能作实物分割的，应当采取折价补偿的办法。

2. 变价分割。对不宜实物分割的遗产，可以将其变卖，换取价金，再由各继承人按照自己应得的遗产份额的比例，对价金进行分割，各自取得与应得遗产份额相对应的价金。需要注意的是，用此方法分割，实际上是对遗产的处分，所以，遗产的变价应当经过全体继承人的同意。

3. 补偿分割。对不宜分割的遗产，如果继承人中有人愿意取得该遗产，则由该继承人取得该遗产的所有权。取得遗产所有权的继承人按照其他继承人应继份的比例，分别补偿给其他继承人相应的价金。

4. 保留共有的分割。遗产不宜实物分割，继承人又都愿意取得遗产，或继承人愿意继续保持遗产共有状况的，则可将其作为共同所有的财产，由各继承人按各自应得的遗产份额，确定该项财产所应享有的权利与应分担的义务。但要注意，在共有分割之后，继承人之间就不再是原有的遗产共同共有关系，而变成了普通的财产按份共有关系。

二、遗产分割的效力

（一）遗产分割效力的立法主义

关于遗产分割效力的立法主义，国外继承立法主要有以下两种做法：

1. 转移主义，又称不溯及主义。即认为遗产分割有转移或创设的效力。古罗马法认为遗产分割的效力为归属的移转，即将分割看做是一种交换，各继承人因分割而互相让与各自的应有部分，从而取得分配于自己财产的单独所有权。如《德国民法典》第 2042 条将遗产分割适用普通共同共有财产分割的规定，确定了遗产分割的转移主义。

2. 宣告主义，又称溯及主义。即认为遗产分割仅有宣告或认定的效力。因为在遗产分割前，各继承人对遗产所享有的应继份额已经确定，只有在遗产分割后，各继承人对其应继份额的潜在的所有权才转化为现实的所有权。如《日本民法典》第909 条规定："遗产分割溯及于继承开始时发生效力，但不得侵害第三人的权利。"

（二）遗产分割后各共同继承人相互间对遗产的担保责任

无论是采取转移主义和宣告主义的国家，都规定了共同继承人之间的相互担保责任。如《德国民法典》第 2042 条规定，分割遗产适用第 757 条关于"对共有人分割所得的物的担保"的规定。《日本民法典》第 911 条也规定："各共同继承人，按其应继份，对其他共同继承人负与出卖人相同的担保责任。"

我国《继承法》虽未明文规定遗产分割的效力，但为了保护各共同继承人的利益，我国亦应当承认共同继承人之间的相互担保责任。

1. 对遗产瑕疵的担保责任。这是指遗产分割后，各共同继承人对其他继承人因分割所得的遗产的瑕疵，在一定条件下负有担保责任。承担此担保责任必须具备的条件是：①遗产的瑕疵必须是在遗产分割前就已经存在；②遗产的瑕疵必须是非因分得该遗产的继承人本人的过失而产生；③遗产的瑕疵必须是分得该遗产的继承人在遗产分割时不知其存在；④各共同继承人之间对遗产的瑕疵的担保责任，未经被继承人用遗嘱予以免除，也未被各共同继承人以契约加以限制。

2. 对遗产被追夺的担保责任。这是指遗产分割后，各共同继承人对其他继承人所分得的遗产，承担因遗产被追夺的担保责任。之所以出现此情况，可能是因为其分得的财产，原来并不是被继承人的财产，或虽是被继承人的财产，但被继承人生前对该财产已进行了合法处分，而在遗产分割时，各继承人对此不知情，误认为属于遗产加以分割，以致出现某继承人分得的遗产被追夺的情况，对此，其他共同继承人应负担保责任。

3. 对债权的担保责任。各共同继承人对其他继承人所分得的债权应负的担保责任，有以下两种情况：

（1）对未附停止条件而已届清偿期或不定期的债权，各共同继承人就遗产分割时债务人的支付能力，承担担保责任。

（2）对附有停止条件或尚未到期的债权，各共同继承人对分得此种债权的继承人，仅就条件成立时或清偿期到来时债务人的支付能力，承担担保责任。[1]

第三节　被继承人债务的清偿

一、被继承人债务的确定

（一）被继承人债务的概念

所谓被继承人的债务，是指被继承人生前欠下的，用于被继承人生产、生活需要所负的债务或其他依法应由其个人承担法律责任的债务。被继承人的债务主要包括以下几类：①被继承人依照我国税收法的规定应当缴纳的税款；②被继承人因合同之债欠下的债务；③被继承人因侵权行为而承担的损害赔偿的债务；④被继承人因不当得利而承担的返还不当得利的债务；⑤被继承人因无因管理而承担的补偿管理人必要费用的债务；⑥其他属于被继承人个人的债务，如合伙债务中各属于被继承人应当承担的债务，被继承人承担的保证债务；等等。

以上诸类中，第一类是被继承人对国家所承担的法定义务，税收具有强制性、无偿性和固定性等特征，为保障国家利益，被继承人生前欠缴的税款，自应由其继承人依法清偿。其他几类都是一般的财物债务，即被继承人作为债务人对相对的债权人所负有的债务。由其继承人依法清偿这些债务，既是为了保护债权人的合法财产权益，也是维护市场经济秩序，保障正常的民事流转的需要。但要注意的是，劳务债务不能算在其中，因为它是一种行为债务，一般不能由第三人代为履行。

（二）被继承人债务的特征

确定被继承人遗产债务的范围具有重要的实践意义，而正确认定遗产债务，必须明确它的两个突出特征：

1. 被继承人的债务是一种法定或约定的义务，是基于被继承人生前所为的民事行为而产生的，以其生存时所欠为限，故自继承开始后因丧葬及处理继承债务所形成的费用，不应列入其中。依我国民间习惯做法，安葬死者是继承人的义务，其费用应由继承人自行承担。而处理继承债务所形成的费用，主要包括因遗产的管理、分割和执行遗嘱等程序性活动而支出的必要费用，具有遗产优先偿付的效力，不能纳入被继承人的生前债务之中。一些外国民法立法对继承费用也有明文规定，如《日本民法典》第885条规定："有关继承财产的费用，从该财产中支付。但是因继承人过失而消费的费用，不在此限。"

---

[1] 关于对遗产担保责任的分担方法，参见陈苇主编：《婚姻家庭继承法学》，法律出版社2002年版，第491～492页。

2. 被继承人的债务是为满足被继承人生前需要所欠的，应由其清偿的份额。在对被继承人债务清偿时，要注意区分被继承人的个人债务和家庭债务。个人债务是被继承人生前以个人名义，并且为个人所需欠下的债务，应列入遗产范围，以遗产的实际价值清偿。遗产的实际价值不足以全部清偿个人债务的，被继承人的家属没有义务代为清偿。被继承人生前以个人名义，但为家庭生活需要所欠下的债务，为家庭债务，应首先以家庭共有财产清偿，不能直接作为个人债务处理。

二、清偿被继承人债务的原则

根据我国法律的规定，继承人在继承了被继承人财产权利的同时，也要承担偿还被继承人债务的义务。即使债权债务关系双方当事人都已死亡，双方的债权债务关系通常并不消灭；除非债权人死亡没有遗产时，债权债务关系才消灭。根据我国《继承法》和1985年《执行继承法意见》的规定及长期形成的司法实践经验，清偿被继承人生前所负债务，应当遵循以下四项原则：

1. 有限清偿原则。所谓"有限清偿"，是指继承人所承担的清偿被继承人生前所欠的税款和债务的义务，仅以其继承遗产的实际价值为限。超过遗产实际价值的部分，继承人不负清偿的义务。当然，如果继承人自愿承担偿还义务，法律也并不禁止，而且偿还后继承人不得以自己不知道只应承担有限清偿义务而要求返还超过遗产实际价值的那部分。《继承法》第33条规定："继承遗产应当清偿被继承人依法应当缴纳的税款和债务，缴纳税款和清偿债务以他的遗产实际价值为限。超过遗产实际价值部分，继承人自愿偿还的不在此限。继承人放弃继承的，对被继承人依法应当缴纳的税款和债务可以不负偿还责任。"

2. 以接受继承为前提的原则。即认为只有在接受继承时，才依法承担被继承人的债务，这是权利义务相一致的原则的体现。依我国《继承法》规定，继承人负有为被继承人缴纳应缴税款和偿还债务的义务。但是《继承法》第33条第2款又规定："继承人放弃继承的，对被继承人依法应当缴纳的税款和债务可以不负偿还责任。"

3. 保留特定继承人遗产份额的原则。我国《继承法》第19条规定："遗嘱应当对缺乏劳动能力又没有生活来源的继承人保留必要的遗产份额。"1985年《执行继承法意见》第61条规定："继承人中有缺乏劳动能力又没有生活来源的人，即使遗产不足清偿债务，也应为其保留适当遗产，然后再按继承法第33条和民事诉讼法第180条的规定清偿债务。"这些都是贯彻我国养老育幼原则的具体体现。在清偿被继承人债务时，即使遗产的实际价值不足以清偿债务，也应当为需要特殊照顾的缺乏劳动能力又没有生活来源的继承人保留适当的遗产，以满足其基本生活需要。

4. 清偿债务优于执行遗赠的原则。我国《继承法》第34条规定："执行遗赠不得妨碍清偿遗赠人依法应当缴纳的税款和债务。"按照这一规定，在遗赠和清偿债务的顺序上，清偿债务优先于执行遗赠。清偿债务后，如果无遗产可供执行遗赠的，则不能执行遗赠。规定此的目的在于防止公民利用遗赠形式转移财产，从而损害国家和债权人的利益。所以，只有在清偿债务后，还有剩余遗产时，遗赠才能得到执行。如果遗产已不足以清偿债务，则遗赠就不能执行。但是要注意，此原则只适用于遗嘱中的遗赠，而不适用于遗赠扶养协议中的"遗赠"。

三、清偿被继承人债务的方法

在共同继承中，如何确定清偿被继承人债务的方法，主要有两种立法例：①先偿债，后分割遗产。如《德国民法典》第 2046 条规定，遗产的债务应首先清偿，债务未到期者或有争议者，应保留为清偿所必需的财物。②先分割遗产，后偿债。如《法国民法典》第 870、873 条规定，共同继承人在分割遗产后，按各自所得遗产的比率，分担遗产债务。但各共同继承人对享有抵押权的债务承担连带清偿责任。[1]

我国《继承法》未明文规定清偿被继承人债务的方法，社会生活和司法实践中的一般做法有：①继承开始以后，共同继承人在遗产分割之前，应首先用被继承人遗留下来的财产来清偿被继承人遗留的债务，清偿后剩余的财产，才作为实际存在的遗产按照遗嘱或法定继承来进行分割。②也可以在继承开始以后，共同继承人先根据遗嘱或者法律规定对遗产进行分割，然后按照各自所继承到的遗产份额的多少，按比例分别承担清偿被继承人债务的责任，并应对债权人以遗产实际价值为限，承担连带清偿责任。当有两个或两个以上的继承人同时继承遗产时，从原则上讲，应当依照每个继承人各自所得的遗产份额，按照比例分担清偿被继承人债务的责任。通俗地讲，就是继承遗产多的人多分担债务，继承遗产少的人少分担债务。当然，在限定继承原则下，这种分担必须以遗产的实际价值为限。有时，被继承人遗留的都是实物或不动产，各共同继承人要求保留这些实物作为纪念或使用这些不动产的，也可由各共同继承人先继承实物或不动产，然后按照实物或不动产价值的比例分担清偿被继承人债务的责任，并应对债权人负连带清偿责任。

四、清偿被继承人债务的顺序

我国《继承法》第 33 条对遗产债务的清偿问题只作了原则性规定，结合 2007 年施行的《企业破产法》第 109 条及第 113 条的规定，在遗产不足以清偿债务时，对遗产债务的清偿顺序一般先后为：在遗产中特定财产上享有担保权的债权；为保全、管理和分配遗产而发生的费用；工资类债权；其他社会保险和税款债权；其他普通债权。

此外，还会产生不同顺位的债务清偿责任问题。在遗产已被分割而未清偿遗产债务的情况下，如果在同一继承关系中既有法定继承又有遗嘱继承和遗赠的，按照 1985 年《执行继承法意见》第 62 条的规定，为了保护债权人的利益，同时考虑到各种继承方式的法律效力，清偿被继承人的债务应当遵循以下顺序：首先由法定继承人在遗产实际价值范围内用其所得遗产清偿被继承人的债务，如不足清偿被继承人的全部债务时，剩余的债务则由遗嘱继承人和受遗赠人按比例用所得的遗产清偿；

---

〔1〕　罗结珍译：《法国民法典》，北京大学出版社 2010 年版，第 250~251 页。

如果只有遗嘱继承人和受遗赠人取得遗产的，则应由遗嘱继承人和受遗赠人按比例用所得遗产清偿被继承人的债务。之所以如此做法，是因为，"限定继承"原则同样适用于遗嘱继承方式。在被继承人用遗嘱仅指定遗嘱继承人取得其遗产中的财产权利而对其财产义务的负担未作任何安排的情况下，为了保护债权人的合法权益，就必须由表示接受继承的遗嘱继承人承担清偿被继承人债务的责任。至于受遗赠人之所以也要在遗产分割后以其取得的遗产承担清偿被继承人债务的责任，这是由清偿被继承人债务优先于遗赠的法律原则决定的。[1]

对于被继承人的债务，法律确定了"先法定继承人，后遗嘱继承人和受遗赠人"的清偿责任顺序，体现了"遗嘱继承和遗赠优先于法定继承"的原则，表现出对被继承人的意愿以及遗嘱继承人和受遗赠人按照遗嘱取得遗产的权利的尊重。

另外，要注意的是，在分割遗产时，应先清偿税款和债务，然后才能涉及执行遗嘱中关于遗赠的交付问题。如果清偿后遗产无剩余的，遗赠也就不能执行。

第四节　无人承受遗产和"五保户"遗产的处理

一、无人承受遗产的处理

(一) 无人承受遗产的概念和界定

一些国家的法律，把国家和法人也列为继承人，因而不会存在死者遗产"无人承受"的问题。而我国规定只有自然人才能作为继承法律关系的权利主体，这就存在着遗产"无人承受"的可能。所谓无人承受遗产，是指在继承开始后，没有人依法继承或者接受遗赠的被继承人的遗产。[2]

一般认为，公民死亡后，有下列情况之一的，其所留的遗产属于无人继承的遗产：①死者既无法定继承人，又无遗嘱指定继承人或受遗赠人；②全体继承人都放弃继承或丧失继承权的；③遗赠受领人放弃受遗赠或丧失受遗赠权的；④被继承人没有法定继承人，或只用遗嘱处分了一部分遗产，其余未加处分的那一部分遗产也属于无人继承又无人受遗赠的遗产；⑤有无继承人或受遗赠人情况不明，经公告期满后仍无人主张继承权或受遗赠权。

但必须指出的是，当第一顺序的继承人全部放弃继承或丧失了继承权时，若有第二顺序的继承人，则不属于遗产无人承受；当遗嘱继承人、受遗赠人全部放弃继

---

〔1〕　主编注，关于我国遗产债务清偿顺序的立法构想，我国学者有不同的见解，主要有"三顺序说""四顺序说""五顺序说""六顺序说""八顺序说""十顺序说"，参见陈苇："我国遗产债务清偿顺序的立法构建"，载《法学》2012年第8期；陈苇、姜大伟："我国遗产债务清偿顺序之立法探析"，载陈苇主编：《中国继承法修改热点难点问题研究》，群众出版社2013年版，第484～506页。

〔2〕　关于"无人承受遗产"的含义，我国内地学者主要有四种观点，参见陈苇、宋豫主编：《中国大陆与港、澳、台继承法比较研究》，群众出版社2007年版，第439～441页。

承或丧失了继承权、受遗赠权时，若有替补继承人、受遗赠人存在，也不属于遗产无人承受。

无人承受遗产与无主财产的主要区别在于：

1. 无人承受的遗产确定存在所有人，却无人继承或受遗赠该财产，但不排除存在于该财产上的债权，如遗产酌给债权等。而无主财产是指依法不属于任何人的财产，财产没有所有人。

2. 无人承受的遗产无须经过人民法院审理解决，根据我国《继承法》的规定直接确定其归属。而无主财产通常必须经过人民法院特别程序加以确认和解决其归属。

无人承受的遗产与无人承认的遗产的主要区别在于：无人承受的遗产，是指没有继承人或者受遗赠人承受的遗产，《继承法》明确规定了该遗产的归属。而无人承认的遗产是指在继承开始后，有无继承人不明确的遗产，因此，其应经过司法程序确认是否存在继承人或者受遗赠人。

（二）无人承受的遗产的处理

对于无人继承与无人受遗赠的遗产的处理，主要有两种立法体例：

1. 国家优先占权主义，该主义认为国家以优先于个人的权利先占取得无人继承的遗产。如《法国民法典》第 539 条规定："一切无主财产或无继承人的财产，或继承人放弃继承的财产，归国家所有。"英国、美国、奥地利等国也采取此主义。

2. 国家法定继承权主义，该主义认为国家是作为无人承受遗产的法定继承人而取得其遗产的所有权的。如《匈牙利人民共和国民法典》第 599 条规定，无其他继承人时，遗产转移给国家，国家是法定继承人。瑞士等也采取继承权主义。

我国以区分被继承人生前的身份来确定其遗产的归属。根据《继承法》第 32 条的规定，如果死者生前是城乡集体所有制组织成员的，其遗产应归其生前所在的集体所有制组织所有；如果死者生前是国家机关、全民所有制企业、事业单位工作人员和城镇居民的，其遗产应收归国家所有。

在处理无人承受的遗产时，应当注意以下两个问题：

1. 死者债务清偿问题。按照《继承法》的规定，继承人继承遗产应当清偿被继承人生前欠下的债务。同理，取得无人承受的遗产的国家或集体所有制经济组织也应当在遗产的实际价值范围内清偿被继承人生前欠下的债务。

2. 非继承人酌情取得遗产问题。根据 1985 年《执行继承法意见》第 57 条和《继承法》第 14 条的规定，在处理遗产时，若有继承人以外的依靠被继承人生前扶养的缺乏劳动能力又没有生活来源的人，或者继承人以外的对被继承人扶养较多的人，根据《继承法》有关酌分遗产请求权的规定而要求分得一定份额遗产时，人民法院应视情况予以其分得适当的遗产份额。1985 年《执行继承法意见》第 32 条还规定："依继承法第 14 条规定可以分给适当遗产的人，在其依法取得被继承人遗产的权利受到侵犯时，本人有权以独立的诉讼主体的资格向人民法院提起诉讼。但在遗产分割时，明知而未提出请求的，一般不予受理；不知而未提出请求，在 2 年以内起诉的，应予受理。"这里所谓"对被继承人的扶养"，主要包括经济上的扶助和生活上的照料。是否扶助较多，应从扶助的质和量上进行综合比较分析。这里所谓"适当"不能理解为是给一点就行，而是指要按照具体情况来分给遗产的一部分，必要时甚至可以分得多于继承人应继份的遗产。继承人以外的依靠被继承人扶养的缺乏劳动能力又没有生活来源的人，或者继承人以外的对被继承人扶养较多的人，他们对遗产所享有的这种权利，在法律上是一种独立的民事权利。其可以直接向遗产占有人请求分给其相应的遗产份额，而且不论法定继承人按何种顺序继承遗产，法定继承人以外的遗产取得人均可按该程序行使自己的遗产取得权。当其依法取得被继承人遗产的此种权利受到侵犯的时候，其本人有权以独立的诉讼主体资格，向人民法院提起诉讼。

二、"五保户"遗产的处理

（一）"五保"制度概述

1. 农村五保供养制度的相关立法及完善。"五保户"常见于我国的农村地区。"五保户"供养保障制度是农村集体所有制组织对其成员在丧失劳动能力又无生活来源时，从公益金中给予生活保障的法律制度，也是一种集体福利事业。该制度的设立体现了我国法律保护老人和儿童的一贯原则，是人道主义的具体体现。

"五保户"是指我国的"五保"供养对象，是在我国农村广泛施行的对老、弱、孤、寡、残疾的人实行的保吃、保穿、保医、保住、保葬（孤儿为保教）的社会保障制度。1994年1月23日国务院曾经发布《农村五保供养工作条例》，2006年1月11日通过新的《农村五保供养工作条例》，自2006年3月1日起施行。现行条例适应我国农村经济社会改革发展的新形势，对传统农村五保供养制度进行了全面改革，将农村五保供养对象纳入了公共财政的保障范围，完善了管理与监督措施，强化了法律责任，确立了新型农村五保供养制度的框架，对于保障农村"五保"供养对象正常生活，促进社会主义新农村建设具有重要意义。

2. "五保"供养对象。2006年《农村五保供养工作条例》第6条规定："老年、残疾或者未满16周岁的村民，无劳动能力、无生活来源又无法定赡养、抚养、扶养义务人，或者其法定赡养、抚养、扶养义务人无赡养、抚养、扶养能力的，享受农村五保供养待遇。"[1]

3. "五保"供养内容。根据2006年《农村五保供养工作条例》第9～11条规

---

[1] 在程序操作上，该条例第7条规定，享受农村五保供养待遇，应当由村民本人向村民委员会提出申请；因年幼或者智力残疾无法表达意愿的，由村民小组或者其他村民代为提出申请。经村民委员会民主评议，对符合本条例第6条规定条件的，在本村范围内公告；无重大异议的，由村民委员会将评议意见和有关材料报送乡、民族乡、镇人民政府审核。乡、民族乡、镇人民政府应当自收到评议意见之日起20日内提出审核意见，并将审核意见和有关材料报送县级人民政府民政部门审批。县级人民政府民政部门应当自收到审核意见和有关材料之日起20日内作出审批决定。对批准给予农村五保供养待遇的，发给《农村五保供养证书》；对不符合条件不予批准的，应当书面说明理由。

定，农村五保供养包括下列供养内容：①供给粮油、副食品和生活用燃料；②供给服装、被褥等生活用品和零用钱；③提供符合基本居住条件的住房；④提供疾病治疗，对生活不能自理的给予照料；⑤办理丧葬事宜。农村五保供养对象未满16周岁或者已满16周岁仍在接受义务教育的，应当保障他们依法接受义务教育所需费用。农村五保供养对象的疾病治疗，应当与当地农村合作医疗和农村医疗救助制度相衔接。农村五保供养标准不得低于当地村民的平均生活水平，并根据当地村民平均生活水平的提高适时调整。农村五保供养资金，在地方人民政府财政预算中安排。有农村集体经营等收入的地方，可以从农村集体经营等收入中安排资金，用于补助和改善农村五保供养对象的生活。农村五保供养对象将承包土地交由他人代耕的，其收益归该农村五保供养对象所有。

（二）"五保户"遗产的处理

"五保户"遗产是指享受"五保"的公民死亡后所遗留的财产。在我国，"五保户"原来由农村集体经济组织负责供养，根据2006年《农村五保供养工作条例》的新规定，现在已改为由地方人民政府财政安排供养。《农村五保供养工作条例》第3条规定："国务院民政部门主管全国的农村五保供养工作；县级以上地方各级人民政府民政部门主管本行政区域内的农村五保供养工作。乡、民族乡、镇人民政府管理本行政区域内的农村五保供养工作。村民委员会协助乡、民族乡、镇人民政府开展农村五保供养工作。"1985年《执行继承法意见》第54条规定："由国家或集体组织供给生活费用的烈属和享受社会救济的城市居民，其遗产仍应准许合法继承人继承。"第55条又规定："集体组织对'五保户'实行'五保'时，双方有扶养协议的，按协议处理；没有扶养协议，死者有遗嘱继承人或法定继承人要求继承的，按遗嘱继承或法定继承处理，但集体组织有权要求扣回'五保'费用。"此外，如果"五保户"的亲友或邻居对其生前生活曾经有过一定程度照顾的，符合《继承法》第14条规定的，也可分得适当的遗产。

导入案例之要点评析

1. 张建军有继承权。因为张建军之生父王新为被继承人王某的养子，根据我国现行《收养法》的规定，自收养关系成立之日起，养父母与养子女间的权利义务关系适用法律关于父母子女关系的规定，因此王新作为养子应与王家两姐妹一起作为王某的第一顺位法定继承人。由于王新先于王某死亡，因此应当适用代位继承的法律制度，由王新之子张建军代王新之位继承其份额。虽然王新死亡后，张建军已随母亲和继父生活，但是按照我国现行《婚姻法》的有关规定，与生父的关系，并不因与继父形成抚养教育关系而消除，其依然为王新之子，具有代位继承人的资格。

2. 王樱放弃法定继承部分的遗产，应按法定继承办理。按照1985年《执行继承法意见》第51条的规定，王樱接受遗嘱继承但放弃法定继承权的行为效力，追溯到继承开始之时，王樱对适用法定继承的遗产部分不再参与继承，其放弃的法定继承部分的遗产由其他法定继承人取得。

3. 王某的遗产依法应当这样处理：首先，按照遗嘱继承优先于法定继承的原则，尊重王某的遗愿，将祖传房屋一栋分给对王某照顾较多的女儿王樱。然后，剩下的财产（存款及家具、电器等约15万元）按照法定继承处理，鉴于王樱提出放弃其他财产的继承权，这部分财产由王琴和代位继承人张建军作为第一顺序法定继承人平均分配，财物按照评估价计算，各继承价值约7.5万余元的财产。

思考题

一、选择题

（一）单项选择题

1. 蔡永父母在共同遗嘱中表示，二人共有的某处房产由蔡永继承。蔡永父母去世前，该房由蔡永之姐蔡花借用，借用期未明确。2012年上半年，蔡永父母先后去世，蔡永一直未办理该房屋所有权变更登记，也未要求蔡花腾退。2015年下半年，蔡永因结婚要求蔡花腾退，蔡花拒绝搬出。对此，下列哪一选项是正确的？（　　）（2016年国家司法考试试题）

A. 因未办理房屋所有权变更登记，蔡永无权要求蔡花搬出

B. 因诉讼时效期间届满，蔡永的房屋腾退请求不受法律保护

C. 蔡花系合法占有，蔡永无权要求其搬出

D. 蔡永对该房屋享有物权请求权

2. 下列哪一种行为可引起放弃继承权的后果？（　　）（2011年国家司法考试试题）

A. 张某口头放弃继承权，本人承认

B. 王某在遗产分割后放弃继承权

C. 李某以不再赡养父母为前提，书面表示放弃其对父母的继承权

D. 赵某与父亲共同发表书面声明断绝父子关系

（二）多项选择题

1. 何某死后留下一间价值6万元的房屋和4万元现金。何某立有遗嘱，4万元现金由4个子女平分，房屋的归属未作处理。何某女儿主动提出放弃对房屋的继承权，于是3个儿子将房屋变卖，每人分得2万元。现债权人主张何某生前曾向其借款12万元，并有借据为证。下列哪些说法是错误的？（　　）

A. 何某已死，债权债务关系消灭

B. 4个子女平均分担，每人偿还3万元

C. 4个子女各自以继承所得用于清偿债务，剩下2万元由4人平均分担

D. 4个子女各自以继承所得用于清偿债务，剩下2万元4人可以不予清偿

2. 张某与李某系夫妻，生有一子张甲和一女张乙。张甲于 2007 年意外去世，有一女丙。张某在 2010 年死亡，生前拥有个人房产一套，遗嘱将该房产处分给李某。关于该房产的继承，下列哪些表述是正确的？（　　　）（2011 年国家司法考试试题）

    A. 李某可以通过张某的遗嘱继承该房产

    B. 丙可以通过代位继承要求对该房产进行遗产分割

    C. 继承人自张某死亡时取得该房产所有权

    D. 继承人自该房产变更登记后取得所有权

二、判断分析题

1. 继承人放弃继承的意思表示，应当在继承开始后、遗产分割前作出。遗产分割后表示放弃的不再是继承权，而是所有权。

2. 同一顺序继承人共同继承时，应当平均分配遗产。

三、简答题

1. 简述遗产分割的时间与继承开始的时间的主要区别。

2. 简述被继承人遗产债务的清偿原则。

3. 简述遗产分割的主要方法。

四、论述题

1. 试述被继承人遗产债务的范围和清偿顺序。

2. 试述遗产分割后各共同继承人相互间对遗产的担保责任。

五、案例分析题

甲有父母、配偶（机关干部）和儿子（工程师）、女儿（小学音乐教师）各 1 人。甲去世，留有私房 6 间、存款 5 万元、古字画 1 件和钢琴 1 架，甲生前自书遗嘱指定房产归妻子和儿女继承，古字画赠给文物部门。对存款和钢琴该自书遗嘱未作处理。现甲的女儿提出要将钢琴留给自己；甲的父母皆年迈丧失劳动能力，且无独立生活来源，主张要 2 间房居住，其他继承人亦对继承份额发生争议，于是诉至法院。法院在审理中又发现甲因购买古字画还有 0.5 万元债款未还。

请根据我国有关法律和司法解释，回答下列问题，并简述理由：

1. 甲的遗嘱是否有效？

2. 甲的女儿的要求是否合理？

3. 甲的债务如何清偿？

4. 甲的父母应否分得遗产中的房屋？

阅读参考文献

1. 郭明瑞、房绍坤：《继承法》，法律出版社 2004 年版。

2. 曹诗权、孟令志、麻昌华：《婚姻家庭继承法》，北京大学出版社 2006 年版。

3. 王歌雅主编：《婚姻家庭继承法学》，中国人民大学出版社 2009 年版。

4. 王国平:《婚姻家庭法案例教程》,法律出版社 2009 年版。

5. 刘耀东:《继承法修改中的疑难问题研究》,法律出版社 2014 年版。

6. 黎乃忠:《限定继承制度研究》,群众出版社 2017 年版。

第十七章

少数民族、华侨、港澳台同胞的婚姻家庭

❖ 学习的内容和重点

　　通过本章的学习，要求学生把握少数民族婚姻家庭的概念和特点。了解少数民族自治地区对婚姻法制定变通规定的程序和变通规定的适用范围，处理民族婚姻家庭纠纷应注意的问题，以及办理涉及华侨、港澳台居民的婚姻和收养的登记机关和应提交的证明材料。重点掌握少数民族自治地区变通规定的主要内容。

导入案例

　　2005 年 6 月 5 日，居住在宁夏回族自治区中宁县的某甲（回族，男，20 周岁，信奉伊斯兰教）与某乙（汉族，女，18 周岁）相恋并准备结婚，但某甲的父母以某乙是汉族为由坚决反对他们结婚。某甲不顾父母的反对仍与某乙交往。2006 年 6 月 22 日，某甲背着父母与某乙办理了结婚登记。次年，某乙怀孕生子某丙。由于婚后共同生活中某甲父母不断干涉，某甲没有处理好父母与妻子间的关系，导致夫妻之间及家人之间矛盾越来越激化。2016 年 7 月 15 日，某乙与某甲协议离婚。

　　请问：

　　1. 某甲与某乙结婚时是否已达法定婚龄？

　　2. 如何处理不同民族之间的通婚问题？

　　3. 某甲与某乙所生之子某丙的民族从属问题如何确定？

第一节　少数民族婚姻家庭

一、少数民族婚姻家庭的概念和特点

　　少数民族婚姻简称民族婚姻，它是指少数民族在本民族内、本民族与其他少数民族之间、本民族与汉族之间形成的各种婚姻关系。少数民族家庭简称民族家庭，它是指少数民族在本民族内、本民族与其他少数民族之间、本民族与汉族之间形成的各种家庭关系。少数民族婚姻与少数民族家庭合称为少数民族婚姻家庭，简称民族婚姻家庭。

少数民族婚姻家庭具有以下几个明显的特征：

（一）婚姻家庭关系的主体中至少有一方是少数民族

少数民族婚姻家庭关系之所以具有特殊性，主要就是因为主体的特殊性，即婚姻家庭关系的主体中至少有一方是少数民族。如果婚姻家庭关系的主体均为汉族，即使他们生活在少数民族的聚居地，也不能适用少数民族地区关于婚姻法的变通规定。

（二）婚姻家庭形态具有民族性

所谓的民族性，是指由于少数民族的传统文化、宗教信仰、生活方式以及婚姻家庭习俗对少数民族婚姻家庭的深刻影响而形成的民族特色。我国少数民族众多，并且或多或少都具有本民族的民族特色，少数民族婚姻家庭在受到本民族所特有的传统文化、宗教信仰、生活方式以及婚姻家庭习俗的影响下，必然形成具有民族特色的婚姻家庭形态。

（三）婚姻家庭形态具有差异性

少数民族婚姻家庭形态的差异性主要体现在两个方面：①少数民族与少数民族之间的婚姻家庭形态具有差异性。由于某一少数民族所具有的民族特色与其他少数民族所具有的民族特色都是各不相同的，从而形成了少数民族与少数民族之间的婚姻家庭形态的差异性。②同一少数民族在不同地区的婚姻家庭形态具有差异性。由于我国的少数民族往往与其他少数民族或者汉族有通婚或者杂居的情况，这样就形成了在同一少数民族的不同地区之间，有的地区呈现出本民族高度聚居状态，而另一些地区则呈现出本民族与其他少数民族或者汉族杂居的状态。而后者由于受到了其他少数民族或者汉族的影响，从而使得同一少数民族在不同地区的婚姻家庭形态具有了差异性。

二、少数民族自治地区对婚姻法的变通性立法

我国是一个统一的多民族国家。1949 年中华人民共和国成立后，通过识别并经中央政府确认的民族共有 56 个。由于汉族以外的 55 个民族相对汉族人口较少，习惯上被称为"少数民族"。根据第六次全国人口普查的统计，我国大陆 31 个省、自治区、直辖市和现役军人的人口中，汉族人口为 1 225 932 641 人，占 91.51%；各少数民族人口为 113 792 211 人，占 8.49%。同 2000 年第五次全国人口普查相比，汉族人口增加 66 537 177 人，增长 5.74%；各少数民族人口增加 7 362 627 人，增长 6.92%。[1]

由于少数民族的婚姻家庭具有特殊性，因此，各民族自治地方在执行婚姻法时，可以遵循宪法规定的权限，依据婚姻法的原则，结合当地民族婚姻家庭的具体情况，

---

〔1〕 数据来源：中华人民共和国国家统计局，2010 年第六次全国人口普查主要数据公报（第 1 号），载 http：//www.stats.gov.cn/tjsj/tjgb/rkpcgb/qgrkpcgb/201104/t20110428_ 30327.html，访问日期：2016 年 12 月 20 日。

对婚姻法作出某些变通规定。现行《婚姻法》第50条规定："民族自治地方的人民代表大会有权结合当地民族婚姻家庭的具体情况，制定变通规定。自治州、自治县制定的变通规定，报省、自治区、直辖市人民代表大会常务委员会批准后生效。自治区制定的变通规定，报全国人民代表大会常务委员会批准后生效。"

（一）制定变通规定的机关与程序

1. 制定变通规定的机关。根据现行《婚姻法》第50条的规定，有权制定变通规定的机关是民族自治地方的人民代表大会。民族自治地方包括自治区、自治州和自治县。值得注意的是，1980年《婚姻法》第36条规定："民族自治地方人民代表大会和它的常务委员会可以依据本法的原则，结合当地民族婚姻家庭的具体情况，制定某些变通的或补充的规定……"也就是说，1980年《婚姻法》对制定变通规定的机关不但规定了民族自治地方的人民代表大会，而且还规定了民族自治地方人民代表大会的常务委员会。但是，根据2001年修正后的《婚姻法》的规定，制定变通规定的机关不包括民族自治地方人民代表大会的常务委员会。

2. 制定变通规定的程序。根据现行《婚姻法》第50条的规定，民族自治地方人民代表大会制定的变通规定必须报批后才能生效。其中，自治州、自治县制定的变通规定，报省、自治区、直辖市人民代表大会常务委员会批准后生效。自治区制定的变通规定，报全国人民代表大会常务委员会批准后生效。这也符合现行《中华人民共和国立法法》的规定。[1]

（二）变通规定与现行《婚姻法》的关系

变通规定与现行《婚姻法》的关系属于特别法与一般法的关系，根据法律适用的一般原理，在法律适用时特别法应当优先于一般法。因此，民族自治地方制定的变通规定，对现行《婚姻法》已作出变通规定的内容，按变通规定执行，未作变通规定的内容，仍然适用现行《婚姻法》的规定。

（三）变通规定的适用范围

变通规定的适用范围包括空间范围和主体范围。

1. 空间范围。从空间范围来看，民族自治地方制定的变通规定，仅适用于本自治地方行政区划内的婚姻家庭关系。对于不在本自治地方行政区划内的婚姻家庭关系不得适用变通规定，即使这些婚姻家庭中的成员也属于本少数民族，但由于他们不在本自治地方行政区划内居住，因此不适用变通规定，应当适用现行《婚姻法》

---

〔1〕　我国2015年修订的《中华人民共和国立法法》第75条规定："民族自治地方的人民代表大会有权依照当地民族的政治、经济和文化的特点，制定自治条例和单行条例。自治区的自治条例和单行条例，报全国人民代表大会常务委员会批准后生效。自治州、自治县的自治条例和单行条例，报省、自治区、直辖市的人民代表大会常务委员会批准后生效。自治条例和单行条例可以依照当地民族的特点，对法律和行政法规的规定作出变通规定，但不得违背法律或者行政法规的基本原则，不得对宪法和民族区域自治法的规定以及其他有关法律、行政法规专门就民族自治地方所作的规定作出变通规定。"

的规定。

2. 主体范围。从主体范围来看，民族自治地方制定的变通规定，一般仅适用于本自治地方行政区划内的少数民族，[1] 对本自治地方行政区划内的汉族一般不适用变通规定，应当适用现行《婚姻法》的规定。但这一规定不是绝对的，有一些民族自治地方作了某些例外规定，主要包括：①有一些民族自治地方的变通规定仅适用于该自治地方行政区划内的各少数民族中的一般群众，不适用于少数民族中的国家干部和职工。如青海省河南蒙古族自治县、青海省化隆回族自治县的变通规定。[2]②有一些民族自治地方的变通规定仅适用于该自治地方行政区划内的农村和牧区的各少数民族居民，不适用于国家职工和城镇中的少数民族居民。如青海省海西蒙古族藏族哈萨克族自治州的变通规定。[3] ③有一些民族自治地方的变通规定不仅适用于该自治地方行政区划内的各少数民族，也适用于同少数民族结婚的汉族。如四川省甘孜藏族自治州、四川省阿坝藏族羌族自治州、四川省凉山彝族自治州的变通规定。[4]④有一些民族自治地方的变通规定不仅适用于该自治地方行政区划内的农村中的各少数民族，也适用于该自治地方行政区划内的农村中的汉族，但不适用于双方都是国家机关、企事业单位干部、职工和城镇居民的情况。如云南省澜沧拉祜族自治县的变通规定。[5] ⑤有一些民族自治地方的变通规定适用于该自治地方行政区

---

[1] 这里的少数民族既包括本少数民族，也包括其他少数民族。如《内蒙古自治区执行〈中华人民共和国婚姻法〉的补充规定》第2条规定："本规定适用于居住在内蒙古自治区的蒙古族和其他少数民族。"

[2] 《青海省河南蒙古族自治县关于施行〈中华人民共和国婚姻法〉的补充规定》第5条规定："本规定只适用于本自治县的各少数民族群众，少数民族中的国家职工按《中华人民共和国婚姻法》的规定执行。"《青海省化隆回族自治县关于施行〈中华人民共和国婚姻法〉的补充规定》第6条规定："本规定只适用于本自治县的各少数民族群众，少数民族中的国家干部和职工按婚姻法的规定执行。"

[3] 《青海省海西蒙古族藏族哈萨克族自治州关于施行〈中华人民共和国婚姻法〉结婚年龄的变通规定》第3条规定："本规定的结婚年龄只适用于农村、牧区的各少数民族群众。国家职工、城镇居民中的少数民族，仍按《中华人民共和国婚姻法》的规定执行。"第4条规定："结婚的男女双方，一方为农村、牧区的少数民族群众，一方为国家职工或城镇居民的，分别按各自的婚龄规定执行；一方不属本州人口者，其结婚年龄以婚姻登记机关所在地的规定为准。"

[4] 《四川省甘孜藏族自治州施行〈中华人民共和国婚姻法〉的补充规定》第13条规定："本补充规定适用于我州各少数民族，也适用于和少数民族结婚的汉族。"《阿坝藏族羌族自治州施行〈中华人民共和国婚姻法〉的补充规定》第10条规定："本规定适用于本州各少数民族，也适用于同少数民族结婚的汉族。"《四川省凉山彝族自治州施行〈中华人民共和国婚姻法〉的规定》第12条规定："本规定适用于自治州内各少数民族与与少数民族结婚的汉族。"

[5] 《云南省澜沧拉祜族自治县变通执行〈婚姻法〉的规定》第1条规定："澜沧拉祜族自治县各民族男女的结婚年龄，农村社员，男不得早于20周岁，女不得早于18周岁，结婚双方都是国家机关、企事业单位干部、职工和城镇居民的，仍按现行《婚姻法》规定的年龄执行；其中一方是农村社员的，可按变通规定的结婚年龄执行。"

划内的所有民族。如黔南布依族苗族自治州的变通规定。[1]

（四）我国民族自治地方制定变通规定的情况

自 1980 年《婚姻法》颁布以来，许多民族自治地方先后制定了执行《婚姻法》的变通规定或补充规定。从变通规定的立法层次上，包括自治区、自治州、自治县均制定了相应的变通规定或补充规定。

自治区制定的变通规定主要有：《西藏自治区施行〈中华人民共和国婚姻法〉的变通条例》（2004 年修正）、《新疆维吾尔自治区执行〈中华人民共和国婚姻法〉的补充规定》（1988 年修正）、《宁夏回族自治区执行〈中华人民共和国婚姻法〉的补充规定》（1981 年）、《内蒙古自治区执行〈中华人民共和国婚姻法〉的补充规定》（2003 年修正）等。只有广西壮族自治区没有制定执行《婚姻法》的变通规定。

自治州制定的变通规定主要有：《四川省阿坝藏族羌族自治州施行〈中华人民共和国婚姻法〉的补充规定》（1988 年）、《四川省甘孜藏族自治州施行〈中华人民共和国婚姻法〉的补充规定》（1981 年）、《四川省凉山彝族自治州施行〈中华人民共和国婚姻法〉的规定》（1983 年）、《青海省果洛藏族自治州施行〈中华人民共和国婚姻法〉的变通规定》（1987 年）、《青海省海北藏族自治州关于施行〈中华人民共和国婚姻法〉的补充规定》（1983 年）、《青海省海南藏族自治州施行〈中华人民共和国婚姻法〉的变通规定》（1985 年）、《青海省黄南藏族自治州关于施行〈中华人民共和国婚姻法〉的补充规定》（1982 年）、《青海省海西蒙古族藏族哈萨克族自治州关于施行〈中华人民共和国婚姻法〉结婚年龄的变通规定》（2002 年修订）、《青海省玉树藏族自治州施行〈中华人民共和国婚姻法〉的补充规定》（1987 年）、《新疆伊犁哈萨克自治州施行〈中华人民共和国婚姻法〉的补充规定》（2005 年修订）、《贵州省黔南布依族苗族自治州执行〈中华人民共和国婚姻法〉的变通规定》（1999 年修订）、《甘肃省甘南藏族自治州施行〈中华人民共和国婚姻法〉结婚年龄变通规

---

〔1〕《黔南布依族苗族自治州执行〈中华人民共和国婚姻法〉的变通规定》第 10 条第 1 款规定："本变通规定适用于黔南布依族苗族自治州行政区域内的各少数民族公民……"

定》（1989 年）等。[1]

三、少数民族自治地区变通规定的主要内容

民族自治地方根据本行政区划内少数民族婚姻家庭的具体情况所制定的变通规定，虽然不尽相同，但仍有许多共同之处。总体来说，主要集中在以下方面作了变通规定。

（一）有关基本原则方面的变通规定

1. 禁止干涉寡妇再婚。婚姻自由是我国婚姻法的一项基本原则，不但汉族应当遵守这一基本原则，少数民族也应当遵守。特别是少数民族地区，由于历史上不准寡妇再婚或者强迫寡妇转房的现象盛行，[2] 严重侵害了寡妇的婚姻自由权。为了保障寡妇的婚姻自由权，许多民族自治地区的补充规定均规定寡妇有再婚的自由等内

---

[1] 自治县制定的变通规定主要有：《云南省沧源佤族自治县对〈婚姻法〉的变通规定》（1981 年）、《云南省耿马傣族佤族自治县执行〈中华人民共和国婚姻法〉的补充规定》（1982 年）、《云南省宁蒗彝族自治县对〈婚姻法〉的变通规定》（1981 年）、《云南省澜沧拉祜族自治县变通执行〈婚姻法〉的规定》（1982 年）、《云南省孟连傣族拉祜族佤族自治县对〈婚姻法〉的变通规定》（1981 年）、《云南省西盟佤族自治县变通执行〈婚姻法〉意见》（1982 年）、《贵州省镇宁布依族苗族自治县执行〈中华人民共和国婚姻法〉变通规定》（1985 年）、《甘肃省阿克塞哈萨克族自治县施行〈中华人民共和国婚姻法〉部分条款的变通规定》（1993 年）、《青海省大通回族土族自治县关于施行〈中华人民共和国婚姻法〉结婚年龄的变通规定》（1987 年）、《青海省河南蒙古族自治县关于施行〈中华人民共和国婚姻法〉的补充规定》（1982 年）、《青海省互助土族自治县关于施行〈中华人民共和国婚姻法〉的补充规定》（1983 年）、《青海省化隆回族自治县关于施行〈中华人民共和国婚姻法〉的补充规定》（1981 年）、《青海省门源回族自治县关于施行〈中华人民共和国婚姻法〉的补充规定》（1983 年）、《青海省民和回族土族自治县施行〈中华人民共和国婚姻法〉的变通规定》（1986 年）、《青海省循化撒拉族自治县关于施行〈中华人民共和国婚姻法〉的补充规定》（1982 年）、《四川省峨边彝族自治县施行〈中华人民共和国婚姻法〉的补充规定》（1989 年）、《四川省马边彝族自治县施行〈中华人民共和国婚姻法〉的补充规定》（1992 年）等。

已废止的变通规定有：《云南省南涧彝族自治县执行〈中华人民共和国婚姻法〉对农村结婚年龄的变通规定》（云南省南涧彝族自治县人大常委会"关于废止南涧彝族自治县执行对农村结婚年龄的变通规定的决定"，于 1991 年 1 月 20 日南涧彝族自治县第六届人民代表大会常务委员会第六次会议通过，经 1991 年 2 月 7 日云南省第七届人民代表大会常务委员会第十六次会议批准。该决定于 1991 年被废止）、《贵州省紫云苗族布依族自治县执行〈中华人民共和国婚姻法〉变通规定》（紫云苗族布依族自治县第十三届人民代表大会"关于废止《紫云苗族布依族自治县执行〈中华人民共和国婚姻法〉变通规定》的决定"，经紫云苗族布依族自治县第十三届人民代表大会第一次会议于 2003 年 3 月 24 日通过，并经贵州省第十届人民代表大会常务委员会第三次会议于 2003 年 7 月 26 日批准，该决定于 2003 年被废止）、《贵州省松桃苗族自治县执行〈中华人民共和国婚姻法〉变通规定》（松桃苗族自治县人民代表大会"关于废止《松桃苗族自治县执行〈中华人民共和国婚姻法〉变通规定》的决定"，于 2002 年 3 月 8 日经松桃苗族自治县第十二届人民代表大会第五次会议通过，2002 年 5 月 26 日经贵州省第九届人民代表大会常务委员会第二十八次会议批准，该决定于 2002 年被废止），等等。

[2] 寡妇转房是指妇女丧偶后，必须按顺序将寡妇转给亡夫家的男性，如果不顺从，要受到亡夫家族的残酷处罚。

容。例如，《四川省峨边彝族自治县施行〈中华人民共和国婚姻法〉的补充规定》第 4 条规定："禁止干涉丧偶妇女的婚姻自由，不许强迫丧偶妇女转房。"《四川省凉山彝族自治州施行〈中华人民共和国婚姻法〉的规定》第 4 条规定："禁止干涉丧偶妇女的婚姻自由，不许强迫丧偶妇女转房。"

2. 禁止利用宗教干涉婚姻家庭。根据我国《宪法》第 36 条的规定，中华人民共和国公民有宗教信仰自由。但同时该条也规定，任何人不得利用宗教进行破坏社会秩序、损害公民身体健康、妨碍国家教育制度的活动。对该条也同样可以理解为，不得利用宗教干涉婚姻家庭。为了防止宗教对婚姻家庭的破坏，一些民族自治地方的补充规定进一步强调禁止利用宗教干涉婚姻家庭。例如，《青海省互助土族自治县关于施行〈中华人民共和国婚姻法〉的补充规定》第 4 条规定："禁止宗教干预婚姻，不准以宗教仪式代替法定的婚姻手续，禁止'戴天头'，不许干涉寡妇再婚。"《青海省果洛藏族自治州施行〈中华人民共和国婚姻法〉的变通规定》第 2 条规定："实行男女婚姻自主，禁止利用宗教、宗族或其他形式干涉婚姻自由。"

3. 禁止干涉不同民族的男女通婚。不同民族的男女通婚同样体现了婚姻自由原则，但一些民族基于本民族的习俗，禁止本族男女与外族通婚。对此，许多民族自治地方在补充规定中强调，不同民族的男女通婚受法律保护。例如，《青海省黄南藏族自治州关于施行〈中华人民共和国婚姻法〉的补充规定》第 5 条规定："不同民族的男女通婚受法律保护，不允许以任何借口干涉和阻挠。"

4. 禁止一夫多妻或一妻多夫。一夫一妻是我国婚姻法的一项基本原则，任何人均不得违背。对此，许多民族自治地方在补充规定中进一步强调一夫一妻制原则，禁止一夫多妻。例如，《青海省果洛藏族自治州施行〈中华人民共和国婚姻法〉的变通规定》第 5 条规定："实行一夫一妻制，严禁一妻多夫和一夫多妻。"《青海省玉树藏族自治州施行〈中华人民共和国婚姻法〉的补充规定》第 3 条规定："实行一夫一妻制，禁止一妻多夫、一夫多妻。"

但是，我国个别少数民族地区，由于历史原因和民族习惯，残存着兄弟共妻、朋友共妻、姐妹共夫的一夫多妻制和一妻多夫制。这些婚姻关系有着深刻的历史根源，必须慎重对待[1]。对此，一些民族自治地方在强调坚持一夫一妻制的同时，也对基于历史原因形成的一夫多妻予以维持。例如，《西藏自治区施行〈中华人民共和国婚姻法〉的变通条例》第 2 条规定："废除一夫多妻，一妻多夫等封建婚姻，对执行本条例之前形成的上述婚姻关系，凡不主动提出解除婚姻关系者，准予维持。"

5. 对计划生育的要求适当放宽。由于少数民族人口稀少，因此对计划生育的要求可以比照汉族适当放宽。例如，《新疆维吾尔自治区执行〈中华人民共和国婚姻法〉的补充规定》第 9 条规定："在少数民族中也要实行计划生育，但必须加强宣传教育，积极创造条件，逐步推行。对汉族和少数民族实行计划生育要有区别，对汉

---

[1] 陈苇主编：《婚姻家庭继承法学》，群众出版社 2012 年版，第 398 页。

族要求要严，对少数民族要适当放宽。"

（二）有关结婚、离婚的条件和程序方面的变通规定

1. 适当降低法定婚龄。我国现行《婚姻法》将法定婚龄规定为男 22 周岁、女 20 周岁是为了贯彻计划生育政策。由于少数民族地区对计划生育的要求基本上是比照汉族适当放宽，所以，许多民族自治地方对法定婚龄作了变通规定，分别降低了 2 周岁。如《内蒙古自治区执行〈中华人民共和国婚姻法〉的补充规定》第 3 条规定："结婚年龄，男不得早于 20 周岁，女不得早于 18 周岁。汉族男女同蒙古族和其他少数民族男女结婚的，汉族一方年龄按《中华人民共和国婚姻法》的规定执行。"

2. 强调禁止三代以内的旁系血亲结婚。医学研究证明，近亲结婚会导致后代遗传性疾病的增加。为了优生优育，许多民族自治地方进一步强调禁止三代以内的旁系血亲结婚。例如，《新疆维吾尔自治区执行〈中华人民共和国婚姻法〉的补充规定》第 3 条规定："依照《中华人民共和国婚姻法》的规定，禁止三代以内的旁系血亲结婚。"《四川省甘孜藏族自治州施行〈中华人民共和国婚姻法〉的补充规定》第 6 条规定："禁止直系血亲和三代以内的旁系血亲结婚。"当然，也有一些民族自治地方规定提倡三代以内的旁系血亲不结婚。例如，《内蒙古自治区执行〈中华人民共和国婚姻法〉的补充规定》第 4 条规定："大力提倡三代以内的旁系血亲不结婚。"

3. 尊重少数民族婚姻习俗。少数民族的婚姻习俗作为一种文化传统，在不违背婚姻法的前提下应当得到尊重，一些民族自治地方对此进行了补充规定。例如，《青海省玉树藏族自治州施行〈中华人民共和国婚姻法〉的补充规定》第 5 条规定："婚事新办，婚嫁从简。对各少数民族传统的婚嫁仪式，凡不违背《中华人民共和国婚姻法》基本原则及本规定的，应予尊重。"《四川省马边彝族自治县施行〈中华人民共和国婚姻法〉的补充规定》第 9 条规定："提倡婚事新办，嫁娶礼仪从简。对彝族和其他少数民族传统的嫁娶仪式，在不违背《中华人民共和国婚姻法》的基本原则和本补充规定的前提下，应予尊重。"

4. 坚持结婚、离婚的法定程序。由于受到民族习俗和宗教的影响，一些少数民族地区的男女一般只按当地的民族习俗举行结婚、离婚仪式或宗教仪式，而不按法定程序办理手续，产生了一定的社会危害性。对此，一些民族自治地方在补充规定中进一步强调了必须坚持结婚、离婚的法定程序。例如，《青海省黄南藏族自治州关于施行〈中华人民共和国婚姻法〉的补充规定》第 3 条规定："结婚、离婚必须履行法律规定的手续，任何一方用口头或文字方式通知对方离婚的，一律无效。"《青海省循化撒拉族自治县关于施行〈中华人民共和国婚姻法〉的补充规定》第 3 条规定："结婚、离婚必须履行法律规定的手续，任何一方用口头或文字方式通知对方离婚的，一律无效。"

（三）其他方面的变通规定

1. 强调订婚不是结婚的必经程序。在许多少数民族地区，男女在结婚以前一般要订婚，而且婚约不得违反。显然，这是与现行《婚姻法》的规定相违背的。对此，

一些民族自治地方在补充规定中强调，订婚不是结婚的必经程序。例如，《四川峨边彝族自治县施行〈中华人民共和国婚姻法〉的补充规定》第 8 条规定："订婚不是结婚的法定程序，不具有法律效力。"

2. 强调生父对非婚生子女抚养费的负担。非婚生子女与婚生子女应当同等受到法律保护，但一些少数民族地区歧视非婚生子女的现象仍很严重。对此，一些民族自治地方的变通规定进一步强调非婚生子女享有与婚生子女同等权利，生父应当负担非婚生子女的抚养费。例如，《青海省果洛藏族自治州施行〈中华人民共和国婚姻法〉的变通规定》第 6 条规定："非婚生子女享有与婚生子女同等权利，任何人不得危害和歧视。非婚生子女的生父，应负担其子女必要的生活费和教育费的一部或全部，直至子女能独立生活为止。"《西藏自治区施行〈中华人民共和国婚姻法〉的变通条例》第 6 条规定："对非婚生子女生活费和教育费的负担，应按中华人民共和国婚姻法第 19 条的规定执行。改变全由生母负担的习惯。"[1]

四、处理民族婚姻家庭纠纷应注意的问题

（一）不同民族男女所生子女的民族从属问题

对不同民族男女所生子女的民族从属问题，一般由父母协商处理。《内蒙古自治区执行〈中华人民共和国婚姻法〉的补充规定》第 5 条规定："不同民族男女结婚的，所生子女的民族从属由父母商定。"《贵州省镇宁布依族苗族自治县执行〈中华人民共和国婚姻法〉变通规定》第 13 条规定："不同民族男女双方自愿结婚的，任何人不得歧视和干涉；其子女族属和姓氏，未成年由父母商定，成年后由子女自定。"根据 2016 年 1 月 1 日生效的《中国公民民族成份登记管理办法》，公民的民族成份只能依据其父亲或者母亲的民族成份确认、登记。这里所指的父母，包括生父母、养父母和与继子女有抚养教育关系的继父母。公安部门在办理新增人口户口登记时，应当根据新增人口父母的民族成份，确认其民族成份。新增人口的父母民族成份不相同的，应当根据其父母共同签署的民族成份填报申请书予以确认并登记。自然人民族成份经确认登记后，一般不得变更。符合法定特别条件的，未满 18 岁的未成年人可以申请变更一次民族成份，已满 18 周岁的成年人在年满 20 周岁以前可以申请变更一次。

（二）少数民族一方与汉族一方在离婚时争抚养子女的问题

少数民族一方与汉族一方离婚，双方对抚养子女不能达成协议的，1957 年最高人民法院曾有《关于回族男方与汉族女方离婚后子女抚养问题发生争执应如何处理的复函》。该复函的主要内容是，凡少数民族一方与汉族一方离婚后，对子女抚养发生争执的，应尽量调解解决。如调解不成时，应本着保障贯彻少数民族政策和保障子女利益出发进行处理，哺乳期内的子女一般判决由母方抚养，哺乳期后的子女，

---

[1]　主编注：我国少数民族结婚条件和程序的现状研究，参见雷明光：《中国少数民族婚姻家庭法律制度研究》，中央民族大学出版社 2009 年版，第 443～453 页。

除显然对子女不利者外，应判决由少数民族一方母方或父方抚养。但该复函已于 2012 年由《最高人民法院关于废止 1979 年底以前发布的部分司法解释和司法解释性质文件（第八批）的决定》所废止。因此，对此问题应当按照现行《婚姻法》第 36 条第 3 款和 1993 年《子女抚养意见》第 1～6 条的规定处理。

第二节　涉及华侨、港澳台居民的婚姻和收养

一、涉及华侨、港澳台居民的婚姻

关于华侨、港澳台居民与内地公民的婚姻登记，我国民政部曾于 1983 年 3 月 10 日颁布了《华侨同国内公民、港澳同胞同内地公民之间办理婚姻登记的几项规定》，以及于 1998 年 12 月 10 日颁布了《大陆居民与台湾居民婚姻登记管理暂行办法》。但是，在 2003 年 8 月 8 日国务院颁布《婚姻登记条例》以后，以上两个规章已经被废止。[1] 因此，涉及华侨、港澳台居民与内地公民的婚姻登记应当适用 2003 年《婚姻登记条例》和 2015 年 12 月 8 日民政部颁布的《婚姻登记工作规范》，以及 2004 年 3 月 29 日民政部颁布的《关于贯彻执行〈婚姻登记条例〉若干问题的意见》的相关规定。

（一）涉及华侨、港澳台居民的结婚

1. 结婚登记机关。根据 2003 年《婚姻登记条例》第 2、4 条规定，在内地办理华侨、港澳台居民与内地公民的婚姻登记机关是省、自治区、直辖市人民政府民政部门或者省、自治区、直辖市人民政府民政部门确定的机关。内地居民同港澳台居民、华侨在中国内地结婚的，男女双方应当共同到内地居民常住户口所在地的婚姻登记机关办理结婚登记。

2. 华侨、港澳台居民应提交的证明。根据 2015 年《婚姻登记工作规范》第 31～34 条的规定如下：

（1）香港居民办理结婚登记应当提交：港澳居民来往内地通行证或者港澳同胞回乡证；香港居民身份证；经香港委托公证人公证的本人无配偶以及与对方当事人没有直系血亲和三代以内旁系血亲关系的声明。

（2）澳门居民办理结婚登记应当提交：港澳居民来往内地通行证或者港澳同胞回乡证；澳门居民身份证；经澳门公证机构公证的本人无配偶以及与对方当事人没有直系血亲和三代以内旁系血亲关系的声明。

（3）台湾居民办理结婚登记应当提交：台湾居民来往大陆通行证或者其他有效旅行证件；本人在台湾地区居住的有效身份证件；经台湾公证机构公证的本人无配偶以及与对方当事人没有直系血亲和三代以内旁系血亲关系的声明。

[1] 参见 2007 年 10 月 29 日民政部《关于废止部分规章和规范性文件的通知》。

（4）华侨办理结婚登记应当提交：本人的有效护照；居住国公证机构或者有权机关出具的、经中华人民共和国驻该国使（领）馆认证的本人无配偶以及与对方当事人没有直系血亲和三代以内旁系血亲关系的证明，或者中华人民共和国驻该国使（领）馆出具的本人无配偶以及与对方当事人没有直系血亲和三代以内旁系血亲关系的证明。与中国无外交关系的国家出具的有关证明，应当经与该国及中国均有外交关系的第三国驻该国使（领）馆和中国驻第三国使（领）馆认证，或者经第三国驻华使（领）馆认证。

（二）涉及华侨、港澳台居民的离婚

内地居民或港澳台居民、华侨要求在中国内地离婚的，有两种途径：一是登记离婚；二是诉讼离婚。

1. 登记离婚。具有完全民事行为能力的男女双方自愿离婚，并对子女抚养和财产分割等问题已作出妥善处理，并且其结婚登记是在中国内地办理的，[1] 可以按照2003年《婚姻登记条例》的规定办理离婚登记。办理离婚登记的机关是省、自治区、直辖市人民政府民政部门或者省、自治区、直辖市人民政府民政部门确定的机关。

内地居民与港澳台居民、华侨在中国内地办理离婚登记的，男女双方应当共同到内地居民常住户口所在地的婚姻登记机关办理离婚登记。办理离婚登记时，除了应提交结婚证、离婚协议书以外，内地居民还应当提交本人的户口簿、身份证；香港居民还应当提交港澳居民来往内地通行证或者港澳同胞回乡证以及香港居民身份证；澳门居民还应当提交港澳居民来往内地通行证或者港澳同胞回乡证以及澳门居民身份证；台湾居民还应当提交台湾居民来往大陆通行证或者其他有效旅行证件以及本人在台湾地区居住的有效身份证件；华侨还应当提交本人的有效护照。

2. 诉讼离婚。内地居民与港澳台居民或华侨的婚姻，当事人一方在中国内地要求离婚的，应按照我国现行《民事诉讼法》和现行《婚姻法》的相关规定，向内地公民一方户籍所在地的基层人民法院起诉。人民法院对离婚案件按现行《婚姻法》的规定进行审理。如果人民法院经调解和好无效，认定夫妻感情确已破裂，依法应当判决准予离婚。为保障当事人双方和子女权益及避免执行上的困难，子女抚养费、共同财产分割所得财产及一方对另一方的经济帮助费、损害赔偿费，原则上应判决一次性给付。[2]

（三）双方均为华侨、港澳台居民的婚姻

根据民政部《关于贯彻执行〈婚姻登记条例〉若干问题的意见》第8条的规定，双方均为港澳台居民或华侨，或者一方为外国人、另一方为港澳台居民或华侨，要

---

〔1〕 2003年《婚姻登记条例》第12条规定："办理离婚登记的当事人有下列情形之一的，婚姻登记机关不予受理：①未达成离婚协议的；②属于无民事行为能力人或者限制民事行为能力人的；③其结婚登记不是在中国内地办理的。"

〔2〕 陈苇主编：《婚姻家庭继承法学》，群众出版社2012年版，第404页。

求在内地办理结婚登记的，如果当事人能够出具2003年《婚姻登记条例》规定的相应证件和证明材料，当事人工作或生活所在地具有相应办理婚姻登记权限的登记机关应予受理。

二、涉及华侨、港澳台居民的收养

关于华侨、港澳台居民收养内地公民的子女，除了受到现行《收养法》的调整以外，民政部于1999年5月25日还颁布了《中国公民收养子女登记办法》以及《华侨以及居住在香港、澳门、台湾地区的中国公民办理收养登记的管辖以及所需要出具的证件和证明材料的规定》。

（一）华侨、港澳台居民收养内地公民子女的条件

我国现行《收养法》规定，收养人须无子女，并且只能收养一名子女。但是，港澳台地区以及华侨的定居国并不适用我国内地的此规定。所以，华侨、港澳台居民收养内地公民子女不受收养人须无子女以及只能收养一名子女的限制。现行《收养法》第7条规定："……华侨收养三代以内同辈旁系血亲的子女，还可以不受收养人无子女的限制。"虽然该条规定仅仅是针对华侨收养三代以内同辈旁系血亲的子女，但我们认为港澳台居民收养三代以内同辈旁系血亲的子女应类推适用该条的规定。

（二）华侨、港澳台居民收养内地公民子女的登记机关

根据1999年5月25日民政部发布的《华侨以及居住在香港、澳门、台湾地区的中国公民办理收养登记的管辖以及所需要出具的证件和证明材料的规定》的规定，华侨、港澳台居民收养内地公民子女的登记机关是被收养人常住户口所在地的直辖市、设区的市、自治州人民政府民政部门或者地区（盟）行政公署民政部门。

（三）华侨、港澳台居民收养内地公民子女应提交的证明

根据《华侨以及居住在香港、澳门、台湾地区的中国公民办理收养登记的管辖以及所需要出具的证件和证明材料的规定》的规定，华侨、港澳台居民收养内地公民的子女的，华侨、港澳台居民应提交下列证件和证明材料：

1. 华侨应提交的证明。居住在已与中国建立外交关系国家的华侨申请办理成立收养关系的登记时，应当提交收养申请书和下列证件、证明材料：①护照；②收养人居住国有权机构出具的收养人的年龄、婚姻、有无子女、职业、财产、健康、有无受过刑事处罚等状况的证明材料，该证明材料应当经其居住国外交机关或者外交机关授权的机构认证，并经中国驻该国使领馆认证。

居住在未与中国建立外交关系国家的华侨申请办理成立收养关系的登记时，应当提交收养申请书和下列证件、证明材料：①护照；②收养人居住国有权机构出具的收养人的年龄、婚姻、有无子女、职业、财产、健康、有无受过刑事处罚等状况的证明材料，该证明材料应当经其居住国外交机关或者外交机关授权的机构认证，并经已与中国建立外交关系的国家驻该国使领馆认证。

2. 香港居民应提交的证明。香港居民中的中国公民申请办理成立收养关系的登

记时，应当提交收养申请书和下列证件、证明材料：①香港居民身份证、香港居民来往内地通行证或者香港同胞回乡证；②经国家主管机关委托的香港公证人证明的收养人的年龄、婚姻、有无子女、职业、财产、健康、有无受过刑事处罚等状况的证明材料。

3. 澳门居民应提交的证明。澳门居民中的中国公民申请办理成立收养关系的登记时，应当提交收养申请书和下列证件、证明材料：①澳门居民身份证、澳门居民来往内地通行证或者澳门同胞回乡证；②澳门地区有权机构出具的收养人的年龄、婚姻、有无子女、职业、财产、健康、有无受过刑事处罚等状况的证明材料。

4. 台湾居民应提交的证明。台湾居民申请办理成立收养关系的登记时，应当提交收养申请书和下列证件、证明材料：①在台湾地区居住的有效证明；②中华人民共和国主管机关签发或签注的有效期内的旅行证件；③经台湾地区公证机构公证的收养人的年龄、婚姻、有无子女、职业、财产、健康、有无受过刑事处罚等状况的证明材料。

导入案例之要点评析

根据我国现行《婚姻法》第50条的规定，民族自治地方的人民代表大会有权结合当地民族婚姻家庭的具体情况，制定变通规定。据此，1981年6月15日宁夏回族自治区第四届人民代表大会第三次会议通过了《宁夏回族自治区执行〈中华人民共和国婚姻法〉的补充规定》。

本章"导入案例"的处理要点如下：

1. 某甲与某乙结婚时某甲已达法定婚龄，但某乙未达到法定婚龄。《宁夏回族自治区执行〈中华人民共和国婚姻法〉的补充规定》第2条规定："回族男女的结婚年龄，男不得早于20周岁，女不得早于18周岁。"同时第7条规定："本补充规定适用于居住在本自治区内的其他少数民族。"本案中，在结婚时某甲已满20周岁，达到法定婚龄。但是由于某乙为汉族，应当适用《婚姻法》的规定，即女方必须年满20周岁才能结婚，而某乙结婚时不满20周岁，所以，某甲和某乙登记结婚时，某乙未达到法定婚龄。

2. 对于不同民族之间的通婚问题，应当保障当事人的婚姻自主权，不得以民族习惯或者宗教为由干涉当事人的婚姻自主权。《宁夏回族自治区执行〈中华人民共和国婚姻法〉的补充规定》第6条规定："回族同其他民族的男女自愿结婚，任何人不得干涉……"

3. 某甲与某乙所生之子某丙的民族从属问题应当由某甲与某乙协商确定。《宁夏回族自治区执行〈中华人民共和国婚姻法〉的补充规定》第6条规定："回族同其他民族的男女自愿结婚，任何人不得干涉。子女的民族从属，未成年时由父母商定，成年后由子女自定。"根据以上规定，某甲与某乙所生之子某丙的民族从属问题应当由某甲与某乙协商确定。

思考题

一、选择题

（一）单项选择题

1. 制定少数民族自治地方变通规定的机关是（　　）。

A. 少数民族自治地方的人大

B. 少数民族自治地方的人大常委会

C. 少数民族自治地方的人大及其常委会

D. 少数民族自治地方的人民政府

2. 没有制定少数民族自治地方变通规定的自治区是（　　）。

A. 内蒙古自治区　　　　　　　　B. 新疆维吾尔自治区

C. 广西壮族自治区　　　　　　　D. 西藏自治区

（二）多项选择题

1. 关于制定少数民族自治地方变通规定的程序说法正确的是（　　）。

A. 自治区制定的变通规定，报全国人民代表大会常务委员会批准后生效

B. 自治区制定的变通规定，报全国人民代表大会常务委员会备案后生效

C. 自治州制定的变通规定，报省级人民代表大会常务委员会批准后生效

D. 自治县制定的变通规定，报自治州人民代表大会常务委员会批准后生效

2. 少数民族自治地方变通规定的主要内容包括（　　）。

A. 法定婚龄降低 2 周岁　　　　　B. 不实行计划生育

C. 尊重少数民族婚姻习俗　　　　D. 禁止利用宗教干涉婚姻家庭

二、判断分析题

1. 少数民族自治地方均提倡三代以内的旁系血亲不结婚。

2. 少数民族自治地方的变通规定均不适用于汉族。

三、简答题

1. 简述制定少数民族自治地方变通规定的机关和程序。

2. 简述少数民族自治地方的变通规定的适用范围。

3. 简述涉及华侨、港澳台居民收养的条件及程序。

四、论述题

1. 试论少数民族自治地方有关基本原则方面的变通规定。

2. 试论少数民族自治地方有关结婚、离婚的条件和程序方面的变通规定。

五、案例分析题

2016 年 3 月 5 日，内地居民王女与台湾居民张男在北京市民政局登记结婚。次年，王女与张男回台湾定居。王女到台湾后，因性格不合、气候不适等原因，不愿

待在台湾，但张男却不同意来内地。王女返回内地以后，打算在内地提起与张男的诉讼离婚，但王女不知应当如何处理，只好找律师进行咨询。

请问：针对王女遇到的问题，律师应当如何回答？

阅读参考文献

1. 雷明光：《中国少数民族婚姻家庭法律制度研究》，中央民族大学出版社 2009 年版。

2. 陈苇主编：《当代中国内地与港、澳、台婚姻家庭法比较研究》，群众出版社 2012 年版。

3. 陈苇主编：《婚姻家庭继承法学》，群众出版社 2017 年版。

4. 陈苇主编：《婚姻家庭继承法学案例教程》，群众出版社 2017 年版。

第十八章

涉外婚姻、涉外收养与涉外继承

✥学习的内容和重点

通过本章的学习，要求学生把握涉外婚姻、涉外收养与涉外继承等基本概念，了解涉外结婚、涉外收养的条件和程序及涉外离婚的方式与程序，重点掌握涉外结婚、涉外离婚及涉外继承的法律适用。

导入案例

2011 年 1 月，德国商人安德里来我国某市经商，他与该市女子张惠结识，于2012 年 5 月结婚并定居在该市。2013 年 10 月，夫妻两人生有一个女儿，取的中文姓名为张晓晓。2015 年 7 月 20 日，安德里因车祸不幸去世，其父母从德国赶到该市为安德里办理丧事后，因继承问题与张惠发生纠纷。张惠认为，按德国法律规定，第一顺序继承人只包括被继承人的配偶和子女，不包括被继承人的父母。所以，安德里的全部遗产应由张惠、张晓晓两人继承，其父母无权继承。安德里的父母却认为，安德里死亡时住所地在中国，应按中国法律处理遗产继承。按照中国法律的规定，被继承人的配偶、子女、父母同为第一顺序继承人，应当共同继承安德里的遗产。双方为此无法达成一致意见。2016 年 5 月，安德里的父母向该市某区人民法院提起诉讼。张惠得知此事后，认为由中国法院审理此案会对自己及其女儿不利，于是便向安德里原住所地的德国某地法院提起诉讼。据查，安德里死亡时主要遗产均在我国该市，包括婚姻生活的住房一套和 90 多万元的存款，此外，在德国某地还有少量存款和一些动产。

请问：本案被继承人的遗产原则上应当如何处理？为什么？

在涉外婚姻、收养及继承中，因为其主体或地域等具有涉外因素，需要通过冲突法规范来解决相应的法律适用问题。为了维护国家主权及我国公民的基本权利，根据平等互利等原则，我国法律对涉外婚姻、收养及继承进行了相应的规定。

第一节　涉外婚姻

一、涉外婚姻的概念和特征

涉外婚姻的概念有广义和狭义之分，不同的涉外婚姻，其特征及法律适用不同。我国相关法律规定的是狭义的涉外婚姻。

（一）广义的涉外婚姻及其特征

广义的涉外婚姻，是指不同国籍的公民或同一国籍的公民在本国以外的国家办理的结婚、复婚或离婚，其特征包括：①婚姻主体涉外。涉外婚姻的当事人往往涉及不同的国家或地区，或者当事人虽然来自同一国家，但在他国办理结婚、复婚或离婚手续。②地域涉外。涉外婚姻的主体来自不同国家或地区，或虽然来自同一国家或地区，但在他国办理婚姻的相关手续。③法律适用涉外。因涉外婚姻的主体和地域包含涉外因素，而该婚姻的效力需要得到婚姻当事人双方所在国法律的认可，因此涉外婚姻的法律适用不同于国内法的适用，往往通过国际私法中的冲突规范或婚姻当事人所在国缔结的国际公约的相关规定处理。[1]

（二）狭义的涉外婚姻及其特征

狭义的涉外婚姻，是指中国公民同外国人或外国人与外国人在中国境内办理的结婚、复婚或离婚，其特征包括：①婚姻当事人一方或双方为外国人。即婚姻当事人一方为中国人，另一方为外国人，或者婚姻双方都是外国人在中国办理婚姻手续。②婚姻事项在我国办理。即中国人与外国人或双方都是外国人在我国办理的婚姻事项。③适用我国法律。

改革开放以来，我国涉外婚姻逐年增多，为了适应调整涉外婚姻的要求，我国民政部于 1983 年 8 月 26 日颁布了《中国公民同外国人办理婚姻登记的几项规定》。[2] 此后，我国 1986 年《民法通则》、1991 年《民事诉讼法》、2003 年《婚姻登记条例》以及 2010 年 10 月通过并于 2011 年 4 月 1 日施行的《涉外民事关系法律适用法》都对涉外婚姻进行了相关规定。这些法律，为处理涉外婚姻提供了法律依据。

二、涉外结婚

（一）涉外结婚的条件

我国《涉外民事关系法律适用法》第 21 条规定："结婚条件，适用当事人共同

---

〔1〕 参见陈苇主编：《婚姻家庭继承法学》，群众出版社 2012 年版，第 411～412 页。
〔2〕 1983 年 8 月 17 日国务院批准，同年 8 月 26 日民政部颁布的《中国公民同外国人办理婚姻登记的几项规定》（民〔1983〕民94号）已于 2008 年 1 月 15 日被《国务院关于废止部分行政法规的决定》废止。

经常居所地法律；没有共同经常居所地的，适用共同国籍国法律；没有共同国籍，在一方当事人经常居所地或者国籍国缔结婚姻的，适用婚姻缔结地法律。"

（二）涉外结婚的程序

我国《涉外民事关系法律适用法》第 22 条规定："结婚手续，符合婚姻缔结地法律、一方当事人经常居所地法律或者国籍国法律的，均为有效。"根据我国 2003 年《婚姻登记条例》的规定，中国公民同外国人在中国结婚，应当到中国公民一方户籍所在地的省、自治区、直辖市人民政府民政部门或者省、自治区、直辖市人民政府民政部门确定的机关申请登记。其程序分为申请、审查及登记。

1. 申请。结婚的男女双方必须亲自到婚姻登记机关申请结婚登记。根据 2003 年《婚姻登记条例》第 5 条的规定，申请结婚时，双方必须提交法律规定的证件和证明。

（1）中国内地公民应提交的证件、证明包括：本人身份证和户口簿；本人无配偶以及与对方没有直系血亲和三代以内的旁系血亲关系的签字声明。

（2）外国人应当出具的证件和证明材料包括：本人的有效护照或者其他有效的国际旅行证件；本人无配偶的证明。办理结婚登记的外国人提交的本人无配偶的证明应当由该外国人所在国公证机构或者有权机关出具、经中华人民共和国驻该国使（领）馆认证或者该国驻华使（领）馆认证，或者由所在国驻华使（领）馆出具。与中国无外交关系的国家出具的有关证明，应当经与该国及中国均有外交关系的第三国驻该国使（领）馆和中国驻第三国使（领）馆认证，或者经第三国驻华使（领）馆认证。

（3）关于双方均非内地居民的结婚申请问题。根据 2004 年《民政部关于贯彻执行〈婚姻登记条例〉若干问题的意见》第 8 条的规定，双方均非内地居民的结婚登记问题应按照如下要求办理：①双方均为外国人，要求在内地办理结婚登记的，如果当事人能够出具《婚姻登记条例》规定的相应证件和证明材料以及当事人本国承认其居民在国外办理结婚登记效力的证明，当事人工作或生活所在地具有办理涉外婚姻登记权限的登记机关应予受理。②一方为外国人、另一方为港澳台居民或华侨，或者双方均为港澳台居民或华侨，要求在内地办理结婚登记的，如果当事人能够出具《婚姻登记条例》规定的相应证件和证明材料，当事人工作或生活所在地具有相应办理婚姻登记权限的登记机关应予受理。③一方为出国人员、另一方为外国人或港澳台居民，或双方均为出国人员，要求在内地办理结婚登记的，如果当事人能够出具《婚姻登记条例》规定的相应证件和证明材料，出国人员出国前户口所在地具有相应办理婚姻登记权限的登记机关应予受理。

2. 审查。根据《婚姻登记条例》第 7 条的规定，婚姻登记机关应当对结婚登记当事人出具的证件、证明材料进行审查并询问相关情况。

3. 登记。经过审查，当事人符合结婚条件的，应当当场予以登记，发给结婚证。如果证件、证明不齐或双方不符合结婚条件的，不予登记，发给双方当事人《不予办理结婚登记通知单》，并说明不予登记的理由。有争议的，当事人可以向本级人民政府或上级主管部门提出行政复议申请。

三、涉外离婚

（一）涉外登记离婚

我国《涉外民事关系法律适用法》第 26 条规定："协议离婚，当事人可以协议选择适用一方当事人经常居所地法律或者国籍国法律。当事人没有选择的，适用共同经常居所地法律；没有共同经常居所地的，适用共同国籍国法律；没有共同国籍的，适用办理离婚手续机构所在地法律。"根据我国《婚姻登记条例》的规定，中国公民同外国人自愿在中国办理离婚登记的，双方应亲自到中国公民常住户口所在地的省、自治区、直辖市人民政府民政部门或者省、自治区、直辖市人民政府民政部门指定的婚姻登记机关。如果外国人与外国人之间的结婚登记在中国内地办理的，到外国人一方工作或生活地的省、自治区、直辖市人民政府民政部门或者省、自治区、直辖市人民政府民政部门指定的机关申请离婚登记。

《婚姻登记条例》第 11 条规定，申请离婚时，双方应出具必要的证件和证明：中国公民应当出具本人的户口簿、身份证；本人的结婚证；双方当事人共同签署的离婚协议书。外国人除应当出具本人结婚证和双方签订的离婚协议书外，还应当出具本人的有效护照或其他有效国际旅行证件。

《婚姻登记条例》第 12 条规定，婚姻登记机关不予受理离婚登记的情况包括：未达成协议的；属于无民事行为能力人或者限制民事行为能力人的；其结婚登记不是在中国内地办理的。

依据《婚姻登记条例》第 13 条的规定，婚姻登记机关应当对离婚登记当事人出具的证件、证明材料进行审查并询问相关情况。对当事人确属自愿离婚，并已对子女抚养、财产、债务等问题达成一致处理意见的，应当当场予以登记，发给离婚证。双方当事人的婚姻关系即行终止。对不予登记的，发给《不予办理离婚登记通知单》并说明不予登记的理由。当事人对此有异议的，根据《行政复议法》第 6 条第 8 项及第 12 条的规定，可向本级人民政府或上一级主管部门申请行政复议。

（二）涉外诉讼离婚

我国《涉外民事关系法律适用法》第 27 条规定："诉讼离婚，适用法院地法律。"因此，如果在我国法院起诉离婚，应当适用我国法律。具体而言，涉外诉讼离婚主要涉及下列问题：

1. 涉外诉讼离婚案件的管辖。中国公民同外国人或居住在中国的外国人双方自愿离婚，但不符合登记离婚条件的，或双方虽自愿离婚但不能就相关事项达成一致意见的，或一方要求离婚、另一方不同意离婚的，应通过诉讼方式离婚。离婚诉讼案件的管辖应以方便诉讼的原则进行。

关于法院对涉外离婚案件的管辖权，根据现行《民事诉讼法》第 21、22 条的明确规定，要求离婚的涉外婚姻当事人应向居住在我国的被告住所地或经常居住地法院起诉，如果被告居住在国外时，由居住在中国的原告向其本人住所地或经常居住地法院起诉。

2014 年《民事诉讼法解释》第 533 条规定，中华人民共和国法院和外国法院都有管辖权的案件，一方当事人向外国法院起诉，而另一方当事人向中华人民共和国法院起诉的，人民法院可予受理。判决后，外国法院申请或者当事人请求人民法院承认和执行外国法院对本案作出的判决、裁定的，不予准许；但双方共同缔结或者参加的国际条约另有规定的除外。外国法院判决、裁定已经被人民法院承认，当事人就同一争议向人民法院起诉的，人民法院不予受理。

2. 涉外离婚案件的代理。根据现行《民事诉讼法》第 263、264 条的规定，外国人、无国籍人、外国企业和组织在人民法院起诉、应诉，需要委托律师代理诉讼的，必须委托中华人民共和国的律师。在中华人民共和国领域内没有住所的外国人、无国籍人、外国企业和组织委托中华人民共和国律师或者其他人代理诉讼，从中华人民共和国领域外寄交或者托交的授权委托书，应当经所在国公证机关证明，并经中华人民共和国驻该国使领馆认证，或者履行中华人民共和国与该所在国订立的有关条约中规定的证明手续后，才具有效力。2014 年《民事诉讼法解释》第 526 条规定，外国人、外国企业或者组织的代表人在中华人民共和国境内签署授权委托书，委托代理人进行民事诉讼，经中华人民共和国公证机构公证的，人民法院应予认可。2014 年《民事诉讼法解释》第 528 条规定，涉外民事诉讼中的外籍当事人，可以委托本国人为诉讼代理人，也可以委托本国律师以非律师身份担任诉讼代理人；外国驻华使领馆官员，受本国公民的委托，可以以个人名义担任诉讼代理人，但在诉讼中不享有外交或者领事特权和豁免。

3. 涉外离婚案件的判决、生效与执行。人民法院处理涉外离婚案件，按我国现行《民事诉讼法》第 93 条的规定精神，应先进行调解，调解无效，夫妻感情破裂的，根据我国现行《婚姻法》第 32 条规定的离婚条件进行判决。在离婚财产分割、离婚经济帮助、离婚后子女的抚养及抚养费的分担、离婚损害赔偿、离婚经济补偿等方面，适用我国现行《婚姻法》有关规定进行判决。

居住在中国领域内的中国公民或外国人，不服一审判决的，自收到判决之日起 15 日内向上级人民法院提出上诉。在中国领域内没有住所的当事人，不服一审人民法院判决的，有权在判决书送达之日起 30 日内提起上诉。当事人不能在法定期间提起上诉，申请延期的，是否准许，由人民法院决定。

我国现行《民事诉讼法》第 280 条第 1 款规定："人民法院作出的发生法律效力的判决、裁定，如果被执行人或者其财产不在中华人民共和国领域内，当事人请求执行的，可以由当事人直接向有管辖权的外国法院申请承认和执行，也可以由人民法院依照中华人民共和国缔结或者参加的国际条约的规定，或者按照互惠原则，请求外国法院承认和执行。"鉴于我国当前与有些国家尚未签订司法协助条约，离婚后由外国人一方支付的相关扶养费及分割的财产等，宜一次性给付，以防止执行中的困难。给付有困难的，可要求对方提供担保。到期不履行的，由担保人先行给付。

四、涉外复婚

中国公民与外国人离婚后，双方自愿恢复婚姻关系的，所需证件和证明以及复婚的程序与涉外结婚相同。

第二节　涉外收养

一、涉外收养概述

（一）涉外收养的概念及相关立法

涉外收养包括中国公民收养外国子女及外国人收养中国公民的子女。我国《收养法》规定的收养是从狭义角度规定的，即规定外国人对中国公民子女的收养。我国 1998 年修正后的《收养法》第 21 条规定："外国人依照本法可以在中华人民共和国收养子女。外国人在中华人民共和国收养子女，应当经其所在国主管机关依照该国法律审查同意……"为进一步规范涉外收养登记行为，经国务院批准，民政部于 1999 年 5 月 25 日颁布了《涉外收养办法》，对涉外收养的程序进行了规定。因此，外国人收养中国公民的子女应重叠适用法律，既要遵守我国《收养法》及相关法律的规定，也不得违背收养人所在国有关收养的法律。

（二）涉外收养应提交的相关证明

1. 收养人应提供的收养证明。根据 1999 年《涉外收养办法》第 4 条规定，外国收养人在中国收养子女，必须提供收养申请书、家庭情况报告和证明，这些证明必须由外国人所在国有权机构出具，经其所在国外交机关或外交机关授权的机构认证，并经我国驻该国使（领）馆认证方为有效。这些证明材料具体包括：跨国收养申请书；出生证明；婚姻状况证明；职业、经济收入和财产状况证明；身体健康检查证明；有无受过刑事处罚的证明；收养人所在国主管机关同意其跨国收养子女的证明；家庭情况报告。

外国收养人如果在中国工作或学习，连续居住 1 年以上的，应当提交上述证明中除身体健康检查证明以外的文件，并提交在中国所在单位或有关部门出具的婚姻状况证明，职业、经济收入或财产状况证明，有无受过刑事处罚和县级以上医疗机构出具的身体健康检查证明。

2. 送养人应提供的证明。根据 1999 年《涉外收养办法》第 5 条规定，中国送养人应向户籍所在地的省、自治区、直辖市人民政府民政部门提交本人户口簿和居民身份证（社会福利机构作送养人的，提交其负责人的身份证件）、被收养人户籍证明。此外，按送养人的不同情况，分别送交下列证明：

（1）被收养人的生父母为送养人。被收养人的生父母（包括离婚的生父母、没有婚姻关系的生父母）应提供的证明包括：①生父母有特殊困难，无力抚养其子女的证明；②父母双方同意送养子女的书面意见。其中，被收养人的生父或生母一方死亡或下落不明的，由单方送养，还须提供死亡或下落不明一方的父母不行使优先抚养权的书面声明。

（2）监护人作送养人。被收养人的父母均不具备完全民事行为能力，由被收养人的监护人（祖父母、外祖父母或成年兄、姐等）作送养人的，应提供：①被收养人父母不具备完全民事行为能力且对被收养人有严重危害的证明；②监护人有监护权的证明。

被收养人的父母均已死亡的，监护人应提供：①被收养人的生父母死亡证明；②监护人实际承担监护责任的证明；③其他对被收养人有抚养义务的人同意送养的书面意见。

（3）社会福利机构作送养人。如果被收养人是弃婴、弃儿的，应提交：①弃婴、儿童被遗弃和发现情况证明；②查找其生父母或监护人的情况证明。

如果被收养人是孤儿的，应提交：①孤儿父母死亡（包括宣告死亡）的证明；②有抚养孤儿义务的其他人同意送养的书面意见。

送养残疾儿童的，还应提交县级以上医疗机构出具的该儿童的残疾证明。

根据 1999 年《涉外收养办法》第 6 条的规定，省、自治区、直辖市人民政府民政部门应当对送养人提交的证件和证明材料进行审查，对查找不到生父母的弃婴和儿童公告查找其生父母；认为被收养人、送养人符合收养法规定条件的，将符合收养法规定的被收养人、送养人名单通知中国收养组织，同时转交下列证件和证明材料：①送养人的居民户口簿和居民身份证（社会福利机构作送养人的，为其负责人的身份证件）复制件；②被收养人是弃婴或者孤儿的证明、户籍证明、成长情况报告和身体健康检查证明的复制件及照片。省、自治区、直辖市人民政府民政部门查找弃婴或者儿童生父母的公告应当在省级地方报纸上刊登。自公告刊登之日起满 60 日，弃婴和儿童的生父母或者其他监护人未认领的，视为查找不到生父母的弃婴和儿童。

二、涉外收养的条件及程序

（一）涉外收养的条件

我国《涉外民事关系法律适用法》第 28 条规定："收养的条件和手续，适用收养人和被收养人经常居所地法律。收养的效力，适用收养时收养人经常居所地法律。收养关系的解除，适用收养时被收养人经常居所地法律或者法院地法律。"因此，外国人在中国收养子女的条件既要适用收养人经常居所地法律，又要适用我国《收养法》的规定。

（二）涉外收养的程序

根据我国《涉外民事关系法律适用法》第 28 条的规定，外国人在中国收养子女的程序既要适用收养人经常居所地法律，又要适用我国《收养法》的规定。根据我国 1999 年《涉外收养办法》的规定，外国人在中国收养子女，不允许直接与送养人办理收养手续，必须经两国的收养组织办理。外国人在中华人民共和国收养子女，应当经其所在国主管机关依照法律审查同意。而且外国人在中国收养子女必须签订收养协议。外国人收养中国子女应遵循的程序如下：

1. 收养申请。外国人在中国收养子女的，应当通过所在国政府或其委托的收养组织向中国政府委托的收养组织转交收养申请，并提交1999年《涉外收养办法》第4条规定的收养人的家庭情况报告和证明。

2. 确定收养对象。根据1999年《涉外收养办法》第7条的规定，中国收养组织对外国收养人的收养申请和有关证明进行审查后，应当在省、自治区、直辖市人民政府民政部门报送的符合收养法规定条件的被收养人中，参照外国收养人的意愿，选择适当的被收养人，并将该被收养人及其送养人的有关情况通过外国政府或者外国收养组织送交外国收养人。外国收养人同意收养的，中国收养组织向其发出来华收养子女通知书，同时通知有关的省、自治区、直辖市人民政府民政部门向送养人发出被收养人已被同意收养的通知。

3. 签订收养协议。依据1999年《涉外收养办法》第9条规定，外国人来华收养子女，应当与送养人订立书面收养协议。协议一式三份，收养人、送养人各执一份，办理收养登记手续时收养登记机关收存一份。书面协议订立后，收养关系当事人应当共同到被收养人常住户口所在地的省、自治区、直辖市人民政府民政部门办理收养登记。

4. 办理收养登记。外国人来华收养子女，应当亲自来华办理登记手续。夫妻共同收养的，应当共同来华办理收养手续；一方因故不能来华的，应当书面委托另一方。委托书应当经所在国公证和认证。涉外收养登记的机关，是被收养人户籍所在地的省、自治区、直辖市民政部门。

收养登记的程序与国内收养一样，包括收养申请、审查和登记。收养关系当事人办理收养登记时，应当填写外国人来华收养子女登记申请书并提交收养协议，同时提供下列材料：中国收养组织发出的来华收养子女通知书；收养人的身份证件和照片。送养人应当提供下列材料：省、自治区、直辖市人民政府民政部门发出的被收养人已被同意收养的通知；送养人的居民户口簿和居民身份证（社会福利机构作送养人的，为其负责人的身份证件）、被收养人的照片。

收到外国人来华收养子女登记申请书和收养人、被收养人及其送养人的有关材料后，收养登记机关应当自次日起7日内进行审查，对符合1999年《涉外收养办法》第10条规定的，为当事人办理收养登记，发给收养登记证书。收养关系自登记之日起成立。收养登记机关应当将登记结果通知中国收养组织。

收养关系当事人办理收养登记后，各方或者一方要求办理收养公证的，应当到收养登记地的具有办理涉外公证资格的公证机构办理收养公证。收养成立后，外国收养人如果将被收养人带回本国抚养的，外国收养人必须凭收养证及相关证明到收养登记地的公安机关办理被收养人的出境手续。

第三节　涉外继承

一、涉外继承的概念和特征

涉外继承是继承法律关系的要素或与继承相关的法律事实中，存在至少一项涉外因素情形下的继承。涉外继承涉及的涉外因素主要包括：继承主体涉外，如继承人或被继承人涉及外国人；继承客体具有涉外因素，即遗产的一部分或全部在国外；继承法律事实具备涉外因素，如被继承人的死亡，或遗嘱的订立发生在国外。只要上述因素中至少一项具有涉外因素，就构成涉外继承。

涉外继承的法律特征如下：①涉外继承中至少存在一项涉外因素。即继承的主体、继承法律关系的客体或继承法律事实的发生中至少有一项涉外。②涉外继承解决的是法律冲突问题。涉外继承是根据国际私法的冲突规范解决继承问题。也就是说，由于各国的国内法对继承问题的规定存在较大的差异，不同国家的国内法规定不可能一致，在发生涉外继承的情况时，需要通过国际私法中的冲突规范援引某国的国内法以作为准据法处理涉外继承问题。③涉外继承纠纷案件实行专属管辖。许多国家从保护本国继承人利益或便于诉讼等原因，规定遗产继承纠纷案件实行专属管辖。我国《民事诉讼法》第33条第3项规定，人民法院对遗产继承实行专属管辖权，即因继承遗产纠纷提起的诉讼，由被继承人死亡时住所地或者主要遗产所在地人民法院管辖。

我国有关涉外继承的法律规定主要有《继承法》《执行继承法意见》《民法通则》《民事诉讼法》《民事诉讼法解释》《涉外民事关系法律适用法》及1954年9月28日外交部、最高人民法院颁布的"外人在华遗产继承问题处理原则"的指示等。

二、我国涉外继承的管辖

我国现行《民事诉讼法》第33条规定，因继承遗产纠纷提起的诉讼，由被继承人死亡时住所地或者主要遗产所在地人民法院管辖。该法第18条规定，重大涉外案件由中级人民法院管辖。根据2014年《民事诉讼法解释》第531条的规定，属于中华人民共和国人民法院专属管辖的案件，当事人不得协议选择其他国家法院管辖，但协议选择仲裁裁决的除外。根据以上规定，我国法院对涉外继承案件享有专属管辖权，当事人不得用协议变更该专属管辖权，也不得以协议选择其他国家的法院管辖。

三、涉外法定继承

我国《涉外民事关系法律适用法》第31条规定："法定继承，适用被继承人死亡时经常居所地法律，但不动产法定继承，适用不动产所在地法律。"

外国继承人到我国境内主张继承的，应持交亲属关系证明书和继承权证明书。如果外国继承人不能亲自来华办理继承事项的，可以委托在华亲友或律师代为办理。

委托书包括受托人的姓名、住址、委托权限等。委托书必须办理公证、认证方为有效。

四、涉外遗嘱继承

根据我国《涉外民事关系法律适用法》第32、33条的规定，遗嘱方式，符合遗嘱人立遗嘱时或者死亡时经常居所地法律、国籍国法律或者遗嘱行为地法律的，遗嘱均为成立。遗嘱效力，适用遗嘱人立遗嘱时或者死亡时经常居所地法律或者国籍国法律。遗产管理等事项，适用遗产所在地法律。无人继承遗产的归属，适用被继承人死亡时遗产所在地法律。此外，1954年发布的《外交部、最高人民法院颁布"外人在华遗产继承问题处理原则"的指示》要求外国人在华所立遗嘱，在继承开始前，应经我法院认证。外国人在国外所立遗嘱，如系建交国人所立，在继承开始前，应经我驻外使领馆或国内外事机构认证。如系未建交国人所立，在继承开始前，应转经我驻建交国家使领馆或国内外事机构认证。

最后，必须注意的是，外国人在华遗产中的动产，原则上可以继承。但继承人在取得遗产后，如果遗产中有被国家禁止出境物，其不得被携带出境。[1]

导入案例之要点评析

1. 本案的管辖权。我国现行《民事诉讼法》第33条规定："下列案件，由本条规定的人民法院专属管辖：①因不动产纠纷提起的诉讼，由不动产所在地人民法院管辖；……③因继承遗产纠纷提起的诉讼，由被继承人死亡时住所地或者主要遗产所在地人民法院管辖。"本案中，虽然安德里的父母向我国某市某区人民法院提起诉讼，张惠向德国法院提起诉讼，但由于该案属于专属管辖，所以我国法院有权受理该案。并且，该市是被继承人死亡时的住所地和主要遗产所在地，所以该市某区人民法院对此案享有专属管辖权。

2. 本案的准据法。我国《涉外民事关系法律适用法》第31条规定："法定继承，

---

[1] 根据我国文化部《文物进出境审核管理办法》（2007年7月13日施行）第8条的规定，下列文物出境，应当经过审核：①1949年（含）以前的各类艺术品、工艺美术品；②1949年（含）以前的手稿、文献资料和图书资料；③1949年（含）以前的与各民族社会制度、社会生产、社会生活有关的实物；④1949年以后的与重大事件或著名人物有关的代表性实物；⑤1949年以后的反映各民族生产活动、生活习俗、文化艺术和宗教信仰的代表性实物；⑥国家文物局公布限制出境的已故现代著名书画家、工艺美术家作品；⑦古猿化石、古人类化石，以及与人类活动有关的第四纪古脊椎动物化石。国家文物局《文物出境审核标准》（2007年6月5日公布实施）规定，凡在1949年以前（含1949年）生产、制作的具有一定历史、艺术、科学价值的文物，原则上禁止出境。其中，1911年以前（含1911年）生产、制作的文物一律禁止出境。少数民族文物以1966年为主要标准线。凡在1966年以前（含1966年）生产、制作的有代表性的少数民族文物禁止出境。国务院《国家货币出入境管理办法》（1993年3月1日施行）规定，外国人入出境，每人每次携带的人民币不得超出限额。

适用被继承人死亡时经常居所地法律，但不动产法定继承，适用不动产所在地法律。"

本案被继承人死亡时经常居所地为中国某市，不动产也在中国某市，所以应按照中国的法律来处理遗产继承。由于安德里未立遗嘱，应按法定继承处理其遗产。即安德里的父母、配偶张惠及女儿张晓晓四人同为第一顺序法定继承人。对于不动产，根据不动产"适用不动产所在地法"的规定，对于被继承人位于中国某市的不动产，应当适用我国《继承法》。即对本案被继承人的遗产，应按我国《继承法》有关法定继承时遗产分割原则的规定，处理动产和不动产的继承和遗产分割问题。

思考题

一、选择题

（一）单项选择题

1. 根据我国关于外国人在华收养子女的法律规定，下列哪一选项是错误的？（　　）

A. 外国人在华收养子女，应经其所在国主管机关依照该国法律审查同意

B. 外国收养人应提供由其所在国有权机构出具的有关收养人的年龄、婚姻、职业、财产、健康、有无受过刑事处罚等状况的证明材料

C. 前项证明材料须经该外国人所在国的外交机关或该外交机关授权的机构认证

D. 前项证明材料须经中国驻该外国使馆认证

2. 下列有关涉外结婚的说法错误的是（　　）。

A. 涉外结婚的登记机关是中国公民一方户籍所在地的省、自治区、直辖市人民政府民政部门或者省、自治区、直辖市人民政府民政部门确定的机关

B. 涉外结婚的登记程序分为申请、审查和登记三个环节

C. 中国公民同外国人或外国人与外国人在我国境内申请结婚登记，可以适用共同经常居所地法律

D. 涉外结婚不得当场登记

（二）多项选择题

1. 定居甲国的华侨王某与李某在甲国结婚并共同居住在甲国，后王某在甲国起诉与李某离婚时被该国法院以当事人均具有中国国籍为由拒绝受理。王某转而在我国法院诉请离婚。根据我国现行司法解释，有关此案的管辖与适用法律，下列哪些选项是正确的？（　　）

A. 王某原住所地法院有管辖权

B. 因两人定居国外且在国外结婚，我国法院不应受理

C. 李某在国内的最后住所地法院有管辖权

D. 如中国法院管辖，认定其婚姻是否有效应适用甲国法律

2. 王某系已取得美国国籍且在纽约州有住所的华人，1996 年 2 月回中国探亲期

间病故于上海，未留遗嘱。王某在上海遗有 1 栋别墅和 200 万人民币的存款，在美国纽约遗有 1 套公寓房、2 家商店、3 辆汽车、若干存款。王某在纽约没有亲属，其在上海的亲属因继承王某遗产发生争议，诉至上海某区人民法院。根据国际私法规则，我国法院应适用下列哪些法律审理这一案件？（　　）

A. 在纽约的财产适用纽约州的法律

B. 在上海的财产适用中国的法律

C. 遗产中的动产适用纽约州的法律

D. 遗产中的不动产适用不动产所在地法律

二、判断分析题

1. 涉外婚姻指婚姻当事人一方为本国公民，他方为外国人或无国籍人的婚姻。

2. 外国人在中国收养儿童，不允许直接到中国选择收养对象。

三、简答题

1. 简述涉外结婚的条件。

2. 简述涉外离婚的程序。

3. 简述涉外收养的程序。

四、论述题

1. 试论涉外离婚案件的处理。

2. 试论涉外继承的法律适用。

五、案例分析题

藤井先生和夫人美智子是一对日本夫妇，多年来在我国某省某市某大学从事外教工作。早年因忙于工作，藤井先生和夫人美智子一直未生育孩子。2008 年，四川"5·12"大地震发生后，这对日本夫妇对大地震灾情极度关注，非常关心灾区儿童，多次为灾区捐款，并产生了想领养一名在地震中失去亲人的孤儿的想法。于是，藤井先生和夫人美智子向灾区民政部门表达了自己想要收养一名中国灾区女婴的强烈愿望，并递交了收养地震灾区孤儿的申请。但民政部门的负责同志告诉藤井先生及其夫人美智子，外国人在中国收养子女必须符合法律规定的条件，并按法定程序办理收养手续，不能直接在中国收养中国子女。

请问：本案当事人为外国人，其收养中国儿童应符合哪些条件和履行哪些程序？

📖 阅读参考文献

1. 巫昌祯主编：《婚姻与继承法学》，中国政法大学出版社 2007 年版。

2. 王丽萍主编：《婚姻家庭继承法学》，北京大学出版社 2004 年版。

3. 宋豫主编：《国家干预与家庭自治：现代家庭立法发展方向研究》，河南人民出版社 2011 年版。

4. 陈苇主编：《婚姻家庭继承法学案例教程》，群众出版社 2017 年版。

主要参考文献

一、中文教材、著作

1. 法学教材编辑部《婚姻法教程》编写组：《婚姻法教程》，法律出版社 1982 年版。
2. 法学教材编辑部《婚姻法教程》编写组：《婚姻立法资料选编》，法律出版社 1983 年版。
3. 陶毅、明欣：《中国婚姻家庭制度史》，东方出版社 1994 年版。
4. 杨大文主编：《婚姻法教程》，法律出版社 1986 年版。
5. 李忠芳主编：《婚姻法学》，辽宁人民出版社 1989 年版。
6. 杨怀英主编：《中国婚姻法论》，重庆出版社 1989 年版。
7. 巫昌祯主编：《婚姻与继承法学》，中国政法大学出版社 1997 年版。
8. 胡平主编：《婚姻家庭继承法论》，重庆大学出版社 2000 年版。
9. 杨大文主编：《婚姻家庭法学》，复旦大学出版社 2002 年版。
10. 夏吟兰主编：《婚姻家庭继承法》，中国政法大学出版社 2004 年版。
11. 陈苇主编：《婚姻家庭继承法学》，群众出版社 2005 年版。
12. 刘达临、鲁龙光主编：《中国同性恋研究》，中国社会出版社 2005 年版。
13. 史尚宽：《亲属法论》，荣泰印书馆股份有限公司 1980 年版。
14. 陈苇：《中国婚姻家庭法立法研究》，群众出版社 2000 年版。
15. 夏吟兰主编：《婚姻家庭与继承法学原理》，中国政法大学出版社 1999 年版。
16. 杨大文主编：《亲属法》，法律出版社 1997 年版。
17. 陈小君主编：《婚姻家庭法学》，中国检察出版社 1995 年版。
18. 潘绥铭、王爱丽、［美］白维廉、［美］劳曼：《当代中国人的性行为与性关系》，社会科学文献出版社 2004 年版。
19. 张希坡：《中国婚姻立法史》，人民出版社 2004 年版。
20. 杨大文主编：《婚姻法学》，北京大学出版社 1991 年版。
21. 杨大文主编：《亲属法》，法律出版社 2004 年版。
22. 陈戌国点校：《周礼·仪礼·礼记》，岳麓书社 1989 年版。
23. 杨大文、马忆南主编：《婚姻家庭法学》，朝华出版社 2004 年版。
24. 巫昌祯主编：《中华人民共和国婚姻法讲话》，中央文献出版社 2001 年版。
25. 陈苇：《中国婚姻家庭法立法研究》，群众出版社 2010 年版。
26. 张贤钰主编：《婚姻家庭继承法》，法律出版社 1999 年版。

27. 巫昌桢：《我与婚姻法》，法律出版社 2001 年版。

28. 马忆南：《婚姻家庭法新论》，北京大学出版社 2002 年版。

29. 戴炎辉：《中国法制史》，台湾三民书局 2000 年版。

30. 李忠芳：《两性法律的源与流》，群众出版社 2002 年版。

31. 夏吟兰主编：《民法学卷五·婚姻家庭继承法》，中国政法大学出版社 2009 年版。

32. 陈苇主编：《改革开放三十年（1978～2008）中国婚姻家庭继承法研究之回顾与展望》，中国政法大学出版社 2010 年版。

33. 房绍坤、范李瑛、张洪波编：《婚姻家庭与继承法》，中国人民大学出版社 2003 年版。

34. 李秀华：《妇女婚姻家庭法律地位实证研究》，知识产权出版社 2004 年版。

35. 赵文宗、阮陈淑怡、李秀华编：《中国内地、香港婚姻法及调解：比较与实务》，红投资有限公司 2009 年版。

36. 陈苇主编：《家事法研究》（2007 年卷），群众出版社 2008 年版。

37. 陈苇主编：《家事法研究》（2006 年卷），群众出版社 2007 年版。

38. 余延满：《亲属法原论》，法律出版社 2007 年版。

39. 巫昌祯主编：《婚姻与继承法学》，中国政法大学出版社 2007 年版。

40. 陈苇主编：《外国婚姻家庭法比较研究》，群众出版社 2006 年版。

41. 陈苇主编：《结婚与婚姻无效纠纷的处置》，法律出版社 2001 年版。

42. 房绍坤主编：《亲属与继承法》，科学出版社 2006 年版。

43. 李洪祥、吕大可：《婚姻法律制度研究》，长春出版社 2000 年版。

44. 王洪：《婚姻家庭法热点问题研究》，重庆大学出版社 2000 年版。

45. 王歌雅：《中国亲属立法的伦理意蕴与制度延展》，黑龙江大学出版社 2008 年版。

46. 王薇：《非婚同居法律制度比较研究》，人民出版社 2009 年版。

47. 何丽新：《我国非婚同居立法规制研究》，法律出版社 2010 年版。

48. 陈鹏：《中国婚姻史稿》，中华书局 1994 年版。

49. 薛宁兰、金玉珍主编：《亲属与继承法》，社会科学文献出版社 2009 年版。

50. 叶英萍：《婚姻法学新探》，法律出版社 2004 年版。

51. 李志敏主编：《比较家庭法》，北京大学出版社 1988 年版。

52. 陈棋炎、黄宗乐、郭振恭：《民法亲属新论》，台湾三民书局 1995 年版。

53. 全国人大常务委员会法工委研究室编：《中华人民共和国婚姻法实用问答》，中国物价出版社 2001 年版。

54. 马原主编：《新婚姻法条文释义》，人民法院出版社 2002 年版。

55. 蒋月：《婚姻家庭法前沿导论》，科学出版社 2007 年版。

56. 曹诗权主编：《婚姻家庭继承法学》，中国法制出版社 1999 年版。

57. 林秀雄：《夫妻财产制之研究》，中国政法大学出版社 2001 年版。

58. 史尚宽：《亲属法论》，中国政法大学出版社 2000 年版。

59. 裴桦：《夫妻共同财产制研究》，法律出版社 2009 年版。

60. 胡苷用：《婚姻合伙视野下的夫妻共同财产制度研究》，法律出版社 2010 年版。

61. 黄松有主编：《最高人民法院婚姻法司法解释（二）的理解与适用》，人民法院出版社 2004 年版。

62. 夏吟兰等主编：《呵护与守望——庆祝巫昌祯教授八十华诞暨从教五十周年文集》，中国妇女出版社 2008 年版。

63. 陈苇主编：《婚姻家庭继承法学》，法律出版社 2002 年版。

64. 曹诗权：《未成年人监护制度研究》，中国政法大学出版社 2004 年版。

65. 高留志：《扶养制度研究》，法律出版社 2006 年版。

66. 陈棋炎、黄宗乐、郭振恭：《民法亲属新论》，台湾三民书局 2004 年版。

67. 王洪：《从身份到契约》，法律出版社 2009 年版。

68. 吕国强：《生与死：法律探索》，上海社会科学出版社 1991 年版。

69. 杨振山主编：《民商法实务研究》，山西经济出版社 1997 年版。

70. 王丽萍：《亲子法研究》，法律出版社 2004 年版。

71. 孔祥瑞、李黎：《民法典亲属编立法若干问题研究》，中国法制出版社 2005 年版。

72. 李开国：《民法总则研究》，法律出版社 2003 年版。

73. 杨大文、马忆南主编：《婚姻家庭法》，北京大学出版社 2004 年版。

74. 王洪：《婚姻家庭法》，法律出版社 2003 年版。

75. 夏吟兰：《离婚自由与限制论》，中国政法大学出版社 2007 年版。

76. 邓丽：《婚姻法中的个人自由与社会正义》，知识产权出版社 2008 年版。

77. 金眉：《中国亲属法的近现代转型——从〈大清民律草案·亲属编〉到〈中华人民共和国婚姻法〉》，法律出版社 2010 年版。

78. 李俊：《离婚救济制度研究》，法律出版社 2008 年版。

79. 林秀雄：《婚姻家庭法之研究》，中国政法大学出版社 2001 年版。

80. 龙翼飞：《香港家庭法》，河南人民出版社 1997 年版。

81. 张民安主编：《婚姻家庭法》，中山大学出版社 2002 年版。

82. 巫昌祯主编：《婚姻法执行状况调查》，中央文献出版社 2004 年版。

83. 李明舜、林建军主编：《妇女法研究（2008）》，中国社会科学出版社 2008 年版。

84. 陈苇主编：《家事法研究》（2009 年卷），群众出版社 2010 年版。

85. 杨大文主编：《婚姻家庭法》，中国人民大学出版社 2001 年版。

86. 杨立新、秦秀敏主编：《中华人民共和国婚姻法释义与适用》，吉林人民出版社 2001 年版。

87. 孟德花：《别居与离婚制度研究》，中国人民公安大学出版社 2009 年版。

88. 滕蔓、丁慧、刘艺：《离婚纠纷及其后果的处置》，法律出版社 2001 年版。

89. 胡康生主编：《中华人民共和国婚姻法释义》，法律出版社 2001 年版。

90. 夏吟兰：《美国现代婚姻家庭制度》，中国政法大学出版社 1999 年版。

91. 夏吟兰、蒋月、薛宁兰：《21世纪婚姻家庭关系新规制——新婚姻法解说与研究》，中国检察出版社2001年版。

92. 佟柔主编：《继承法教程》，法律出版社1986年版。

93. 刘素萍主编：《继承法》，中国人民大学出版社1988年版。

94. 张玉敏：《继承法律制度研究》，法律出版社1999年版。

95. 陈苇、宋豫主编：《中国大陆与港、澳、台继承法比较研究》，群众出版社2007年版。

96. 史尚宽：《继承法论》，中国政法大学出版社2000年版。

97. 杨立新、朱呈义：《继承法专论》，高等教育出版社2006年版。

98. 郭明瑞、房绍坤编著：《继承法教程》，法律出版社1996年版。

99. 郭明瑞、房绍坤、关涛：《继承法研究》，中国人民大学出版社2003年版。

100. 陈苇主编：《当代中国民众继承习惯调查实证研究》，群众出版社2008年版。

101. 陈棋炎、黄宗乐、郭振恭：《民法继承新论》，三民书局2005年版。

102. 张玉敏主编：《继承制度研究》，成都科技大学出版社1994年版。

103. 张平华、刘耀东：《继承法原理》，中国法制出版社2009年版。

104. 刘春茂主编：《中国民法学·财产继承》，中国人民公安大学出版社1990年版。

105. 张玉敏主编：《继承法教程》，中国政法大学出版社1998年版。

106. 林秀雄：《继承法讲义》，元照出版有限公司2005年版。

107. 房绍坤、范李瑛、张洪波：《婚姻家庭与继承法》，中国人民大学出版社2007年版。

108. 龙翼飞：《比较继承法》，吉林人民出版社1996年版。

109. 郭明瑞、房绍坤：《继承法》，法律出版社2004年版。

110. 周枏：《罗马法原论》，商务印书馆1994年版。

111. 龙斯荣：《罗马法要论》，吉林大学出版社1991年版。

112. 刘文编著：《继承法比较研究》，中国人民公安大学出版社2004年版。

113. 雷明光：《中国少数民族婚姻家庭法律制度研究》，中央民族大学出版社2009年版。

114. 曹贤信：《亲属法的伦理性及其限度研究》，群众出版社2012年版。

115. 黄宇：《婚姻家庭法之女性主义分析》，群众出版社2012年版。

116. 陈苇主编：《当代中国内地与港、澳、台婚姻家庭法比较研究》，群众出版社2012年版。

117. 夏吟兰主编：《家庭暴力防治法制度性建构研究》，中国社会科学出版社2011年版。

118. 秦志远：《基于性别的家庭暴力之民法规制——中国法与美国法之比较》，群众出版社2012年版。

119. 佟丽华主编：《未成年人法学·家庭保护卷》，法律出版社2007年版。

120. 陈苇主编：《婚姻家庭继承法学》，群众出版社 2012 年版。

121. 胡志超：《中国破裂主义离婚法律制度》，法律出版社 2010 年版。

122. 许莉：《〈中华民国民法·亲属〉研究》，法律出版社 2009 年版。

123. 陈思琴：《离婚后亲子关系法律制度研究》，中国社会科学出版社 2011 年版。

124. 冉启玉：《人文主义视阈下的离婚法律制度研究》，群众出版社 2012 年版。

125. 陈苇主编：《外国继承法比较与中国民法典继承编制定研究》，北京大学出版社 2011 年版。

126. 陈苇主编：《21 世纪家庭法与家事司法：实践与变革》，群众出版社 2016 年版。

127. 徐国栋主编：《绿色民法典草案》，社会科学文献出版社 2004 年版。

128. 王利明主编：《中国民法典学者建议稿及立法理由（人格权编·婚姻家庭编·继承编）》，法律出版社 2005 年版。

129. 梁慧星主编：《中国民法典草案建议稿》，法律出版社 2003 年版。

130. 张玉敏主编：《中国继承法立法建议稿及立法理由》，人民出版社 2006 年版。

131. 李秀华、李傲：《性别与法》，中国政法大学出版社 2012 年版。

132. 杨晋玲：《夫妻财产制比较研究》，民族出版社 2004 年版。

133. 张华贵：《夫妻财产关系法研究》，群众出版社 2017 年版。

134. 王森波：《同性婚姻法律问题研究》，中国法制出版社 2012 年版。

135. 高凤仙：《亲属法理论与实务》，五南图书出版股份有限公司 2013 年版。

136. 卢文捷：《夫妻忠实义务制度研究》，中国政法大学出版社 2015 年版。

137. 夏吟兰、薛宁兰主编：《民法典之婚姻家庭编立法研究》，北京大学出版社 2016 年版。

138. 陈苇主编：《我国防治家庭暴力情况实证调查研究——以我国六省市被抽样调查地区防治家庭暴力情况为对象》，群众出版社 2014 年版。

139. 陈苇主编：《中国妇女儿童权益法律保障情况实证调查研究——以我国五省市被抽样调查地区妇女儿童权益法律保障情况为对象》，群众出版社 2017 年版。

140. 曹贤余：《儿童最大利益原则下的亲子法研究》，群众出版社 2015 年版。

141. 司丹：《亲子关系的体系构建与制度延展》，法律出版社 2016 年版。

142. 赖红梅：《亲子鉴定法制化进程之思考》，法律出版社 2013 年版。

143. 姜大伟：《我国夫妻分居法律制度建构研究》，中国政法大学出版社 2015 年版。

144. 来文彬：《家事调解制度研究》，群众出版社 2014 年版。

145. 石雷：《英国现代离婚制度研究》，群众出版社 2015 年版。

146. 魏小军：《遗嘱有效要件研究》，中国法制出版社 2010 年版。

147. 刘文：《继承法律制度研究》，中国政法大学出版社 2016 年版。

148. 房绍坤、郭明瑞、唐广良：《民商法原理（三）》，中国人民大学出版社 1999 年版。

149. 陈苇主编：《中国继承法修改热点难点问题研究》，群众出版社 2013 年版。

150. 石婷：《遗产管理制度研究》，群众出版社 2017 年版。

151. 黎乃忠：《限定继承制度研究》，群众出版社 2017 年版。

二、外文译作

1. ［美］哈里・D. 格劳斯、大卫・D. 梅耶：《美国家庭法精要》，陈苇主持翻译，中国政法大学出版社 2010 年版。

2. ［德］康德："公正的哲学原理"，载法学教材编辑部《西方法律思想史编写组》编：《西方法律思想史资料选编》，北京大学出版社 1983 年版。

3. ［德］黑格尔：《法哲学原理或自然法和国家学纲要》，范扬、张企泰译，商务印书馆 1982 年版。

4. ［美］威廉・杰欧・唐奈、大卫・艾・琼斯：《美国婚姻与婚姻法》，顾培东、杨遂全译，重庆出版社 1986 年版。

5. ［英］伯特兰・罗素：《婚姻革命》，靳建国译，东方出版社 1988 年版。

6. ［英］梅因：《古代法》，沈景一译，商务印书馆 1996 年版。

7. ［意］彼德罗・彭梵得：《罗马法教科书》，黄风译，中国政法大学出版社 1992 年版。

8. ［美］凯特・斯丹德利：《家庭法》，屈广清译，中国政法大学出版社 2004 年版。

9. ［日］利谷信义等：《离婚法社会学》，陈明侠等译，北京大学出版社 1991 年版。

10. 岳云编著：《家庭调解——适用于华人家庭的理论与实践》，芡英丽等译，中国社会科学出版社 2005 年版。

11. ［英］安东尼・W. 丹尼斯、罗伯特・罗森：《结婚与离婚的法经济学分析》，王世贤译，法律出版社 2005 年版。

三、外国法

1. 李浩培、吴传颐、孙鸣岗译：《拿破仑法典》，商务印书馆 1979 年版。

2. 仲联译：《南斯拉夫塞尔维亚社会主义共和国婚姻法》，载任国钧：《外国婚姻家庭法典选编》，北京政法学院民法教研室 1980 年内部印刷。

3. 丁保庆译：《英国离婚改革法》（1969 年），载任国钧、王瑞华选编：《外国婚姻家庭资料选编》（上），中国政法大学民法教研室 1984 年版。

4. 马骧聪译：《苏俄婚姻和家庭法典》，载张贤钰主编：《外国婚姻家庭法资料选编》，复旦大学出版社 1991 年版。

5. 《世界著名法典汉译丛书》编委会编：《汉穆拉比法典》，法律出版社 2000 年版。

6. 罗思荣译：《美国纽约州家庭法》，载张贤钰主编：《外国婚姻家庭法资料选编》，复旦大学出版社 1991 年版。

7. 《加拿大安大略省家庭法》，载陈苇主编：《加拿大家庭法汇编》，群众出版社 2006 年版。

8. 蒋月等译：《英国婚姻家庭制定法选集》，法律出版社 2008 年版。

9. 陈苇（项目负责人）：《澳大利亚家庭法》，群众出版社 2009 年版。

10. 杜景林、卢谌：《德国民法典——全条文注释》（下册），中国政法大学出版社 2015 年版。

11. 于海涌、赵希璇译：《瑞士民法典》，法律出版社 2016 年版。

12. 王爱群译：《日本民法典》，法律出版社 2014 年版。

13. 陈卫佐译注：《德国民法典》，法律出版社 2010 年版。

14. 罗结珍译：《法国民法典》，北京大学出版社 2010 年版。

15. 费安玲等译：《意大利民法典》，中国政法大学出版社 2004 年版。

16. 鄢一美译：《俄罗斯联邦家庭法典》，载中国法学会婚姻法学研究会编：《外国婚姻家庭法汇编》，群众出版社 2000 年版。

17. 渠涛编译：《最新日本民法》，法律出版社 2006 年版。

图书在版编目（ＣＩＰ）数据

婚姻家庭继承法学/陈苇主编.—3版.—北京：中国政法大学出版社，2018.2
ISBN 978-7-5620-7958-3

Ⅰ. ①婚…　Ⅱ. ①陈…　Ⅲ. ①婚姻法—法的理论—中国②继承法—法的理论—中国
Ⅳ. ①D923.01

中国版本图书馆CIP数据核字(2018)第023738号

出　版　者	中国政法大学出版社
地　　　址	北京市海淀区西土城路25号
邮　　　箱	fadapress@163.com
网　　　址	http://www.cuplpress.com（网络实名：中国政法大学出版社）
电　　　话	010-58908435(第一编辑部)　58908334(邮购部)
承　　　印	保定市中画美凯印刷有限公司
开　　　本	720mm×960mm　1/16
印　　　张	26.5
字　　　数	550千字
版　　　次	2018年2月第3版
印　　　次	2019年7月第2次印刷
印　　　数	4001~9000册
定　　　价	59.00元